André Maurois
Don Juan oder Das Leben Lord Byrons

SERIE PIPER
Band 1210

Zu diesem Buch

George Gordon Byron (1788–1824) war eine der gewaltigsten, zerrissensten und fesselndsten Erscheinungen der Romantik.

André Maurois schildert den exzentrischen Weg Lord Byrons als Dichter, Liebhaber und Kämpfer für die Freiheit Griechenlands einfühlsam und dokumentarisch genau. Er nimmt sich Zeit, die ungewöhnliche Lebensgeschichte dieses ebenso leichtlebigen wie emphatischen, gescheiten wie sinnlichen Dichters minuziös zu erzählen. Jede Seite dieser Biographie enthält Lesens- und Wissenswertes und besitzt trotz aller geistreichen Distanz ein Höchstmaß an Poesie und Farbigkeit.

»Maurois spürt der verqueren Beziehung des Lords zur ungeliebten Mutter und der gefährlichen Bindung an die Schwester nach. Er fügt die Figur des schönen, doch durch eine Gehbehinderung ständig gereizten und oft erbitterten jungen Mannes ins romantische Lebensgefühl der Epoche, aber auch in die Prüderie der viktorianischen Gesellschaft ein: ein vielschichtig reizvolles Zeitbild.« Münchner Merkur

André Maurois (eigentlich Émile Herzog), geboren 1885 in Elbeuf / Normandie, gestorben 1967 in Paris. Studium der Philosophie. Arbeitete zehn Jahre in der väterlichen Tuchfabrik, dann als Französischlehrer Eduards VII. von England. Ab 1926 ausschließlich Schriftsteller. Schrieb phantastische Erzählungen, Romane, historische Werke und zahlreiche Biographien, u. a. über Proust, Hugo und Sand. Gilt als Begründer der modernen »Biographie romancée«. Seit 1938 Mitglied der Académie Française.

André Maurois

Don Juan
oder
Das Leben Lord Byrons

Eine Biographie

Piper
München Zürich

Die deutsche Erstausgabe in der Übersetzung von
Karl Stransky erschien 1930 bei Piper.
Der vorliegenden, erstmals 1969 im Christian Wegner Verlag,
Hamburg, veröffentlichten Übersetzung von Hans A. Neunzig
liegt die 1952 unter dem Titel
»Don Juan ou La vie de Byron«
bei Éditions Bernard Grasset, Paris,
erschienene überarbeitete Fassung zugrunde.

ISBN 3-492-11210-2
September 1990
R. Piper GmbH & Co. KG, München
Lizenzausgabe mit Genehmigung der F. A. Herbig
Verlagsbuchhandlung GmbH, München
Originalausgabe: © Éditions Bernard Grasset, Paris 1952
Deutsche Ausgabe: © Nymphenburger in der F. A. Herbig
Verlagsbuchhandlung GmbH, München 1979
Umschlag: Federico Luci,
unter Verwendung des Gemäldes »Byron im Kostüm
eines griechischen Freiheitskämpfers« von Richard Westall
Satz: Jos. C. Huber KG, Dießen am Ammersee
Druck und Bindung: Clausen & Bosse, Leck
Printed in Germany

Inhalt

Erster Teil

Zweiter Teil

Dritter Teil

Erster Teil

Seigneur, j'étais dans le néant, infiniment nul et tranquille. J'ai été dérangé de cet état pour être jeté dans le carnaval étrange.

Paul Valéry

Even if Calvinism had been carved on tables of stone and handed down from Heaven by the Almighty Hand, it would not have lived if it had not been found to agree more or less with the facts. *Mark Rutherford*

I

Die Byrons von Newstead

Im geheimnisvollen Wald von Sherwood, nahe Nottingham, lustwandelten einige Mönche in schwarzer Kutte, Brüder des Ordens vom Heiligen Augustin, unter den Eichen. König Heinrich II. von England, dem wegen der Ermordung Thomas Beckets die Exkommunikation drohte, hatte dem Papst versprochen, Buße zu tun und Klöster zu gründen. Der Platz für eines von ihnen fand sich in einem Tal, neben einer Quelle und einem Teich. Die Bäume fielen zum Ruhme Gottes und für das Seelenheil des Königs. Eine große Fläche wurde urbar gemacht. Graue Steine zeichneten aus Spitzbogen und Rosetten ein kleines aber anmutiges Kloster. Der Liebreiz einer Landschaft von Wasser und Wäldern milderte den klösterlichen Ernst. Die Abtei wurde der Heiligen Jungfrau geweiht und erhielt den Namen Newstead, neuer Platz, *Sancta Maria Novi Loci.*

Die Ordensregel war einfach. Sie verbot den Mönchen selbst irgend etwas zu besitzen, sie sollten Gott und ihren Nächsten lieben, das Fleisch durch Fasten besiegen, nichts tun, was Anstoß erregen konnte und die Frauen meiden. Außerdem verteilten sie zum Gedenken an ihren Ordensgründer jährliche Almosen an die Armen.

Dreihundert Jahre lang folgten die Äbte von Newstead einander am Ufer des Teiches nach. Dann wurden die Zeiten härter, die Mildtätigkeit der Gläubigen geiziger. Die Neigung zur Wissenschaft breitete sich aus, und die Mittel der Fürsten flossen in Colleges, Universitäten und Hospitäler. Das Kloster, das seine Entstehung den Gewissensbissen eines Königs verdankte, wurde nun von der Laune eines Königs bedroht. »Madame Anne Boleyn gehörte nicht zu den hübschesten Mädchen dieser Welt. Sie hatte einen dunklen Teint, einen langen Hals, einen großen Mund und eine flache Brust; nichts sprach für sie als die Begierde des Königs und ihre Augen, die schwarz und schön waren.« Dennoch wurde sie Anlaß zu einem großen Schisma. Heinrich VIII. verlangte vom Papst, die Bulle zu widerrufen, durch die seine Ehe mit Katharina von Aragon autorisiert worden war. Der Papst weigerte sich. Die Lords der Boleynschen Seite bewiesen dem König, wie seine Lust und zugleich seine Liebe zum Geld befriedigt werden könne, wenn er die päpstliche Macht beseitige.

Mit einem Erlaß wurden alle kirchlichen Niederlassungen, die weniger als zweihundert Pfund Jahreseinkommen hatten, zugunsten der Krone konfisziert. Staats- und Kirchenbeamte begaben sich auf eine Inspektionsreise zu allen Klöstern. Das Gesetz verlangte – und in diesem Land wurde es seit jeher geachtet –, daß ein »freiwilliger Verzicht« von den Mönchen erlangt werde. Der Doktor London wurde berühmt durch seine Gewandtheit, Freiwilligkeit zu erreichen. Sobald eine Urkunde unterzeichnet war, nahm der König die Abtei in Besitz, verkaufte, was sich darin finden mochte, und vergab das Land an einen Edelmann, dessen Treue zur neuen Kirche er sich auf diese Weise sicherte. Der Verkauf ruinierte die Mönche und brachte dem König nicht einmal viel ein. Handschriften wurden als Einwickelpapier an Händler verkauft. »Alte Bücher im Chor: sechs Heller«, so hieß es in einem Inventarverzeichnis einer Bibliothek. Von den so beraubten Geistlichen erhielten einige eine »Eigenschaft«, das heißt, sie durften ein weltliches Priesteramt ausüben, die anderen bekamen eine Pension von wenigen Schillingen; fast alle verließen das Land und gingen nach Irland, Schottland oder Flandern. »So wurde die Kirche eine Beute für die Wucherer, diese Aasvögel, die sich mit schönen Federn zieren.«

In Newstead ließ der Doktor London die Verzichtsurkunde am 21. Juli 1539 durch den Prior John Blake und elf weitere Mönche unterzeichnen. Der Prior erhielt sechsundzwanzig Pfund Pension, für jeden weiteren Mönch gab es drei Pfund, sechs Schillinge und acht Heller. Bevor sie fortgingen, warfen die Mönche ihre Gründungsurkunde und ein mit einem kupfernen Adler geschmücktes Gebetspult in den See; sie hatten es vor den Soldaten des Doktors verbergen können. Dann gingen sie von dannen. Unter den Eichen von Newstead betete niemand mehr für das Seelenheil der Könige. Der Kopf Anna Boleyns mit der Krone aus schwarzem Haar war schon vom Henker abgeschlagen.

Nicht ohne Wehmut hatten die Bauern zugesehen, wie die Mönche das Kloster verließen, bald glaubten sie, die alten Bewohner spukten nun in ihren leeren Zellen, und die alte Abtei müsse jedem Unglück bringen, der es wage, sie zu besitzen. Ein Jahr später verkaufte König Heinrich VIII. das Kloster für achthundert Pfund an seinen treuen Untertan Sir John Byron. Bekannt war der unter dem Namen »der kleine Sir John mit dem großen Bart«.

Dieser Byron, der die Nachfolge der Mönche von Newstead antrat, war Oberhaupt einer der ältesten Familien der Grafschaft. Die Byrons oder Buruns waren mit dem Eroberer aus der Normandie gekommen, sie hatten sich auf den Kreuzzügen und bei der Belagerung von Calais ausgezeichnet, sie besaßen reiche Ländereien, nicht nur bei Nottingham, sondern auch in Rochdale und Clayton in der Grafschaft Lancashire. Ihr Wahlspruch hieß *Crede Biron*, »Vertraue Biron«. Ihren Namen schrieben sie französisch, weil sie mit dem Marquis de Biron verwandt waren. Sir John der Kleine mit dem großen Bart ließ die gotische Abtei in ein zinnenbewehrtes

Schloß umbauen, und seine Nachkommen blieben dieser Behausung treu. Hundert Jahre später kommandierte einer von ihnen, ein treuer Freund Charles I. von Stuart, ein Kavallerieregiment in den Bürgerkriegen mit ebensoviel Mut wie Unverstand. Bei Edgehill und später bei Marsten Moor ritt er seine Attacke viel zu früh, und für diesen doppelten Fehler wurde er zum Peer des Königreiches gemacht und zum Lord Byron von Rochdale. Fürst Rupert schrieb indessen in sein Tagebuch: »Das ungeschickte Eingreifen Lord Byrons richtete viel Schaden an.« Die Standhaftigkeit des neuen Lords taugte mehr als seine Strategie. Er wich nie von der Seite seines Königs. Newstead wurde belagert. Schwefel und geschmolzenes Blei trafen von den ehrwürdigen Mauern, die Wasserspiegel, über die einst die Klänge von Hymnen und Psalmen glitten, warfen nun die Schreie Sterbender, den Knall der Musketen und den Ruf der Trompeten zurück. Nach Cromwells Sieg begleitete Lord Byron König Charles II. von Stuart nach Frankreich, und seine Ergebenheit wurde auch von seiner Frau treu befolgt: Lady Byron wurde, wie Pepys überliefert, die siebzehnte Geliebte des Königs im Exil.

Währenddessen mußte der Wald um die frühere Abtei nach und nach urbarem Land, Bauernhöfen und Dörfern weichen. Zwischen den Eichen gab es immer noch viel Rotwild. Das Gut der Byrons stand nicht mehr vereinsamt, andere reiche Familien hatten sich in dieser Landschaft Häuser errichtet. Das schönste und nächstgelegene war Annesley, hier wohnten die Chaworths. Es war mit Newstead durch eine lange Eichenallee verbunden, genannt die Hochzeitsallee, denn die beiden Familien hatten sich vereinigt: der dritte Lord Byron hatte Elisabeth, die Tochter des Viscount Chaworth, geheiratet. Dieser dritte Lord Byron, er lebte am Ende des 17. Jahrhunderts, war nahezu ruiniert. Die Zeit hatte alle Weissagungen wahrgemacht, die einst beim Verkauf der Abtei aufgekommen waren. Ein Geistermönch in schwarzer Kutte irrte nachts durch die gewölbten Gänge, und das Schicksal jenes Geschlechts war nicht glücklich. Der vierte Lord hatte zwei Söhne, und die festigten für immer den finsteren Ruf der Byrons. Der älteste nämlich, fünfter Lord Byron, wurde von den Peers als Mörder verurteilt, und der jüngere wurde der glückloseste Admiral des Königreiches.

Die Geschichte des Mordes, den der fünfte Lord Byron an seinem Vetter, Nachbar und Freund Chaworth beging, ist kindisch und tragisch zugleich. Die Edlen der Grafschaft von Nottingham, die sich in London aufhielten, trafen sich nach alter Sitte einmal im Monat in der Taverne »Zum Stern und Hosenbandorden« in Pall Mall. Am 26. Januar 1675 war es während dieser Zusammenkunft sehr fröhlich zugegangen, bis sich ein Gespräch darüber entspann, wie man den Wildbestand am besten bewahren könne. Chaworth predigte Strenge gegenüber Wilddieben, Lord Byron erklärte, die beste Art sein Wild zu erhalten sei, sich nicht darum zu kümmern. Chaworth sagte nicht ganz ohne Schärfe, bei Sir Charles Sedley (einer ihrer gemeinsamen Nachbarn) und ihm selbst stehe mehr Wild auf fünf Morgen Land als auf Lord Byrons ganzem Besitz, und ohne ihre Umsicht bliebe Lord Byron nicht ein einziger Hase auf seinen Feldern. Lord Byron fragte, wo sich denn die Ländereien des Sir Charles Sedley befänden. Chaworth erwiderte: »Wenn Sie Auskünfte über Sir Charles Sedley wünschen: er wohnt Dean Street, und was mich betrifft, wissen Eure Lordschaft sehr gut, wo ich zu finden bin.«

Die Worte waren in verletzendem Tonfall gesprochen worden, sie beendeten die Unterhaltung. Als Byron den Saal verließ, begegnete er Chaworth auf der Treppe; die beiden Männer wechselten ein paar Worte, dann befahlen sie einem Diener, ihnen ein leeres Zimmer zu zeigen. Der Diener stellte einen Leuchter auf den Tisch, die beiden Herren schlossen die Tür hinter sich. Wenige Minuten darauf ertönte eine Klingel. Der Tavernenwirt fand Chaworth und Lord Byron im Handgemenge. Chaworth war schwer verletzt. Er wurde nachhause gebracht, dort starb er.

Ein Peer, der gemordet hatte, konnte nur vom Haus der Lords gerichtet werden. Einige Monate nach der Tat wurde Lord Byron aufgefordert, sich als Gefangener im Tower von London einzufinden. Von dort brachte ihn eine Karosse, eskortiert von Wachen zu Pferd, nach Westminster Hall. Das Henkersbeil wurde so neben den Angeklagten gelegt, daß die Klinge auf ihn wies. Die Edlen von Nottingham, die den Streit miterlebt hatten, wurden befragt. Der erste Zeuge sagte vorsichtig: »Meine Ohren sind nicht die besten.« Ein Chirurg führte aus, der Degen sei am Nabel eingedrungen und habe eine große Wunde in der Magengegend aufgerissen. Er wurde gefragt, ob diese Verwundung als Todesursache des Mr. Chaworth anzusehen sei. Er sagte, daß er nicht daran zweifle. Dann erklärte sich Lord Byron als »nicht schuldig«. Nun wurden die Stimmen gesammelt, beginnend bei den jüngsten Peers und endend bei den Prinzen von Geblüt. Der Angeklagte wurde des Meuchelmordes für unschuldig, aber des Totschlags für schuldig befunden. Durch den Sonderstatus der Peers hieß das Freispruch. Der Wappenherold rief: »Hört, hört!« Der Urteilsspruch wurde verlesen. Der Lordkanzler brach einen weißen Stab, und William, fünfter Lord Byron, wurde freigelassen, er durfte zu seiner Abtei nach Newstead zurückkehren.

In Wahrheit hielt nicht einer von den Freunden der beiden Streitenden den Mörder für einen Verbrecher, Mr. Chaworth war als streitsüchtiger Raufbold bekannt. Der Sieger bewahrte den Degen, mit dem er seinen Vetter umgebracht hatte, an der Wand seines Schlafgemachs. Auf dem Lande jedoch, wo er seit langem der Böse Lord hieß, machte diese Tat ihn zu einer schreckenerregenden Figur. Man dichtete ihm viele schauerliche Geschichten an, und manche davon war falsch. Es stimmte nicht, daß er in einem Wutanfall seinen Kutscher erschossen und die Leiche zu seiner Frau in den Wagen gesetzt hatte und selbst mit dem seltsamen Paar weitergefahren war; es stimmte nicht, daß er eine Frau in den See geworfen hatte, um sie zu ersäufen. Richtig war, daß er grausame Launen hatte, stets zwei Pistolen im Gürtel trug und Lady Byron so unglücklich gemacht hatte, daß sie Newstead verließ. Er hatte sie bald durch eine Dienerin ersetzt. Von den Dorfbewohnern wurde sie Lady Betty genannt.

Unter der geizigen Herrschaft Bettys kam die Abtei herunter, die gotische Kapelle hatte sich in einen Stall verwandelt, und einige der schönen Gewölbesäle dienten als Scheunen. Die Heirat seines einzigen Sohnes mit einer leiblichen Kusine, die gegen den Willen des Vaters stattfand, vollzog den Bruch des Bösen Lord mit der Welt. Nun wurde sein Leben wüst. Er bemühte sich nach Kräften, seine Erben zu ruinieren. Spielschulden bezahlte er mit den Eichen des Parks und holzte so fast den ganzen wundervollen Wald ab. Walpole, der die Gegend zu jener Zeit besuchte, schrieb: »Newstead hat mich entzückt! Wahrlich, hier ist Anmut und Gotik vereint.« Aber er fügte auch hinzu, daß der derzeitige Lord ein Verrückter sei, der alle seine Bäume gefällt und eine Handvoll schottische Kiefern gepflanzt habe, »die aussehen wie Bauernknechte, denen man für einen Empfangstag alte Familienlivreen angezogen hat«. Um seinen Sohn restlos zu berauben, tötete Lord Byron zweitausendsiebenhundert Hirsche in seinen Wäldern und verpachtete für einundzwanzig Jahre den Besitz Rochdale, wo man gerade Kohlenminen gefunden hatte, zu dem absurden Preis von sechzig Pfund pro Jahr.

Seine Vergnügen waren die eines ungezogenen Kindes. Er ging nachts aus und öffnete die Schleusentüren der Bäche, um so die Baumwollfabriken zu zerstören; er ließ die Teiche seiner Nachbarn ablaufen, am Ufer seines eigenen Sees hatte er zwei kleine steinerne Forts bauen lassen, er setzte eine Flotte aus Spielzeugschiffen auf das Wasser. Ganze Tage verbrachte er damit, Seeschlachten zwischen den Schiffen und den Forts zu dirigieren; geschossen wurde mit Miniaturkanonen. Hinter einem der Forts saß Lord Byron, sein Kammerdiener Joe Murray lag in einem Kahn ausgestreckt und kommandierte die Flotte. Gelegentlich legte sich Seine Lordschaft auch auf den Küchenfußboden in der Abtei nieder und vergnügte sich damit, auf seinem eigenen Leib Grillen exerzieren zu lassen, die er mit einem Strohhalm peitschte, wenn sie zu langsam waren. Die Dienstboten behaupteten, daß diese Grillen ihren Herrn kannten und ihm gehorchten.

Das Leben seines jüngeren Bruders war nicht weniger abenteuerlich. Jener andere Byron (der Großvater des unseren) war Seemann, tüchtig aber glücklos. Seine Kameraden nannten ihn Schlechtwetter-Jack, denn er brauchte nur ein Segel zu setzen und schon kam Sturm auf. Er war als Fähnrich an Bord der *Wager* gekommen, die an einer Strafexpedition gegen die spanischen Kolonien teilnehmen sollte, sie strandete an den Riffs, weit vor der Küste Chiles. Es gab fürchterliche Szenen, ungeheure Wogen brachen sich über dem Wrack, ein Seemann wurde verrückt, die Besatzung meuterte, der Kapitän mußte aus nächster Nähe auf seine Leute schießen. Der junge Byron aber schrieb einen Bericht, den er später unter dem Titel *Der Schiffbruch der Wager* veröffentlichte. Sein Inhalt »die großen Nöte, die er selbst und seine Gefährten an der Küste Patagoniens erlitten«. Dieser Bericht hatte einigen Erfolg und wurde auf seine Weise ein Klassiker des Meeres.

1764 erhielt der Fregattenkapitän Byron den Auftrag, mit der *Dauphin* eine Entdeckungsreise um die Welt zu machen. Er durchfuhr die Magellanstraße, sah Patagonien wieder und vollendete seine Weltreise so schnell, daß er kein Land entdeckte außer den »Inseln der Enttäuschung«. »Tatsächlich«, schrieb sein Biograph, »gab es auf seiner Route so viel unbekanntes Land zu entdecken, daß er sich große Mühe geben mußte, es zu verfehlen.« Nach seiner Rückkehr wurde der zurückhaltende Entdecker zum Gouverneur von Neufundland erklärt, dann zum Admiral befördert. Er befehligte 1778 während des amerikanischen Bürgerkrieges eine Flotte, die den Auftrag hatte, die französische unter dem Comte d'Estaing aufzuhalten. Kaum war Admiral Byron auf See, gab es Sturm, eines seiner Schiffe ging unter, andere verloren ihr Kriegsgerät. Beim zweiten Mal traf er d'Estaing, aber getreu der Familientradition, griff er zu früh an und wurde geschlagen. Danach erhielt er kein Kommando mehr, er starb als Vize-Admiral im Jahre 1786.

Der Admiral Byron hatte zwei Söhne. Der ältere Sohn, John, (der Vater unseres Helden) wurde Soldat, der zweite, George Anson, Seemann. John war in einer französischen Militär-Akademie ausgebildet worden. Er trat in ein Garde-Regiment ein und kämpfte, fast noch ein Kind, in den amerikanischen Kriegen. Mit der Heftigkeit seines Charakters, der Merkwürdigkeit seiner Taten und der Höhe seiner Schulden verdiente er sich den Spitznamen Jack der Narr. Als er nach London zurückgekehrt war, gelang ihm die Eroberung der Gräfin von Carmarthen, einer jungen Frau von großer Schönheit. Der Ehemann, Lord Carmarthen, zukünftiger Fürst von Leeds und Kammerherr des Königs, war ein sanftmütiger und gebildeter Mann. Seine Frau gab der Verrücktheit des jungen Byron offensichtlich den Vorzug, denn als sie durch den Tod ihres Vaters Baronesse Conyers wurde und Erbin einer Rente von viertausend Pfund, ging sie mit ihrem Geliebten auf und davon, verließ den Kammerherrn und drei Kinder. Lord Carmarthen verlangte die Scheidung und bekam sie.

Das junge Paar lebte für einige Zeit auf Schloß Aston Hall, es gehörte Lady Conyers; dann gingen die beiden nach Frankreich, sie flohen zugleich die bösen Zungen und ihre Gläubiger. Lady Conyers brachte eine Tochter zur Welt, die Honourable Augusta Byron, und starb im Jahre 1784, weil ihr Ehemann sie so schlecht behandelt hatte, sagten die feinen Leute in London; weil sie zu unvorsichtig war, sagten die Byrons, denn sie habe, kaum vom Kindbett aufgestanden, an einer Hetzjagd teilgenommen. Mit ihr ging auch ihre Rente dahin, denn die galt nur für sie lebenslänglich.

II

Die Gordons von Gight

Bath war ein Modebad. Hier führte der junge Witwer seinen Kummer auf den sichelförmigen Terrassen spazieren. Hier begegnete er einer verwaisten schottischen Erbin, Miss Catherine Gordon von Gight. Sie war klein, fett, hatte hochrote Wangen und eine lange Nase. Damit war sie weit davon entfernt schön zu sein, aber sie besaß dreiundzwanzigtausend Pfund, dreitausend davon in bar, der Rest steckte in den Ländereien von Gight, einer Lachsfischerei und in einer Bank in Aberdeen.

Catherine Gordon war nicht schön, aber von hoher Geburt und »stolz wie der Teufel« auf ihren Namen, einen der edelsten Schottlands. Der erste *Laird* oder Herr von Gight, Sir William Gordon, war ein Sohn des Grafen Huntley und der Annabella Stuart, der Schwester Johannes II., gewesen. Wenn diese Familiengeschichte königlich begann, so läßt sich doch schwerlich eine traurigere Entwicklung der Ereignisse denken: William Gordon ertrunken, Alexander Gordon ermordet, John Gordon aufgehängt wegen Mordes an Lord Moray im Jahr 1592, ein anderer John Gordon wurde 1634 aufgehängt, weil er Wallenstein ermordete. Es scheint, als seien die Gordons von Gight an allen Zweigen ihres Stammbaums aufgehängt worden. In Schottland hatten sich die beinahe barbarischen Feudalsitten länger gehalten als anderswo. Ein Gordon zögerte keinen Augenblick, den Gerichtsherren von Aberdeen auf offenem Feld zu überfallen, weil er das Pferd eines Freundes beschlagnahmt hatte; wenn die Behörden der Krone die Bürger aufriefen, den Schuldigen zu fangen, weigerten diese sich wohlweislich. So wuchs ein wildes Geschlecht räuberischer Edelleute heran. Ihr Temperament zeigte sich von Kind auf. 1610 verschanzten sich drei junge Gordons in der Grammatikschule von Aberdeen und verteidigten sich dort eine ganze Nacht lang mit Degen und Pistolen. Es war stärker als sie. Sie wuchsen damit auf. Der sechste *Laird* war ein einsichtiger Sünder, er sagte: »Ich kann mich nicht zügeln, ich weiß, daß ich auf dem Schafott sterben werde. Meine Hand hat einen natürlichen Hang zum Bösen.«

Ein ganzes Jahrhundert lang hielten die Herren von Gight den Norden des Landes in Schrecken. Die schottischen Balladen waren voll von den Untaten dieser grausamen, zynischen Verführer. Eine Ballade erzählt von einem Gordon, den seine Frau anbetete, der selbst aber die Dame Bignet liebte. Er wurde zum Tode verurteilt, weil er fünf Waisen umgebracht hatte, nach deren Vermögen es ihn gelüstete; seine Frau versuchte noch am Tag der Hinrichtung die Gnade des Königs zu erflehen:

> O Geordie, Geordie, wie lieb ich dich von ganzem Herzen
> nie soll die Eifersucht die Liebe mir vertreiben.
> Allein die Vögel in den Lüften, die zu Paaren fliegen,
> sie wissen, wie mein Herz dich liebt.

Der König war bewegt, er begnadigte Gordon, und der rief der Frau, die ihn gerettet hatte, ins Gesicht:

> Ein Finger an der Hand der Dame von Bignet
> lockt mehr mich als dein ganzer schöner Leib.

So waren sie, die Herren von Gight, gezeichnet von einem unheilvollen Mal; und wenn im 18. Jahrhundert die erstarkte Krone sie dazu zwingen konnte, sich an die Gesetze zu halten, riß deshalb die Reihe derer, die gewaltsam zu Tode kamen, nicht ab. Alexander Gordon ertrank; sein Sohn, George Gordon, ertrank (zweifellos freiwillig) im Kanal von Bath. Er war der Vater jener Catherine Gordon, die sich einige Jahre später in die schönen Augen des Kapitän Byron verliebte, mit derselben Leidenschaft wie ihre Ahnin in der Ballade.

Sie war von ihrer Großmutter, einer Duff, ebenfalls Schottin, erzogen worden; die Großmutter hatte ihr die ernste Sparsamkeit dieses Landes beigebracht, hatte sie die liberalen und politischen Traditionen der Familie Duff gelehrt. Catherine las gern; sie schrieb Briefe voller wirrer Ansichten aber in geläufigem und le-

bendigem Stil. Sie besaß den heftigen Charakter und die allzu-
schnelle Hand der Gordons, aber auch ihren Mut. Das bewies sie
deutlich, als sie am *dreizehnten* Mai 1784 in Bath, wo ihr Vater
sich das Leben genommen hatte, den schlimmsten aller Ehemänner
heiratete.

Das junge Paar ließ sich auf dem schönen Landsitz Gight nieder
und wurde von den Verwandten und Freunden der Gordons
schlecht aufgenommen. Der Hauptmann Byron hatte seine leichtsinnigen Gewohnheiten in diese puritanische Gegend mitgebracht,
auf Gight wurde jede Nacht getanzt und getrunken. Mrs. Byrons
Vettern, die eines Sonnabends gegen Abend gekommen waren, fragten sich, ob jedenfalls der Sonntag respektiert werde. »Der Tanz
endet mit dem Glockenschlag um Mitternacht.« Die Schotten betrachteten diesen Fremden mit Mißbilligung, diesen Südländer, diesen Engländer, der ein schottisches Vermögen zum Fenster hinaus-
warf. Jeder tadelte die verrückte Erbin, die sich für hübsch hielt,
sich mit Seide und Federn schmückte, ihren kurzen Hals unter Kol-
liers versteckte und sich wegen ihres Geldes hatte heiraten lassen.
Anonyme Verseschmiede dichteten:

> Ein Schlemmer kam aus England zu uns her,
> die Schotten kannten die Familie nicht,
> er kannte viele Frauen, doch war er nicht darauf erpicht,
> Zinsen zu zahlen.
> Die Zeit ist nicht mehr weit, wenn zerstört sein wird
> Gut Gight.

Und ein anderer:

> Du hast dich verbunden, mit Johnny Byron verbunden.
> Dein schönes Gight ist bald verschwunden.

Die Verseschmiede hatten so unrecht nicht. Der junge Engländer
hatte das Vermögen der Gordons schnell ausgegeben. Zuerst verschwanden die dreitausend Pfund Bargeld, dann ließ der Hauptmann die Anteile seiner Frau an der Bank von Aberdeen verkaufen, schließlich die Lachsfischerei. Die Wälder auf dem Gightschen
Besitz wurden geschlagen und achttausend Pfund gegen Hypothe-
ken geliehen. Auf Gight gab es Reiher, die seit Hunderten von Jahren in der Nähe des Sees nisteten. Ein altes Familienwort gab diesen Vögeln ein prophetisches Gewicht:

> Wenn einst der Reiher seinen Baum verläßt,
> dann wird der Laird von Gight kein Land mehr haben.

1786 flogen die Reiher von Gight Lord Haddo zu. »Laßt die Vögel
ruhig nisten«, sagte er, »tut ihnen nichts zuleide, das Land wird schon
nachkommen.« Im folgenden Jahr kaufte er den Besitz für siebzehn-
tausendachthundertfünfzig Pfund; das Geld blieb gleich bei den
schottischen Behörden, denn die Gläubiger stritten sich schon darum.

Die Byrons hatten Gight schon ein Jahr zuvor verlassen, dort in Armut zu leben, war zu schwer. Sie waren durch England geirrt, und als die Gerichtsvollzieher ein allzu vertrauter Umgang wurden, überquerten sie den Kanal. Die schottischen Eltern der Mrs. Byron beklagten das »arme unglückliche Geschöpf«. In Frankreich führte der Ehemann ein Leben auf großem Fuß, er war der Vertraute des Marschall Biron, der ihn als Verwandten behandelte, der Freund vieler großer Herren, er spielte, lief den Frauen nach und überhäufte sich mit Schulden. Catherine Gordon dagegen lebte von jetzt an auf schottische Art, mutig, sparsam und damit beschäftigt, die kleine Augusta zu erziehen. In Chantilly, wo das Paar lange blieb, wurde Augusta schwer krank, und ihre Stiefmutter pflegte sie. »Ich erinnere mich noch voll Grauen«, schrieb sie ihr zwanzig Jahre danach, »an die vielen schlaflosen Nächte und die Stunden der Agonie, die ich an Ihrem Bett verbrachte, ich war in Tränen aufgelöst, während Sie leblos lagen und beinahe an den Pforten des Todes waren. Ihre Genesung war sicherlich ein Wunder und Gott sei Dank!, ich hatte meine Pflicht getan.« Wahrlich, sie hatte sich nichts vorzuwerfen. Sie bewunderte ihre kleine »Byronne« und sprach diesen Namen mit rollendem »r«, wie man es in ihrer Heimat tat; sie liebte die Schönheit und die Tapferkeit des Kindes, aber sie hatte Angst vor dem, was werden sollte. 1787 wurde sie selbst schwanger. Als ihre Niederkunft bevorstand, bat sie, nach England zurückkehren zu dürfen. Augustas Großmutter mütterlicherseits, Lady Holderness, erbot sich, das Kind zu sich zu nehmen; Augusta wurde von da an von den Eltern ihrer Mutter erzogen.

In London fand die merkwürdige Nachfahre der Stuarts eine Wohnung in einer recht vornehmen Gegend. In einem Zustand, in dem jede Frau ein großes Bedürfnis nach Geborgenheit hat, fühlte sie sich verlassen. Der Hauptmann lebte in Douvres und in Paris, er besuchte sie nur, wenn er Geld haben wollte und gab alles, was er ihrer Schwäche verdankte, in wenigen Tagen wieder aus. Der einzige Mensch auf der ganzen Welt, der sich um sie kümmerte, war ein Geschäftsmann, den ihr Freunde aus Aberdeen empfohlen hatten: John Hanson, dessen Frau eine Kinderschwester und Hebamme ausfindig machte. Das Kind kam am 22. Januar 1788 zur Welt und wurde George Gordon Byron getauft, denn ein Testament verlangte, daß der Erbe der Gordons von Gight ihren Namen trage. Das war die ganze Erbschaft.

Gleich bei ihrer Rückkehr nach England hatte Mrs. Byron erfahren, daß sie arm war. Der Verkauf Gights hatte nichts gebracht; der Appetit des Hauptmanns reichte aus, einen Landbesitz in ein paar Monaten zu verschlingen. War ein Wechsel bezahlt, tauchten neue auf. John Byron wußte, daß er unverbesserlich war. »Ich kann nicht für mich einstehen«, sagte er. Einige Zeit dachte er daran, nach Wales zu gehen. »Aber ich würde dort ja doch nur Unfug machen, Pferde kaufen, vielleicht eine Meute ...« Schottische Anwälte schrieben ihrem Kunden ernste Briefe. Ein Wechsel über vierhundert Pfund, unterzeichnet von John Byron, wurde von einem Geschäftsmann in Paris präsentiert; in derselben Woche waren fünfzig Pfund an Mrs. Byron und dreißig Pfund in Douvres an Mr. Byron zu zahlen. So konnte es nicht weitergehen. Von dem Geld aus Gight war nicht mehr übriggeblieben als viertausendzweihundertzweiundzwanzig Pfund, davon dienten zwölfhundertzweiundzwanzig für die Aufrechterhaltung einer Hypothek, die übrigen dreitausend waren in einer unveräußerlichen fünfprozentigen Rente für Mrs. Byron und ihren Sohn angelegt. Ein schottischer Anwalt beauftragte einen Londoner Kollegen, Mrs. Byron das Einkommen von hundertfünfzig Pfund in kleinen Summen zu überweisen. Am ersten Sonntag schickte sie eine Dienerin mit einer Quittung über hundert Pfund zu ihm. Er wies sie ab. Einige Stunden später erschien die Dienerin wieder mit einer Quittung über fünfundzwanzig Pfund und einem Bittbrief.

Catherine Byron war sparsam, hart zu sich selbst, und sie war wie kaum eine andere fähig, mit hundertfünfzig Pfund im Jahr auszukommen, jedoch, sie konnte ihrem Mann nicht widerstehen. Als sie erfuhr, daß er in drei Wochen wieder dreizehnhundert Pfund Schulden gemacht hatte, flammte der Zorn der Gordons in ihr auf; sie zerriß ihren Mantel, ihren Hut, warf ihrer Dienerin einen Teller an den Kopf, doch kaum sah sie ihrem Byron in die Augen, begann sie zu stottern. »Mrs. Byron fürchtet sehr, sie könne keinen Wunsch abschlagen, den Mr. Byron ihr persönlich nahebringt«, schrieb ein Londoner Anwalt an einen schottischen Kollegen und fügte hinzu: »er hat buchstäblich keinen Heller mehr, und sie ist in derselben Lage.«

Sie war dreiundzwanzig Jahre alt. In ihrer Jugend hatte sie sich als Erbin eines großen Namens und eines großen Vermögens fühlen können, sie hatte die Schwäche, sich liebenswert zu finden; sie hatte geglaubt, geliebt zu werden, sie selbst liebte noch immer. Ihre Devise war: »Ich ändere mich nicht, ich stürbe denn.« Sie fand sich arm wieder, mit einem Mann, einem kleinen Kind, einer Amme, einem Haus. Viele Frauen hätten in ihrer Lage den Kopf verloren, sie verlor ihn gelegentlich auch. In ihrer Niedergeschlagenheit empfand sie ein heißes Verlangen nach Schottland, nach Aberdeen. Ihr gehörte dort kein Staubkorn mehr. Aber im kargen, wohlvertrauten Schottland würde sie wenigstens keine Fremde sein, sie war in London, wo die Gerichtsvollzieher sie ständig quälten, gar zu unglücklich. Sie ging fort.

Der Hauptmann Byron folgte ihr nicht sogleich. Er hatte die hinreißende Lady Conyers verloren und seine viertausend Pfund Rente, von denen er so prächtig mit seinen glänzenden französischen Freunden hatte leben können. Er fühlte sich nun an eine ruinierte Frau gebunden, die nie schön gewesen war, nun lächerlich korpulent zu werden drohte und trotz ihres königlichen Blutes einer Dorfkrämersfrau beängstigend glich. Sie wollte ihn in eine düstere Provinz entführen, in ein rauhes Klima, dorthin wo ein ehrenwerter und tugendhafter Clan den verschwenderischen Engländer mißbilligte. Er hatte keine Eile.

In Aberdeen hatte Mrs. Byron zu einem vernünftigen Preis eine möblierte Wohnung gefunden. Sie zog dort mit zwei schottischen Dienerinnen, den Schwestern Agnes und May Gray, ein. Sie waren abwechselnd die Ammen des kleinen George oder wie man ihn in Schottland nannte: Geordie. Das Kind war von Angesicht ebenso schön wie sein Vater, als es aber in das Alter kam, in dem ein Kind laufen lernt, bemerkte seine Mutter mit Schrecken, daß es hinkte. Seine Füße waren normal geformt, die Beine von gleicher Länge, wenn das Kind jedoch die Ferse aufsetzte, verdrehte sich der Fußknöchel. Es konnte sich nur auf den Zehenspitzen aufrecht halten. Die Ärzte, die hinzugezogen wurden, machten ein falsches Handhaben der Entbindung verantwortlich, das in dem ungewöhnlichen Schamgefühl der Mrs. Byron seinen Grund gehabt habe. Die Knöchelsehnen schienen gelähmt. Der Arzt von Aberdeen korrespondierte mit dem großen Entbindungsspezialisten in London. Der ließ ein Paar Spezialschuhe anfertigen und schickte sie nach Schottland, aber der kleine Byron hinkte weiter an der Seite von May Gray durch die Straßen von Aberdeen.

Er war ein intelligentes, liebevolles Kind, besaß aber einen heftigen Charakter. Genau wie seine Mutter war er im Zorn zu leidenschaftlichen Launen fähig. Er trug noch Röcke, da wurde er gerügt, weil er ein neues Kleidchen schmutzig gemacht hatte; er packte es mit beiden Händen und riß es in stiller Wut von oben bis unten entzwei, dabei sah er seine Nurse voller Verachtung an. Die Vorstellungen eines Kindes über das Leben formen sich in den ersten Jahren. Was sah dieses Kind? Vater und Mutter hatten versucht, zusammen zu leben, sie waren gescheitert. Das Unglück hatte Mrs. Byron sehr verbittert und sehr reizbar gemacht. »Aus der Entfernung mag sie liebenswert sein«, schrieb ihr Ehemann, »aber hüten Sie sich, Sie und alle Apostel, zwei Monate mit ihr zusammenleben zu wollen; wenn jemand sie ertragen konnte, war ich das. Aber *jeu de mains, jeu de vilains*.« Eine Zeitlang bewohnten die beiden getrennte Wohnungen in Aberdeen, der eine in der Queens Street, der andere in der Broad Street, sie besuchten einander und tranken hier oder dort Tee. Sie konnte nach wie vor den schönen Augen ihres Gatten nicht widerstehen; noch einmal überredete er sie, ihm dreihundert Pfund zu leihen; sie gab sie ihm und zahlte selbst die Zinsen; ihre Rente betrug danach nur noch hundertfünfunddreißig Pfund. Davon lebte sie, ohne einen Penny Schulden zu machen, immer noch stolz wie Luzifer, nur gelegentlich gab sie sich ihren gefürchteten Zornausbrüchen hin, dann flog Geschirr durchs Haus.

Das Kind beobachtete seine Eltern mit ernsthafter Neugier. Die anderen kleinen Jungen hatten Väter und Mütter, die zusammenlebten und sich liebten. Bei ihm dagegen war das erste, was sein Verstand aufnahm, lärmender Zank, Vorwürfe und Klagen. Er merkte, daß die Dienstboten seine Eltern für gefährlich, unberechenbar und manchmal für lächerlich hielten. Schon durch seine Familie war er von den anderen unterschieden, wieviel mehr noch war er es durch seine Schwäche. Warum ließen ihn seine Beine im Stich? Er fühlte eine so große Scham darüber, daß er diese Frage niemals stellte. Eines Tages sagte eine Frau auf der Straße zu May Gray: »Dieser Byron ist doch ein hübsches Kind, wie traurig, daß er das mit den Beinen hat.« Er schlug mit seiner kleinen Peitsche nach ihr und schrie: »Sprich nicht davon!« Jeden Abend mußte er eine schmerzhafte Behandlung über sich ergehen lassen, weil man hoffte, ihn durch starke Bandagen um die Füße heilen zu können.

Gegen Ende des Jahres 1790 erhielt John Byron etwas Geld von seiner Frau und von seiner Schwester, Mrs. Leigh, so daß er nach Frankreich fliehen konnte. Mrs. Leigh besaß ein Haus in Valenciennes. Dort lebte der geschlagene Hauptmann; er war in die Französische Revolution verwickelt, ohne sie zu verstehen, hob den Wirtshausmägden die Röcke und hatte nie einen Louisdor in der Tasche. Ein paar Briefe an Mrs. Leigh lassen die letzten Zuckungen dieses Gehetzten sichtbar werden: »Valenciennes, 1. Dezember 1790 ... Was mich betrifft, ich bin hier, und verliebt in wen? In eine Schauspielerin, die gerade aus Paris gekommen ist, sie ist schön und hat gestern in der *Dorfprobe* gespielt ... Madame Schoner hat mir gesagt, daß sie mich liebt, aber sie war betrunken, und ich weiß nicht, was ich tun soll ... Keine Gerichtsvollzieher, denn Fanny beißt sie alle, und ich bin nie zuhause ... Es geht uns allen gut, Josephine tut ihre Pflicht, – sie bekommt wenig Geld, viele Schimpfworte, nur so kann man mit ihr umgehen ... Es gibt ein neues Stück, es heißt *Raoul von Créqui* und ein Satz darin lautet: ›Ich habe meinen König gerettet, so sterbe ich zufrieden.‹ Alle haben geschrien: ›Da capo! Es lebe der König! Es lebe die Nation!‹ und ich, mir half der Rebensaft, und ich erinnerte mich daran, daß meine Vorfahren Franzosen waren, ich schrie genauso laut wie die anderen. Nun sagen sie, ›dieser Engländer ist ein verteufelter Aristokrat.‹« – »Meine Amouren – sie sind alle zuende, und die Leute hier sagen von mir, ich sei sehr verliebt und sehr unbeständig. Das jagt sich nur so, ich glaube, ich habe ein Drittel aller Frauen von Valenciennes gehabt; vor allen anderen war da ein Mädchen aus dem ›Roten Adler‹, einem Wirtshaus, in dem ich zu Abend aß, weil es regnete ... Sie ist groß und schön, ich bin ihrer noch nicht müde.« Etwa im Sommer 1791 werden die Briefe verzweifelt: »Ich habe buchstäblich nicht ein einziges Hemd mehr ... Ich habe keinen Penny.« Krämer und Metzger weigern sich, ihn länger zu ernähren. »Ich habe nur noch ein einziges Gewand, und das hängt mir in Lumpen vom Buckel ... Ich wäre lieber ein Galeerensträfling ...« Und wieder: »Ich habe kein Hemd und kein Gewand mehr, das eine, das ich noch hatte, ist zerschlissen ...«

Einige Tage darauf starb er. Man sagt, er habe sich umgebracht.

Sein Tod machte seiner Frau großen Kummer, sie hatte nie aufgehört, ihn zu lieben. »Chère Madame«, schrieb sie an ihre Schwägerin, »Sie verkennen mich, wenn Sie glauben, ich litte nicht unter Byrons Tod. Die Nachricht hat mich sehr unglücklich gemacht, um so mehr als ich nicht die melancholische Genugtuung gehabt habe, ihn vor seinem Tod noch wiederzusehen. Wenn ich von seiner Krankheit gewußt hätte, ich wäre dagewesen, um ihn zu pflegen ... Trotz aller seiner Schwächen (einen schlimmeren Namen verdienen sie nicht) habe ich ihn stets aufrichtig geliebt ... Sie sagen, daß er bis zum Ende bei Bewußtsein blieb. Hat er von mir gesprochen? War er lange krank? Wo liegt er begraben? Seien Sie so gut, mir darüber zu schreiben und bitte, schicken Sie mir ein wenig von seinem Haar.«

Der kleine George vergaß seinen Vater nie; er hatte ihn bewundert. Er blieb allein im Leben mit einer Mutter, bei deren unausgeglichenem Temperament auf einen Regen von Küssen eine Sintflut von Schlägen folgte. Er wußte, daß sie unglücklich war. Er fürchtete und bemitleidete sie. Wenn er in den Garten John Stuarts, eines Griechischlehrers in Aberdeen, durfte, fragte er regelmäßig, ob er ein paar Äpfel mitnehmen dürfe »für seine arme liebe Mama«.

III

Prädestination

»Und der Herr sah gnädig an Abel und sein Opfer, aber Kain und sein Opfer sah er nicht gnädig an. Da ergrimmte Kain sehr, und seine Gebärde verstellte sich. Da sprach der Herr zu Kain: Warum ergrimmst du? und warum verstellt sich deine Gebärde?« May Gray las aus der Bibel vor. Der kleine Byron lauschte hingerissen. Er verstand nicht alle Worte, aber er liebte die sonderbare und schreckliche Poesie der Schrift. Warum wies der Herr das Opfer des armen Kain ab? Wegen seiner Sünde sagte May Gray. Sünde? Was war das: Sünde? Kain hatte Abel doch noch nicht getötet. Nein, aber Kain war verdammt, sagte May Gray. Verdammt? Was bedeutete das: verdammt? Es bedeute, daß der Teufel ihn packe und ihn im Höllenfeuer brennen ließ. May Gray sprach viel vom Teufel. Sie liebte es, Angst zu erregen. Sie erzählte Gespenstergeschichten, sie sagte, es spuke im Haus. Abends, wenn sie die allzu festen Binden um seine kranken Fersen wickelte, ließ sie ihn Psalmen aufsagen. Er liebte den starken Rhythmus dieser Gesänge. Zwei davon waren seine Lieblinge, der erste: »Wohl dem, der nicht wandelt im Rat der Gottlosen, noch tritt auf den Weg der Sünder, noch sitzt, da die Spötter sitzen . . .« Und der dreiundzwanzigste: »Der Herr ist mein Hirte, mir wird nichts mangeln. Er weidet mich auf einer grünen Aue und führet mich zum frischen Wasser.« May Gray löschte das Licht. Sie sollte im Nebenzimmer bleiben, aber der kleine Byron wußte, daß sie ausging. Wenn sie fort war, hatte er Angst; ganz Schottland war voller Gespenster, das Haus lag neben einem Friedhof. Das Kind glaubte in der Finsternis Gestalten umherschleichen zu sehen. Er kroch den Flur entlang bis zu einem Fenster, von dem aus ein wenig Licht zu sehen war, und dort blieb er, bis die Kälte ihn zwang, ins Bett zurückzukehren.

May Gray war ernst, Mrs. Byron war verrückt. Sie sagte eines Tages: »Du kleiner Kerl, du bist ein echter Byron, genauso schlecht wie dein Vater.« Am Tag darauf umarmte sie den Sohn, daß er fast erstickt wäre und stellte fest, er habe ebenso schöne Augen wie der Hauptmann. Sie erklärte ihm, daß er durch sie von den Gordons abstamme, von den einzig echten Gordons, und die seien mächtige Herren von königlichem Blut gewesen; May Gray aber und May Grays Freunde wußten zu erzählen, daß die Gordons gemordet hätten, gehängt und ertränkt worden seien; ganz ohne Zweifel waren sie verdammt wie Kain; ganz ohne Zweifel hatte sie der Teufel geholt. Von den Byrons erzählte ihm seine Mutter wenig, denn sie glaubte, die seien ihrem Geschlecht unterlegen. Dennoch wußte er von seiner Amme, daß es irgendwo im Norden Englands in einem alten Schloß einen Bösen Lord gab, der das Oberhaupt seiner Familie war, daß diese Familie sehr alt war und daß große Krieger und Seefahrer zu ihr gehört hatten. Ein Byron zu sein, das hieß allen anderen kleinen Jungen etwas vorauszuhaben, die er um ihre festen Beine und ihr ruhiges Elternhaus beneidete. Einmal warf er einen Stein nach einem Vogel und traf ein kleines Mädchen. Sie weinte. Er sollte sich entschuldigen, aber er bekam einen seiner stillen Wutanfälle. »Weißt du«, sagte er schließlich zu ihr, »daß ich ein Sohn der Byrons bin?« Eine Stunde später brachte er seinem Opfer aus eigenem Antrieb eine Tüte Bonbons.

Als er vier Jahre und zehn Monate alt war, wurde er auf eine nicht allzuweit entfernte Schule geschickt, zu Mr. Browers, genannt Bodsy. Das Schulgeld kostete fünf Schillinge für ein Trimester. »Ich habe Ihnen George geschickt, damit er lernt, sich ruhig zu verhalten«, schrieb Mrs. Byron an Bodsy. Die Schule war ein schmutziges niedriges Zimmer, dessen Fußboden mit der Zeit morsch geworden war. Die Kinder lernten aus einem Buch voll einsilbiger Worte lesen. *God made man – let us love him* ... Der kleine Byron hatte ein gutes Gedächtnis und konnte die erste Seite schnell auswendig und verkündete, er könne nun lesen. Er sagte die Passage vor seiner Mutter auf, und der Erfolg war groß, aber als sie die zweite Seite aufschlug, begann er wieder: *God made man* ... Leider stand dort ein anderer Text, und die ungeduldige Mrs. Byron ohrfeigte ihren Sohn. Wieder bei Bodsy lernte er, daß *God made Satan – and Satan made sin* ... Es wurde an diesen schottischen Schulen viel von Satan und von der Sünde gesprochen.

Da Bodsys Wissen unzulänglich schien, ließ Mrs. Byron ihrem Sohn von zwei Professoren des College Unterricht erteilen. Der eine hieß Ross, ein kleiner unterwürfiger Herr mit behutsamen Umgangsformen, durch den das Kind große Fortschritte machte und der ihm eine echte Anteilnahme an der Geschichte vermittelte. Sein zweiter Lehrer war ein melancholischer junger Mann mit Namen Paterson; er war der Sohn eines Schuhmachers, nebenbei ein guter Lateiner. Bei ihm begann Byron Latein zu lernen, und von ihm erhielt er auch neue religiöse Belehrung, denn Paterson war wie May Gray strenggläubiger Presbyterianer. Gewiß tat er sein Bestes, dem Kind die calvinistische Glaubenslehre, der er selbst anhing, nahezubringen. »Wir sind von Geburt an verdorben, weil wir an der Erbsünde teilhaben. Einige Menschen, die der Heilige Geist mit Christus vereint, können zu einem Leben in Heiligkeit erhoben werden; wer nicht gerettet wird, ist zur ewigen Strafe verdammt. Ob der Heilige Geist eingreift, hängt von der Wahl Gottes ab, der die einen zum ewigen Leben und die anderen zur Verdammnis ausersehen hat.«

Das alles stürzte dieses siebenjährige Kind in tiefe Ratlosigkeit. Gehörte er zu den Erwählten oder gehörte er zu den Verworfenen? Gewiß waren fast alle Byrons und Gordons so gewalttätig wie sie lebten, Verdammte gewesen. Er selbst fühlte oft einen plötzlichen unbegründeten Zorn in sich aufsteigen, das Blut stieg ihm ins Gesicht, und für einen Augenblick wußte er nicht mehr, was er tat. Vielleicht beherrschte ihn ein Dämon? Und dennoch, in anderen Augenblicken fühlte er sich so sanft, so gut. Das war alles sehr erschreckend. Aber war es auch wahr?

Sein wacher Geist folgte mit Leidenschaft der Französischen Revolution, über die sich auch die Bewohner der kleinen schottischen Stadt Aberdeen heftig erregten. Die Schlagzeilen der Zeitung von Aberdeen hießen: Fluchtversuch Ludwigs XVI. – Danton; die Lokalnachrichten waren an den Fuß der Spalten gerückt. Mrs. Byron als verarmte Aristokratin und mit ihrer liberalen Erziehung durch ihre Großmutter Duff bekannte sich zu politisch fortschrittlichen Ansichten. An ihre Schwägerin, Mrs. Leigh, schrieb sie nach Valenciennes: »Mich beschäftigt sehr, was die Franzosen tun, aber ich vermute, daß Sie und ich in zwei entgegengesetzten Lagern stehen, denn ich bin ganz und gar demokratisch, und ich finde nicht, daß Ihr König es verdient, wieder eingesetzt zu werden nach seinem Verrat und seinem Meineid. Gewiß, das Volk hat Fehler begangen, auch das Volk, aber wenn die andere Seite triumphiert hätte, wäre sie genauso grausam gewesen.« Der kleine Byron war wie seine Mutter auf der Seite des Volkes. Inzwischen las er selbst sehr viel. Der Buchhändler Brown – eine Homer-Büste war sein Zeichen – lieh ihm die neuesten Bücher aus, und Mrs. Byron hatte trotz ihrer Armut ein Abonnement für dieses Lesekabinett genommen. Ihr Sohn bat sie, ihm alle Bücher über die Geschichte Roms, Griechenlands und der Türkei mitzubringen. Er las sogar mit behaglichem Grausen die Geschichte vom »Schiffbruch des Großvaters«. Um ihn her wurde vom Krieg gesprochen; Freiwillige versammelten sich auf dem Platz. »Seine ersten Träume galten militärischem Ruhm.« – »Ich möchte«, sagte er, »eines Tages ein Reiterregiment aufstellen. Ich würde meinen Leuten schwarze Kleider und schwarze Pferde geben. Sie müßten *Byron's Blacks* heißen, und man würde von ihren Taten sprechen.«

Eines schönen Tages im Jahre 1794, Mrs. Byron war zum Tee bei Nachbarn eingeladen, fragte sie jemand, ob sie wisse, daß der Sohn Lord Byrons gestorben sei. Sie war völlig überrascht. Es war erstaunlich genug, daß ein so junger Mensch ums Leben gekommen war, aber es war schier unglaublich, daß ihr Sohn Erbe des Titels, Erbe Newsteads und des ganzen Familienvermögens geworden war, das hätte kein Mensch vorauszusagen gewagt. Dennoch war es die

Wahrheit. Der Sohn Lord Byrons war in Korsika gestorben. Zwischen dem Sohn des Hauptmanns und der Peerswürde stand nur noch ein halbverrückter Greis, der auf dem See von Newstead Schlachten gegen seinen Kammerdiener führte oder auf dem Küchenfußboden lag und Grillen umherscheuchte. Die Mutter des Erben schrieb einen sehr ernsten Brief an Mrs. Leigh und beschwerte sich über die Behandlung, die sie von der Familie erfuhr. War es nicht eine Schande, eine solche Neuigkeit von Fremden erfahren zu müssen? Lord Byron sollte nun nichts Eiligeres zu tun haben, als der Mutter des zukünftigen Familienoberhauptes dabei zu helfen, diesem eine Erziehung zuteil werden zu lassen, die seinem Rang entsprach. Aber Lord Byron hatte eher seinen grausamen Spaß bei dem Gedanken an »diesen kleinen Jungen in Aberdeen«, der hinkend und kläglich auf den Tod des Bösen Lord wartete. Er beantwortete keinen der Briefe aus Aberdeen und fuhr fort, mit wilder Methodik Land und Erbe der Byrons zu verwüsten.

Ihr Zorn nützte nichts, Mrs. Byron mußte ihren Sohn weiter auf die Grammatikschule in Aberdeen schicken statt in ein aristokratisches Internat. Die Schule von Aberdeen hatte zwar auch eine würdige Vergangenheit, sie war 1256 gegründet worden und war ohne Zweifel eine der drei ältesten des Königreichs. Die Gebäude waren mit Heidekraut gedeckt. Vor allen Dingen wurde Latein gelehrt: fünf Stunden am Tag. Fast alle Schüler waren arm, mit einem Penny Taschengeld in der Woche. George Byron errang schnell den Ruf eines vorzüglichen Ballspielers. Er war bei seinen Kameraden beliebt, obwohl er sie zunächst durch sein unzugängliches und zugleich heftiges Wesen befremdete. Der Schuldiener war oft hinter dem Knaben mit dem roten Haar und der roten Weste her, der ihn hinkend verspottet hatte. Einige Leute in der Stadt nannten ihn »den kleinen hinkenden Teufel der Mrs. Byron«. »Ein sehr begabtes Kind«, sagte einer seiner Lehrer über ihn, »aber schwer zu leiten. Trotz seiner körperlichen Schwäche zeigt er großen Mut, fast immer ist er näher daran, Schläge auszuteilen, als welche zu bekommen.« Denn obwohl seine Beine schnell ermüdeten, hatte er es gelernt, sich eine gute Weile zu schlagen, wenn er dabei auch auf den Zehenspitzen stehen mußte. Einmal hatte ihn ein anderer Junge beleidigt; der Streit konnte nicht gleich ausgetragen werden, und der kleine Byron versprach dem Gegner, er werde ihn schon wiedertreffen. Eine Woche später hielt er den anderen auf der Straße an und verdrosch ihn nach allen Regeln der Kunst. Zuhause fragte ihn May Gray, warum er so außer Atem sei, er antwortete, daß er ein Versprechen habe einlösen müssen, denn er sein ein Byron und der Wahlspruch der Familie sei *Crede Biron*. Neben dem Schulunterricht bekam er Stunden in Schriftkunst und in Französisch, freilich ohne großen Erfolg. Aber er las viel mehr als seine Kameraden. »Man sah mich nie lesen, sondern stets spazierengehen, Streiche aushecken oder spielen. Ich las beim Essen, im Bett, zu Zeiten, in denen sonst kein Mensch liest, und ich habe von meinem fünften Lebensjahr an alles gelesen, was mir in die Finger kam.« Durch die Bibel hatte er Gefallen am Orient gefunden, und er liebte vor allem die Geschichten aus *Tausendundeine Nacht*, die Erinnerungen des Baron Tott, des Botschafters in der Türkei, die Briefe der Lady Mary Wortley Montague und den *Zeluco* von Doktor Moore. *Zeluco* war ein Moderoman, dessen Held den jungen Byron in vielen schlaflosen Nächten beschäftigte. Wie er hatte Zeluco seinen Vater früh verloren. Er war Waise und fühlte sich »entzündbar wie Pulver und schleuderte Blitze bei der kleinsten Herausforderung«. Zeluco zog einen gezähmten Sperling auf, und doch brachte er ihn eines Tages um. Am Schluß erwürgte der erwachsene Zeluco sein eigenes Kind. Diese Geschichte begeisterte und beunruhigte Byron. Er hatte Angst davor, ein Zeluco zu sein, und doch spielte er mit dieser Angst. Manche Gordons waren genau solche Ungeheuer gewesen wie Zeluco.

Als sein Deutschlehrer ihm *Abels Tod* von Gessner zu lesen gab, ergriff er gierig die Gelegenheit, hier die undurchsichtige Geschichte von Kain wiederzufinden, die ihn beschäftigte. Die ganze traurige Begebenheit war langweilig, und während er übersetzte, fand Byron, es könne kein Verbrechen sein, die Welt von einem so dummen Geschöpf zu befreien, wie es der Gessnersche Abel war. Dennoch bekümmerte ihn das Problem Kain. Sein Gerechtigkeitssinn bedauerte den Abgewiesenen. Warum hatte Gott erlaubt, daß Kain seinen Bruder tötete? Warum erlaubte Gott, daß George Byron manchmal Lust hatte, grausam und gottlos zu sein? Er dachte an die roten Flammen der Hölle. Er hatte eine lebhafte Vorstellungsgabe. In der Schule hörten ihm seine Kameraden gern zu, wenn er Geschichten erfand, die er aus Gelesenem schöpfte. Im Winter, wenn der Schneesturm die Schüler zwang, unter irgendeinem Dach Schutz zu suchen, erzählte Byron aus *Tausendundeine Nacht*, und seine Freunde vergaßen die Kälte.

1796 schickte seine Mutter ihn, der gerade ein Scharlachfieber überwunden hatte, aufs Land. Er liebte die Berge, die sich im blauen Nebel verloren, die ungezähmte Schönheit des Tals von Dee und den Gipfel des Loch-Na-Gar, dessen Spitze von Zeit zu Zeit über den Schneewolken sichtbar wurde. Er lief gern mit unbeholfenen Sprüngen zwischen den sonderbar geformten Felsen umher, an Wasserfällen vorbei und ließ sich Geschichten von den Räubern, die seine Vorfahren waren, erzählen. Er trug Umhang und Kappe wie die Bergbewohner, er fühlte sich sehr schottisch. Eine Kinderliebe zu der Tochter eines Bauern band ihn an dieses Tal. Das Mädchen, das er liebte, hieß Mary; sie hatte lange blonde Zöpfe. Wenn sie bei ihm war, empfand er eine sanfte lebhafte Erregung. Seine Sinnlichkeit war, wie seine Empfindsamkeit, frühreif und lebendig.

Mit neun Jahren hatte er entdeckt, daß man durch die Gegenwart einer bestimmten Person unendliches Glück empfinden kann. Als er nach Aberdeen zurückkam, verliebte er sich in seine Kusine Mary Duff, ein kleines Mädchen mit Haselnußaugen und braunen Haaren. Er fand es schön, mit ihr spazierenzugehen, neben ihr zu sitzen oder sie sanft zu streicheln. Er dachte mit Sehnsucht an dies Gesicht, an die Kleider seiner Kusine; er schlief nicht; er sprach von nichts anderem als von Mary Duff. Wenn er nicht mit ihr zusammen war, quälte er seine Mutter mit ständigem Drängen, sie möge an Mary Duff schreiben, und die Liebe gab diesem Kind so viel Kraft, daß Catherine Byron, ob sie nun wollte oder nicht, achselzuckend die Sekretärin für ihren Sohn spielte*.

Ja, er war leidenschaftlich und schüchtern zugleich. Wenn er an sein Hinken dachte, an seinen hüpfenden Gang, fühlte er sich lächerlich und beschämt. Er hätte sich verstecken, verschwinden mögen. Sein Gefühl jedoch ließ den Träumer ohne ersichtlichen Grund mit einem Mal stolz werden. Auf langes Schweigen folgte manchmal ganz plötzlich ein Ausbruch, der unerklärlich schien; einmal, bei Tisch, griff er nach einem Messer und drückte es heftig gegen seine Brust, zum Entsetzen seiner Mutter. Die Gründe für diese Aufwallungen waren um so schwerer auszumachen, als er nachtragend war und einen Groll lange in sich nähren konnte. Der Ausgangspunkt für einen Wutanfall war häufig ein Geschehnis, das mehrere Wochen zurücklag.

Als er zehn Jahre alt war, im Jahre 1798, kam eines Tages die Nachricht vom Tod des Herrn auf Newstead. Der Böse Lord hatte die Erde verlassen. Zu welchem Höllenaufenthalt? Der kleine George Gordon Byron wurde sechster Lord Byron. Er war in der Schule, als die Nachricht eintraf. Der Schulleiter war offensichtlich von Mrs. Byron unterrichtet worden, er ließ ihn rufen, bot ihm Kuchen und Wein an und sagte ihm, daß er nun nach dem Tod seines teuren Großonkels ein Lord sei. Der Wein, der Kuchen und der respektvolle Ton seines alten Lehrers gaben ihm eine hohe Meinung von seiner neuen Würde. Als er abends nachhause kam, rannte er vor den Spiegel und fragte seine Mutter, ob sie irgendeine Veränderung an ihm sehen könne, denn er bemerke keine. Am nächsten Morgen in der Schule unter den Heidekrautdächern wur-

---

* Notiz von Hobhouse: Über die frühreife Entwicklung bei Byron weiß ich ein sehr schwer wiederzugebendes Geschehen, das aber viel weniger romantisch und dafür sehr viel befriedigender war als die Liebe zu Mary Duff.

den die Schüler aufgerufen, und als der Lehrer zu seinem Namen kam, sagte er nicht mehr »Byron«, sondern *Domine de Byron*. Er konnte sein *Adsum* nicht sagen, er brach in Tränen aus.

Aberdeen sollte nun verlassen werden, es hieß, die Erbschaft anzutreten, und im Herbst 1798 brachen Mrs. Byron, ihr Sohn und May Gray nach Newstead auf. Vor der Abreise verkaufte Mrs. Byron ihre Möbel; das ganze Mobiliar der Mutter dieses jungen Lord erbrachte vierundzwanzig Pfund, siebzehn Schillinge und sieben Pennies.

IV

Die Abtei

Von den drei Reisenden empfand der jüngste gewiß am stärksten das Erlebnis dieser wunderbaren Reise. Gedankenvoll und aufgeschlossen nahm er mit allen Sinnen die Seen, die schottische Heidelandschaft, die Wiesen und Wälder Englands in sich auf. Als sie an Lochleven vorbeifuhren, erzählte Mrs. Byron ihrem Sohn die Geschichte von der Flucht der Königin Mary und erinnerte ihren Sohn daran, daß er selbst von den Stuarts abstammte. Er aber war nun wirklich Lord Byron und dabei, seine Ländereien in Besitz zu nehmen. Dies Abenteuer erschien ihm ebenso erstaunlich wie die aus *Tausendundeine Nacht*.

Einige Meilen hinter Nottingham rollte der Wagen in den Wald von Sherwood. Eine Schranke versperrte den Weg; hier stand das Grenzhäuschen von Newstead. Vor den Reisenden erhob sich eine riesige Eiche, die findige Nachbarn vor der Axt des Bösen Lord gerettet hatten, rechts von ihr die Pforte zum Park. Mrs. Byron stellte sich, als wisse sie nicht, wo man angelangt war, heimlichen Triumph im Herzen fragte sie die Pförtnersfrau, wem das Schloß gehöre. Die Frau sagte, daß der Eigentümer, Lord Byron, gestorben sei. »Und wer ist der Erbe?« – »Man spricht von einem kleinen Jungen, der in Aberdeen lebt.« – »Hier ist er, Gott segne ihn«, sprach May Gray und küßte den jungen Lord, der auf ihrem Schoß saß.

Der Wagen rollte vorbei an Sträuchern und Büschen, fuhr durch ein Kiefernwäldchen, und auf einmal, bei einer Wegbiegung der Allee, entdeckten die drei Reisenden Newstead. Am Ufer eines großen, halb mit Schilf bewachsenen Sees zeigte sich der anmutige gotische Bau der Abtei, grau unter einem grauen Himmel, friedlich, harmonisch. Wie alle Kinder mit reicher Phantasie hatte sich Byron eine Umgebung erträumt, in der er leben und herrschen wollte. Newstead war schöner als seine Träume.

Die Damen stiegen aus, der alte Diener Joe Murray trat hinzu, und die Besichtigung der Gebäude konnte beginnen. Alles war verfallen. Dächer, Wände, Fußböden waren seit Jahren nicht mehr ausgebessert worden, Unordnung und Schmutz unbeschreiblich. Zu ihrer Entschuldigung erzählte die Dienerschaft von den Verrücktheiten des alten Lord. Der kleine Junge spitzte die Ohren. Der Bericht von der befremdlichen Lebensweise dieses menschenfeindlichen Greises ließ unbekannte Saiten in ihm klingen. »Er trug stets Waffen bei sich, in jeder Tasche eine Pistole ...«

Wie gut verstand der Knabe das, bei seinen schwachen Füßen hatte er bei den Raufereien in der Schule immer fürchten müssen, daß sein Körper ihn im Stich ließ; aber eine Pistole, das war eine Waffe für ihn, sie stellte das Gleichgewicht zwischen den Stärkeren und ihm her. Von seinem siebten Jahre an hatte auch er Kinderpistolen in den Taschen getragen. Dann die Erzählung von dem Zweikampf mit Chaworth ... »Er faßte seinen Degen kurz und erdolchte ihn ...« Auch das war gerecht. Der alte Murray zeigte die große Allee, die Hochzeitsallee, die nach Annesley, dem Haus der Chaworths, führte. Dann erzählte er von den Grillen: Nach dem Tod Seiner Lordschaft verließen sie Newstead, die Halle war schwarz von ihnen, und sie wurden zu Hunderten zertreten ... Ja, die Grillen hatten ihren Herrn verloren, den sonderbaren teuflischen Zauberer, der sie mit Strohhalmen dressierte. Wie unheimlich düster und schön war diese Familie, seine Familie! Der junge Byron ging mit dem alten Diener von Zimmer zu Zimmer und hörte zu. »Dieses ist verwünscht; manchmal spukt hier ein Mönch in schwarzer Kutte ... Hier war das Refektorium, hier die Küche der Mönche ... Dieses Sarazenenbildnis an der Wand erinnert an Rupert Byron, der auf einem Kreuzzug umkam ...« Er nahm Besitz von dieser Erbschaft; viel realer als Häuser und Felder, wesentlicher als graublaue Augen und kupferfarbenes Haar: die Vorstellung, die sich ein Mensch über seine Vorfahren macht.

Von dieser ersten Begegnung an fühlte sich Byron ebenso stark zu Newstead hingezogen wie etwa zu Mary Duff. Zusammen mit dem alten Murray entdeckte er die gewölbten Gänge, die Klostersäle, die Alleen, die Bäche und ihre Quellen. Er pflanzte eine Eichel in den Boden und sagte, dieser Baum werde *seine* Eiche sein. Er hätte dieses märchenhafte Erbe am liebsten nie mehr verlassen, aber Mrs. Byron hatte befunden, daß es sich in diesem verwahrlosten Haus nicht wohnen ließ. Die Abtei zu renovieren war schwierig. Das Vermögen des minderjährigen Peers von England wurde von der Staatskanzlei verwaltet, seine Mutter konnte keine großen Ausgaben daraus bestreiten, zudem war das Geld in Ländereien angelegt und nicht in Bargeld. Bis zur Überprüfung dieser Konten hatte Mrs. Byron ohnehin nicht mehr zum Leben als ihre hundertfünfzig Pfund, obwohl sie die Mutter eines jungen Lord war. Als Berater für die geschäftlichen Angelegenheiten ihres Sohnes wählte sie jenen Londoner Anwalt, der ihr einst vor ihrer Niederkunft beigestanden hatte, und nach wenigen Tagen verließ sie Newstead, um sich in Nottingham niederzulassen.

Sie mietete sich in der Oberen Stadt nahe dem Schloß in einer engen dunklen Straße ein. Die kleine Wohnung war nicht schöner als jene, die sie in Aberdeen verlassen hatte. Für den Knaben eine große Enttäuschung: das Märchenschloß verwandelte sich in eine Hütte. Er war in dieser fremden Stadt unglücklicher als in Schottland. Mrs. Byron mußte mehrmals nach London reisen, um eine Rente des Königs für die Zeit der Minderjährigkeit ihres Sohnes zu erlangen. Sie ließ ihn unter der Obhut von May Gray in Nottingham zurück. Doch May Gray war dieses Vertrauen nicht wert. Hanson, der gerade aus London gekommen war, um seinen Klienten, den jungen Lord, zu besuchen, fühlte sich dem Jungen sogleich zugetan, befragte Nachbarn und war entsetzt. »Ich versichere Ihnen, Madame«, schrieb er an Mrs. Byron, »daß ich mir nicht erlaubt hätte, mich in Ihre Entscheidungen über das Personal zu drängen, wenn ich es nicht für absolut notwendig hielte, Sie von der Handlungsweise Ihrer Dienerin May Gray in Kenntnis zu setzen ... Mein ehrenwerter kleiner Freund versteht es im allgemeinen sehr wohl, seine Gefühle für sich zu behalten, und dennoch hat er sich nicht enthalten können, sich bei mir über die harte Behandlung zu beklagen, die er von May Gray zu ertragen hat ... Er hat mir erzählt, daß sie ihn unaufhörlich schlägt und er oft einen ganz zerschundenen Rücken habe, daß sie Leute aus sehr zweifelhaftem Milieu ins Haus bringe, spät abends ausgehe und ihn allein zu Bett gehen lasse, daß sie die Kutscher zu sich in den Wagen nehme, an jeder Schenke halten lasse und mit den Kutschern trinke ... Ich habe eine große Zuneigung zu Lord Byron gefaßt, und ich hoffe nicht nur als sein Anwalt, sondern vielmehr als sein Freund angesehen zu werden. Ich habe ihn Lord Grantley und seinem Bruder, dem General Norton, vorgestellt, die beide sehr angetan von ihm waren, wie übrigens alle Welt, und ich wäre äußerst niedergeschlagen, wenn die wackeren Empfindungen meines kleinen Gefährten der unzumutbaren Zudringlichkeit einer Dienerin ausgesetzt blieben. Er besitzt Intelligenz, geistige Beweglichkeit und eine Sicherheit des Urteils, wie sie in so jungen Jahren selten ist. Er ist fähig, der Gefährte gebildeter Menschen zu sein, und die Menschen, mit denen er umgehen soll, wollen sorgfältig ausgewählt sein.«

Hanson hatte recht. Der kleine Lord Byron entwickelte geistige Kräfte, die für ein Kind seines Alters ungewöhnlich waren. Ein schwieriges Leben beschleunigt häufig die Entwicklung der Intelligenz. Ein glückliches Kind nimmt das Leben hin und akzeptiert die Wahrheit, die ihm seine Eltern offenbaren; ein Kind jedoch, das im Lärm elterlichen Zwistes aufwächst, kommt rasch zu eigenem Urteil über seine Eltern und schafft sich selbst ein häufig hartes Weltbild. May Gray hatte gesagt, daß die Bösen dem ewigen Feuer anheimfielen; würde sie wagen, selbst ein solches Leben zu führen, wenn sie daran geglaubt hätte? Das stimmte also nicht. Eine Lüge für Erwachsene. Vielleicht war May Gray für alle Ewigkeit verdammt wie Kain? Wenn es so wäre, änderten Kutscher und Schenken nichts daran. Aber war Gott ungerecht? Woran glauben? Warum mußte er, ein Unschuldiger, leiden? Seit er Lord geworden war, konnte es Mrs. Byron noch weniger ertragen, daß er hinkte. Ihr war in Nottingham ein Scharlatan mit Namen Lavender empfohlen worden, und sie hatte ihm den jungen Patienten anvertraut. Dieser Lavender war völlig unwissend. Seine ganze Behandlung bestand darin, die Füße des Kleinen mit Gewalt zu verrenken und in eine hölzerne Maschine festzuschrauben. Ein Amerikaner, Mr. Rogers, gab dem jungen Byron nun Unterricht in Latein, und der brave Mann litt sehr, wenn er auf dem Gesicht seines Schülers, mit dem er Vergil und Cicero las, den schmerzverzerrten Ausdruck sah, den die Folterinstrumente Lavenders hervorriefen: »Es macht mich ganz elend, Mylord, Sie so leiden zu sehen.« – »Machen Sie sich keine Sorgen, Mr. Rogers, ich werde mir meine Schmerzen nicht allzusehr anmerken lassen.«
Rogers hatte, wie Hanson, sogleich eine starke Zuneigung zu diesem mutigen Kind gefaßt. Es war durchaus ungewöhnlich, einen zehnjährigen Schüler zu haben, der darum bat, die Zahl der Unterrichtsstunden zu erhöhen. »Mr. Rogers«, schrieb Byron an seine Mutter, »könnte mir jeden Abend eine Stunde geben ... Ich rate zu diesem Plan, weil man, wird nicht dieser oder ein ähnlicher erfüllt, mich als Faulpelz bezeichnen oder vielmehr verspotten wird, und das kann ich, wie jeder weiß, nicht ertragen.« Selbst die Nachbarn litten darunter, zusehen zu müssen, wie dieser seelenvolle kleine Bursche einer May Gray und einem Lavender ausgeliefert war. Der letztere machte sich einen Spaß daraus, den kleinen Lord während der Behandlungsstunden Bier holen zu schicken, und Nottingham schämte sich, den Herrn von Newstead durch die Straßen hinken zu sehen, wie er voller Vorsicht den Bierkrug des Scharlatans in den Armen hielt. Dennoch blieb er heiter; selbst die Rache an seinem Quälgeist war lustig. Der unwissende und dabei prahlerische Lavender behauptete, alle Sprachen zu können. Der Knabe

kritzelte alle Buchstaben des Alphabets auf einen Zettel und ordnete sie willkürlich zu Worten und Sätzen; dann hielt er dem Kerl das Blatt unter die Nase und fragte, welche Sprache das sei. »Italienisch«, antwortete der Scharlatan, und Byron brach in ein triumphierendes Lachen aus. Betrüger: nichts anderes waren Lavender und May Gray. Die Verachtung aller Heuchelei wurde eines seiner stärksten Wesensmerkmale.

Endlich erlangte Mrs. Byron beim König eine Rente von dreihundert Pfund; jetzt konnte sie in London leben. John Hanson suchte nach einer Schule für Byron und wählte die des Doktor Glennie, er überredete Lord Carlisle, einen Vetter der Byrons, seine Mutter war die Schwester des Admirals, Vormund des Knaben zu werden. Lord Carlisle war in seiner Jugend ein verschwenderischer Dandy gewesen, nur um sich gestickte Seidenwesten zu kaufen, hatte er die Reise nach Lyon auf sich genommen; Oden und Tragödien von seiner Hand waren erschienen; dann hatte er geheiratet und eine ernsthafte politische Karriere begonnen, er war Vizekönig von Irland geworden und schließlich Minister. Vielleicht wäre er wirklich ein zuverlässiger Vormund für Byron geworden, wenn Mrs. Byron eine andere gewesen wäre. Aber schon das erste Zusammentreffen zwischen dem empfindlichen eleganten Herrn mit dieser geräuschvollen, reizbaren und fast ein wenig lächerlichen Dame entschied über ihre Beziehungen. Mrs. Byron fand Carlisle hochnäsig und versnobt, sie zählte ihn von nun an zu ihren »Feinden«; der edle Lord dagegen bereute seine Gutherzigkeit und beschloß, diese schlechtangezogene, nach Whisky duftende Frau, deren Englisch einen harten Akzent hatte, so wenig wie möglich zu sehen.

Auch Doktor Glennie, Byrons neuer Lehrer, bekam sehr bald die Launen der Mrs. Byron zu spüren. Wie alle, die Byron kennenlernten, war er sehr bald von starker, mit Hochachtung gemischter Zuneigung für ihn erfüllt. Er bewunderte den kleinen schwachen Jungen, der mit viel Mut versuchte, den sportlichen Übungen der soviel stärkeren Schüler zu folgen. Er unterhielt sich gern mit ihm, denn wenige Schüler seines Alters hatten so viel gelesen. Er fand ihn originell. Der Junge rezitierte Verse, kannte die Dichter und las sonntags die Bibel mit einer Hingabe, die bewies, daß ihm die Heilige Schrift ein Freund war. Seine Kameraden mochten ihn gern, aber sie nannten ihn »den alten englischen Baron«, weil er gar zu oft von der uralten Herkunft seines Titels sprach, und sie lachten, wenn sie die ungeschlachte Frau mit den fleischigen Armen und mit Schmuck behängt ankommen sahen, die aus vollem Halse mit Doktor Glennie schimpfte. »Byron«, sagten die kecksten von ihnen, »deine Mutter ist verrückt.« Er antwortete darauf mit finsterem Blick: »Ich weiß es wohl.«

Nicht, daß sie ihren Sohn nicht auf ihre Weise geliebt hätte, und vielleicht hätten Lord Carlisle und Doktor Glennie sie gerechter beurteilt, wenn sie sie mit etwas mehr Nachsicht betrachtet hätten. Vielleicht hätten sie bemerken können, daß diese Frau im Elend heldenhaft gewesen war und großzügig, sobald sie es konnte, aber sie brachte sie von vornherein zu sehr gegen sich auf, als daß sie noch Lust gehabt hätten, sie besser kennenzulernen. Überraschend holte sie ihren Sohn eines Sonnabends zu sich und behielt ihn gegen die Schulregeln zu Hause. Doktor Glennie beklagte sich bei Lord Carlisle, der auch einzuschreiten versuchte, dabei aber den Zorn der Gordons zu spüren bekam, und er schrieb an den Doktor: »Ich will nichts mehr mit Mrs. Byron zu tun haben, einigen Sie sich mit ihr, wie Sie können.«

Das Urteil seiner Lehrer und seiner Kameraden bestärkte Byron in einem Gefühl, das seit langem aus seinen eigenen Beobachtungen erwachsen war: eine stille, tiefe Verachtung gegen seine Mutter. Ja, dachte er, sie ist verrückt. Er fühlte sich für sie verantwortlich, nahm es übel, daß sie für ihn nicht Gegenstand einer Zärtlichkeit sein konnte, die er nun für vergeblich hielt. Als er klein war, hatte er sich vor ihr gefürchtet. Jetzt wuchs der Trotz gegen sie. Wenn sie in Zorn geriet, verfolgte sie ihn durch das ganze Haus, und es war ein tragikomisches Schauspiel, das sich bot, vor dem dicken Gnom floh ein schöner hinkender Engel.

Die Ferien bekamen ihre Farbe durch eine neue kindliche und tiefe Liebe zu einer Kusine, Margaret Parker, »eines der schönsten und anmutigsten Geschöpfe, von feenhafter Art«. Sie war ein dreizehnjähriges Mädchen, deren schwarze Augen, deren lange Wimpern und deren Gesicht, das dem einer griechischen Statue glich, Byron nie vergessen sollte. »Ich erinnere mich beinahe an nichts, was der durchsichtigen Schönheit meiner Kusine oder der Lieblichkeit ihres Wesens geglichen hätte, während der kurzen Zeit unserer Verbindung. Sie war wie aus einem Stück Regenbogen gemacht, ganz Schönheit und Friede. Meine Leidenschaft hatte für mich die üblichen Folgen, – ich konnte nicht schlafen, – ich konnte nicht essen, – ich konnte nicht ruhen.« Er versuchte, Verse für sie zu schreiben. Sie erschien ihm wie die Verkörperung einer unschuldigen göttlichen Zärtlichkeit, nach der er überall gesucht hatte, um seine allzu heiße Seele daran zu erquicken und die er einzig in zwei Kindern gefunden hatte.

Während der Ferien in diesem Jahre, es war 1801, suchte Mrs. Byron in einem Badeort die damals berühmte Wahrsagerin Mrs. Williams auf, und die sagte ihr, daß sie die Mutter eines hinkenden Sohnes sei, der zweimal heiraten werde, beim zweiten Male eine Ausländerin, und daß die beiden gefährlichen Zeitspannen seines

Lebens das siebenundzwanzigste und das siebenunddreißigste Jahr seien. Diese Voraussage, von der Byron erfuhr, machte ihn sehr nachdenklich.

V

Harrow on the Hill

Im Jahre 1801 wurde beschlossen, Byron, wie es seinem Rang entsprach, auf eine große Schule zu schicken. Die Wahl fiel auf Harrow; Hanson begleitete ihn. Die Schule lag nicht weit von London; von dem Hügel aus, wo zwischen hohen Bäumen die roten Ziegelbauten gruppiert waren, hatte man einen weiten Blick über Bäche und Wälder, hinter denen unsichtbar und doch gegenwärtig die Stadt lag. Für den jetzt dreizehneinhalbjährigen Byron hatte der Aufstieg zu dieser für ihn so neuen Umgebung etwas sehr Bewegendes. Was für einen Empfang mochte diese spotterfüllte und grausame Welt für einen hinkenden und unwissenden Knaben bereithalten? Freilich, er war Lord Byron, aber man hatte ihm erzählt, daß kein Mensch darauf Rücksicht nehmen werde, der amerikanische Botschafter hatte seinen Sohn gerade nach Harrow geschickt, »weil es die einzige Schule ist, in der es keinerlei Begünstigung für irgendeinen Rang gibt«.

Headmaster von Harrow war seit mehr als fünfzehn Jahren der Doktor Joseph Drury, ein energischer Mann Anfang der Fünfzig, er hatte der Schule einen großen Ruf erworben. Er war beredt, intelligent und gelassen; einen großen Teil seiner Zeit widmete er Gesprächen und Spaziergängen mit den Schülern. »Ein Verweis von Doktor Drury war ein durchaus positives Vergnügen«, sagte einmal einer von ihnen.

Hanson brachte Byron zu Drury und berichtete, daß die Erziehung des Kindes vernachlässigt worden sei, es aber bemerkenswerte Fähigkeiten besitze. Der Doktor dankte dem Anwalt und begleitete ihn nach draußen. Dann nahm er Byron mit sich in sein Büro und versuchte ihn dazu zu bringen, über seine Studien und seine Vorlieben zu sprechen. »Ich entdeckte schnell, daß mir hier ein wildes Bergfohlen anvertraut worden war. Aber er hatte Feuer in den Augen.« Drury erkannte, daß die empfindlichste Stelle seines neuen Fohlens sein Stolz war und daß der Knabe fürchtete, wegen seiner mangelhaften Vorbereitung in eine Klasse zu kommen, die unter seinem Jahrgang lag. Der erfahrene Lehrer versprach, daß Byron für eine gewisse Zeit bei einem Professor Einzelstunden erhalten sollte und erst dann einer Klasse zugeteilt werde, wenn er mit seinen Altersgenossen Schritt halten könne. Das schien den Neuling etwas zu beruhigen.

Es war kein glücklicher Anfang in dieser Schule. Es wäre überraschend gewesen, hätten sich unter dreihundertundfünfzig Zöglingen nicht ein paar gefunden, die nur zu gern einen Schwachen hänselten, der von Natur aus schüchtern und stolz war. Mit seinen Füßen war es nicht besser geworden; er mußte Spezialschuhe tragen, die seine Mutter bei dem bekannten Londoner Schuhmacher Sheldrake anfertigen ließ. Manchmal erwachte er morgens davon, daß seine Kameraden ihm die Füße in eine Wasserschüssel hielten: eine harte Anspielung auf seine Schwäche. Vielleicht hätte er seine Qualgeister durch Unterwürfigkeit besänftigen können, aber er war alles andere als unterworfen. Er hatte seinen Vater früh entbehren müssen und längst gelernt, keine Autorität zu achten. Sein Geist wollte die Notwendigkeit nicht einsehen, anderen Wesen, deren Unzulänglichkeiten er erkannt hatte, zu gehorchen, sein Stolz verbot ihm, sich aus Klugheit zu beugen, wenn die Achtung fehlte. Seine Mutter hatte ihm die Liebe zur Französischen Revolution anerzogen, er bewahrte sich daraus eine Bewunderung für Napoleon Bonaparte, Soldat der Republik; er hatte eine kleine Büste des Ersten Konsul in die Schule mitgebracht und verteidigte sie mit der ganzen Kraft seiner Fäuste gegen patriotische Mitschüler. Weil seine Schwäche ihm Angst vor Geringschätzung machte, gab er sich hochmütig, streitsüchtig und finster. Er war von etwas grober Statur, aber er hatte ein feines Gesicht und der Schwung seiner Brauen war bewundernswert, die Haare rötlichblond und gelockt. Die Leidenschaft, die er in alle Dinge setzte, war erstaunlich. Er arbeitete nur anfallweise, aber zu guten Zeiten war er fähig, auf einen Schlag dreißig oder vierzig lateinische Hexameter zu schreiben. Er machte seine Schulaufgaben nicht, aber durch seine Lesewut waren seine allgemeinen Kenntnisse ungewöhnlich gut. Er war gebildet und faul.

Die erste Eroberung Byrons an dieser Schule war die des köstlichen Doktor Drury. Einige Erfahrungen hatten den Headmaster davon überzeugt, daß dieses Vollblutpferd besser am seidenen Bande als an einem Strick zu führen war. Er hielt ihn an ganz lockerem Zügel und wurde dafür belohnt. Byron faßte Zutrauen zu seinem Lehrer. Er war für ihn die erste Persönlichkeit unter allen, die Macht über ihn gehabt hatten, die er streng und gerecht fand. Und er brauchte Gerechtigkeit. Er fühlte, weil Kinder genauso wie alle Menschen die Dinge fühlen, daß Drury ihn bewunderte. Lord Carlisle bat den Doktor Drury, ihm von seinem Mündel zu berichten. »Er hat Begabungen, Mylord, die seinem Rang Glanz verleihen werden«, sagte der Doktor. – »Wirklich?« fragte Lord Carlisle voll Überraschung, und er schien nicht sehr zufrieden.

Nach dem Lehrer verfielen nach und nach auch die Kameraden dem Charme Byrons. Es war ein sehr eigenartiger Reiz, der vor allem auf dem grenzenlosen Mut in Wort und Tat beruhte. Es gab nichts Niedriges an diesem Jungen, der unfähig war zu lügen. Keiner in der ganzen Schule schlug sich so bereitwillig wie er. In seiner ganzen Art lag etwas Ritterliches. Er hatte sich mit einem Gefährten befreundet, William Harness, der hinkte wie er selbst. Einmal sah Byron, wie Harness von einem älteren und stärkeren Schüler gequält wurde, er sagte: »Harness, wenn irgend jemand dich belästigt, sag es nur, ich verprügele ihn, so gut ich kann.« Damals war Robert Peel in Harrow, todunglücklich unter hochmütigem Gehabe. »Was tut man mit einem Knaben, der die Reden Pitts rezitiert und in einer Welt für sich lebt?« Der feierliche Ernst des kleinen Peel reizte die Quälgeister der Schule; er wurde schikaniert. Einer der Tyrannen verabreichte ihm eine Tracht Stockschläge, Schlag auf Schlag fiel auf den sich windenden Knaben. Da kam Byron hinzu, er war nicht stark genug, um sich mit einem »Großen« zu schlagen, aber er fragte mit Tränen in den Augen und mit einer Stimme, die vor Schrecken und Zorn bebte: »Wieviel Schläge soll er denn bekommen?« – »Was geht dich das an, kleiner Mann?« – »Weil ich, bitte, die Hälfte auf mich nehmen möchte«, sagte Byron.

Dieses erste Schuljahr war schwer gewesen; Byron hatte gelitten und hatte mißfallen. Aber seine Schwäche trug dazu bei, seine Besonderheit zu formen. Zumindest konnten die Lehrer ihn nicht mit der Masse der Schüler verwechseln. Weil er schnell ermüdete und weil er von Natur aus ein Träumer war, suchte er häufig die Einsamkeit. Man sah ihn, ein Buch unter dem Arm, auf die Kapelle zugehen, die auf dem Gipfel des Harrowschen Hügels inmitten eines engen Friedhofes eingebettet lag. Hier lag unter einem mächtigen Baum der Grabstein eines unbekannten Mannes, namens John Peachey. Byron setzte sich auf den Stein unter das Dach der Ulme. Die Frau des Doktor Drury sah ihn vom Fenster aus, wie er schwerfällig den steinigen Weg hinaufhumpelte. »Da ist ja unser Byron«, sagte sie, »er schwankt den Hügel hinauf wie ein Schiff im Sturm ohne Kompaß und Steuer.«

Es waren sehr unterschiedliche Gefühle, die Byron zu dem Friedhof hinzogen. Der Gedanke an den Tod beschäftigte ihn sehr. Da ihn in seiner Kindheit die vielen Erzählungen von der Hölle gepeinigt hatten, fand er nun Gefallen an dem Gedanken, die Toten fänden traumlosen Schlaf an solch friedlichem Ort und unter den hellen Blättern, die der Wind leise bewegte. Er erfuhr vom Tod seiner schönen Kusine Margaret Parker, sie war mit fünfzehn Jahren gestorben, sie, die er das »schönste flüchtige Wesen« genannt hatte. Er dachte an ihre schwarzen Augen, die langen Wimpern. In einen Sarg hatte man ihn also gelegt – und in die Erde gesenkt, diesen zerbrechlichen Körper, den er so gern betrachtet hatte. Er wunderte sich, ein bitteres Wohlempfinden bei diesem verzweifelten Gedanken zu spüren. Seine Nachdenklichkeit gewann in diesen rhythmischen Sätzen Form.

> In einer engen Zelle ruht dieser Staub,
> dieser Stoff, der von so viel Beseeltheit strahlte;
> der König des Schreckens hat sie zur Beute gewonnen,
> nicht Schönheit, nicht Tugend konnten ihr Leben retten ...

Die Schüler, die vorüberkamen, machten einander auf ihn aufmerksam, der da auf »seinem« Grabstein saß. Er wußte, daß er sie in Erstaunen setzte und daß Staunen nie weit entfernt ist von Bewunderung. In seiner Traurigkeit lag durchaus Koketterie.

VI

Der Morgenstern

> Newstead! fast-falling, once resplendent dome!
> Religion's shrine! repentant Henry's pride!
> Of Warriors, Monks, and Dames the cloister'd
> tomb,
> Whose pensive shades around the ruins glide ...
> *Byron*

Im April 1803 wurde Newstead für fünf Jahre an Lord Grey von Ruthyn verpachtet, einen jungen Herrn von dreiundzwanzig Jahren. Byron sollte also seine Erbschaft antreten können, wenn er mündig geworden war. Mrs. Byron hatte auf seinen Wunsch die Wohnung in Nottingham nicht aufgegeben, denn er wollte unbedingt ein Domizil in der Nähe seiner so geliebten Abtei behalten. Als aber die großen Ferien herankamen, lud Lord Grey Byron ein, sie auf Newstead selbst zu verbringen, und Byron nahm mit Begeisterung an, zum großen Zorn seiner Mutter: »Das ist der Lohn für mich! Da komme ich nach Nottingham, um ihm eine Freude zu machen, und nun kann er die Stadt auf einmal nicht leiden.«
Es war nicht so sehr Nottingham, das er nicht ertragen mochte, sondern Mrs. Byrons Gesellschaft, und im übrigen: wie hätte er dem Glück widerstehen können, auf Newstead zu leben? Mit Freuden sah er den See wieder, die Abtei und die schwarze Allee. Lord Grey, der wohl wußte, daß er nur für kurze Zeit hier bleiben konnte, ließ alles so wie es war, aber selbst in diesem Zerfallen

war etwas Schönes, eine Trauer, die Byron entzückte. Der Wind fuhr durch die gewölbten Gänge, im Garten wuchsen Disteln und Schierlingskraut und erstickten die Rosen; in der Dämmerung flogen Fledermäuse durch die scheibenlosen Fenster der Kapelle, in der dreihundert Jahre zuvor die Mönche im Chor ihre Marienlieder gesungen hatten. Im Park suchte er nach der Eiche, die er vor sechs Jahren in die Erde gesetzt hatte, als er zum erstenmal hergekommen war. Das Bäumchen wuchs. Die Entdeckung freute ihn. Er hielt etwas von geheimnisvollen Vorzeichen! Halb im Ernst sagte er, sein Schicksal sei nunmehr an das der Eiche gebunden: »Gedeiht sie, werde ich gedeihen.«

Wenn er zwischen all den Ruinen saß, vergegenwärtigte er sich gern seine Vorfahren: John Byron, der an den Kreuzzügen teilnahm, Paul und Hubert, die im Tal von Crécy gefallen waren, Rupert, der in Marsten Moor kämpfte; alle waren sie jung und nachdenklich gewesen wie er selbst, heftig und zärtlich, nun waren sie Gebein, Staub, Asche, gleitende Schatten.

Der größte Reiz dieser Stätten aber war die Nachbarschaft von Annesley, das Haus fast ein Zwilling von Newstead, und es beherbergte Miss Mary Chaworth, eine Großnichte jenes Mr. Chaworth, der das Opfer des bekannten Duells gewesen war. Byron hatte die Bekanntschaft seiner Nachbarn zu Annesley schon in London gemacht. Natürlich waren die Chaworths mit dem Bösen Lord zerstritten, solange er lebte, aber sie hatten keinen Grund, einem fünfzehnjährigen Kind einen Zwist nachzutragen, mit dem es nichts zu tun gehabt hatte. Überdies war Mr. Chaworth gestorben, Mrs. Chaworth hatte wieder geheiratet, und Mary-Ann Chaworth, ihre Tochter, konnte doch nicht auf einen jungen Vetter böse sein, der sie so schön zu finden schien.

Sie war siebzehn Jahre alt, hatte ein liebliches Gesicht, ruhige und feingeschwungene Brauen, das Haar war von einem Mittelscheitel geteilt. Sie dachte gewiß nicht daran, daß ein kränklicher Schüler, und sei er auch Lord Byron von Newstead, jemals ein Mann für Miss Chaworth von Annesley sein könnte. Aber der Gymnasiast hatte Phantasie; er hatte viel gelesen; er langweilte sie nie. Sie war als Einzelkind allein wie in einem großen Park aufgewachsen, kannte das Leben nicht, sie war naiv. Woher hätte sie wissen sollen, daß es schlimmer war, diese jugendliche Schwärmerei zu ermutigen, als sie durch vorgetäuschte Kälte in ihren Anfängen zu heilen? Richtete sie überhaupt Schlimmes an? Ist es nicht gut, wenn junge Menschen einige zu starke Leidenschaften erleben? Mary-Ann Chaworth nahm den knabenhaft Verliebten freundlich auf, und der schwelgte in den absurdesten Träumen. Für einen so hingebungsvollen Roman- und Tragödienleser mußte dies Abenteuer in der Tat das schönste von der Welt sein. Zwischen den Byrons und den Chaworths lag ein Mord, sie waren die Montaignes und Capulets dieser Breiten; wer konnte daran zweifeln, daß Mary-Ann und er dazu ausersehen waren, Romeo und Julia in dem rührendsten Schauspiel der Wirklichkeit zu werden? Sie war ein wenig älter als er, aber wieviel? Zwei Jahre. Gab es nicht Ehen genug in der Welt, in denen die Frauen zwei Jahre älter waren als ihre Männer? Sollte nicht auch ihr daran liegen, die beiden Perlen der Grafschaft, Newstead und Annesley durch eine Heirat wieder zu vereinen? Und hieß die lange Allee, die beide Häuser miteinander verband, nicht die Hochzeitsallee? Byron versenkte sich mit leidenschaftlichem Optimismus in diese Träumereien.

Vom Beginn seiner Ferien an machte er es sich zur Gewohnheit, jeden Morgen nach Annesley zu galoppieren. Die Landschaft zwischen den beiden Häusern war hinreißend schön: Hügel, Wiesen, auf denen Schafe grasten, und immer wieder wunderschöne, einzelstehende Bäume. Annesley war vielleicht nicht so ehrwürdig wie Newstead, aber um so anmutiger. An der Rückfront des Hauses bot Mary-Anns Zimmer unmittelbaren Zugang zu einer großen Terrasse; sie war von einer girlandengeschmückten Balustrade umgeben, jedes Girlandenstück schien an der Steinkugel der Pfeiler aufgehängt. Efeu bedeckte die ganze Mauer und wirkte wie ein schöner natürlicher und dichter Vorhang. Von der Terrasse führte eine Doppeltreppe mit majestätischem Schwung in den Park. Unten, am Fuß der beiden Treppenarme, befand sich eine Holztür. Jedesmal wenn Byron, der ja stets Pistolen trug, daran vorbeikam, schoß er auf diese Tür. Die Chaworths zeigten die Einschlagstellen der Kugeln mit Vergnügen. »Alle Byrons«, pflegten sie lächelnd zu sagen, »waren gefährlich.« Die alte Vendetta war niemandem peinlich, im Gegenteil, sie gab zu Scherzen Anlaß und war ein weiteres Band zwischen den beiden jungen Leuten. Als Byron ein Zimmer auf Annesley angeboten wurde, damit er abends nicht nach Newstead zurückreiten mußte, lehnte er es erst einmal mit der ihm eigenen Mischung aus Ironie und Ernst ab und sagte, er wage nicht, es anzunehmen, denn gewiß würden die alten Chaworths aus ihren Gräbern steigen, um den Byron zu verjagen. Dann, eines Abends, sagte er ganz ernsthaft zu Mary-Ann: »Als ich letzte Nacht heimritt, ist mir draußen ein Gespenst begegnet.« Man lächelte, man bot ihm an zu bleiben, und von diesem Abend an verbrachte er die Nächte stets auf Annesley.

Das Entzücken dieser Ferien: unendlich zu lieben und unter einem Dach mit der Geliebten zu leben; sie morgens auf die Terrasse treten zu sehen, noch schlafumfangen; zwei Pferde satteln zu lassen und im Galopp über die Wiesen zu reiten. Oft saßen sie auf dem

Hügel am Ende der Hochzeitsallee, über dem sich die Baumkronen zu einem kostbaren Diadem formten. Der Hügel war die letzte Erhebung des Berglandes. Zu ihren Füßen breitete sich in sanften Wellen ein Meer von Farnkraut, leise vom Wind bewegt; dahinter ein See, Felder, Baumgruppen und hier und da am weiten Horizont eine menschliche Behausung, Kaminrauch, der über ländlichen Dächern stieg. Mary Chaworth schaute auf diese von der Sonne gebadete schöne Ebene. Byron schaute Mary Chaworth an. Er sah nur noch sie. Dieses Gesicht war für ihn der einzig betrachtenswerte Anblick. Er hatte sie angesehen, bis er sie nicht mehr vergessen konnte. Er atmete, er existierte nur noch durch sie. Sie war sein Gesicht, denn er folgte ihrem Blick und sah durch ihre Augen. Er nannte sie den Morgenstern, den Morgenstern von Annesley. War er nicht bei ihr, verlor er sich in lauter Schwärmerei, bis ihn dieses Bild, wie einst das Bild der Mary Duff und das der armen kleinen Margaret Parker ganz und ausschließlich erfüllte.

Manchmal berührten sich ihre Körper während eines Spazierganges oder ihre Hände streiften einander. Bei solcher Berührung wallte das Blut des Knaben auf. Sie besuchten einige unterirdische Grotten, die man nur im Kahn besichtigen konnte. »Ich mußte in meiner Barke, die nur für zwei Personen Platz hatte, einen Bach überqueren, der unter einem Felsen hindurchfloß. Der Stein war so dicht über das Wasser geneigt, daß der Schiffer, eine Art Charon, gebückt bleiben mußte. Meine Reisegefährtin war M. A. C., die ich seit langem liebe, der ich es aber nie gesagt habe, obwohl *sie* es entdeckt haben wird, ohne daß ich es sagen müßte. Ich erinnere mich meiner Empfindungen, aber ich kann sie nicht beschreiben, und das ist besser so.« Ein glutvoll liebendes Kind kann jahrelang von einer solchen Erinnerung leben. Aber der Abend desselben Tages in Matlock wurde qualvoll. Matlock war ein kleiner Badeort, in dem getanzt wurde. Der hinkende Byron hatte dem Tanzen gegenüber eine Abneigung, die an Haß grenzte. Er mußte sitzenbleiben, während Miss Chaworth tanzte. Wenn sie von irgendeinem Unbekannten begleitet zurückkam und sich zu ihm setzte, sagte er mit Bitterkeit: »Ich hoffe, daß Ihnen Ihr Freund gefallen hat.« Am nächsten Morgen schon fand er seine Genugtuung; die kleine Stadt lag nicht weit von seiner Domäne Rochdale, und er konnte seiner Geliebten die zweiunddreißigtausend Morgen Land zeigen, die ihm mit allen herrschaftlichen Privilegien über die Dörfer der Gegend gehörten, wenn er seinen Prozeß gewann.

Sah Miss Chaworth nicht, daß sich hinter dieser kindlichen Prahlerei eine große Liebe und der Wunsch, sie zu erobern, steckten? Sie ahnte es, glaubte aber nicht daran, daß es ernst werden konnte. Sie gab vor, Byron wie einen Bruder anzusehen. Der Mann, den sie liebte, war Jack Musters von Colwick Hall, ein großer Parforce-Jäger und der beste Reiter der Grafschaft. Er war elf Jahre älter als Byron, recht ungestüm, aber ein bewundernswert athletischer Mann und in Nottingham dafür berühmt, daß er im Schlußsprung über eine ganze Reihe von Fässern gesprungen war, ohne ein einziges Faß umzustoßen. Die Bauernmägde waren schon beglückt, wenn sie ihn am Morgen eines Herbsttages durch die Felder gehen sahen, mit elastischem Schritt, in den Wind schnuppernd, um zu erfahren, ob die ersten Frostnächte bald die Zeit der Fuchsjagd brächten.

Einmal, als Mary Chaworth neben Byron auf dem Hügel des Diadems saß und mit verlorenem reinen Blick über das vom Wind bewegte Farnkraut blickte, erspähte sie in der Ferne Musters Pferd. Keine Frau widersteht so leicht dem Verlangen, einen Liebhaber auf die Probe zu stellen. Er mag so jung und so arm sein wie er will, es bleibt schmeichelhaft, Gewalt über einen Geist zu haben. Mary Chaworth schenkte Byron ihr Bildnis und einen Ring. Für den armen Jungen hätte es solcher Gunst gar nicht bedurft, um ihn toll zu machen. Übrigens, auch wenn sie entschlossen gewesen wäre, ihn von sich fernzuhalten, es wäre ihr nicht gelungen, denn er wollte nicht geheilt sein. Er war es nicht, nicht einmal nach einem Ereignis, das er als die schärfste Demütigung ansah, die sein Leben ihm schuf. Eines Abends in Annesley, Mary-Ann war schon zum ersten Stock hinaufgegangen und Byron saß noch in der Halle, hörte er eine Unterhaltung mit an, die sie mit ihrer Kammerjungfer führte. »Glauben Sie wirklich, ich könnte diesem hinkenden Jungen treu sein?« sagte Mary-Ann. Dieser Satz gab ihm einen Stich. Er stürzte in die schwarze Nacht hinaus und lief, ohne zu wissen was er tat, ohne anzuhalten, bis nach Newstead. Traurigkeit, Zorn, der Wunsch zu sterben, das Verlangen zu töten, Gewalt beherrschten ihn in dieser Nacht.

Am nächsten Morgen kam er wieder und sprach kein Wort über das, was er gehört hatte. Schon mit fünfzehn Jahren hatte er dieses schreckliche Verlangen nach einem Menschen, von dem man viel lieber alles erleidet als darauf zu verzichten, sein Gesicht zu sehen, seine Stimme zu hören, seine Hand zu berühren. Im September, am Ende seiner Ferien, war er so rasend verliebt, daß er sich weigerte, nach Harrow zurückzukehren. Mrs. Byron beschwor ihn, nach Hause zu kommen, denn sie wußte ihn nicht gern in der Gesellschaft der Chaworths. »Ich weiß«, schrieb er ihr, »daß es Zeit ist, nach Harrow zu gehen. Es wird mich *unglücklich* machen, aber ich *gehorche*. Ich bitte nur, und flehe Sie an es mir zuzubilligen, um diesen einen Tag, und bei meiner *Ehre*, morgen werde ich reisen, am Abend oder am Nachmittag. Ich bedaure, daß Sie die Wahl meiner Gefährten mißbilligen, obwohl sie die Ersten in der Grafschaft sind und mir in jeder Beziehung ebenbürtig; ich erbitte die Erlaubnis, meine eigene Wahl treffen zu dürfen. Ich werde mich niemals um Leute kümmern, mit denen Sie umgehen, und ich bitte Sie, sich nicht um meine Freunde zu kümmern.« Ein merkwürdig fester Ton für einen Knaben von fünfzehn Jahren. Mrs. Byron schenkte ihm den einen Tag.

Aber Byron fuhr nicht am nächsten Tag ab, auch nicht nach einer Woche, nicht nach vierzehn Tagen. Am 4. Oktober schrieb Doktor Drury verwundert an Hanson, um zu erfahren, was mit seinem Schüler geschehen war. Hanson schrieb an Mrs. Byron und erhielt folgenden Brief: »Ich verstehe, daß Sie überrascht sind, Sie und Doktor Drury, weil Byron noch nicht nach Harrow zurückgekehrt ist. Die Wahrheit ist, daß ich ihn nicht dazu bringen kann, wieder nach Harrow zu gehen, obwohl ich in den vergangenen sechs Wochen alles getan habe, was in meinen Kräften steht. Er leidet unter nichts anderem als unter einer Liebe, einer hoffnungslosen Liebe, nach meiner Meinung die *schlimmste aller Krankheiten*. Mit einem Wort, der Kleine liebt Miss Chaworth bis zum Wahnsinn. Mit mir ist er nur drei Wochen zusammen gewesen während seiner Ferien, dafür verbringt er seine ganze Zeit auf Annesley. Wenn mein Sohn auch im entsprechenden Alter und die Dame nicht *verlobt* wäre, diese Verbindung dürfte die letzte sein, die ich befestigt sehen möchte; alles das beunruhigt mich sehr.«

Byron blieb der Schule ein volles Trimester fern und kam erst im Januar 1804 zurück. Die drei Monate Aufschub machten ihn nicht glücklich. Er hatte sich mit seinem Gastgeber und Pächter Lord Grey zerstritten und das aus undurchsichtigen schwerwiegenden Gründen, die er voll aufsässiger Scham weder seiner Mutter noch Hanson entdecken wollte. Dieser Streit verwehrte es ihm, überhaupt noch nach Newstead zu kommen. Er wollte um keinen Preis mit Lord Grey im selben Zimmer sein und verließ das Haus, wenn jener es betrat. Seine Liebe zu Mary Chaworth wurde mehr und mehr hoffnungslos. Es ist immer ein Fehler, wenn ein verschmähter Liebhaber sich wenigstens die Nähe der Geliebten erhalten will. Das von Argwohn erfüllte Schweigen, feindselige Unterstellungen lassen die geretteten Stunden beklemmend und lang werden. Das also war die Liebe, das Gefühl, das er sich so schön vorgestellt hatte? Als er im Januar abreiste, war er beinahe glücklich, nach Harrow zurückkehren zu können. Er bedauerte nur, daß er Newstead zurücklassen mußte; von weitem sah er noch einmal auf die Abtei zurück und schrieb eine Elegie über diesen Abschied:

Lebt wohl, Schatten der Helden, euer Enkel, der fortgeht
vom Platz seiner Ahnen, sagt euch: lebt wohl . . .

VII

Schwärmerische Freundschaft – Die Witwe

Annesley hatte seine Anziehungskraft verloren, Harrow erschien weniger verhaßt. Für Byron waren die Demütigungen der Knechtschaft vorüber. Doktor Drury nahm ihm die dreimonatige Abwesenheit nicht länger übel und hatte ihn sogar in die ausgewählte Gruppe von Schülern eingereiht, die er selbst in Griechisch und Latein unterrichtete. Seine Freunde und ehemaligen Gefährten im Leid, Tom Wildman und Long, waren wie er zu Autoritäten geworden. Jetzt hatte er Anspruch auf *fags*, doch war er weit davon entfernt, diese so zu behandeln wie er selbst behandelt worden war. Er umgab sich mit einer Anzahl hübscher Knaben, nichts entsprach ihm mehr, als junge und schwache Wesen zu beschützen; das schmeichelte seinem Stolz und befriedigte sein Bedürfnis nach Zärtlichkeit. Lord Clare war sein Liebling, aber er mochte den Herzog von Dorset, Lord Delawarr und den jungen Wingfield genauso gern. Er verteidigte sie vor den anderen Monitoren. Wildman hatte Lord Delawarr auf seine Strafliste gesetzt. Byron sagte zu ihm: »Wildman, ich sehe, Sie haben Delawarr auf Ihrer Liste. Ich bitte Sie, ihn nicht zu schlagen.« – »Warum nicht?« – »Warum? Ich weiß es nicht, vielleicht, weil er zu meinen Schützlingen gehört. Jedenfalls bitte ich Sie, es nicht zu tun.«

Sein Ansehen innerhalb der Schule wuchs. Er wurde ausersehen, am »Tag der Rede«, einem großen Fest in Harrow, einen Vortrag zu halten. *Lord Byron: Latinus, ex Virgilio* stand im Programm. Jedermann wußte, daß er Verse schrieb. Wenn er jetzt den schmalen Weg zum Friedhof hinaufhinkte, sahen Schüler und Lehrer Byron mit liebevoller Zustimmung zu *seinem* Grabstein gehen. Weil Doktor Drury sein Genie erkannt hatte, waren nun auch die schlimmsten Spötter gegenüber seinen Launen nachsichtig. Ein Hofstaat junger Menschen bewunderte ihn.

> ... heitere Schar,
> die mich zu ihrem Anführer erklärte, und meinen Befehlen gehorcht.
> Und die mir folgt in jedem Wettstreit unseres Alters,
> ihrem ersten Ratgeber und letztem Richter.

Warum wurde er geliebt? Vielleicht gerade weil er ein schwieriger Freund war. Durch seine unbestechliche Aufrichtigkeit und seine wechselnden Launen beunruhigte er wie manche Frauen. Seine plötzlich aufflammenden Ausbrüche erschreckten. Seine Freundschaften waren bewegt. Die Liebe hatte ihn enttäuscht, er suchte in einem anderen Gefühl Zuflucht, und er legte ebensoviel Ungestüm hinein.

»Freundschaft, die draußen in der Welt kaum ein Gefühl genannt werden kann, ist in klösterlicher Umgebung eine Leidenschaft«, beteuerte er in seinem *Marmontel*. Selbst für seinen Liebling Lord Clare war Byrons Freundschaft alles andere als ein ruhiges und beständiges Gefühl. Er zeigte sich eifersüchtig, hitzig, fordernd. Zwischen den Schulstunden schrieben sich der »große Byron« und der »kleine Clare« mehrmals am Tag. Byron machte Clare ein furchtbares Verbrechen zum Vorwurf: er hatte ihn »mein lieber Byron« angeredet, statt wie gewohnt »mein *sehr* lieber«. An einem anderen Tag machte er dem Freund eine Szene, weil dieser über die Abreise Lord John Russells nach Spanien traurig zu sein schien. Manchmal erregte aber auch er Clares Eifersucht, wenn er sich mit neuen Gefährten umgab. Dann wurde Clare seinerseits umwölkt: »Sie sind seit einiger Zeit so wenig freundlich zu mir, Byron, und beschimpfen mich immer, wenn Sie mir begegnen, mit allen möglichen Namen, so daß ich eine Erklärung verlangen muß; denn ich möchte wissen, ob Sie noch mein Freund sein wollen. In den letzten Monaten haben Sie mich völlig vernachlässigt um der neuen Freunde willen, wie ich annehme. Aber glauben Sie nicht, daß ich Sie anflehen will (weil es Ihnen beliebt, die eine oder andere Laune zu haben) oder daß ich tun will, was andere anstellen, um Ihre Freundschaft wiederzuerringen; und glauben Sie nicht, daß ich aus Eigennutz Ihr Freund bin oder weil Sie größer und älter sind als ich. Nein, so war es nie und wird es niemals sein. Ich wollte nichts anderes als Ihr Freund sein, und ich bin es noch, – zumindest, wenn Sie mich nicht mehr beschimpfen, wenn wir einander begegnen.«
Solche Regungen von Eifersucht erinnerten Byron an seine andere Leidenschaft, die leider stärker war, an seine Liebe zu dem Morgenstern von Annesley. Die großen Augen, die Hochzeitsallee, die nachdenkliche Ernsthaftigkeit Mary-Anns, alle diese Bilder suchten ihn noch heim in seinen Träumen. Eine bedrückende Mischung aus Begierde und Verzicht. Oh, wie sehr wünschte er, in sich dieses verzweifelte Gefühl zu töten, es sich aus dem Herzen zu reißen. Er bevorzugte die Schriftsteller, die von der Liebe mit Ironie, Gelassenheit oder Sarkasmus schrieben. Er gefiel sich darin, mit seinen Kameraden die leichtfertigen Verse des Dichters Thomas Little (ein Pseudonym von Thomas Moore) zu lesen, die damals in Mode waren. Ja, genauso galt es zu lieben, auf der Suche nach Wollust, nicht nach Leidenschaft. Aber die Erinnerung an die sich ins Boot unter dem herabhängenden Fels duckenden Körper und an die heißen Augusttage auf dem Diadem-Hügel war immer noch eine Quelle des Schmerzes.
Die Osterferien sah er ohne Freude herankommen. Der Streit mit Lord Grey hinderte ihn daran, nach Newstead zu gehen; also war

er gezwungen, die »Witwe«, wie er sie nannte, zu besuchen. Sie hatte Nottingham verlassen und sich, ein paar Meilen von Newstead entfernt, in der kleinen Stadt Southwell niedergelassen. Sie lebte dort in einem einfachen Haus mit dem pompösen Namen Burgage Manor. In die Gesellschaft der Grafschaft hatte sie keinen Einlaß gefunden, denn den feinen Leuten hatte es genügt, sie ein einziges Mal zu sehen, um sie als gewöhnlich, langweilig und unmöglich abzustempeln. Die Leute in der Stadt waren nachsichtiger, und so unterhielt die Witwe gute Beziehungen zur Familie Pigot, die, dem ihren gegenüber, das zweite große Haus von Southwell bewohnten.

Byron, so leicht zu verletzen und hochempfindlich, sobald Stolz im Spiele war, erkannte schnell, welchen Eindruck seine Mutter auf die kleine lokale Aristokratie gemacht hatte. Er war voller Feindseligkeit, einmal den hochmütigen Adelshäusern gegenüber und dann auch gegen jene, die diese hochmütige Mißbilligung hervorgerufen hatte. So sehr er sich innerhalb seiner Schule wohlfühlte, so schüchtern blieb er in einer fremden Umgebung. Seine Behinderung ließ ihn mehr als je Angst davor empfinden, vor fremden Leuten gehen zu müssen. Er empfand ein Schaudern vor der Bewegung von Überraschung und Mitleid, die sein Hinken zunächst hervorrief. Zu dieser Furcht, die er von Kind auf kannte, hatte sich das Bewußtsein von dem geringen Ansehen seiner Mutter gesellt und, seit der Episode mit Mary Chaworth, die Angst vor Frauen. Wurde er einer Dame vorgestellt, war er so verwirrt, daß er nichts herausbrachte als mit murmelnder Stimme: »Eins, zwei, drei, vier, fünf, sechs, sieben ...« Er betete die Frauen an und haßte sie. Er haßte sie, weil er sie anbetete. Könnte er diese geheimnisvollen Wesen doch erobern, sie kränken, sie leiden machen, sich rächen! Aber wie? Er war krank, arm und er hielt sich für lächerlich.

Dennoch gelang es einem Mädchen, Elizabeth Pigot in Southwell, ihn zu zähmen. »Auf einer Gesellschaft, die meine Mutter gab, wurde er mir vorgestellt«, erzählte sie, »er war so schüchtern, daß sie ihn dreimal suchen lassen mußte, ehe sie ihn dazu überreden konnte, sich im Salon mit den anderen jungen Leuten zu unterhalten. Er war damals ein großer ungeschickter Junge, der sich das Haar mitten in die Stirn gekämmt hatte ... Am nächsten Morgen kam er mit Mrs. Byron zu uns, und wieder gab er sich schüchtern und steif. Die Unterhaltung drehte sich um Cheltenham, wo wir einmal gewesen waren, und ich sagte, daß ich dort die Rolle des Gabriel Lackbrain besonders gut gespielt fand. Als seine Mutter sich erhob um zu gehen, grüßte er so feierlich, daß ich mit einer Andeutung auf das Stück zu ihm sagte: *Goodbye, Gaby.* Sein Gesicht hellte sich auf, sein hübscher Mund öffnete sich zu einem Lächeln, seine Schüchternheit war dahin, und als seine Mutter sagte: ›Also Byron, gehen wir?‹, sagte er nein, er bliebe noch. Von diesem Augenblick an kam und ging er zu jeder Tageszeit und betrachtete unser Haus als das seine.«

Seit einigen Monaten hatte er eine neue Vertraute. Es war seine Halbschwester Augusta. Sechzehn Jahre vorher, als Mrs. Byron niederkam, war Augusta der Obhut ihrer Großmutter mütterlicherseits, Lady Holderness, anvertraut worden, und die hatte jede Verbindung zwischen Mrs. Byron und dem jungen Mädchen verhindert. Also hatte diese ihren Bruder, das »Baby Byron«, von dem so oft die Rede war, noch nie gesehen. Lady Holderness war 1801 gestorben, und Augusta, inzwischen von der adligen Familie adoptiert, hatte zeitweise bei ihren Halbbrüdern und ihrer Schwester Leeds, zeitweise bei ihrem Vetter Lord Carlisle, dem Vormund Byrons, gelebt.

Nach dem Tode von Lady Holderness hatte Mrs. Byron versucht, die Verbindung mit Augusta wieder aufzunehmen, deren vornehme Stellung sie beeindruckte und für die sie die natürliche Zuneigung einer Frau für ein einmal von ihr gepflegtes krankes Kind bewahrt hatte. Sie schrieb Augusta 1801 einen jener Briefe, die von vornherein bestimmt sind, denjenigen zu verletzen, der darauf wartet, hochmütig behandelt zu werden: »Wie sehr wünschte ich, die Vergangenheit in *Vergessen* zu begraben. Ich werde also jede Bemerkung über eine Person vermeiden, die nicht mehr ist; ich habe meine Meinung über Sie offengehalten; es ist nun an der Zeit, daß ich mir ein sehr *entschiedenes* Urteil bilde ... Wir würden uns freuen, wenn wir jetzt in die Lage versetzt würden, Ihnen gefällig zu sein, jetzt oder später. Ich nehme es auf mich, das auch für meinen Sohn zu sagen; obwohl er Sie so wenig kennt, spricht er sehr oft mit Zuneigung von Ihnen.«

Augusta rechtfertigte Mrs. Byrons vorweggenommenen Pessimismus nicht, sie fand sogleich Interesse an ihrem Bruder, und er selbst, der außer seiner merkwürdigen Mutter niemanden um sich hatte, war von der Entdeckung begeistert, eine Schwester zu besitzen, eine Freundin, die zwar etwas älter war als er (denn sie war zwanzig Jahre alt und er sechzehn), aber dafür anmutig, elegant, mit zurückhaltenden und gebildeten Manieren, kurz genauso, wie er sich seine Familie gewünscht hätte und wie sie nicht war. Bisher hatte er ihr kaum geschrieben, in diesen Osterferien entschuldigte er sich dafür und fügte hinzu: »Ich werde von nun an alles daran setzen, Ihre Güte zu vergelten, und für die Zukunft sehen Sie, so hoffe ich, nicht nur einen Bruder in mir, sondern Ihren liebsten, zärtlichsten Freund und wenn es die Umstände erfordern: Ihren

Beschützer. Denken Sie daran, liebe Schwester, daß Sie meine *nächste Verwandte* sind, die ich auf der Welt habe, und zwar gleichermaßen *durch die Bande des Blutes* wie durch die Zuneigung. Wenn es irgend etwas gibt, was ich für Sie tun kann, so brauchen Sie es nur zu sagen; vertrauen Sie Ihrem Bruder, er wird dies Vertrauen niemals enttäuschen. Wenn Sie meinen Vetter und künftigen Bruder George Leigh sehen, lassen Sie ihn wissen, daß ich ihn heute schon als meinen Freund betrachte.« Augusta war nämlich mit ihrem Vetter George Leigh, Oberst bei den 10. Dragonern, verlobt; er war der Sohn jener Mrs. Leigh, der die Briefe aus Valenciennes galten.

Dem jungen Mädchen gefielen die Briefe ihres Bruders sehr. »Solange er in Southwell blieb, war er der entzückendste Briefschreiber ...« Und wirklich waren diese Briefe bezaubernd und sehr zärtlich: »Meine vielgeliebte Schwester ... Meine stets so liebe Schwester ... Es ist mein schönstes Vergnügen meiner Augusta zu schreiben ...«; sie waren voll zartem Gefühl und kindlicher Zutraulichkeit: »Grüßen Sie den armen alten Murray (der Diener des Bösen Lord lebte solange im Haus des Herzogs von Leeds, bis Newstead wieder den Byrons offenstand), sagen Sie ihm, solange ich lebe, brauche er sich in seinem Alter nicht verlassen zu fühlen ...« – »Sie sagen, daß Sie meinen Freund Lord Delawarr nicht kennen; er ist sehr viel jünger als ich, aber er ist der liebenswerteste und intelligenteste Jüngling, den man sich vorstellen kann. Dem allen fügt er die Annehmlichkeit hinzu (in den Augen der Frauen sehr wichtig), bemerkenswert schön zu sein, fast zu schön für einen jungen Mann.« – »... Ich weiß noch nicht, wann ich Harrow verlassen werde ... Ich liebe diese Schule. Doktor Drury ist der liebenswürdigste *clergyman*, der mir je begegnet ist; er ist Gentleman und Gelehrter zugleich, weder eingebildet noch pedantisch; alles was ich gelernt habe, verdanke ich ihm; und es ist nicht seine Schuld, wenn dies wenige nicht mehr ist.« Später, als er etwas kühner geworden war, entdeckte er ihr seine Vorstellungen von der Liebe. So erzählte er Augusta, er werde demnächst in Southwell auf einen Ball gehen, und zwar mit dem festen Vorsatz sich rasend in irgendeine Frau zu verlieben. »Dies Unternehmen wird mir helfen, *die Zeit totzuschlagen,* und es hätte wenigstens den Reiz der Neuheit; dann, nach einigen Wochen, werde ich ganz der *Verzweiflung* anheim gegeben sein, ich werde mich umbringen und so die Welt mit einem *Donnerschlag* verlassen.« Dann, als Augusta antwortete, die Liebe sei ein sehr ernstes Gefühl und sie liebe ihren Dragoneroberst so sehr, daß selbst Schmerz und Verzweiflung sich in ihre Liebe mischten: »Daß Sie unglücklich sind, meine liebe Schwester, macht mich ebenfalls unglücklich ... Dennoch habe ich im Grunde Lust (verzeihen Sie mir, liebste Schwester), ein wenig über Sie zu lachen, denn meiner bescheidenen Meinung nach ist die Liebe etwas völlig Absurdes, ein Kauderwelsch aus Schmeicheleien, romanhaft und unnatürlich; ich für meine Person vergäße fünfzig Geliebte in vierzehn Tagen, und wenn ich mich zufällig an eine einzige von ihnen erinnern sollte, dann lachte ich darüber wie über einen Traum und segnete meinen guten Stern, weil er mich nicht in die Hände des bösen kleinen blinden Gottes hat geraten lassen. Können Sie sich diesen Vetter wirklich nicht aus dem hübschen Köpfchen schlagen? Denn vom Herzen kann keine Rede sein.« So folgte Zynismus auf Enttäuschung, die normale Entwicklung dieser Krankheit.

Vor allem aber war Augusta die Vertraute ihres jungen Bruders für das große Unglück in seinem Leben, und das lag in der Wesensart seiner »liebenswerten Mutter, deren *diabolische* Launen mit dem Alter zu wachsen scheinen und mit der Zeit neu an Kräften zunehmen«. Er mißbilligte sie seit langem, als er nun seine Ferien mit ihr verbrachte, begann er sie zu verabscheuen. Da er wie alle die Seinen geradeheraus war, gelang es ihm auch nicht, seinen Widerwillen zu verbergen; und das trug nicht gerade dazu bei, die Furien zu besänftigen. Beinahe täglich gab es Streit; der Streit wuchs, schwere Gegenstände flogen durch die Luft, das Gezeter hallte wider. Mrs. Byron behauptete, ihr Sohn sei ein Ungeheuer und habe sich mit ihren schlimmsten Feinden verbündet: mit Lord Carlisle und Mr. Hanson. Sie erging sich in schweren Vorwürfen darüber, daß er sich mit Lord Grey überworfen hatte; so daß er (mit der ganzen Vorliebe der Jugend fürs Dramatische) vermutete, »die Witwe« sei in Lord Grey verliebt. »Sie hat eine hohe Meinung von seinem persönlichen Charme, fälscht ihr eigenes Alter und behauptet achtzehn gewesen zu sein, als ich geboren wurde, obwohl Sie, liebe Schwester, genausogut wissen wie ich, daß sie schon bei der Hochzeit mit meinem Vater mündig war und ich erst drei Jahre später zur Welt kam ...« Gewiß hätte er der alternden Frau diese Schwächen nachgesehen, aber sie beschimpfte ihn, verfluchte den toten Vater und sagte im selben Atemzug, aus ihm werde ein echter »Byrron« werden. »Muß ich diese Frau meine Mutter nennen? Muß ich mich so von ihr quälen lassen, weil ein Naturgesetz ihr Gewalt über mich gegeben hat? ... Was für ein Vorbild gibt sie mir! Ich hoffe zu Gott, daß ich diesem Vorbild niemals folgen werde. Ich habe Ihnen nicht alles gesagt, Augusta, kann es nicht; denn ich achte Sie viel zu sehr als Frau.«

Mrs. Byron hielt sich in der Tat für sehr unglücklich; mit siebenundzwanzig Jahren war sie Witwe: ihr Leben war verpfuscht, sie selbst in eine englische Grafschaft verschlagen, die ihr feindlich erschien, und warum? Um über die Interessen eines Sohnes zu wachen, der dieses Opfer nicht begriff, der Southwell, wohin sie nur um seinetwillen gekommen war, verabscheute, und der das auch noch aussprach, denn er war roh wie sein Vater, wie sein mörderischer Onkel, wie alle Byrons. Und dennoch hielt sie sich jeden Opfers fähig, die harte Schottin. Einst hatte sie alles ihrem Mann gegeben; sie hätte nur zu gern auch ihrem Sohn alles gegeben. War das noch ihr Sohn, dieser junge hochmütige Fremde, der nur forderte, der sich von ihr gelöst hatte und sie nun verurteilte? Nach und nach verlor sie ihren Sohn, wie sie ihren Mann verloren hatte. Wie gern hätte sie ihn zurückgehalten, wie gern wäre sie zärtlich gewesen zu ihm, aber angesichts dieses Lebens ohne Hoffnung verlor sie den Kopf und konnte nur noch schreien.

Nach solchen Auftritten bekamen Mutter und Sohn Gewissensbisse. Byron suchte nach Entschuldigungen für seine Mutter. »Ich bedaure sagen zu müssen, daß wir, die alte Dame und ich, nicht miteinander auskommen wie die Lämmer im Stall, aber ich glaube, ich bin schuld, ... Ich möchte gar nicht völlig von *ihr* getrennt sein, denn ich glaube, sie liebt mich; sie läßt es in vielen Dingen spürbar werden, vor allem in Geldfragen, denn es fehlt mir an nichts ... Nur ist ihre Art so sonderbar, ihre Launen sind so schwer zu befriedigen, ihre Gefühlsausbrüche so heftig, daß nichts schwerer fällt, als ihre *liebenswerten Eigenschaften* dagegen aufzuwiegen.«

Dieser Wechsel von Großmut und Wut war für ein so junges Wesen nicht ungefährlich. Zwar beklagte er sich über seine Mutter, begann jedoch, es ihr gleich zu tun. Heftige Auseinandersetzungen, in denen alles gesagt werden mußte, wurden zur Gewohnheit. Er wußte es wohl. Er sah sich selbst mit ungetrübter Klarheit. Er wollte von dieser Frau loskommen. »So, Augusta, genauso ist meine Mutter ... Meine Mutter! Von Stund an verleugne ich sie.«

Augusta tat ihr bestes. Sie schrieb Hanson mehrere kluge und maßvolle Briefe, darin beschrieb sie, was sich zutrug; sie fürchtete, Mrs. Byron werde das Trinken anfangen und schrieb, daß es ihr wünschenswerter erscheine, Byron in den nächsten Ferien woanders hinzuschicken, vielleicht zu Hanson selbst, wenn er ihn aufnähme. Sie sprach auch mit ihrem Freund und Vetter Lord Carlisle darüber. Der gab seine Zustimmung unter der Voraussetzung, daß er nicht gezwungen werde, direkte Beziehungen zu Mrs. Byron aufzunehmen, denn die flößte ihm nach wie vor großen Schrecken ein.

Die Ferien nahmen ein trauriges Ende. Mrs. Byron erhielt einen Brief aus Schottland, in dem zu lesen stand, daß Mary Duff geheiratet habe, jene hübsche Kusine, die Byron so hingebungsvoll geliebt hatte, als er neun Jahre alt gewesen war. Sie sprach boshaft über diese Heirat; gewiß hatte sie ein heimliches Vergnügen daran, ihren Sohn, der sich von ihr so klar abgewandt hatte, zu kränken, aber konnte sie wissen, daß diese Kinderliebe eine wahre Leidenschaft gewesen war, deren Kraft noch nicht geschwunden war? Byrons Reaktion erschreckte sie zutiefst. »Ich kann meine Gefühle nicht erklären, aber sie schüttelten mich wie Krämpfe und überraschten meine Mutter so sehr, daß sie, nachdem ich wieder zu mir gekommen war, nicht mehr über die Sache sprach, jedenfalls nicht mit mir, sondern sich damit begnügte, allen Leuten unserer Bekanntschaft davon zu berichten.«

Im selben Jahr sagte er Mary Chaworth Lebewohl; während seiner Ferien war er noch Gast in Annesley gewesen, aber der Zauber war gebrochen, es war zu deutlich, daß dieser schöne Roman nur ein Spiel für sie gewesen war... Ferien eines hinkenden Kindes... Alle Welt wußte, daß sie mit Jack Musters verlobt war. Noch einmal wanderten sie den Diadem-Hügel hinauf; er sprach mit großer Gelassenheit. Er hatte gelernt, nicht mehr exaltiert zu sein, sondern dafür geringschätzig. »Wenn ich Sie das nächste Mal sehe, werden Sie vermutlich *Mrs.* Musters sein?« – »Ich hoffe es«, antwortete sie.

Eine ziemlich harte Antwort, warum aber, dachte sie, ist er ironisch? Sie war mit den Verrücktheiten eines Gymnasiasten nachsichtig gewesen. War das der Lohn? Er suchte sie ein letztes Mal auf. Er wartete in der Halle auf sie. Er war bleich, kritzelte ein paar Zeilen auf ein Stück Papier, schüttelte verzweifelt den Kopf. Er zitterte. Sie trat lächelnd ein. Sie wußte, daß er sie liebte, daß er unglücklich war. Er stand auf, nahm kühl ihre Hand; sie tauschten noch ein Lächeln, dann stürzte er aus dem Zimmer, schwang sich aufs Pferd und durchritt zum letzten Mal das große Steintor. Sie heiratete zu Beginn des folgenden Jahres. Ein zynischer Mensch hätte sich zum Freund des jungen Paares gemacht und auf die Gelegenheit gewartet, sich zu rächen. Aber Byron hatte Mary Chaworth zu aufrichtig geliebt, um ihr gegenüber eines Gefühls-Machiavellismus fähig zu sein. Außer Augusta und wer weiß? vielleicht Mrs. Byron (denn sie begriff weit mehr als es den Anschein hatte, die arme Witwe, sie wollte trösten und verstand sich auf nichts als zu verletzen) ahnte niemand, welch gefährliche Wandlungen diese Heirat in Byrons Seele bewirkt hatte. Während der Monate, in denen er kindlich daran geglaubt hatte, Mary Chaworth heiraten zu können, träumte er nur von Zurückgezogenheit und idyllischem Glück. Der Schock warf ihn zurück »allein auf ein Meer ohne Küsten«. Augusta hatte 1804 einen begeisterten und zärtlichen jungen Mann in ihrem Bruder gesehen; als sie ihn 1805 wiedersah, fand sie seinen Charakter so völlig verwandelt, daß sie Mühe hatte, sich mit ihm zurechtzufinden.

VIII

Götter auf dem Berg Ida

Es war ein zerrissener und verstörter junger Mann, der da zu seinem letzten Studienjahr nach Harrow kam. Er war glücklich »heimzukehren«. Er liebte wie alle Schüchternen die Einförmigkeit eines Daseins, in dem die Umwelt bekannt ist und alle Unternehmungen vorgeschrieben sind. Hier schockierten seine kranken Füße niemanden mehr. Sein Ansehen wuchs. Das Allerheiligste von Harrow war ein altertümlicher Klassenraum, the Fourth Form Room, den eine schwarze Täfelung aus dreihundertjährigem Eichenholz schmückte. Byron war jetzt selbst Monitor und gehörte zu den Herren dieses Heiligtums. Dreimal hatte er ein kräftiges, schwungvolles »Byron« in das Holz geschnitten, inmitten so vieler berühmter Namen. Über eine englische Schule herrscht eigentlich immer eine kleine Bande jugendlicher Helden; jetzt gehörte Byron zu dieser geheiligten Gruppe. Harrows unübersehbarer Hügel, der die Ebenen mit dem arbeitenden Volk und den sich in Kricket bekämpfenden Mannschaften überwölbte, kam Byron vor wie das Ida-Gebirge, von dem aus die Götter des Homer die Arbeit und die Kriege der Menschen betrachteten.

Aber auch die Götter haben ihre Leidenschaften. Heftige und eifersüchtige Freundschaften bewegten Byron. Sein liebster Freund war jetzt der kleine Delawarr, »fast zu schön für einen Jungen«, darob waren Clare und einige andere eifersüchtig. Auf dem Ida stritten die Unsterblichen. Ob in Southwell oder in Harrow: es war schwierig in Frieden zu träumen. Delawarr hatte seinerseits keine so schöne Vorstellung von der Freundschaft wie Byron. Er, der bereit war, sein Leben zu geben, alles für seine Freunde zu opfern, wunderte sich über die lauen Gefühle der anderen. Beinahe jeden Tag traf ein vorwurfsvolles, klagendes oder verachtendes Gedicht wie der heiße Blitz eines der allzu heftig geliebten Geschöpfe des jungen Gottes.

> In dir hoffte ich mir zu bewahren
> den Freund, den nur der Tod mir nähme.
> Doch hat dich der Neid mit harter Hand
> nun für immer losgelöst von meinem Herzen.

Und an einem anderen Tag:

> Du wußtest, daß meine Seele, mein Herz, mein Sein
> genau so dir gehörten in Gefahr als dir zueigen.
> Du wußtest, daß ich unverändert durch Zeit und Raum
> nur für die Liebe lebte und die Freundschaft.

> Du wußtest – doch verlassen wir diese allzu eitlen Erinnerungen ...

Die kleine heitere Schar, die diese Briefe erhielt, war verblüfft darüber und vergaß. Ein ernsteres Ereignis bedrohte das Glück Harrows und das Glück Byrons. Drury sollte zu Ostern seinen Abschied nehmen. Er war in diesen letzten Monaten nicht immer mit seinem Vorzugsschüler zufrieden gewesen. Byron arbeitete mehr, aber er war vom Geist des Aufruhrs erfüllt. »Seine animalischen Instinkte sind zu stark«, sagte der gute Drury. Er war von Byrons Mangel an Urteilskraft betroffen. Dieses Kind, das intelligenteste, das er kennengelernt hatte, handelte manchmal wie ein Narr. Doktor Drury fühlte sich auch für die Moral der Schule verantwortlich, und er mißbilligte den Einfluß Byrons auf Denken und Fühlen seiner Schüler. Im Dezember 1804 hatte er sogar, wenn auch nicht ohne Bedauern, gebeten, Byron aus Harrow zu entfernen. Hanson und Lord Carlisle hatten interveniert, und Drury hatte sich überreden lassen. Der Schüler hegte keinen Gram gegen seinen Lehrer. Er liebte ihn. Der erste Mann, der seinem heranwachsenden Geist Achtung vor einer höheren moralischen Macht abfordern konnte, behielt die Autorität für ihn, und selbst sein empfindsamer Stolz zerstörte sie nicht. Die letzte Unterrichtsstunde des letzten Tages war für Byron ein trauriges Erlebnis. Es fiel kein Wort, das wäre gegen das innere Gesetz der Schule gewesen, aber die jungen Leute um Doktor Drury fühlten, daß eine glückliche Epoche in ihrem Leben zuende ging.

Wer würde auf ihn folgen? Es gab mehrere Bewerber, darunter den Bruder des Doktors, Mark Drury; sein gefährlichster Gegner war Reverend George Butler, ein junger hervorragender Mathematiker. Die Schüler kannten weder des einen noch des anderen wirklichen Wert, aber der Name Drury allein genügte, ihnen eine leidenschaftliche Parteilichkeit einzuflößen, und es bildete sich eine regelrechte Drury-Partei, an deren Spitze Tom Wildman, ein Freund Byrons, stand. Einer der Schüler sagte zu Wildman: »Byron wird nicht zu uns kommen, weil er niemals bereit sein wird, der Zweite zu sein; geben Sie ihm die Führung, und er wird kommen.« Wildman folgte dem Rat und Byron wurde Anführer der Rebellen.

Der Headmaster wurde von den Kuratoren der Schule gewählt. Drury und Butler erhielten genau die gleiche Stimmenzahl. Für einen solchen Fall sah die College-Verfassung vor, die Entscheidung dem Erzbischof von Canterbury zu lassen. Die Aufregung steigerte sich. Eines Morgens erfuhren die Schüler voll Zorn, daß die Wahl des Erzbischofs auf Doktor Butler gefallen war. Die Amtsübertragung kennzeichnete den Beginn einer Epoche des Aufruhrs; Byron und Wildman waren die Seele des Widerstandes. Sie gingen nur noch mit geladenen Pistolen umher. Was wollten sie damit? Doktor Butler umbringen? Es war davon die Rede. Einige der aufgebrachten Verschwörer schlugen vor, den Weg, den Butler zurückzulegen hatte, um den Fourth Form Room zu erreichen, mit Pulver zu bestreuen und ihn hochgehen zu lassen. Einer der jüngeren, James Richardson, brachte sie von dem Plan ab, indem er die Kameraden davor warnte, die Mauern zu sprengen, in denen die Namen ihrer Väter eingraviert waren.

In einem seiner Gordonschen Wutanfälle riß Byron, ohne recht zu wissen, was er tat, die Gitter von den Fenstern des Butlerschen Hauses. Butler zeigte viel Verständnis, er versuchte, seinen jungen Feinden mit Wohlwollen zu begegnen, doch umsonst. Byron schrieb satirische Verse über ihn, in denen er ihn Pomposus getauft hatte, sein Wahlspruch hieß: »Freiheit oder Rebellion«. Doktor Drury hörte von dem Konflikt und wollte selbst nach Harrow kommen um zu schlichten. Die Schüler erwarteten ihn am Fuße des Hügels auf der Straße nach London, spannten die Pferde aus und zogen den Wagen im Triumph auf den Gipfel. Drury entschloß sich, nicht mehr wiederzukommen.

Byrons letztes Trimester in Harrow war von diesem Kampf ausgefüllt. Er arbeitete wenig. Er galt als ein guter aber fauler Schüler. Dennoch hatte er viel Latein und etwas Griechisch gelernt. Bei den öffentlichen Vortragsabenden war er 1805 zweimal dabei und rezitierte, diesmal auf englisch und besonders gut, aus dem *König Lear*. Er hatte seine Schwester Augusta gebeten, ihm zuzuhören: »Ich bitte Sie, Madam, in einer der vornehmsten Kutschen Seiner Herrlichkeit zu erscheinen, denn die Etikette von Harrow läßt an unseren großen Festtagen nur die prächtigsten Karossen zu.« Der komische Ton sollte nur den brennenden Ehrgeiz verbergen, seine Freunde durch die Eleganz seiner Schwester in Staunen zu setzen. So neu und so wohltuend war es für ihn, endlich jemanden in seiner Familie zu wissen, für den er sich nicht zu schämen brauchte. Damals wurde er ohne Zweifel zufriedengestellt, durch sie und durch sich selbst, denn er hatte großen Erfolg und betrachtete sich schon als einen neuen großen Garrick. Er empfand mehr Stolz auf seine Begabung als Schauspieler und Vortragender als über die unzähligen Verse, die er in diesen drei Jahren geschrieben hatte. »Meine Begabung lag viel mehr im Rednerischen und im Auftreten als im Poetischen; Doktor Drury, mein großer Lehrer, glaubte, daß ich ein großer Redner werden würde.« Er glänzte vor allem in Texten, die ungestüme Leidenschaft ausdrückten. Außerdem war er ein hervorragender Schwimmer (ein bemerkenswerter Zug bei einem Hinkenden) und spielte gut genug Kricket, daß er 1805 zum Match Harrow-Eton geschickt wurde.

Es war die letzte Episode seines Schülerdaseins. Was nahm er aus Harrow mit? Einen lebendigen Hang zur Freundschaft, eine gewisse literarische Kenntnis. Fing er an, das vielfältige Geheimnis des Lebens verstehen zu lernen? Nein. Was ihm unglücklicherweise allzu gewiß schien, war, daß die anderen menschlichen Geschöpfe weniger als er selbst nach absolutem Gefühl verlangten. Männer oder Frauen, Kinder oder junge Mädchen, sie alle gingen behutsam um mit der Liebe, mit der Wahrheit, mit Gott. Konnte er einer von ihnen werden? Er wünschte es sich nicht. Aber wo war der Platz im Universum für George Gordon Lord Byron? Gegen Ende seines Aufenthaltes in Harrow notierte er auf der ersten Seite seiner *Scriptores Graeci:* »George Gordon Byron. Mittwoch, 26. Juni, *anno domini* 1805. 3 Uhr ³/₄ nachmittags. Calvert Monitor, Tom Wildman zu meiner Linken, Long zu meiner Rechten. Harrow-on-the-Hill.«

Junge Menschen haben ein merkwürdiges Bedürfnis, sich selbst der eigenen Identität zu versichern, sie festzulegen. Wovon mag Byron an seiner von vielen Kerben zerschnittenen Eichenholzbank geträumt haben an jenem 26. Juni des Jahres 1805? Von der Schule, die er nun bald verlassen würde? Von Cambridge, wohin ihn Lord Carlisle schicken wollte? Es machte ihn traurig, die Veränderung so nah zu wissen. Trotz Pomposus und mancher knabenhafter Ärgernisse hatte er sich nirgends so glücklich gefühlt wie hier. In dieser kleinen geschlossenen Gesellschaft war er wie ein Prinz aufgenommen worden. Jener Wildman zur Linken und jener Long zur Rechten waren Freunde, zuverlässige Freunde. Junge fröhliche Stimmen auf dem gepflasterten Hof, Lächeln auf den Gesichtern, wenn er vorbeikam, lebhaft diskutierende Gruppen, zu denen er sich, wenn er wollte, gesellen konnte, – wie anders war dieser heilige Hügel als die feindliche und beunruhigende Außenwelt. Was hatte er draußen zu erhoffen? Mary Chaworth? Sie würde noch während der kommenden Ferien heiraten. Die Frauen? Glichen sie nicht alle der einen? Seine Mutter? Eine Furie. Sein Haus? Die Hölle. Die Carlisles? Wollte der elegante Vormund ihn überhaupt sehen?

Er war ein scheuer Mensch und brauchte geschickte Lehrer; unter der natürlichen kindlichen Fröhlichkeit wuchs in ihm eine Schicht wollüstiger Melancholie. Der Gedanke an den Tod verfolgte ihn. Um ihn her hatte der Tod schon zugeschlagen. Für seine schöne Kusine, für einige seiner Mitschüler hatte er schon Totengedichte geschrieben. Ein letztes Mal ging er zum Friedhof hinauf, um unter den Zweigen der Ulme zu träumen. »John Peachey...« Wer war dieser John Peachey gewesen, dessen Gebeine unter diesem Stein bleichten? Das war das Ende der köstlichen und traurigen Meditationen hoch über der Ebene, in der London schlief. Der junge Held des Berges Ida verließ den Aufenthaltsort der Götter, um sich in die Wirrnis der Sterblichen zu mengen. Würde er eines Tages unter diesem Rasen schlafen, auf dem er als Knabe spielte? Sein Grabstein ... Wie bei Peachey sollte nur der Name darauf stehen, aber der sollte ruhmvoll sein.

> Meine Grabschrift sei mein Name, er allein:
> wenn er nicht meine Asche würdig krönen kann,
> o daß nicht andrer Ruhm die Taten mir belohnt.
> Der Name, nur dies Wort allein, soll jenen Platz bezeichnen:
> berühmt durch diesen Namen oder vergangen wie er.

Er stand kaum am Anfang des Weges, und schon dachte er an den Platz der Ruhe.

IX

Trinity College, Cambridge

> La jeunesse est un temps pendant lequel les conventions sont, et doivent être, mal comprises: ou aveuglément combattues, ou aveuglément obéies.
> *Paul Valéry*

Er betrat das Trinity College in Cambridge an einem Oktobertag 1805. Zum ersten Mal in seinem Leben war er reich. Durch die Staatskanzlei war ihm eine Summe von jährlich fünfhundert Pfund zugesprochen worden, die auf seine Einkünfte angerechnet wurden. Das war eine der schönsten Renten des ganzen Colleges. Er bekam ein Pferd, einen Diener und fühlte sich so unabhängig »wie ein deutscher Fürst, der von seinen eigenen Gütern lebt oder auch wie ein Indianerhäuptling, der überhaupt keine Güter zu eigen hat, aber über das allerkostbarste Gut verfügt: die Freiheit. Ich spreche mit Entzücken von dieser *Göttin*, weil meine liebenswerte Mama so despotisch war ... Ich werde von ihr gänzlich befreit sein und, da sie seit langem alle Bande der Zuneigung zertreten und zerrissen hat, bin ich ernsthaft entschlossen, nie wieder umzukehren, sie wiederzusehen, nicht einmal mehr eine freundschaftliche Beziehung zu unterhalten. Das schulde ich mir, meinem Glück und dem Gedenken meiner nächsten Verwandten, die schändlich verleumdet wurden von dieser Tisphone*.«

Das war ein harter Ton, aber die ganze Kindheit Byrons war eine einzige lange Szene gewesen, in der eine temperamentgeladene Mut-

---

* Eine der Erinnyen.

ter ihre heftigsten Gefühle herausgeschrien hatte. Niemand hatte ihm Zurückhaltung oder Abstufungen der Emotion beigebracht.

Trinity College. Ein schweres Tor, flankiert von zwei Türmen, öffnete sich zu einem weiten Rechteck, umgeben von gotischen Gebäuden. Die Fontäne inmitten des Hofes ließ mit der Bewegtheit des emporschießenden Strahls die Unbeweglichkeit des Rahmens erst recht deutlich werden. Durch eine Torwölbung gelangte man in einen zweiten Hof: Nevile's Court, der war noch steifer, düsterer, aber er hatte ausgewogene Proportionen und einen umlaufenden Kreuzgang. An ihm lagen Byrons Zimmer, ein kleines Apartment, das ihm gefiel und das er sogleich sehr stilvoll einzurichten begann.

Sein heimlicher Wunsch war gewesen wie auf der Schule nun auch hier ein Mittelpunkt, ein Anführer zu werden. Er besaß den ungeduldigen Ehrgeiz der Schwachen, doch war er gedämpft von einer träumerischen Faulheit. In Trinity College waren alle Studenten etwa so alt wie er, und deshalb gab es keinen Raum für das Gefühl (das er so liebte), Jüngere zart beschützen zu können. Er begriff schon während der ersten Tage, daß es, abgesehen von ein paar verachteten Musterschülern, die ihre Augen verdarben, indem sie bei Kerzenlicht griechische Verse vortrugen, zum guten Ton gehörte, nichts zu tun. Die Mode in England verlangte von den jungen Männern, daß sie tranken und spielten. »Niemand kann die englische Geschichte des 18. Jahrhunderts studieren, ohne davon überrascht zu sein, welchen wirklich ungeheuren Raum geistige Getränke in der Geistesgeschichte der Jugend einnahmen und über die Folgen, die sie für die körperliche Verfassung im reiferen Alter hatten.« Ein Tischgenosse, der während eines Essens nicht in der Lage war zwei Flaschen zu leeren, war ein mäßiger Kumpan. Von einem guten Trinker sagte man: »Das ist ein Mann gut für vier Flaschen ... für fünf Flaschen.« Lord Panmure und Lord Dufferin standen in hohem Ansehen, weil sie für sechs Flaschen gut waren. Das Spiel war nicht weniger wichtig. Lord Holland ließ seinem fünfzehnjährigen Sohn Charles John Fox große Summen aushändigen, »um ihm zu ermöglichen«, sagte er, »seine Lehrzeit als Spieler angemessen zu absolvieren«. Ein junger Edelmann verlor in einer Spielbank nahe Pall Mall an einem Vormittag siebentausend Pfund.

Cambridge imitierte London. Lektüre und Kultur, wofür Byron einen ungeordneten aber sicheren Geschmack mitbrachte, langweilten diese Studenten. Abends speiste Byron zunächst in der *Hall*. Der Tisch war auf einer Estrade unter den Augen König Heinrichs VIII. gedeckt, hier aßen die *fellows* und gelegentlich der Magister. Byron sah sie mit Antipathie, für ihn waren sie Gelehrte ohne Poesie, ohne Seelengröße; was verstanden sie unter Leben? Billige Wortspiele, geistreichelnde Scherze, College-Klatsch, wohlausgestattete kirchliche Pfründen. Nach dem Essen ·in der *Hall* versammelte man sich in den Zimmern, es wurde bis spät in die Nacht hinein getrunken und gespielt. Byron verabscheute das Trinken, aber er wollte so gern gefallen. Hanson erhielt den Auftrag, ihm vier Dutzend Flaschen zu schicken: Portwein, Sherry, Burgunder, Madeira. Er mochte noch viel weniger spielen als trinken. »Ich bin weder kaltblütig genug, noch habe ich dafür Verstand oder Kombinationsgabe.« Dennoch tat er es seinen Kameraden gleich. Er steckte in der Konvention. Wie alle, die erst spät in eine in sich geschlossene Gesellschaft aufgenommen werden, zog es ihn ängstlich zu den Gesetzen dieser Gesellschaft. Unter allen Konventionen ist es die Anti-Konvention, die den Heranwachsenden am meisten tyrannisiert. »Unser Gesetz ist es, das Gesetz zu mißachten.« Der Persönlichkeit eines Lord Byron wurde, um konformistisch sein zu können, ein wahres Zeremoniell des Übermaßes auferlegt.

Morgens wachte er mit schwerem Schädel auf, die Glocken der Kapelle klangen durch die morgendliche Luft. An den Festtagen eines Heiligen suchte man, ein weißes Chorhemd über den Schultern, die Kapelle auf. Die schmeichelnden frommen Töne der Orgel umhüllten die schläfrigen Studenten. Der Tag begann. Byrons *tutor* wußte bald, daß er diesen Schüler nicht oft zu Gesicht bekommen würde. Byron hatte sich ein schönes graues Pferd gekauft, das er Oat Eater, Haferfresser, taufte. Jeden Vormittag ritt er, angetan mit einem weißen Hut und einem hellgrauen Mantel, aus. Eine auffällige Tracht war das, aber schließlich regierten die Dandies. Kam er von seinem Ausritt zurück und es war schönes Wetter, ging er zum Schwimmen.

Er hatte sich dazu eine tiefe, von weit herüberhängenden Zweigen geschützte Stelle an einer Flußbiegung nahe Cambridge ausgesucht. Sein Sportkamerad und einziger Freund war ein Mitschüler aus Harrow: Edward Noel Long (»Tom Wildman zu meiner Linken, Long zu meiner Rechten«), ein unbändiger und offener junger Mann, der wie Byron ein großer Schwimmer und Literaturfreund war. Es war ein ungetrübtes Vergnügen, mit Long vierzehn Fuß tief nach einem Teller, einem Ei oder einem Schilling zu tauchen. Auf dem Grunde des Flusses hatte Byron einen Baumstumpf entdeckt, an dem er sich unter Wasser gern eine Zeitlang festhielt, und er fragte sich, wie zum Teufel der wohl in diese nasse Umgebung geraten sein könnte. Abends besuchte Long Byron in dessen Zimmer und spielte ihm auf der Flöte oder dem Violincello vor. Byron hörte ihm zu und trank dabei unaufhörlich sein Lieblingsgetränk, Mineralwasser. Die musikalischen Rhythmen wurden ihm zu poetischem Rhythmus und hüllten ihn in sinnlich traurige Träume. Newstead sah er in diesen Träumen vor sich, die Fledermäuse, wie sie durch die scheibenlosen Chorfenster flogen, die Terrasse von Annesley, er hörte Mary-Anns Lieder, das Flüstern des Windes in den Baumkronen über Peacheys Grab, sah die für immer geschlossenen Augen Margarets. Manchmal lasen Byron und Long sich gegenseitig vor. »Longs Freundschaft und eine heftige doch unschuldige Leidenschaft, die mich zu jener Zeit ergriff, waren der Roman dieser Epoche, der schwärmerischsten meines Lebens.«

Wem galt jene heftige und zugleich unschuldige Leidenschaft? Die Colleges von Cambridge unterhielten Chöre für ihre Kapellen. Durch eine Zufallsbegegnung lernte Byron einen der Chorknaben von Trinity College, den fünfzehnjährigen Eddleston, kennen, und er hielt ihn davon zurück, ins Wasser zu gehen. Dann fiel ihm in den Gottesdiensten die schöne Stimme des jungen Eddleston auf, und er befreundete sich mit ihm. Und es war eine Freundschaft, wie er sie so sehr liebte: die Freundschaft zu einem Menschen, der nicht nur jünger war als er, sondern ihm auch unterlegen durch Geburt und Vermögen. Bei Eddleston schien es ihm viel leichter, wirklich über einen Menschengeist zu herrschen als etwa bei Clare oder Delawarr. Als Äquivalent stand er ohne Vorbehalte zu seiner Aufgabe als Beschützer. Der Knabe vertraute Byron nach anfänglicher Scheu von ganzem Herzen. Dieses Herz muß wie aus durchsichtigem Edelstein gewesen sein; Byron schrieb ein Gedicht darüber, es ist ein wenig flach, aber voll aufrichtiger Zärtlichkeit:

> Es ist nicht das Funkeln dieses Steins,
> der ihn meiner Erinnerung so teuer macht;
> er funkelte nur *einen einzigen Tag,*
> und er errötete, wie es sein Geber tat.

> All jene, die über der Freundschaft Band zu lachen wagen,
> sie haben mich oft verlacht ob meiner Schwäche.
> Und dennoch stehe ich zu dieser schlichten Gabe,
> denn der, der sie mir gab, er liebte mich gewiß.

> Er bot sie mir gesenkten Blicks,
> als fürchte er, sie werde abgewiesen.
> Ich sagte, als ich sein Geschenk entgegennahm,
> daß meine einzge Sorge sei, ich könnte es verlieren.

Verse zu schreiben, wurde Byrons größtes Vergnügen. Er las nicht mehr so viel wie früher, er zog es vor zu träumen, zu schwimmen, sich in eine scheinbare Untätigkeit zurückzuziehen, auf deren Grund sich Reime, Rhythmen und Strophen formten.

Dieses Leben hätte ihm nicht mißfallen, denn er, der Gewohnheitsmensch, überließ sich ihm, und mit jeder anderen Lebensform wäre es ihm genauso gegangen; aber es kostete zuviel. Seit dem November war ihm klar geworden, daß seine Fünfhundert-Schilling-Rente, die er zu Beginn seines freien Lebens für fürstlich hielt, sich für einen Studenten, der den Grandseigneur spielte, als ausgesprochen mager erwies. Zum Ende jeden Monats kam eine stets sehr hohe Rechnung von der Küche des Colleges, denn Byron speiste nicht mehr in der *Hall*, er lud vielmehr seine Freunde in sein Zimmer ein. In Harrow hatte er Schulden hinterlassen, die es abzuzahlen galt. In Cambridge hatte er sein Apartment möblieren müssen. Er schrieb an Hanson, er solle bei der Staatskanzlei zusätzliche Zahlungen verlangen.

Seine Beziehungen zu Hanson hatten sich verändert, er war nicht mehr der kleine Junge, der Unterstützung erbat, er war der edle Lord, der den Vertreter seiner geschäftlichen Interessen, »diesen Dummkopf Hanson« mit Herablassung behandelte. Der Anwalt ließ wissen, wenn Lord Byron ein weniger aufwendiges Leben führe, genüge die Rente. Byron antwortete aufgebracht, wenn man ihm nicht die Mittel zur Verfügung stelle, seine Schulden zu bezahlen, würde er sich Geld bei Wucherern leihen. Für den jungen Mann, Eigentümer von Newstead und Rochdale und so kurz vor seiner Mündigkeit, war es nicht schwer, Geld für hundert Prozent Zinsen zu bekommen.

Für die Wucherer gab es nur einen Einwand, nämlich den, daß, stürbe der minderjährige Byron zu früh, sie nur durch die Unterschrift eines mündigen Verwandten abgesichert wären. Byron dachte sofort an Augusta; ihr versicherte er, sie setze gar nichts aufs Spiel, denn stürbe er, werde sie erben und lebe er, werde er bezahlen. »Wenn Sie den geringsten Zweifel an meiner Ehrenhaftigkeit haben, tun Sie es nicht!« Augusta gab ihre Unterschrift, und er konnte mehrere hundert Pfund leihen. Mrs. Byron, die natürlich davon erfuhr, war entsetzt: »Der Junge wird noch mein Tod sein, er treibt mich zum Wahnsinn! Woher bekommt er mehrere hundert Pfund? Ist er in die Hände von Wucherern gefallen?« Und wenig später: »Lord Byron hat einunddreißig Pfund und zehn Schillinge für eine Skulptur von Pitt ausgegeben. Er hat einen Wagen verkauft, den er mir schenken wollte, den ich aber zurückgewiesen habe ... Ich fürchte sehr, er ist in schlechten Händen und nicht nur, was das Geld angeht, nein, auch unter anderen Gesichtspunkten. Ich glaube, er hat sich in eine Weibergeschichte gestürzt.«

Tatsächlich war er, seit er Geld hatte, nicht nur völlig untätig, er hatte sogar die Universität verlassen. Er war in die Nr. 16, Piccadilly, eingezogen, in die Räume, die Mrs. Byron für ihre Londonbesuche gemietet hatte. Er hatte sich eine Maitresse aus sehr niedrigem Stande zugelegt; sie wohnte in Brompton Row. Er gab ihr Männerkleider, gab sie für seinen Bruder aus und nahm sie sonntags mit nach Brighton. Dort hatte er, gegenüber dem Pavillon, ein kleines Haus gemietet. Am Strand staunten die Promenierenden, mit welcher Geschicklichkeit dieser Gehbehinderte in sein Boot sprang. In London verbrachte er viel Zeit bei Jackson und Angelo, die in der Bond Street die Kunst des sportlichen Kampfes lehrten. Angelo brachte ihm das Fechten bei; »Gentleman Jackson«, Champion von England, obwohl er lediglich dreimal im Ring erschienen war, ein ungeheurer Kerl, fähig mit einem Gewicht von vierundzwanzig Pfund auf der Hand seinen Namen zu schreiben, machte aus Byron einen so guten Boxer, wie es dessen schwache Füße erlaubten. Byron, der ihn »meinen alten Freund und leiblichen Priester« nannte, bewunderte Jacksons scharlachrotes Wams, seine Spitzenmanschetten, seine Kniehosen, die Seidenstrümpfe und behandelte ihn voll Hochachtung. Die anstrengenden Übungen, die Jackson und Angelo ihm zumuteten, ließen ihn mager werden und abzumagern war sein leidenschaftlicher Wunsch. Und im übrigen: wäre ihm dieser Trainingssaal als Zufluchtsstätte versperrt gewesen, wo hätte er seine Tage verbringen sollen? Er kannte sprichwörtlich keinen Menschen. Nicht ohne Sehnsucht hörte er von Leuten reden, die er gern kennengelernt hätte, von Dandies, vom Prinzen von Galles, von Charles John Fox; er sah Frauen in St. James, die Brummell zulächelten, der wie immer an seinem berühmten Fenster im White's saß. Lord Byron aber war allein, ein provinzieller Krautjunker ohne Familie und Freunde. Ein volles Vierteljahr lebte er so in London.

Als er im Frühling nach Cambridge kam, brachte er seine neue Umgebung mit: die junge Frau aus der Brompton Row und den Boxer Jackson. Angelo wurde mit allem Pomp empfangen, er lud ihn zum Essen ein, ließ aus dem St. John's College das gute Bier holen, für das dieses College berühmt war und ging so weit, dem Gast beim Aufbruch ein letztes Glas Bier anzubieten, eine Höflichkeit, die den übrigen Anwesenden recht merkwürdig vorkommen mußte.

Sein *tutor* machte ihm Vorwürfe über seinen Umgang. Aber Byron antwortete, daß ein Meister der Waffenkunst allen *fellows* des College weit überlegen sei. Seine Geringschätzung für das Leben innerhalb der Universität war die gleiche geblieben: »Niemand hier schlägt das Werk eines alten oder modernen Autors überhaupt auf, wenn er es vermeiden kann. Die Musen, diese armen Teufel, sind völlig vernachlässigt ... Ich selbst (so groß meine Lust auch sei, davon zu erfahren) bin wie vom Wind getrieben, ich habe höchstens zweimal zu Hause soupiert.« Er lebte ein wildes Leben, daß ihn langweilte und ruinierte, aber er wagte seines Ansehens wegen nicht, ein anderes zu führen.

Stunden des Müßiggangs

> Damit ein Mann zum Poeten wird, muß er ver-
> liebt oder unglücklich sein. Ich war beides, als ich
> *Stunden des Müßiggangs,* schrieb.   *Byron*

Am Ende des Studienjahres 1806 kam Byron nach Southwell zurück, und seine Ankunft gestaltete sich zu einer heftigen Szene. Vor
den Augen der völlig verdutzten Pigot-Kinder warf Mrs. Byron ihrem Sohn Feuerzange und Schaufel vom häuslichen Kamin an den
Kopf, der machte kehrt, flüchtete in das Haus seiner Freunde und
fuhr wieder nach London, ohne daß er seine Mutter noch einmal
gesehen hatte. Von London aus schrieb er an Pigot: »Dank für Ihren amüsanten Bericht über die neuesten Schritte meiner liebenswerten Erinnye Alecto, sie beginnt nun die Folgen ihrer Torheit zu
fühlen. Ich habe gerade einen reuevollen Brief bekommen, auf den
ich nun, schon aus Furcht sie könnte mir folgen, mit Mäßigung
geantwortet habe ... Ihr sanftes Zwitschern muß alle Zuschauer
entzückt haben; vor allem die hohen Töne waren ausgesprochen
musikalisch, man müßte sie einmal in einer klaren stillen Mondnacht hören ... Doch im Ernst: Ihre Mutter hat mir einen großen
Gefallen erwiesen und Sie, wie die ganze Familie, verdienen meinen wärmsten Dank für die wohlmeinende Mittäterschaft, als ich
mich bemühte, *Mrs. Byron furiosa* zu entkommen. Oh hätte ich die
Feder eines Ariost, damit ich ein episches Gedicht über den Sturm
jener denkwürdigen Nacht ersinnen könnte – oder daß der Schatten Dantes mich berührte, denn nur der Dichter der *Hölle* könnte
diesen Versuch beflügeln.«
Mutige jedoch bittere Heiterkeit. Die »Witwe« folgte ihm nach
London; nach einer stundenlangen Auseinandersetzung »trat sie
in Unordnung den Rückzug an und ließ dabei ihre Artillerie und
einige Gefangene zurück«. Byron so mit Kriegsruhm bedeckt, verbrachte ein paar Wochen an der Küste in Sussex, unternahm dann,
begleitet von John Pigot, eine kurze Reise nach Harrogate. Pigot,
Medizinstudent und ein Bruder von Elizabeth, war umgänglich
und gebildet. Die Equipage seines Gefährten machte ihm Spaß. An
die Kutschenschläge waren die Wappen der Byrons und die Devise
Crede Biron gemalt; dem Wagen folgten, geführt von einem
Groom, zwei Reitpferde; in der Kutsche selbst reisten mit Pigot
und Byron der Diener Frank und zwei Hunde: ein Neufundländer, Boatswain, und eine Bulldogge, Nelson.
Warum bestand Byron, der ja so reich nicht war, darauf, Personal

und Menagerie mit sich zu führen? Er bewies eine merkwürdige Unfähigkeit, irgend etwas, das der Zufall in sein Leben gebracht hatte, wieder daraus zu entfernen. Aus purer Laune hatte er sich eines Tages den Diener, die Pferde und Hunde zugelegt; er behielt sie. Er war Fetischist. In seiner nie geheilten Empfindsamkeit hängte er sich an alles, was ihm nahekam. John Pigot war klug genug, während ihres Aufenthaltes in Harrogate unzählige Beispiele für Byrons Schüchternheit wahrzunehmen. Wenn sie ihre Mahlzeiten im Speisesaal des Hotels einnahmen, bestand Byron stets darauf, sich so schnell es irgend ging, auf ihre Zimmer zurückzuziehen. Pigot stellte voller Überraschung fest, daß sein Freund einen großen Abscheu gegenüber dem Trinken hegte, er sah wie streng er lebte und hatte ihn doch immer für ausschweifend gehalten. Seine Vergnügungen schienen einzig darin zu liegen, Verse zu schreiben, aufs Pferd zu springen und Frauen zu betrachten, – aus der Entfernung. Trotz der Episode mit Mary Chaworth blieb er für ihren Reiz nur allzu empfänglich. Pigot gegenüber spielte er den Mann, der die Gefahren der Liebe durchschaut, der die Frauen gewogen und für zu leicht befunden hat. Der Weg, sie zu erobern, war nicht, mein lieber Pigot, sie zu lieben, sondern sie zu verachten:

> Warum, Pigot, sich grämen
> über die Kälte eines Mädchens?
> Wozu sich verzweifelt erregen?
> Versucht es, wenn Ihr wollt, noch nie
> hat ein Seufzer eine dieser Koketten erobert.
>
> Wie man sie erobern könnte?
> Stellt Euch, als liebtet Ihr anderwärts;
> zuerst wird sie sich launisch zeigen.
> Verlaßt sie dann für eine Zeit,
> und bald wird sie lächeln,
> und schon könnt die Stolze Ihr küssen.

Warum hatte er dieses einfache und kluge Rezept nicht selbst gekannt zur Zeit seiner M. A. C.?

Die beiden Freunde kehrten schließlich nach Southwell zurück, und Byron zog zur »Witwe«, die vorübergehend gebändigt schien. Die Arme war entsetzt darüber, ihren Sohn mit zwei Dienern, einem Pferdestall und einer Hundezucht Einzug halten zu sehen. Sie traute sich nicht, etwas dazu zu sagen, mußte sich jedoch fragen, wovon dieser ganze Haufen leben sollte. Byron versuchte in seiner Freimütigkeit keineswegs, ihr die Gründe dieser familiären Annäherung zu verbergen. Er hatte alles ausgegeben, was ihm die Wucherer geliehen hatten. Er hatte kein Geld mehr zum Reisen, nicht einmal genug, um zum Studienbeginn nach Cambridge zurückzukehren. Der einzige Reiz, den Southwell ihm bot, war, daß er hier nichts auszugeben brauchte. Übrigens half ihm seine gesegnete Trägheit, Southwell schon nach wenigen Tagen zu akzeptieren, er begann einem festgelegten Tagesablauf zu folgen und fühlte sich seitdem nicht weniger wohl als in seinem Zimmer im Trinity College.

Sein Leben hatte nun ein neues Ziel und das war, ein Dichter zu werden. Elizabeth Pigot hatte ihn auf diesen Gedanken gebracht. Sie hatte ihm eines Tages Verse vorgelesen, und er hatte gesagt: »Ich schreibe selbst« und hatte ihr sein Gedicht auf Delawarr vorgetragen: »In dir hoffte ich mir zu bewahren....« Die reizende Elizabeth war aufrichtig begeistert. Ein anderes Mal hatte sie ihm Burns vorgelesen, er sagte: »Ich liebe diesen Tonfall sehr« und schrieb aus dem Stegreif im selben Rhythmus *Hills of Annesley, bleak and barren* ...

> Hügel von Annesley, nackt und dürr,
> wo meine unbefangene Jugend in die Irre ging;
> wie die kampflustigen Stürme des Nordens
> über eure grasbewachsenen Schatten jagen!
>
> Es ist vorbei, ich verzaubere die Stunden nicht mehr,
> wenn ich ein Paar Augen betrachte, die ich so sehr geliebt,
> es ist vorbei; meine lächelnde Mary,
> versuch nicht mehr, mein Paradies zu sein.

Elizabeth war von diesem Gedicht entzückt, und die Erinnerung an eine unglückliche Liebe berührte sie tief. Sie war für Byron eine vollkommene Freundin. Und sie gehörte zu jenen liebenswürdigen Mädchen ganz ohne Koketterie aber voll zärtlicher Neigung, die von den Männern aus Dummheit nicht geliebt werden. Sie neckte ihn mit seiner Schüchternheit. Denn auch dem Dandy von Cambridge unterlief es noch, sein »eins, zwei, drei, vier, fünf, sechs, sieben...« zu murmeln. Sie bot ihm an, seine Verse für ihn ins Reine zu schreiben und ein Manuskript für eine Veröffentlichung daraus zu machen.

Nun hatte Byron wieder das, was er liebte, eine Arbeit, die zur Gewohnheit wurde. Er arbeitete nachts, ging spät zu Bett und stand noch später auf, am späten Vormittag ging er über die Straße zu Elizabeth Pigot und brachte ihr seine Arbeiten. Kamen andere Besucher, rettete sich der scheue Poet durchs Fenster.

Dann besuchte er einen anderen Freund, den Reverend Mr. Becher, *clergyman* von Southwell; der war ein junger Pastor und guter Ratgeber. Byron hatte mit ihm lange Gespräche über das Universum und über das Schicksal. Becher versuchte Byron davon zu überzeugen, mit wieviel Vorzügen ihn sein Los, über das er sich beklagte, dennoch ausgestattet habe: mit vornehmer Geburt, Geist, sehr bald Reichtum und vor allem mit einem »Talent, das ihn bald über den Rest der Menschheit stellen wird«. – »Ach mein lieber Freund«, pflegte Byron dann traurig zu sagen, und er legte einen Finger an seine Stirn, »wenn dies hier mich über den Rest der Menschheit stellt, läßt mich dies (er zeigte auf seine Füße) unter allen anderen stehen.« Häufig brachte er Becher als Antwort auf die am Tage zuvor erteilten Ratschläge eine Epistel mit:

Lieber Bruder, Sie raten mir, unter Menschen zu gehen.
Ich könnte es nicht, wenn der Rat auch weise wäre;
Zurückgezogenheit stimmt zum Ton meines Geistes;
ich will nicht hineingehören in eine Welt, die ich verachte.

Ich habe das Süße und das Bittere der Liebe geschmeckt;
noch jung habe ich gelernt an Freundschaft zu glauben;
die klugen Weiber mißbilligten meine Leidenschaft.
Und ich erfuhr zu früh, daß auch ein Freund betrügen kann.

In der Zurückgezogenheit von Southwell fühlte er sich wie ein alter Eremit, den Weisheit und Unglück Menschenverachtung gelehrt haben. Er nahm seine Mahlzeiten am Tisch der »Witwe« ein, aber er las während des Essens, um sie zum Schweigen zu bringen. War er guter Laune, öffnete er die Tür des Speisezimmers und kündigte an: »Es tritt ein die Honourable Kitty Gordon!« Die Nachmittage waren dem Sport gewidmet. Er ging zum Baden, tauchte im Fluß, ließ sich von seinen Freunden irgendwelche Dinge geben, die er ins Wasser warf und sich dann damit vergnügte, auf dem Grunde des Flusses nach ihnen zu suchen, er versetzte ganz Southwell in Schrecken, wenn er im Garten mit seinen Pistolen schoß, oder er ritt ziemlich ungewandt sein Pferd. Das wahre Ziel aller dieser Übungen war, mager zu bleiben. Angestrengtes Training und ausgleichendes Spiel folgten regelmäßig aufeinander. Mit sieben Westen und einem Mantel angetan Kricket zu spielen, vierundzwanzig Stunden lang kein Quentchen Fleisch zu essen, sich mit einer einzigen Mahlzeit am Tag zu begnügen und kein Bier zu trinken, das alles war der Preis dafür, daß er seine Rippen sehen konnte und daß ihm seine blassen Gesichtszüge anziehend vorkamen.

Abends ging er zu Freunden, zu den Pigots oder den Leacrofts. In Southwell gab es viele junge Mädchen. Er hatte sie inzwischen so gut kennengelernt, daß er keine Angst mehr vor ihnen hatte. Getreu den Rezepten, die er seinem Freund John Pigot gepredigt hatte, machte er allen den Hof. Er schickte ihnen Gedichte, er versuchte sie zu küssen, er führte Liebhaberstücke mit ihnen auf. Eine innigere und sinnlichere Beziehung hatte er zu einem Mädchen recht mittelmäßigen Standes; sie war für ihn so etwas wie eine neue Mary mit rötlichem Haar, und stolz zeigte er den etwas spröderen Mädchen wie Julia Leacroft und Ann Houson einen Ring, den sie ihm geschenkt hatte. Er rühmte sich vor sich selbst, flatterhaft zu sein. Eine Dame der Southweller Gesellschaft besaß einen Achat, der in einem Grabhügel gefunden worden war, sie verwahrte ihn in ihrem Nähkorb. Eines Tages sagte sie zu Byron, dieses Amulett habe die Kraft seinen Besitzer vor der Liebe zu schützen. »Geben Sie ihn mir!« rief Byron mit plötzlicher Heftigkeit, »das ist der Talisman, den ich begehre!«

In Southwell machte er die ersten Erfahrungen im sinnlichen Spiel, und er hatte zugleich Gelegenheit festzustellen, zu welch niedrigen Hilfsmitteln die Berechnung greift – eine der Familien des Ortes drückte über sein Verhältnis mit der Tochter des Hauses in der Hoffnung, ihn zu einer ungleichen Heirat zu bringen, beide Augen zu.

Das monotone Einerlei seiner Tage ließ ihn zum stetigen Arbeiten kommen. Die kleinen Liebeleien lieferten ihm zugleich Medizin gegen die Langeweile und Stoff für seine Gedichte. Ein Künstler bedarf eines regelmäßigen Lebens, weil er seine Arbeit liebt und eines etwas verrückten Lebens, damit sein Geist angeregt wird: Byrons Arbeit kam gut voran. Er sammelte und verbesserte seine Gedichte an Delawarr, an Clare, an Dorset, seine Übersetzungen aus Catullus, Vergil, das Gedicht über den Karneol Eddleston, seine Elegien über Newstead und die Liebesgedichte für verschiedene junge Damen. Die Sammlung rundete sich. Ihr Autor las seine Verse mit überraschtem Entzücken wieder und wieder. Würde das kleine Buch ihm Ruhm einbringen? Elizabeth Pigot glaubte es.

Byron ließ sein Bändchen bei Ridge, einem Buchdrucker in Newark, unter dem Titel *Vergängliche Stücke* drucken. Als die ersten Exemplare fertig waren, brachte er sie zu den Pigots und zu Becher. Aber die Wirkung war eine andere, als Byron sie erwartet haben mochte. Der junge Pastor war, als er die Gedichte seines Freundes gelesen hatte, dermaßen empört über ein Gedicht, betitelt *An Mary*, daß es ihm unmöglich schien, Byron das Bändchen veröffentlichen zu lassen. Der Schock war schlimm, aber die Antwort kam ohne langes Überlegen. Byron versprach, den Druck vernichten zu lassen und löste sein Versprechen noch am selben Tage ein. Alle Exemplare wurden verbrannt, mit Ausnahme des einen, das schon an John Pigot abgeschickt worden war, der später Student in Edinburg und (was reichlich komisch ist) ein Schüler Bechers war. Es ist für einen jungen Autor hart, sein erstes Buch zu vernichten, Byron hat dieses Opfer heldenhaft geleistet.

Dann, ohne auch nur einen einzigen Tag zu verlieren, machte er sich mit dem Drucker wieder an die Arbeit, nahm »das unglückselige Gedicht an meine arme Mary« heraus und stellte in wenigen Wochen die *Poems on Various Occasions* zusammen, die im Januar

1807 veröffentlicht wurden. »Dieser Band war unglaublich korrekt und züchtig.«

Der Autor verteilte Exemplare an seine ehemaligen Freunde aus Cambridge und an seine Gäste in Southwell. Aus Cambridge kamen Elogen, in Southwell rief das Buch einen wahren Sturm hervor. Die Familie Leacroft erregte sich besonders. In einem Gedicht war von einer Juliette die Rede. War das etwa ihre Julia? Ein anderes, unter dem Titel *An Lesbia*, ein ironisches Gedicht in der Lieblingsmanier des jungen Byron (hochmütige Verachtung der Liebe) schien ebenfalls an sie gerichtet. Jedenfalls behauptete es ganz Southwell. Das war unerträglich. Julias Bruder, Captain Leacroft, verlangte Erklärungen von Byron. Der wandte sich an Becher, und sie setzten gemeinsam eine maßvolle Antwort auf; aber diese engstirnige Auslegung, die heuchlerische Schamhaftigkeit, der ganze Wirbel verdarben Byron endgültig den Geschmack an Southwell. Die kleine Stadt erregte in ihm den Abscheu, der jedem leicht fällt, der die große Stadt noch nicht kennengelernt hat, es ist jene Verachtung der Provinz, von der man nur durch ein Leben in den Hauptstädten geheilt werden kann. Er hatte sich in Southwell gelangweilt, weil sein Leben ereignislos verlief, aber er hatte sich mit einem weichen Wohlbehagen gelangweilt; die Ereignisse, die das Erscheinen seines Buches begleiteten, hatten zugleich seine Langeweile und sein Glück unterbrochen. Es gehörte zu seinen Charakterzügen, daß er die Aufregungen eines bewegten Lebens herbeiwünschte und sie haßte, sobald sie sich einstellten. Miss Pigot, die mütterliche Elizabeth, von ihm »liebe Queen Bess« genannt, wurde zur Vertrauten dieses wachsenden Abscheus. »Ich hasse Southwell, euer verdammtes, verwünschtes jämmerliches Skandalnest. Außer um Ihretwillen und John Bechers wegen, würde es mich nicht dauern, wenn die ganze Stadt in den Orkus stürzte.« Er wollte fort. Seine Mutter hielt ihn nicht zurück. »Lord Byron ist jetzt sieben Monate bei mir gewesen, mit zwei Dienern! Ich habe von ihm nie einen Penny bekommen, denn seine fünfhundert Pfund Rente braucht er für sich allein. Es ist völlig unmöglich, daß ich ihn und sie mit meinem kleinen Einkommen unterhalte.«

Er blieb noch einige Wochen, um an einer neuen Fassung seiner Gedichte zu arbeiten, die er ergänzte und die diesmal für das »große Publikum« bestimmt sein sollten. Der Band nannte sich nun »*Stunden des Müßiggangs* von George Gordon Lord Byron, ein Minderjähriger.« »Ein Minderjähriger« klang ziemlich komisch, aber er hatte ein Vorwort geschrieben, von dem er glaubte, es werde ihm Nachsicht eintragen: »Diese Gedichte sind die Früchte der leichtesten Stunden eines jungen Mannes, der gerade sein neunzehntes Lebensjahr vollendete ... Da sie selbst einen kindlichen Geist beweisen, war diese Bemerkung vielleicht unnötig... Der Inhalt des Buches könnte jungen Leuten meines Alters Vergnügen bereiten! Ich hoffe, es wird jedenfalls als unschuldig empfunden. Es ist sehr unwahrscheinlich, daß ich mich in meiner Lage und mit meinen Plänen ein zweites Mal dem Publikum aufdrängen werde... Doktor Johnson hat mir einmal über die Gedichte eines meiner edlen Vorfahren gesagt, daß ›wenn ein Mann von hoher Geburt sich zum Schriftsteller macht, er mit Wohlwollen aufgenommen zu werden verdient‹, diese Meinung wird für die Kritiker sicher kaum ins Gewicht fallen, und andererseits verzichte ich gern auf ein solches Privileg...« Sobald die Ausgabe erschien, es war im Juni 1807, fuhr er nach London, um selbst die Verteilung im Buchhandel zu beaufsichtigen.

Es ist ein angenehmes Gefühl, sich mit zwanzig Jahren im schönen Juni-Monat in London zu befinden, mit ein wenig Geld und einem frisch erschienenen Buch. Die »Dame mit dem Temperament eines Lammes« blieb allein in ihrer nördlichen Provinz, das verhaßte Southwell war weit, und die Queen Elizabeth erhielt darüber überaus offene und unzweideutige Briefe: »Southwell ist ein verdammter Ort – ich bin für immer mit ihm fertig – zumindest ist das wahrscheinlich; außer Ihnen schätze ich dort niemanden. Sie waren die einzige *vernünftige* Gesellschaft für mich; und um aufrichtig zu sein, ich hatte größere Achtung vor Ihnen als vor der ganzen *Bande* des schwachen Geschlechts, über die ich mich lustig gemacht habe... Sie, Sie haben mehr für mich und meine Manuskripte getan als eine Million dieser *Püppchen* zu tun in der Lage gewesen wäre. Glauben Sie mir, ich habe Ihren schönen Charakter in jenem *Sündenpfuhl* nie vergessen; und ich hoffe, Ihnen eines Tages meine Dankbarkeit beweisen zu können!« Er meinte es ehrlich, er hatte für alle die Julias und Marys, die sich von ihm hatten streicheln lassen, nichts als Verachtung übrig; seine »tierischen Instinkte« und sein Stolz trieben ihn dazu, ihnen nachzulaufen, aber in einem wohlverborgenen inneren Tempel bewahrte sich ein kleiner calvinistischer Schotte seine Achtung vor der Reinheit.

Seine größte Sorge war es nun zu erfahren, ob die *Stunden des Müßiggangs* einen bekannten Dichter aus ihm machen würden. Er war nicht unzufrieden mit seinem Erfolg. Ein Londoner Buchhändler, der bereit gewesen war, einige Exemplare auf Lager zu nehmen, hatte sie untergebracht und verlangte nach weiteren. Ridge, der Drucker in Newark, hatte in vierzehn Tagen fünfzig verkauft. Freilich waren vor allen Dingen Leute aus Southwell die Leser, und trotz seines großen Abscheus war der junge Autor auf ihr Urteil neugierig. »Welche der Damen haben die Bücher gekauft?«

fragte er bei Elizabeth an ... »Gefallen sie oder gefallen sie nicht in Southwell?«

Es war schwerer, über die Meinung jener schrecklichen und unbekannten Wesen, die Londoner Leser, etwas in Erfahrung zu bringen. Byron hatte Lord Carlisle ein Exemplar gesandt, und der antwortete ihm mit einem jener höflichen Briefe, die man schreibt, bevor man ein Buch aufgeschlagen hat, das man sowieso nicht lesen will. Einer seiner Vettern, Alexander Gordon, sagte ihm, daß seine Mutter, die Herzogin Gordon, »mein Buch gekauft und es ungeheuer bewundert hat, wie übrigens alle Leute von Welt und daß sie wünscht, ihre Verwandtschaft mit dem Autor herauszustreichen«. Aber Ihre Gnaden ließ den Wunsch nicht Wirklichkeit werden, und sie lud den jungen Verwandten nicht zu sich ein. »In allen Buchhändlerfenstern lese ich meinen eigenen Namen. Ich sage nichts, aber insgeheim freue ich mich meines Ruhmes.« Ein Buchhändler hatte sieben Bändchen verkauft. »Sieben, das ist großartig«, sagte der Buchhändler, und Byron glaubte es nur zu gern. Er war als Autor überaus aktiv und sorgte selbst dafür, daß Exemplare in die wichtigsten Badeorte geschickt wurden. »Carpenter (der Verleger Moores) hat mir erzählt, daß es schon mehrere Tage gegeben hat, an denen sie alle Bücher verkauft haben, und sie haben mehrere Nachfragen gehabt, die sie nicht mehr erfüllen konnten. Der Herzog von York, der Graf von Headfort, die Herzogin Gordon etc. etc. waren unter den Käufern; man sagt mir, der Verkauf werde sich im Winter noch mehr beleben, denn der Sommer ist die schlechtere Saison, weil dann die Leute aus London verreist sind.«

Einige Kritiker hatten sich mit den *Stunden des Müßiggangs* befaßt: »Ich wurde von der einen Zeitung gelobt und von einer anderen vernichtet. Ich höre, für den Verkauf des Buches soll das hervorragend sein; so etwas leitet eine Kontroverse ein und bewahrt davor, vergessen zu werden. Im übrigen haben auch die größten Männer aller Zeiten ihr Teil bekommen und auch die bescheidensten entgehen ihm nicht – ich ertrage also alles mit philosophischer Ruhe.«

Er war immer noch sehr allein. Nur wenige Besucher sprachen in seiner Wohnung (Dorant's Albermale Street) vor. Einer seiner alten Lehrer, Henry Drury aus Harrow, versuchte vergeblich, ihn ausfindig zu machen. Dafür kam ein Mann, der sich als ein entfernter Verwandter zu erkennen gab, Robert Dallas; seine Schwester war mit einem Onkel Byrons, George Anson, verheiratet. Jener Dallas schrieb Romane und übersetzte französische Bücher. Er war ein ernster Mann, der glaubte, daß es die Aufgabe eines Schriftstellers sein müsse, als Helfer der Geistlichen und Moralisten zu wirken. In seiner Familie war auch von den *Stunden des Müßiggangs* geredet worden, und er hatte sich den schmalen Band gekauft. Nachdem er ihn gelesen hatte, schrieb er an Byron: »My Lord, Ihre Gedichte wurden mir vor wenigen Tagen zugesandt. Ich habe sie mit mehr Vergnügen gelesen, als ich auszudrücken in der Lage bin, und ich fühle mich unwiderstehlich gedrängt, Sie meiner Hochachtung vor diesen unendlich poetischen Ergießungen eines edlichen Geistes zu versichern ... Ihre Gedichte, my Lord, sind nicht nur sehr schön, sie zeugen von einem vor ehrenhaftem Stolz brennenden Herzen, das im Takt der Jugend schlägt.« Ein etwas lächerlicher Brief, mag der junge Zyniker gedacht haben, aber es war das erstemal, daß ein Schriftsteller von ihm Notiz nahm, und er schrieb eine höfliche Antwort: »Obwohl die Kritiker sich meiner sehr nachsichtig angenommen haben, bekenne ich, daß das Lob eines Mannes von anerkanntem Genie noch schmeichelhafter ist ... Meine Ansprüche auf Tugend sind jedoch leider so schwach, daß ich Ihren Glückwunsch nicht annehmen kann ... Die Begebenheiten in meinem kurzen Leben waren so einzigartig, daß ich, wiewohl mich jener Stolz, den die Leute Ehre zu nennen pflegen, davon abgehalten hat, meinen Namen durch Lässigkeit zu beschmutzen, schon für einen Freund der Ausschweifung und einen Schüler der Untreue gehalten wurde ... In der Moral ziehe ich Konfuzius den zehn Geboten vor und Sokrates dem heiligen Paulus (obwohl sich beide über die Ehe einig sind). In der Religion bin ich für die Gleichstellung der Katholiken, obwohl ich den Papst nicht anerkenne ... Ich halte Tugend, im allgemeinen jedenfalls, für einen Charakterzug, für ein Gefühl, nicht für ein Prinzip. Ich glaube, daß die Wahrheit die erste Eigenschaft der Göttlichkeit ist und der Tod ein ewiger Schlaf, zumindest für den Körper. Da haben Sie eine kurze Zusammenfassung der Gefühle des *bösen* George Lord Byron; und bevor ich nicht ein neues Kleid erworben habe, werden Sie feststellen, daß ich schlecht angezogen bin.« Ein Text, der den gravitätischen Dallas mit Bewunderung und Staunen erfüllte.

Es gab nichts Unterhaltenderes als ein Autor zu werden, und schon begann Byron Pläne für neue Arbeiten zu entwickeln. Er dachte daran, die alten schottischen Traditionen in Verse zu gießen, alte Poeme zu übersetzen, die er als *Die Harfe Schottlands* oder unter einem ähnlich originellen Titel veröffentlichen könnte. Ihm kam auch der Gedanke an ein episches Gedicht über die Schlacht von Bosworth, aber das würde drei oder vier Jahre in Anspruch nehmen. Oder vielleicht Stanzen über den Berg Hekla? Während er auf den Ruhm des Poeten wartete, kultivierte er den des Schwimmers. Unter Jacksons Aufsicht schwamm er quer durch London. Der Kritiker Leigh Hunt, der selbst gerade vom Baden kam und sich am Ufer ankleidete, sah einen Kopf über der Wasseroberfläche auftauchen und wieder verschwinden wie eine Boje, während ein Mann von beachtlichem Äußeren den Schwimmer beobachtete. Der Mann am Ufer war Jackson, der große Boxer von Welt, die Boje dagegen George Gordon Lord Byron, ein Minderjähriger.

XI
Die Musketiere von Trinity

Was fängt man mit seinem Leben an? Man kann es nicht mit Schwimmen und Reimen verbringen. Gegen Ende Juni kehrte er zur Universität zurück, um ihr wie er dachte Lebewohl zu sagen. Er sah den schönen Hof des Trinity College wieder, die begrünten Ufer des Cam. Er war so schmal, so durchsichtig geworden, daß Lehrer, Kameraden und Pförtner den gedunsenen Jungen, den sie ein Jahr zuvor gekannt hatten, in ihm überhaupt nicht mehr wiederfanden. Eine strenge und sportliche Lebensweise hatte ihm die Züge eines jungen Asketen verliehen. Er sah aus wie »eine von innen erleuchtete schöne Alabastervase«. Von diesem durchscheinenden Teint hob sich das kastanienbraune Haar mit dem Kupferschimmer (es wurde mit zunehmendem Alter etwas weniger rot) eindrucksvoll ab; seine blaugrauen Augen waren voll Unruhe unter langen schwarzen, oft halb gesenkten Wimpern. Unter den Studenten, die ihn im Kreuzgang von Nevile's Court beobachteten, fiel ihm ein junger Mann auf, den er wiederzuerkennen glaubte und der auch ihn zögernd ansah; es war sein Chorknabe, Eddleston. Er war im Begriff Cambridge zu verlassen, denn er war arm und trat nun als Angestellter in ein Londoner Handelshaus ein.

Byron war sehr bewegt, er bot sich sogleich an, in jenem Handelsgeschäft Geld anzulegen, damit Eddleston Teilhaber werden könne, oder Eddleston sollte, sobald Byron die Mündigkeit erreicht hätte, London verlassen und mit ihm auf Newstead leben. Die Queen Elizabeth von Southwell erhielt Nachricht von dem Wiedererwachen dieser Leidenschaft: »Ich liebe ihn gewiß inniger als irgend ein anderes menschliches Wesen, und weder Zeit noch Entfernung hatten eine Wirkung auf meine Gefühle (die doch so wechselhaft sind) ... Kurz, *Lady Eleanor Butler* und *Miss Ponsonby*, *Pylades* und *Orest* sollten erröten vor unserer Beständigkeit, und es fehlt uns nur ein schönes Schauspiel wie *Nisus und Euryale*, um *Jonathan* und *David* in den Schatten zu stellen. Er ist mir vielleicht noch mehr zugetan als ich ihm. Im vorigen Jahr, als ich in Cambridge war, sahen wir uns jeden Tag, Sommer und Winter, ohne daß ein einziger Augenblick ermüdend war, und wir trennten uns jedesmal mit wachsendem Bedauern. Ich hoffe, Sie werden uns eines Tages beisammen sehen. Er ist das einzige Wesen auf der Welt, das ich so hochschätze, obwohl ich *Geschmack* an vielem habe.« Lady Eleanor Butler und Miss Ponsonby waren als unzertrennlich berühmt geworden, weil sie seit dreißig Jahren miteinander lebten, sie trugen Männerkleider und gepuderte Perücken und »glichen aufs Haar zwei alten Pastoren im Ruhestand«.

Nachdem Byron Cambridge damals verlassen hatte, waren seine aufwendig möblierten Zimmer an einen anderen Studenten namens Matthews vergeben worden. Byron lernte ihn kennen und fand ihn sehr umgänglich. Matthews war ein geistreicher Gelehrter und schrieb vorzüglich auf lateinisch und englisch. Er galt für hochmütig, empfing Byron jedoch mit Freundlichkeit. Als ihm die Räume übergeben wurden, hatte ihm sein *tutor* gesagt: »Mr. Matthews, ich empfehle Ihnen, an den Möbeln nichts zu verderben, denn Lord Byron, mein Herr, ist ein junger Mann von heftigen Launen.« Matthews war von diesem Satz entzückt. Als ein Freund zu Besuch kam, legte er ihm nahe, die Türklinke mit Vorsicht anzufassen, »denn Lord Byron, mein Herr, ist ein junger Mann von heftigen Launen«. Byron traf bei ihm eine Reihe anderer Studenten vom gleichen intellektuellen Typus an und erfaßte sogleich die Gelegenheit, in Cambridge unter wesentlich angenehmeren Umständen leben zu können als im Jahr zuvor. Seine Vorliebe trieb ihn zum Intellekt, die Konvention zur Ausschweifung. Bei diesen neuen Gefährten jedoch fand er eine prickelnde Mischung von Leichtigkeit und Geist, die es möglich machte, intelligent zu sein, ohne sich gehen zu lassen. Wieso hatte er sich nicht schon früher mit diesen Leuten befreundet? Während seines ersten Cambridge-Jahres hatten sie ihn nicht beachtet. Was war er damals? Ein ungeschlachter Knabe, behindert, schüchtern und stolz, obwohl nicht das geringste Verdienst seinen Hochmut erklären konnte. Er wurde gemieden. Nun war er der Verfasser eines Gedichtbandes, den Cambridge gelesen hatte; er sah gut aus; und die Clans, die ihm einst verschlossen waren, öffneten sich ihm. Byron begriff das sehr wohl, freute sich darüber und beschloß, im Oktober für ein Jahr wiederzukommen.

Bei Studienbeginn belegte er auch wieder seine Zimmer und gehörte von nun an zu jener Gruppe getreuer Freunde. Da war vor allen Matthews, den Byron sehr bewunderte. Außerhalb der Arbeitsstunden für sein Studium war er zu allem Unfug aufgelegt. Obwohl er ein eifriger Student war, boxte und schwamm er gern, aber er schwamm mit zuviel Kraftaufwand, weil er den Kopf zu hoch über Wasser hielt. Hier war Byron Fachmann, und er erklärte ihm, er werde noch ertrinken, wenn er es nicht lerne, seinen Körper besser zu strecken. Matthews seinerseits kritisierte Byrons Ansichten mit so hartnäckiger Ausdauer, daß es ihm tatsächlich gelang, alles in ihm auszulöschen, was noch von Aberdeen übriggeblieben sein konnte. Er glaubte an gar nichts, er lachte über Gott und den Teufel. Byron hatte unter dem Einfluß Voltairescher Lektüre längst seinen Glauben verloren, es blieb ihm eine große Unruhe. Matthews Kühnheit des Urteilens verstärkte seinen Skeptizismus.

Der zweite engere Freund dieses letzten Cambridge-Jahres war ganz anders. John Cam Hobhouse, Sohn eines Kaufmannes aus Bristol, stammte aus einer aufgeklärten Familie mit den fortschrittlichen Ansichten der Whigs, wie Matthews war er ein gescheiter, lerneifriger junger Mann. Er arbeitete an einem Essay über Ursprung und Ziel des Opfers (von Byron »Ihre Arbeit über die Eingeweide« apostrophiert). Auch Hobhouse nahm an den Vergnügungen der Gruppe teil, wenn auch mit einer Spur Zurückhaltung und Vorsicht, die Matthews nicht kannte. Er ritt zur Jagd, wenn die anderen schwammen, und das bezeichnet den Abstand eigentlich schon recht gut. Matthews Ton war nicht ganz der, den er sich gewünscht hätte; er war zwar selbst ungläubig, aber er war es mit größerer Ernsthaftigkeit. Als überzeugter Liberaler hatte er mit Studenten einen liberalen Club und eine »Gesellschaft der Freunde« gegründet, die aber nach wenigen Monaten ihres Bestehens auseinanderfiel, weil sich ihre Mitglieder zu oft stritten. Er verabscheute die Bourbonen und fand sich mit Byron sogleich in einer großen Verehrung für Napoleon.

Die Wahrheit war, daß sich Hobhouse aus tiefempfundenem Bedürfnis nach einem ernsthaften Leben sehnte. Er war stolz auf den wenigen politischen Einfluß, den er auf der Universität errungen hatte. Als aufrichtiger Freund wies er die anderen auf ihre Fehler hin, aber er sprach darüber nur zum Freunde selbst. Er war ein Ehrenmann. Matthews und Hobhouse wechselten Briefe von komischer Schärfe: »Ihr galliger Charakter, Hobhouse ...«. Während Byrons erstem Universitätsjahr hatte Hobhouse den jungen hinkenden Lord, der sich so auffallend töricht mit weißem Hut und hellgrauer Kleidung ausstaffiert hatte, ausgesprochen mißbilligt. Doch Hobhouse liebte die Poesie und hatte in den *Stunden des Müßiggangs* die Zeichen eines heranwachsenden Talents entdeckt. Für die mädchenhaften Launen Byrons hatte er männlich wohlwollende Nachsicht. In dem kleinen Freundeskreis um Byron repräsentierte er den gesunden Menschenverstand, Matthews den phantasievollen Geist.

Der letzte dieser vier Musketiere, die 1808 in Trinity residierten, wurde Scrope Davies. In seiner Lebensart und seinem Ansehen erinnerte er an Brummell, den König der Dandies. Nichts Auffallendes an seiner Kleidung. Er war ruhig, zurückhaltend aber unerhört geistreich, er sprach in trockenem spöttischem Ton, den ein unwiderstehliches Stottern noch hinreißender machte. Davies war Byrons großer Rivale im Schwimmen und Tauchen. Den größten Teil des Tages verbrachte er am Spieltisch; er gewann oft, denn er war ein ruhiger, berechnender Spieler. Byron spielte mit, um Davies einen Gefallen zu tun und handelte sich dafür Predigten von Hobhouse ein. »Wirklich, Sie sollten das lassen. Gibt es etwas, das so schockierend und würdelos wäre, wie sich Nacht für Nacht in der niedrigsten Gesellschaft der Stadt sehen zu lassen?«

Doch Hobhouse war in der Gruppe der Freunde in der Minderheit, und das Leben in Trinity College war dieses Jahr äußerst abwechslungsreich. Byron hatte einen neuen Freund aufgetrieben, einen gezähmten Bären. Als die College-Verwaltung fragen ließ, was Byron mit dem neuen Gefährten machen wolle, sagte er: »Einen Kandidaten für einen Lehrstuhl.« Die Antwort gefiel nicht sonderlich. Von London kamen Jockeys, Spieler und Frauen, die Byron zu Tisch geladen hatte. Hobhouse bewahrte ihm dennoch eine liebevolle Achtung. In der Tat, an diesem Heranwachsenden, den niemand herangebildet hatte, gab es nichts Niedriges. Er bewies grenzenlosen Mut, hatte ein starkes Bedürfnis, sich für andere zu exponieren und besaß eine sehr liebenswerte Eigenschaft, die ausgeprägte Güte gegenüber Schwächeren. Von seinen Vierteljahresbezügen von hundertfünfundzwanzig Pfund zweigte er stets fünf Pfund für den alten Murray, den Diener aus Newstead, ab. Aus seiner schweren Kinderzeit hatte er sich ein starkes Mitleidsgefühl für die Armut bewahrt. Er gab viel und hatte nie einen Penny. Er fuhr fort, Geld zu leihen, und die Höhe seiner Schulden wuchs gewaltig. »Wird es nötig sein«, fragte er Hanson, »meinen Titel zu verkaufen? Was ist eine Baronie wert? Fünfzehn Pfund? Das wäre doch schon etwas für einen, der nicht ebensoviele Pennies besitzt.« Im Januar 1809 schuldete er den Wucherern mehr als dreitausend Pfund, Mrs. Byron achthundert und verschiedenen Damen tausend Pfund. Im März schrieb er: »Unter uns, ich sitze schön in der Patsche, noch vor meiner Mündigkeitserklärung werden meine Schulden die Höhe von zehntausend Pfund erreichen.«

Er mischte Arbeit mit Zerstreuung. Die Ausgabe der *Stunden des Müßiggangs* war vergriffen. Er bereitete eine neue vor, aber da er den Poeten zum Sklaven seiner Launen machte, ließ er Texte aus oder fügte neue hinzu, ganz nach den Gefühlen von Liebe und Haß. Einige Male war er darauf aufmerksam gemacht worden, daß ein feindseliger und scharfer Artikel gegen ihn für die *Edinburger Revue*, die große schottische Whig-Zeitung, vorbereitet werde.

Bei Lady Holland waren Passagen daraus vorgelesen worden. Nichts konnte für Byron schmerzlicher sein. Dennoch erwartete er den Angriff mit Gemütsruhe. Er schrieb an Becher: »Sagen Sie Mrs. Byron, daß sie denen nicht gar so gram sein soll und daß sie sich auf die schlimmste Feindseligkeit vorbereiten möge.«

Jene Nummer der Zeitung erschien erst im Februar 1808; Byron schlug sie fiebernd auf, und er las: »Die Poesie dieses jungen Lord zählt zu einer Klasse, deren Existenz weder Götter noch Menschen zulassen. Um sein Verbrechen zu verniedlichen, stellt der edle Autor das Argument seiner Minderjährigkeit voraus. Vielleicht möchte er uns sagen: ›Seht her, wie ein Unmündiger schreiben kann! Dies Gedicht hat wirklich ein junger Mann von neunzehn Jahren geschrieben ... und dieses da ein junger Mensch von nur sechzehn Jahren...‹ Aber, leider!, wir erinnern uns alle zu gut an die Gedichte, die Pope mit zwölf Jahren schrieb und, weit davon entfernt, mit Überraschung zu erfahren, daß ein junger Mensch diese Verse schrieb, glauben wir, daß es überhaupt nichts Gewöhnlicheres geben kann als dieses Abenteuer, das sich bei neun von zehn einigermaßen gebildeten Briten wiederfindet und daß selbst der zehnte noch bessere Verse schreiben würde als Lord Byron.« Dann warf der anonyme Kritiker Byron vor, seinen Lord-Titel benutzt zu haben; er belehrte ihn darüber, daß Reime und die Fähigkeit Versfüße zu zählen nicht die ganze Dichtkunst ausmachen; er schloß und persiflierte dabei den Ton von Byrons Vorwort: »Zu welchem Urteil man immer über die Gedichte dieses edlen Minderjährigen kommen mag, es scheint, wir sollen sie entgegennehmen, wie sie uns geboten werden, und wir sollten uns glücklich schätzen, denn es sind die letzten, die wir von ihm bekommen. Er erwarte, so sagt er, keinen Gewinn von ihrer Veröffentlichung, und ob sie Erfolg haben oder nicht, es ist wenig wahrscheinlich, daß er sich noch dazu verstehen wird, Schriftsteller zu werden. Nehmen wir also, was er uns gibt und seien wir dankbar. Welches Recht haben wir armen Teufel auch, die Schwierigen zu spielen? Wir dürfen schon glücklich sein, so viel von einem Manne erhalten zu haben, der die Stellung eines Lords innehat, der schließlich nicht in einer Scheune haust, sondern als Herr über Newstead Abbey herrscht.«

Der Artikel war grausam. Einem Menschen so beharrlich seine Geburt vorzuwerfen, war umgekehrter Snobismus und nicht weniger töricht als der andere. Dem ganzen Ton fehlten Einsicht und Maß. Byron war nach der Lektüre völlig niedergeschmettert. Ein Besucher, der Byron gerade in jenem Augenblick besuchte, als er den Artikel zuende gelesen hatte und ihn derart fassungslos sah, fragte ihn: »Sind Sie zum Duell gefordert worden, Byron?« Hobhouse berichtet, er sei nicht weit davon entfernt gewesen, sich umzubringen. Beim Abendbrot mit Scrope Davies trank er drei Flaschen Wein, um seine Wut zu ersäufen, aber nichts erleichterte ihn so, wie seinen Zorn in Versen auszudrücken. Nach den ersten zwanzig fühlte er Linderung.

Wer war der Verfasser dieses unsinnigen Angriffs? Byron glaubte lange Zeit, es sei Jeffrey gewesen, Chefredakteur der *Revue*; tatsächlich war es aber Henry Brougham, ein Mann von enzyklopädischer Bösartigkeit, der einen Physiker genauso ungerechtfertigt kritisieren konnte wie einen Dichter und dessen Artikel über die Schwingungswellen-Theorie Youngs den Aufsatz über die *Stunden des Müßiggangs* an inkompetenter Härte mindestens einholte. Er schadete Byron übrigens wenig. Der große Dichter Wordsworth erschien, die *Revue* in der Hand, bei Charles Lamb: »Ich kann diese Leute nicht mehr ertragen«, sagte er, »da veröffentlicht ein junger Mann, ein Lord, ein kleines Gedichtbändchen; und sie attackieren ihn, als könne niemand ein Dichter sein, der nicht in einer Scheune lebt. Aber ich, ich sage, daß aus diesem jungen Menschen etwas werden wird, wenn er weitermacht.« Byrons erste Regung war, so schnell wie möglich eine Satire gegen seine Feinde fertigzustellen und zu veröffentlichen, aber er begriff zum Glück, daß es vernünftiger war zu warten und daß die beste Antwort nur ein hervorragendes Gedicht sein konnte. »Es tut mir leid, daß Mrs. Byron so verärgert ist. Was mich betrifft, so haben mich diese *Papiergranaten* gelehrt, im Feuer zu bestehen.« Sie hatten ihm auch zu einem neuen Freund verholfen, Francis Hodgson, einem jungen Professor am King's College, der ihm ein paar Zeilen der Anteilnahme schickte.

Am 4. Juli 1808 erhielt Byron von der Universität die Urkunde des *Magister Artium* und verließ Cambridge. Dies letzte Jahr hatte ihn sehr verwandelt. Harrow war die Zeit der gefühlvollen, amourösen Freundschaften gewesen; Cambridge hatte ihn die intellektuelle Freundschaft entdecken lassen. In dieser Luft aus trockener, zynischer Geistigkeit atmete er leicht. Unter Hobhouse, Davies und Matthews konnte er sich geben, wie er zu sein glaubte: losgelöst von seinem Calvinismus, locker in der Liebe, kurz: frei. Aber wird man nach solcher Kindheit jemals frei?

Schädel aus geschliffenem Elfenbein

> Ein jeder genießt das Ungewöhnliche, selbst wenn
> eben dies ein Unglück ist. *Chateaubriand*

Seit einigen Wochen machte sich Mrs. Byron in ihrer geräuschvollen Zurückgezogenheit zu Southwell unruhig Gedanken über die bevorstehende Rückkehr und Mündigkeit ihres Sohnes. Ihre Gefühle für ihn glichen denen, die ihr schrecklicher Ehemann ihr einst eingeflößt hatte. Sie fürchtete, bewunderte und verachtete ihn. Was würde er tun, wenn er Herr seines Vermögens geworden war, dieser neue »Byrron« und Gordon-Bastard? Was für ein Böser Lord, multipliziert mit Jack dem Narren, würde auf Newstead residieren? Warum mußte sie, die übersparsame schottische Witwe, die von hundertfünfunddreißig Pfund im Jahr leben konnte, ohne einen Penny Schulden zu machen, warum mußte sie immer wieder die Verantwortung für Männer dieses Geschlechtes von Verschwendern tragen? In diesen Monaten vor Byrons Mündigkeit wurde Hanson mit angsterfüllten Briefen geradezu überschwemmt. Die Rochdale-Frage mußte um jeden Preis gelöst werden, damit für Byron ein gewisses Einkommen zur Verfügung stand, denn sonst würde er irgendeine Tollheit begehen: »So hoch meine Meinung über meinen Sohn auch immer sein mag, weiß ich doch, daß sehr intelligente Leute nicht immer die Klügsten sind, wenn es um Geldfragen geht.« Die Anwälte, die mit dem Prozeß um Rochdale beschäftigt waren, erhielten Briefe von beleidigender Schärfe: »Ich werde Ihnen die Wahrheit sagen. Warum wird mein Sohn von Ihnen und Mr. Hanson auf diese Weise ausgeplündert?« Sie hatte vielleicht recht, aber so viel Grobheit mußte die Anwälte verstimmen, so wie sie Lord Carlisle für alle Zeiten verärgert hatte. Sie wurden der »Byron-Geschichten« überdrüssig. Hanson schrieb einmal an den Rand eines Briefes: »Was für eine Unverschämtheit.« Ja, sie war unverschämt, die unglückliche »Witwe«, aber was sollte sie auch tun? Sie war weder geschickt noch wendig; sie war eine Gordon, ganz Ungestüm, und sie hatte so viele Sorgen. Zum Beispiel mußte Lord Grey von Ruthyn die Abtei vor Byrons Rückkehr verlassen haben, »denn ich will auf keinen Fall, daß sie sich begegnen; sie hassen sich, und ich bin sicher, sie würden in einen Streit geraten, der schlimm ausgehen könnte.« Der Himmel mochte wissen, in welchem Zustand Lord Grey Newstead hinterlassen würde: »Ich bin nicht selbst in Newstead gewesen, aber die ganze Gegend spricht davon, wie beschämend es für einen Menschen, der als

Gentleman gilt, sein müsse, ein Haus in derartigem Zustand zu verlassen.«

Am meisten aber bewegte sie die Frage: »Wird Byron mich jetzt, wenn er sein Studium beendet hat, bitten, zu ihm nach Newstead zu ziehen und ihm den Haushalt zu führen?« – »Ich habe«, schrieb er ihr, »vorerst keine Betten für die Hansons noch für irgend jemand anderen ... Ich werde auf meine Weise leben und so einsam wie möglich. Wenn die Zimmer eines Tages hergerichtet sind, werde ich mich glücklich schätzen, Sie bei mir zu sehen: zu diesem Zeitpunkt wäre es unzumutbar und unerfreulich für uns beide. Sie können sich nicht darüber beklagen, daß ich mein Haus bewohnbar machen will. Ich werde im März (oder spätestens im Mai) nach Persien reisen, und *Sie* werden bis zu meiner Rückkehr meine *Mieterin* sein.«

Tatsächlich hatte er Newstead in unglaublichem Schmutz und Verfall vorgefunden. Im Park fand er »seine Eiche«, den Baum, an dem, wie er glaubte, sein Glück hing, sterbend vor, halb erstickt vom Unkraut. Er befreite ihn sorgfältig, pflegte und rettete ihn. Die ganze Abtei zu renovieren, hätte ihn ruiniert und wäre nutzlos gewesen. Er ließ ein Schlafzimmer herrichten, in dessen Mitte ein großes Säulenbett mit Baldachin stand, verhängt mit chinesischen Vorhängen. Er hängte ein paar Stiche an die Wände: der Boxer Jackson in seinem schönen blauen Anzug; das Bild des alten Dieners Murray, »das einzige Wesen, das er außer seinen Hunden liebte«; außerdem Ansichten von Harrow und den Colleges von Cambridge. Da hingen King's-, Trinity- und Jesus-College; er hatte ein sonderbares Bedürfnis, sich mit seinen Hausgötzen zu umgeben. Lag es daran, daß er in seiner Kindheit so stark unter Einsamkeit und Verlorenheit gelitten hatte? Er begann, neue Umgebungen und Menschen zu verabscheuen. Hatte er sich jedoch an sie gewöhnt, betrachtete er sie wie Bruchstücke seiner selbst. Von seinen Fenstern sah er auf den schilfumstandenen See, auf die Schwäne, auf die bezinnten Forts des Bösen Lord und auf die schönen unbewaldeten Hügel. Eine Tür führte in das Spukzimmer, ein unmöbliertes Zimmer mit Steinfußboden, in dem von Zeit zu Zeit eine ängstliche Dienerin nachts dem Mönch in der schwarzen Kutte begegnete. Über eine Innentreppe gelangte man zu einem Raum hinab, der ihm als Arbeitszimmer und Salon diente. Ein paar weitere Zimmer waren für Freunde eingerichtet. Der Rest, die langgezogenen Bogengänge, die vielen Zellen, die den Kreuzgang umschlossen, blieben verlassen und nackt.

Er liebte sein Newstead. Er gab sich ganz seinen Träumen hin, bald streckte er sich auf einem Sofa aus, wo er dann fast den ganzen Tag verbrachte, versuchte Reime, kritzelte ein Gedicht, bald lehnte er im

Garten, wo er mit Vergnügen arbeitete, an einem Eichenstumpf, der, nachdem der Böse Lord den Baum gefällt hatte, ein naturgewachsenes Pult bildete, um das sich der Efeu wand.

Er wollte die Schloßherren der Nachbarschaft nicht kennenlernen, einige suchten ihn auf, aber er erwiderte die Besuche nicht. Er nahm eine Einladung nach Annesley an; Jack Musters, dem er zwischen den Feldern begegnet war, hatte ihn mit dem Freimut des Sportsmannes eingeladen, obwohl er die Vergangenheit kannte. Byron wollte sich die Prüfung auferlegen, seine M. A. C. wiederzusehen, die nun Mrs. Chaworth-Musters geworden war: »Ich habe neulich am Tisch einer Dame gespeist, der ich als Kind so zugetan war, wie es nur Kinder sein können, und sie können es weitaus mehr, als es sich ein Mann erlauben darf. Ich war entschlossen, kühn zu sein und mit *Kaltblütigkeit* zu sprechen; aber als ich sie sah, vergaß ich meine Wachsamkeit und meinen Gleichmut, nicht ein einziges Mal habe ich meine Lippen zu einem Lächeln geöffnet, viel weniger noch zum Sprechen, und die Dame benahm sich fast ebenso unsinnig wie ich selbst, wodurch wir den anderen viel mehr aufgefallen sind, als wenn wir uns mit Gleichgültigkeit begegnet wären. Sie werden das alles ziemlich kindisch finden ... Was sind wir für Narren! Wir weinen um ein Spielzeug; wie Kinder sind wir nicht zufrieden, ehe wir es nicht zerstört haben; nur können wir uns seiner leider nicht einfach entledigen, indem wir es ins Feuer werfen.«

Eine Amme trug ein zweijähriges Mädchen herein. Byron litt darunter, in diesem kaum geformten Gesichtchen die klaren und anziehenden Züge des Vaters wiederzufinden und die Augen, die er auf dem Diademhügel so oft betrachtet hatte. Er sah diesen Ehegatten an, diesen kraftvollen Mann, der sich etwas darauf zugutehielt, noch nie ein anderes Buch als den *Robinson Crusoe* aufgeschlagen zu haben und der vom letzten Fuchs erzählte, den er geschossen hatte. Nebenan im Zimmer bellten die Hunde. Mary-Ann blieb schweigsam. Heimlich beobachtete sie, wie schmal und schön Byron geworden war. Zurück in Newstead warf er sich auf ein Sofa und schrieb ein Gedicht.

> Nun wohl! Du bist glücklich und ich weiß,
> daß darum auch ich glücklich sein sollte;
> denn mein Herz fühlt noch für dich
> genauso heiß wie ehedem ...
>
> Als ich dein Kind sah, das glückliche,
> glaubte ich, mein eifersüchtiges Herz würde zerbrechen.
> Als es lächelte, das unbewußte Wesen,
> da küßte ich es der Mutter zuliebe.
>
> Ich habe es geküßt – ich habe die Seufzer zurückgehalten;
> denn ich sah den Vater in seinem Gesicht,

> obwohl es die Augen der Mutter hatte,
> diese Augen, die einmal alles für mich waren.

> Mary lebewohl! Ich muß von dannen:
> Bist du glücklich, beklag ich mich nicht.
> Doch will ich nie in deiner Nähe leben,
> denn mein Herz wäre nur zu schnell zurückerobert.

> Fort! Fort! Aus dem Traum meiner Jugend
> darf die Erinnerung nicht lebendig werden:
> Wo bist du, Lethe-Fluß?
> Herz, sei ruhig oder brich.

Die einzigen Menschen, die er sehen wollte, waren seine Freunde aus Cambridge. Er war stolz darauf, ihnen seine Abtei zeigen zu können. Hobhouse kam als Erster. Byron war gern mit ihm zusammen. Sie hatten eine grimmige Freundschaft mit dem Ton liebevoller Grobheit entwickelt. Als sie nun beieinander waren, arbeitete jeder für sich an seiner Sache, wie gute alte Ehepaare tun; Byron an seiner Satire, die ihm jeden Tag ein wenig schärfer gelang, Hobhouse, davon angespornt, an philosophischen Gedichten. Wenn sie vom Schreiben müde waren, zogen sie sich aus und sprangen in den See, oder, wenn die Witterung zu kalt war, in das unterirdische Schwimmbecken, zu dem Byron die Keller der Mönche umgebaut hatte. Sie vergnügten sich damit, den Neufundländer Boatswain zu dressieren; Byron sprang in voller Kleidung ins Wasser und stellte sich, als müsse er ertrinken, um sich von dem Hund retten zu lassen. Der alte Murray servierte bei Tisch. Mehr als einmal erlebte Hobhouse, daß Byron nach dem Dinner ein Glas Madeira einschenkte und es Murray, der hinter seinem Stuhl stand, über die Schulter hinhielt und dazu mit einem Gesicht von erhellender Herzlichkeit sagte: »Auf Ihre Gesundheit, mein alter Freund.«

Dies Leben war angenehm, doch blieb die Nachbarschaft Annesleys schmerzlich. Es ist nahezu unerträglich, in der Nähe einer Frau zu leben, die man geliebt hat. Überrascht, einen Mann kühl zu finden, den sie voller Leidenschaft erlebt hatte, wurde sie zärtlicher. Die Hoffnung, das wesentlichste Gefühl eines harten Lebens, begann sich schwach zu regen. Der sie empfindet, weiß, daß sie vergeblich ist. Das beste Heilmittel ist die Flucht, und Byron gedachte im Frühjahr aufzubrechen.

Er sprach bei seinen Besuchen in Annesley von dieser Reise, und Mary fragte einfältig, warum er fort wolle und erhielt eine Antwort in Versen.

> Als der Mensch, aus dem Garten Eden vertrieben,
> einen Augenblick an der Pforte zögerte,

rief jeder Blick ihm die vergangenen Stunden zurück,
und er verfluchte sein künftiges Geschick.

So geht es, Dame! mir.
Und ich muß mich von deinen Reizen trennen,
denn je länger ich so nah bei dir verweile,
seufze ich über das, was einmal war.

Fliehe ich, bin ich gewißlich klug
und entgehe der Versuchung.
Ich kann mein Paradies nicht ansehen
ohne den Wunsch, darin zu verweilen.

Er hütete sich wohl, Hobhouse diese Zeilen zu zeigen, dem Sentimentalität und »dieses unsinnige Frauengeschlecht« ein Greuel waren, und dessen Lieblingsschriftsteller der klassische, geistreiche und gemessene Pope geblieben war.

Der Hund Boatswain wurde von der Tollwut befallen. Byron pflegte ihn wie einen Freund, wischte ihm mit der bloßen Hand den Schaum von der aufgerissenen Schnauze; der Neufundländer blieb bis zu seinem Ende ruhig, er biß niemanden. Als er tot war, sagte Byron: »Nun habe ich alles verloren bis auf meinen alten Murray.« Er wiederholte seit langem immer wieder, daß er neben seinem Hund begraben sein wolle. Er beschäftigte sich damit, eine Grabstätte zu entwerfen.

Mit einer merkwürdigen und doch charakterfesten Geste der Herausforderung ließ er dies Denkmal an dem Platz errichten, an dem einst in der zur Ruine verfallenen Kirche der Mönche der Altar gestanden hatte. Ein Podest aus großen umlaufenden Stufen führte zu einer sorgfältig behauenen Säule, in die eine Inschrift gemeißelt war; sie selbst trug eine antike Urne, deren schöne Silhouette sich mit den unverglasten Spitzbögen überschnitt. Auf die eine Seite der Säule ließ er dieses eingravieren:

Nahe diesem Ort
ruhen die Gebeine eines Wesens,
das Schönheit ohne Eitelkeit besaß,
Kraft ohne Übermut
Mut ohne Grausamkeit
und alle Tugenden des Menschen ohne dessen Laster.
Dieses Loblied wäre nichts als sinnlose Schmeichelei
stände es über der Asche eines Menschen.
Es ist jedoch nichts weiter als ein gerechter Tribut
zum Gedächtnis an
BOATSWAIN, einen Hund
geboren in Neufundland im Mai 1803
und gestorben in Newstead Abbey am 18. November 1808.

Byron sagte Joe Murray, er werde auch ihn im selben Grab bestatten. Aber Murray zeigte wenig Begeisterung. »Wenn ich sicher sein könnte«, sagte er, »daß Ihre Lordschaft auch kämen, würde ich es gern sehen, aber ich möchte nicht ganz allein mit einem Hund zusammen in der Erde liegen.«

Am 22. Januar 1809 feierte Lord Byron von Newstead seine Mündigkeit. Ein ganzer Ochse wurde im Hof für Byrons Leute gebraten, und abends gab es einen Ball, auf dem auch der schwerfällige Hanson tanzte, der aus London gekommen war, um seinen hohen Klienten zu vertreten. Ein empörter Brief von Mrs. Byron geißelte diese verschwenderischen Ausgaben. Der junge Herr selbst verzehrte an diesem Abend in London eine Flasche Ale und ein Ei mit Schinken. Ein karges Mahl und doch schon eine Abwechslung in Byrons strenger Lebensführung. Der festliche Tag stimmte ihn recht melancholisch. Er hatte schon früher darunter gelitten, kein Kind mehr zu sein, und nun war er nicht einmal mehr ein junger Mann. Er hatte am Abend vorher vom Tod seines alten Freundes Long aus Cambridge erfahren; Long war bei einem Schiffsunglück auf der Überfahrt nach Lissabon ertrunken. Byron nahm sein altes Schulbuch, die *Scriptores Graeci* aus Harrow wieder zur Hand, auf das er vier Jahre zuvor geschrieben hatte: »Wildman zu meiner Linken, Long zu meiner Rechten« und fügte hinzu:

> Vergänglichkeit, Vergangen! Vergangen!
> Anni labuntur.

»B. Januar 1809 – Von den vier Menschen, deren Namen hier eingeschrieben sind, ist einer tot, einer unter weitentfernten Himmelsstrichen, *alle* getrennt, obwohl nur fünf Jahre verstrichen sind, seit sie zusammen zur Schule gingen und noch keiner einundzwanzig Jahre alt war.«

Gräber spielten im Leben dieses Jünglings eine merkwürdig frühzeitige Rolle. Er ging nicht mehr zum Grab des unbekannten Peachey, um zu träumen, er ging zu dem des Hundes Boatswain, zu seinem eigenen also, er träumte von den Gräbern seiner entschwindenden Freunde, von dem unsichtbaren Grab seiner Kinderlieben. So schien ihm das Leben, und die Byrons waren darin zum Unglück bestimmt. Es galt das Geschick herauszufordern. Dallas, der eifrige Dallas, besuchte ihn am Abend seines Geburtstages im Hotel, und er fand ihn geistreich und viel leichtfertiger in religiösen Fragen als sonst.

Es blieb ihm nichts übrig, als England zu verlassen. Hobhouse hatte versprochen, ihn zu begleiten. Wohin sich wenden? Byron wußte es nicht. In den Orient, nach Persien, nach Indien oder vielleicht in die Tropen. Es kümmerte ihn wenig, wenn er nur fortkam von Annesley, von den Erinnerungen. Nichts hielt ihn zurück ... Die

»Witwe« war zu einer mythischen Figur geworden, und sie hatte während seiner Abwesenheit schließlich Newstead. Nur einige dringende Geschäfte mußten noch zuende gebracht werden.

Das erste war die Veröffentlichung der nun doch noch vollendeten Satire, sie war so voller Gift, so geschliffen und böse, daß Dallas, der es übernommen hatte, einen Verleger zu suchen, bei mehreren vorsprechen mußte, ehe sich einer fand, der den Druck wagen wollte. Nicht allein die schottischen Kritiker, auch die meisten englischen Dichter waren darin mit Schärfe behandelt, selbst der von den Schülern Harrows so geliebte Thomas Moore, selbst sein Vormund Lord Carlisle, gegen den Byron neue Krallen zeigte. Denn Carlisle hatte nicht nur die Widmung der *Stunden des Müßiggangs* mit einem kalten banalen Brief beantwortet, er hatte sich auch stets herausgewunden, wenn sein Mündel mit der Bitte um die kleinste Gefälligkeit an ihn herangetreten war. Nach seiner Mündigkeit mußte Byron seinen Sitz im Oberhaus offiziell einnehmen, und es war Sitte, daß der junge Peer bei dieser Gelegenheit von einem Verwandten oder Freund geleitet wurde. Er hatte an Carlisle geschrieben, aber der hatte nur mit guten Ratschlägen geantwortet. Also hätte Byron am 13. März allein in die Versammlung gehen müssen. Der tüchtige Dallas begleitete ihn; er war entsetzt, sehen zu müssen, wie ein junger Mann von solcher Herkunft und solchem Talent so vernachlässigt werden konnte und an diesem Tag niemanden zur Seite haben sollte. Byron fühlte schmerzhafter als sonst, wie isoliert er im Leben dastand. Die Privilegien der Herkunft und des Namens, die ihm nun zufielen, waren ungeheuer. England wurde damals noch vollständig von den Nachkommen weniger adliger Familien regiert. Es war ganz natürlich, daß der junge Byron eine naive Genugtuung darüber empfand, ein Lord zu sein. Zu seinem Unglück stellten ihn die Umstände an den äußersten Rand einer so angenehmen Gesellschaft; er hatte den Titel aber nicht die Traditionen, die Freundschaften, das Benehmen.

Er wurde im Vorzimmer von einem Beamten empfangen, der den Lordkanzler von seiner Ankunft unterrichtete. Er ging an dem Sitz vorbei, von dem aus der Kanzler, Lord Eldon, präsidierte, trat zu dem Tisch hin, an dem er seinen Eid zu leisten hatte. Als die kurze Zeremonie vorüber war, verließ der Kanzler seinen Platz und kam mit ausgestreckter Hand auf ihn zu. Byron verbeugte sich steif und legte kaum die Fingerspitzen in die Hand des Kanzlers und der zog sie verletzt zurück. Byron warf sich nachlässig in eine leere Bank der Opposition. Dann, nach einigen Minuten, erhob er sich, suchte Dallas und sagte zu ihm: »Hätte ich ihm fester die Hand gedrückt, wäre er überzeugt gewesen, daß ich auf seiner Seite bin – ich möchte nichts mit denen zu tun haben, weder mit denen auf der einen noch mit denen auf der anderen Seite... Ich kann nun auf Reisen gehen.«

Vierzehn Tage später erschien die Satire. Sie hatte großen Erfolg. Obwohl der Band keinen Namen trug, sprach die literarische Welt von Byron, die einen mit Groll, die anderen mit Bewunderung, aber alle mit Interesse. Er hatte Revanche genommen, er hatte eine Partie gewonnen; für ihn blieb in diesem Lande nichts mehr zu tun. Um aufzubrechen, fehlte lediglich das Geld. Byron hatte zwölftausend Pfund Schulden. Von wem sollte er die viertausend Pfund leihen, die er brauchte? Hanson erhielt den Auftrag, sie aufzutreiben. Wenn nötig müsse eben der Besitz verkauft werden, aber Rochdale, nicht Newstead. »Geschehe was da wolle, aber Newstead und ich stehen oder fallen gemeinsam. Ich habe nun dort gelebt, und mein Herz hängt an diesem Platz, und keine bestehende oder zukünftige Macht wird mich dazu bringen, diese letzte Spur unseres Herkommens feilzubieten. Ich habe genügend Stolz in mir, der mich befähigt, alle Schwierigkeiten zu ertragen... Aber Hanson spricht über dieses Thema wie ein Geschäftsmann, – ich, ich fühle wie ein Ehrenmann, und ich werde Newstead nicht verkaufen.«

Ein Heilmittel wäre es gewesen, eine Erbin zu heiraten. Das war Mrs. Byrons Ansicht, die ihren Sohn auf dem Weg zum Ruin sah, »jedenfalls wenn die Kohlenminen sich nicht in Goldminen verwandeln oder er sein Vermögen nach der alten Sitte wiederherstellt, indem er eine Frau mit zwei- oder dreihundert Pfund Rente heiratet... Er muß noch im Frühjahr eine reiche Frau heiraten; Liebesheiraten sind unsinnig. Wenn er doch jedenfalls von den Gaben Gebrauch machen wollte, die Gott ihm gegeben hat.« Und Byron selbst: »Ich vermute, alles wird damit enden, daß ich eine *vergoldete Puppe* heirate oder mir eine Kugel in den Kopf schieße. Was von beidem geschehen wird, ist unwichtig, die Medizinen gleichen einander.« Die Lösung fand sich auf andere höchst unerwartete Weise, nämlich durch eine Anleihe bei Scrope Davies. Davies, der geistreiche, stotternde Davies hatte in London weiterhin wie einst in Cambridge gespielt und dabei riesige Summen verloren und gewonnen. Seine Freunde hatten ihn eines Tages nach Mitternacht in einem der Spielhäuser betrunken zurückgelassen und fanden ihn am nächsten Tag wunderbarerweise zu Hause an, und er schlief noch am hellen Nachmittag, neben sich einen Nachttopf, bis an den Rand gefüllt mit mehreren tausend Pfund, die er gewonnen hatte; der Himmel mochte wissen wie, und Scrope wußte nicht wo. An solch einem Glückstag konnte er Byron die für dessen Reise notwendige Summe vorstrecken.

Bevor er reiste, wollte Byron noch einmal die kleine Gruppe aus Cambridge, deren scharf geschliffene Intelligenz die seine so stark geprägt hatte, in Newstead versammeln. Im Mai 1809 kamen der lockere Matthews und der methodische Hobhouse in die Abtei. Es wurden Tage fröhlicher Narretei. Die auffallende Ernsthaftigkeit der Umgebung, die Schatten, die in ihr spukten, gaben einen anregend reizvollen Kontrast zur Fröhlichkeit der jungen Leute ab. Im Eingang waren links von der Treppe, die zur Halle führte, ein Bär und rechts davon ein Wolfshund angekettet. Hätte jemand versucht, hineinzukommen, ohne seine Ankunft durch Rufen anzukündigen, wäre er dem Bären und dem Hund höchstens mit knapper Not entkommen, um sich dann im Feuer einer Bande junger Schützen wiederzufinden, die ihre Pistolen in den Gewölbegängen ausprobierten. Sie standen morgens spät auf, das Breakfast blieb auf dem Tisch, bis sich alle eingefunden hatten. Dann wurde gelesen, gefochten, Pistolenschießen veranstaltet, ausgeritten, auf dem See gerudert oder mit dem Bären gespielt. Im Park kritzelte Matthews auf eine Stelle der Grabsäule für »Boatswain, einen Hund« ein Epitaph für »Hobhouse, ein Schwein«. Das Dinner fand zwischen sieben und acht Uhr statt, hinterher machte ein mit Wein gefüllter Menschenschädel die Runde. Es war der Schädel eines Mönches, der Gärtner hatte das Skelett beim Umgraben gefunden. Byron hatte ihn von einem Goldschmied in Nottingham bearbeiten lassen, und der hatte ihn schön poliert und in der Farbe eines Schildkrötenpanzers zurückgesandt. Byron hatte Verse über dieses Gefäß verfaßt.

> Ich lebte, liebte, hab gescherzt wie du:
> Ich starb, doch gab die Erde mein Gebein nun frei;
> schenk ein, – mir tust du damit nichts,
> der Würmer Lippen sind viel häßlicher als deine.
>
> Weit besser ist's, den edlen Traubensaft zu fassen
> als jenes Wurmgeschlecht zu nähren;
> weit besser ist's in meinem Rund zu halten
> das göttliche Getränk statt Larvenbrut.

Um die Inszenierung zu vervollständigen, kostümierten sich die Gäste als Mönche, und Byron, Abt von Newstead oder wie seine Freunde ihn nannten, Abt vom Totenschädel, stand dem Kapitel vor, ein Kreuz in der Hand. Der Keller war gut, und die Dienstmädchen sorgten für das sonstige Vergnügen. Byron war sehr stolz auf seine kleine Schar hübscher Dienerinnen, die aus den benachbarten Dörfern angeworben worden waren. Solche leichten Sitten kamen ihm feudal, idyllisch vor und schmeichelten ihm. In der Umgebung kam die Abtei in den Ruf, die Behausung eines neuen Bösen Lords zu sein, und die Pferde von Newstead vergaßen den hochzeitlichen Weg nach Annesley.

So verging der Monat Mai. Es wurde beschlossen, daß Hobhouse und Byron im Juni gemeinsam nach Gibraltar aufbrechen würden und von dort aus nach Malta und in den Orient. Seine Schwester Augusta sah Byron vor seiner Abreise nicht mehr. Sie hatte 1807 jenen berühmten Vetter, Colonel Leigh, Rittmeister des Prinzregenten, geheiratet, und sie lebte in Six Mile Bottom, in der Nähe von Newmarket. Sie hatte im vergangenen Jahr eine kleine Tochter bekommen, und Byron hatte ihr geschrieben: »Ich danke Ihnen, daß Sie mich zum Onkel gemacht haben und verzeihe das Geschlecht dies eine Mal, aber das nächste Kind *muß* ein Neffe sein. Mrs. Byron habe ich seit zwei Jahren abgeschüttelt, und ich habe nicht die Absicht, wieder unter ihr Joch zu fallen ... Ich kann dieser Frau nicht vergeben, noch kann ich mit ihr unter einem Dach leben. Ich bin im Grunde ein sehr unglücklicher Mensch, denn ich glaube, daß ich natürlicherweise kein schlechtes Herz habe, aber es wurde verbogen, verrenkt und mit Füßen getreten, daß es so hart geworden ist wie die Ferse eines Highlanders.« Als die Satire erschienen war, hatte Augusta für Lord Carlisle Partei ergriffen, und Byron trug ihr das nach. Ein weiteres Band, das sich löste.

Dies Herz, so hart wie die Ferse eines Highlanders, blieb dennoch sehr empfindsam. Byron trug die Porträts seiner Kameraden zusammen, denn er wollte sie mit auf die Reise nehmen. Er, der Fetischist, der peinlich korrekte Verwalter des Museums seiner Empfindsamkeit, hatte sie auf eigene Kosten von einem der ersten Miniaturmaler der Zeit malen lassen. Um aus diesem Aufbruch ein so dramatisches Ereignis werden zu lassen, wie er es liebte, hätte er gewünscht, in seinen Kameraden auch Gefährten seiner Melancholie zu finden. Aber sie waren heitere Burschen, die seine Pferde geritten, seinen Wein getrunken, seine Mägde gestreichelt hatten, ihm aber geheuchelte Tränen verweigerten. Genauso wie er sich in Harrow über die Lauheit Clares beschwert hatte, klagte er nun über alle Männer. Dallas fand ihn in diesen letzten Tagen menschenfeindlich, vom Leben angeekelt, weil er in niederen Publikationen plump angegriffen worden war, ängstlicher als je in der Gesellschaft von Frauen, und von der Freundschaft sprach er im niederschmetternden Ton eines Timon von Athen auf der Schwelle zu seiner Höhle.

Eine letzte Enttäuschung erfuhr er noch vor seiner Abreise, und das war die Gleichgültigkeit Lord Delawarrs. Sie hatten immerhin ihre wappengeschmückten Porträts ausgetauscht. Aber Delawarr hatte kein Gemüt. »Ist es zu glauben«, äußerte sich Byron Dallas

gegenüber, »ich habe eben Delawarr getroffen und ihn gebeten, zu mir
zu kommen, um eine Stunde mit uns zu plaudern. Er hat sich entschuldigt, und was war seine Entschuldigung? Unglaublich. Er hatte
seiner Mutter und einigen Damen versprochen, Einkäufe mit ihnen
zu machen! Und er weiß, daß ich morgen reise, daß ich für Jahre
fort sein werde, daß ich vielleicht nie zurückkehre! Freundschaft!
Ich glaube, außer Ihnen, meiner Familie und vielleicht meiner Mutter lasse ich kein einziges Wesen zurück, das sich darum küm-
mert, was aus mir werden wird!« Dieser Vorfall hatte ihn getroffen.
Sein Leben lang sollte er von dieser Wunde sprechen, die Lord
Delawarr ihm zugefügt hatte, als er ihn am Vorabend seiner Reise
im Stich ließ, nur um mit einigen Damen zu einer Modistin zu
gehen. Ja, in der Tat, Timon von Athen hatte recht. Solange
man eine Suppe hat, nach der die Hunde lechzen, hat man die
Münder, die Augen und selbst die Herzen der Menschen. Aber bekommen sie heraus, daß der Tod, Abreise oder Ruin euch daran
hindern, der Kumpan ihrer Vergnügungen zu sein, sogleich »lassen sie euch nackt, allen Winden preisgegeben«. Delawarr auf seinem Wege zur Modistin war weit entfernt davon zu ahnen, daß
er sich mit dieser einfachen Handlung zum Gegenstand so schmerzlicher Betrachtungen gemacht hatte.

Matthews benahm sich besser. Am Abend vor der Abreise gab er
für Hobhouse und Byron ein glänzendes Dinner. Schon hatten
die beiden den scherzenden, losgelösten und etwas künstlichen Ton
von Reisenden angenommen. Byron schrieb, bevor er sich ein-
schiffte, noch ein paar Stanzen für Mary-Ann.

> Es ist getan – und, zitternd unterm Sturm
> entrollt das Boot die weißen Segel;
> über den schwingenden Mast spielt
> die erfrischende Brise ihr helles Lied;
> und ich, ich muß dieses Land verlassen,
> weil ich nur eine einzige Frau geliebt.

War dieses Gefühl wahr? Ging er fort, weil er immer noch liebte
und es nicht ertragen konnte, in ihrer Nähe zu leben? So einfach
ist ein Mensch nicht. Wenn er mit Matthews und Hobhouse dinierte,
wenn er lachend dem unwiderstehlichen Stottern Scrope Davies'
zuhörte, dachte er keineswegs an Mrs. Musters. Aber eine erste
Liebe zeichnet einen jungen Menschen hart. Die Tage in Annesley
blieben die stechendsten unter den traurigen und schönen Erinnerungen, aus denen Byron seine wollüstigen Traumwelten schuf.

Childe Harolds erste Pilgerfahrt

Am 26. Juni 1809 schifften sich die beiden Freunde in dem kleinen Hafen von Falmouth ein, sie gingen an Bord des Schiffes von Kapitän Kidd, der sie nach Lissabon bringen sollte. Hobhouse verfaßte in Gedanken bereits archäologische Notizen, er hatte hundert Federn, zwei Gallonen Tinte und mehrere Stapel weißes Papier mit auf die Reise genommen. Byron war noch einmal der magnetische Pol für einen Schwarm von Dienern. Der alte Murray mußte bis Gibraltar mitreisen, denn die Meeresluft sollte gesund für ihn sein. Der aktive Dienst war William Fletcher anvertraut, Kammerdiener auf Newstead und jung verheiratet, er sehnte sich murrend nach seiner Sally. Ein junger Page, Robert Rushton, Bob genannt und Sohn eines Bauern (er gefiel Byron, »weil er, wie ich selbst, ein Tier ohne Freude zu sein scheint«) und ein deutscher Diener, den Doktor Butler von Harrow empfohlen hatte, vervollständigten die Eskorte.

Hodgson bekam über die Abreise und über Hobhouse, der mit dem Frühstück zugleich die ersten Reiseeindrücke ausspuckte, eine Beschreibung in heroisch-komischem Ton. »Es hat dem Geschick gefallen, zugunsten des unglücklichen Publikums einzugreifen, indem es Hobhouse eine Verrenkung des Handgelenks zugefügt hat, so daß er nicht schreiben kann und der Tintenregen endet... Ich selbst verlasse England ohne Bedauern — ich werde ohne Vergnügen zurückkehren. Ich komme mir vor wie Adam, der erste zur Deportation Verurteilte, nur habe ich keine Eva, und ich habe nie einen Apfel gegessen, der nicht sauer gewesen wäre.«

Auch Mrs. Byron erhielt einen Abschiedsbrief: »Die ganze Welt liegt vor mir, und ich verlasse England ohne Bedauern und ohne den Wunsch, irgend etwas von dem wiederzusehen, das es birgt, ausgenommen Sie selbst und Ihr derzeitiges Domizil. Glauben Sie meiner aufrichtigen Zuneigung...« Er hatte ihr den Bären, den Wolfshund und die hübschen Mägde dagelassen.

Die Überfahrt war schlimm. In Lissabon bekamen die Reisenden zu spüren, daß Europa sich im Krieg befand. Die Franzosen unter General Junot hatten das Feld vor General Crawfords Engländern geräumt. Hobhouse, der Präsident eines liberalen Clubs war, entsetzte sich vor allem über die Landesgebräuche. Eine tyrannische Geistlichkeit machte die Gesetze. Die Toten wurden in den Kirchen aufgebahrt, ein Brett über der Brust, und mit der Beerdigung wartete man, bis genügend Geld für den Priester beisammen war. Noch war die Inquisition nicht abgeschafft. Auf offener Straße wurden Männer verhaftet, die für die Armee rekrutiert werden sollten. Byron, der erregbarer als Hobhouse war und der jeden Zwang gegen andere spürte, als quäle man ihn, hatte große Lust, zur Revolution aufzurufen, aber er genoß zugleich den Gegensatz zwischen dem Elend der Menschen und der Schönheit der portugiesischen Landschaft. Er liebte die Orangenhaine, die den tiefgrünen Tälern einen Goldton beimischten und die auf felsige Gipfel gebauten Klöster. »Ich bin sehr glücklich, denn ich liebe die Orangen, und ich spreche mit den Mönchen in meinem schlechten Latein, das sie gut verstehen, weil es ihrem eigenen ähnelt, – und ich gehe durch die Welt (mit meinen Taschenpistolen), ich durchquere schwimmend den Tajo, reite auf Eseln oder Maultieren, fluche auf portugiesisch, habe mir eine Magenverstimmung zugezogen und bin von Mücken zerstochen. Aber was tut's? Leute, die eine Vergnügungsreise machen, dürfen nicht nach Bequemlichkeit fragen.«

Die Strecke von Lissabon nach Sevilla legten sie zu Pferd zurück. Die Straße war von Kreuzen gesäumt; ein jedes gemahnte an einen Mord. Sie überholten einen Gefangenen und Spione, die man nach Sevilla führte, um sie dort zu hängen. Das Schauspiel dieser Welt, in der Liebe und Tod immer etwas Animalisches, Unverfälschtes waren, hatte etwas, das Byron sehr zu Herzen ging. Er schrieb seiner Mutter, daß er in einem Haus schöner Spanierinnen gewohnt habe, »sie sind im allgemeinen sehr reizvoll mit ihren großen schwarzen Augen und oft sehr hübsch. Die älteste hat Ihren unwürdigen Sohn mit besonderer Aufmerksamkeit beehrt, ihn beim Aufbruch mit großer Zärtlichkeit geküßt ... nachdem sie ihm eine Locke seines Haares abgeschnitten und ihn mit einer Strähne des ihren von ungefähr drei Fuß Länge beschenkt hatte; ich schicke es Ihnen und bitte Sie, es bis zu meiner Rückkehr aufzuheben. Ihre letzten Worte waren: ›Lebwohl, schöner Jüngling! Du gefällst mir!‹ Sie hatte mir angeboten, das Zimmer mit mir zu teilen, was meine Tugend mich zurückweisen hieß; sie hat gelacht und meinte, ich brauchte wohl eine englische Geliebte und hinzugefügt, sie werde demnächst einen Offizier der spanischen Armee heiraten.«

Dann, über Cadiz, »süßes Cadiz, voll der schönsten Frauen Spaniens«, machten die beiden Freunde sich auf den Weg nach Gibraltar. Es hieß, sich von dem alten Murray und dem jungen Rushton zu trennen, beide hatte die Reise zu sehr angestrengt. Byron schickte sie nach Newstead zurück und behielt nur Fletcher bei sich. *An Mrs. Byron.*: »Ich bitte Sie, sich um Robert zu kümmern, dem sein Herr fehlen wird; der arme Junge hatte überhaupt keine Lust heimzukehren.«

Hobhouse machte sich auf dem Postschiff von Gibraltar nach Malta bei den Passagieren dadurch beliebt, daß er sich sogleich unter sie mischte und ihnen abends nach dem Dinner Anekdoten erzählte, die (so stellte Byron fest, der aus einiger Entfernung zuhörte) fast alle von Scrope Davies stammten. Der zurückhaltende Byron war nicht so populär. Da er so gut wie nichts aß, stand er vor allen anderen vom Tisch auf. Er hielt sich abseits, betrachtete das Meer und schien die düstere Poesie der Felsen einzuatmen. Sobald es dunkel wurde und die Lichter angingen, setzte er sich auf einen Stapel Segelleinwand und sah stundenlang dem Spiel der Mondstrahlen auf den Wellen zu. Unter dieser bleichen Beleuchtung kam ihm der Matrose von Coleridge in den Sinn, der einen Albatros getötet hatte. Er war »ein Geheimnis, eingehüllt in ein Leichentuch und gekrönt mit einem Lichtkranz«. Die Reisegefährten hielten seinen Wunsch nach Einsamkeit für Hochmut und waren nicht gut auf ihn zu sprechen. Sie tadelten den ängstlichen und mißtrauischen Blick unter gesenkten Lidern. Ihm fehlte es an Ungezwungenheit, er stieß Fletcher herum, schien schlechtgelaunt und gereizt.

Hätten sie von der Unruhe gewußt, die sich hinter diesem Benehmen verbarg, von der schmerzhaften Schüchternheit des Kranken, sie hätten ihn bemitleidet. Byron flüchtete in die stumme Gesellschaft von Wogen und Sternen, weil er Angst vor den Menschen hatte. Nur, hatte er erst einmal eine Haltung angenommen, die ihm natürlich schien, dann kam es vor, daß er an ihr festhielt in dem Glauben, sie sei vornehm. Wenn er zusah, wie der leicht geschwungene Bug des Schiffes die Wasser durchschnitt, dachte er, daß jede Welle ihn ein Stück weiter von seinem Unglück forttrug. Er grübelte über seine verfehlte Jugend, doch schon mit einer Art schwermütigem Wohlgefallen, als ginge es um einen Fremden. Warum sollte er nicht ein Poem über diese Pilgerfahrt schreiben? Seit seiner Kindheit hatten sich in ihm stärkste Empfindungen angesammelt, die sich zu flüssiger Lava zusammenbrauten ... Er stellte sich einen Helden vor, dem er den alten Namen seiner Familie geben wollte, Childe Burun, und der wäre Byron selbst, jener verzweifelte, enttäuschte Byron, den Hobhouse nicht kannte und den er auch gar nicht verstanden hätte ... Das Schiff tanzte im Mondlicht.

Am dritten Tag der Seereise vergnügten sich einige der Passagiere damit, auf der Brücke mit Pistolen auf Flaschen zu schießen; auch Byron versuchte sein Glück und traf am besten. Das machte ihn glücklich. Hobhouse, dem er wegen eines unschuldigen Scherzes grollte, erklärte seinen neuen Freunden mit zärtlicher aber doch überheblicher Nachsicht, man müsse ihn eben wie ein Kind behandeln.

In Malta nahm Byron bei einem Mönch Unterricht in Arabisch und bei Mrs. Spencer Unterricht in platonischer Liebe. Sie hatte wahrhaft romanhafte Abenteuer erlebt, sie war von napoleonischen

Soldaten verhaftet worden, dann rettete sie ein vornehmer Italiener, der ihr ritterliche Hochachtung entgegenbrachte. »Es war etwas von einer Sylphide in ihr.« Ihre anziehenden kurzsichtigen Augen sahen die Männer mit einer verwirrt verwirrenden Unbestimmtheit an. Byron war hingerissen, aber seine frischerworbene Philosophie über die Liebe verbot ihm jede Schwäche. Aus einem naiven Groll gegen alles Gefühl schlechthin wollte er fühllos sein.

> Die schöne Florence fand nun, gewiß nicht ohne Staunen,
> daß der, von dem man sagte, er seufze für jede Frau,
> den glänzenden Blick ihrer Augen bewegungslos erträgt ...

»Ein Herz aus Marmor« – so sah er sich nun gern, gewandt, wenn er nur wollte, in der Kunst der Verführung, die aus nichts anderem gemacht sei als aus Verachtung für die Frau und Vertrauen in sich selbst; zu stolz, um den leichten Sieg zu suchen. Die »schöne Florence« erhielt den großen gelben Diamanten aus seinem Ring, und ihre kurzsichtigen Augen kamen noch eine Zeitlang in Byrons Träumen vor. Aber er entriß sich ohne Schmerz dieser neuen Kalypso. Albanien war damals nahezu unbekannt. Seine wilden Berge erinnerten Byron an das Schottland seiner Schulferien. Die Männer trugen einen kurzen Rock, ähnlich dem Kilt, und einen Mantel aus Ziegenfell. Ali, der Pascha von Janina, berühmt für Mut und Grausamkeit, erfuhr durch einen englischen Reisenden von der Ankunft eines jungen Mannes aus vornehmem Geschlecht und lud die Reisenden ein, ihn zu besuchen. Byron bewunderte die prächtige Kulisse; die Albanier in gestickten Röcken, die Tataren mit ihren hohen Frisuren, die schwarzen Sklaven, die Pferde, die Trommeln und die Muezzins, die vom Minarett der Moschee sangen: »Es gibt keinen anderen Gott als Gott.« Der schreckliche Ali Pascha war ein kleiner Herr von siebzig Jahren, fünf Fuß und sechs Zoll hoch, mit einem weißen Bart und würdigem, höflichem Benehmen. Man wußte, daß er einen Feind ohne Zögern auf dem Rost schmoren oder fünfzehn Frauen in den See werfen ließ, weil sie das Mißfallen seiner Stieftochter erregt hatten. Er fragte Byron, warum er sein Land in so jungen Jahren verlassen habe und fügte hinzu, Byrons edle Herkunft habe er sogleich erkannt, und zwar an seinen kleinen Ohren, seinem gelockten Haar und seinen weißen Händen. Diese Bemerkung gefiel Byron so gut, daß er sie monatelang in jedem seiner Briefe verwendete. Ali Pascha, ein wirklicher Zeluco, gehörte für lange Zeit zu Byrons Helden. Die Liebe zur Macht, die Mißachtung aller moralischen und gesellschaftlichen Regeln, das Geheimnisvolle, mit dem er sich gern umgab, Alis ganze Persönlichkeit, erregten in Byron lebhafte Gemütsbewegung. Räuber, Corsar, Banditenhäuptling, jeder Angehörige einer solchen verachteten Klasse fand sein Interesse: aus Widerspruch gegen Heuchelei und aus Vergnügen am Mut. Die Sympathie war gegenseitig, und der Pascha gab den jungen Engländern für den Rückweg Führer und eine bewaffnete Eskorte mit.

Unter dem Schutz halbbarbarischer Soldaten durch eine wilde Landschaft zu ziehen, das war ein gewagtes und zugleich berauschendes Unterfangen. Byron hatte von Kind auf die Vorstellung gepflegt, für ein kriegerisches Leben geschaffen zu sein. Er hatte vor nichts Angst. Er liebte seine albanischen Krieger, fand, daß sie einfach und treu waren. Er hatte immer Gefallen an kreatürlichen Wesen gefunden, sie unterhielten den Sinn, ohne ihn zu belasten. Unter ihnen, in Janina, begann er seinen *Childe Burun* zu schreiben, aus dem, nach dem ersten Gesang, *Childe Harold* wurde. Er schrieb es in Spenser-Strophen, einer Strophe von jeweils neun Verszeilen, die sich, wie er glaubte, für die Mannigfaltigkeit des Tons anbot. Hobhouse war damit beschäftigt, Notizen für einen Reisebericht zu sammeln.

Von Albanien wollten sie übers Meer nach Griechenland, aber die Unfähigkeit der Seeleute und ein Sturm verhinderten dies. »Auf einem türkischen Kriegsschiff wäre ich beinahe, dank der Unfähigkeit des Kapitäns und seiner Mannschaft, verloren gewesen; dabei war der Sturm gar nicht so heftig. Fletcher heulte und rief nach seiner Frau, die Griechen flehten zu allen Heiligen, die Muselmanen zu Allah, der Kapitän brach in Tränen aus und lief ins Innere des Schiffes, nachdem er uns beschworen hatte, zu Gott zu beten.« Die Segel waren zerrissen, die Mannschaft nicht in der Lage zu manövrieren, und Fletcher beteuerte immer wieder und nicht ganz ohne Grund, sie würden dort alle »ein feuchtes Grab« finden. Byron war es seiner Füße wegen nicht möglich, irgendwo zu helfen, und ermüdet von seinen fruchtlosen Versuchen, Fletcher zu trösten, hüllte er sich in seinen albanischen Mantel, legte sich auf die Brücke und schlief allen zum Trotz tatsächlich ein. Als er erwachte, war der Sturm vorüber, das Schiff lag an einem Strand, und die Seefahrer wurden von Sulioten in Empfang genommen. Die Sulioten waren Bergbewohner, ein wilder und stolzer Stamm, der sich seine Freiheit hatte bewahren können. Die Sulioten dienten zwar dem Pascha, jedoch nur als Söldner, die vor dem Kampf bezahlt werden mußten. Sie galten als gefährlich, aber sie nahmen die Schiffbrüchigen mit Wohlwollen auf, trockneten deren durchnäßte Kleider, gaben ihnen zu essen und boten ihnen das Schauspiel eines Tanzes ums Feuer und eines Gesanges, dessen Refrain »Alle Räuber zu Parga« lautete. Dann, als Byron sie bat, ein paar Zechinen anzunehmen, entgegnete der Häuptling: »Ich will Eure Liebe, nicht Euer Geld.«

Dieses Wort mußte Byron gefallen. Er bewunderte solche Männer, deren Leidenschaft sie zu Mord und Freundschaft befähigte. Seine Mißbilligung aller Religionen wuchs. Er hatte in wenigen Wochen Katholiken, Protestanten, Muselmanen und Orthodoxe erlebt, und in allen hatte er dasselbe menschliche Tier wiedergefunden. »Ich liebe die Albanier sehr; sie sind nicht alle Türken, einige ihrer Stämme sind christlich. Aber ihre Religion ändert wenig an ihren Sitten und ihrem Benehmen.« Ein bevorzugtes Thema seiner Briefe war nun der Vergleich zwischen William Fletcher aus Newstead, der im Regen der albanischen Berge unter einem Regenschirm einherging, und seinen neuen Eingeborenen-Dienern in ihrem herrlich stoischem Gleichmut. »Fletcher ist wie alle Engländer unzufrieden, obwohl er sich mit den Türken ein wenig ausgesöhnt hat, nachdem er vom Vezier achtzig Piaster geschenkt bekam ... Er hat lediglich unter Kälte, Hitze und Ungeziefer zu leiden, aber er ist feige und hat Angst vor Dieben und Stürmen ...«

Das Meer hatte sie abgewiesen, so versuchten sie, Griechenland auf dem Landweg zu erreichen. Es wurde ein großartiger Ritt über die Berge. Abends sang die suliotische Eskorte Lieder, die Byron mit Hilfe eines Dolmetschers übersetzte. Sie erreichten schließlich die Ebene und machten in der Stadt Missolonghi halt, die an einem ausgedehnten Meerbusen lag. Sie waren in Griechenland.
Byron war ergriffen. Von Kind an hatte er dieses Land durch seine Dichter und durch die Geschichtsschreiber geliebt. Er war nicht enttäuscht. Für seine Augen, die das rauhe Klima des Nordens, seine nebelverhangenen Landschaften und treibenden Wolkenschleier gewohnt waren, schufen der indigoblaue Himmel, die leicht zu atmende Luft, die felsigen, von ockerfarbenen und safrangelben Tupfen gezierten Berge ein Bild von Licht und Glück. Er überquerte den Golf von Lepanto, zunächst hinüber nach Patras, der weißen Feste, dann in anderer Richtung zum Fuße des Parnaß. Jedes Wort seines Führers weckte eine Erinnerung. Dieser Landstrich beschwor Meleagros, jener Atlanta und dieser den Eber Erymanthes, der schneeige Gipfel in der Ferne war der Helikon, und es war schön, nahe der Höhle der Pythia zu ruhen. In Delphi ritzten Hobhouse und Byron ihre Namen in die Säulen eines Tempels. Große schwarze Vögel kreisten über ihnen. Byron sah Adler in ihnen, Hobhouse Bussarde. Aber selbst Hobhouse war erregt, als sie sich Athen näherten. Zur natürlichen Schönheit dieses Ortes gesellten sich machtvolle Vorstellungen. Mut, Freiheitsliebe, Achtung vor der Schönheit, die größten menschlichen Tugenden waren auf dieser trockenen reinen Erde geboren worden.
Schließlich, am 24. Dezember 1809, rief einer der Führer: »Herr, Herr! Das Dorf!« Es handelte sich um Athen. In der Ebene wurde,

weit entfernt noch, die Stadt sichtbar, die sich um einen hohen Felsen drängte und über die Stadt hinaus das Meer.

So unrecht hatte der Führer nicht, Athen war damals ein großes Dorf. Die Türken hielten die Stadt besetzt und überließen sie, eher Eroberer als Verwalter, ihrem Geschick. Im größten Café, nahe dem Bazar, konnte man die Agas sitzen sehen, wie sie lächelnd ihre Nargileh rauchten. Eine türkische Garnison hielt die Akropolis besetzt. Byron und Hobhouse stiegen hinauf und überreichten dem ottomanischen Statthalter Zucker und Tee als Geschenk. Sie wurden von diesem ausgehungerten Beamten, der von seinen hundertundfünfzig Piastern Sold auch noch seine Leute bezahlen mußte, sehr zuvorkommend aufgenommen. Er führte sie selbst zu den weißen Überresten der Tempel. »Oh, Mylord«, rief Fletcher aus, »was für Fuhren hat man mit diesem Marmor machen müssen!« Byron schien eher von der Erinnerung an Perikles gefesselt als von der Schönheit des Parthenon. »Nun«, sagte Hobhouse, »das ist wirklich großartig.« — »Es erinnert mich sehr an Mansion House«, erwiderte Byron kühl.

Die Diskrepanz hingegen zwischen dem einstigen Glanz des Ortes und seiner gegenwärtigen trostlosen Beschaffenheit berührte ihn sehr. War es Newstead, das ihn den Geschmack an zerfallenen Bauten und Reichen gelehrt hatte? Fand er hier ein verschwommenes Symbol seines eigenen Geschicks? Es verhielt sich komplizierter. Durch Mut, Unzufriedenheit und das Bedürfnis auszubrechen gehörte er zu den Menschen, die zur Tat geboren sind. Er wußte es. Er verfolgte die Meteorenbahn eines Bonaparte mit Bewunderung und Neid. Seine Schwäche verdammte ihn zu einem Leben ohne Glanz, und das ließ ihn Größe und zugleich Nichtigkeit der Taten anderer empfinden. Genauso wie er einst so gern auf dem Harrowschen Hügel inmitten der Grabsteine gesessen hatte, gefiel er sich nun darin, auf den zerbrochenen Säulen des ungeheuren Friedhofes eines Reiches zu träumen, das sich einmal unter Zypressen und Pinien von Gibraltar bis zum Hellespont erstreckte.

Schon in Portugal hatte ihn die Versklavung des Volkes abgestoßen, um wieviel mehr bedrückte sie ihn im Vaterland eines Miltiades und eines Themistokles. Appelle zum Aufstand füllten die Manuskriptseiten zu *Childe Harold:*

Schönes Griechenland, trauriges Bild verschwundener Pracht!
Unsterblich noch, obwohl vergangen, im Sturz noch groß!
Wer wird nun deine Kinder führen?
Wer macht dich los aus deiner langgewohnten Knechtschaft?
Sie waren anders, deine Söhne, die damals als Krieger ohne Hoffnung
freiwillig in der Thermopylen schwarzem Grab ihr Schicksal auf sich
nahmen.

O! wer vermag den Heldengeist neu zu beleben,
wer kommt vom Eurotas herbei und weckt dich auf.

»Was kann ich schon tun?« antwortete ihm einmal ein junger
Athener, dem er seine Unterordnung vorwarf. »Sklave«, rief Byron außer sich, »du bist nicht würdig, ein Grieche zu heißen. Was
du tun kannst? Dich rächen.« Er selbst hätte es getan. *Crede
Biron.*

Hobhouse und Byron hatten in zwei benachbarten Häusern ihre
Zimmer gemietet, Byron bei der Witwe eines englischen Vizekon-
suls, Mrs. Theodora Marci. Von einem überdachten Balkon sah er
auf einen Innenhof mit einem Zitronenbaum, wo drei junge Mädchen spielten. Byron konnte diese Gelegenheit sich zu verlieben nicht
auslassen. »Ich habe beinahe vergessen, Ihnen zu sagen, daß ich
vor Liebe sterbe, es sind drei junge Athenerinnen, Schwestern. Ich
habe mit ihnen im selben Hause gelebt. Theresa, Mariana und Ka-
tinka, das sind die Namen dieser Göttinnen – alle jünger als fünfzehn Jahre.« Für Theresa, die älteste, schrieb er ein Gedicht:

> Tochter Athens, bevor wir scheiden,
> gib, o gib mir mein Herz zurück!
> Oder, da es meine Brust schon verlassen,
> behalt es und nimm das übrige dazu
> Ζώη νοῦ, σάς ἀγαπῶ.

»Mein Leben, ich liebe dich«, war ein schöner Refrain; in Wahrheit war es »eher Harold als Byron«, der Theresa liebte. Dennoch
zerschnitt er sich nach einem orientalischen Liebesbrauch für sie mit
der Spitze seines Dolches die Brust, was sie mit großer Gelassenheit
als eine verdiente Huldigung an ihre Schönheit geschehen ließ.

Der französische Konsul Fauvel begleitete Byron und Hobhouse
durch ganz Attika. Durch Olivenhaine und über affodilbewachsene
Wiesen kamen sie bis nach Kap Sunion. Die blendend weißen Säulen eines Tempels umrahmten das »violette Meer«. Auf eine von
ihnen schrieb Byron nach Schülermanier seinen Namen. Wenn er
dann auf den Marmorstufen saß, genoß er die Stille der Vorge-
birgslandschaft, in der er allein sein konnte mit den Wellen. Er
fühlte sich sehr glücklich. Dieser nicht endenwollende Frühling, dieser wolkenlose göttliche Himmel! Er fühlte sich zu den Griechen
hingezogen. »Sie sind undankbar, sagt man, aber wer hat je etwas
für das griechische Volk getan?« Schuldeten sie den Türken Dank,
die sie unterdrückten, den Engländern, die der Akropolis ihre
Schätze entrissen, den Franzosen, die ihnen gute Ratschläge aber
keine Unterstützung gaben? Byron sah es voll Zorn, wie die Abgesandten Lord Elgins die Metopen des Parthenons durch bloße
Gleichgültigkeit beschädigten. Der türkische Statthalter weinte, als
einer die Giebel zerbrach. Im übrigen hielt Byron bei aller Zunei-

gung zu den Griechen auf gute Beziehungen zu den Türken. Der Stadtpräfekt, ganz Diensteifer, ließ vor den Augen Fletchers einem Mann, der die beiden Engländer beleidigt hatte, fünfzig Stockschläge aufzählen. Hobhouse bemerkte zufrieden: »Wie meine Ansichten über den Despotismus in England auch sein mögen, im Ausland hat er seine Vorzüge.«

Ein Pilger darf nicht seßhaft werden. Die *Pylades*, ein englisches Schiff, ging nach Smyrna; sie nahmen es. Die Wellen des odysseischen Meeres, Wellen wie aus schäumendem Wein mit opalfarbenen Kronen, schaukelten sie durch die Inselwelt. In Smyrna beendete Byron den zweiten Gesang seines Gedichtes. Hobhouse hielt nicht viel davon. Übertriebene Gefühle, fand er, oratorische Deklamationen; er bevorzugte Pope. Byron selbst, den die Dichtkunst des 18. Jahrhunderts sehr anzog, war erstaunt darüber, zu welch unfreiwilligem Überschwang ihn seine Emotionen gebracht hatten; er steckte das Manuskript tief unten in seinen Mantelsack und suchte nach einem neuen Weg zum Ruhm.
Die Fregatte, die sie von Smyrna nach Konstantinopel bringen sollte, legte bei der Insel der Tenedos an. Von dort aus sah er den Eingang zur Dardanellenstraße, den schmalen Spalt, der zwei Kontinente voneinander trennte. Ein bewegtes Meer schoß wie ein Fluß zwischen den hohen Felsufern hin. Diesen Hellespont hatte Leander durchschwommen, um zu seiner Geliebten zu kommen. Byron wollte es ihm gleichtun. Er unternahm zwei Versuche; der erste mißlang, der zweite am 3. Mai war erfolgreich. Er schwamm von Europa nach Asien, eineinhalb Stunden war er im Wasser gewesen. Sein Gefährte Mr. Ekenhead schlug ihn um fünf Minuten. Die beiden Männer waren nicht sehr erschöpft, aber sie fröstelten, Byron war ungeheuer stolz auf sich. Er schrieb seiner Mutter, Hodgson, aller Welt, daß er den Hellespont durchschwommen hatte, und diese Tat wurde neben den Klagen über Fletcher und dem Bericht, wie Ali Pascha seine kleinen Ohren gelobt hatte, nun eines der wesentlichsten Themen seiner Briefe. »Ich beginne damit, Ihnen, auch weil ich Ihnen erst zweimal davon berichtet habe, zu erzählen, daß ich von Abydos nach Sestos geschwommen bin. Ich tue es, um Ihnen die Hochachtung einzuflößen, die mir als dem Vollbringer dieser Leistung zukommt. Schließlich schätze ich damit meinen Ruhm nicht höher ein als irgendeinen anderen politischen, poetischen oder rednerischen Ruhm.«
Während des Aufenthaltes in Tenedos erlebte er die Ilias. Der Berg Ida, Pate des Hügels von Harrow, beherrschte die trojanische Ebene. Von der Stadt war nichts mehr zu sehen, es gab nur noch die Gräber ihrer Zerstörer, große Hügel, die ihn an englische Grab-

stätten auf dem Lande erinnerten. Byron, getreu seiner Vorliebe für das endgültige Nichts und den ewigen Schlaf des Helden, stand lange sinnend am Grab des Achilles. Die Fregatte setzte die Segel zur Fahrt nach Konstantinopel und ankerte am 13. Mai 1810 zwischen dem Serail und den Sieben Türmen.

Die Lage Stambuls hatte es Byron sogleich angetan, die Küsten Europas und Asiens, dicht von Palästen besetzt, die vergoldete Kuppel der Hagia Sophia, die Fürsteninsel in der Ferne. Die Sophienkirche selbst erschien ihm unbedeutend gegenüber St. Paul in London. »Ich spreche *cockney*«, sagte er und hatte recht. Auch Hobhouse äußerte seine Geringschätzung über die orientalischen Bazars, »es sind recht mittelmäßige Gebäude für den, der die Londoner Geschäfte kennt«. Doch es war unterhaltsam, sich zwischen den Gräbern der Sultane zu ergehen, angetan mit scharlachroten Uniformen und Federhüten, gefolgt von den Janitscharen, die Byron in seinen Dienst genommen hatte. Botschafter Robert Adair und sein Sekretär Canning behandelten die beiden Pilger als bevorzugte Persönlichkeiten. Sie wurden dem Hauptmann Pascha vorgestellt. Über den Besuch im Regierungspalast gab es einen Streit über Etikettefragen zwischen Byron und Canning. Da Canning sich weigerte, hinter ihm zu gehen, verweigerte Byron seine Mitwirkung. Er schmollte drei Tage und schrieb dann einen würdigen Brief, in dem er zugab, unrecht gehabt zu haben.

Er ließ sich am Bosporus auf den blauen Felsen der Symplegaden nieder, die den Zugang bewachen und die sich, wie die Alten sagten, zusammenschlossen, wenn ein Schiff kam, um sie zu verderben. Er tat den ganzen Tag nichts weiter als zu rauchen, auszureiten oder auf den sanften Wassern Asiens zu rudern, er war zufrieden. Nur Fletcher ärgerte ihn: »Seine ständig wiederkehrenden Klagen nach Rindfleisch und Bier, seine dumme und bigotte Verachtung für alles, was fremd ist, seine Unfähigkeit, irgend etwas zu lernen, und seien es nur ein paar Worte in irgendeiner Sprache, machen ihn wie alle englischen Dienstboten zu einer Belästigung. Ich versichere Ihnen, der Ärger für ihn reden zu müssen, der Komfort, den er braucht (viel mehr als ich), der Pilaw, den er nicht essen mochte, die Weine, die er nicht trinken wollte, die Betten, in denen er nicht schlafen konnte, – die ganze Liste seiner Nöte, von störrischen Pferden bis zu Mangel an Tee!!! und so weiter, wären eine Quelle dauernder Heiterkeit für jeden Zuschauer, aber für seinen Herrn sind sie eine stete Quelle der Verdrießlichkeit.«

Am 24. Juli 1810 verließen Byron und Hobhouse Konstantinopel. Hobhouse kehrte nach England zurück; Byron nahm erneut Aufenthalt in Athen. Sie hatten sich ein Jahr lang gutgelaunt aneinander gerieben, es gibt für eine Freundschaft kaum eine härtere

Prüfung als eine lange gemeinsame Reise und eine Abwechslung war willkommen. Byron an seine Mutter: »Ich bin sehr froh, wieder einmal allein zu sein, denn ich war meinen Gefährten leid – nicht daß er schlechter gewesen wäre als ein anderer, nur drängt meine Art zur Einsamkeit, und jeder Tag trägt zu dieser Neigung bei.«

Die Trennung war leicht pathetisch; Hobhouse beschrieb sie in seinem Tagebuch: »Nicht ohne Tränen Abschied genommen von diesem unvergleichlichen jungen Menschen, auf der Steinterrasse am Ende der Bucht, ein kleines Blumenbouquet mit ihm geteilt, das letzte vielleicht, was ich mit ihm teilen konnte.« Der Brief, den Hobhouse nach der Trennung an Byron schrieb, endete mit folgendem Postscriptum: »Ich habe die Hälfte Ihres Bouquets aufgehoben, bis es ganz verwelkt war, und selbst dann habe ich es nicht über mich gebracht, es wegzuwerfen. Ich kann mir das überhaupt nicht erklären. Sie auch nicht, nehme ich an.« Er liebte Byron mehr als er zugeben wollte. Er hatte ihn auf dieser Reise schwierig, wunderlich und empfindlich und dennoch unwiderstehlich gefunden. Childe Harold selbst war zwar sentimental in seinen Versen, nicht jedoch in Prosa: »Ihr letzter Brief schließt pathetisch mit einem Postscriptum über ein Bouquet; ich rate Ihnen, es in Ihrem nächsten Roman unterzubringen. Ich vermutete keine so schönen Gefühle bei Ihnen, und ich glaubte, Sie scherzten, aber ich liebe den Scherz.«

Während seines zweiten Athen-Aufenthaltes wohnte Byron im Kapuzinerkloster. Es war ein schönes Plätzchen: davor der Berg Hymethus, dahinter die Akropolis, zu seiner Rechten der Jupitertempel, zur Linken die Stadt. »Sehen Sie, mein Herr, das ist etwas für Sie, etwas Malerisches! Nichts davon in Ihrem London, nein, nicht einmal Mansion House.« Das Kloster umschloß ein Denkmal des Lysikrates. Das war ein kleiner reizender Rundtempel, den die Mönche zur Bibliothek gemacht hatten und von dem aus man in den Orangengarten gelangte. Dem Leben in diesem Kloster fehlte die würdevolle Heiligkeit; außer dem *Padre Abbate* gab es eine *scuola*, die aus sechs *ragazzi* bestand; drei davon waren katholisch, drei orthodox. Byron veranstaltete Boxkämpfe zwischen Katholiken und Orthodoxen, und der Vater Abt freute sich, wenn die Katholiken gewannen. Das Leben war ein rechtes College-Leben, fröhlich, lärmend und freizügig. Byron, der seine Freunde aus Harrow nie vergessen hatte, mischte sich mit kindlichem Vergnügen darunter. Er war wieder in seine leidenschaftliche Beschützerrolle versetzt, diesmal galt sie dem jungen Nicolo Giraud, einem neuen Eddleston, griechischer Bürger und Schützling der Franzosen, der italienisch sprach und Byron darin unterrichtete. »Ich bin sein ›padrone‹, sein ›amico‹ und Gott weiß was sonst noch. Vor ungefähr zwei Stunden hat er mir erklärt, er habe keinen größeren Wunsch, als mit mir die Welt zu durchstreifen, und er schloß, indem er mir sagte, wir müßten nicht nur miteinander leben, nein, auch gemeinsam sterben.«

Die Tage waren voll Lachen. Morgens wurde Byron von den jungen Burschen geweckt, die riefen: *»Venite abbasso«*, und die Stimme des Paters antwortete streng: *»Biogna bastonare.«* Es gab unzählige Streiche. Die Mutter Theresa Marcis hatte die Szene betreten; »sie ist närrisch genug, sich einzubilden, ich würde die Kleine heiraten, aber ich halte mich an Vergnügen, die mehr wert sind.« Fletcher, der Ehemann, der sich so darüber beklagt hatte, fern von seiner Sally zu sein, hatte sich eine griechische Geliebte genommen. Die beiden albanischen Diener und der Dolmetscher hielten es genauso. »Es lebe die Liebe«, schrieb Byron an Hobhouse, »ich plaudere recht und schlecht mit aller Welt und übersetzte die Gebete des Meßbuches. Aber meine Unterrichtsstunden sind von lauter Narrenpossen unterbrochen; man verspeist Früchte, bewirft sich mit den Schalen, man spielt: wirklich, ich gehe wieder zur Schule und mache genausowenig Fortschritte wie einst, vergeude meine Zeit auf genau die gleiche Weise.« Abends gab es merkwürdige Empfänge für türkische Würdenträger beim Vater Abt. Der Mufti von Theben und der Statthalter von Athen betranken sich, trotz Mohammed, und das attische Fest war vollkommen.

Natürlich mußte der Golf von Piräus durchschwommen werden. Der kleine Nicolo war ein sehr schlechter Schwimmer. Als Byron von der Mole sprang, rief ihn von einem gerade anlegenden Schiff eine englische Stimme an. Sie gehörte dem Lord Sligo, einem Kameraden aus Harrow. Er war mit einer eigenen Brigg gekommen, in Begleitung von Lady Hester Stanhope. Byron freute sich, sie zu treffen und unternahm auch mehrere Ausflüge mit ihnen, doch war er weit davon entfernt, sich in Gesellschaft dieser Engländer so ungebunden zu geben wie unter seinen kleinen Italienern. Die Lady war eine ernste Dame: »Sein Blick hat viel Lasterhaftes, die Augen stehen nahe beieinander, seine gerunzelte Stirn ... Sonderbarer Charakter: großzügig mit einem Hintergedanken, geizig mit einem Hintergedanken; einmal war es draußen düster und niemand durfte ihn ansprechen, am nächsten Tag wieder verlangte er, daß die ganze Welt mit ihm scherze.« Ein Zug, den tatsächlich alle beobachteten, die ihm begegneten. Er war so in sich verkapselt, daß er unfähig war, sich die Gefühle der anderen überhaupt vorzustellen, und so erwartete er von ihnen, daß ihre Gemütsverfassung immer mit der seinen übereinstimmte, und er ärgerte sich einfältig darüber, wenn ihre Traurigkeit oder Freude ihm fehl am Platze schienen. In seinen Augen war der pfeiferauchende oder sich den

Schnurrbart kämmende Byron eine Naturerscheinung, hier zwischen Hymethus und Akropolis, ein Fels zwischen den Gebirgen; er liebte die einfachen Wesen, die diesen ziemlich schroffen Felsen mit Staunen und Bewunderung beschauten.

Seit er die Engländer getroffen hatte, schwankte sein so zerbrechliches Glück. Ihre Anwesenheit beschwor eine Gesellschaft, die Byron bewußt Schrecken und unbewußt Respekt einflößte. Wenn er nicht mehr allein war mit den Kindern, den Dienern beunruhigte ihn die Sorge, was man von ihm denken könnte. Er wußte ja, daß er wunderlich und besessen war. Er besaß einen kindlichen Aberglauben, sonderbare Angewohnheiten, wie zum Beispiel die, stets geladene Pistolen ans Kopfende seines Bettes zu legen. Seine fordernde Sinnlichkeit trieb ihn zu Handlungen, die er zu verbergen wünschte. Selbst Hobhouse hatte ein Einengen für ihn bedeutet, und wenn Fletcher seinen Herrn so oft gegen sich aufbrachte, so vor allem deshalb, weil dieser Sancho von Newstead in diesem verrückten Leben von Athen, inmitten der Orangenhaine, der Mönchlein und Türken, ein zwar etwas lächerlicher aber gefürchteter Wächter britannischer Konventionen blieb.

Während dieses zweiten Aufenthaltes unternahm Byron mehrere Reisen nach Morea, bis nach Tripolitza hinauf und machte jedesmal in Patras halt, wo ihm der englische Konsul Mr. Strane als Bankier diente. Mit großem Vergnügen blickte er auf den Hafen, dessen Schiffe mit ihren bemalten Leibern ihn an Agamemnons Flotte erinnerten und die zu Füßen einer weißen Stadt ihre Segel entfalteten. Die Gegend war ungesund; sobald der Wind in der Zeit der Moskitos von Missolonghi her wehte, regierte die Malaria. Byron war nahe daran, an der schlechten Krankenpflege zu sterben. Was kann ein armer Teufel gegen einen mörderischen Arzt ausrichten? Die Natur, seine Jugend und Jupiter kämpften für, Doktor Romanelli gegen ihn. Fletcher hatte völlig den Kopf verloren. Zum Glück pflegten ihn die albanischen Diener, und die drohten dem Arzt, ihn umzubringen, wenn ihr Herr stürbe. War es diese Drohung, oder Jupiter, oder seine Jugend? Byron überlebte.

Während dieser Krankheit hatte er ermessen können, wie wenig er am Leben hing. Da lag er, allein, vom Fieber geschüttelt und zwei Monate Seereise von seiner Heimat entfernt. »Ich betrachte den Tod wie ein Heilmittel gegen den Schmerz, ohne das geringste Verlangen nach einem zukünftigen Leben, in der vertrauenden Gewißheit, daß der Gott, der uns in diesem Leben straft, den müden Seelen diese letzte Zuflucht gelassen hat.« Und auf griechisch fügte er hinzu: »Jung stirbt, wen die Götter lieben.«

Als er ins Kapuzinerkloster zurückkehrte, war er bleich und todmüde. Die Lebensform, die er sich auferlegt hatte, um schlank und schön zu bleiben, war nicht dazu angetan, ihn zu kräftigen. Dreimal in der Woche türkisches Bad, als Getränk eine Mischung aus Wasser und Essig, Reis als einzige feste Nahrung. Das Leben verlief den ganzen Winter hindurch fast genauso wie vor seiner Krankheit. Er arbeitete ein wenig, schrieb zwei Satiren, eine im Stil Popes, *Hints from Horace*, die andere, *Der Fluch der Minerva*, war ein heftiger Angriff auf Lord Elgin. Eines Tages fragte er einen Kapuziner, den Pater Paul d'Yoréo, ob man ihm gestatten würde, eine Zelle zu beziehen. Vielleicht würde das Klosterleben ihn aus seinem Lebensüberdruß und seiner Traurigkeit reißen. Er sagte, daß er kein Atheist sei und bat den Pater, ihm ein Kruzifix zu geben, das er weinend küßte. Für ihn mußte die Religion, wie alle Dinge, mit einer starken Empfindung verbunden sein.

Hanson schickte kein Geld mehr und verlangte die Anwesenheit seines Klienten, denn es galt Newstead und Rochdale vor Gläubigern und dem Staat zu verteidigen. Er mußte also heimkehren. Fletcher wurde als Kundschafter vorausgeschickt, beladen mit Gepäck und einem Brief an Mrs. Byron: »Nehmen Sie sich bitte meiner Bücher und der vielen Papierbündel an. Ich bitte Sie, mir ein paar Flaschen Champagner übrig zu lassen, denn ich habe großen Durst ... Ich vermute, Sie haben das Haus voll von törichten Weibsleuten, die Skandalgeschichten erzählen.«

Die Reisen hatten Fletcher gut getan, er war nun weniger insular. »Nachdem er gebraten, gekocht, geröstet und von allen Tierarten verschlungen worden ist, beginnt Fletcher zu philosophieren; er ist ein ebenso witziger wie unterrichteter Kopf geworden und verspricht nach seiner Rückkehr ein Schmuckstück für sein Kirchspiel zu werden und in der Zukunft eine wichtige Persönlichkeit auf der Stammtafel der Fletchers.«

Einige Wochen nach der Abreise des Dieners ging auch sein Herr an Bord der Fregatte *La Volage*. Nicolo Giraud begleitete ihn bis nach Malta. Er nahm zwei griechische Diener; der eine von seinen albanischen Dienern, dem er den Abschied geben mußte, stürzte weinend aus dem Zimmer. »Wenn ich mich daran erinnere, wie sich kurze Zeit vor meiner Abreise von England einer meiner nächsten und vornehmsten Freunde entschuldigt hat, nicht noch einmal zu mir kommen zu können, um Abschied zu nehmen, und zwar damit, daß er eine Verwandte zu einer Modewarenhändlerin begleiten müsse, dann fühle ich weniger beleidigt als erstaunt, wenn ich Gegenwart und Vergangenheit vergleiche ...«

Von Malta aus dauerte die Seereise noch vierunddreißig Tage. Er war allein, ohne interessante Gefährten, er genoß diese Einsamkeit. Im großen und ganzen war er nicht unglücklich gewesen während dieser Reise. Er war mit einem türkischen Segler einem Schiffbruch entgangen, er hatte auf Malta eine Leidenschaft für eine verheiratete Frau empfunden, hatte einen Pascha besucht, drei junge Griechinnen in Athen geliebt, die Dardanellen überquert, ein paar Verse geschrieben, mit einem Mönchlein italienisch gelernt. Er hatte bezaubernde Landschaften gesehen, heroische Erinnerungen beschworen und sechs Monate Jugend wiederentdeckt. Er hatte mit Franzosen, Italienern, Griechen, Türken und Amerikanern gesprochen, er hatte Ideen und Gewohnheiten anderer Länder zu beurteilen gelernt. Wenn er ein Jahrhundert damit verbracht hätte, in einem Londoner Club zu rauchen oder in einem Landhaus zu gähnen, wie weit wäre er davon entfernt gewesen, so viele nützliche und unterhaltende Kenntnisse zu erwerben!

Die Beobachtung wird immer fesselnd sein, wie im Laufe eines Lebens sich die aufeinanderfolgenden Geburtsstunden formen, von der Zeit erhärtet werden und schließlich einen Charakter festlegen. Zusätzlich zur Mitgift seiner Vorfahren: Heftigkeit der Gordons, sinnliches Temperament der Byrons, war ihm eine physische Mitgift auferlegt: Schwäche, die Weltverachtung erzeugt, Schönheit, die das Mittel zur Rache bereithält. Der engen und traurigen Religion, die ihm seine ersten schottischen Lehrer mitgaben, war, ohne sie zu zerstören, durch Cambridge der voltairesche Deismus aufgesetzt worden, der naiven Empfindsamkeit des Jünglings ein starker ironischer Humor. Das Weltbild, das aus dieser inneren Landschaft entstand, war einfach. Die Erde war ohne erkennbaren Sinn von einem Gott geschaffen, den unsere Leiden gleichgültig ließen. Die Menschen, getrieben von ihren Leidenschaften, vom Schicksal, jagten nach schönem Gefühl, was klug war, oder nach Ruhm, was närrisch war. Reiche kamen und gingen wie die Wogen des Meeres. Alles war nichtig, außer dem Vergnügen.

Die Reise in den Orient befestigte diese Doktrin. Überall, wo Byron sich aufgehalten hatte, war das Leben hart gewesen, die Laster universell, der Tod gegenwärtig und leicht. Der Fatalismus der Muselmanen hatte den seinen gestärkt. Ihm hatte gefallen, wie sie die Frauen behandelten. Die Vielfalt der Religionen hatte ihm deren Kraftlosigkeit bewiesen. Er brachte Zweifel mit zurück, an denen er wie an Glaubenssätzen festhielt. In der langen Zeit des Alleinseins hatte er einige Wahrheiten über sich selbst gelernt. Er wußte nun, daß er nur außerhalb von Sitte und Gesetz glücklich sein konnte. Er hatte jene Länder geliebt, in denen er sich um niemanden und in denen sich niemand um ihn kümmerte. Die Entfernung hatte ihn Geringschätzung gelehrt; kann man sich über den feindseligen Zeitungsartikel eines Pedanten aufregen, wenn sich zwischen ihm und dem Beschimpften das Mittelmeer und der Atlantik wälzen, wenn der Donner der nördlichen Zeitschriften vom Brausen des Hellespont übertönt wird? Wenn die Dinge in England eine Wendung zum Schlechten nehmen sollten, wußte er nun, daß er nach vierzehn Tagen auf dem Meer weiße Inseln und ewig blauen Himmel finden werde.

Er stand allein auf der Brücke des Schiffes und sah den sich hebenden und senkenden Wogen zu. Wem führte ihn diese lange Seereise entgegen? Seiner Mutter? Er hatte nicht die Absicht, lange mit ihr zusammen zu sein. »Wenn Sie die Güte hätten, meine Zimmer in Newstead herrichten zu lassen; aber betrachten Sie mich nicht als einen Besucher. Ich möchte Sie nur darüber informieren, daß ich seit langer Zeit völlig vegetarisch lebe, ich esse weder Fleisch noch Fisch; ich hoffe also einen großen Vorrat an Kartoffeln, grünem Gemüse und Gebäck vorzufinden; ich trinke auch keinen Wein. Ich habe zwei Diener, zwei ältere Griechen ... Ich darf doch annehmen, daß ich durch Besucher nicht allzusehr vergällt werde, wenn jemand kommt, werden Sie ihn empfangen, denn ich bin fest entschlossen, niemandem zu gestatten, in meine Zurückgezogenheit einzudringen. Sie wissen, daß ich die Gesellschaft nie geliebt habe, heute weniger denn je.« Das einzige Vorhaben des Eigentümers war, das Land eines gewissen B. zu teilen, um Fletcher eine kleine Domäne geben zu können. »Ich werde mich darauf beschränken (wie Bonaparte), das Königreich des Mr. B. zu zerschneiden und einen Teil davon zum Fürstentum des Marschall Fletcher zu erheben! Ich hoffe, Sie regieren mein armes Reich und seine unglückliche Nationalverschuldung mit weiser Hand.« Außer ihr, wen würde er vorfinden? Hobhouse? Er hatte nicht die geringste Nachricht von ihm. Man sagte, er habe die »gräßliche Verkleidung« des Soldaten angezogen. Hodgson? Ja, sicher, aber Hodgson war ein Frömmler geworden. Augusta? Er hatte sie beinahe vergessen. Was zum Teufel sollte er in diesem Land? Die Bauern von Newstead zahlen lassen, die Kohlenminen von Rochdale verkaufen? Seine Londoner Schulden bezahlen? Niedere Pflichten. Wen wollte er wiedersehen? Ah, es gab noch Dallas, den schwerfälligen und gefälligen Dallas. Einige Tage bevor er ankam, schrieb er an ihn: »Nach zweijähriger Abwesenheit bin ich wieder auf dem Wege nach England. Ich habe alles gesehen, was es an Bemerkenswertem gibt in der Türkei, vor allem die Troas in Griechenland, Konstantinopel und Albanien ... Ich glaube nicht, daß ich etwas getan habe, das mich von anderen Reisenden unterscheidet, vielleicht ausgenommen, daß ich die Enge zwischen Sestos und Abydos schwimmend überquert habe, eine sehr lehrreiche Erfahrung für einen Modernen.«

Zweiter Teil

Er wurde mit einem zärtlichen und liebenden Herzen geboren, aber seine schrankenlose Empfindsamkeit trug ihm den Spott seiner Kameraden ein. Er war stolz und anspruchsvoll, er hielt an einer Meinung fest, wie Kinder es tun; so versuchte er allen Anschein dessen zu verbergen, was er für schimpflich hielt. Er erreichte sein Ziel, aber dieser Sieg kam ihn teuer zu stehen. Er konnte den anderen die Regungen seiner allzu zärtlichen Seele verbergen; doch indem er sie in sich selbst verschloß, wurden sie für ihn hundertmal so schwer.

Mérimée

The great object of life is sensation – to feel that we exist, even though in pain. It is this »craving void« which drives us to gaming – to battle – to travel – to intemperate, but keenly felt pursuits of any description, whose principal attraction is the agitation inseparable from their accomplishment.*

Byron

* Der wesentliche Sinn des Lebens ist Gefühl. Zu fühlen, daß wir sind und sei es durch den Schmerz. Es ist die »sehnsuchtsvolle Leere«, die uns dazu treibt, zu spielen – zu kämpfen – zu reisen – zum leidenschaftlichen Tun, doch auch der tiefgefühlte Beweggrund aller Beschreibung, deren wesentlicher Reiz die Handlung bleibt, ist untrennbar verbunden mit ihrer Erfüllung.

Timon von Newstead

»You're getting damned romantic.«
»No, bored.«

Ernest Hemingway

Er stieg in Reddish Hotel, St. James Street, ab. Für seine Mutter hatte er einen Schal und Rosenöl mitgebracht, Marmorgottheiten für Hobhouse, für sich selbst eine Phiole attischen Schierlingstrank, vier athenische Schädel und ein paar lebende Schildkröten. Dallas wartete schon seit mehreren Tagen auf seine Ankunft und kam sofort. Byron schien guter Laune und berichtete mit Lebhaftigkeit von seinen Reisen. Dallas fragte, ob er einen Bericht darüber mitgebracht habe. Nein, er habe nie die Absicht gehabt, darüber zu schreiben; die Satire sei seine Stärke, und er habe eine neue fertiggestellt. Es sei eine Paraphrase über *die Dichtkunst des Horaz*. Das schien ihm zu genügen, er übergab das Manuskript Dallas und bat ihn, am nächsten Morgen wiederzukommen.

Dallas verbrachte den Tag damit, die *Hints from Horace* zu lesen ... Er schätzte den jungen Byron und wünschte von ganzem Herzen das neue Werk gut finden zu können, aber wie sehr wurde seine Hoffnung enttäuscht! Das war alles, was zwei Jahre der Reise und der Abenteuer hervorgebracht hatten? Eine belanglose Imitation, peinliche Scherze, nicht die geringste Erneuerung des Stils? Als er am nächsten Vormittag im Reddish Hotel vorsprach, war er verlegen, er murmelte vage Komplimente und fragte, ob nicht noch anderes entstanden sei ... Doch Byron sprach nur noch von einigen kurzen Gedichten und einer großen Zahl von Strophen über die Reise; das alles verdiene nicht, gelesen zu werden, aber wenn Dallas es haben wolle, so schenke er es ihm, und er holte aus einem Reisesack ein Bündel Papier hervor. Dallas mußte versprechen, die Paraphrase über Horaz möglichst bald publizieren zu lassen und ging; unter dem Arm trug er *Childe Harolds Pilgerfahrt*.

Es lebte einst auf Albions Insel ein Jüngling,
der nach der Tugend Pfaden nicht begehrte,
vielmehr verbrachte er seine Tage in meistens wüster Schwelgerei,
und störte gern mit Lärm das müde Ohr der Nacht.

Childe Harold hieß er, – doch woher kam dieser Name,
sein Geschlecht, ich darf es nicht sagen;
es genügt zu wissen, daß es ein großer Name war
und daß er ruhmvoll war in den vergangenen Zeiten.

Bevor er noch ein Drittel seines Lebens vollendet hatte,
erfuhr er Schlimmeres als Mißgeschick,
er fühlte den Ekel vor Zufriedenheit,
und so empfand er Widerwillen gegen seine Heimat.

Denn schon hatte er das Labyrinth der Sündhaftigkeit durcheilt;
und hatte seine Sünden nicht bereut,
geseufzt hat er nach vielen Frauen, geliebt hat er nur eine;
und diese Heißgeliebte konnte niemals ihm gehören.

Byron, es war Byron selbst, den Dallas in diesen geringge-
schätzten Versen wiederfand. Alles war darin: seine Mutter, seine
Schwester: »Childe Harold hatte eine Schwester, die er liebte, doch
die nicht bei ihm war – als er zur Reise aufbrach«, seine Abbey:
»Der Mönche Kloster, wo der Aberglaube einst seinen Sitz genommen – wo Paphos Töchter heute lachen.« Freilich fehlte es dem Gedicht an Ordnung, an einem Plan, zweifellos waren Paphos Töchter
die Mägde und das Sündenlabyrinth war eine dörfliche Festscheune.
Aber das Gefühl, das diese etwas künstlich blumige Sprache vermittelte, war echt. Dallas fand darin Byrons Menschenfeindlichkeit
wieder, den sinnenhaften Überdruß, das düstere Vergnügen, das er
empfand, wenn er die Nichtigkeit menschlichen Tuns beschwor.

Erhabene Athene! Wohin
sind deine großen Männer entschwunden? ...
... wie Sterne durch den Traum der Dinge; sie, die
einst die Ersten waren auf dem Weg zum Ruhm.
Sie siegten, sind verschwunden – ist das alles?
Eine Geschichte aus dem Schulbuch, das Wunder einer Stunde?

Dallas konnte seine Begeisterung nicht für sich behalten, er schrieb
am Abend des 16. an Byron, der auf einer Pilgerfahrt nach Harrow war: »Sie haben eines der köstlichsten Gedichte geschrieben, die
ich je gelesen habe... Ich war so bezaubert von *Childe Harold*,
daß ich es überhaupt nicht mehr weglegen mochte.«
Doch als er Byron wiedertraf, war er völlig überrascht, ihn von
diesem Werk mit einer Verachtung sprechen zu hören, die keineswegs vorgetäuscht war. »Das ist alles mögliche, nur keine Poesie.«
Er hatte das Gedicht einem sehr fähigen Kritiker gezeigt, und der
hatte es verworfen; hatte Dallas die Randbemerkungen im Manuskript nicht gesehen? Wichtig war nur, so schnell wie möglich
einen Verleger für *Horace* zu finden; Dallas war klug genug, fest
zu bleiben: »Sie haben mir *Childe Harold* gegeben, und ich bin
von seinem Wert so fest überzeugt, daß ich ihn veröffentlichen
werde.«

Byron hatte seiner Mutter geschrieben, er sei von Hanson in London aufgehalten worden, damit er einige Schriftstücke unterzeichne,

daß er ihr aber so bald wie möglich seinen Besuch abstatten werde. Es war ein ziemlich kühler Brief für einen nach zweijähriger Abwesenheit heimkehrenden Sohn. Er begann mit »gnädige Frau«, wenigstens der letzte Absatz schien etwas herzlicher: »Betrachten Sie Newstead als Ihr Haus nicht als meines und mich nur als Gast.« Freute sie sich über diese Heimkehr, die einsame Matrone? Sie hatte in diesen zwei Jahren viele Sorgen gehabt. Sie hatte ihren ganzen Stolz darein gesetzt, ihren Sohn während ihres Aufenthaltes in Newstead nichts zu kosten; mit ihrer Rente konnte sie eine Dienerin bezahlen, aber nicht den Gärtner. Sie hatte Hanson vorgeschlagen, darauf zu verzichten: »Es trägt nichts zum Vermögen Lord Byrons bei, den Garten pflegen zu lassen, weil in ihm nichts gezogen werden kann, was man verkaufen könnte.« Und sie stellte Hanson eine Kostenrechnung auf:

Gartenpflege	156 Pfund
1 Jagdhüter	39 Pfund
Joe Murray	50 Pfund
1 Magd	20 Pfund
Der Wolfshund	20 Pfund
Der Bär	20 Pfund
Steuern	70 Pfund
Insgesamt	385 Pfund

Ihr Einkommen jedoch betrug keine 385 Pfund; was tun? »Ich habe meine Ausgaben so weit eingeschränkt, wie ich konnte. Die Magd habe ich vor einem Jahr entlassen. Zwei Hunde habe ich einem Bauern anvertraut, der sie kostenlos durchfüttert; der Bär, das arme Tier, ist vor vierzehn Tagen plötzlich verendet.« Das war ein typischer Brief der Catherine Gordon. Sie entließ aus Sparsamkeit eine Magd und pflegte einen Bären bis zur letzten Stunde.

Seit Byrons Abreise hatte sie der Gedanke gequält, ihn nicht wiederzusehen. Als sie seinen Brief aus London erhielt, sagte sie zu ihrer Kammerfrau: »Wenn ich nun vor Byrons Besuch sterben würde, wie sonderbar wäre das.« In derselben Woche erkrankte sie, es war nur eine leichte Unpäßlichkeit, die aber durch ihre Dickleibigkeit und unvorhergesehene Umstände verschlimmert wurde. Die Rechnung eines Dekorateurs war die Ursache eines Wutausbruchs, bei dem sie einen Gehirnschlag erlitt; sie starb, ohne das Bewußtsein wiedererlangt zu haben.

Byron war noch in London, er erwog mit Dallas, ob es klug wäre, den Beleidigungen eines Pamphletes nachzugehen, und er war dabei, die Reise nach Newstead vorzubereiten, als er die Nachricht von ihrer Krankheit erhielt. Am Morgen des 1. August erfuhr er von ihrem Tod. Er hatte immer an Zusammenhänge geglaubt; für seine Rückkehr hatte sich das Geschick Byrons diese grausame und über-

raschende Katastrophe ausgedacht. Von der Reise schrieb er an Pigot: »Meine arme Mutter ist gestern gestorben! Ich bin unterwegs, sie in der Familiengrabstätte beizusetzen. Gott sei Dank waren ihre letzten Augenblicke ruhige. Man sagt mir, sie habe wenig gelitten und sei sich des Ernstes ihrer Lage nicht bewußt geworden. Ich begreife jetzt die Wahrheit einer Bemerkung Mr. Grays: ›Wir können nur einmal eine Mutter haben!‹ Friede sei mit ihr!«
Als er in der Abtei eintraf, erzählten die Diener ihm den Grund für den Schlaganfall. Nachts hörte eine der Kammerfrauen, Mrs. By, tiefes Seufzen, und sie ging, um nach dem Rechten zu schauen, in das Zimmer. Byron saß neben dem Leichnam. »Ach, Mrs. By«, sagte er unter Tränen, »ich habe nur eine einzige Freundin auf der Welt gehabt und die habe ich nun verloren.« Unter allen Zwistigkeiten war das Gefühl eines festen Bandes, gewebt aus der Ähnlichkeit ihrer Charaktere, geblieben. Sie war gestorben, und der Tod, der aus Menschen einen Gegenstand trauriger oder poetischer Meditation macht, ließ Byron mit Zuneigung an sie denken. Am selben Abend schrieb er an Hobhouse: »Wenn ich diese verwesende Masse betrachte, die einmal ein Sein war, aus dem ich hervorging, dann frage ich mich, ob ich wirklich existiere und ob sie wirklich aufgehört hat zu existieren. Ich habe die verloren, die mir das Leben gab, und einige von denen, die dieses Leben beglückten. Ich habe weder Hoffnung noch Furcht über das Grab hinaus.« Am Tag der Beisetzung weigerte er sich, dem Trauergeleit beizuwohnen. Er stand auf der Schwelle seiner Abtei und sah zu, wie der Leichnam seiner Mutter in die kleine Kirche von Hucknell Torkard getragen wurde, gefolgt von Bauern; dann rief er nach dem jungen Robert Rushton, mit dem er häufig boxte, und bat ihn, die Boxhandschuhe zu bringen. Nur sein Schweigen und die ungewöhnlich heftigen Boxhiebe verrieten, was in ihm vorging.

Zwei Tage später erfuhr er, daß Matthews in der Cam ertrunken war. Matthews hatte sich in Wasserpflanzen verfangen und sich in einem langen und schrecklichen Todeskampf vergeblich bemüht, loszukommen. Wie oft hatte Byron ihm gesagt: »Sie sind ein schlechter Schwimmer, Matthews, wenn Sie Ihren Kopf immer so weit über Wasser halten, werden Sie noch ertrinken.« Welche Heimkehr! Seine Mutter, der begabteste seiner Freunde... Der unsichtbare Feind schlug schnell und hart zu. »Die Schläge folgten so schnell aufeinander, daß der Schock mich lähmte... Es scheint ein Fluch über mir und den Meinen zu schweben. Meine Mutter ist nur noch eine in diesem Hause hingemähte Leiche, einer meiner besten Freunde ertrinkt in einem Graben. Was soll ich sagen, denken, tun?... Der Friede sei mit den Toten! Das Bedauern weckt sie nicht wieder auf. Ein Seufzer für die Verblichenen, und wir nehmen die Gewohnheiten des Lebens wieder auf, mit der Gewißheit, daß auch wir unsere Ruhestatt finden werden.«

Allein in seiner riesigen Abbey, umgeben von so sonderbaren Schätzen wie dem Schädel des Mönchs und denen der Athener, dem Halsband Boatswains, gedachte er oft der heiteren Abende, die er in diesem selben Zimmer mit Hobhouse und Matthews verbracht hatte. Er bat Hobhouse zu kommen, sie wollten beide auf Matthews Andenken trinken, »denn wenn solche Trankopfer die Toten vielleicht auch nicht erreichen, besänftigen sie jedenfalls die Überlebenden, und nur für sie kann der Tod Unheil bedeuten.« Solange er auf diesen Besuch oder auch auf die Hodgsons wartete, blieb er allein, allein mit seinen Hunden, seinen Igeln und Schildkröten »und anderen Griechen«. Er gähnte: »Mit dreiundzwanzig Jahren allein, wie kann einem dann mit siebzig Schlimmeres passieren? Natürlich bin ich jung genug, um noch einmal anzufangen, aber mit wem sollte ich den lachenden Teil des Lebens wiedererwecken?« Er träumte wieder auf seinem Sofa, kaute dabei Tabak, eine neue Angewohnheit, die er angenommen hatte, um seinen Hunger zu betäuben. Er hätte die Gutsherren der Umgebung besuchen können, aber »ich bin kein Gesellschaftstier«, er würde im Kreise von Komtessen und Ehrenjungfrauen ganz besonders befangen sein »in einem Augenblick, in dem ich aus einem ferngelegenen Land zurückkomme, in dem man die Sitte nicht kennt, sich um Frauen zu schlagen, ihnen nachzulaufen, um mit ihnen zu tanzen, noch ihnen erlaubt, sich (öffentlich) unter die Männer zu mischen; man entschuldige also mein natürliches *Mißtrauen* mit meinen zwei Reisejahren.«

Nein, er wollte gewiß keiner neuen Mary Chaworth den Hof machen. Er sorgte sich um seine »sinnliche Bequemlichkeit«. Die Schar der Töchter Paphos war zersprengt. Er ließ die hübschesten wiederkommen. Er bevölkerte seine Domäne wieder: »Rebhühner gibt es die Fülle, mit den Hasen steht es gut, mit den Fasanen etwas schlechter und mit den Mädchen des Hauses... Als großer Freund der Disziplin habe ich ein Edikt über die Unterdrückung von Hauben erlassen; keine kurzgeschnittenen Haare, unter keinem Vorwand; Mieder sind erlaubt, aber vorne nicht zu tief ... Lucinda übernimmt das Kommando über alle Bettzudeckerinnen und -aufdeckerinnen.« Wie in den Totentänzen mittelalterlicher Maler wechselten junge und nackte Leiber mit Totenschädeln und Skeletten einander ab.

Er arbeitete wenig. Keine neuen Gedichte. Er unterhielt sich damit, *Childe Harold* Bemerkungen in Prosa hinzuzufügen, denn nach und nach erhielt er nun die Korrekturbogen des Gedichtes. Dallas, der gläubig und fromm war, hatte gegen die Strophen in *Childe Harold*, in denen aus der Vielfalt der Glaubensbekenntnisse geschlossen wurde, daß sie alle miteinander falsch seien, protestiert: »Wenn unter schwachen und bestechlichen Menschen die Religionen abwechselnd herrschen konnten, wenn Jupiter und Mohammed, Irrtum auf Irrtum, in die Gehirne der Menschen gelangen konnten, so beweist das nicht, daß es keine wahre Religion gäbe ... Wenn ein Schädel ein vorzüglicher Gegenstand moralischen Denkens ist, und wenn ihn, nachdem die Würmer ihn fraßen, kein Heiliger, Weiser oder Sophist wiederherstellen kann, folgt daraus nicht, daß Gottes Macht Grenzen hat und alles, was dem Verderben preisgegeben ist, nicht unverdorben wieder auferstehen könnte.« Für Byron ergab sich daraus, daß er die Unsterblichkeit der Seele zu den liebenswertesten Hypothesen zählte.

Hier und da fügte er eine Strophe hinzu, um einen Freund zu feiern; Mrs. Byron, Wingfield, Matthews erhielten ihre Stanze, ihr Epitaph. Zu Byrons Toten gesellte sich Eddleston, der Chorknabe aus Cambridge. Der Stifter des Karneols starb 1811. Wie die anderen bekam auch er seine Strophe, dazu ein Gedicht über ein gebrochenes Herz und die Zeilen *An Thyrza*. In glücklicheren Zeiten wäre Eddleston von Byron beweint worden, aber er »hatte beinahe den Geschmack von Schmerz vergessen, und er war angefüllt mit Schrecken«. Konnte er nach so vielen Beweisen noch an der Feindseligkeit seines Geschickes zweifeln? Er glaubte nun, daß jedes Lebewesen, an das er sich band, durch diese Liebe einem Fluch anheimgegeben sei.

Seit seiner Rückkehr hatte er wieder Briefe mit seiner Schwester Augusta gewechselt. Er hatte sie nicht wiedergesehen, aber er wußte, daß sie unglücklich war. Der Colonel Leigh, den zu heiraten sie sich so gesehnt hatte, war ein Leichtfuß und Spieler, der sein Haus zehn Monate im Jahr allein ließ und der lediglich zurückkehrte, um an den Pferderennen von Newmarket teilzunehmen und seiner Frau ein Kind zu machen. »Ich verliere meine Verwandten, und Sie vergrößern die Zahl der Ihren; was von beidem das Bessere ist – Gott weiß es ...« Der Ton ihrer Korrespondenz hatte sich verändert. Byron war nun nicht mehr der kleine Bruder, der nach Hilfe verlangte. Augusta war zwar siebenundzwanzig Jahre alt, doch fühlte er sich weitaus älter als sie und gab sich recht liebevoll und väterlich. »Gute Nacht, mein Kind«, schloß er seine Briefe. Sie war ein wenig eingeschüchtert von dem nun fremd scheinenden, mit dem Prestige einer weiten Reise dekorierten Bruder. »Ich habe einen Brief an Sie begonnen, dann habe ich ihn zerrissen, aus Angst aufdringlich zu erscheinen.« Sie schrieb dennoch die langen Briefe einer

Frau, die stets von Kindergeschrei oder von den Klagen einer schlechtbezahlten Magd gestört wird; Sätze voller Auslassungspünktchen, Ausrufungszeichen, unterstrichenen Wörtern und Passagen. Sie blieb dabei, daß er heiraten müsse. »Ich freue mich darüber, daß Sie Ihre Vorurteile gegen das schöne Geschlecht überwunden haben, jedenfalls weit genug, um sich zur Heirat zu entscheiden; es läge mir jedoch daran, daß meine zukünftige Schwägerin noch andere Reize besitzt als ein Vermögen, obwohl auch *das* absolut notwendig wäre.«

Er antwortete: »Was Lady Byron angeht: wenn ich eine finden sollte, die reich genug wäre, um mir zu gefallen und närrisch genug, mich zu wollen, werde ich ihr Gelegenheit geben, mich unglücklich zu machen, wenn sie es kann. Der Magnet, der mich anzieht, ist das Geld. Was die Frauen betrifft: eine ist so gut wie die andere, und die älteste ist noch die beste, denn wir haben dann Aussicht, sie schneller im Himmel zu wissen... Sie fragen nach meiner Gesundheit; ich bin von annehmbarer Schlankheit, die ich mir durch Training und Abstinenz erhalte. Ich glaube nicht, daß ich auf Reisen viel gelernt habe, es sei denn eine Ahnung von zwei Sprachen und die Gewohnheit, Tabak zu kauen.«

Seine Haltung stand ihm gut; er erwarb sich durch eine ziemlich strenge Abgeschiedenheit das Recht, Männer und Frauen zu verachten, und diese Verachtung besaß ihren eigenen Reiz. Er war Lord Byron, Baron Byron von Rochdale, Timon von Newstead, Menschenfeind. Seit dem Tode des Neufundländers hing er an niemandem, er liebte das Andenken an diesen Hund, liebte einen gezähmten Hirsch und drei griechische Landschildkröten. Er würde eine alte Erbin heiraten, wegen ihres Vermögens... Er machte ein merkwürdiges Testament: Newstead sollte an George Anson Byron gehen, Rochdale verkauft werden, und aus dem Erlös sollte am Tag seiner Mündigkeit Nicolo Giraud von Athen und Malta die ungeheure Summe von siebentausend Pfund erhalten, Fletcher, Joe Murray und der griechische Demetrius Zograffo jeder fünfzig Pfund im Jahr; Robert Rushton, der Page, dieselbe Summe und darüber hinaus tausend Pfund, wenn er mündig sein werde; Byron vermachte die Mühle von Newstead Fletcher, seine Bibliothek Hobhouse und Davies. Er setzte hinzu: »Ich wünsche, daß mein Leib in der Grabstätte im Garten von Newstead beigesetzt wird ohne jede Zeremonie oder Gottesdienst, und keine Grabinschrift außer meinem Namen und meinem Alter sei auf meinem Grabstein eingraviert.« Die Anwälte protestierten gegen diese Klausel, er bestand darauf.

Im Oktober und November reiste er einige Male nach London, kam dann über Weihnachten nach Newstead zurück. Der Winter kam; die Rasenflächen waren mit Schnee bedeckt, die leerstehende Abtei war von anmutiger Traurigkeit. Zwei Freunde kamen zu Besuch. Der eine, Harness, war der behinderte Knabe gewesen, den Byron in Harrow beschützt hatte; der andere, ein Freund aus Cambridge, Hodgson, bereitete sich auf eine Laufbahn als Geistlicher vor. Harness war einundzwanzig, Byron dreiundzwanzig, Hodgson achtundzwanzig. Es wurden drei unterhaltsame Wochen. Byron überarbeitete *Childe Harold*. Auch die beiden anderen arbeiteten. Abends unterhielt man sich über Poesie oder Religion. Über diese glaubte Byron seit seiner Reise klare Vorstellungen zu haben: »Wenn die Menschen von Tombuktu oder irgendeiner *Terra Incognita* gerettet werden können, Menschen, die niemals etwas von dem Galiläer und seinen Propheten gehört haben, wozu dann das ganze Christentum? Wenn sie ohne den Einen nicht gerettet werden können, warum sind sie nicht alle rechtgläubig? Es ist böse, einen Mann in Juda predigen zu lassen und den Rest der Welt – die Neger und alle anderen – so schwarz zu lassen wie ihre Haut, ohne einen Lichtstrahl, der sie emporführen könnte. Wer wollte daran glauben, daß Gott Menschen dafür verdamme, weil sie von dem nichts wissen, was sie niemals gelehrt worden sind?«

Obwohl er ein zukünftiger Geistlicher war, fand Hodgson es schwierig, Byron von seinen metaphysischen Positionen abzubringen, weil dieser gar keine innehatte: »Ich bin kein Platoniker, ich bin überhaupt nichts; aber ich möchte lieber irgend etwas Beliebiges sein als zu einer der zweiundsiebzig Sekten gehören, die sich gegenseitig um der Liebe des Herrn willen zerfleischen . . . Was eure Unsterblichkeit angeht: wenn wir doch weiterleben sollen, wozu sterben? Unsere Gerippe, die, wie Sie sagen, eines Tages auferstehen sollen, lohnen sie die Mühe? Ich hoffe jedenfalls, daß ich, wenn das meine auferweckt wird, ein Paar bessere Beine haben werde, besser als das Paar, das mir in diesen letzten zweiundzwanzig Jahren gegeben war, sonst wird man mich ganz besonders gern stoßen in der Schlange, die vor dem Paradies anstehen wird.«

Nach den Ferien verließen ihn die Besucher, und er war wieder allein, verlassen selbst von seinen Magd-Maitressen, denn er hatte entdeckt, daß eine von ihnen, in die er verliebt war, ihn mit einem Bauernjungen betrog. Ein bedeutungsloser Vorfall, der ihn aber außerordentlich stark beschäftigte. »Ich habe das Ersuchen an Sie zu richten«, schrieb er an Hodgson, nachdem er ihm das Drama geschildert hatte, »in Ihren Briefen niemals wieder von einer Frau zu sprechen, nicht einmal eine Andeutung auf die Existenz dieses Geschlechtes zu machen.«

Wirklich, es gab kein Lebewesen, an das man sich hätte anlehnen mögen. Er sehnte sich nach dem Geschrei der kleinen Italiener unter den Orangenbäumen nahe dem Denkmal des Lysikrates zurück. »Ich werde nervös ... euer Klima tötet mich; ich kann weder lesen, noch schreiben, weder mich noch andere amüsieren. Meine Tage vergehen ohne Arbeit und meine Nächte ohne Schlaf; es ist sehr selten, daß ich einmal irgendwelche Gesellschaft habe, und habe ich sie, so fliehe ich sie.« Was sollte er im winterlichen düsteren Newstead anfangen? *Childe Harold* fortsetzen? Dazu hätte er Sonne und blauen Himmel gebraucht. »Ich kann die Szenen, die mir so teuer sind, nicht beschreiben, wenn ich vor einem Kohlenfeuer in der Ecke sitze.«

In einem sehr vertrauensvollen und aufrichtigen Brief an einen seiner Freunde sagte er: »Diese letzten Jahre meines bisherigen Lebens waren ein ständiger Kampf gegen die Gefühle, die den ersten Teil davon so bitter gemacht haben; obwohl ich mir schmeichelte, sie in der Mehrzahl besiegt zu haben, gibt es immer noch Augenblicke, in denen ich genauso naiv bin wie damals. Ich habe davon niemals viel geredet und hätte es nicht einmal Ihnen gesagt, wenn ich nicht fürchtete, etwas roh gewesen zu sein und wenn ich nicht gewünscht hätte, Sie den Grund dafür wissen zu lassen. Aber Sie wissen, ich bin nicht einer Ihrer ›traurigen Gentlemen‹: also lachen wir eben.« In der Tat, er hatte nie viel darüber gesprochen, und dennoch war gerade dies der Schlüssel zu seinen auffälligen Widersprüchlichkeiten. Seit Jahren kämpfte er darum, den Empfindsamen, der ihn so grausam hatte leiden lassen, in sich zu töten. Er war zu geradlinig, um sich in der Rolle des »traurigen Gentleman« zu gefallen, aber da er glaubte, alles Zutrauen in Frauen und Männer verloren zu haben, versuchte er als Korsar des Vergnügens zu leben, ohne Liebe und ohne Freundschaft. Das Unglück war, daß er sich in diesem Schweigen der Leidenschaften zum Erbarmen langweilte.

Bei Menschen, die gelitten haben und bei denen Gewohnheit oder Vergessen das Leiden heilten, gibt es einen bemerkenswerten Hang zum Überdruß, denn der Schmerz, so unerträglich er das Leben zu machen scheint, erfüllt es zugleich mit so lebendigem Gefühl, daß seine Nichtigkeit verdeckt ist. Byrons Leben hatte mit einer großen Liebe begonnen. Diese Liebe war eine Niederlage, aber sie hatte diesem jungen Mann ein Verlangen nach Erregbarkeit gegeben, das ihm unentbehrlich wurde. Wie ein Reisender, dessen Gaumen vom Gewürz verdorben, jede natürliche Nahrung fade finden muß, fand Byron den Geschmack des Lebens nicht mehr in der Stille. Er glaubte sich zu jeder heftigen Leidenschaft, und sei sie auch verbrecherisch, fähig, vorausgesetzt, sie gäbe ihm das stets flüchtige Empfinden seiner eigenen Existenz zurück. Demselben Hodgson, dem er gepredigt hatte, fröhlicher zu sein, schrieb er eine Epistel, in der noch einmal Mary Chaworth beschworen wurde:

Vergessen seien diese Dinge – ich klage nun nicht mehr,
ich suche auch nicht mehr die oriental'schen Küsten ...
... Doch wenn, in einigen zukünftigen Jahren
du von dem Manne hörst, dessen Verbrechen
sich allzugut mit dieser düstren Zeit verbinden ...
Du wirst ihn kennen, diesen Mann – und im Erkennen
wirst du auch seiner Gründe dich erinnern.

»Der arme Junge meint nicht ein Wort von alledem«, schrieb der
ruhige und optimistische Hodgson dazu an den Rand. Aber Byron
war unglücklicher und differenzierter als seine Freunde annahmen.
Er entschloß sich nach London zu ziehen, wo er jedenfalls das Parlament hatte und Druckbogen zum Korrigieren: »Irgend etwas, das
mich davon heilt, immer wieder das eine verdammte Verb zu konjugieren: sich langweilen.«

XV
Annus Mirabilis

> Who does not write to please the women?
> *Byron*

In London war er nicht mehr einzig auf die Gesellschaft Hansons
und Dallas' angewiesen. Der letztere hatte *Childe Harold* John
Murray, der zum Modeverleger seiner Zeit geworden war, anvertraut. Wenn Byron von Angelo kam, bei dem er focht, oder von
Manton, bei dem er sich im Pistolenschießen übte, schaute er gern
bei Murray herein. Er schimpfte ein bißchen, er beklagte sich über
die Verzögerungen beim Druck, nahm sich ein Buch aus den Regalen
zur Zielscheibe, stieß mit seinem Spazierstock darauf ein und wiederholte dabei unablässig: »Quarte, Sexte ... Quarte, Sexte ...«,
während Murray laut die neuste Strophe vorlas, die ihm gerade
gebracht worden war. »Eine gute Idee, nicht wahr, Murray? Eine
gute Idee?« fragte Byron, ohne seine Spazierstockausfälle zu unter-
brechen und ohne aufzuhören, gleich wieder sein »Quarte, Sexte ...
Quarte, Sexte« zu murmeln. Murray, der seine Bücher liebte, war
nicht böse darüber, wenn Byron wieder ging. Von dort aus ging
Byron zum Dinner mit seinem Freunde Tom Moore bei Stevens in
der Bond Street.
Tom Moore war jener Thomas Little, dessen unschuldig erotischen
Verse die Collegschüler von Harrow so erregt hatten. Als Byron
English Bards veröffentlichte, hatte sich Moore durch eine Passage

gekränkt gefühlt und ihm unter Hodgsons Adresse eine Herausforderung geschickt. Byron war unterdessen schon in den Orient aufgebrochen, und der Brief blieb verschlossen bei Hodgson liegen. Nach Byrons Wiederkehr erkundigte sich Moore nach seinem Brief. Byron entgegnete, er habe ihn nie erhalten, stellte Nachforschungen an und schickte Moore den noch versiegelten Brief als Beweis dafür, daß er guten Glaubens gewesen war. Moore hatte gerade ein reizendes Mädchen zur Frau genommen und nicht die geringste Lust, sich zu schlagen; er machte den Vorschlag, das Duell durch ein Mittagessen zu ersetzen.

Moore ging, wenn er ein Essen zu geben hatte, ganz selbstverständlich zu Rogers, der seine bedeutende Stellung in der literarischen Welt ebenso der Vollkommenheit seiner Tafel wie der Seltenheit seiner Dichtungen verdankte. Er war der Sohn eines reichen liberalen Bankiers, er war in das Bankhaus seines Vaters eingetreten und hatte London dann mit siebenundzwanzig Jahren durch die Veröffentlichung eines recht guten Poems über *Die Vergnügen der Erinnerung* in Staunen gesetzt. Ein Bankier als Dichter, das war eine neue Sache. Aber Rogers hatte gefallen, und die versnobtesten Häuser öffneten sich dem kleinen geistreichen und boshaften Mann, der zu alledem dürr wie ein Skelett und blaß wie eine Leiche war.

Eine Leiche agiert wenig. Rogers Handlungsweise war vorsichtig und raffiniert. Er hatte sein Haus wie ein Gedicht aufgebaut, mit peinlichster Sorgfalt in idealer Lage nahe dem Green Park. Alles darin war vollkommen, schöne kühl-klassizistische Möbel, herrliche Gemälde, in der Bibliothek die besten Ausgaben der besten Schriftsteller, auf den Tischen Alabastervasen. Es fehlte nur eine Hausfrau, aber Rogers war Junggeselle geblieben. Heiraten ist eine zu eindeutige Entscheidung für einen Ästheten, der ein vorsichtiges Leben führt. Gelegentlich sagte er zu seiner großen Freundin, Lady Jersey: »Wenn ich eine Frau hätte, wäre jedenfalls jemand da, an den ich mich halten könnte.« – »Ja«, antwortete sie, »aber vielleicht hielte sich Ihre Frau an einen anderen.« Also empfing er allein in einem erlesenen Haus und gab köstliche Dinners, gewürzt mit dem scharfen und beißenden Witz des Hausherrn, der ebenso natürlich boshaft wie egoistisch war, doch auch großzügig mit seinem Geld, für einen rauhen Mann gelegentlich ein bequemes Mittel, mit seinem Herzen zu geizen.

Ein Dinner bei Rogers war ein Kunstwerk; Küche, Auswahl der Tischgesellschaft, alles war vorzüglich. Für dieses Versöhnungsessen lud Rogers außer Byron und Moore nur noch einen weiteren Schriftsteller, nämlich Thomas Campbell, ein, und bat seine beiden Freunde, ihn bis zur Ankunft des schüchternen Gastes allein zu lassen, denn er wußte, daß der junge Mann hinkte und fürchtete, er könnte beim Eintreten gehemmt sein. Alle waren von Byrons Schönheit und der Vornehmheit seines Auftretens beeindruckt. Er war wegen seiner Mutter in Trauerkleidung, und dieses Schwarz ließ die Geistigkeit seiner Blässe hervortreten. Rogers bot ihm Suppe an: »Nein, ich nehme niemals Suppe.« – »Fisch?« – »Nein, nie.« Es wurde ein Lammbraten aufgetragen. Die gleiche Frage, die gleiche Antwort. »Ein Glas Wein?« schlug Rogers vor. »Nein, ich nehme niemals Wein.« Rogers verzweifelte, er fragte, was Byron denn esse und trinke. Die Antwort: »Lediglich Zwieback und Mineralwasser.« Zu allem Unglück war weder das eine noch das andere im Hause. Byron aß ein paar zerdrückte und mit Essig beträufelte Kartoffeln. Man fand ihn interessant aber sehr schüchtern. Ein paar Tage darauf traf Rogers Hobhouse, der endlich von seinen Feldzügen heimgekehrt war. Als er erfuhr, daß Hobhouse mit Byron befreundet sei, fragte er ihn: »Wie lange wird sich Lord Byron an diese Regeln halten?« – »Genau solange, wie Sie darauf achten«, erwiderte Hobhouse.

Von jenem Tage an waren Byron und Moore unzertrennlich. Byron, das »Tier ohne Freunde«, kannte nichts Schöneres, als sich einem anderen zu verbinden. Er bewunderte Moore, weil der in einer Welt zu Hause schien, in der Byron keinen einzigen Menschen kannte. Byron war Herr auf Newstead und Moore der Sohn eines Krämers, doch Moore gehörte zu jenen leichtlebigen Menschen, die geboren sind um zu gefallen und deren wunderliche und zugleich Achtung einflößende Gegenwart die Großen lieben. Er hatte von Jugend an eine gefällige Fertigkeit in der Poesie wie in der Musik entwickelt. Mit fünfzehn paraphrasierte er Anakreon oder setzte sich ans Klavier und improvisierte Lieder nach alten irländischen Themen. Die Salons von Dublin hatten sich um einen so kostbaren Mann, der eine ganze Gesellschaft allein unterhalten konnte, gestritten. Aus dieser »Boudoir-Erziehung« hatte sich Moore eine zuversichtliche Daseinsfreude und ein naives Vergnügen am Liederlichen bewahrt. Murray mochte ihn nicht, er sagte von ihm, er sei ein Snob und habe eine Lästerzunge, Byron dagegen fand einen heiteren Freund in ihm, den es noch dazu glücklich machte, sich mit einem Lord sehen zu lassen, und der stets aufgelegt war zu singen, zu trinken und zu lachen. Moore war für ihn »die Quintessenz dessen, was es auf der Welt an Köstlichem gibt«. Sie dinierten fast jeden Abend gemeinsam im St. Albans oder bei Stevens, oder genauer: Moore dinierte und Byron aß seine Biskuits und meinte: »Fürchten Sie nicht, Moore, daß es Sie grausam machen könnte, wenn Sie Rindfleisch essen?« – War Byron allein, so ging er in den Alfred Club, der vielleicht etwas zu nüchtern und literarisch war, aber an einem Regentag eine annehmbare Zuflucht bot. Dank Rogers und Moore machte er nun auch die Bekanntschaft der zweifelhaften Schenken der Dandies von Top's Alley, den Spelunken, den »Höllen«; zwar konnte er das unbezwingliche Mißbehagen des zurückgedrängten Puritaners in sich verbergen, aber wohl fühlte er sich dort nie.

Oft sprach er davon, daß er Newstead verkaufen und auf der Insel Naxos leben wolle; er würde Sitten und Gebräuche der Orientalen annehmen und sein Leben damit verbringen, ihre Dichtungen zu studieren. Der kalte Winter stimmte ihn trüb, aber auch die geistige Atmosphäre dieses Landes. Es war eine Zeit autoritärer Politik. Der Krieg berührte die herrschenden Klassen kaum; ihr Leben war leicht. Fuchsjagd, Liebe und Parlament füllten die reichlich vorhandene freie Zeit. Äußere Kämpfe waren ein willkommener Vorwand zur Unterdrückung der Gedankenfreiheit. Cobbett hatte zwei Jahre im Gefängnis gesessen, weil er einen Militärskandal aufdeckte. Das Volk litt unter der industriellen Revolution, ohne etwas davon zu begreifen und mußte zusehen, wie seinen Klagen Staatsraison und Patriotismus entgegengehalten wurden.

Im *House of Lords* wurde ein Gesetz zur harten Bestrafung von Arbeitern diskutiert, die Maschinen zerstörten, weil sie durch sie brotlos wurden. Byron hatte es selbst während seines Aufenthaltes in Newstead erlebt; bei Nottingham hatten die Fabrikanten neue Webstühle zur Strumpfherstellung angeschafft, die sieben Arbeiter durch einen einzigen ersetzen konnten. Die Arbeitslosen hatten sich mit der Kavallerie ein Gefecht geliefert. Zwei Ersatzregimenter mußten nach Nottingham kommandiert werden. Die Regierung wollte die Todesstrafe für Maschinenstürmer durchsetzen.

Byron, der die armen Leute gesehen hatte und davon überzeugt war, daß sie in gutem Glauben handelten, entschloß sich, das Wort zu ergreifen. Später sagten seine Feinde, er habe in einer politischen Rede eine nützliche Reklamemöglichkeit für sein bald darauf erscheinendes Werk gesehen. Aber Byrons Motive waren viel schlichter: es war ihm ein Vergnügen, inmitten dieser großen Herren aufzustehen und ihnen einige unliebsame Wahrheiten über ihre Grausamkeit zu sagen. Er hatte die Erinnerung an den kleinen Jungen von Aberdeen nicht verloren, der in eine Volksschule ging und um Äpfel für seine arme Mutter bettelte. Der Milizhauptmann, der die Arbeiter von Nottingham so brutal zusammenschlagen ließ, war Jack Musters, der Mann, der ihm Mary-Ann weggenommen hatte. Musters konnte zu einem Bauern wegen dessen hübscher Frau recht wohlwollend sein, aber Arbeiter konnte er nicht leiden und hatte schon immer ein unbarmherziges Vergnügen darin gefunden, sie hartnäckig wegen Wilddiebereien zu verfolgen. Die persönlichen Erinnerungen Byrons vereinten sich hier glücklich mit der Tradition der mütterlichen Seite seiner Familie und machten in dieser Frage einen fortschrittlichen Whig aus ihm. Er setzte sich mit Lord Holland in Verbindung, der zum selben Thema reden sollte.

Dallas wurde gebeten, sich in St. James' Street einzufinden, und Byron hielt mit völlig unnatürlicher Stimme seine nicht eben schlechte Rede. Er schilderte die Leiden der Arbeiter, »Menschen, die sich augenfällig des Verbrechens schuldig gemacht haben, arm zu sein ... und wie sehen Ihre Heilmittel aus? ... die Zuckungen sollen mit dem Tode enden? ... Gibt es in Ihren Gesetzen nicht genug Todesstrafen? ... Und wird der elende ausgehungerte Mensch, der Ihren Bajonetten trotzte, noch vor Ihrem Galgen zittern?« Der Redner schien sehr brillant, vielleicht ein wenig theatralisch. Es war nicht sehr geschickt zu sagen, daß er »in den am schwersten unterjochten Provinzen der Türkei niemals so schmutziges Elend gesehen habe wie im Herzen des christlichen England«.

Die Rede lenkte in Whig-Kreisen die Aufmerksamkeit auf diesen jungen Peer und öffnete ihm Holland House, aus dem die gefürchtete Lady Holland eine der intellektuellen und gesellschaftlichen Bastionen Londons gemacht hatte.

Wenige Tage später veröffentlichte Murray die beiden ersten Gesänge von *Childe Harold*. Bis zum letzten Augenblick hatte Byron am Wert der Dichtung gezweifelt, er hatte nur mit Unbehagen davon gesprochen. Auch Dallas war nun, erschreckt von der übernommenen Verantwortung, ängstlich geworden. Dennoch war ein Erfolg zu erwarten. Murray war ein aktiver und geschickter Verleger, er sprach schon seit langem bei allen Freunden von *Childe Harold*. Er hatte »gute Blätter« daraus an Schriftsteller und Leute von Welt verteilt, die ihn möglicherweise lancieren konnten. Rogers hatte seit Januar Fahnenabzüge; er las seiner Schwester das Poem vor und sagte: »Dies wird dem Publikum trotz seiner großen Schönheit niemals gefallen; niemand wird den weinerlichen und unzufriedenen Ton mögen oder die zügellose Lebensweise des Helden.« Er war des Mißerfolges so sicher, daß er den jungen Dichter gern lobte und in Gesellschaft Strophen aus dem Gedicht zu zitieren pflegte, die immerhin Neugier erregten. Rogers beherrschte einige literarische Salons, darunter den der Lady Caroline Lamb, die er wegen ihres Geistes »in alle Himmel« lobte. Ihr gab er seine Abzüge des Gedichts und bat sie, niemanden etwas davon sehen zu lassen. Noch am selben Tag machte sie die Runde durch die Stadt und erzählte aller Welt, sie habe das neue Werk gelesen und es sei hervorragend. Zu Rogers sagte sie: »Ich muß ihn sehen. Ich sterbe vor Begierde, ihn kennenzulernen!« – »Er hat einen Hinke-

fuß«, sagte Rogers, »und er kaut an den Fingernägeln.« – »Und
wäre er so häßlich wie Äsop, ich muß ihn einfach sehen.« Und alle
Frauen dachten bald wie sie. Wie eine orientalische Märchenfigur
durch die Berührung mit dem Stab eines Zauberers verwandelt
wird, so schlagartig hatte sich Byrons Leben geändert. »Ich wachte
eines Morgens auf und war berühmt«, schrieb er. Das war die ge-
treue Beschreibung seines Abenteuers. Bis zu einem Abend war
London für ihn eine von drei oder vier Freunden bewohnte Wüste
gewesen; am nächsten Morgen war es eine Stadt aus *Tausendundeine Nacht*, besät mit strahlenden Palästen, die sich dem erlauch-
testen aller jungen Engländer öffneten.

Eine große mondäne Gesellschaft (das heißt, wie Byron sagte, die
viertausend Personen, die noch auf sind, wenn alle Welt schläft)
ist dem steten Wechsel von Bewunderung und Abscheu unterworfen; unter diesen Damen und Herren, die sich alltäglich und allabendlich trafen, machte ein frischer Ruhm seinen Weg in Blitzes-
schnelle. Sie hatten das Bedürfnis, etwas bewundern zu können. Die
Französische Revolution, dann Bonaparte hatten in Tausenden junger Europäer phantastische Hoffnungen keimen lassen, die Napoleon
enttäuscht hatte. Vor allem in England war ein Gefühl der Vergeblichkeit alles Seienden stark entwickelt; denn hier war eine
Gesellschaft des bloßen Vergnügens müde, weil es zu leicht fiel;
kriegsüberdrüssig durch zu lange Kriege und unpolitisch durch die
Kontinuität einer konservativen Regierung, deren Bestand durch
die stete Gefahr von außen zementiert war.

Die Schriftsteller hatten, diesem heimlichen Überdruß entweder
aus Unvermögen oder aus Furcht nie Ausdruck gegeben. *Childe
Harold* war das erste Echo der Skepsis einer enttäuschten Genera-
tion. Hier entsprach die Kunst endlich dem Leben, hier zeigte endlich ein junger moderner Engländer, der denen glich, die ihn lasen,
ein Europa von 1812, so wie Revolution und Kriege es hinterlassen hatten. Für ein Volk, seit zehn Jahren vom Leben auf dem
Kontinent abgeschnitten, mußte dieser Bericht einer Reise durch Albanien und zu den Sulioten weit spannender wirken als der über
eine Fahrt nach Indien oder zu den Inseln des Pazifik. Es war
schließlich ein Meeresgedicht und die durch die Blockade ihres
Ozeans beraubten Nachfahren der Wikinger fanden darin den
Wind voller Meerschaum wieder, dessen Salz ihnen zu fehlen begann. Die Gegnerschaft der Konservativen half Byron. Es war lächerlich, ihn, wie die *Quarterly Review* es tat, zu tadeln, weil er
mit Geringschätzung vom »Metier der Raufbolde« gesprochen habe,
und hinzuzufügen: »Man fragt sich mit Sorge, ob das die Ansichten
eines Peers des Königreichs über die britische Armee sind.« Seit
zwanzig Jahren hatten sich die Schriftsteller, einer nach dem ande-

ren, zur Staatsklugheit bekehrt. Doch gibt es in der Geschichte eines Volkes immer wieder einen Augenblick, in dem selbst diejenigen der etablierten Ordnung müde sind, die sie in der Hand haben. Im Leben Englands erschien *Childe Harold* in einem solchen Augenblick.

Es kommt häufig vor, daß der Autor eines erfolgreichen Werkes als Person enttäuscht. Hier dagegen entsprach der Autor dem Werk. Er war der Repräsentant eines alten Geschlechts, und die große Welt war dankbar dafür, daß er einer so oft angegriffenen Klasse den Ruhm, ein Genie hervorgebracht zu haben, schenkte. Er war jung, schön; »seine graublauen Augen strahlten von innerem Leben durch die langen Wimpern ... Seine bleiche Gesichtsfarbe war rein bis zur Transparenz ... Sein Mund war wie der einer reizenden Frau, sinnlich und launenhaft.« Selbst seine körperliche Behinderung erhöhte nun das Interesse, das man ihm entgegenbrachte. Die düstere Geschichte seines Helden war seine eigene. Wußte man nicht, daß er wie Childe Harold aus Griechenland und der Türkei zurückkam? Man schrieb ihm die unendliche Traurigkeit, das Unglück und die Einsamkeit Childe Harolds zu. Ein Kunstwerk soll die Wirklichkeit der Gefühle suggerieren, die es zum Ausdruck bringt; um wieviel stärker ist die Suggestivkraft und um wieviel natürlicher ist sie, wenn das Publikum zu Recht oder Unrecht glaubt, diese Gefühle seien die des Autors.

Die ganze Stadt sprach nur noch von ihm. Unzählige wichtige Leute baten um die Ehre seines Besuches, hinterließen bei ihm ihre Visitenkarten. In St. James' Street hielten die Kutschen, die sich vor seiner Tür stauten, den Verkehr auf. Bei einem Buchhändler war ein Exemplar des *Childe Harold* ausgestellt, das die Prinzessin Charlotte, Tochter des Regenten, hatte einbinden lassen. Der Regent selbst ließ Byron zu sich bitten und hatte ein ausführliches Gespräch über Dichtung und Dichter mit ihm. Während der Dinners in Mayfair schien das Gemurmel der Unterhaltung ein einziges langanhaltendes »Byr'n, Byr'n« zu sein. Jede Saison hatte damals ihren politischen, militärischen oder literarischen Löwen. Auf den Abendgesellschaften des Jahres 1812 war Byron der unangefochtene Löwe. Er kannte »jenes schimmernde Meer aus Edelsteinen, Federn, Perlen und Seide«. Die Frauen träumten voller Rührung von der weiträumigen Abbey, den verbrecherischen Leidenschaften und dem abgewiesenen doch begehrten marmornen Herzen Childe Harolds. Sie alle belagerten es auf einmal. Sie waren voller Bangigkeit und fanden ein hohes Vergnügen an dieser Angst. Lady Roseberry sprach mit ihm auf der Schwelle eines Salons und fühlte plötzlich ihr Herz so heftig schlagen, daß sie kaum noch antworten konnte. Und er, er bemerkte, welche Wirkung er hervorgerufen hatte und erprobte die Macht seines Blickes »von unten herauf«. Dallas hörte ihn einmal laut aus *Childe Harold* vorlesen; sicher versuchte er in sich selbst zu entdecken, was die anderen an ihm bewunderten. »Ich bin davon überzeugt«, prophezeite Dallas, »die Melancholie seiner Jugend wird für sein übriges Leben vergangen sein.«

Dallas irrte sich. Die Melancholie war ein Teil der Figur, die seine Leser in seinem Werk geliebt hatten, Byron fühlte es wohl. Auch wußte er genau, daß alle die, die ihn einluden, in Wahrheit Childe Harold erwarteten, und so betrat er die Salons mit verachtungsvoll umflortem Blick und verbarg die angeborene Schüchternheit der Byrons hinter kühler Zurückhaltung. »Lord Byron«, schrieb Lady Morgan, »der Autor des köstlichen *Childe Harold* ist kühl, schweigsam und zurückhaltend in seinem Benehmen.« Nun kam es nicht mehr wie zu Zeiten von Elizabeth Pigot vor, daß er verzweifelt »eins, zwei, drei, vier, fünf, sechs, sieben...« murmelte, wenn er einer Frau vorgestellt wurde. Es gelang ihm, sein Unbehagen hinter einigen trockenen Worten zu verbergen. In dieser Welt voller Leben und Farbe, die ihn so lärmend empfing, nachdem sie ihn so lange übersehen hatte, hatte er keinen Verwandten, keinen Freund. Diese Männer und Frauen schienen sich alle von Jugend an zu kennen, sie nannten sich beim Vornamen oder gebrauchten Spitznamen. Er kannte niemanden von ihnen. Er war voller Furcht, sich mit seinen Southwell-Manieren lächerlich zu machen, aber selbst diese Angst verlieh ihm einen Charme, dessen er sich noch nicht bewußt war. Wenn er, während die anderen tanzten, wegen seiner schwachen Füße steif herumstand, dann glich er unter den Rahmen der vergoldeten Türverkleidungen ganz seinem Helden, der auf dem Vorschiff stand und den Blick auf die tanzenden Wogen gerichtet hielt.

Moore, der Byron während ihrer kurzen Freundschaft immer nur als fröhlichen Gefährten mit beinah kindlichem Lachen erlebt hatte, versuchte mehrmals, ihn mit dieser düsteren und sieghaften Traurigkeit zu necken. Aber Byron weigerte sich, eine Pose darin zu sehen. Nein, er war aufrichtig melancholisch und im Grunde hoffnungslos; die Heiterkeit war nichts weiter als Oberfläche. In dieser Welt blieb er ein Fremder. Man versicherte ihm, daß er sie erobert habe, er zweifelte daran. Er hatte Mühe, an den Erfolg seines Gedichtes zu glauben. Hobhouse sagte ihm mit derber Offenheit: »Nach Pope gibt es nichts mehr zu tun.« Das war auch Byrons Ansicht. Beide waren in der Tiefe ihres Herzens der Klassik zugeneigt und glaubten, der Ruhm *Childe Harolds* sei den morbiden Gefühlen, die es ausdrücke, zu danken, daß aber bald der gute Geschmack es auslöschen, das Publikum Byron verlassen und zu Pope zurückkehren werde.

Dennoch stieg das Byron-Fieber während der ganzen Saison. »Gegenstand der Unterhaltung, der Neugier, der Begeisterung sind im Augenblick weder Spanien noch Portugal, noch der Krieg, noch der Patriotismus, sondern ist einzig Lord Byron!...« schrieb die Herzogin von Devonshire, «das Gedicht liegt auf jedem Tisch, und er selbst wird hofiert, ihm wird geschmeichelt, er wird gelobt, überall, wo er erscheint. Er ist blaß, sieht krank aus, sein Körper ist häßlich, aber sein Gesicht ist schön; kurz und gut, er ist Gegenstand jeden Gesprächs – die Männer sind eifersüchtig auf ihn und die Frauen eine auf die andere.« Die wenigen Personen, die ihn kannten, Rogers, Tom Moore, Lord Holland, wurden mit Gesuchen nach einer Einführung bei ihm bestürmt. Ein junges Mädchen, Elizabeth Barrett, hatte ernsthaft vor, in Knabenkleidung durchzubrennen, um Lord Byrons Page zu werden. Während der Dinners versuchten die Damen, ihre Plätze zu tauschen, um in seiner Nähe sitzen zu können. Rogers hatte seine Freude an den Kunstgriffen vornehmer Damen, die ihn zum Dinner einluden und im Postscriptum hinzufügten: »Noch eine herzliche Bitte: könnten Sie nicht Lord Byron mitbringen?« Ein erstaunliches Geschick für den jungen behinderten Mann, der noch vor ein paar Jahren vorsichtig das Bier für einen Scharlatan durch die Straßen von Nottingham getragen hatte.

Lady Caroline Lamb, die ihn hatte sehen wollen »und wäre er so häßlich wie Äsop«, begegnete ihm bei Lady Westmorland. Als sie schließlich neben ihm stand, betrachtete sie dies wunderschöne Gesicht, den vollkommenen Bogen seiner Brauen, die gelockten Haare, in denen noch ein paar rote Lichter schimmerten, den in den Winkeln leicht nach unten gezogenen Mund einer griechischen Statue; und sie hörte seine weiche, dunkle Stimme, die so musikalisch war, daß die Kinder von Byron sagten: »Der Mann, der so spricht wie Musik.« Sie beobachtete seine einstudierte Höflichkeit, seine stolze, beinahe anmaßende Bescheidenheit. Sie sah die Frauen, die ihn umgaben, machte auf dem Absatz kehrt und ging. Am Abend noch schrieb sie in ihr Tagebuch: »Ein Verrückter, bösartig, es ist gefährlich ihn kennenzulernen.«

Zwei Tage später war sie gerade in Holland House, als Lord Byron angekündigt wurde. Er wurde ihr vorgestellt und sagte: »Diese Vorstellung war Ihnen schon neulich angeboten. Darf ich fragen, warum Sie sie abgelehnt haben?«

Sie war groß und schmal; ihre großen nußbraunen Augen forschten. Schön? Nein, aber zerbrechlich und anziehend. Byron fragte sie, ob er sie besuchen dürfe. Während er mit ihr sprach, beobachtete er voll Neugier dies für ihn ganz unbekannte Lebewesen: eine Patrizierin. Sie sagte hübsche Dinge, bald gefühlvoll, bald witzig mit einer merkwürdigen Stimme, die angenehm klang trotz ihres langgezogenen, leicht blökenden Tons, wie er der ganzen »Sippschaft von Devonshire House« zu eigen war. In ihr Tagebuch schrieb sie unter den ersten Satz über Lord Byron einen zweiten: »Dieses schöne blasse Gesicht wird mein Schicksal sein.«

XVI

Die Liebe

> Ich bin weder ein Joseph noch ein Scipio, aber ich kann versichern, daß ich niemals in meinem Leben eine Frau verführt habe.
>
> *Byron*

Verrückt? Bösartig? Wie schnell sie urteilte, die junge Dame. Was hatte sie beobachtet, daß sie so unnachsichtig war? Die Bitterkeit seiner Antworten? Die Heftigkeit seines Mißbilligens? Die verächtlich herabgezogenen Mundwinkel? Die Augen, die unter halbgeschlossenen Lidern ungeduldig und gereizt zu blicken schienen? Verrückt? Bösartig? Er war weder das eine noch das andere, aber ihn kennenzulernen war gewiß gefährlich. Vor allem war er mißtrauisch, ein Verwundeter, der auf der Hut blieb. Keine Mary Chaworth würde ihn mehr leiden machen; er glaubte zu wissen, wie die Frauen waren und wie man sie behandeln mußte; dies sehr wenig engelgleiche Geschlecht hatte ihn Härte gelehrt, und er würde von dieser Lektion profitieren.

Bei seinem ersten Besuch in Melbourne House (Lady Caroline lebte bei ihrer Schwiegermutter, Lady Melbourne) traf er Rogers und Moore bei ihr. Sie war von einem Ausritt zurückgekommen und hatte sich, ohne sich umzukleiden, auf einen Diwan geworfen. Als Lord Byron gemeldet wurde, verschwand sie. Rogers sagte: »Lord Byron, Sie sind ein glücklicher Mann. Sehen Sie, da blieb Lady Caroline in ihrem ganzen Reiterstaub bei uns, und kaum werden Sie gemeldet, stürzt sie davon, um sich schön zu machen.« Als er die beiden anderen Männer sah, hatte er die Stirn gerunzelt. Konnte er sie nicht allein antreffen? Sie forderte ihn auf, am nächsten Tag zum Dinner wiederzukommen. Er kam, und bald sah man ihn nur noch in Melbourne House.

Es war eines der glänzenden Häuser Londons und, zusammen mit Holland House, intellektueller Mittelpunkt der Whig-Partei. Die Lambs, mit der Peerswürde waren sie Melbournes geworden, gehörten zu einer Familie, deren Vermögen einigermaßen frisch erworben war, und der Anstieg ihres Ansehens hatte sich auf ganz natürliche Weise vollzogen. Zu Beginn des 18. Jahrhunderts war ein Lamb, seines Zeichens Rechtsgelehrter, reich geworden; der Sohn hatte um 1750 ein Schloß, Brocket Hall, erworben und war, da er eine halbe Million Sterling in Bargeld besaß, nach den ungeschriebenen Gesetzen des Königreiches zum Baronet gemacht worden. Der Baronet hatte eine ungewöhnlich schöne Frau geheiratet, Elizabeth Milbanke, und war ins Parlament eingetreten. Der Premierminister, der eine Mehrheit brauchte und wußte, wie man sie bekam, machte aus dem Baronet Lord Melbourne. Eine starke Fähigkeit, den Anschein zu wahren, gepaart mit einem Temperament, das die *Liaisons Dangereuses* geradezu beschwor, hatten Lady Melbourne erlaubt, ein bewegtes Leben ohne Skandal zu führen, dem Prinzen von Wales zu gefallen und London zu erobern.

Die ersten Kinder der Melbournes waren zwei Söhne. Der Vater liebte den ältesten, weil der ihm glich, die Mutter den zweiten, William Lamb, weil der Lord Egremont glich. Sie verdarb ihn. Befreit von jeder Art der Disziplin, aufgewachsen in einem Schauspiel tollster Verschwendungssucht und vollkommener moralischer Freiheit, ignoriert von einem Vater, der schweigend und vorwurfsvoll im Gästehaus wohnte, war er ein lässiger, geistreicher Taugenichts geworden. 1805 hatte er Caroline Ponsonby, die Tochter von Lord und Lady Bessborough, geheiratet (dieselbe, die Lord Byron gerade kennenlernte).

Es war eine recht waghalsige Liebesheirat. Caroline war anbetungswürdig und gefährlich. Ihre Mutter Lady Bessborough hatte drei Jahre nach der Geburt ihrer Tochter einen leichten Schlaganfall erlitten und darauf verzichten müssen, sie selbst zu erziehen. Deshalb war diese ihrer Tante Georgiana, der Herzogin von Devonshire, anvertraut worden. Die Herzogin kümmerte sich um sie wie um eines ihrer eigenen Kinder, das heißt, sie überließ sie der Dienerschaft. Sie wuchs in Luxus und Unordnung auf, »aß bereits am frühen Morgen von Silberplatten, war aber darauf angewiesen, sie sich selbst aus der Küche zu holen«, und so war das kleine Mädchen fest davon überzeugt, daß es auf der Welt nur Herzöge, Grafen und Bettler gäbe. »Wir dachten nicht daran, daß es das menschliche Wesen sei, das Brot und Butter mochte, wir machten uns auch keine Gedanken darüber, wie so etwas ins Haus kam; wir glaubten, Pferde bekämen Rindfleisch zu essen. Mit zehn Jahren konnte ich noch nicht schreiben ... Ich war nicht einmal fähig, richtig zu buchstabieren, aber ich machte Verse, die alle Welt wunderschön fand. Doch zu meinen großen Vorlieben gehörte es, meinen Hund zu baden, meine Sporen zu putzen und mein Pferd zu striegeln.«

Die Ergebnisse dieser Erziehung schienen sogar den Ärzten beunruhigend: »Lady Caroline war eigensinnig, sie war Wutanfällen ausgeliefert und von solch sprunghaften Launen, daß man manchmal befürchten mußte, sie sei dem Wahnsinn nahe.« Bis zu ihrem fünfzehnten Lebensjahr lernte sie so gut wie nichts. Dann, mit einem Schlag, entdeckte sie die griechische Sprache, die lateinische, begann Französisch und Italienisch zu lernen, musizierte, malte, spielte Theater, zeichnete, entwarf Karikaturen und wurde in wenigen Jahren eines der geistreichsten Mädchen von ganz London.

Sie hatte einen wahren Horror vor allem, was sie für »konventionell« hielt. Sie datierte ihre Briefe »weiß Gott, welcher Tag«. Sie schickte ein Buch an ihren Bruder und beteuerte, seine Adresse nicht zu kennen. Ihre Sensibilität war sprichwörtlich. Eine Kusine, Harriet Cavendish, sagte vor einem Leseabend, den Benjamin Constant in London gab: »Ich habe Caroline gebeten, dabei zu sein, damit sie weint und für uns alle Aufsehen macht.« Einer ihrer besonderen Reize war es, wie eine shakespearische Fee ohne Übergang von Melancholie in Fröhlichkeit zu verfallen, von vertraulichem Scherz in poetischen Ernst. Ihre Anbeter nannten sie Ariel, Sylphe, die junge Wilde und bestaunten diese ganze anmutige Sprunghaftigkeit; die Feinfühligen bedauerten, daß eine gewisse Geziertheit etwas daran verdarb; die Frauen hielten sie für gekünstelt, »gewollt« und affektiert, aus dem Bedürfnis zu überraschen.

Ihrem zukünftigen Gatten, William Lamb, war sie ein erstes Mal begegnet, als sie dreizehn Jahre alt war und er neunzehn. Sie hatte schon Gedichte von ihm gelesen, und nun hatte sie »eine tolle Lust« ihn kennenzulernen. Sie sah ihn und mochte diesen Jüngling mit seinen glänzenden Augen, dem dandyhaften Wesen und der Lässigkeit im Blick, die ihm vorzüglich stand. Sie gefiel ihm. »Von allen Mädchen aus Devonshire House«, sagte William Lamb, »ist sie genau die, die ich brauche.« Von diesem Tage an war er entschlossen, sie zu heiraten. Lange Zeit wollte sie nicht. »Ich betete ihn an«, sagte sie später, »aber ich wußte, daß ich ein schreckliches Geschöpf war, und ich wollte ihn nicht unglücklich machen.« Er verfolgte hartnäckig sein Ziel, und 1805 bekam er sie.

Am Hochzeitstag war sie entzückend aber nervös. Sie bekam einen Wutanfall über den Bischof, der sie traute, zerriß ihr Kleid, fiel in Ohnmacht und mußte in die Kutsche getragen werden. Ein sonderbarer Beginn, aber ihr Ehemann schien sich ein Vergnügen daraus zu machen, ihren ohnehin labilen Charakter noch mehr zu verderben. William Lamb fürchtete nichts so wie die Moral, Moral war ermüdend und zeugte von schlechtem Geschmack. »Ich habe vielleicht unrecht«, sagte er, »aber ich kann auch nicht die leisesten Gewissensbisse über die Stunden verspüren, in denen ich mich wahrhaft amüsiert habe, sei es durch Verrücktheit oder Laster.« Lady Melbourne war eine erfahrene Frau, sie teilte die Gefühle ihres Sohnes über die Moral, billigte jedoch nicht das, was er darüber sagte. Gewiß, eine Frau konnte alles ungestraft tun, sie selbst hatte es bewiesen, aber es gab das Wie. Sie hielt nichts von Koketterie unter freiem Himmel, wie ihre Schwiegertochter sie pflegte, nichts vom allzu sichtbaren Glück, mit dem diese zum Beispiel die Aufmerksamkeiten des Sir Godfrey Webster entgegennahm. Aber William lachte darüber, und Caroline war verrückter denn je.

Lady Melbourne, die ein langes Leben hindurch Unabhängigkeit mit Achtbarkeit zu verbinden gewußt hatte, wollte Titania mehr weltliche Klugheit lehren. Hier begegneten sich »die reife aber noch schöne Frau von klarem Geist« voll scharfer Ironie und die unrealistische Schwiegertochter, die ihr schmeichelte, die auf das zärtlichste ihrer »lieben, geliebten Lady Melbourne« zu erklären suchte, daß ihre Lebensweise die Konsequenz aus der des Gatten war. William hatte sie prüde genannt, ihr gesagt, daß sie überspannt sei, und er hatte sich darin gefallen, sie über Dinge zu unterrichten, von denen sie noch nie etwas gehört hatte, bis sie dahin gekommen war zu glauben, alles sei erlaubt. Das merkwürdige war nur, daß auch William sich unglücklich zu fühlen begann. Was wünschte er sich? In ihrem leichten Ton, dessen heitere Freimütigkeit ein Schatten von Trauer verdunkelte, bat sie ihn, auf ihre Ehe achtzugeben: »Ich glaube, seit einiger Zeit sind wir, lieber William«, sagte sie, »einer für den anderen ziemlich unerträglich gewesen ... Zukünftig werde ich vormittags schweigsam sein und nach dem Dinner amüsant, fügsam, mutig, wie eine Heldin im letzten Band ihrer Abenteuer, stark wie ein Tiger der Berge ... Und nur Sie müssen mir sagen: ›Überlegen Sie besser, antworten Sie weniger.‹« Er beschränkte sich darauf, in sein Tagebuch zu schreiben: »Wenn ich früher sah, daß eine Ehe nicht mehr gut ging oder daß Kinder in einem Hause unerträglich waren, gab ich dem Ehemann oder dem Vater die Schuld. Seit ich selbst verheiratet bin, weiß ich, daß dies ein voreiliges und unreifes Urteil war.« So war dieser Ehestand durch eine fehlgeleitete und enttäuschte Frau schon halb zerstört, als Lord Byron plötzlich dort auftauchte.

Die für ihn ganz neue Rolle des Schlafzimmer-Beichtvaters gefiel ihm besser, als er zugeben mochte. Er kam gewöhnlich gegen elf Uhr morgens und erlebte den Vormittag im Boudoir einer Frau, öffnete Briefe, spielte mit den Kindern, suchte Kleider für den Tag aus. Während der ersten Wochen blieb die Freundschaft in Melbourne House platonisch. Byron »sprach lange mit seiner ernsten Stimme und schaukelte dabei Carolines kleinen Sohn auf den Knien«, ein schwächliches Kind mit starren Augen, das zurückgeblieben zu sein schien. Sie erwartete von ihm, daß er byronhaft sei und nicht Byron; er wußte es wohl; also sprach er von dem Fluch, der über seiner Familie schwebte, von den Gordons, vom Bösen Lord, vom Tod, der alles berühre, von seiner Mutter und seinen Freunden, die ihm in einem einzigen Monat entrissen wurden, von seinem marmornen Herzen und den schönen orientalischen Frauen. Sie lauschte ihm mit Bewunderung und fand ihn so sehr verschieden von William Lamb und so sehr schön.

Liebte er sie? Später verneinte er es. Sie war nicht »sein Typ«, nicht wirklich schön. Und sie hatte nicht jene Gazellenaugen und jene Antilopen-Scheu, nicht die Anmut einer Peri, wie Byron sie von Kind an suchte. Immerhin besaß sie »eine unerschöpfliche Lebhaftigkeit, und es war Stolz im Spiele, denn für einen jungen Mann, der vierzehn Tage zuvor kaum Freunde in London gehabt hatte, war es schmeichelhaft, in Melbourne House ein- und auszugehen. Gewiß war er versucht, sich einem Gefühl hinzugeben, das in ihr so ausgeprägt erschien. Dallas traf sie einmal als einen in Spitzen und Seide gekleideten Pagen an, dazu Byron, »so gedankenverloren, als widme er all seine Zeit und sein ganzes Denken nichts anderem, als die Briefe von Lady Caroline zu lesen und zu beantworten.« Der gute Dallas glaubte sogar, Byron vor einer tugendfeindlichen Welt und vor einer Frau, von der man sagte, sie sei verrückt, raten zu müssen, auf der Hut zu sein; Byron war nur sehr auf der Hut.

Jene aristokratische, noch ganz von den Sitten des 18. Jahrhunderts geprägte Gesellschaft, in die er mit viel Glück nun doch noch vorgedrungen war, war sinnlich und nicht gefühlvoll. Sie war vielleicht nicht dem tiefen Byron gemäß, paßte aber gut zum sarkastischen, enttäuschten Byron, wie unglückliche Umstände ihn geformt hatten. In seiner Prosa zog er den »Madame de Merteuil-Ton« der alten Lady Melbourne dem romantischen Stil ihrer Schwiegertochter vor. Lady Melbourne bekannte sich zu einer geradezu methodischen Leichtfertigkeit, die Byron bewunderte, nachzuahmen versuchte und doch nie ganz erreichen konnte, weil die Zone seines zärtlichen Gefühls schon für den leisesten Anstoß verletzbar war. Aber gerade weil ihm diese kalte Philosophie insgeheim unerreichbar war, empfand er eine beinahe unterwürfige Hochachtung für die Männer und vor allem für die Frauen, die sie sich zur Lebensmaxime gewählt hatten. Lady Caroline langweilte ihn oft; Lady Melbourne schüchterte ihn ein und begeisterte ihn zugleich durch eine Unbefangenheit, deren er nur augenblicksweise fähig war. Um ihn zum amourösen Skeptizismus zu bekehren, spielte sie die Rolle, die einst Matthews in Cambridge gespielt hatte, um ihn zum religiösen Skeptizismus zu bringen.

Beide Bekehrungen waren Scheinbekehrungen, in Melbourne House genau wie damals in Cambridge war das Anti-Konventionelle die schlimmste Konvention. »Lady Melbourne, die meine Mutter hätte sein können, erregte ein Interesse in mir, das nur wenige junge Frauen in mir erwecken konnten. Sie war eine reizende Person – eine Art moderner Aspasia, in der sich die Energie eines männlichen Geistes mit der Feinfühligkeit und der Zärtlichkeit einer Frau vereinten... Ich habe oft gedacht, daß, wäre sie ein wenig jünger gewesen, sie mir den Kopf verdreht hätte.« Der Mensch, den er nach der Mutter in diesem Hause am meisten schätzte, war der Ehemann, William Lamb, »mir so hoch überlegen wie Hyperion dem Satyr«, sagte er. Sollte er diesen intelligenten aufrichtigen Mann betrügen, der ihm vertrauensvoll die Hand reichte? Die Fähigkeit der Frauen zu verraten, entsetzte ihn.

Lady Caroline gegenüber war er oft von erstaunlicher Härte. An einem Frühlingsmorgen brachte er ihr die erste Rose und die erste Nelke, dazu sagte er ironisch: »Eure Gnaden lieben, wie man sagt, alles was selten ist – einen Augenblick lang.« Sie antwortete auf einem aparten Briefbogen, dessen Spitzenrand an den vier Ecken Muscheln bildete, mit einem rührenden und zugleich irritierenden Brief, dessen gespreizte Form die zärtliche Ergebenheit des Tons verdarb. Sie verglich sich darin mit einer Heliotrop-Blüte, »einmal hat sie die Sonne in ihrer ganzen Pracht und ohne Wolkenschleier gesehen, die sich herabließ, sie zu bescheinen, nun kann sie sich nicht vorstellen, daß es in ihrem ganzen Dasein noch irgendein Ding geben könnte, das ihrer Anbetung und Bewunderung würdig wäre«.

Ungeschickte Unterwürfigkeit. Byron wollte von den Frauen »wie eine bevorzugte und etwas bösartige Schwester behandelt werden«, nicht wie ihr Herr. Vergnügen und Liebe sind bei den Männern aufs engste mit den ersten und unvergeßlichen Erfahrungen verknüpft, die sie das eine wie das andere entdecken ließen. Für den heranwachsenden Byron hatte der Genuß, den leichte, fröhliche Geschöpfe ihm gaben, die einsamen Grübeleien, in denen er sich in einem traurigen Platonismus gefiel, nur gelegentlich unterbrochen. Er ließ zwei Arten von Frauen gelten: das »schöne Ideal«, schüchtern und keusch, wie es eine imaginäre Mary Chaworth oder der kindliche Schatten einer Margaret Parker in ihm aufgerichtet hatten, und die Gefährtin des Vergnügens. Die kecke Liebhaberin, die dennoch Liebe wollte, verletzte in Byrons Augen die Regeln. Er nahm die Gefühle anderer, wie es Lady Hester Stanhope schon bemerkt hatte, nicht wahr. Er wollte sie nicht wahrnehmen. Die leidenschaftlichen Sätze Lady Carolines waren für ihn nichts als ermüdender, vulgärer Lärm, der seine innere Musik übertönte. Er hätte sich Vertraulichkeit, Leichtigkeit, eine Mischung aus heiterer Frivolität und flüchtiger Melancholie gewünscht; er fand den Zwang, den Bewunderung ausübt, und wandte sich verdrossen ab. Lady Caroline, die einem nicht mehr geliebten Ehemann so hübsche Briefe schreiben konnte, verfiel, sobald sie an Byron schrieb, in ein schwer erträgliches Pathos. Sie glaubte ihm zu gefallen, indem sie ihm »die Welt« öffnete. Sie gab Matineen für ihn, zu denen sie die hübschesten Frauen Londons einlud. Aber den Pilger, der sechs Monate zuvor seine Pfeife unter blauem Himmel geraucht und dabei auf die Akropolis geblickt hatte, ermüdete das Geschwätz der Salons. Auf seinem Sofa in Newstead liegend, hatte er geschrieben: »Alles, nur nicht von morgens bis abends das eine verfluchte Verb konjugieren: sich langweilen.« Nun dachte er mit Sehnsucht an die verlorene Einsamkeit.

Ein intelligentes junges Mädchen, das ihn in Melbourne House sah, beobachtete ihn genau. Es war eine Nichte Lady Melbournes aus der Provinz, Anne-Isabella Milbanke (sie wurde kurz Annabella genannt), eine gebildete, gläubige junge Dame, die bei ihren Besuchen in London die hauptstädtische Welt und ihre verrückte Kusine Caroline mit leichter Mißbilligung betrachtete. Am 24. März hatte sie in ihr Tagebuch geschrieben: »Ich habe *Childe Harold* von Lord Byron ausgelesen, es enthält mehrere Passagen in bestem poetischen Stil.« Am 25. März wurde sie zu einer Tanzmatinee nach Melbourne House eingeladen. Da waren Lady Jersey, reizend, klappernd vor Schmuck und Geplauder, die anmutige Miss Elphinstone mit ihrem roten Haar und zwanzig weitere Schönheiten. Eine Dame sang. Annabella Milbanke kam es vor, als ob alle Herren und Damen nur pflichtschuldig zuhörten. Caroline Lamb zeigte ihr Lord Byron. Sie fand ihn hochmütig; »sein Mund verrät die Verachtung seines Geistes«. Sie fand, daß sie nicht unrecht gehabt hatte, diese leichtfertigen Geschöpfe und ihre nutzlosen Spiele zu tadeln. Sie wollte sich an diesem Tag auch nicht vorstellen lassen, weil die Frauen »ihm absurd den Hof machten«, wenige Tage später jedoch fand sie ihn schüchtern und versuchte, ihn zum Reden zu bringen. Er sagte ihr, er sei erstaunt darüber, daß sie nicht mit »Widerwillen gegen eine Welt erfüllt sei, in der es nicht einen einzigen gebe, der, heimgekehrt, noch den Mut haben könne, sich selbst anzusehen«. Sie war von diesem Satz begeistert, er entsprach ihrem Gefühl. Im übrigen war er aufrichtig gewesen. In all der Unruhe, aus der zurückzuziehen er den Mut nicht fand, sehnte er sich nach dem anderen Byron, dem ernsthaften Träumer von Newstead. Warum sagte er dieser jungen Unbekannten, was er sonst niemandem gesagt hatte? Sie hatte etwas Anziehendes an sich. Einen frischen Teint, volle rosige Wangen. Sie war nicht groß aber von wunderbarem Wuchs. Beim Eintreten in den Salon hatte Byron Moore gefragt, ob sie Gesellschaftsdame sei. »Nein«, hatte der leise gesagt, »das ist eine große Erbin, Sie sollten sie heiraten und Newstead erneuern.«

Zu Caroline Lamb sprach Byron über Miss Milbanke in wahren Lobeshymnen, er stellte sogar Parallelen zwischen den beiden Kusinen auf, die wenig schmeichelhaft für Caroline ausfielen. Byron brauchte nur zu sagen, daß er diesen Lebensstil mißbillige, die allzu häufigen Geselligkeiten und vor allem, daß Tanzen ihm ein Greuel sei (ein alter Haß, der seinen Ursprung in frühen Tagen hatte), und schon verschwanden die Klänge von Walzern und Quadrillen aus Melbourne House. Er verlangte von ihr, daß sie nie mehr tanzen solle. Sie versprach es. Verliebt, besiegt, war sie ihm völlig ausgeliefert. Sie schrieb ihm wilde unsinnige Briefe, in denen sie ihm nicht nur ihre Liebe, sondern auch ihren ganzen Schmuck anbot, falls er Geld brauche.

Sie wurde noch nicht sogleich seine Geliebte, und vielleicht hätte er es ihr erspart, wäre nicht immer wieder diese Erinnerung an seine erste unglückliche Liebe gewesen. In seiner selbstgeschaffenen Philosophie gab eine Frau, die sich nicht hingab, nichts von sich her und verachtete einen Mann, der zu schwach war, sie dazu zu zwingen. Carolines Mutter, Lady Bessborough, hielt sich für sehr gescheit, als sie dem kompromittierenden Besucher sagte, er werde allem Anschein nach gar nicht geliebt, Caroline führe ihn vielmehr an der Nase herum. Er schwieg und entschloß sich, nicht etwa Lady Caroline nachzustellen, das wäre wahrlich unnötig gewesen, sondern lediglich, nicht mehr vor ihr zu fliehen. Eine Woche später gehörte sie ihm an.

Er hatte sie mit Kaltblütigkeit genommen, für sie wurde er ein schrecklicher, harter Liebhaber, der seine Geliebte ohne Illusionen sah, vielmehr mit jenem unerbittlichen und klarsichtigen Realismus, wie er ihm, liebte er nicht, natürlich war. »Ich kenne keine Frau, die größere und angenehmere Gaben hat als Sie, doch fallen diese Gaben zusammen mit einem völligen Mangel an Verstand ... Ihr Herz, meine arme Caro (welch ein kleiner Vulkan), gießt seine *Lava* in Ihre Venen ... Ich habe immer gedacht, Sie seien das geistvollste, angenehmste, absurdeste, liebenswerteste, beunruhigendste, gefährlichste, faszinierendste Geschöpf unserer Zeit ... Ich will nicht von Schönheit sprechen, denn da bin ich ein schlechter Richter. Aber unsere Schönheiten hören in Ihrer Nähe auf, schön zu sein, also müssen Sie Schönheit besitzen oder mehr.« Ein recht karges Kompliment. Sie sagte melancholisch: »Er schämte sich, mich zu lieben, weil ich nicht hübsch genug bin.« Ihm mißfielen an ihr sogar die Züge, die für andere den Reiz ihres Wesens ausmachten: eine durch Lektüre überheizte Vorstellungskraft. Sie hätte sich gewünscht, daß ihre Liebe eine Romanliebe wäre. Sie glaubte diesen Dichter festhalten zu können, indem sie andere Dichter zitierte. Er hörte dem Griechisch, dem Latein und den Gesellschaftsgeschichten seiner Geliebten überheblich zu und dachte an das schweigsame Schauen seines Morgensterns von Annesley oder an die stummen Orientalen.

Wenn er es einen ganzen Tag lang unterließ, zu ihr zu kommen, schickte sie ihm eines der merkwürdigen Briefblätter, mit denen sie sich versehen hatte. Manchmal verkleidete sie sich als Page und brachte ihm das Billett selbst: »Ein Auftritt, der eines Faublas würdig wäre«, bemerkte Byron, der solche Einfälle degoutierte. Sie hatte Fletcher zu ihrem Vertrauten gemacht; ihm schrieb sie, um ihn zu bitten, ihr das Apartment aufzuschließen. War sie zu einem Ball, zu dem Lord Byron ging, nicht eingeladen, wartete sie ohne Scham auf der Straße. »Ihre kleine Freundin, Caro William«, schrieb die Herzogin von Devonshire, »begeht alle möglichen Unvorsichtigkeiten für ihn und mit ihm ... Einmal wird Byron nach Naxos zurückkehren, und dann können die Ehemänner wieder in Frieden schlafen. Es würde mich nicht überraschen, wenn Caro William mit ihm ginge, sie ist so verrückt und unbekümmert.«

Ihre naive Bewunderung hätte Byron rühren können, aber sie reizte ihn; er glaubte, sie mache ihn lächerlich und – eine merkwürdige Empfindung – er mißbilligte die Liebe, deren Gegenstand er war. In den Augen dieses mit der Bibel großgezogenen jungen Calvinisten war Lady Caroline eine Ehebrecherin. »Wie Napoleon«, schrieb er, »habe ich die Frauen immer verachtet, und diese Meinung habe ich mir nicht übereilt gebildet, sondern nach meinen unglücklichen Erfahrungen. Es ist wahr, meine Schriften scheinen dies Geschlecht zu preisen, meine Vorstellungsgabe hat sich immer darin gefallen, den Frauen das Ansehen eines schönen Ideals zu geben; aber es geht mir wie dem Maler oder Bildhauer, ich zeichne sie nicht so wie sie sind, sondern wie sie sein sollten ... Sie leben hier bei uns in einer Stellung, die nicht natürlich ist. Die Türken und Orientalen behandeln diese Fragen sehr viel geschickter als wir. Sie schließen sie ein, und die Frauen sind glücklicher. Gebt einer Frau einen Spiegel, ein paar Bonbons, und sie wird zufrieden sein.« William Lamb jedoch war kein türkischer Ehemann. Sein Tagebuch klingt melancholisch. »Das Schreckliche an der Ehe ist, daß nie etwas feststeht. Die Meinung der Frauen über uns steigt oder fällt, je nachdem, was sie in der Welt über ihren Ehemann hören, und so ist man der banalsten Äußerung ausgeliefert ... Mit seiner Heirat begibt sich der Mann innerhalb der Gesellschaft in die Defensive, wenn er bis dahin den Vorzug genoß, in der Offensive zu sein.« Lady Bessborough, auch sie inzwischen besser unterrichtet, war noch besorgter als ihr Schwiegersohn. Sie hatte in ihrer Jugend turbulente Tage gekannt, und ihr Verhältnis zu Lord Granville war zu ihrer Zeit berühmt gewesen. Aber nie war sie so weit gegangen, sich zum Beispiel als Kutscher zu verkleiden, um überraschend bei ihrem Geliebten aufzutauchen und ihn überwachen zu können, oder so weit, vor dem Eingang eines Ballsaals im Regen auf ihn zu warten. In ihrer Verzweiflung rief Lady Bessborough Hobhouse zu sich und berichtete ihm von dieser unglückseligen Affäre, die eine Beleidigung für beide Familien darstellte. Hobhouse war immer bereit, seinem Freunde Moral zu predigen, aber wie weit hing ein Bruch überhaupt von Byron ab? Der war der Torheiten Caroline Lambs ebenso müde wie Lady Bessborough. Er verhehlte das nicht Lady Melbourne gegenüber, die sich als Frau ohne Vorurteile und erfahrene Psychologin gern bereitfand, das Abenteuer mit dem Geliebten ihrer Schwiegertochter zu besprechen. Er zog die Gesellschaft von Männern vom Schlage Tom Moores oder Hobhouses der einer schamlosen Frau ohnehin hundertmal vor.

Er suchte sich sogar ernsthaftere Zerstreuungen, so sah ihn Annabella Milbanke bei einem Vortrag über die Religion, »und er wand sich jedesmal ganz sonderbar, wenn er dies Wort hörte«. Sie verbrachte den Rest ihres Londoner Aufenthaltes damit, einen Kurs über die Erddichte zu besuchen und machte sich dabei gelehrte Aufzeichnungen. Byron fand diese Liebe zur Wissenschaft ziemlich merkwürdig bei einer Frau, und er hatte Miss Milbanke in seinen Unterhaltungen mit Lady Melbourne »die Prinzessin der Parallelogramme« getauft. Dennoch und eigentlich widerwillig fand er für sie eine liebevolle Hochachtung. Zumindest war sie keusch, dieses hübsche Mädchen, das über die Erddichte sprach.

Caroline hatte Byron auf Wunsch von Miss Milbanke einige Gedichte ihrer Kusine gezeigt. Er hatte sie bemerkenswert gefunden: »Sie ist gewiß ein ungewöhnliches Mädchen; wer dächte, daß sich hinter diesem sanften Gesicht so viel Kraft und solche Fülle der Gedanken verbirgt?« Er fügte hinzu: »Ich habe nicht das geringste Verlangen, Miss Milbanke näher kennenzulernen, sie ist zu gut für einen gefallenen Engel, und ich würde sie sicher lieber mögen, wenn sie weniger vollkommen wäre.« ... Zu vollkommen ... Sie las dieses Urteil, denn der Brief war dazu bestimmt, ihr gezeigt zu werden. Sie wird es mit unmerklich wohlgefälliger Bescheidenheit zur Kenntnis genommen haben. Ihre einzige Unvollkommenheit war, daß sie sich selbst für vollkommen hielt. Sie hatte als einzige, von den Eltern angebetete Tochter seit ihrer Einführung in die Gesellschaft fünf oder sechs Heiratsanträge bekommen und glaubte in der Tat, unfehlbar zu sein. Trotz ihres vornehmen und sogar leidenschaftlichen Charakters erschien sie gelegentlich berechnend und kalt, denn jede ihrer Handlungsweisen sollte ihrem Verstande unterworfen werden. Ihr Urteil war schneidend und ernst. Ihrem mathematischen Kopf, der alles mit Genauigkeit zu wissen glaubte, schienen die poetischen und oberflächlichen Ausbrüche einer Caroline Lamb verdächtig. Das kindische Wesen ihrer Kusine regte sie auf. Sie sagte über Caroline: »Ihre neueste Vorliebe für byronsche Melancholie wird durch ihre ordinäre Dummheit verdorben«, und weiter: »Caro Lamb ist bereit, das Urteil der Welt zu mißachten, aber sie hätte nicht den Mut, auf das Erstaunen und die Aufmerksamkeit eben dieser Welt zu verzichten, indem sie von den weithin sichtbaren Höhen der Tollheit hinabstiege zu dem bescheidenen Pfad der Vernunft.« Sie selbst, sie folgte den Pfaden der Vernunft, aber folgte sie ihnen bescheiden?

»Ihre Annabella ist mir ein Rätsel«, schrieb die Herzogin von Devonshire ihrem Sohn, der in die junge Dame verliebt war, »sie liebt und liebt nicht, ist großzügig und doch bange vor der Armut, man kann sie unmöglich begreifen. Ich hoffe, Sie machen sich um ihretwillen nicht unglücklich, denn in Wahrheit ist sie ein Stück Eis...«

Das war sie nicht. Sie hatte wie Byron romanhafte Jugendlieben gekannt. In ihren Mädchenträumen hatte sie sich als Heldin aller Aufopferungsdramen der Geschichte gesehen. Sie hatte die Thermopylen verteidigt und Pestkranke gepflegt. Dann, geleitet von der Religion, hatte sie ihre Heftigkeit zu besiegen versucht. Sie glaubte dieses Ziel erreicht zu haben.

»Lord Byron«, schrieb die Herzogin weiter, »macht ihr ein wenig den Hof, aber sie scheint nicht sehr begeistert von ihm, es sei denn als Dichter, noch er von ihr, es sei denn als Ehefrau.«

Bewunderte sie ihn nur als Dichter? Man darf daran zweifeln. Während sie mit Bedauern den Skandalgeschichten über das Verhältnis ihrer Kusine mit Lord Byron zuhörte, glaubte sie, er bereue »das Übel, das er angerichtet hat, aufrichtig, wenn er auch nicht die Kraft hat (wenigstens nicht ohne Hilfe), eine neue Art zu leben und zu fühlen anzunehmen«. Gefallener Engel hatte er sich selbst genannt; sie stimmte dem ganz ernsthaft zu und dachte, daß die Hilfe, die dieser schöne Engel brauchte, um gerettet zu werden, von ihr, der tief Gläubigen, kommen könne. Er gab sich ganz schlicht bei ihr und ausgesprochen »braves Kind«, dennoch bemerkte sie seine Neigung zur Koketterie und daß er sich Frauen gegenüber ganz anders verhielt als Männern gegenüber. Anne-Isabella Milbanke beschäftigte sich weit mehr mit Lord Byron als für ihr Heil gut war, jedenfalls in dieser Welt.

August 1812. Caroline Lambs nach wie vor extravagantes Leben wurde unerträglich. Eines Morgens machte Lady Bessborough ihrer Tochter einen Besuch und flehte sie an, mit ihr nach Irland zu kommen; William sollte sie begleiten und der ganzen Geschichte werde so ein Ende gesetzt. Noch während sie da war, kam Lord Melbourne und redete ihr voll Ernst zu. Sie geriet in Zorn und antwortete so unverschämt, daß Lady Bessborough völlig aufgelöst ins Parterre des Hauses lief, um Lady Melbourne zu holen. Als die beiden Mütter gemeinsam zurückkehrten, war Lady Caroline weggelaufen, ohne sich anzukleiden. Der alte Lord Melbourne erklärte, sie habe ihm gedroht, von nun an bei ihrem Geliebten zu leben, und da habe er geantwortet: »Geh zum Teufel!«

Die beiden Mütter eilten gemeinsam zu Byron, den sie allein und ebenso überrascht vorfanden, wie sie selbst es waren. Dieser Schritt der beiden vornehmen Damen amüsierte ihn. Noch ein Jahr vorher hatten sie ihn ignoriert, nun waren sie klein geworden und flehten ihn an, die Tochter der einen und Schwiegertochter der anderen zurückzugeben. Sonderbare Rache. Mit Hilfe eines Trinkgeldes an den Kutscher der Lambs erfuhr er die Adresse, zu der sich Lady Caroline hatte fahren lassen. Er fand sie im Hause eines Arztes in Kensington und brachte sie, beinahe mit Gewalt, zu ihrer Mutter, die durch die Aufregung gerade einen neuen Anfall erlitten hatte.

Die Geschichte machte in ganz London die Runde. Der Prinzregent ließ Lady Bessborough zu sich bitten und sagte ihr, er müsse sie alle für unzurechnungsfähig halten: die beiden Mütter und die Tochter, da Lord Byron die ganze Familie verhext zu haben scheine. Vor allem habe er den Besuch der beiden Damen bei dem Geliebten völlig unstatthaft gefunden: »Ich habe so etwas überhaupt noch nicht gehört ... Die Mütter zu Vertrauten zu machen! Was hätten Sie von mir gedacht, hätte ich damals Lady Spencer zu meiner Vertrauten gemacht?« (Die Mutter der Lady Bessborough.) Diese Äußerung fand Lady Bessborough grotesk, so daß sie sich trotz allem eines Lächelns nicht erwehren konnte.

Mutter, Schwiegermutter, Geliebter, Ehemann, alle flehten Caroline nun an, London zu verlassen. Byron sagte, sie erweise sich als schwach und egoistisch, wenn sie sich weigere. Sie blieb, obwohl er nicht mehr zu ihr kommen wollte, nur um ihn wenigstens durch eine zufällige Fügung in einem Salon sehen zu können und um ihm am nächsten Tag zu schreiben, wie schön sie ihn gefunden habe. »Wie blaß Sie sind, es ist die Schönheit des Todes oder einer weißen Marmorstatue, die einen solchen Kontrast zu Ihren Brauen und Ihrem Haar bildet. Ich sehe Sie nie ohne das Bedürfnis zu weinen. Wenn ein Maler mir dieses Gesicht so malen könnte, wie es ist, ich gäbe ihm alles, was ich auf Erden besitze.« Ein rührender Brief, aber welches menschliche Wesen wäre je von einer Leidenschaft gerührt, deren Gegenstand es ist?

Schließlich fügte sie sich darein, Lady Bessborough zu begleiten. Byron atmete auf. Er hatte sein erstes Abenteuer mit einer Frau von Welt gehabt, es war eine schlimme Erfahrung. Diese Geliebte mit ihrer Gier nach seiner Zeit und seinem Denken hatte ihn verbittert. Sie hatte sich mit unvernünftiger, wenn auch hochherziger Bedenkenlosigkeit in diese Liebe geworfen und war sterbenskrank daraus zurückgeblieben. Eine Kusine, die Mutter und Tochter bei ihrer Ankunft in Irland empfing, beschrieb es so: »Meine Tante sah gut aus, aber die arme Caroline schrecklich schlecht. Sie ist verbraucht bis auf die Knochen, und die Augen treten ihr aus dem Kopf hervor ... Sie scheint mir in einem Zustand zu sein, der nicht weit vom Irrsinn entfernt ist, und meine Tante sagte, es habe Augenblicke gegeben, in denen sie wirklich wahnsinnig gewesen sei.«

Währenddessen schrieb Byron an Lady Melbourne: »Liebe Lady Melbourne – ich denke, Sie haben gehört und hören es nicht mit Bedauern, daß die beiden in Irland in Sicherheit sind und daß das Meer seine Wogen zwischen Ihnen und einer Ihrer Sorgen rollen läßt; die andere ist, wie Sie sehen, noch nicht so weit fort. Sie werden es ebensowenig bedauern zu hören, daß ich mir wünsche, dies alles möge enden; ich werde es gewiß nicht sein, der wieder damit beginnt. Nicht, daß ich eine andere liebte, vielmehr ist es die Liebe selbst, von der ich genug habe; ich bin es müde, eine stumpfsinnige Rolle zu spielen, und wenn ich den Verlust an Zeit bedenke, durch diesen Roman sind alle meine Pläne aus dem letzten Winter vernichtet, so bin ich an jenem Punkt, wo ich seit langem hätte sein sollen. Man liebt aus lauter Gewohnheit, mechanisch, so wie man schwimmt. Ich habe früher beides sehr gern getan, aber jetzt schwimme ich nicht mehr, es sei denn, ich fiele ins Wasser, und ich werde nur dann noch lieben, wenn ich beinahe dazu gezwungen werde.«

War er von seiner Geliebten befreit? Aus Irland schrieb sie gefährlich klingende Briefe, sie erinnerte ihn daran, daß es nur »acht Guineen, einer Postkutsche und eines Schiffes« bedürfe, um wieder in London zu sein. Wenn sie einen Skandal anzettelte und ihren Mann verließ, fühlte sich Byron nach seinem »Ehrenkodex« dazu verurteilt, *ohne Liebe* mit ihr zu fliehen. Tief erschrocken mühte er sich, Episteln aufzusetzen, die eines Cyrus würdig gewesen wären; er war bereit, ihr alle Liebe zu gestehen, nur um sie nicht wiederzusehen. Lady Melbourne behandelte das Abenteuer völlig leidenschaftslos, so als handle es sich darum, daß zwei Ärzte die richtige Medizin fanden; sie fand Byrons Milde bedenklich: »Verstehen Sie mich bitte recht, ich möchte um keinen Preis, daß Sie ihr harte Dinge sagen oder irgend etwas, das beleidigend scheinen könnte. Ich habe nicht die geringste Absicht, Ihnen einen solchen Rat zu geben; es gibt keine Art von Güte, von der ich mir nicht wünschte, daß Sie sie ihr erweisen, aber sich ihr zu opfern, wäre keine Güte, es wäre Romantizismus, und der führt ins Unglück und in die Katastrophe. Wenn ein geringfügiger Ausdruck von Kälte dieses Verhängnis aufhalten könnte, so gäbe es meiner Ansicht nach keinen besseren Beweis von Güte, als ihr einen kleinen augenblicklichen Schmerz zuzufügen, um ihr endgültiges Elend zu ersparen ... Ich muß hinzufügen, daß Sie, wie mir scheint, zu sehr geneigt sind, sich als den einzig Schuldigen zu sehen – sie war keine Novize ... Sie wußte genug, um auf der Hut zu sein, und man kann sie nicht einfach als Opfer eines Verführers betrachten.« Und, zu erfahren in männlicher Leichtgläubigkeit, schloß Lady Melbourne: »Wenn sie glaubt, daß ihre Freunde sich weniger um sie kümmern, ist die Chance größer, daß sie sich einer neuen Laune verschreibt, – das Ergebnis aus alledem scheint mir, daß Sie nichts besseres tun können, als sich zu verheiraten und daß es gar kein anderes Mittel für Sie gibt, sich aus dieser unliebsamen Situation zu befreien.«

Heiraten ... Das entsprach genau dem Wunsche Byrons. Er glaubte an die Ehe. Das war seine letzte Illusion. Ein junger Peer (und vor allem ein Byron) mußte trinken, spielen, einer Frau den Hof machen, dann, nachdem er seinen Anteil an Abenteuern gehabt hatte, eine ungeliebte Frau heiraten, eine Frau von Stand, einigermaßen vermögend, er mußte dann mit ihr genügend Kinder zeugen, um die Zukunft seines Namens zu sichern. So war die Konvention. So war das Gesetz von Newstead.

Um Lady Melbourne endgültig für sich einzunehmen, machte er ihr ein bemerkenswertes Geständnis: sein lebhaftester Wunsch war es, Lady Carolines eigene Kusine zu heiraten, jene Miss Milbanke, die er so oft bei William Lamb getroffen und deren Gedichte er gelesen hatte. Diesmal war Lady Melbourne, die nichts überraschen konnte, doch sehr verblüfft. Konnte man sich zwei verschiedenartigere Menschen vorstellen als die fromme Mathematikerin und Childe Harold? Gerade dieser Kontrast bestach Byron und auch die Zurückhaltung des jungen Mädchens, der einzigen Frau, die ihn in Distanz gehalten hatte. »Ich weiß nicht viel von ihr, und ich habe nicht den geringsten Grund zu vermuten, daß ich zu ihren Favoriten gehöre. Aber ich habe noch nie eine Frau gesehen, die ich so sehr *respektiere* ... Der einzige Hinderungsgrund wäre meine neue Mama, für die ich schon aus Instinkt eine tödliche Abneigung empfinde.« Dagegen entzückte ihn der Gedanke, Lady Melbournes Neffe zu werden. Diese Familie hatte es ihm ganz entschieden angetan. Lady Melbourne verlangte gewisse Garantien: »Mein lieber Neffe, Sie sind sehr wechselhaft, wie der Mann in der Farce (*Die Wetterfahne*), die wir gemeinsam sahen, erinnern Sie sich, ... Glauben Sie, Sie könnten zugleich sie und Caroline behalten? Unmöglich. Als Ihre Freundin sage ich Ihnen: Flirten Sie soviel Sie mögen, aber stürzen Sie sich in kein ernsthaftes Abenteuer, ehe Sie sich nicht des vorhergehenden entledigt haben.« – »Sie fragen mich«, antwortete Byron, »ob ich meiner sicher sei, und ich antworte Ihnen ›Nein‹, aber *Sie* sind es, und das ist viel wichtiger. Ich bewundere Miss Milbanke, weil sie eine intelligente, liebenswerte Dame von guter Herkunft ist, denn in diesem Punkt habe ich noch einige Vorurteile, wenn ich heirate. Was die Liebe angeht, das ergibt sich in einer Woche (vorausgesetzt, daß die Dame einen vernünftigen Anteil davon mitbringt), im übrigen läßt sich eine Ehe besser auf Achtung und Vertrauen gründen als auf eine Romanze, und sie ist hübsch genug, um von ihrem Ehemann geliebt zu werden, ohne so strahlend schön zu sein, um zuviele Rivalen anzulocken.« Von Liebe war bei diesem Heiratsprojekt so wenig die Rede, daß Byron in dem Brief, in dem er Lady Melbourne bat, seinen Antrag den Eltern Annabellas vorzutragen, gleichzeitig ausführlich von seiner neuesten Leidenschaft für eine italienische Sängerin berichtete, »nicht sehr schön, aber ganz und gar in der Art, die ich liebe ... Sie liebt ihren Mann außerordentlich, was um so besser ist, denn wenn eine Frau ihren Ehemann lieben kann, um wieviel stärker wird sie ganz natürlich den lieben, der *nicht* ihr Ehemann ist.« Fletcher wollte seinen Herrn mit einer holländischen Witwe verheiraten »von großem Reichtum und weitläufigen Rundungen«. Fletcher, ein verheirateter Mann, aber emanzipiert durch Moskitos und den Schirokko Kleinasiens, liebte die Dienerin der Witwe und hoffte, durch diese Verbindung seiner eigenen Liaison förderlich zu sein. Die holländische Witwe? Miss Milbanke? Caroline? Die italienische Sängerin? Byron wartete gelassen darauf, wie das Schicksal oder Lady Melbourne für ihn entscheiden würden. »Tanzt Annabella? Eine seltsame Frage, aber für mich entscheidend. Ich möchte, daß ihr sogleich jemand sagt, daß ich um ihre Hand anhalten will, aber ich habe die größten Zweifel, was sie davon hält. Alles hängt ganz von ihr ab.«

Es lag schwere Verantwortung darin, diesen leichtsinnigen Bewerber einer der wenigen jungen Frauen jener Zeit vorzuschlagen, für die die Heirat einen unwiderruflichen heiligen Akt bedeutete. »Sie verdient ein besseres Herz als das meine«, sagte Byron selbst in

Augenblicken weiser Einsicht. Aber Lady Melbourne liebte diesen jungen Mann. Es ging ihr nahe, ihn sagen zu hören, man könne die Sechzigjährige allen anderen Frauen vorziehen. Vielleicht dachte sie es sich auch unterhaltsam zuzusehen, wie dieser Don Juan von ihrer ernsthaften Nichte am Zügel genommen wurde. »Arme Annabella! Ihre unschuldigen Augen werden schöner werden, wenn sie beginnt Sie zu lieben. Ihre Augen bedürfen solcher Inspiration.« Würde Annabella ein wenig leiden? Es würde ihr guttun, dachte Lady Melbourne, die Annabellas Sanftmut immer etwas reizte, und sie übernahm es, den Antrag zu übermitteln.

Das Mädchen war weit davon entfernt, Byron vergessen zu haben. Sie hatte während ihres Londoner Aufenthaltes mit Gewißheit empfunden, daß sie ihn beschäftigte und beinahe die Hoffnung, ihn retten zu können. Dann hatte der Skandal um Caroline sie an dieser Seele verzweifeln lassen. Zu ihren Eltern zurückgekehrt, hatte sie sich wieder im Gegenüber von Himmel und Meer gefunden. Sie ging mit Vorliebe zwischen diesen beiden Unendlichkeiten spazieren. In einer Welt, die Byron erbarmungslos fand, glaubte sie, überall Zeichen von Gottes Güte zu sehen. »Ich fühle mich gesegnet«, so schrieb sie, »wenn ich das Wohlwollen meines Schöpfers erkenne, und ich betrachte dies ganze Schauspiel erfüllt von tiefem Glück, und ich denke daran, daß mein Vater im Himmel alle diese Dinge geschaffen hat.« In ihrem Tagebuch versuchte sie, ein Porträt Byrons zu entwerfen: »Leidenschaften waren seine Führer von Kindheit an ... Dennoch, unter diesen Neigungen gibt es solche, die verdienten, den christlichen Leitsätzen an die Seite gestellt zu werden. (›Ich liebe die Tugenden, die ich nicht erringen kann.‹) Insgeheim ist er der Freund aller menschlichen Gefühle, aber durch die sonderbarste Umkehrung, die der Stolz je bewirkt hat, bemüht er sich, die besten Züge seines Charakters zu bemänteln. Wenn der Zorn über ihn kommt, und der ist leicht zu wecken, wird er böse, er vermag mit der bittersten Verachtung zu hassen. Auffällig bescheiden ist er Menschen gegenüber, deren Charakter er achtet, ihnen gesteht er seine Irrtümer voller Reue.« Sie glaubte, daß sie zu den Menschen gehöre, deren Charakter er zu achten wisse. Sie bewunderte ihn, sie war von ihm berührt, aber sie erkannte die Gefahr.

Byron hatte sich als ungeschickt erwiesen, als er Lady Melbourne zu seiner Botschafterin wählte, Annabella schätzte deren Urteil nicht hoch ein. Die Antwort war eine höfliche Absage: »Ich wäre der Wertschätzung Lord Byrons unwürdig, wenn ich nicht vorbehaltlos die Wahrheit sagte. Ich glaube, er könnte nie Gegenstand einer so starken Zuneigung sein, wie sie mich in der Ehe glücklich machen würde. Ich täte ihm also Unrecht, wenn ich irgend etwas unternähme, selbst indirekt, daß ihn in seinem augenblicklichen

Eindruck bestätigen könnte. Aus einigen Beobachtungen, die ich über sein Betragen machen konnte, bin ich geneigt, Ihrem Zeugnis zu seinen Gunsten zu glauben, und wenn ich nicht genug geneigt bin, seine Zuneigung zu erwidern, sind daran eher meine Gefühle schuld, als es sein Charakter sein könnte. Nach diesem Geständnis, das ich mit ehrlichem Kummer ablege bei dem Gedanken, ich könnte Schmerz verursachen, überlasse ich seinem Urteil die Sorge darüber, wie sich unsere zukünftigen Beziehungen gestalten sollen.« Sie weigerte sich also, ihn zu heiraten, wenn man ihr glauben soll, weil sie ihn nicht liebte. Ein recht neues Erlebnis für den Autor von *Childe Harold*.

XVII

Wie die Götter bei Lukrez

> In her first passion Woman loves her lover,
> in all the others all she loves is Love,
> which grows a habit she can ne'er get over,
> and fits her loosely, like an easy glove.
>
> *Byron*

Er dachte schon lange nicht mehr »Newstead und ich stehen und fallen miteinander«. Seine Schulden erreichten fünfundzwanzigtausend Pfund. Im September 1812 wurde die Abbey zum Verkauf angeboten. Der treue Hobhouse wurde zur Versteigerung entsandt, und er trieb nach Hansons Anweisungen das erste Angebot auf hundertdreizehn Pfund, das zweite auf dreizehntausend Pfund; und das kam ihm sehr spaßig vor, weil er zu diesem Zeitpunkt genau ein Pfund, einen Schilling und einen Sixpence besaß. Der wirkliche Verkauf erfolgte »freihändig« nach der gerichtlichen Zusprechung, und ein Mr. Claughton erwarb die Domäne für die Summe von hundertvierzigtausend Pfund. »Ich habe mir ein Schwimmbecken und ein *Grab* gebaut – und nun werde ich in letzterem nicht begraben werden. Es ist seltsam, daß wir nicht einmal unseres Grabes sicher sein können.« Byron wäre von diesem Augenblick an reich gewesen, wenn Claughton gezahlt hätte; aber der neue Eigentümer gestand bald, daß er sich über seine Mittel engagiert habe. Hanson hatte als erfahrener und vorsichtiger Anwalt ein Abstandsgeld von fünfundzwanzigtausend Pfund vereinbart, für den Fall, daß der Gesamtpreis nicht bezahlt werden könne. So war Claughton zwar in jedem Falle ruiniert, aber während die Anwälte stritten, fehlte es Byron einmal mehr an Bargeld.

Er war für den Monat Oktober bei neuen Freunden seines Ruhms eingeladen, bei den Jerseys und den Oxfords. Lady Jersey war eine von den Frauen, denen mondäner Erfolg die Tugend bewahrt, – aus Mangel an freier Zeit. Sie verbrachte ihr Leben auf allen Gesellschaften, die sie besuchen zu müssen glaubte. Sie war reizend mit ihrem rabenschwarzen Haar, ihrem weichen Teint und ihren Korallenketten, und sie hatte keinen anderen Fehler als eine berühmte Sinnenhaftigkeit. Ihr Freund Granville hatte sie »das Schweigen« genannt und fragte sich, wie sie es fertigbrachte, in ihrem Haus und gleichzeitig in allen anderen zu sein. Byron sagte ihr, sie schade ihrer Schönheit durch übertriebene Lebhaftigkeit; Augen, Zunge, Arme, alles war zur gleichen Zeit in Bewegung. Er verbrachte bei ihr in Middleton, wie er es nannte, »eine Woche der Keuschheit«.

Darauf begab er sich nach Eywood zu den Oxfords. Er hatte Lady Oxford während des Winters in Oxford kennengelernt, hatte sie nach Carolines Abreise in den Seebädern wiedergetroffen, und es war zwischen ihnen zu einem stummen Einverständnis gekommen, wie es gelegentlich einen ziemlich schüchternen jungen Mann mit einer Frau vereint, die noch schön ist, die Liebe liebt und die ersten Annäherungen zu erleichtern weiß. Lady Oxford war vierzig Jahre alt. »Sie erinnert an eine Landschaft mit untergehender Sonne von Claude Lorrain, ihre Schönheit wird von dem Gedanken belebt, daß sie ihre letzten sterbenden Strahlen wirft, von deren sanftem Schein sie umgeben ist. Eine Frau ist dankbar nur für ihre *erste* und ihre *letzte* Eroberung. Die erste der armen Lady Oxford war längst zuende, bevor ich dieses Jammertal betrat, die letzte wurde, wie ich mir schmeicheln darf, mir vorbehalten, und es wurde ein *angenehmer Nachgeschmack*.« Sie hatte achtzehn Jahre zuvor Edward Harley, Graf von Oxford, geheiratet, einen Mann, gleich unbegabt an Körper und Geist, obwohl die Familie, der er angehörte, dem Intellekt zugetan war. Einer seiner Vorfahren hatte eine der besten englischen Bibliotheken gegründet, und die Pamphlete, die sie enthielt, waren unter dem Titel *Harleysche Mischung* veröffentlicht worden. So lautete auch der Spitzname für die Kinder Lady Oxfords, die alle reizend waren und den Freunden des Vaters aufs schönste ähnelten.

Lady Oxford hatte sich eine sanfte und leichtgewichtige Philosophie zurechtgelegt. Ihre Eltern hatten sie einer beschämenden Ehe mit einem ungeliebten Mann ausgeliefert, sie hatte sich dafür mehr als einmal gerächt. Man konnte sich keine angenehmere Freundin erträumen. In ihren großen Augen erschien oft jener Anschein glücklicher weicher Träumerei, die immer ein Versprechen der Lust ist. Sie besaß Witz und Intelligenz. Sie las Lukrez, schwor auf die physische Liebe und behandelte die sentimentale als eine Krankheit, deren Symptome und Dauer bekannt sind. Sie war ebenso launisch wie liebenswert, und wenn einer ihrer Liebhaber darüber klagte, daß sie ihm das Herz gebrochen habe, antwortete sie, ein gebrochenes Herz sei nichts als ein Zeichen schlechter Verdauung.

Sie hatte Byron zu einem Besuch auf ihrem Schloß in Eywood eingeladen. Er verbrachte dort die Monate Oktober und November des Jahres 1812, und er fühlte sich in der Gesellschaft dieser wissenden, zärtlichen und mehr als er selbst freimütigen Frau vollkommen glücklich. Lady Oxford las, musizierte und beklagte sich nie, wenn sie ihr Geliebter allein ließ, um sich seinen Träumen hinzugeben. Lord Oxford (genannt Potiphar) ging den ganzen Tag in den Wäldern spazieren und erwies sich als Ehemann voller Takt. Byron und seine Geliebte lebten wie die Götter bei Lukrez, »sie erfreuten sich in tiefem Frieden ihrer Unsterblichkeit, weit vom Treiben der Menschen, befreit von ihren Schmerzen, fern aller Gefahr, reich genug aus eigenem Besitz, um niemanden sonst nötig zu haben ... *Privata dolore omni, privata periclis*«. Die Zauberin, eine perfekte Latinistin, las ihrem jungen Geliebten diese Passage häufig vor. Er bewunderte das hochmütige Epikureertum darin. Zweimal hatte er das Glück in der Loslösung von der Geschäftigkeit der Menschen gefunden: auf Harrows Hügel, später im Orient. Verwundbarer Sterblicher, der er war, erfreute er sich dieser göttlichen Zwischenspiele. Ihm hatte die Narrheit des Herzens manchmal die Hellsichtigkeit des Verstandes getrübt; Lady Oxford fand in seinen Augen ein Ansehen, das dem für Lady Melbourne glich. Er ließ sich gern von skeptischen und starken Frauen leiten.

Gelegentlich wunderte er sich über die süße Apathie, in der ihn die Zauber Eywoods hielten, und er fragte sich, in welches Tier ihn diese Circe verwandeln werde. In ein faules Tier jedenfalls, denn er arbeitete kaum, verbrachte die letzten schönen Tage auf dem Wasser oder im Wald zusammen mit den Kindern mit den engelgleichen Gesichtern, die an so viele reizende Väter erinnerten. In Charlotte, die älteste Tochter Lady Oxfords, war er beinahe verliebt, mit elf Jahren war sie von besonderem Reiz, und er hatte für sie eine neue Zueignung für *Childe Harold* geschrieben. Er war mit sich und den anderen zufriedener, als er es je in seinem Leben gewesen war, und alle Sorgen schienen ihm hundertfünfzig Meilen weit entfernt, – ein Triumph für die heidnische Philosophie.

Doch Lady Lamb wollte ihre Niederlage nicht hinnehmen. Sie wußte, daß Byron in Eywood war, sie war eifersüchtig. Auch kannte sie Lady Oxford. Einige Jahre zuvor hatten die beiden Frauen eine gelehrte Korrespondenz über die folgende Frage unterhalten: »Reinigt oder entflammt die Kenntnis des Griechischen die Leidenschaften?« Im Falle Lady Carolines konnte die Antwort nicht zweifelhaft sein.

Jeden Tag kam ein Brief von ihr, entweder für Byron oder für Lady Oxford. »Meine liebe Aspasia, Byron ist böse auf mich! Würden Sie ihm sagen, daß ich nichts getan habe, um ihm zu mißfallen und daß ich unglücklich bin – sagen Sie ihm, ich wisse, daß ich ihm einen unwirschen Brief geschrieben habe. Aber ich bitte ihn tausendfach um Verzeihung. Er hat genug von mir, ich sehe es an seinem Brief. – Ich werde nicht mehr schreiben, ihn nicht mehr belästigen, aber erringen Sie mir sein Verzeihen.« Lady Oxford antwortete nicht. Lady Caroline drohte zu kommen, an Lord Oxford zu schreiben, sich umzubringen. Die beiden Liebenden lasen ihre pathetischen Briefe gemeinsam und mit entschiedener Mißbilligung. Für die lukrezischen Philosophen war dieser Ton unerträglich.

Byron hielt seine Verbündete, Lady Melbourne, über die Bewegungen des Feindes auf dem laufenden. »Caroline droht, sich an sich selbst zu rächen; das sieht ihr ähnlich... Ich kann nicht leben, ohne irgend etwas zu lieben. Und dazu habe ich jemanden gefunden, mit dem ich vollkommen zufrieden bin und der es, soweit ich das beurteilen kann, nicht weniger mit mir ist; unser gegenseitiger Wunsch ist auszuruhen, und ich finde (nach all den lächerlichen Geschichten der letzten Saison) darin ein doppeltes Vergnügen... ich habe viel zu tun und wenig Zeit für mich, ich habe gewiß nicht einen Augenblick zu verlieren mit dieser Person... Dem Abscheu, den ich für einige ihrer Handlungen empfinde, will ich nicht Ausdruck geben. Dies Gefühl ist ein Teil meiner selbst geworden; es hat meine zukünftige Existenz vergiftet. Ich weiß nicht, wen ich lieben werde, aber ich werde bis zum letzten Augenblick meines Lebens diese Frau hassen. Sie kennen nun meine Gefühle; sie werden dieselben bleiben bis auf mein Totenbett. Ich werde es ihr so nicht sagen, weil ich sie nicht unglücklich machen möchte; aber so ist mir ihr gegenüber, und ich begehre, sie nicht wiederzusehen, bis wir in Dantes Hölle aneinander gefesselt sein werden...«

Lady Melbourne billigte diese Entschlossenheit und gab mit unbarmherziger Exaktheit die Verwandlungen ihrer Schwiegertochter preis. »Wie ich Caroline kenne, sind Sie ihr noch nicht entkommen. Ich habe zwei am selben Tag von ihr geschriebene Briefe gesehen, der eine voller Glück, Fröhlichkeit und großen Dinners, – der andere heuchlerisch, ganz Ausdruck ihres Unglücks, mit ihm wollte sie vorgeben, sie sei ruhig und habe resigniert. Da aber solche Gefühle ihrer Natur widersprechen, ist es wahrscheinlich, daß Sie bald das Gegenteil erfahren.« Einsame Frauen zerstören mit wahrer Grausamkeit die armseligen Lügen anderer Frauen. Was in Byron an Naivität und Mitleid übriggeblieben war, sollte der enttäuschten Klugheit Lady Melbournes nicht mehr lange widerstehen.

Einige Zeit noch antwortete er Lady Caroline mit Höflichkeit, dann, als die Uneinsichtige nicht aufhörte, ihn mit jammernden und zugleich aufgebrachten Briefen zu überschütten, schrieb Byron aufs höchste gereizt (und vielleicht nach dem Diktat Lady Oxfords) einen schneidend kalten Brief: »Lady Caroline – ich bin nicht mehr Ihr Geliebter; und daß Sie mich durch Ihre so unweibliche Art mich zu verfolgen, dazu zwingen, es zu gestehen ... erfahren Sie also, daß ich an eine andere gebunden bin, deren Namen zu nennen unehrenhaft wäre. Ich werde mich stets mit Dankbarkeit der Beweise Ihrer Vorliebe für mich erinnern. Ich werde weiter Ihr Freund sein, wenn Eure Gnaden erlauben, mich so zu nennen; und, zum Beweis meiner Sympathie gebe ich Ihnen diesen Rat: lassen Sie sich von Ihrer Eitelkeit heilen, sie ist lächerlich; lassen Sie Ihre absurden Launen an anderen aus und mich in Frieden. – Ihr gehorsamer Diener: Byron.«

Vielleicht wäre er weniger grob mit ihr umgesprungen, wenn er sie hätte sehen können, denn sie mußte jedem leidtun. Sie benahm sich wie eine Irrsinnige, auf die Knöpfe ihrer Kleider ließ sie *Ne crede Biron* gravieren, sie ahmte Byrons Schrift nach und schrieb gefälschte Briefe, um dem Verleger Murray ein Porträt zu entlocken, das Byron ihr nicht geben wollte. Sie veranstaltete in Brocket Hall eine merkwürdige Zeremonie, bei der Byrons Bild verbrannt wurde und junge Mädchen aus dem Dorfe weißgekleidet um den Scheiterhaufen tanzten. Sie selbst hatte sich als Page gekleidet und deklamierte (während sie ein Bündel ins Feuer stieß, das Haarlocken, Bücher, Ringe und Kopien von Byrons Briefen enthielt) für diese Gelegenheit geschriebene Verse:

> Lodere, Feuer, lodere, zerstöre dies glitzernde Spielzeug,
> während wir mit Freudenrufen deine Flamme begrüßen,
> lodere, Feuer, lodere.
> Gold und Geschmeide in deiner Flamme glitzern.

Sie war naiv genug, einen Bericht über diese Zeremonie an Byron zu schicken, der ihn mit folgenden Bemerkungen an Lady Melbourne weitergab: »Ausführlicher Bericht über ein Freudenfeuer, besetzt mit Edelleuten des Landes, Pagen, Goldgehängen, Blumenkörben, ihr selbst und anderen Idiotien.«

Im Februar 1813 kam Lady Bessborough nach London zurück und bat Byron um eine Unterredung; dabei wurde sie von neuem gewahr, wie wenig schwärmerisch dieser Mann war. Durch umgekehrtes Ererben teilen die Mütter stets ein wenig die Narrheit ihrer Töchter. Diese bedauerte zwar das ganze Abenteuer, hätte sich aber zumindest gewünscht, daß es gut ausgehe, wo das Übel nun einmal eingetreten war. Ein vernünftiger Byron enttäuschte ihre Erwartungen. »Lady Bessborough war entsetzt über meinen Mangel an Schwärmerischem und ganz allgemein verstört durch mein Betragen.«

Sie wollte für ihre Tochter ein Treffen mit Byron vermitteln; Lady Oxford widersetzte sich dem (mit viel Verstand). William Lamb, der seine Frau in Tränen fand, war der Ansicht, Byron fordere ihn heraus, wenn er sich weigere, sie zu sehen. »Das ist wirklich lachhaft: Spreche ich mit seiner Frau, ist er beleidigt, spreche ich nicht mit ihr, ist sie beleidigt.« Lady Melbourne riet, dem Treffen zuzustimmen, wenn ein Zeuge dabei sein könne. Byron gab seine Zusage unter der Bedingung, daß Lady Oxford dieser Zeuge sei.

Das Zusammentreffen ergab sich schließlich von selbst auf einem Ball bei Lady Heathcote. Lady Melbourne war dort, sie trug lange Federn im weißen Haar, mit ihren einundsechzig Jahren war sie noch immer eine der anziehendsten Damen des Festes. Lord Grey, Sheridan, war ebenfalls anwesend. Das sich in den Kristallen der großen Lüster reflektierende Kerzenlicht modellierte die Schönheit der Frauen in weiche Formen. Plötzlich teilte sich die Menge, um mit höchstem Interesse Byron zu beobachten, der blaß und leicht humpelnd den Saal betrat, »seine Schönheit wirkte beinah unheilvoll«. Er fand sich unvermutet Caroline gegenüber, die ihn verstört ansah. In diesem Augenblick spielte das Orchester die ersten Takte eines Walzers, und die Dame des Hauses, schon ein wenig unruhig, sagte: »Bitte, Lady Caroline, würden Sie den Ball eröffnen!« – »Oh!« entgegnete die, »ich bin sehr gut aufgelegt«, sie neigte sich zu Byron und murmelte: »Ich vermute, jetzt darf ich tanzen?« – »Der Reihe nach mit allen Herren«, antwortete Byron sarkastisch, »Sie haben von jeher besser getanzt als alle anderen, und es wird mir ein Vergnügen sein, Ihnen dabei zuzusehen.« Sie tanzte, dann gab sie ein Unwohlsein vor und zog sich in ein kleines Zimmer zurück, in dem ein Imbiß bereitstand. Byron trat ein, eine Dame am Arm, sah sie und sagte: »Ich habe Ihre Anmut bewundert.« Sie griff nach einem Messer. »Tun Sie es, meine Liebe, tun Sie es«, sagte er, »aber wenn Sie eine römische Tragödie spielen wollen, durchstoßen Sie Ihr Herz und nicht das meine. Meines haben Sie schon durchbohrt.« Sie schrie: »Byron!« stürzte mit dem Messer in der Hand aus dem Zimmer, und niemand sah genau, was nun geschah. Die einen sagten, sie habe sich mit dem Messer verwundet, die anderen, daß sie, einer Ohnmacht nahe, ein Glas Wasser habe holen wollen, dabei sei das Glas zerbrochen und an den

Scherben habe sie sich verletzt. Jedenfalls fand man sie blutüberströmt. Byron war schon in ein benachbartes Zimmer weitergegangen; als man ihm erzählte, was sich zugetragen hatte, sagte er verächtlich: »Das ist wieder eine ihrer Torheiten.«

Die Geschichte wirbelte viel Staub auf, und eine kleine Zeitung, der *Satirist*, schrieb unter dem Titel *Scandalum Magnatum:* »Die Vorliebe des Lord Bxxxn für einen anderen schönen Gegenstand brachte Lady C. Lxxb so in Zorn, daß sie in einem Eifersuchtsanfall ein Dessertmesser ergriff und sich erstach ... Wie man hört, ist der Gatte dieser Dame zu bedauern, daß der Selbstmordversuch nicht vollständig gelang. Lady C. Lxxb lebt noch.«

Sie brachte den Mut auf, Byron einige Wochen danach zu besuchen. Er war nicht zu Hause, aber sie verschaffte sich Einlaß, sah auf dem Tisch ein Buch liegen, den *Vathek* von Beckford und schrieb auf die erste Seite: »Erinnere Dich meiner.« Als Byron wiederkam, fand er das aufgeschlagene Buch und sah die ihm allzu bekannte Schrift. Ohne die Feder abzusetzen, schrieb er:

> Mich deiner erinnern, o zweifle nicht,
> auch dein Gatte wird sich deiner erinnern!
> Keiner von uns wird dich vergessen,
> dich, falsch gegen ihn, Ungeheuer für mich!

Nichts schien Byron natürlicher, als Geliebten und Ehemann als gemeinsamen Ankläger gegen die Frau zu sehen, deren größtes und übrigens wirklich unverzeihliches Verbrechen es gewesen war, ihn zu lieben.

In der Tat: er hatte genug von alledem. Wenn die Liebe zu solchen Erlebnissen führen mußte, gab es nichts Klügeres als die Frauen zu meiden. Selbst die weise Zauberin hatte ihn manchmal leiden lassen. Unbeständig und frei wie sie war, hatte sie sich nach einem anderen Mann neugierig gezeigt, obwohl sie durchaus noch Byrons Geliebte war. Lord Oxford begab sich noch tiefer in seine Wälder, und Byron sah sich burschikos für einige Zeit an die Seite geschoben. Von ihr erfuhr er immer die Wahrheit und empfand es um so schmerzlicher, sie zu verlieren, denn er schätzte diese grausame Aufrichtigkeit:

> Du bist nicht falsch, doch unbeständig.
> Du liebst zu gut – du verläßt mich zu früh.

Sie machten wunderbare Pläne für eine Sizilienreise, aber Lord Oxford, von einer törichten Sippschaft alarmiert, entdeckte gerade jetzt, daß er auf Lord Byron eifersüchtig sei, und das, wie es stets zu sein pflegt, in einem Augenblick, in dem er selbst Grund hatte, Schlimmes zu fürchten. Seine Frau hatte den greisen Sturm durch einige beruhigende Lügen schnell besänftigt, aber es wurde beschlossen, daß sie allein mit ihrem Ehemann eine Mittelmeerreise unternehmen sollte, »auf daß sie glücklich werden und viele Kinder bekommen«, sagte Byron. Sie reiste am 28. Juni 1813: »Lady Oxford ist gestern abgefahren, und nun, meine liebe Lady Melbourne, wollen Sie so freundlich sein, zu mir nicht mehr von ihr zu sprechen. Um die Wahrheit zu sagen, ich fühle mich ihr gegenüber auf stärkere Weise carolinesk, als ich es erwartet habe.«

XVIII
Augusta

> Was there ever such a slave to impulse?
> *Byron*

Es war vereinbart gewesen, daß er Lord und Lady Oxford bis zum Schiff begleiten werde, aber er verzichtete im letzten Augenblick darauf, weil seine Schwester Augusta ihm geschrieben hatte, sie sei wegen der Geldschwierigkeiten ihres Mannes aus ihrem Zuhause vertrieben und halte sich nun in London auf: »Meine liebe Augusta, – wenn Sie wüßten, *wen* ich an Ihre Stelle setzte, von meiner Reise abgesehen, Sie würden erkennen, wie eigenartig brüderlich ich geworden bin ...«

Er hatte sie seit seiner Rückkehr nach England noch nicht wiedergesehen. Sie lebte in Six Mile Bottom, einem Landhaus nahe der Rennbahn von Newmarket, hatte drei Kinder und war von immerwährenden Geldsorgen bedrängt. Ihr Mann Colonel Leigh war im höchsten Grade egoistisch, er verbrachte sein Leben auf Rennplätzen, überhäufte sich mit Schulden, ging mit seinem Freund, Lord Darlington, auf leichte Eroberungen aus; seine Frau sah ihn fast nie, und er wohnte nur während der Rennen von Newmarket bei ihr. Sie galt als treu. Ihre pietistische Großmutter hatte sie erzogen, und ein merkwürdiges Vokabular von Ergebenheit bildete ihre Moral. In der Familie wußte man, eine Bibel oder Andachtsbücher waren stets das richtige Geschenk für sie. Im übrigen ließen ihr Hausfrauen- und Mutterpflichten keine Zeit, an andere Gefühle zu denken. Um ihr tägliches Leben auszufüllen, genügte es, daß sie die Kinder zu versorgen hatte, von denen immer eins krank war, Buchmacher und Gläubiger abweisen mußte und die Korrespondenz eines Ehemanns beantworten durfte, der nicht in der Lage war, auch nur einen vernünftigen Brief zu schreiben. Niemand hat mehr als sie von einem Tag zum anderen gelebt.

Byron empfing ihren Besuch in seiner Wohnung in der Bennet Street, es war am Sonntagnachmittag des 27. Juni 1813, und er war von ihr entzückt. Auf einmal hatte er ein physisches Wohlgefallen an ihr. Betrachtete man sie oberflächlich, erschien sie nicht besonders hübsch, aber das hing eher mit ihrer Nachlässigkeit zusammen, sich gut zurechtzumachen, als mit ihren Zügen, denn die waren schön. Sie hatte das Profil der Byrons, ihre merkwürdige Eigenschaft, das »r« nicht auszusprechen, ihren schmollenden, beinahe kindlichen Mund, ihre gerunzelten Brauen. Für Byron, der so viel Neugier nach sich selbst empfand, war es ein verblüffendes und höchst angenehmes Gefühl, diesem zweiten Selbst zu begegnen, und dieses zweite Selbst war auch noch eine schöne Frau.

In gewissen Punkten gab es auch eine Übereinstimmung der Gefühlsvorstellungen. Sie besaß auch die Schüchternheit der Byrons, dieser immer noch ungezähmten Lebewesen. Byron und sie, die beide in der Welt wortkarg waren, entdeckten plötzlich eine köstliche Unbefangenheit einander gegenüber. War es so, weil sie seine Schwester war, weil sie so viele gemeinsame Erinnerungen hatten, vom unüberlegten, flatterhaften Vater bis hin zur Witwe von Southwell? Der Ton ihrer Gespräche war vom ersten Tage an freundschaftlich und lebhaft. Wie schade, daß sie verheiratet war. Sie hätte bei ihm leben können und ihm den Haushalt führen. Das wäre besser gewesen als die Ehe mit einem Fremden. Er haßte die Fremden, diese Geschöpfe, die nichts von einem wußten, nichts über unser Leben, nichts von den verletzlichen Stellen, die man besitzt, nichts von den unglückseligen Füßen, von der harten Kinderzeit. Mit Augusta war alles leicht, ihr konnte man sich ganz ausschütten. Sie brachte für ihr »Baby Byron« nachsichtige Zärtlichkeit mit. Noch an jenem Sonntag, und zwar sogleich, nachdem sie gegangen war, schrieb er ihr ein Billett: »Meine liebe Augusta, – wenn Sie heute abend mit mir zu Lady Davy gehen wollen, habe ich eine Einladung für Sie. Sie werden dort die Staël sehen, Leute, die Sie kennen und *mich*, den Sie nicht kennen, – Sie können sprechen, mit wem Sie wollen, und ich werde Sie bewachen, als wären Sie ein altes Mädchen, das in Gefahr ist, es zu bleiben. Machen Sie es, wie Sie es mögen, aber wenn Sie gegen zehn Uhr bereit sein können, hole ich Sie gern ab. Unser Zusammensein in der Gegenwart Dritter wird ein ganz neues *Empfinden* für *uns beide* sein.«

Er hatte das Wort Empfinden unterstrichen; zweifellos hatte er ihr schon seine Lieblingsdoktrin auseinandergesetzt: »Nur starke Empfindung vermittelt uns das Bewußtsein unserer selbst.« Aber Augusta Ideen auseinanderzusetzen war das vergeblichste Unterfangen von der Welt. In ihrem wirren, sprunghaften Geist gerieten Ideen stets schnell an den Saum des Unendlichen. Zu Anfang bat sie ihn wohl aus Höflichkeit, ihr seine neuen Verse zu zeigen; er antwortete, davon werde sie doch nichts begreifen, und sie lachte, im Grunde zufrieden. Sie spielte am liebsten wie ein Kind. Wie alle Byrons war sie mit einem lebendigen Sinn für das Komische ausgestattet, und sie entzückte ihren Bruder, wenn sie andere imitierte. In ihrer merkwürdigen Art zu sprechen waren die Tatsachen in einem Wirrwarr von Klammern, Einfügungen und Gedankensprüngen versteckt, so daß man nach fünf Minuten nicht mehr wußte, wovon sie eigentlich sprach. Da gab es immer wieder Ausrufe wie *oh! dear, oh dear* ... Berichte über die Krankheiten der Kinder ... dann eine Anekdote über die Königin Charlotte, bei der sie Hofdame war ... dann kam ihr eine unbezahlte Rechnung in den Sinn, *oh, dear! oh dear!* ... und sie brach in Gelächter aus. Byron fand diese Zusammenhanglosigkeit bezaubernd. Er nannte Augustas rätselhaftes Erzählen »ihr verfluchtes crinkumcrankum«. Er gewöhnte sich ihr gegenüber bald einen Ton von liebevoller Scherzhaftigkeit an, der eher dem eines Liebhabers als dem eines Bruders glich.

Sie blieb während der ersten Julitage in London. Zwar wohnte sie nicht bei Byron, aber sie begleitete ihn zum Ball der Almacks, ins Theater und besuchte ihn in seiner Wohnung in der Bennet Street. Eine alte Frau, Mrs. Mule, führte ihm den Haushalt; sie glich einer Hexe und erschreckte alle Besucher, aber sie war Byron ergeben, und der behandelte sie gut. Die alte Haushälterin, die kleine Wohnung, die täglichen Besuche einer beinahe unbekannten Frau, das alles fügte sich zur klassischen Kulisse eines Liebesverhältnisses, und vom ersten Tage an schlich sich in diese »sonderbaren geschwisterlichen« Beziehungen eine Sinnlichkeit, die um so köstlicher war, als sie zunächst unbewußt blieb.

Alles kam hier zusammen, um Byron zu verführen. Diese junge Frau, die ihm gefiel, konnte ganz offen zu ihm kommen. Sie waren nicht wie normale Brüder und Schwestern durch die Abgenutztheit der Gefühle vor der Liebe geschützt. »Sie waren nicht unter einem Dach in der unbewußten Unschuld der Kindheit aufgewachsen. Sie waren sich nur selten begegnet.« Sie hatten weder dieselbe Mutter, noch dieselbe Familie gehabt. Augusta behielt in Byrons Augen alle Vorzüge einer Entdeckung. Er glaubte an Herkunft. Eine Schwester des Herzogs von Leeds, Hofdame der Königin, durfte er bewundern. Sie kannte ganz London, wohnte im St. James Palace, es war sehr schmeichelhaft, ihr eine ganz neue Vertraulichkeit zu bezeugen. Sie vermochte ihm nicht etwa nur wie jede andere neue Freundin zu gefallen, sie mußte ihn viel stärker reizen. Er hatte einmal geschrieben, daß er von den Frauen »wie eine bevorzugte und etwas bösartige Schwester« behandelt zu werden liebte. Er suchte in der Liebe das Gemisch aus heiterer Freundschaft, Sinnlichkeit und beinahe mütterlicher Zärtlichkeit. Wie eine etwas kecke Schwester ... Der Gedanke hatte ihn flüchtig gestreift, und der Inzest mußte in ihm spuken. Genügt es nicht, sich eine unheilvolle Leidenschaft vorzustellen, um sich dafür bestimmt zu fühlen? War er nicht ein Nachkomme der Byrons, der Gordons, deren Geschichte ebenso schrecklich aussah wie die der Borgias? Von Kind auf hatte er gefühlt, daß er wie Zeluco für irgendein monströses Verbrechen ausersehen war, das ihn über das menschliche Gesetz stellte und ihn ausstieß. In diesem Abenteuer mußte er sich schuldig fühlen, Vergnügen daran finden, sich in höherem Maße schuldig zu fühlen, als er es in Wirklichkeit war. Man könnte sogar beinahe sagen, daß er es war, allein er, der eine recht natürliche Liebe zu einer Halbschwester Inzest taufte und aus der Verfehlung ein Verbrechen machte. Selbst seine Unfähigkeit aus sich herauszugehen, die ihn so gefahrvoll von allen anderen isolierte, kam ihm hier entgegen, denn in dieser ihm so ähnlichen Frau suchte er immer noch sich selbst. In seine Lust an ihr muß sich ein seltsamer Narzißmus gemischt haben.

Zwei Jahre früher hätte ihn vielleicht die Schüchternheit des unerfahrenen Jünglings zurückgehalten. Aber dank Caroline Lamb und dank Lady Oxford kannte er nun das Ritual der Eroberung, dessen beinahe verhängnisvoller Automatismus auf unerfahrene Frauen eine so einzigartige Macht ausübt. Augusta selbst war von allen anderen am wenigsten in der Lage, ihm zu widerstehen. Da sie weder Willen noch Stolz besaß, beherrschte er sie längst. Er nannte sie *Guss* oder *Goose*, meine kleine Gans, sagte ihr, daß sie *a fool* sei, eine Närrin, sie lachte. Mrs. Leighs Religion saß ganz an der Oberfläche und hatte nicht den geringsten Einfluß auf das, was sie tat. Ihr stärkster Charakterzug war Güte, aber diese Güte war so wenig an moralische oder gesellschaftliche Regeln gebunden, daß sie kein großes Unrecht darin gesehen hätte, die verbrecherischste Tat zu begehen, wenn sie damit nach ihrer Ansicht einem geliebten Menschen Freude machen konnte. Sie konnte mit reinem Herzen schlimme Dummheiten begehen, die sie übrigens vergaß, kaum daß sie geschehen waren. Als Byron später mit seiner Vertrauten, Lady Melbourne, über diese Dinge sprach, bestand er darauf, festzuhalten, daß Augusta eher aus Zärtlichkeit nachgegeben habe als etwa aus unbezwinglichem Verlangen. »Bei Gott, der mich zu meinem eigenen Unglück geschaffen hat und gewiß nicht zu dem der anderen, *sie* war nicht um ein Tausendstel so schwer anzuklagen wie ich. Sie war sich der Gefahr für sich selbst erst bewußt, als es zu spät war; und ich kann mir ihre *Hingabe* nur durch eine Beobachtung erklären, die wie ich glaube, ziemlich präzise zutrifft, daß nämlich die Frauen sich sehr viel stärker *binden* als die Männer, wenn sie auf irgendeine Art, die an Zärtlichkeit erinnert, behandelt werden.« Er fand in dieser Liebe eine Lust, die um so viel herber und tiefer war, als er das Gefühl hatte, zu sündigen. Die vergangenen Abenteuer schienen ihm schal gegenüber diesem mit Skrupeln vermischten Glück. Der Inzest, der eines der ältesten menschlichen Gesetze brach, schien ihm den Freuden des Fleisches das Ansehen von etwas Revolutionärem zu geben. Augusta gab sich einfach hin. *Oh! dear; oh dear*, welch Wagnis für eine Familienmutter, die so wenig für eine Tragödie geschaffen war. Das merkwürdigste war, daß sie auf ihre Weise »diesen unglaublichen Gentleman«, ihren Vetter und Ehemann, immer noch liebte, jedoch konnte sie ihrem Baby Byron irgend etwas abschlagen, wenn er darum bat? Sie gehörte zu den Frauen, die glauben, eine unerquickliche Vergangenheit verschwinde, wenn sie nicht mehr daran denken. Sie sprang wie ein Vogel auf der Oberfläche ihres Denkens umher, pickte hier und da einen komischen Zug oder eine Banalität auf. Später wollte Byron, der den Geschmack seiner Skrupel bitter fand, sie zwingen, sich mit ihm über ihr Verbrechen zu beugen. Sie wich mit geschickter und behender Bewegung aus und versuchte, ihn zum Lachen zu bringen.

Ende Juli nahm sie ihn mit nach Newmarket, damit er ihre drei Kinder kennenlernen sollte. Es wurde ein heiterer Aufenthalt. Die Kinder liebten diesen jungen Onkel. Sie schrien vergnügt ihr »Byron! Byron!«, sobald er auftauchte. Dann ging Augusta mit ihm nach London zurück. Die finanzielle Situation des Colonel Leigh war derart, daß es nicht angeraten schien, in diesem Hause zu bleiben. Bruder und Schwester machten Reisepläne. Byron hatte England satt. Der Prinzregent, den er für liberal gehalten hatte, wurde mit jedem Tag despotischer. Der Schriftsteller Leigh Hunt saß im Gefängnis, weil er eine Rede des Prinzen kritisiert hatte. Wie Childe Harold war Byron »sein Geburtsland ein Greuel«. »Was war ich für ein Tor, zurückzukehren«, sagte er. Er dachte an den Duft von Thymian und Lavendel, an die scharf konturierten Berge über einem blauen Meer, an Länder, in denen man niemanden beachtet und in denen man von niemandem beachtet wird. Warum nahm er Augusta nicht einfach mit nach Sizilien oder Griechenland?

Da er unfähig war zu schweigen, begann er unter einem Schleier durchsichtigen Geheimnisses bei Freunden von seinen neuen Vorlieben zu berichten. »Ich spreche nicht einfach vom schönen Geschlecht«, schrieb er an Moore, »zweifellos stecke ich mitten in einer Geschichte, die so völlig neu und schwerwiegend ist als irgendeine der vergangenen zwölf Monate. Es ist ein Unglück, daß wir nicht mit den Frauen und nicht ohne sie leben können.« Auch Lady Melbourne war unter den Eingeweihten, und sie war trotz aller Freizügigkeit voll Sorge. Gewiß war sie nicht moralbesessen, aber der Schrecken des Wortes Inzest überstieg alles. »Sie sind am Rande eines Abgrunds, und wenn Sie nicht einhalten, sind Sie für immer verloren – das ist ein Vergehen, für das es auf dieser Welt keine Verzeihung gibt, wie immer es in der anderen sein möge.« Byron, der eigentlich genauso dachte wie sie, war stolz, sie schockiert zu haben: »Sie ist trotz allem eine gute Frau«, sagte er herablassend ironisch, »denn es gibt Dinge, vor denen sie haltmacht.« Immerhin gehorchte er ihr und verzichtete auf den sizilianischen Plan. »Liebe Lady Melbourne, – auf Ihren liebenswürdigen Brief gibt es eigentlich nichts zu antworten; niemand außer Ihnen hätte sich die Mühe gemacht, mir einen solchen Rat zu geben; niemand außer mir hätte sich in die Lage gebracht, ihn nötig zu haben. Ich bin noch in London, und Ihre Ansicht der Dinge hat also jene Wirkung gehabt, die Sie erwarten konnten.«

Er war allein mit Augusta in der sommerlich ausgestorbenen Stadt, und er war sehr glücklich. »Was tun Sie? Wir können nicht sagen, was wir *nicht* tun. Die Stadt ist leer, um so besser, es ist ein zauberhafter Platz, jetzt wo niemand mehr da ist; ich sage nichts, ich tue nichts, ich wünsche mir nichts.« Das war das träge Glück der Liebe.

Im Frühjahr, noch vor dieser Liaison, hatte er eine orientalische Geschichte veröffentlichen lassen, *The Giaour*, seine einzige Arbeit seit *Childe Harold*. In der ersten Fassung war der *Giaour* ein einigermaßen mittelmäßiges Werk, eine Erinnerung an Athen, die Geschichte einer Frau, die von den Türken wegen eines Ehebruchs ins Meer geworfen werden soll. Im Herbst schrieb er in wenigen Tagen fünf Verse hinzu:

> Leila! Dir gehörten alle meine Gedanken!
> Dir meine Liebe, meine Sünde, mein Reichtum und mein Unglück.
> Meine einzige Hoffnung droben – und mein Alles auf Erden.
> Die Erde trägt keine zweite Frau wie dich,
> für mich wäre es auch ganz vergeblich . . .
> Es ist zu spät – du warst, du bist
> die süße Narrheit meines Herzens.

Er wußte, daß diese Narrheit nicht von Dauer war. Lady Melbourne, die diesmal wirklich verstört war, glaubte mit Sicherheit, Byron gehe einer Katastrophe für die Schwester und sich entgegen und flehte ihn an, dem Verhältnis ein Ende zu machen. Er hatte nicht den Mut dazu. Augusta verbrachte den ganzen August mit ihm. Als sie ihn Anfang September verließ, war sie schwanger.

XIX

Die nächstgelegene Vogelstange

Mein Herz setzt sich nun stets auf die nächstgelegene Vogelstange.

Byron

In seiner Korrespondenz mit Lady Melbourne bezeichnete Byron
seine Heldinnen stets mit Buchstaben. Caroline war C., Annabella
Ihre A., Augusta, *meine* A.; manchmal wenn es geheimnisvoll zugehen sollte, stand da auch nur ein Kreuz. Lady Melbournes einziger Wunsch nach dem vollzogenen Inzest war ein erlösender
neuer Buchstabe in diesem unheilvollen Aphabet. Aber war das
möglich? Byron an Lady Melbourne: »Ich habe mich nach Kräften
bemüht, meinen Dämon zu bezwingen, jedoch mit schlechtem Re-
sultat, denn eine Hilfsquelle, die sich mir selten versagte, scheint
versiegt. Ich meine die *Übertragung* meiner Gefühle auf eine andere... Ich hatte gerade eine so schöne Gelegenheit dazu und wurde auch nicht gerade entmutigt. Ich war voll guten Willens, aber
die Gewißheit, daß es für mich ein Bemühen blieb, hat alles verdorben; und nun bin ich wieder – das, was sie wissen. Aber da ich es
noch nie gewohnt war, meine Gedanken vor Ihnen auf larmo-
yante Art paradieren zu lassen, will ich auch heute nicht damit beginnen.«
Gleich nach Augustas Abreise war er zu einem Landaufenthalt bei
James Wedderburn Webster eingeladen worden, einem ziemlich mittelmäßigen jungen Mann, den er in Cambridge kennengelernt und
in Athen wiedergetroffen hatte. Webster war ein indiskreter Schwät-
zer und Gaffer, aber Byron zeigte sich dieser Spezies gegenüber
nachsichtiger, weil er das Komische an ihr genoß. Als jener ein
Jahr zuvor die junge Lady Frances Annesley heiratete, hatte er
Byron gebeten, bei seinem ersten Kind die Patenschaft zu übernehmen. Die Anfrage hatte Childe Harold entzückt. »Wenn es ein
Junge wird...« hatte Webster geschrieben. »Und warum nicht,
wenn es ein Mädchen wird?« fragte Byron überrascht. Es wurde
ein Junge.
Lady Frances war recht hübsch, schien aber anfällig. Byron fielen ihr bleicher Teint und der fiebrige Glanz ihrer Augen auf, er
fragte sich, wie ihr Leben wohl aussehen mochte. Ihre Schwester
Lady Catherine Annesley war nicht weniger zart, beide waren sie
blond, hatten lange gebogene Wimpern und von tiefen Ringen um-
gebene melancholische Augen. Der muntere, wohlgenährte Ehemann war ein erstaunliches Phänomen unter so viel anämischer An-

mut. Während des Dinners entlockten seine vulgären Scherze Frau und Schwägerin nicht zu übersehende Anzeichen von Ungeduld. Byron ließ sich schweigend und belustigt nicht einen einzigen ihrer Seufzer entgehen, er kostete sie aus wie ein Kenner. Die Männer blieben nach dem Essen mit ein paar Flaschen unter sich. Byron rühmte Lady Frances und Webster strahlte. Er war sehr stolz auf seine Frau; er war auch sehr eifersüchtig. Doch Byron hatte Erfahrung in den Sitten und Manien der Art Ehemann und verstand sich besser als irgendeiner darauf, das Tier zu zähmen. Während des Essens hatte er es sorgfältig vermieden, der Frau seines Gastgebers seine Aufmerksamkeit zu widmen, er war in seiner Gleichgültigkeit bis an die Grenze der Unhöflichkeit gegangen. Webster hatte ihn höchst taktvoll gefunden, diesen Don Juan, von dem man soviel Schlimmes hörte.

Und Byron fühlte sich wirklich wohlwollend, nachsichtig und hatte nicht die geringste Lust, einen Ehemann zu quälen.

Dennoch machte der die Partie erst schön, indem er Byron bat, ihn nach Newstead einzuladen, wo er sich im vorhergehenden Monat kurz aufgehalten und dabei einer der großzügigen Nymphen der Abbey zu tief in die Augen gesehen hatte. Abends schrieb Byron an Lady Melbourne: »Wenn ich schlechte Absichten hätte, könnte ich mich all dessen sehr gut bedienen, aber ich bin so tugendhaft oder so faul geworden, daß ich selbst eine so unterhaltsame Gelegenheit nicht nützte ... Er hat mir ganz ernsthaft vorgeschlagen, ihn nach dort unten mitzunehmen, und ich habe ihm mit gleicher Offenheit erklärt, er könne gehen, wohin er wolle, ich werde mich solange seinem Hause widmen – ein Vorschlag, der mir vorzüglich zu sein schien, der ihm aber ganz und gar nicht gefiel. Um mich zu beruhigen, hat er mir einen ganzen Sermon über die Tugenden seiner Frau erzählt, der darin gipfelte, daß sie in ihren moralischen und materiellen Qualitäten sehr viel Ähnlichkeit mit Christus habe. Ich glaube, die Jungfrau Maria hätte einen treffenderen Vergleich abgegeben.«

Als Byron am nächsten Morgen Aston Hall verließ, wurde er vom Ehemann herzlich eingeladen, wiederzukommen. Seine Frau sagte nichts, sondern schaute ihn lange an. Würde er gehen? »Es gibt niemanden, der ihn nicht eifersüchtig machen könnte außer dem Vikar und dem Butler – und ich habe nicht die geringste Neigung, mich selbst zu opfern. Ich weiß auch nicht genau, was der Dame dieses Hauses zuträglich wäre ... Gewiß wartet sie darauf, bestürmt zu werden und scheint auf eine glänzende Verteidigung vorbereitet; mein Ruf als *Verführer* ist mir vorausgeeilt, und mein ruhiges, gleichgültiges Betragen hat sie so überrascht, daß sie daran ist, mich für häßlich zu halten, für blind oder schlimmeres ...«

Eine so verdienstvolle Abstinenz hätte ihm zumindest einen ruhigen Aufenthalt sichern sollen. Aber die Menschen sehen die wirklichen Taten nicht. Anstelle des wahren Menschen betrachten sie eine von der Legende geschaffene fiktive Figur. Wenn Don Juan es unterläßt, eine Frau anzusehen, wird ihm die schlimmste Absicht unterstellt. Einmal wollte der arme Byron den Frieden eines befreundeten Hauses, die Gesundheit einer zarten Frau respektieren, schon wird der Ehemann nervös, gereizt und schöpft Verdacht, daß diese Gelassenheit feinste Ränke decken soll.

Byron an Lady Melbourne: »Webster wird unerträglich. Meine italienischen Bücher (Dante und Alfieri) ärgern ihn, er verlangt von mir, sie seine Frau nicht sehen zu lassen, denn das, zum Teufel, sei eine Sprache, die unwiederbringliches Unheil anrichten könne! Ich frage ihn, ob er Neues über unsere gemeinsamen Freunde, die Stanhopes, wisse, und er antwortet mir: ›Sagen Sie mir, fragen Sie auch so nach Neuigkeiten über *meine Frau?*‹ So, sehen Sie, trägt meine Tugend ihren Lohn in sich – denn niemals, weder in Worten noch in Taten, habe ich mich um seine Frau bemüht. Sie ist hübsch, aber nicht ungewöhnlich, zu mager und nicht sehr lebhaft, aber von gutem Charakter, mit irgend etwas Anziehendem in ihrer Art sich zu geben, in ihrem ganzen Benehmen; sicher hätte ich nie an sie gedacht, noch an sonst irgend jemanden, überließe man mich meinen Gedanken, denn ich habe weder die Geduld noch die Begabung, mich vorzuwagen, wenn man mir nicht, auf halbem Wege entgegenkommt.«

Es war durchaus richtig, daß Byron als Mann ohne jede Anlage zur Geckenhaftigkeit sich niemals vorwagte, wenn man ihm nicht entgegenkam. »Ich kann versichern«, hatte er einmal zutreffend gesagt, »daß ich niemals eine Frau verführt habe.« Er war bei seinen Erfolgen in der Liebe ein ebenso überraschter Zuschauer wie bei seinen literarischen Erfolgen. Die Willfährigkeit einer Frau blieb für ihn ein Gegenstand der Verwunderung, und im Grunde fand er sie skandalös. Seit seiner Ankunft in Aston Hall war er davon überzeugt, daß diese stille blonde Frau, die ihn unter ihren langen Wimpern kühl betrachtete, ihn nicht interessiere. Aber wie die Mehrzahl der Elviren war Lady Frances bereit, mehr als den halben Weg zu machen. Sie richtete es so ein, daß sie mit Byron im Billardsaal allein blieb.

»Unsere Beziehungen waren bis dahin freundschaftlich, ich erinnere mich, daß sie mir eine seltsame Frage stellte: ›Wie kann eine Frau, der ein Mann gefällt, ihm davon Kenntnis geben, wenn er es nicht zu merken scheint?‹ Ich bemerkte auch, daß wir weiterspielten, ohne die Stöße zu zählen; dies ließ mich vermuten, daß, wenn meine Gedanken nicht allzusehr bei der Sache waren, es die meiner Partnerin auch nicht sein konnten. Ich war mit meinen Fortschritten zufrieden, aber ich wollte mehr und tat einen unbedachten Schritt mit Feder und Papier, zärtlich, in nicht gar zu schlecht geschriebener Prosa. Das hieß ein Risiko eingehen, gewiß. Wie sollte ich es ihr geben? Wie wurde es aufgenommen? Es wurde sehr gut aufgenommen und lange am Herzen aufbewahrt, für das es bestimmt war; im selben Augenblick sehe ich eine Person ins Zimmer treten, die zu dieser Zeit im Roten Meer hätte sein sollen, wenn der Satan etwas Bildung besäße. Sie behielt ihre Gelassenheit und das Papier ... Mein Billett hatte eine Wirkung, und mehr noch (in diesem Augenblick werde ich vom *Marito* unterbrochen, und ich schreibe dies unter seinen Augen; er brachte mir eine politische Schrift aus seiner Feder im Manuskript, das ich entziffern und bewundern soll, ich begnügte mich damit, ihm zu applaudieren), mein Billett bekam eine *Antwort*, wenig zweideutig, aber mit so viel Geschichten über die Tugend und über ätherische Liebe, die vor allem die Seele in Anspruch nehme, daß ich, als schlechter Metaphysiker, nicht viel davon verstand. Im allgemeinen *beginnt* und *endet* man mit der Platonik, und da mein Proselyt gerade zwanzig Jahre alt ist, haben wir genug Zeit, um zum Handfesten zu kommen. Ich hoffe jedoch, die geistige Periode wird sich nicht gar so sehr in die Länge ziehen; jedenfalls gilt es den Versuch zu wagen. Ich erinnere mich meiner letzten Affäre, die genau umgekehrt verlief wie der Wahlspruch des Majors O'Flaherty, ›Wir kämpfen zuerst und erklären uns danach.‹ Und so ist die augenblickliche Situation: viele gegenseitige Erklärungen, eine unendliche Schwermut, die, sehr zu meinem Bedauern, vom *More* bemerkt worden ist, und soviel Liebesbeweise, wie Zeit, Ort und Umstände erlauben ... Guten Abend, ich kehre zum Billard zurück.«

Er, der hergekommen war mit einem Herzen, das eine andere in Beschlag genommen hatte, fand sich nun in das unerwartetste Abenteuer verstrickt und (was das schlimmste war) in ein platonisches Abenteuer. Lady Frances hatte ihm gesagt, wie immer schwach ihr Herz auch sein möge, er werde nie einen anderen Beweis dafür erhalten als dies Geständnis. Er hatte geantwortet, daß er ganz der ihre sei, daß er diese Bedingung akzeptiere und nie den leisesten Versuch machen werde, sie über ihr Gelöbnis hinaus zu locken. Ganz der ihre? Konnte das aufrichtig gesagt werden? Hatte er Augusta vergessen? Er selbst war verwundert darüber, aber es war so, und von allen Männern war er am wenigsten in der

Lage, seine Hellsichtigkeit zu betrügen. Diese junge zerbrechliche, mädchenhafte Frau füllte seine Gedanken. In ihrem Herzen war sie jungfräulich, und da sie keinen anderen Mann als diesen plumpen *Marito* gekannt hatte, schlug sie in Byrons Seele die noch immer wirksame Saite Mary Chaworths an. »Sanft wie die Erinnerung an eine begrabene Liebe.« Er hat das eines Tages niedergeschrieben. Die Gräber, zwischen denen er so gern lebte, die seiner vergangenen Lieben, waren seinem Herzen kostbar. Er war emotionell unter der Maske des Hochmuts und nie ganz von der Hoffnung zu heilen; er haßte die scheinheilige Keuschheit, die flieht, um verfolgt zu werden, aber er achtete zarte Empfindungen, sobald er sie für wahr hielt. Eine zaghafte Miene, Schweigen, Blässe vermochten mehr über ihn als die unbeherrschten Ausbrüche einer Caroline Lamb.

Eine Gegebenheit respektierte Byron stets. Und es war eine, daß ihn zum ersten Mal seit mehreren Wochen eine andere Frau als Augusta beschäftigte. Er schrieb seiner Vertrauten: »Der gestrige Tag hat meine Vorstellungen, meine Wünsche, meine Hoffnungen, hat alles verändert, und er liefert Ihnen einen neuen Beweis meiner Schwachheit. Aus gewissen Gründen werden Sie nicht ungehalten sein, zu hören, daß ich ein völlig anderer geworden bin ... Sie werden zugeben, daß alles andere besser ist als jene letzte Geschichte; und ich kann ohne einen Gegenstand der Zuneigung nicht leben. Sie lachen über mein unaufhörliches Schwanken, aber wenn Sie sich der Umstände erinnern, die den Bruch meiner letzten Bindung herbeiführten, werden Sie ihr Ergebnis nicht allein meinen Launen zuschreiben.«

Webster lieh sich tausend Pfund Sterling von Byron, um eine bestechliche Comtesse zu verführen. Byron erwies sich als doppelt großzügig, denn er lieh ihm die tausend Pfund und bediente sich dieser Waffe nicht, um Lady Frances zu erobern. Noch nie hatte er ein solches Leben geführt. Die blasse junge Frau mit den langen Wimpern setzte sich schweigend neben ihn und sah ihn glühend an. Auch er war schweigsam. Ihre Gesten verrieten nichts; ein Händedruck, seltene Küsse, nachts wachten beide und schrieben sich Briefe ohne Ende. Morgens sahen beide wie Gespenster aus. Sie reichte Byron ihre langen Episteln in einem Buch oder einem Notenheft und sah dabei ihrem Mann mit träumerisch sanftem Ausdruck in die Augen. Byrons Gefühle waren ziemlich wirr. Mehr und mehr ließ er sich vom Reiz dieser jungfräulichen Sensibilität gefangennehmen. Sie bat um eine Locke seines Haares, er schnitt sie ab und gab sie ihr. Einst, für Caroline Lamb, war er diesem Opfer ausgewichen und hatte ihr die Locke eines Dieners gegeben. Er hatte das sehr amüsant gefunden. Aber der lichten Lady Frances einen ähnlichen Streich zu spielen, wäre ihm sündhaft vorgekommen.

Wohin führte dies alles? Zu einem Duell? Zu einer Entführung? Er war zu dem einen wie dem anderen bereit. Das Spiel gefiel ihm so sehr, daß er seine Rolle bis zuende spielte. Und war es überhaupt eine Rolle? Die Liebe kommt, indem man liebt. »Wenn er mir die Kehle durchschneiden will, soll er es tun. Ich werde mich nicht gegen einen Mann wehren, den ich herausgefordert habe. Wenn ich ihm zur Zielscheibe dienen soll, – ich kann ihm das Vergnügen nicht versagen ...« – »Zehn Tage ... Vor zehn Tagen kam ich zum erstenmal hierher, und wie hat sich mein Leben geändert ... Warum? Sie ist hübsch, sehr hübsch, vornehm ... Schrecklich romantisch und brennt vor Gefühl. Ihr Temperament? Da bin ich unschlüssig ... Sie ist intelligent. Sie schreibt schöne Briefe, wenn auch ihr Stil ein wenig zu deutsch ist ... Sie hat eine weiche Stimme. Sie sagt keine Dummheiten, zumindest nicht in Gesellschaft. Im Zusammensein ist sie oft gerührt bis zur Sinnlosigkeit. Kann es anders sein zwischen zwei jungen Platonikern?«

Das Platonische hat eigenen Reiz. Es gibt den kleinen Dingen einen Wert, Blumen, die man austauscht, gemurmelten Versen. Es läßt unaussprechliche Freuden in einem Händedruck empfinden, in einem Seufzer, in der Berührung des Kleides, das etwas offener getragen wird als es nötig wäre. Das leichte Besitznehmen entwertet die Liebe wie feste Einkünfte das Geld weniger wert erscheinen lassen. Der erfahrene Byron langweilte sich keineswegs bei diesem Schäferspiel. Die Gefahr eines kleinen Ehekrieges, die stille Gewißheit, dabei eine anmutige und feinfühlige Alliierte zu haben, das alles beschäftigte und hielt Byron.

Dennoch war Don Juan nicht der Mann, ewig zu platonisieren. Wenn sein Temperament es vielleicht noch ertragen hätte, sein Stolz ließ es nicht zu. Diesem Abenteuer fehlte das Siegel des Besitzes. Und sei es nur wegen Lady Melbourne, er mußte siegen. Doch das Schloß von Aston Hall war von allen Schlössern Englands am wenigsten für ein tête-à-tête geeignet. Es ließen sich höchstens hastige Zusammenkünfte erreichen, die kaum flüchtigen Küssen Genüge taten. Es blieb die Nacht, aber der Ort erlaubte keine nächtlichen Besuche.

Seit langem gab es das eine Problem, wie die ganze Gesellschaft von Aston Hall in die Abbey von Newstead zu bringen wäre. Byron nahm den in Vergessenheit geratenen Plan mit lebhafter Unterstützung der Damen wieder auf. Webster machte keine Einwendungen. Die schon erwähnte Nymphe lockte ihn.

In Newstead war Byron in seinem Element. Sein Ansehen wuchs durch das der Domäne. Man besichtigte die gotische Abbey, seinen

See, den Kreuzgang der Mönche, die reizende Fontäne des Klosters. Er leerte den weingefüllten Schädel, und Lady Frances schaute bewundernd zu. Er führte sie durch den Park, in dem Hirschkühe und Hirsche sie unter den großen Eichen begleiteten. Er fühlte ihre Achtung und ihre Unterwerfung. In einem Hause, das er so gut kannte, war eine nächtliche Zusammenkunft leicht. Um Mitternacht trafen sich die unschuldig Liebenden allein, weit fort von allen anderen.

»Ein Tag, an dem wir uns völlig überlassen blieben, wurde beinahe verhängnisvoll – noch solch ein *Sieg*, und wir wären mit Pyrrhus verloren – und so trug es sich zu: ›Ich bin Ihnen ganz und gar ausgeliefert. Ich gestehe es. Ich gebe mich Ihnen ganz hin. Ich bin nicht *kalt*, wie ich anderen auch erscheinen mag; aber ich weiß, daß ich die Gedanken, die danach kommen werden, nicht ertragen kann. Glauben Sie nicht, dies seien nur Worte. Ich sage Ihnen die Wahrheit – und nun handeln Sie, wie Sie wollen.‹ Handelte ich unrecht? Ich habe es ihr erspart. Es war etwas Außergewöhnliches in ihrer Haltung – eine Art sanfter Entschlossenheit – keine Szene – nicht einmal Kampf; und dennoch weiß ich nicht, was mich davon überzeugte, daß es ihr ernst war. Es war nicht das einfache *Nein*, das man schon vierzigmal gehört hat und immer im selben Tonfall, aber ihr *Ton* und ihre Überlegung ... Ich habe viel aufgegeben – zwei Stunden – fern von allen andern – und der Teufel flüsterte, daß alles nur Geschwätz sei ... Dennoch weiß ich auch nicht, wie ich es bedauern soll – sie schien so dankbar für meine Milde – ein Beweis dafür, daß sie jedenfalls nicht nur das übliche taktvolle Zögern spielte, das in ähnlichen Situationen so aufreizend sein kann. Sie fragen mich, ob ich bereit sei ›bis zum Ende‹ zu gehen ... Ich antworte *ja*. Ich liebe sie.«

Während einiger Tage war er in einem heftigen Gewissenskonflikt. Sie stellte alles wieder seinem Ermessen anheim. »Ehe ich Sie mißvergnügt sehen möchte«, sagte sie ... »Ehe ich zugebe, daß Sie eine andere lieben, tue ich alles, was Sie wollen.« Er fühlte sich entwaffnet; er sah, wie zart, wie blaß sie war, er ahnte, wie nah den Tränen. Was sollte er tun?

Er hatte Mitleid und verschonte sie. »Sie hatte zuviel Angst vor dem Teufel, und ich genüge nicht zu ihrem Heil, um meine eigene Liebe auf Kosten des sicheren Unglücks einer anderen zu befriedigen.« War es ein Irrtum? Hatte er sich in den besten Gefühlen, die ihn je beherrschten, zum Narren halten lassen? Das war möglich, und sicher würde Lady Melbourne wieder behaupten, er kenne die Frauen nicht. Das bedeutete wenig; er tat sich nichts darauf zugute, sie zu kennen. Er war zum erstenmal seit langer Zeit mit sich selbst zufrieden. In einem Augenblick der Schwäche hatte er gewagt, dem Anspruch der Tugend zu weichen, obwohl sein Ruhm von ihm verlangte, sich darüber hinwegzusetzen. Diese Tugend war sein Lohn. »Glücklicherweise übrigens, denn einen anderen gab es nicht.« Eines Vormittags trennten sich die beiden Liebenden; Byron stark bewegt, Lady Frances geheimnisumhüllt. James Wedderburn Webster schenkte Byron zur Erinnerung an diese vierzehn Tage eine Tabakdose mit eingebrannter Inschrift.

XX

Der Korsar

> Es fällt schwer, nicht zu bemerken, wonach das
> 19. Jahrhundert sucht; ein wachsender Durst
> nach starken Empfindungen ist sein wahrer Charakter.
> *Stendhal*

Der Teufel legt wahrlich zuviele Schlingen nach einer Seele, die ihm vielleicht vor ihrer Geburt schon gehörte. Byron hatte den Inzest fliehen wollen, ein Verpflanzen seiner Gefühle versucht, er glaubte schon, es sei gelungen, und im letzten Moment war er aus Gutmütigkeit gescheitert. Das Bedauern quälte ihn Tag und Nacht. Das Bedauern, Augusta verlassen zu haben, das Bedauern, Frances Webster verschont zu haben, müßiges Grübeln über das, was gewesen war. »Die Poesie«, sagte er, »ist die Lava der Vorstellungskraft, deren Ausbruch einem Erdbeben vorangeht.« In solchen Augenblicken, in denen ein Erdbeben nahe war, schrieb er ohne Mühe, ohne abzusetzen. Seit dem Sommer beschäftigte ihn eine neue Erzählung, *Die Braut von Abydos* ... Suleika liebte ihren Bruder Selim ... Eine Inzestgeschichte, ein unkluges Thema, aber er konnte sein Genie nicht daran hindern, um solche Motive zu kreisen. Als er wieder in London war, schrieb er, um das Gären seiner Phantasie zu beschwichtigen, in vier Nächten die zwölfhundert Verse dieses Gedichts. Er verarbeitete darin die beiden Bilder, die ihn verfolgten, Augusta und Lady Frances. »Wenn ich in diesem Augenblick nicht irgend etwas gehabt hätte, wäre ich wahnsinnig geworden, weil ich zuviel von meinem eigenen Herzen verschlungen hätte – eine bittere Diät.«
Es war riskant, ein Poëm über Geschwisterliebe zu veröffentlichen, noch gefährlicher war es, zuzugeben, daß dies Gedicht dem eigenen Leben verbunden war. Dennoch schrieb er an Galt: »Der erste Teil

ist aus der Beobachtung meines eigenen Lebens entstanden«, und an Lady Melbourne: »Meine neue türkische Erzählung kommt heraus ... Aus gewissen *Gründen* wird sie Sie mehr als irgend jemanden sonst interessieren ... Ich möchte wissen, ob Sie denken werden, daß ich selbst in meinen Schriften bin oder nicht.« Wozu diese Konfessionen? Warum schwieg er nicht? ... Warum? Konnte er denn anders? Er war nicht fähig, Handlungen ganz natürlich zu vergessen wie Augusta. Er kaute seine Irrtümer, seine Gedanken unaufhörlich wieder. »Ich nehme Bücher zur Hand und lege sie beiseite. Ich habe eine Komödie begonnen und sie verbrannt, weil sich ihr Inhalt der *Wirklichkeit* näherte; einen Roman aus demselben Grund. In Versen kann ich mich etwas weiter von den Tatsachen distanzieren, aber der Gedanke ist überall gegenwärtig ... ja, überall.«

Um sich zu erleichtern, führte er seit seiner Rückkehr ein Tagebuch, und sein bewundernswertes, stetes Wirklichkeitsbewußtsein, die knappe Poesie machen dieses Tagebuch zu einem Meisterwerk. Hier verwirklichte er in jeder Zeile, was noch in *Childe Harold* das Wunder einiger Strophen war: sich selbst ganz zu umgreifen. Seine Sucht, von sich selbst zu sprechen, »diese verfluchte Sucht«, bewirkte, daß die seelische Erschütterung sich auf dem Papier genauso heftig, genauso wahr manifestierte wie in seinem Geist. Sein Leben war nur noch ein langer Dialog Byrons mit Byron. Abends, bevor er das Tagebuch schloß, schrieb Byron an Byron: »Ich gähne schon, – also gute Nacht, Byron.« Er registrierte die äußeren Geschehnisse so, wie sie ein Wächter von der Höhe eines Felsens aus wahrgenommen hätte; mit hochmütiger Gleichgültigkeit beschrieb er den Tiger und den Elefanten, die er in irgendeiner Menagerie gesehen hatte, zugleich mit Shakespeares *Kleopatra*, die ihm »wie der verdichtete Ausdruck ihres ganzen Geschlechtes« vorgekommen war, »anschmiegsam, lebendig, traurig, zärtlich, zänkisch, bescheiden, hochmütig, schön, die Teufelin! – und kokett bis zum Ende, mit der Natter ebenso wie mit Antonius.«

Kein anderes Dokument hat die Unbeweglichkeit dieses Charakters besser erkennen lassen. Noch nach fünfzig Jahren meditierte er über seine Liebe zur kleinen Mary Duff. »Es würde mir Schmerz bereiten, *sie jetzt* wiederzusehen; die Wirklichkeit, so schön sie sein könnte, zerstörte oder verwirrte mir zumindest die Züge der köstlichen Peri, die einst in ihr lebendig war und die in mir immer noch lebt.« Dem Anschein nach liebte er das heitere Leben, er speiste mit Moore, mit Sheridan, boxte mit Jackson und ging Madame de Staël aus dem Wege, die ihn langweilte. Aber durch äußeren Anschein sind Leiden schwer auszumachen. Er litt ... Der Gedanke war überall gegenwärtig ... Was tun, um zu vergessen?

... Handeln? ... Vielleicht lag hier das Heil. Er hatte immer daran geglaubt, daß er zum Handeln und nicht zur Poesie geschaffen war. »Wer schriebe, wenn er Besseres zu tun hätte? ›Handeln – Handeln – Handeln‹ sagte Demosthenes. ›Taten – Taten‹, sage ich meinerseits, und nicht schreiben, am wenigsten Verse ...« Träge gähnend wie ein wildes Tier hinter den Gittern der großen Welt ging er von einem Dinner zum nächsten Ball und dachte an den schweigsamen Orient. »Wozu hierbleiben? Ich bin nicht, war niemals und kann nicht volkstümlich werden ... Ich habe die Welt nie für mich gewonnen; was sie mir gab, wurde mir nur aus einer Laune zugebilligt. Hier ist mein Leben verdorben, dort unten wäre ich immer in Aktion, zumindest in Bewegung ... Ich bin auf das traurigste angeekelt von dem Mollusken-Dasein, das ich hier führe, und ich hasse die Zivilisation.«

Das Gespenst der Lady Frances wurde als erstes ausgetrieben. Sie schrieb ihm Briefe, in denen etwas zuviel von Herzen und Seelen die Rede war, das war carolinesker Stil, das ermüdete ihn. »Es gibt Leute, die sich darauf beschränken, das Verb *lieben* immer nur in der ersten Form konjugieren zu wollen, sie sollten sich nicht wundern, wenn man die Konjugation mit einer anderen zuende führt.« – »Wie schnell Sie vergessen«, sagte Lady Melbourne. »Aber im Namen des heiligen Franziskus und seiner Frau aus Schnee, und bei Pygmalion und seiner Statue – was habe ich denn hier zu vergessen? Ein paar Küsse, die ihr nicht besonders weh- und mir nicht besonders wohlgetan haben.« Nur ein kleines Abenteuer, diese Webster-Episode, die ihn aber doch in seiner Doktrin über die Frauen bestärkte. Ohne Zweifel würde Lady Frances eines Tages doch einen Liebhaber nehmen, der kühner sein würde als er. »Es ist ganz ausgeschlossen, daß sie einen Mann lieben könnte, der sich ihr gegenüber so verhält, wie ich es tat.«
Nun, da kein anderes Gefühl ihn schützte, näherte er sich Augusta von neuem, – als er einen unerwarteten Brief erhielt. Er kam von seinem Morgenstern aus Annesley, von seiner M. A. C., *my old love of loves.* Es war ein eilig hingeworfenes Billett: »Mein lieber Lord, – wenn Sie nach Nottinghamshire kommen, besuchen Sie mich doch in Edwalton, Sie werden dort eine *sehr alte und sehr aufrichtige* Freundin finden, die sich auf das lebhafteste wünscht, Sie zu sehen. Getreulich die Ihre. MARY.« Diese vier Zeilen ließen das verzauberte Leid der Vergangenheit wieder wach werden. Er wußte, daß sie unglücklich war. Jack Musters war ein schwieriger Ehemann. Seine Bauern sagten von ihm, er sei der beste Herr, aber sie hätten ihn noch mehr geliebt, wenn er sich etwas weniger um ihre Töchter gekümmert hätte. Die Amazonen der Treibjagden und die jungen

Bauernmädchen teilten sich in sein Herz. Seine Gattin hatte Annesley traurig und gedemütigt verlassen und bewohnte zusammen mit einer Freundin ein kleines Landhaus nicht weit von Newstead. Byron konnte nicht ohne Mitgefühl daran denken, wie hart das Leben mit seiner Mary umgegangen war. Sie hatte einen Verwöhnten geheiratet, seine Mutter, die Leute, sie selbst hatten ihn bewundert. Sie mußte darunter leiden.

Mußte er antworten? Er wußte nun, daß sie nicht aus göttlichem Stoff gemacht war, wie er in seiner Jugend geglaubt hatte, aber viele Erinnerungen verbanden ihn mit ihr! Das Lächeln von einst wiederfinden? ... Ein kluger Instinkt sagte ihm, daß die wahre Mary Chaworth längst die seiner Vorstellungswelten war. Was wollte die andere? War sie bereit, ihn zu lieben? Wohl nicht, sie galt als eine sehr reine Frau. Übrigens sprach sie in ihrem nächsten Brief davon, »ihn wie einen geliebten Bruder zu betrachten«, und sie fügte hinzu: »Sie werden das glückliche Geschöpf, das Sie einst kannten, kaum in mir wiedererkennen, so mager, so blaß, so melancholisch bin ich geworden. Sie haben viel von der Welt gesehen, ich sehr wenig. Das kleine Stück, das ich überschauen konnte, schafft mir Widerwillen; ich erhoffte mir die Menschen im allgemeinen so viel besser, denn ich beurteilte sie nach meinem eigenen Herzen.« Diese Sätze atmeten Traurigkeit und Anmut, sie rührten ihn. »Sie haben viel von der Welt gesehen, ich sehr wenig ...« Aber was konnte er für sie tun? Auf dem Land »eine kränkelnde Freundschaft« mühsam am Leben erhalten? Wozu?

Und dennoch war er versucht, wie er es immer war, sobald eine Frau ihm um ein weniges entgegenkam. Dieses Herz, das sich stets auf die nächstgelegene Vogelstange setzte, probierte seine Flügel. Würde sie ihm nachgeben? Das war wenig wahrscheinlich. Sie hatte die »liebe Freundin«, mit der sie lebte und die gewiß ein schlimmer Tugenddragoner war. In ihren Briefen sprach Mary von Byrons schlechtem Ruf. Ja, trotz dieses schrecklichen Rufes hatte sie ihm geschrieben. War das nicht ein Bekenntnis? Floh sie nicht genau wie Lady Frances und wie alle anderen nur, um eingeholt zu werden? Setzte er sich, wenn er das Spiel wagte, nicht vielleicht der Gefahr aus, einen neuen Anfall des alten Leidens zu erfahren? Lady Melbourne erklärte, als sie um Rat gefragt wurde, ihre Verständnislosigkeit: »Sie können nicht von mir erwarten, daß ich die Verwirrung begreife und erkläre, die bei allen Damen zu herrschen scheint, von denen Sie mir erzählen. Sie sind daran gewöhnt, und sicher ist für Sie alles viel klarer.«

Klar? Aber nein, für ihn war es nicht klar. Er war schwach. Seit das Andenken Lady Frances' verblaßte, beschäftigte ihn Augusta wieder ganz und gar. Während der Tage in Aston Hall hatte er sie beinahe vergessen. Sie hatte so selten geschrieben, daß er glaubte, sie sei verstimmt. Aber im November schickte sie ihm auf einmal ihr Bild. Sie, die gefürchtet hatte, geliebt zu werden und fürchtete, nicht mehr geliebt zu sein, sandte ihm ein Päckchen, das eine Locke ihres Haares und ein französisch geschriebenes Billett enthielt:

> Zu teilen alle Ihre Gefühle,
> zu sehen nur durch Ihre Augen,
> zu handeln nur nach Ihrem Rat, nicht
> zu leben als durch Sie, das sind
> mein Wille, meine Pläne und das einzige
> Los, das mich glücklich machen kann.

Unter die Locke schrieb sie: *Augusta*
Byron setzte hinzu:

> Das Haar der einen,
> die ich am meisten
> geliebt habe.

Er gab den Kampf auf. »Das Gefühl, das mich seit einiger Zeit verzehrt, trägt einen Teil von Schrecklichem in sich, der alle anderen in höchstem Grade schal erscheinen läßt. Kurz, eines seiner Wirkungen war so, wie es in der Geschichte von Mithridates steht, der sich nach und nach an das stärkste Gift gewöhnte und damit alle anderen wirkungslos werden ließ, als er in ihnen ein Heilmittel für alle seine Schmerzen und die Befreiung vom Leben suchte.«

Er arbeitete an einem neuen Gedicht, dem *Korsaren*, »geschrieben *con amore* und sehr nach dem Dasein«. Als Motto hatte er einen Vers von Tasso gewählt: *I suoi pensieri in lui dormir non ponno.* (Seine Gedanken konnten nicht schlafen in ihm.) Obwohl das Werk »nach dem Dasein« geschrieben wurde, war Konrad, der Korsar, nicht Byron; aber er war ein Held byronschen Typs, so wie ihn Byron schon im Oktober 1811 Hodgson geschildert, wie er ihn im *Giaour* gezeichnet hatte: wild, einsam, wunderlich, getrieben von innerem Zwang, ein über der Erde entfesselter Orkan »wie der Samum«. Man weiß nicht, woher er kommt, man weiß nicht, wohin er geht, er ist von Geheimnis umgeben. Immer gibt es in seiner Vergangenheit ein Verbrechen, das uns nicht entdeckt wird. »Für ihn gibt es keine Reue, keine Buße, keine Sühne; was er getan hat, kann nicht ungeschehen gemacht werden, man löscht das Unauslöschliche nicht aus; erst im Grabe wird er Frieden finden. Meistens ist er ein Renegat oder ein Atheist; er verlangt nicht nach dem Paradies, sondern nach Ausruhen. Um sich abzulenken, stürzt er sich in die Aktion, in den Kampf; Korsar oder Räuber, er erklärt der Gesellschaft den Krieg; er folgt heftigen Regungen. Und sollte er darin verderben, um jeden Preis will er der Öde des Lebens entgehen.«

Die Ähnlichkeiten zwischen Byron und dem byronschen Helden waren offensichtlich: hohe Geburt, eine verletzliche, glühende Seele in der Jugend, Enttäuschung, Zorn, Verzweiflung. Der byronsche Held erlebte die Dramen, von denen Byron träumte. Konrad war ein Mann der Tat, ein Piratenhauptmann; Byron, der seine Trägheit beklagte, handelte nicht. Konrad war stark; Byron hinkte. Konrad war sonnverbrannt, Byron bleich. Konrads Lachen war ein Gelächter, »das zugleich Wut und Schrecken erregte«, Byrons Lachen war fröhlich und charmant. Es lag darin etwas vom Kind Byron. Er besaß Witz und Humor. Während seiner Wutanfälle war er für einen Augenblick Konrad, aber im allgemeinen waren der lebendige Byron und der byronsche Held keineswegs geschaffen, um miteinander auszukommen, sie waren vielmehr einer für den anderen eine glücklose Gesellschaft; der byronsche Held wurde für Byron zu einem falschen, theatralischen Vorbild, das nachzuahmen er verpflichtet zu sein glaubte. Wenn er für Konrad plädierte, plädierte er für sich selbst.

> Dennoch war Konrad von Natur aus nicht dazu geschaffen
> Verbrecher anzuführen – selbst Instrument des Bösen.
> Seine Seele war verändert, ehe er durch Taten in einen
> Kampf trat gegen Gott und Menschen.
> Erzogen in der Schule der Enttäuschung,
> in Worten allzu weise, Narr in seinen Taten;
> zu starr, sich anzupassen, zu stolz, um sich zu bücken,
> von seinen Tugenden zum Narren gemacht,
> glaubte er, die Tugend sei der Grund für all sein Leiden.

»Von seinen Tugenden zum Narren gemacht«, das war er selbst, der junge gutgläubige Byron. Männer und vor allem Frauen hatten ihn durch die Schule der Enttäuschung gehen lassen. Seitdem wollte er sich als Korsaren sehen, als einen Gesetzlosen, einen »Mann der Verbrechen und der Liebe«, ritterlich nach seiner Weise, ein Feind des Menschengeschlechtes bis auf ein einziges Wesen, denn Konrad liebte eine Frau, die Byron zunächst im Andenken an Lady Frances »Francesca«, später »Medora« nannte.

Auch sie hätten zur Analyse gereizt, die Heldinnen der Byronschen Gedichte: zarte, unwirkliche Projektionen jenes *schönen Ideals,* das Byron in der Wirklichkeit nicht mehr zu finden suchte. »Die wahre Wollust«, sagte er, »gibt nicht den Geist für die plumpe Wirklichkeit hin. Die Liebe schließt alles aus, was irdisch, materiell ist, was die Physis dieses Vergnügens ausmacht. Nur wenn wir diese Gedanken verschleiern, sie beinahe ganz vergessen und sie uns selbst auch nicht insgeheim eingestehen, können wir verhindern, daß sie uns den Überdruß lehren.« Für einen Schüler Lady Melbournes eine erstaunliche Philosophie. Aber wer so hungrig war nach Vergnügen und entdecken mußte, daß nackte Sinnlichkeit Unruhe doch nicht stillen kann, spricht gern von den Leiden der Liebe. In der Liebe waren die Frauen schon immer die einzigen Realisten, und Konrad wie sein Schöpfer liebten voll ritterlicher Liebe Medora, eine Peri der Phantasie.

Sobald Byron am 17. Januar Murray das Manuskript des *Korsar* übergeben hatte, reiste er mit seiner Schwester nach Newstead. Hügel und Wege waren schneebedeckt, und Newstead sah unter dem Winterhimmel sehr schön aus. Er hatte zunächst – es wäre nicht weit gewesen – einen Besuch bei Mary Chaworth machen wollen, aber die Straßen waren vereist und unbefahrbar, Newstead mit Augusta ein ausreichend angenehmer Aufenthaltsort. Es war nicht einmal nötig, wie bei Lady Caroline bei jedem Satz Witz zu beweisen: »Wir gähnen nie, sind uns immer einig, und wir lachen viel, mehr als für die Stabilität eines Hauses wie diesem zuträglich ist; im übrigen macht uns unsere Familienschüchternheit zu viel amüsanteren Gefährten füreinander, als wir es für andere sein könnten.«
Die großen Gewölbe hallten von ihrem Lachen wider. Byron gab Augusta Italienischunterricht. Die Welt war vergessen; nur Lady Melbourne in der Ferne machte sich zuweilen bemerkbar: wollten Byron und seine Schwester nicht doch zu einem vernünftigen Leben zurückkehren?... Wie immer verteidigte Byron Augusta: »x ist die am wenigsten egoistische Person von der Welt; Sie glauben natürlich, keiner von uns könne ein ruhiges Gewissen haben. Was mich betrifft, will ich das nicht leugnen, aber Sie können nicht wissen, was sie für ein Geschöpf ist; ihr einziger Irrtum war meine Schuld, und für diese habe ich keine Entschuldigung als die Leidenschaft, doch die ist keine... Bis auf unseren einzigen *schrecklichen* Fehler halte ich sie für unvergleichlich gütig und charaktervoll. Geben Sie mir zu, daß sie in Wahrheit eine sehr *liebenswerte* Frau ist, und ich will versuchen, sie nicht mehr zu lieben. Wenn Sie mir nicht glauben, fragen Sie andere, die sie *besser* kennen. Ich sage *besser,* weil ein verliebter Mann ebenso blind ist wie die Liebe. Merkwürdig ist, daß ich schon immer eine Vorahnung gehabt habe; ich erinnere mich, als Kind, nachdem ich in der *Römischen Geschichte* über irgendeine *Hochzeit* gelesen hatte, – ich erzähle Ihnen davon, wenn wir uns wiedersehen – meine Mutter gefragt zu haben, warum ich nicht x heiraten solle.«
Es war das erste Mal, daß Augusta mit ihrem Bruder in der Intimität desselben Hauses zusammenlebte, und sie entdeckte mit Staunen, was er für ein Mensch war. Sie sah die geladenen Pistolen, die er neben sein Bett legte, sie hörte ihn von seinen Alb-

träumen erzählen, und die waren so fürchterlich, daß sie manches Mal nach Fletcher rief, damit der ihn beruhige. Im Schlaf schlug er so heftig die Zähne aufeinander, daß er sich aus Angst, er werde sich beißen, ein Handtuch zwischen die Kiefer legte. Wenn er nicht schlief, trank er die ganze Nacht hindurch Mineralwasser, bis zu zwölf Flaschen, in großer Erregung brach er manchmal einfach den Flaschenhals ab, statt die Flasche zu öffnen. Morgens nahm er verhältnismäßig große Dosen Magnesium zu sich. Diese absurde Lebensführung trug ihm einen empfindlichen Magen ein. Die Heftigkeit, die er bei ganz nichtigen Begebenheiten an den Tag legen konnte, war erschreckend. Augusta erkannte in alledem das Temperament Catherine Gordons wieder und sagte sich, daß, heirate er eines Tages, eine Frau sehr viel Langmut haben müsse, um ihn zu ertragen. Zu Beginn des Januars mußte Mrs. Leigh, deren Schwangerschaft fortgeschritten war, nach Hause zurückkehren.

Auf dem Lande, allein mit einem Wesen, das er liebt, ist ein Mann selten unglücklich. Der Aufenthalt in Newstead war ein zärtliches und heiteres Intermezzo gewesen. Sobald Byron in London war, stand er wieder im Sturm. Er faßte ihn von allen Seiten. Die Geschichte seiner Liebschaft mit Augusta begann in der Stadt die Runde zu machen. »Er war von einer einzigartigen Schamlosigkeit darin, von seinen eigenen Affären zu reden und die Briefe anderer herumzuzeigen.« Er sprach sich bei fünfhundert Vertrauten aus, die manchmal ein buntes Gemisch darstellten. Caroline Lamb plauderte viel. In Eton lasen die jungen Leute *Die Braut von Abydos* und fragten einen Neffen der Mrs. Leigh, ob seine Tante Suleika sei. Im Salon von Lady Holland brachte Byron, der absolut nicht schweigen konnte, die gewagtesten Thesen über die Beziehungen zwischen Brüdern und Schwestern vor. »Es gibt eine Frau, die ich hemmungslos liebe«, sagte er. »Sie erwartet ein Kind von mir, und wird es ein Mädchen, nennen wir es Medora.« Auf dem Heimweg diskutierten die Leute von Welt kopfschüttelnd diese allzu offenen Geheimnisse.

Man war nur zu gern bereit, ihn eines Verbrechens anzuklagen, für das, wie Lady Melbourne sagte, keine Entschuldigung gelten konnte, weil er heftig gehaßt wurde. Er hatte im Parlament eine radikale Whig-Position eingenommen, was schon mißfiel. Er hatte niemals seine Bewunderung für Napoleon verborgen; obwohl die Alliierten in Frankreich eingerückt waren, hoffte er nach wie vor, sein Bonaparte, »sein Romanheld«, werde sie schlagen. Er war entsetzt, die Rückwendung zum »alten, dummen, langweiligen europäischen Gleichgewicht« vorauszusehen, »das darin besteht, Strohhalme vor den Nasen der Könige im Gleichgewicht zu halten«. Solche Meinungen vertrat er öffentlich in einem Land, das sich im Krieg befand und in dem er sich durch sein Talent und seine Liebschaften einer Welt von Feinden gegenüber sah. London war mit soviel Gehässigkeit gegen den Poeten geladen, der es sich erlaubte, schön zu sein, Talent zu haben und mit unbekümmerter Offenheit zu reden, daß nur ein kleiner Schock noch fehlte, um diese mit Haß übersättigte Lösung explodieren zu lassen.

Den Vorwand lieferte ein Gedicht von acht Zeilen, das er ein Jahr zuvor gegen den Prinzregenten verfaßt hatte. Als der seine Freunde unter den Whigs im Stich gelassen hatte, erzählte man sich, seine Tochter Prinzessin Charlotte habe darüber geweint. Byron hatte der Prinzessin ein kleines anonymes Gedicht geschickt:

> Beweine, Tochter aus königlichem Blut,
> die Erniedrigung eines Vaters, das Mißgeschick
> eines Königreichs ...

Niemand hatte dem Aufmerksamkeit geschenkt, aber als der *Korsar* gedruckt wurde, hatte Byron den Wunsch geäußert, diese acht Zeilen hinzuzufügen und sich als Autor zu erkennen gegeben. Murray war klug genug, ihn auf die Gefährlichkeit dieses Wunsches hinzuweisen. »Was kümmern mich die Folgen«, antwortete er. »Meine politischen Ansichten sind für mich das, was eine junge Geliebte für einen Greis bedeutet – je toller sie sind, um so mehr liebe ich sie.« Die beiden Vierzeiler erregten einen Sturm von rasender Heftigkeit in der Presse. Man griff nicht nur Byrons Politik an, auch seinen Charakter, seine Dichtungen, selbst seinen körperlichen Fehler. Einige Artikel waren so scharf, daß seine Freunde ihm rieten, die Verleumder zu belangen. Er antwortete, daß er Haß nur gegen seinesgleichen empfinden könne, daß er aber nicht das geringste Pläsier darin finde, Ohrwürmer zu quälen, obwohl er sie verabscheue. Wie gewöhnlich hatten diese Angriffe »das Buch auf den höchsten Gipfel der Popularität hinaufgetragen«. Am Tag der Veröffentlichung wurden dreizehntausend Exemplare verkauft, eine bisher beispiellose Zahl für ein Poem. Es war nicht allein der Skandal, der den Erfolg ausmachte, viele fanden in dieser Poesie trotz des fremdartigen Stoffes (der damals niemanden befremdete) eine unmittelbare und moderne Inspiration, die eigenen Vorstellungen entsprach. »Der gebotene Stil, die Geringschätzung all dessen, was mittelmäßig und niedrig ist, der Mut – Wurzel aller Tugend –, der immer noch mehr wagt bis zum Ende, die Liebe zur Schrankenlosigkeit, zur Freiheit, und dieser Rhythmus, der an den von Wellen, die sich an der Küste brechen, erinnert, gefielen ihnen über alle Maßen.« Im unvermeidlichen Konflikt zwischen Individuum und Gesellschaft fand das Individuum den Dichter seit mehr als einem Jahrhundert im Lager der Gesellschaft. Ein Konrad repräsentierte für Generationen, die man ihrer starken Gefühle beraubt hatte, einen Mann, der bis ans Ende seiner Eingebungen ging. »Byrons Einfluß war einzigartig. Alle Welt las ihn. Selbst Männer und Frauen, die von keiner anderen Dichtung erreicht wurden, lasen die seine; alte Seeleute, Krämer, Angestellte, Schneider, Modistinnen ebenso wie die besseren Richter kannten ganze Seiten seiner Verse auswendig.« Mehr noch als mit *Childe Harold* wurde Byron mit dem *Korsar* der Dichter aller Empörer, all jener in Europa, die an der politischen Freiheit und der Freiheit der Gefühle verzweifelten.

London. Einsamkeit inmitten der Meute. Empfinden der Eitelkeit dieses Lebens. »Ich frage mich, wie zum Teufel jemand diese Welt hat erschaffen können; zu welchem Zweck sind zum Beispiel die Dandies erfunden worden – und die Könige und die *fellows* an den Colleges – und die Frauen ›im gewissen Alter‹ – und viele Menschen, gleich welchen Alters – und ich selbst vor allen Dingen!... Gibt es irgend etwas über dies alles hinaus? – Wer weiß es? *Er,* der es nicht sagen kann. Wer sagt es? Der, der es nicht wissen kann.« Seit dem 22. Januar war er sechsundzwanzig Jahre alt, »sechshundert Jahre für das Herz«, sagte er, »sechs Jahre für den Verstand«. Mit sechsundzwanzig mußte man etwas geworden sein. Was war er? Wer liebte ihn? Obwohl er nicht mehr der Löwe der Saison war, wurde er noch häufig eingeladen, aber er hatte keine Lust, irgend jemanden zu sehen.

»Hobhouse sagt, ich würde ein Bär, – ein einsamer Poltergeist. Richtig... Die letzte Woche verging mit Lesen, – Theaterabenden – hier und da einem Besucher – manchmal mit Gähnen, manchmal mit Seufzen, überhaupt nicht mit Schreiben, – außer Briefen. Wenn ich immer lesen könnte, würde ich nie das Bedürfnis nach Geselligkeit empfinden. Bedaure ich es? – hm! – ›Ich habe Lust am Mann‹ und was die Frauen betrifft, eine einzige – auf einmal... Es liegt für mich etwas sehr Besänftigendes in der Gegenwart einer Frau, – ein sonderbarer Einfluß, selbst wenn man sie gar nicht liebt – ich kann mir das übrigens nicht erklären, denn ich habe keine sehr hohe Meinung von diesem Geschlecht. Aber es ist eine Tatsache, ich bin immer in besserer Stimmung, was mich betrifft und in Anbetracht des ganzen Restes, wenn eine Frau sich in meinen Gewässern zeigt. Selbst Mrs. Mule, meine Haushälterin, – die älteste und verdorbenste ihrer ganzen Spezies – bringt mich immer zum Lachen, übrigens eine leichte Aufgabe, wenn ich ›in Stimmung‹ bin... Heigho! Ich möchte auf meiner Insel sein!«

König Lear, Hamlet, Macbeth . . ., er verbrachte seine Abende damit, Shakespeare zu sehen. Er kannte ihn auswendig. Er lebte ihn. Sehr oft schrieb er sein Tagebuch im brüsken Ton des dänischen Prinzen. In diesem Winter des Jahres 1814 war das Leben selbst shakespearisch. Das Drama des Weltreiches ging seiner Lösung entgegen. Hobhouse, der im »Cocoa Tree« soupierte, wettete ein Dinner, daß die Alliierten vor Ende Februar in Paris seien; Byron blieb seinem Helden treu und hielt die Wette. Am 28. stand Blücher vor Meaux, und Byron gewann sein Dinner. Im März gaben ihm die Kämpfe bei Fère-Champenoise für einige Wochen die Hoffnung, England, Blücher und Schwarzenberg geschlagen zu sehen. Dann war alles verloren. Am 2. August kam er von einem kurzen Besuch bei Augusta zurück, die auf ihr Kind wartete, und erfuhr, daß »seine kleine Pagode«, Napoleon, von ihrem Sockel gefallen war. »Die Diebe sind in Paris«, sagte er. Am 10. erfuhr man von der Abdankung, der Wahl der Insel Elba. Hobhouse und Byron gingen aus, um das illuminierte London anzusehen. Beim Prinzregenten, am Carlton House, gab es eine riesige beleuchtete Inschrift: HOCH DIE BOURBONEN.

Byrons Tagebuch: »Ich streiche diesen Tag an! Napoleon Bonaparte hat dem Weltreich entsagt. Sehr gut. Mir scheint, Sulla hat es besser gemacht . . . Wie! Zu warten, bis man in seiner Hauptstadt steht und dann davon zu reden, etwas aufzugeben, was man schon verloren hat! . . . Ich bin verwirrt und konsterniert. Ich weiß nicht – aber es will mir scheinen, als hätte *ich*, sogar *ich* (ein Insekt, verglichen mit diesem Mann) mein Leben für Unternehmungen aufs Spiel gesetzt, die den millionsten Teil jenes bedeutet hätten. Nun denn, eine Krone ist vielleicht nicht wert, daß man dafür stirbt.« Er schrieb eine verachtungsvolle Ode auf seinen Helden, der ihn enttäuscht hatte.

Hobhouse, leidenschaftlicher Jäger nach Eindrücken, entschloß sich, nach Frankreich aufzubrechen, um die letzten Spuren des Ungeheuers zu sehen. Er wollte Byron mitnehmen, aber den hielt die Niederkunft Augustas zurück. Am 15. April brachte sie eine Tochter zur Welt, die, höchste Unvernunft, Medora genannt wurde. Byron kam sofort. Er war stolz auf seine Vaterschaft. An Lady Melbourne, die ihm zweifellos prophezeit hatte, daß dieses aus einem Inzest geborene Kind ein Scheusal werden würde, schrieb er: »*Oh, aber das ist der Mühe wert*, ich kann Ihnen nicht sagen warum, und es ist *kein Scheusal*, und wenn es eines ist, ist es das durch meine Schuld; jedoch will ich mich zum Besseren ändern. Sie werden mir zugeben, daß ich nirgendwo auch nur halb so geliebt werde und daß ich mein Leben lang versucht habe, irgend jemand dazu zu bringen, mich zu lieben und es zuvor niemals bei dem Typ, den ich bevorzuge, erreichte. Aber sie und ich werden wirklich brav sein, wir sind es übrigens schon *jetzt* und werden es in den nächsten drei Wochen und viel länger sein.« Einige Tage nach der Niederkunft machte er Augusta, deren Ehemann nach wie vor in finanzieller Bedrängnis war, die Summe von dreitausend Pfund zum Geschenk.

Er liebte sie gewißlich mehr als je zuvor mit einer verzweifelten und unüberwindbaren Liebe; er schrieb Verse für sie, die vielleicht die schönsten waren, die er bis dahin verfaßt hatte.

Ich spreche ihn nicht aus – ich schreib ihn nicht – ich
seufze ihn nicht, deinen Namen –
Verbrechen ist in dieser Liebe – Schmerz ist in diesem Namen –
Aber die Träne, die jetzt auf meiner Wange brennt, läßt erkennen,
wie tief die Gedanken sind, die dieses Schweigen verbirgt.

Zu kurz für unsere Leidenschaft – zu lang für unseren Frieden –
fliehen die Stunden – ihre Freude – ihre Bitterkeit, wird sie enden?
Wir bereuen – wir schwören ab – wir wollen unsere Kette zerbrechen –
Wir werden uns trennen – einander fliehen – um uns aufs Neue zu
vereinen!

O, daß dir das Glück zukomme – und das Verbrechen mir –
Verzeih mir, Angebetete – verlaß mich, wenn du willst–
aber dieses Herz wird vergehen, ohne sich zu erniedrigen;
der Mann kann nicht brechen, was du allein zerstören kannst.

Was sollte sie, die verworrene Augusta, über diesen feurigen Appell denken? Sie war stolz darauf. Auch sie liebte ihn sehr auf ihre Weise. Sie hatte ihn gern als Liebhaber gehabt. Sie hätte ihn heiraten mögen, ein Ende machen, aber vor ihm war sie willenlos. Er war ihr Bruder, berühmt, reich. In einem komplizierten bedrängten Leben war er auf einmal wie der Retter erschienen. Sie gehorchte ihm.

Die viertausend Menschen, die »noch auf waren, wenn alle anderen schliefen« und die England regierten, waren stärker in Bewegung als je zuvor. Die Welt tanzte zu Ehren des Friedens, wie sie zu Ehren des Krieges getanzt hatte. Es wurden Bälle für den Kaiser von Rußland gegeben, für den König von Preußen. Byrons Club gab eine Maskerade für den Herzog von Wellington. Hobhouse legte ein albanisches Kostüm an, Byron eine Mönchskutte. *Isn't he beautiful?* sagten die Damen. Caroline Lamb, die sich getröstet zu haben schien, beging tausend Narrheiten und brachte einen Offizier der Garde dazu, seine rote Uniform zu lüften.

Als Byron in der Morgendämmerung in sein Apartment zurückkehrte, das in der wohltuenden Vornehmheit des Albany lag, ging er noch an seine Arbeit, bevor er sich zur Ruhe legte. Er schrieb ein Gedicht, *Lara,* und diesmal hatte er sich nicht einmal die Mühe einer Verlagerung der Handlung in den Orient gemacht. *Lara* stammte aus keinem Land, aus keiner Epoche. Es war der reine byronsche Held: ein großmütiger Charakter, mit einem zur Liebe geschaffenen und von Kind an zurückgewiesenen Herzen, mit einem tiefen Bedürfnis nach den Illusionen der Jugend und einer zu klarsichtigen Erkenntnis ihrer Vergeblichkeit; so war Lara, er glich Konrad, er glich Childe Harold, er glich Byron. Einige Strophen des *Lara* bildeten ein so hellsichtiges Porträt des Autors, ein so treffendes, daß sogar Augusta davon überrascht war.

> In seinem Wesen lag unentwirrbar viel beschlossen,
> das Liebe, Haß, Furcht und Neigung wecken konnte ...
> Sein Schweigen gab den andern Stoff zum Reden ...
> Was war er gewesen, was war er, dieser Unbekannte? ...
> Haßte er die Menschen? Doch sagten manche, daß
> er fröhlich sei mit Fröhlichen;
> doch daß sein Lächeln, oft und nah gesehen,
> zur spöttischen Grimasse welkte ...
>
> In seinen Augen sah man nie ein Lächeln;
> doch gab es Milde oft in seinem Blick ...
> Es war, als trieb ein immer wacher Kummer
> ihn, zu hassen, weil er einst zu sehr geliebt.
> Ein Abscheu gegen alles beherrschte ihn,
> als wäre er, nachdem er auch das Schlimmste schon erfahren hatte,
> ein Fremdling in der Welt der Lebenden,
> ein irrender Geist, gestürzt aus einer anderen Welt.

»Ein Fremdling in der Welt der Lebenden«, das war einer seiner gefährlichen Gedanken über sich selbst. Er war ein irrender Geist, ein Wesen zu übermenschlichem Sein geboren und vom Schicksal zum Verbrechen geführt. Je größer ein Charakter ist, um so gefährlicher kann er werden, wenn er sich enttäuscht fühlt. Wenn ein Verbrecher sein Leben in Güte begann, mischen sich in seinen Abscheu nicht nur der Skrupel, sondern, um ihn zu verderben, auch Neid. Neid auf die, die glücklicher sind als er, die ihre Kräfte nützen konnten, ohne erst mit den Menschen kämpfen zu müssen; Neid vor allem auf den, der er hätte sein können und der er für einen Augenblick gewesen war. Wie der Dämon Luzifer auf den Erzengel Luzifer eifersüchtig ist, war Byron eifersüchtig auf Byron. Wenig Kinder haben so edle Träume gehabt wie der junge Gott des Berges Ida. Der Verdammte der Bennet Street konnte sich darüber nicht trösten. Würde er dem »ehemals zukünftigen Byron« je verzeihen können, begeistert und sanft gewesen zu sein?

Der Sommer kam. Byron fuhr mit Augusta an die Küste, nach Hastings, sie verbrachten dort den Juli und August miteinander. Dann kehrte er allein zurück nach Newstead. In Paris sangen die

Soldaten: »*Il reviendra* – ...« und verlangten nach dem grauen Gehrock. Augusta und ihr Bruder schrieben einander Briefe, die, wie bei Kindern, ganz voll von Kreuzchen waren, Zeichen für Zärtlichkeiten.

XXI
Verlobung

Newstead. Einige Monate lang hatten die Anwälte des Käufers mit Hanson gestritten, aber Hanson blieb fest, und sein Vertrag war unanfechtbar. Der junge Claughton mußte sich fügen, Byron hatte seine Abtei wieder und dazu die fünfundzwanzigtausend Pfund Abstandsgeld, so daß er einige seiner Schulden bezahlen konnte. Vierzehn Tage lang blieb er allein. Er hatte Tom Moore eingeladen: »Der Ort ist ansehenswert, auch als Ruine, ich versichere Ihnen, daß man sich hier gut unterhalten hat, selbst zu meiner Zeit noch, aber das ist vorbei. Dennoch geben ihm Gespenster, Gotik, Gewässer und Verwüstung ein merkwürdiges Leben.« Aber Gotik und Verwüstung hatten Tom nicht locken können, und Byron blieb zu Beginn seines Aufenthaltes das Gespenst des schwarzen Mönches als einzige Gesellschaft, es ging im Flur neben ihm her und schaute ihn unerwartet aus brennenden Augen an.

Seit er allein in Newstead war, dachte er ans Heiraten. Warum nicht? Die Abbey war traurig. Es wäre gut, hier »jemanden zu haben, von Zeit zu Zeit, mit dem man gemeinsam gähnen könnte«. »Er liebte die Einsamkeit nicht so sehr wie das Vergnügen, einer Frau auseinanderzusetzen, wie sehr er die Einsamkeit liebe.« Die Ehe war die einzige Form der Liebe, die er noch nicht kannte. Er liebte das Erstaunliche, Gefährliche. War die Ehe für einen Mann seines Rufs nicht das Erstaunliche? Seine nächsten Vertrauten rieten ihm zu. Lady Melbourne schrieb ihm, allein eine legitime Frau sei seine Rettung. Augusta schlug eine ihrer Freundinnen vor.

Byron an Lady Melbourne: »Ich glaube zu heiraten wäre die klügste Entscheidung, aber wen? ... Ich habe kein Herz zu vergeben und erwarte keines als Gegengabe; aber wie Moore sagt: ›Eine hübsche Ehefrau ist ein schicklicher Zufluchtsort für die sattgewordene Eitelkeit eines Wüstlings.‹ Die meine könnte alles tun, was sie wollte, vorausgesetzt, sie besäße einen guten Charakter, eine ruhige Art, sich zu geben, und sie ließe mir dieselbe Gewissensfreiheit. Was ich brauche, ist eine Gefährtin – eher eine Freundin als cine übertrieben Gefühlvolle. Ich habe genug Liebesheiraten gesehen – um über das gemeinsame Los glücklicher Paare zu resignieren. Der einzige Kummer wäre, daß ich mich in meine Frau verlieben könnte – was nicht unwahrscheinlich ist, denn die Gewohnheit hat eine merkwürdige Macht über meine Gefühle. In diesem Fall wäre ich eifersüchtig, und Sie wissen nicht, was für ein Ungeheuer eine böse Leidenschaft aus mir macht!«

Wen sollte er wählen? Da war Lady Catherine Annesley, die jüngere Schwester von Lady Frances Webster. Sie war hübsch, sehr jung »und ich glaube dumm. Aber ich habe sie nicht oft genug gesehen, um sie beurteilen zu können; übrigens habe ich einen Horror vor Geist in Röcken.« Da war Lady Alelaïde Forbes, die dem Apollon von Belvedere ähnelte. Da war Augustas Freundin, Lady Charlotte Leveson-Gower, mit den Antilopenaugen. Da war die reizende Miss Elphinstone, mit der er gelegentlich kokettierte und die ihm gern seine Launen vorhielt. Vor allen anderen aber gab es Annabella.

Es war sonderbar, diese beiden sich so unähnlichen Geschöpfe konnten seit zwei Jahren nie ganz voneinander loskommen. Byron hatte es sich nach jener Ablehnung durch die Prinzessin der Parallelogramme zur Ehre angerechnet, ihr nicht die geringste Verstimmung zu zeigen. »Ich weiß nicht, ob ich über die Vorurteile hinaus bin, die sich das *Tier* ›Mann‹ für solche Gelegenheiten gebildet hat, aber ich bin gewiß darüber hinweg, sie zu zeigen.« Dennoch fügte er hinzu: »Ich muß gestehen, daß ich dies *Nein* des letzten Sommers nie vergessen werde – nein – selbst wenn morgen ein *Ja* daraus würde.« Er bewahrte sich einen leicht konsternierten Respekt der einzigen Frau gegenüber, die es gewagt hatte, sich ihm zu versagen, einen vagen Ärger und eine Neugier. Ob sie überhaupt lieben konnte, diese Metaphysikerin? Es wäre ein Vergnügen gewesen, ein solch waches Bewußtsein beschämen zu können.

Ihr Unglück war, daß sie ihrerseits auf diese gefährliche Eroberung neugierig war. Gewiß fühlte sie sich geschmeichelt, diesen Liebhaber, nach dem ihre törichte Kusine vergeblich rief, angezogen zu haben, doch war sie auch ehrlich davon überzeugt, daß nur sie diesen schönen Sünder retten konnte. Um sich in wohlbehütete Herzen zu schleichen, macht die Liebe sonderbare Umwege. Annabella war verwundbar durch ihr Verlangen, sich zu opfern. Der Heiratsantrag war in ihrem stillen Leben ein Ereignis gewesen, dessen Bedeutung sich Byron, dieser Prinz des Ungestüms, gar nicht vorstellen konnte; was sie über ihn hörte, quälte sie. Die absurden und böswilligen Gerüchte, die in London immer noch über Byron umliefen, verwirrten sie. Man erzählte sich, er habe die älteste Tochter der Lady

Oxford mit sich auf eine Insel genommen, um sie dort zu erziehen und zu heiraten. Man sagte, er habe sich dem jungen Claughton, dem Anwärter auf Newstead, gegenüber schlecht benommen; Claughton habe aus Unerfahrenheit zu hoch geboten, und Byron habe ihn grausam ruiniert. Diese Geschichten betrübten Annabella. Sie betraute ihre Tante Melbourne mit Botschaften an Byron: »Da ich keine Gelegenheit hatte, ihn wiederzusehen, wäre ich glücklich, wenn Sie ihm sagten, daß ich mich immer freuen werde, zu wissen, daß er glücklich ist, und wenn meine Achtung ihm etwas bedeuten kann, soll er gewiß sein, daß ich denen, die Schlechtes über ihn reden, niemals glauben werde.« Sie hoffte ihn wiederzusehen: »Seine Gesellschaft betrachte ich als so wünschenswert, daß ich nur zu gern das Risiko eingehen würde, man könne es *Flirt* nennen, unter der einzigen Bedingung, daß ich ihm damit nicht schade.«

Schließlich schrieb sie ihm im August 1813 als erste; eine bemerkenswerte Kühnheit für ein junges Mädchen. Sie erklärte ihm ihr früheres Verhalten durch eine andere Liebe (das stimmte nicht, aber das arme Mädchen glaubte, es sei geschickt), sie bot ihre Freundschaft an und gab ihm gute Ratschläge: »Erlauben Sie sich nicht, der Sklave des Augenblicks zu sein, liefern Sie Ihre edlen Impulse nicht den Zufällen des Lebens aus ... Tun Sie Gutes ... Um den Menschen Gutes tun zu können, müssen Sie sie lieben und ihre Fehler ertragen.« Heigh-ho! Der Korsar mußte lächeln, aber er antwortete mit einem tadellosen und beinahe feierlichen Brief: sie sei die erste Frau gewesen, die er habe zum Altar führen wollen und wahrscheinlich auch die letzte. Lady Melbourne habe recht gehabt, als sie sagte, er ziehe sie allen anderen Frauen vor. Das sei wahr gewesen und sei es noch. »Ihre Ablehnung war dennoch keine Enttäuschung, weil es unmöglich ist, auch nur einen Tropfen in einen Becher zu schütten, der ohnehin von den Wassern der Bitterkeit überfließt.« Zur Frage der Freundschaft: »Ich zweifle, ob ich aufhören könnte, Sie zu lieben ... aber wie meine Gefühle auch sein mögen, Sie werden niemals irgendeiner Form von Belästigung ausgesetzt sein.« Wie ergeben, wie ernst er war, und wieviel Mühe hätte Lady Melbourne gehabt, darin den Stil ihres Freundes zu erkennen. Und in Wahrheit: wußte er selbst, ob er spielte oder ob er aufrichtig war? Wie alle Menschen mit großer Phantasie, Chamäleon von Natur, schuf er sich dieses Mädchen in dem Augenblick, in dem er an sie schrieb. Er erinnerte sich an ein etwas rundes, gleichmäßig gebildetes Gesicht und eine gutgewachsene Figur. Er wollte gefallen. Er wählte die Form, die seinem Vorsatz dienen konnte. Eine zerbrechliche, widersprüchliche Freundschaft, aber sie dauerte an. Byron empfand ein kurioses Vergnügen an ihr. Er fand es pikant, Lady Melbourne die steifen Briefe ihrer Nichte zu zeigen. Annabella war ratlos, sie machte sich Vorwürfe, ihn abgewiesen zu haben und ohne sich dessen selbst ganz bewußt zu sein, suchte sie zu erreichen, daß er sich von neuem anbot. Ach, wie sie es sich jetzt vorhielt, ihm gesagt zu haben, sie liebe einen anderen!

Natürlich begann sie ihn zu bessern: »Sie hatte von einigen seiner guten Taten erfahren, sie wußte, daß er besser war als sein Ruf. Sein Lachen klang falsch, er war nicht glücklich, sie fühlte es. War es wirklich möglich, daß er ganz und gar ungläubig sein sollte?« In diesem Punkt war Byron sehr offen: »Ich komme da zu einem Thema, das ich, wie Sie gemerkt haben, bisher vermied – ein schreckliches Thema – die Religion. Ich bin während der ersten Zeit meines Lebens in Schottland unter Calvinisten erzogen worden, das hat mir die Antipathie gegen diese Sekte eingetragen. Nach dieser Zeit habe ich die frömmsten und gläubigsten aller Länder besichtigt – Spanien, Griechenland, die Türkei... Mein Urteil steht noch keineswegs fest... Gewiß glaube ich an Gott, und ich wäre glücklich, wenn ich darin weiter bestärkt würde. Wenn ich im Augenblick keinen Glauben besitze, der in die Tradition und Offenbarungen menschlicher Glaubensbekenntnisse einbeschlossen ist, liegt das, so hoffe ich, nicht an mangelnder Achtung für den Schöpfer, sondern für das Geschöpf.«

Sie riet ihm, Locke zu lesen und dem Beweis nicht so viel Wichtigkeit beizumessen. Sie schrieb: »Wenn das als göttlich angesehene Prinzip für einen Verstand von endlicher Kapazität vollkommen verständlich wäre, so verlöre es einen Teil seiner Glaubhaftigkeit als Ausfluß einer unendlichen Intelligenz.« Byron verzichtete auf Locke, er las Hiob und Jesaias, düstere Propheten. Er leugnete nicht, er glaubte nicht. »Ich habe mir keine feste Meinung gebildet, aber ich halte die *Bigotterie* des *Skeptizismus* für ebenso schädlich wie die gläubigste Intoleranz... Warum bin ich hier? Ich weiß nichts darüber? Wohin werde ich gehen? Unnütze Frage. Warum sollte ich mich inmitten von Myriaden lebendiger und toter Welten – Sternen – Systemen – Unendlichkeiten – um ein Atom sorgen?« Sie schrieb sogleich zurück: »Es ist wahr, wir sind Atome im Universum, aber ist ein Atom nichts, hat es in den Augen des Unendlichen keinen Wert? Es hieße die Eigenschaft des Göttlichen zerstören, wenn man ihm die Macht abspräche, sich um das unendlich Kleine ebenso zu kümmern wie um das unendlich Große.« Sie nutzte ihre Seelenstärke und die Kraft ihres Geistes, wenn sie Byron moralische Ratschläge gab: »Empfinden Sie Wohlwollen, und Sie werden Wohlwollen einflößen. Sie werden Gutes tun. So unvollkommen ich sein mag, sogar ich hatte das Glück, Frieden zu schenken und Tugend zu wecken.«

Sie war felsenfest davon überzeugt, sich einem Kranken zu nähern und ihn pflegen zu müssen. Arme Annabella. Je stärker sie empfand, daß er weit von ihr entfernt war, um so mehr versteifte sie sich darauf, ihm zu schreiben. Sie konnte sich von seinem faszinierenden Bild nicht losreißen. Sie las seine Werke: den *Giaour*, den *Korsar*. Sie fand, er übertreffe alle in der Sprache der Leidenschaft: »Seine Schilderung der Liebe macht mich beinahe selbst verliebt.« Sie sprach mit allen ihren Freunden darüber, sie schrieb davon an ihre Tante Melbourne. Sie war von ihm besessen, ohne es zu ahnen. Sie glaubte, ihrer selbst so sicher zu sein, hielt sich für so ernst und gelehrt. Lord Byron war ein unglückliches, harmloses Geschöpf, das sie auf den Pfad der Tugend zurückführen würde. Sie trieb ihre Kühnheit so weit, ihn durch ihre Eltern nach Seaham einladen zu lassen. »Ich möchte Sie davon unterrichten«, schrieb sie ihrer Tante Melbourne, »daß mein Vater und meine Mutter es, nachdem sie erfahren hatten, Lord Byron komme in den Norden, für richtig gehalten haben, ihn hierher einzuladen ... Ich wäre sehr glücklich, wenn er die Einladung annähme, die mein Vater ihm ebenfalls heute schickt ... Es ist mir gleichgültig, was man darüber sagen könnte, und ich weiß, Sie denken, daß es so richtig ist.«

Unter diesem liebevollen Äußeren waren Nichte und Tante keineswegs dazu geschaffen, sich gut zu verstehen. Annabella fand ihre Tante frivol, unmoralisch, Lady Melbourne konnte ein junges Mädchen nicht mögen, das von der Mathematik zur Metaphysik überging. Sie wurde von einer Frau irritiert, die, nachdem sie gesagt hatte, ihre Lieblingsautoren seien die schottischen Philosophen, hinzufügte: »Ich unterscheide mich aber sehr von den Leuten, die solchen Büchern eine größere *praktische* Nützlichkeit zusprechen – selbst für die einfachsten Lebensumstände.« Die alte Dame forderte ihre Nichte auf, ihr eine Aufstellung der Qualitäten zu machen, die sie von einem Ehemann verlangte. Sie erhielt sie in folgender Form:

Ehemann

Er muß feste Prinzipien über die Pflicht besitzen, die seine starken und *großmütigen* Gefühle bestimmen, und die seine Gefühle der Vernunft unterwerfen.

Genie ist meiner Ansicht nach nicht *notwendig*, obwohl wünschenswert, wenn es mit dem, was ich dargelegt habe, *vereint* ist.

Ich verlange einen Charakter, frei von Verdächtigungen und der *üblichen* schlechten Laune,

– aber auch eine große Gleichmäßigkeit der Zuneigung für mich und nicht jenes heftige Aufwallen, das durch Nichtigkeiten verstärkt oder vermindert wird.

Ich wünsche, von meinem Gatten als *vernünftige Beraterin* angesehen zu werden und nicht als ein Führer, dem er sich *blindlings* überlassen kann...

Die Herkunft ist mir gleichgültig. Aber ich betrachte *gute Verbindungen* als einen wichtigen Vorzug.

Um *Schönheit* kümmere ich mich nicht, aber die guten *Manieren eines Gentleman* sind mir unerläßlich, und ich glaube übrigens nicht, daß man mich ohne solche gewinnen kann.

Ich würde mich nie mit einer Familie verbinden, in der es eine zu starke Neigung zum Irrsinn gibt.

Lady Melbourne muß den Kopf geschüttelt haben, als sie dieses Dokument las. Von einem geliebten Mann »trockenen Verstand und kalte Gerechtigkeit« zu verlangen, »weder Talent noch Fröhlichkeit, Offenheit oder Güte« zu fordern, kam ihr absurd vor. Sie warf ihrer Nichte vor, das Leben auf Stelzen zu durchschreiten, statt wie alle Welt auf zwei Beinen. Annabella protestierte sanft: »Sie sind im Unrecht, wenn Sie glauben, ich wollte mich aller liebenswerten Gefühle entledigen. Ich dachte sie alle in das Wort *großmütig* eingeschlossen zu haben... Weit entfernt davon zu vermuten, ich könnte von einem Charakter *trockener* Vernunft und *kalter* Gerechtigkeit erobert werden, bin ich von Menschen dieser Art eher *abgestoßen*... Nach dieser erschöpfenden Erklärung, nehmen Sie mir vielleicht meine *Stelzen* wieder ab und billigen mir zu, daß ich nur auf den Zehenspitzen stehe.«

Sie wäre sehr überrascht gewesen, wenn sie auf die andere Seite der Bühne hätte sehen oder lesen können, was Byron über dieses Porträt an Lady Melbourne schrieb, die es ihm geschildert hatte: »Man hat sie wahrscheinlich verdorben – nicht wie es bei Kindern üblich ist – sondern systematisch in einem Zutrauen zu ihrer eigenen Unfehlbarkeit, die sie zu schlimmen Irrtümern führen wird oder führen könnte... Sie sagt, sie diskutiere mit mir über metaphysische Themen... Im Ernst, wenn sie sich einbildet, ich fände ein ausgesprochenes Vergnügen daran, das *Credo* des heiligen Anastasius zu studieren, glaube ich, daß sie sich irrt... Im Augenblick liebe ich sie nicht; aber ich kann keineswegs voraussehen, was sich ereignen wird, wenn (wie Falstaff sagt) ›ein etwas warmer Monat Juni kommt‹. Ich bewundere sie aufrichtig als eine sehr hochstehende Frau, nur etwas gar zu reichlich von Tugend erfüllt.« Sie wäre noch viel stärker überrascht gewesen, wenn sie gewußt hätte, daß zu der Zeit, in der diese Korrespondenz ihren Anfang nahm, Byrons größte Neugier der Frage galt, ob Lady Frances Webster sich dazu entschließen werde, ihren Mann zu betrügen oder nicht.

Als sich Byron zu Anfang August 1814 in Newstead intensiver als je mit der Frage beschäftigte, ob es nicht unumgänglich sei, daß er heirate, schrieb er an Miss Milbanke: »Ich habe Sie immer geliebt – ich liebe Sie – ich werde Sie immer lieben – und da dieses Gefühl kaum ein Akt exakten Wollens ist, weiß ich kein Heilmittel ... Als unsere Beziehungen ihren Anfang nahmen, schien mir, daß Sie die richtige Frau seien, um jeden Mann, der nicht ein Narr oder ein ausgepichter Bösewicht wäre, glücklich zu machen – aber in diesem Augenblick sagte man mir, daß Sie eine andere Bindung hatten und daß Sie vielleicht sogar verlobt waren ... Es hieße zuviel von einer Frau verlangen, daß sie ihre Abneigung erkläre. Sie würden mich wahrscheinlich lieben, wenn Sie könnten; da Sie es nicht können, bin ich nicht eingebildet genug, um über diesen sehr natürlichen Lauf der Dinge überrascht zu sein.«

Es war der bescheidenste und verführerischste Brief, den er je geschrieben hatte. Aber Annabella war nicht in der Lage, ihr ging es da wie vielen, ihre Glaubenssätze und ihre Gefühle auseinanderzuhalten. Auf eine Eröffnung, die sie seit Monaten erwartete, gab sie eine ihrer moralischen Episteln zur Antwort. Sie fragte sich, ob er wohl der »rechte Führer war, den sie sich im Gedanken an die Ewigkeit auf Erden zum Vorbild nehmen könne«. Byron war gereizt, er stimmte zu, daß seine Schwester, die ihm wieder einmal Gesellschaft leistete, einen anderen Heiratsantrag übernahm (an Lady Charlotte Leveson-Gower), aber er trauerte Annabella nach. Als die Antwort der Eltern Lady Charlottes negativ ausfiel, sagte er animiert, er werde nun selbst sein Glück versuchen, und am 9. September hielt er zum zweitenmal um Annabellas Hand an.

Byron an Miss Milbanke: »Es gibt etwas, das ich Ihnen sagen möchte – und da es möglich ist, daß ich Sie für eine gewisse Zeit nicht wiedersehe – will ich versuchen, es sogleich zu sagen. – Sind die ›Einwände‹, von denen Sie sprachen, unüberwindlich? Oder könnte eine gewisse Verhaltensweise oder -änderung meinerseits sie beheben? ... Nicht ohne inneren Kampf stelle ich Ihnen einmal mehr diese Frage ... Den Rest meiner Gefühle kennen Sie schon – wenn ich sie nicht wiederhole, so geschieht es, um nicht Ihr Mißvergnügen zu erregen oder zumindest, es nicht zu vermehren.«

Nachdem er diesen Brief geschrieben hatte, erwartete er die Antwort mit Ungeduld. Augusta war in Newstead. Um die Zeit, zu der gewöhnlich die Post kam, sah sie, wie Byron sich auf die Stufen der Eingangstreppe setzte und der erwarteten Botschaft entgegenfieberte. Eines Morgens, Byron und Augusta saßen bei Tisch, trat der Gärtner ein und brachte den Ring Mrs. Byrons, den diese vor vielen Jahren verloren hatte. Beim Umgraben unter dem Fenster, hinter dem die Witwe einst gewohnt hatte, war er auf ihn gestoßen. Byron sah darin ein Omen. Fast im selben Augenblick wurde ein Brief gebracht. »Wenn er eine Zusage enthält«, sagte Byron, »wird dies mein Hochzeitsring.«

Der Brief war von Annabella: »Es ist schon lange her, daß ich mir geschworen habe, Ihr Glück zum ersten Gegenstand meines Lebens zu machen. Wenn ich Sie glücklich machen *könnte*, es gäbe keinen anderen Gedanken für mich. – Ich setzte mein Vertrauen für alles, was ich mir wünschen könnte, in Sie – für alles, was ich lieben könnte. Nur fürchte ich einzig, Ihre Erwartung nicht zu erfüllen ... In Wahrheit haben sich meine Gefühle für Sie sehr wenig verändert.« Gleichzeitig hatte sie, in der Sorge, er könne nicht in London sein und den Brief nicht schnell genug erhalten, einen zweiten geschrieben: »Für alle Fälle und um Ihnen einen Augenblick des Zweifels zu ersparen, schreibe ich Ihnen auch direkt nach Newstead – um Ihnen zu sagen, daß Sie, wie ich hoffe, in meinem anderen Brief *alles das finden werden, was Sie sich wünschen*.«

Byron reichte voller Stolz den Brief seiner Schwester über den Tisch, und Augusta, auch in dieser Situation ahnungslos, erklärte, »das sei der beste und schönste Brief, den sie je gelesen habe«, und sie entschloß sich sogleich, eine vollendete Schwägerin zu werden, sie war entzückt, Byron gebunden zu sehen und hoffte, die Erinnerung an den Inzest werde auf diese Weise mühelos in Byrons düstrem Geist ausgelöscht werden.

Byron war plötzlich sehr erregt, er schrieb in drei Tagen drei Briefe nach Seaham. »Ihr Brief hat mir ein neues Dasein geschenkt ... Es ist in Ihre Macht gegeben, mich glücklich zu machen, Sie tun es bereits ...« Dann erklärte er ihr, er sterbe vor Ungeduld, sie zu sehen, sie möglichst bald zu sehen: »Ich denke mit mehr zitternder Sehnsucht an dieses Wiedersehen, als ich eingestehen möchte. – Als Ihr Brief kam, saß meine Schwester bei mir, und sie war über die Wirkung, die er hervorrief, tief erschrocken, denn die war für einen Augenblick beinahe peinlich.« ... »Sie werden mein philosophischer Lehrer und meine Freundin sein – Mein ganzes Herz gehört Ihnen ... Dies ist mein dritter Brief in drei Tagen ...« Und er schloß: »Glauben Sie meinen Gefühlen der Achtung und, darf ich das Wort anfügen? – der Liebe.«

Don Juan verlobt! Die Neuigkeit dieses Abenteuers bezauberte ihn, und er erhoffte sich darin das wirkliche Glück. Hatte er sich nicht seit den Zeiten Mary Chaworths nach der Ehe gesehnt? Brauchte er nicht Ruhe? Konnte er eine bessere Ehefrau finden als dieses so offensichtlich tugendhafte Mädchen? Er liebte sie nicht? Doch das würde sich in zwei Tagen ergeben, er liebte so leicht. Er mußte Lady Melbourne unterrichten: »Meine liebe Tante...« (Es war reizend, der Neffe seiner alten Freundin zu werden.) Er ließ durchblicken, wie schade es sei, daß ihre Nichte diese Entscheidung nicht früher getroffen habe, wieviel Leiden, wieviel Fehltritte hätte sie dadurch anderen ersparen können. Nun, dies alles sei zuende: »Nach alledem ist es eine Heirat, die *Sie* gestiftet haben... Mein Stolz (der, wie mein alter Lehrer sagte, meine beherrschende Leidenschaft ist) ist im ganzen unverletzt. Sie ist die einzige Frau, um deren Hand ich auf diese Weise hätte anhalten können, und es bedeutet schon etwas, ihre Einwilligung endlich doch bekommen zu haben. Ich wünschte mir wohl, ein oder zwei meiner Idole hätten an ihrer Stelle *Nein* gesagt; aber alles das ist nun vorbei. Ich vermute, ein verheirateter Mann kann keine anderen Frauen mehr haben? Ich frage Sie dazu nur als Auskunft.«

Er mußte auch seine Freunde verständigen. »Mein lieber Moore – ich werde heiraten, das heißt ich habe ihre Einwilligung, und man darf im allgemeinen hoffen, daß das übrige folgt. Die Mutter meiner Gracchen (der zukünftigen Gracchen) ist jemand, den Sie als zu streng für mich beurteilen werden, obwohl sie die Perle der Mädchen ist, geziert von der Bewunderung aller Arten von Menschen.« Ein bizarres Gefühl. Er, der Verdammte, war sehr stolz auf den untadeligen Ruf seiner Braut. Er schrieb an Hobhouse, an Davies. Was blieb noch zu tun? Annabella für Augusta einzunehmen. »Ich bin sehr glücklich darüber, zu erfahren, daß Augusta Ihnen geschrieben hat. Sie ist das selbstloseste und sanfteste Geschöpf von der Welt und mir inniger ergeben als irgend jemand sonst. Sie vor allem wünschte es, mich verheiratet zu wissen und bedauert nur, nicht früher das Vergnügen gehabt zu haben, Sie kennenzulernen.« – »Sie fragen, ob Augusta nicht über alle Maßen *schüchtern* sei? Bei neuen Bekanntschaften ist sie wie ein verschreckter Hase. Aber ich vermute, sie wird sich ungeheuer anstrengen, ihre Schüchternheit bei dieser Gelegenheit zu meistern. Sie nährt zur Zeit noch ihr Kind, und das wird sie, wie ich fürchte, daran hindern, der liebenswürdigen Einladung Ihres Vaters zu folgen. Ich hätte von ganzem Herzen gewünscht, daß es möglich gewesen wäre.« Alles ging aufs beste. Er würde auf Newstead herrliche Winter verbringen, zwischen Schwester und Frau.

Annabella ihrerseits unterrichtete die Ihren von dem großen Ereignis. *Dad* und *Mam* sprachen mit leicht beunruhigter Emphase von der Begabung ihres zukünftigen Schwiegersohnes und erwarteten ihn mit Ungeduld in Seaham, um ihn zu erforschen und zu beurteilen. Ihre Tochter schrieb an eine Jugendfreundin: »In der großen Welt darf man den Charakter Lord Byrons nicht zu erkennen suchen, fragen Sie Menschen, die ihm nähergestanden haben – die

Unglücklichen, die er getröstet hat, die Armen, die er beschenkte, seine Diener, denen er der beste Herr war. Für seine Schwermut fürchte ich in den letzten zwei Jahren selbst verantwortlich gewesen zu sein.« Ihre Unkenntnis über den Charakter ihres Verlobten und über sein Leben hatte etwas Pathetisches. Byrons Diagnose über sie war ungewöhnlich genau gewesen, als er über sie gesagt hatte: »Ihr Zutrauen zur eigenen Unfehlbarkeit wird sie eines Tages in einen bemerkenswerten Irrtum führen.« In dieser ersten Woche der Verlobungszeit schrieb sie noch: »Ich habe mit reifem Urteil den Menschen gewählt, der am besten imstande ist, mir auf der Reise in die Unsterblichkeit beizustehen.« Es ist für ein junges Mädchen, das noch keine Leidenschaft gekannt hat, leider nur zu natürlich, ihre Begierden für Erkenntnisse zu halten.

Der Briefwechsel zwischen London und Seaham dauerte an. Byron hatte versucht, Miss Milbanke über seine religiösen Gefühle zu beruhigen, indem er ihr sagte: wenn er auch nicht gläubig sei, werde er doch mit dem besten Willen die Argumente anhören, die sie zu entwickeln bereit sein werde, aber sie antwortete, es habe damit keine Eile, alles werde sich finden, wenn er sie nur liebe. »Es hat mir etwas mißfallen, neulich von jemandem zu hören, ich wolle Sie erst bekehren und dann heiraten.« Wie alle Menschen war sie von ihrer eigenen Legende irritiert. Sie wußte wohl, daß sie ihren Bräutigam nicht aus Bekehrungseifer liebte. Sie wußte, daß sie eine Frau, wie sehr sie Frau war und in dieses schöne Gesicht verliebt. Warum hielten die Leute sie für kalt? Sie las die Briefe wieder, in denen Byron von den Anfängen ihrer Liebe sprach.

Byron an Miss Milbanke: »Sie erinnern sich vielleicht nicht an das erste Mal, als wir uns begegnet sind ... Ich wußte Ihren Namen nicht, und der Salon war voller Gäste. Ich selbst war beinahe ein Fremder, und ich fühlte mich linkisch und gehemmt ... Ich betrachtete Sie als die interessanteste Person unter allen, die da waren ... In Ihrem Benehmen war eine Schlichtheit, die mich, obwohl Sie fast stumm waren, erkennen ließ, daß ich mich in der Gesellschaft eines Menschen befand, dem nichts Niedriges anhaftete ... Sie sagen, daß Sie ›sich von mir leiten lassen werden‹ – ich würde es von Ihnen erwarten, wenn Sie mir unterlegen wären – aber so ist es nicht ... Ich möchte nicht sagen, daß ich Ihren Schutz erbitte, denn den zu geben, ist meine Aufgabe ... – aber was ich sagen möchte, ist, daß Sie nicht nur meine Liebe sein sollen, auch meine Beraterin – meine Zensorin – wenn es einmal nötig ist.«

Miss Milbanke an Byron: »Ich erinnere mich auf unauslöschliche Weise aller unserer Begegnungen – auch an jenen ersten Morgen, als unsere Eindrücke so gut übereinstimmten. Mit Ihnen und nur mit Ihnen fühlte ich mich *at home*. Ich kann es nicht anders ausdrükken. Anstatt erschreckt oder abgestoßen zu sein, wie die anderen es waren, hätte ich Ihnen alle meine Gedanken sagen können und vielleicht auch die Ihren... Es gab einmal ein Souper, bei dem Sie zwischen Lady Melbourne und mir saßen, aber Sie haben nur mit ihr gesprochen, ich hörte Sie sagen: ›Gott sei Dank, daß ich keinen Freund auf dieser Welt habe.‹ Sie konnten nicht wissen, welchen Schmerz Sie damit einer Freundin zufügten, die unmittelbar neben Ihnen saß. Die bitteren Worte versteinerten mich. Als ich in die Einsamkeit meines Zimmers zurückkehrte, weinte ich in Erinnerung daran und betete, daß Ihnen die Tröstungen eines Freundes auf Erden zuteil werden möchten, ebenso wie die des himmlischen Freundes.«

Byron hätte von diesem schönen und aufrichtigen Brief gerührt sein müssen. Vielleicht war er es für einen Augenblick, aber bevor er von Newstead nach London reiste, ritzte er in die Rinde eines Baumes in seinem Park die verschlungenen Initialen seines eigenen Namens und die Augustas ein.

XXII
Hochzeit

> Think you, if Laura had been Petrarch's wife,
> he would have written sonnets all his life?
>
> *Byron*

Er war also recht stolz auf seine Eroberung, konnte sich jedoch nicht entschließen, nach Seaham zu reisen. Den Vorwand lieferte Hanson, der als mißtrauischer Anwalt einen wohlaufgesetzten Vertragsentwurf verlangte. Trotz seiner hohen Schulden wollte Byron keine Geldheirat machen. Gewiß war er froh, einem unzureichenden Einkommen einige Renten hinzufügen zu können, aber seine Vorschläge waren sehr großzügig. Sir Ralph Milbanke, ehemals sehr reich, hatte viel Geld für seine Wahlen ausgegeben. Er gab seiner Tochter tausend Pfund Rente als Mitgift, davon sollten dreihundert Pfund Lady Byron als Taschengeld zukommen, und siebenhundert sollte Lord Byron auf Lebenszeit erhalten. Doch Byron erkannte seiner Gemahlin vertraglich ein Kapital von sechzigtausend Pfund zu, bezogen auf den Wert Newsteads, was einem jährlichen Einkommen von zweitausend Pfund entsprach.

Im ganzen machten diese Verhandlungen einen ziemlich peinlichen Eindruck auf Byron und seine Freunde; Hanson und Hobhouse hielten die Milbankes für habsüchtig. Lady Melbourne erklärte, Hanson sei unerträglich. Byron hielt vor allem daran fest, daß Miss Milbanke mit diesen Auseinandersetzungen nichts zu tun habe, wie man wisse. Von ihm konnte man wirklich nicht sagen, er heirate um eines Vermögens willen, denn alles, was er gewann, war eine Erhöhung seiner Einkünfte, die sehr viel niedriger waren als die Erhöhung seiner Ausgaben, wie sie durch Haushalt und Kinder zu erwarten waren. Nein, er heiratete, weil es eine starke Empfindung darstellte, weil er das Verlangen nach einer »Beraterin« hatte und weil er an manchen Tagen sogar glaubte, sie zu lieben – auf seine Weise. Aber nichts langweilte ihn mehr, als die Reise nach Seaham machen zu sollen, um »meinen alten Vater und meine alte Mutter zu sehen und die klassische Rolle des Freiers zu spielen. Ich möchte eines Morgens aufwachen und verheiratet sein.« Schüchternheit vielleicht. Eine vage Furcht vor einer von seiner Vergangenheit so unterschiedenen Zukunft. Unbezwingbarer Widerwille aufzugeben, was er hatte. Aber doch vor allem Schüchternheit. Er schrieb an Lady Melbourne: »Sobald ich nach Seaham fahren kann, werde ich es tun, aber ich fühle mich sehr widersprüchlich, nicht, was *sie* angeht, wohl aber wegen dieser Reise, es ist nichts als Schüchternheit und ein Fremdenhaß, den ich nie überwinden konnte.«

Während er wartete, genoß er mit kindlichem Vergnügen die letzten Wochen dieses schönen Londoner Herbstes, die letzten seines Junggesellentums. Er wohnte in der reizenden schwarzweißen Abgeschiedenheit Albanys, aber er soupierte fast jeden Abend bei dem jungen Bankier Douglas Kinnaird, einem engen Freund von Hobhouse. Auch Tom Moore war dort, den man ans Klavier komplimentierte, damit er seine irländischen Weisen sang. Kinnaird war im Besitz eines wundervollen Brandys, und wenn Byron mehrere Gläser davon getrunken hatte, wurde er sentimental. Moore sang die *Verlorene Geliebte,* Byron dachte versunken an Augusta und an Mary Chaworth. Die Musik hatte, wie manche Düfte es vermochten, die Wirkung, ihn in Augenblicke der Vergangenheit zu versetzen und sie mit einer Stärke wiederzuerleben, die die Gegenwart verbannte.

Arme Mary, er hatte traurige Nachrichten von ihr. Sie durchlitt eine Krise des Wahnsinns. Es war ihr in Hastings widerfahren, im selben Hause, in dem Byron mit Augusta gelebt hatte. Sie war nach London gebracht worden. Es hieß, ihr Zustand sei sehr bedenklich gewesen, und man habe sie einschließen müssen... Eine verheiratete Ophelia? Eine neue Tragödie unter denen, die er geliebt hatte. Wahrlich, er brachte ihnen kein Glück ... Der Schauspieler gab Imitationen zum besten; er war lustig. Auch Augusta konnte gut imitieren ... Jackson, der Gentlemanboxer, kam und ließ seine Muskeln unter dem gestickten Gewand spielen. Bei ihm wurde Byron zum Kind, zum gefallsüchtigen Schüler. Er zählte berühmte Boxer auf und versuchte, ihren Stil zu analysieren. Ein Glas Brandy. Byron hatte Tränen in den Augen. Kinnaird und Hobhouse lachten wie toll. Spät in der Nacht setzte man Moore noch einmal ans Klavier. Er sang:

> The time I've lost in wooing,
> in watching and pursuing
> the light that lies
> in woman's eyes,
> has been my heart's undoing.
> Tho' Wisdom oft has sought me,
> I scorn'd the lore she brought me,
> my only books
> were woman's looks,
> and folly's all they've taught me.
>
> And are those follies going?
> And is my proud heart growing
> too cold or wise
> for brilliant eyes
> again to set it glowing?
> No, vain, alas! th'endeavour
> from bonds so sweet to sever;
> poor Wisdom's chance
> against a glance
> is now as weak as ever.

Die Chance der armen Klugheit war so schwach wie je ... Unter dem Anschein der Leichtigkeit war es hintergründig, was Moore sang. Und auch er, George Gordon Byron, der Böse Lord, begann, sich der Klugheit zu verbinden. Glaubte er, ein neuer Mensch zu werden? Nein, er begann vielmehr große Furcht davor zu haben, daß alles sehr schlimm ausgehen werde.

Anfang November endlich entschloß er sich, nach Seaham zu reisen ... Ein kleiner Seehafen: einige Fischkutter, ein felsiger Strand. Das Haus der Milbankes lag nicht weit vom Meer. Als Byrons Wagen vor der Tür hielt, saß Annabella lesend in ihrem Zimmer. Sie kam herunter und fand ihn allein im Salon am Kamin. Sie reichte ihm die Hand, die er küßte. Beide schwiegen. Schließlich sagte er ganz leise: »Wir haben uns lange nicht gesehen.« Sie murmelte, daß sie ihre Eltern holen wolle und ging hinaus. Das Familienleben von Seaham erregte schon bei diesem ersten Besuch Byrons stets wachen Sinn für das Lächerliche. Diese drei Menschen waren untereinander natürlich, fröhlich und liebevoll, aber Glück und Atmosphäre einer Gruppe sind oft nicht übertragbar. Byrons Humor war dem des Dekans Swift sehr viel näher als dem des Vikars Wakefield und gehörte einer völlig anderen Art an als die Fröhlichkeit der Milbankes. Byron lachte über die Religion, über Regierungen und über die Dummheit der Menschen. Die Milbankes pflegten die Scherze eines Mädchenpensionates über Flöhe, Beine und über das Essen. Immerhin fand Sir Ralph Gnade vor den Augen seines Schwiegersohnes. Er war fade, erzählte nicht endenwollende Geschichten, erwies sich jedoch als ein »vollkommener Gentleman« und spielte die konventionelle Rolle des Schwiegervaters gut. Lady Milbanke hatte Byron schon immer mißfallen. In ihrem Hause schien sie ihm schwierig, aufgeregt, autoritär. Ihr großer Haß galt ihrer Schwägerin Melbourne. Sie mischte sich in alles ein. Sie wollte Tochter und Gatten beherrschen, die deshalb einen Block gegen sie bildeten.

Doch Annabella selbst enttäuschte Byron. Im Augenblick, als er sie wiedersah, wußte er, daß er sich geirrt hatte. Stets wenn er fern von Frauen war, konstruierte er einen Roman um sie. Begegnete er ihnen nicht wieder, standen sie friedlich in ihrer Nische im geistigen Museum seiner verblaßten Gottheiten; sollten sie in eigener Person die fast immer menschenunmögliche Rolle spielen, die Byron ihnen zugeteilt hatte, waren sie verloren. Von Annabella hatte er weiß der Himmel warum erwartet, sie sei eine verführerische und zugleich starke Frau, fähig, seine Liebe zu wecken und ihn zu leiten. Mehr als ein Poet hat sich diesen Traum von einem Wesen gedichtet, das den Reiz einer Geliebten mit der vergnügten Klugheit einer Gefährtin vereinen sollte. Aber wenn eine Frau verliebt ist, so ist sie es mit allen Unzulänglichkeiten der Liebe. Das eben konnte Byron nicht begreifen, vor allem nicht, wenn es sich dabei um Annabella handelte.

Schweigsam, fürchterlich schweigsam, schaute ihn dies frische, nun nicht gar so hübsche Mädchen an, mit einem fragenden Blick, der ihn aufs äußerste verwirrte. Sie suchte ihn mit ihrem abstrakten Bild des Mannes von Genie, des tugendhaften Mannes zu vergleichen. Er fühlte es und es störte ihn. Vor allem war sie zu intelligent, sie analysierte alles, was er sagte. Er dagegen sagte irgend etwas, alles, was ihm in den Kopf kam, »und sei es nur, um sich am Gähnen zu hindern«. Aus seinen unüberlegten Einfällen, über die eine Lady Oxford gelacht hatte und denen Augusta nie zuhörte, zog sie gelehrte Schlüsse. Von dieser Mathematikerin wurde die kleinste Veränderung des Tonfalls einer Untersuchung über Wahrscheinlichkeiten des dahinterstehenden Gefühls unterworfen. Sie machte die Liebe zu einer Gleichung. Bald waren ihre Größen sich allzu ähnlich, bald waren sie es nicht genug. Sie ertränkte ihn in schönen Gefühlen. Sie beschrieb sich selbst als von Bedenken erfüllt, sie wollte die Verlobung lösen; außerdem war sie zwei oder drei Tage krank, man wußte nicht wovon. Byron maß sie mit wachem Auge und ohne Liebe, er beurteilte sie als eine »ausgesprochen gute Person«, aber auch als ängstlich, dazu selbstquälerisch und (was er bei Frauen am meisten haßte) als schwärmerisch. Er hatte immer gesagt: »In der Ehe suche ich viel eher eine Gefährtin, eine Freundin – viel mehr als eine Empfindsame.« In diesem Hause wurde von morgens bis abends von nichts anderem als von Gefühlen gesprochen. Er fühlte sich in die Zeiten Caroline Lambs zurückversetzt, und einige Tage dachte er, aus dieser Heirat werde nie etwas werden.

Mit seiner alten taktischen Ratgeberin hatte er oft genug besprochen, was sie beide lachend »die Beruhigungsmethode« nannten; die einzige, hatte sie Lord Melbourne gelehrt, die bei Frauen Erfolg habe und die darin bestand, Worte durch Gebärden zu ersetzen, Argumente durch Zärtlichkeiten und Antworten durch Küsse. »Tatsächlich und *unter uns* gesagt, es ist wirklich amüsant: in diesem Punkt ist sie wie ein Kind, und wenn man sie streichelt, hat man sie bald freundlich gestimmt und in gute Laune versetzt ...« Ihre Leidenschaft war sogar stärker, als die alte Dame vermutet hatte. Byron besaß dafür vorläufig nur indirekte Beweise, »aber meine Beobachtungen führen dazu, sie zu ahnen. Sie kann sich nicht darüber im klaren sein, und ich konnte es selbst nicht, hätte ich es mir nicht zur Gewohnheit gemacht, solche Fälle nach den leisesten Anzeichen zu beurteilen, und natürlich lasse ich sie nichts von meinen Entdeckungen wissen.«

Es wurde bald offenbar, daß die »Beruhigungsmethode« auf Annabella eine unfehlbare Wirkung ausübte, Annabella war heftiger als je zuvor in Byron verliebt. Die Welt und Tante Melbourne hatten sich sehr geirrt, als sie sie für kalt hielten, weil sie rein war. Kühle Frauen machen aus der Liebe ein Spiel. Eine Annabella, die sich während ihrer ganzen Jugend für ein Gefühl bewahrt hat, das sie für einmalig hält, gibt sich ihm, wenn sie glaubt, ihm endlich begegnet zu sein, vorbehaltlos mit ihrem Körper ebenso wie mit ihrer Seele hin.

Ihr erster Brief nach diesem Besuch war bescheiden und glühend zugleich: »Mein lieber Byron, wenn ich etwas beweine, werden Sie nicht die Genugtuung haben, es zu erfahren. Wenn unsere jetzige Trennung, die letzte wie ich hoffe, Ihnen die Sorge erspart, die mein Gesicht Ihnen manchmal verursacht hat, um so besser ... Sind Sie ganz sicher, daß ich Sie liebe? Warum haben Sie daran gezweifelt? Das ist *Ihr* einziger Einwand. An *meine* Einwände sollte ich nicht soviel denken. Ich wünschte, wir wären verheiratet; dann würde ich mein bestes tun, mich nicht mehr mit tausend Dingen zu quälen, die Ihnen gleichgültig sind. Ich hoffe, Sie werden mir brieflich eine *Lektion* erteilen. Ich werde sie *con amore* studieren ... Willst Du mich in Dein Herz aufnehmen, dieses Herz soll meine Zuflucht sein, bis daß der Tod uns scheide? Vertreibe mich nicht daraus, indem Du Gleiches mit Gleichem vergiltst. Immer die Deine.« Und am nächsten Tag: »Mein Byron, während Ihres Besuches war ich gewiß nicht ich selbst ... Bevor Sie mich endgültig beurteilen, warten Sie, bis Sie mich selber sehen. Ich selbst, das ist nicht die ernste, lehrhafte, unglückselige Person, die Ihnen vorschwebt – so bin ich nur unter dem Eindruck einer großen Furcht ... Wer mich als Haustier kennt, hat mehr Grund, sich über meine Narrheit zu beklagen als über meinen Verstand ...«

Arme Klugheit, hatte Moore gesungen, arme Klugheit, die um zu gefallen, immer die Maske der Narrheit wählt, obwohl sie ihr so wenig zu Gesichte steht. Annabella, die verliebte Jungfrau, unterzeichnete: Deine *Frau*. Die Antwort kam von Augustas Besitz, Six Mile Bottom, und war *Ihr gehorsamer Byron* unterschrieben. Er fragte sie, ob sie jetzt, da noch Zeit sei, genau wisse, daß sie nichts bereue. »Ich werde nur zu glücklich sein«, antwortete sie, »es wird keine Umkehr geben ... Ich möchte Sie, ich begehre Sie, mein Byron, jede Stunde mehr. Mein ganzes Zutrauen ist zurückgekehrt, um nie wieder zu erlöschen.« Sei es denn. Die Würfel waren gefallen. Sie wollte ihr Verderben. Er hatte versprochen. *Crede Biron.*

Als er sie verließ, hatte er gesagt, diese Trennung werde kurz sein, aber erst eine, dann zwei Wochen vergingen in Seaham, und Byron kam nicht wieder. Er war in London und trank Kinnairds Brandy. Er hatte keinen Vorwand mehr. Vergebens schrieb Annabella, daß ihr Vater ein Hochzeitsgedicht verfaßte, daß alle Milbanke-Vettern und Verwandten ihre Geschenke geschickt hatten, selbst Caroline (*»Timeo Danaos et dona ferentes«*, hatte Byron geantwortet), daß der Hochzeitskuchen gebacken war und daß, käme der Bräutigam nicht, man die Rolle des Ehemanns streichen müsse, wie etwa die des Prinzen von Dänemark im *Hamlet* ... Vergebens, schließlich schrieb sie ihm sehr kühn, sie werde in den nächsten Tagen einen Besuch im Albany machen, bliebe er länger fort. Eine scherzhafte und gleichzeitig ernstgemeinte Drohung. Sie wünschte sich leidenschaftlich, ihn wiederzusehen. Ihre Briefe waren nicht mehr die einer gebildeten Frömmlerin, sie konnte nichts anderes mehr, als auf jede Weise das eine zu wiederholen: *Ich liebe Sie.* »Wenn Sie in mir, als Sie hier waren, die stillste Frau der Welt gesehen haben, so nur deshalb, weil ich an nichts anderes denken konnte.«

Er ließ den Ehevertrag neu aufsetzen und gab als Vorwand an, Hanson finde keinen Käufer für Newstead. Sie konnten schließlich nicht ohne ein angemessenes Einkommen heiraten. Miss Milbanke protestierte; das war ihr gleichgültig, wenn man einfach lebte, war ein großes Vermögen nicht notwendig. Byron sollte zurückkommen. Ihre Eltern fingen an, ihn nicht gerade sehr bemüht zu finden. Sir Ralph kam immer wieder in das Zimmer seiner Tochter und befragte sie nach Reimen für sein Festgedicht: »Papa sagt: ›Fliehet, allzulange Augenblicke, bis er mir wiederkehrt‹, und meine Mutter näht mit mehr Eifer, seit Sie vom nächsten Sonnabend gesprochen haben. – Mein Geliebter – Sie und das Glück kommen zu gleicher Zeit.« ... »Was das Glück angeht«, antwortete er mit seiner brutalen Nüchternheit, »wäre es anmaßend, sich einer andauernden Glückseligkeit allzu sicher zu fühlen, um so mehr, da sie weniger von den Personen als von den Umständen abhängt ...« Wenige Tage vor der Hochzeit bat er sie, noch einmal gut zu überlegen. Schließlich am 23. Dezember hieß es: »Meine liebe Annabella, wenn wir uns wiedersehen, tun wir es um zu heiraten ... wenn man sich entschließen müßte, die Sache aufzugeben ... wäre es besser, man entschlösse sich von fern.« Vielleicht war dieses Zögern zu einem großen Teil durch das Bedauern gerechtfertigt, auf Augusta verzichten zu müssen, die fortfuhr, ihm zärtliche zusammenhanglose Briefe voller symbolischer Kreuzchen zu schreiben.

Byron hatte Hobhouse gebeten, sein Trauzeuge zu sein und die Reise in der Postkutsche mit ihm gemeinsam zu machen. Vor der Abreise holten sie zusammen die Heiratslizenz. Byron fragte den Beamten, der sie ausstellte: »Sagen Sie mir, wie ist das Zahlenverhältnis zwischen denen, die zu Ihnen kommen, um zu heiraten und denen, die sich scheiden lassen möchten?«

Vorgesehen war, daß die Reise in zwei Tagen vonstatten gehen sollte, aber der Bräutigam nahm jede Gelegenheit wahr, Zeit zu vergeuden. In Six Mile Bottom beschloß er, einen Tag bei Augusta zu bleiben, und da er mit ihr allein sein wollte, schickte er Hobhouse nach Newmarket. Er verbrachte den Weihnachtstag mit seiner Schwester und schrieb einen letzten Brief nach Seaham: »An diesem Punkt meiner Reise bin ich also angelangt, und die Liebe wärmt mich, soweit sie das kann, wenn das Thermometer unter Gott weiß wieviel steht ... Ich habe die Lizenz ... das ist ein kurioses Schriftstück, immerhin gestattet es uns, zuhause zu heiraten; ich bitte Sie: lassen Sie es uns so machen. Ich bin sicher, wir holen uns den Schnupfen, wenn wir anderswo knien ... Augusta ist gutgelaunt ... Ich wünsche Ihnen Fröhlichkeit und *mince-pie* – es ist Weihnachten!«

Am 26. brachen Byron und Hobhouse auf, in Schnee und Regen

brauchten sie vier Tage für die Reise nach Seaham. »Dem Bräutigam eilt es weniger und weniger«, berichtete Hobhouse. Das ganze Haus war von der Verzögerung beunruhigt. Lady Milbanke hütete vor Furcht krank das Bett. Annabella brach in Tränen aus, als sie endlich eintrafen. Hobhouse suchte peinlich berührt vergeblich nach einer Entschuldigung. Es gab keine, wenn nicht die mäßige Eile seines Gefährten. Um die Aufmerksamkeit abzulenken und ein gewittriges Schweigen zu brechen, wickelte er sein Geschenk aus: es waren Byrons sämtliche Werke in gelbes Saffianleder gebunden. Mit Neugier betrachtete er die Braut. Sie war nicht sehr schön, »ziemlich schlecht angezogen mit ihrem viel zu engen Kleid, obwohl sie recht hübsche Knöchel hatte«. Vor allem aber war sie beängstigend still, jedoch bescheiden und vernünftig. Sie schien in Byron verliebt und verbrachte ihre Zeit damit, ihn mit stummer Bewunderung anzuschauen. Lady Milbanke hatte nicht zum Dinner erscheinen können, und so sprach nur Sir Ralph. Hobhouse fand ihn etwas zu geschwätzig, hielt ihn aber für einen guten, mit einigem Sinn für Humor ausgestatteten Mann. Zwei Geistliche waren eingeladen, Reverend Wallis aus Seaham und Reverend Thomas Noel aus Kirkby Mallory. Die Unterhaltung bewegte sich um kirchliche Themen. Sir Ralph erzählte Anekdoten über den Bischof von Durham, einen bedeutenden Snob, der dem Sohn eines Lords geschrieben hatte: »Die Freundschaft, die mich mit dem Lord, Ihrem Vater, verbindet und die besondere Situation, in der ich mich zum Lord, meinem Gott, befinde ...« Sodann sprach er ausführlich über den Erzbischof von Canterbury. Byron und Hobhouse sahen einander an. Als man sich von der Tafel erhob, sagte Byron zu seinem Freund: »Ich muß daran denken, wie Lady Caroline Lamb einmal George Lamb fragte: ›George, wie heißt das siebente Gebot?‹, und George antwortete: ›Du sollst dich nicht quälen.‹«

Am nächsten Tag, dem 31. Dezember, stand Hobhouse als erster auf und ging am Meer spazieren. Es war ein klarer und schöner Wintertag. Er schaute traurig auf die Wellen, von dieser Ehe erwartete er nichts Gutes mehr. Annabella hatte seine Sympathie gewonnen; nachdem er sie den ganzen Abend über beobachtet hatte, begann er zu begreifen, daß man sie lieben oder jedenfalls ein zärtliches Interesse für sie aufbringen konnte. Am Abend, unter sich, führten die Männer eine Parodie der ganzen Zeremonie auf. Hobhouse spielte Miss Milbankes Rolle, Hoare die des würdigen Sir Ralph und Noel die des Offizianten. Gegen Mitternacht gingen sie zum Meer hinunter und wünschten einander ein gutes Neues Jahr. Es war ein heiterer Abend.

Am Neujahrstag gingen Byron und Hobhouse gemeinsam am Meer spazieren, es scheint ein langer melancholischer Tag gewesen zu sein. Am Abend, nach dem Dinner, sagte Byron: »Hobhouse, dies ist meine letzte Nacht, morgen gehöre ich Annabella.« Der nächste Tag war als Hochzeitstag festgesetzt, Byron erblickte beim Erwachen sein Hochzeitshabit, das Fletcher bereitgelegt hatte, dieser Anblick stimmte ihn sehr trübe. Als er zum Breakfast herunterkam, fand er Noel im Priesterornat vor, Lady Milbanke war so bewegt und zitterte so heftig, daß sie es nicht fertigbrachte, den Tee einzuschenken. Einen Augenblick später trat Hobhouse ein, er trug weiße Handschuhe. Im Salon legten Diener Kissen auf den Fußboden; zwei davon waren für das Brautpaar. Byron ging in den Garten und sagte, man möge ihn rufen, wenn es soweit sei. Schließlich erschien Annabella in einem sehr einfachen weißen Musselinkleid und mit ihrem etwas fahlen Haar. Sie schien ganz beherrscht. Mit ihr kam ihre Gouvernante, Mrs. Clermont. Byron wurde geholt. Er kam und kniete neben seiner Braut nieder. Die Kissen waren hart, und er verzog das Gesicht, was ihm einen ergebenen und gesammelten Ausdruck verlieh. Reverend Thomas Noel las den frommen Text. Annabella hatte Byron ruhig das Gesicht zugewandt und sah ihn unverwandt an.

Er hörte nicht, er sah nicht. Vor seinen Augen war es wie ein Nebel; er dachte (Gott wußte warum) an die Abschiedsszene mit Mary Chaworth. Er rief sich jenes Zimmer auf Annesley, die lange Terrasse, die Felder ins Gedächtnis zurück und jenes schöne Gesicht, das jetzt die Schrecken des Wahnsinns verzerrten. Er wurde von den Sätzen, die er zu wiederholen hatte, aus seinen Träumen gerissen: »... ich werde alle irdischen Güter mit dir teilen.« Er schaute mit einem halben Lächeln zu Hobhouse hinüber. Die Glocken der kleinen Kirche von Seaham läuteten. Im Garten wurden ein paar Flintenschüsse abgefeuert. Reverend Thomas Noel schwieg. Glückwünschende Stimmen, Hände, die die seinen schütteln wollten, machten Byron bewußt, daß er verheiratet war.

Die neue Lady Byron verschwand für einen Augenblick, um sich umzukleiden, als sie wiederkam, trug sie eine schieferfarbene, mit Pelz besetzte Pelerine. Die Bewegung zitterte in Sir Ralphs Gesicht, Lady Milbanke war den Tränen nahe; Hobhouse führte getreu seiner Pflicht, die Braut zum Wagen. »Ich wünsche Ihnen viele glückliche Jahre«, sagte er. »Wenn ich nicht glücklich sein werde«, antwortete sie, »wird es meine Schuld sein.« Byron stieg in die Kutsche hinzu, er drückte Hobhouse fest die Hand. Der Lakai schloß den Kutschenschlag. Byron schien sich nicht entschließen zu können, die Hand des treuen Freundes loszulassen. Aus dem Wagenfenster heraus ergriff er sie von neuem und hielt sie noch fest, als die Pferde anzogen. Hobhouse blieb traurig mit Annabellas Eltern zurück. Lady Milbanke fragte ihn, »ob sie sich nicht sehr gut gehalten habe, ganz so, als wäre sie die Mutter Iphigenies gewesen«. – »Mir«, sagte Hobhouse, »mir ist, als hätte ich einen Freund begraben.«

XXIII
Mond aus Melasse*

> Ich kann immer noch nicht genau sagen, bis zu welchem Grad er ein Schauspieler war.
>
> *Lady Byron*

Der Wagen rollte nach Halnaby; Sir Ralph hatte das Haus für den Honigmond zur Verfügung gestellt. Der Wagen trug eine verliebte ängstliche Frau, einen nervösen und verstimmten Mann. Warum hatte er geheiratet? Um Augusta zu retten? Um mit ihr ein Ende zu machen? Um seinem Stolz zu genügen? Nun würde er sein Leben lang diese ernste und ungeschickte Fremde um sich haben, die ihn schon jetzt belauerte und über ihn urteilte. Ein etwas törichter Haß stieg in ihm auf. Er begann wild zu singen, wie gewöhnlich, wenn er unglücklich war.

Sie kamen durch Durham. Die Glocken läuteten. »Für unser Glück vermutlich«, sagte Byron sarkastisch. Die Felder und Wäldchen waren schneebedeckt. Er redete. Er sagte, dies sei für ihn nur eine Revanche. Das war der neue Mythos, an den er sich in seiner Verwirrung klammerte. Er hatte, um sich selbst zu ertragen, immer das Bedürfnis, sich als den Helden eines Romans zu sehen. Die Ehe band ihn fest, jedenfalls eine Zeitlang, an eine einzige Frau? Gut denn. Das Drama würde zwischen ihr und ihm spielen.

Es stimmte nicht, daß er aus Rache geheiratet hatte. Zu Zeiten seiner ersten Werbung war der Mythos ein ganz anderer gewesen. Damals hatte er das Glück in der Überlegenheit einer Frau ersehnt und erhofft. Aber da die wirkliche Annabella diese Frau nicht hatte sein können, wies er ihr nun die Rolle des Opfers zu. Die Idee einer Revanche, er hatte sie seit ihrer ersten Absage geduldig vorbereitet, war ein herrliches Thema Byronscher Gemütsbewegung. Er hatte die Geschichte Ali Paschas immer geliebt, denn er ließ nach

---

* Das einzige Dokument darüber, wie diese ersten Ehewochen vergingen, ist Lady Byrons Bericht. Es ist bis auf die Bruchstücke, die Miss Mayne daraus gewählt hat, unveröffentlicht. Der Text ist bewegend und vom Ton bemühter Aufrichtigkeit erfüllt. Ich gebe mehrere Stellen daraus wieder, vor allem die, die von Byrons Glauben handeln. Wir besitzen eine Bestätigung dafür, welchen Schrecken sich Lady Byron von diesen Tagen bewahrte, und zwar bei Hobhouse, der einer Parteilichkeit zu ihren Gunsten nicht verdächtig ist; dort wird gesagt, daß sie immer noch verstört schien, wenn sie von ihrem Aufenthalt in Halnaby sprach.

zweiundvierzig Jahren den Mann gefangennehmen und hinrichten, der damals eine seiner Schwestern verführte. *Crede Biron.* Ein Byron vergißt niemals. So träumte er und brachte sich selbst in Erregung.

»O, wie sehr haben Sie sich von Ihren Vorstellungen narren lassen! Wie ist es möglich, daß eine Frau von Ihrer Intelligenz sich die absurde Hoffnung machen konnte, mich zu ändern, mich? ... Es gab eine Zeit, da hätten Sie mich retten können, *jetzt* ist es zu spät ... Es genügt schon, daß Sie meine Frau sind, damit ich Sie hasse ... *jetzt.* Als ich das erste Mal um sie warb, vermochten Sie alles. *Jetzt* werden Sie erfahren, daß Sie einen Dämon geheiratet haben.« Dann, als er sah, daß sie Angst hatte, lachte er so natürlich, daß sie sich sagte, er habe es nicht ernst gemeint. Mut und Selbstsicherheit, beides bisher von den Ihren so sehr bewundert, verließen Annabella. Sie fragte sich, wielange Byron sie noch derart behandeln werde. »Genau solange«, hätte ihr Hobhouse geantwortet, wäre er gefragt worden, »wie Sie sich darum kümmern.« Leider kümmerte sie sich nur allzusehr darum. Ihre Bildung, ihr Glück, die Erfolge des verwöhnten Mädchens, ihr gefährliches Selbstvertrauen, alles dies waren kaum die richtigen Voraussetzungen, einen Byron zu verstehen und zur Ruhe zu bringen.

Gegen Abend hielt der Wagen vor Halnaby. Im nächtlichen Schneetreiben machte das Haus einen feindseligen Eindruck. Annabella stieg mit verzweifelter Miene und Gebärde aus der Kutsche. Während des Essens sagte er zu ihr: »Nun habe ich Sie in meiner Gewalt, und ich werde es Sie fühlen lassen.« Er erzählte von William Lamb: »Caroline Lamb muß für das Herz ihres Mannes wie ein unablässig fallender Wassertropfen sein. Das zerstört und lähmt zugleich.« Und mit einem unheimlichen Blick unter halbgeschlossenen Lidern hervor fügte er hinzu: »Sie werden sehen, daß Sie einen Genossen derselben Art gewählt haben.«

Die folgende Zeit nannte er ihren »Melasse-Mond«, und nie war der unbeständige Mond weniger hell und tiefer wolkenverhangen. Byron war der fürchterlichste aber auch der liebevollste Ehemann. Für Augenblicke hob sich sein Unmut wie ein Morgennebel. Dann wurde die Unterhaltung vertraulich und heiter; es machte ihm Spaß, seine Frau dazu zu bringen, tausend kindische Albernheiten zu erzählen. Er nannte sie Pippin, das heißt Renettenapfel; er scherzte über ihre Ruhe, und diese gelösten Augenblicke wurden für Annabella um so köstlichere Erinnerungen, als sie seltene »Quellen inmitten einer Wüste« waren, wie sie sagte. Dann, sobald er an einigen pathetischen Wendungen zu erkennen glaubte, sie werde nun, wie er es nannte, in »Predigten und Gefühle« ausbrechen, wurde er brutal. Er war dann von seiner eigenen Heftigkeit so gereizt und völlig unfähig, sich zu mäßigen, daß er mit harter Schonungslosigkeit alles aussprach. Annabella war zweiundzwanzig Jahre alt und kannte nichts vom Leben; was sie nun entdeckte, unterschied sich sehr von dem, was sie sich einmal vorgestellt hatte.

Sie hatte an ihrer Seite einen zugleich bedeutenden und naiven Menschen. Er war von einer schmerzgepeinigten Empfindsamkeit, einem beinahe unglaublichen physischen und moralischen Egoismus. Er redete unaufhörlich von seiner Gesundheit, seinem ausgefallenen Haar, von einem schmerzenden Zahn. Streifte irgend etwas seine körperliche Behinderung, war seine Eigenliebe sofort auf dem Plan. In den ersten Tagen sprach er darüber kein Wort; sie war es, die das Thema anschnitt, um ihr gemeinsames Leben von solcher Verlegenheit zu befreien, denn sie hatte gerade einen Artikel von Erasmus Darwin über die Krankheiten des Willens gelesen. Darwin sagte, ein Patient könnte Linderung darin finden, daß er sich frei über sein Leiden aussprächе. Und wirklich, von diesem Augenblick an ließ er zu, daß sie davon wußte, aber er hatte dabei immer ein gezwungenes Lächeln und sprach obenhin von »meinem kleinen Fuß«. Wenn er spazierenging und von weitem Schritte laut wurden, hielt er an und blieb unbeweglich stehen, damit kein Fremder ihn hinken sah, gelegentlich fing er auch an zu laufen. Es war ihm schrecklich, beobachtet zu werden; jeder Blick, den er auf sich ruhen fühlte, rief einen Wutanfall hervor.

Er begann auch sogleich, gegen Annabellas Moralempfinden zu kämpfen. »Der erste Schritt ist immer der schwerste«, sagte er. Abends versuchte er ihr zu beweisen, daß weder in der Religion noch in der Moral die Wahrheit läge. Hochmütig schloß er dann: »Und nun bekehren Sie mich!« Sie gab es auf, darauf zu antworten. Sie sagte nur, daß Verzeihen, Verzicht, Mut und Fröhlichkeit die besten Mittel seien, ihm zu beweisen, daß nicht alle Menschen schlecht waren. Was er Religion nannte, war jene düstere Lehre seiner Kindheit, die auf ihn, so entdeckte sie, großen Einfluß gehabt und gemeinsam mit den zwei Jahren muselmanischer Umgebung seinen Fatalismus geprägt hatte. Annabella machte sich nun nicht etwa den Gedanken an das Walten eines blinden Geschicks zu eigen: »Ich glaubte an die lebendige Gegenwart Gottes bei denen, die nicht ihren eigenen Willen, sondern den seinen tun wollten.« Bevor sie mit Byron zusammenlebte, hatte sie geglaubt, er sei skeptisch, ein Anhänger Voltaires. Die Wirklichkeit schien ihr nun anders. Byrons Intellekt war von Voltaire beeinflußt, aber ein latenter Calvinismus durchtränkte die Tiefen seines Geistes. Kein anderer hätte so von der Wirklichkeit Gottes erfüllt sein können, doch wurde für ihn die Gerechtigkeit Gottes von keinem Erbarmen gemildert. Seine Religion war die nackte Furcht und folglich Empörung. Er glaubte wirklich, die einen seien für den Himmel und die anderen für die Hölle bestimmt, und er gehöre zu dieser zweiten Gruppe, daraus wuchs in ihm ein natürlicher Zorn gegen den Tyrannen des Alls, der Hang zu verzweifelter Ausschweifung. Einmal nach einem Streitgespräch ließ er sich erschöpft in einen Sessel fallen und sagte zu seiner Frau: »Das Schlimmste von allem ist, daß ich glaube!« Wenn er an diesen Gott dachte, der sich an den Leiden seiner Geschöpfe weidete, vielleicht darüber lachte, überkam ihn Wut. »Das ganze Unglück«, schrieb Annabella traurig nieder, »kommt aus diesem Glauben seiner Kindheit, der die Rückkehr des Verlorenen Sohnes leugnet.«

Es war eine wahrhaft tragische Verbindung, denn sogar die besten Eigenschaften eines jeden von ihnen mußten in der Verknüpfung mit den Fehlern des anderen Qualen erzeugen. Durch ihre Gespräche, durch das Thema, um das ihre Gedanken stets kreisten, rührte sie an die tiefernste Seite von Byrons Natur. Doch wer Byron zwang, an die Weltordnung zu denken, der stieß ihn förmlich in die Heftigkeit. Nicht ohne Grund liebte er die hübschen und ein wenig verrückten Frauen. Die Rettung hätte in einer Leichtigkeit gelegen, zu der Annabella nicht fähig war. Es fehlte ihr keineswegs an psychologischer Einsicht, sie analysierte Byrons Wesen vortrefflich. »Sein Unglück«, schrieb sie, »ist eine leidenschaftliche Sucht nach höchster Erregung, die man bei Menschen mit starkem Temperament immer findet, wenn die Ziele, die es zu erreichen gilt, nicht jedenfalls bis zu einem gewissen Grade fest umrissen sind. Die Langeweile einer eintönigen Existenz führt Menschen dieses Typs, selbst wenn sie ein gutes Herz haben, gefahrvolle Wege ... Aus dieser Quelle kommt die Lust zu quälen, wie die Lust zum Trinken und Spielen.« Besser hätte man es nicht sagen können, aber sie war nicht imstande, die notwendigen Konsequenzen daraus zu ziehen.

Manchmal, wenn er ihr auseinandersetzte, nichts habe Bedeutung, die Moral sei eine Frage des Klimas und der Epoche, wünschte sie fast, sie könnte es glauben. »Ich kann mich daran erinnern«, sagte sie später, »daß ich mir wünschte, meine Pflicht nur darin zu sehen, alles für ihn aufzugeben, seine Sklavin und sein Opfer zu werden ... Eine Frau kann einen Mann nicht um seiner selbst willen lieben, wenn sie ihn nicht auch in seinen Freveltaten liebt ... Keine andere Liebe ist dieses Namens wert.« Aber ihr unbestechlicher Verstand verweigerte ihr das Recht auf Schwäche; Annabellas Logik war zu fest gefügt, als daß ihr Herz sie hätte überlisten können.

Erstaunt war sie über seinen Aberglauben. In ihm lebten nebeneinander ein klarer Verstand und kindische Ängste. Er erzählte ihr, wie sehr es ihn damals in Aberdeen erschreckt habe, neben einem Friedhof wohnen zu müssen. Jedes zufällige Zusammentreffen wurde als Wunder ausgelegt. Er glaubte an Vorzeichen: es war unheilvoll, ein schwarzes Kleid zu tragen, eine Fledermaus im Hause brachte Unglück. Nachts schauten sie im vom Schnee weißen Garten zum Himmel und sahen, wie sich eine Schäfchenwolke auf den Mond zuschob. »Wenn sie vor den Mond zieht, ist alles für mich verloren, geht sie an ihm vorüber, bin ich gerettet.« Die Wolke zog vor den Mond.

Weil der Ehering Lady Byrons (der Ring der »Witwe«) zu weit war, hatte sie ihn mit einem schwarzen Faden umwickelt. Als Byron diesen Faden sah, schrie er auf: »Ein schwarzer Faden!« Er verlangte, daß sie ihn abnahm. Wenige Augenblicke später legte sie, an den Kamin gelehnt, die Hände auf den Rücken: der Ring fiel ins Feuer. Dies Ereignis beschäftigte Byron noch stundenlang. Er äußerte so merkwürdige Vorstellungen, daß sie sich häufig fragte, ob er im Ernst sprach. Das traf zu einem Teil zu, denn er hatte immer eine Vorliebe für Mystifikationen gehabt. So erzählte er zum Beispiel, er sei ein gefallener Engel, aber nicht etwa symbolisch, sondern buchstäblich. Er sagte, Annabella sei eine von den Frauen, von denen in der Bibel geschrieben steht, daß ein Verdammter des Himmels sie liebt. Selbst in seiner Lektüre fand er Orakel. Er hatte Zeluco nicht vergessen; er sprach ausführlich mit Annabella darüber. Zeluco hatte schließlich sein Kind erwürgt. Byron sagte: »So wird es auch mir ergehen. Ich werde unseres erwürgen.« Er glaubte, daß ihn eine unbezwingbare Macht zum Bösen triebe. Häufig sagte er: »Es ist mein Los, in den Orient zurückzukehren, um dort zu sterben.« Mein Los ... Für ihn war die Gestalt der Zukunft im vorhinein von Konstellationen und Vorherbestimmungen gezeichnet. Mrs. Williams, die Wahrsagerin, hatte einst gesagt, er werde mit siebenunddreißig Jahren sterben. Er glaubte daran. Lady Byron, ganz Dame der Wissenschaft, hörte ihrem Mann oft mit ängstlichem Staunen zu. War er verrückt? Oder spielte er eine Komödie des Irrsinns? Sie wußte es nicht.

Das war nicht alles. Annabella ahnte, daß sie unter dieser ersten undurchsichtigen Zone, die dunkel genug war, eine weitere finden werde, schwärzer als die erste. Am ersten Morgen ihres Aufenthaltes schon erhielt Byron einen Brief Augustas. Er las ihn Annabella in frohlockender Erregung vor: »*Mein Lieber, erster und bester aller menschlichen Geschöpfe* ... Was sagen Sie dazu?« fragte er.

Wenige Tage nach der Hochzeit zeigte er ihr in Halnaby vor einem Spiegel, daß sie ihm glich. Sie sagte lachend: »Als wären wir Bru-

der und Schwester ...« Er packte sie am Handgelenk und schrie:
»Wo haben Sie das gehört?« Ein andermal sprach sie ohne jeden
Zusammenhang, höchstens weil sie eine vage Unruhe spürte, über
Don Sebastian, die Inzest-Tragödie von Dryden, und wieder überkam ihn ein Wutanfall. Er schien sich vor diesem Thema zu fürchten und kam doch unaufhörlich darauf zurück. Seine junge Frau
versuchte ganz naiv mit ihren Schulmethoden dazu zu kommen,
ihn zu verstehen. »Verstand und Urteilsvermögen waren weitge-
hend unnütz. Ich mußte die Unbekannte einer Aufgabe finden, ohne
die für eine Lösung nötigen Angaben zu wissen.« Sie mußte den
Eindruck gewinnen, daß er sie nicht aus Rache geheiratet hatte, wie
er behauptete, sondern um ein abscheuliches Verbrechen zu verbergen, das sie sich nicht vorstellen konnte. Sie fragte sich, ob er
nicht etwa eine Frau zur Geliebten gehabt habe, in der er später
die natürliche Tochter seines Vaters erkannt hatte.
Nachts sah sie, wie ihn Albträume schüttelten. Er redete im Schlaf.
Er stand auf, ging mit großen Schritten auf und ab, schwang Pistolen und Dolche. Dann ging er wieder zu Bett und knirschte laut
mit den Zähnen. Sie legte ihren Kopf auf seine Schulter. »Sie
brauchten ein weicheres Kopfkissen als mein Herz.« Sie antwortete: »Ich weiß nicht, welches als erstes bricht, Ihrs oder das
meine.« Einmal fragte sie ihn vorsichtig: »Wenn sie irgend jemand
verführt hat, sagen Sie es mir. Weiß es Augusta?« Er gestand, daß
es wirklich in seinem Leben ein schreckliches Geheimnis gäbe. »Ich
werde es Ihnen sagen, wenn Sie ein Kind haben.« Sie dachte oft
daran zu fliehen, ihn zu verlassen, aber sie liebte ihn, und sie hatte
Mitleid mit ihm. »Damals begriff ich zum erstenmal in meinem Leben, was es hieß, allein mit Gott zu sein.«
Und er, was dachte er über diese Frau, die so anders geartet war
als alle, die er gehabt hatte? Manchmal rührte sie ihn, und er sagte
ihr, daß sie ein sehr gutes Argument für die Unsterblichkeit sei.
»Wenn irgend etwas mich an den Himmel glauben lassen könnte,
dann ist es Ihr Ausdruck in diesem Augenblick. Armes kleines Ding,
Sie hätten einen besseren Mann heiraten sollen.« Auch er hatte
Mitleid mit ihr, und dennoch blieb er unerbittlich. Seit *Childe
Harold* war er der Komödiant seines eigenen Lebens. Nie zuvor
hatte er ein gläubigeres Publikum gefunden als die eifrige und ver-
schreckte junge Frau. Wäre sie klug genug gewesen zu lächeln, er
hätte seine Rolle sofort geändert. Er hätte damals eine ruhige
Epikureerin wie Lady Oxford an seiner Seite gebraucht. Annabella
verlor ihn durch ihre Ernsthaftigkeit. Er sagte es ihr: »Ich verlange von einer Frau nichts als Lachen; im übrigen pfeife ich darauf, was sie ist. Augusta konnte ich mit allem zum Lachen bringen.
Niemand außer Augusta macht mich glücklich.«

Wie konnte er sich so roh benehmen, er, der sich für den weichsten Menschen hielt, er, den die Gegenwart einer Frau besänftigte, selbst wenn sie alt und häßlich war, er, der die zarte Lady Frances mit behutsamer Zärtlichkeit behandelt hatte? Er verstand es selbst nicht. Er war ein Byron. Ein irrsinniger Zorn stieg in ihm auf. »Sie wissen nicht, was für ein Ungeheuer eine böse Leidenschaft aus mir machen kann.« Er empfand sich als Gefangener dieser Frau. Er hatte sie darum gebeten, die Verlobung zu lösen. Sie hatte ihn heiraten wollen, hatte gesagt, daß sie nichts bereuen werde. Nun stand sie als Fremde in seinem Leben. Vielleicht wäre er nachsichtiger gewesen, hätte sie gezeigt, wie schwach sie war; aber sie verhehlte ihre Schwäche gar zu gut. Sie besaß weder die befangene Unruhe Augustas noch die erschreckte Zartheit einer Lady Frances, dafür einen unerschütterlichen Gesichtsausdruck unter rosigen Wangen. Sie zeigte Zustimmung, sie urteilte, sie entschied. Sie aß methodisch langsam, während er die Mahlzeit in wenigen Augenblicken beendet hatte. Sie sprach von ihren Gefühlen. »Seien Sie bitte nicht gefühlvoll!« rief er abwehrend und hob die Hände zum Himmel. Sie nahm alles wörtlich. »Wenn Sie nichts auf meine Worte gäben«, sagte er, »könnten wir uns wunderbar vertragen.« Er brauchte Ruhe, Einsamkeit; es war schlimm, stets zu zweit zu sein. Immer wieder schickte er sie aus dem Zimmer und bemerkte dazu: »Ich brauche Sie nicht«, oder sogar: »Ich hoffe, wir werden nicht unaufhörlich zusammen sein? Das wäre nichts für mich, ich versichere es Ihnen.« Und ein andermal: »Die einzig gute Seite an der Ehe ist, daß man seine Freunde los wird.«

Er zweifelte schon nicht mehr an dem nahen Ende seiner ehelichen Treue. Lady Melbourne hatte er einmal gefragt: »Seit ich mich in der Gewalt einer Frau befinde, bewundere ich die Vorsicht Ihres Ausdrucks, aber ich *liebe Dich,* meine Tante, und ich verzeihe Ihnen Ihre Zweifel bis zu meinem nächsten Abenteuer.« Die alte Dame war der Meinung, Byron habe in ihrer Familie genug Skandale angerichtet, sie wünschte, daß er sich ruhig verhielt. »Ich gebe Ihnen einen guten Rat«, sagte sie ihm, »ich bin Ihr weißer Rabe, meiden Sie den schwarzen Raben.« ... »Ich vermute, Ihr *schwarzer Rabe* ist x?« antwortete Byron, »aber ich liebe ihn immer noch, obwohl ich jemanden an meiner Seite weiß, der mich für die nächste Zukunft daran hindern wird, überhaupt wesentlich zu lieben. *Wesentlich,* das Wort amüsierte Lady Melbourne: »Ich lache häufig über Ihr *wesentlich.* Ist das Wort je in diesem Sinn benutzt worden?«

Er hatte eigentlich vorgehabt, Halnaby am 20. Januar zu verlassen und den 22., seinen Geburtstag, in Seaham bei den Milbankes zu verbringen. Im letzten Moment entdeckte er, daß der 20. ein

Freitag war und erklärte, an diesem Tage reise er nicht, am 21. sollte die Abreise sein. Lady Byron lächelte ein wenig. Verlegen setzte er ihr auseinander, daß der Freitag der mohammedanische Sonntag sei, den er einzuhalten gewohnt sei. Er war nicht übelgelaunt und sagte ihr während der Reise, daß ihre Ehe so schlecht nicht sei. »Ich glaube, Sie wissen jetzt genau, welche Themen nicht berührt werden dürfen«, setzte er hinzu und sah sie an.

Ihm gingen nun die Augen auch für ihre guten Eigenschaften auf. Während der grausamen Wochen in Halnaby hatte sie für ihn gearbeitet. Sie hatte die *Hebräischen Gesänge* für ihn kopiert, die er für den Musiker Nathan schrieb. Sie hatten über ihrer beider Lektüre gesprochen. Sie war intelligent. Wenn sie nicht seine Frau gewesen wäre ... Aber wie sollte er sie nicht für die Langeweile der Ehe verantwortlich machen? Was konnte hassenswerter sein für einen einst freien Mann, als sich von Schwiegereltern gefesselt zu fühlen, wenn er es von eigenen Eltern nie gewesen war. Nicht ohne Widerwillen sah Byron *my papa*, Sir Ralph, in Seaham wieder. Der alte Edelmann mit dem rosigen Teint war durchaus herzlich, aber er hatte einige unverzeihliche Eigenschaften, und er fand einen unverbesserlichen Geschmack an ein paar Scherzen, die er unablässig wiederholte. Da gab es einen über eine Hammelkeule, den Sir Ralph so gut fand, daß er mehrmals in der Woche Hammelkeule servieren ließ, nur um ihn anbringen zu können. Blieb er nach dem Essen mit Byron allein, trug er ihm die Rede vor, die er gerade vor den abgabepflichtigen Bewohnern Durhams gehalten hatte. »Ich lausche dem Monolog, den mein Schwiegervater Unterhaltung zu nennen beliebt; einmal hat er mir auch auf der Violine vorgespielt, das war erholsam für mich.« Manchmal sprang Byron gereizt auf und ließ seinen Schwiegervater allein »seine Rede vor den Flaschen beenden, so daß er jedenfalls nicht einschlief«. Er ging auf sein Zimmer um zu träumen, doch schon schlug die Stunde des Tees, und er mußte sich wieder bei der Familie einfinden. »Ich muß jetzt zum Tee«, berichtete er Moore, »verdammt sei der Tee. Ich wollte, es wäre Kinnairds Brandy.« Augusta spottete in ihren Briefen ungeschickt (und vielleicht eifersüchtig) aber ziemlich lustig über den häuslichen Byron. Abends im Salon, dem Ort seiner Trauung, gähnte Byron fürchterlich, denn dieser Teil des Tages, in London der schönste, war in Seaham der unerträglichste.

Jetzt, da seine Schwiegereltern ihn langweilten, wurde Annabella als Gegensatz zu ihnen Verbündete und Zuflucht. Er taufte sie Pip: »Sie sind eine reizende Pip – ein gutes Pip-Mädchen und die beste Frau von der Welt«, sagte er eines Abends zu ihr, als sie ihm seine Zitronenlimonade ans Bett brachte. Von Zeit zu Zeit gab es bizarre Zwischenfälle. Sie hatten einmal ein Zettelspiel mit gegebenen End-

reimen gespielt. Byron schlug vor, die Zettel an Augusta zu schik-
ken, das würde sie unterhalten. Seine Frau sagte: »Ich mache
Kreuzchen auf Ihre Zettel, damit sie sich von meinen unterscheiden.« Er wurde blaß. »Nein«, sagte er, »tun Sie das nicht, Sie würden ihr einen bösen Schrecken einjagen.« Die ganze Nacht grübelte
sie darüber nach, was die Kreuzchen bedeuten könnten.

Am Strand war er ein kindlich heiterer Gefährte. Es gab dort
einen großen Felsen, den man »das Federbett« nannte; dorthin
ging ihr gewohnter Spaziergang. Er wettete, daß sie nicht so schnell
oben sei wie er und kletterte, sehr geschickt, wenn er einmal zu
laufen begann, vor ihr hinauf. Das war es, was sie seine kindische
Seite nannte, »ein Zustand, in dem er für kurze Augenblicke einem
verspielten unschuldigen Kinde glich«. Es kam vor, daß er von sich
selbst, wie Kinder es zuweilen tun, in der dritten Person sprach, er
sagte: »Byron ist ein Girlitz – ach ja, ein Girlitz!« und ganz bitter:
»Armer Byron! Armer Byron!« Annabella war über den verzweifelten Ton seiner Stimme erschrocken. Gegen Ende des Aufenthaltes sagte er eines Nachts: »Ich glaube, ich liebe Sie.« Ganz unmöglich war das nicht. Sie wurde zu dem, was ihm notwendig war:
zur Gewohnheit. Sie kannte nun seinen hüpfenden Gang, die Pistolen am Bettrand, die verbotenen Themen. Wäre er mehrere Monate
in Seaham geblieben, vielleicht hätte er sich an diesen Lauf der
Dinge gewöhnt, wie oft zuvor.

Byron an Moore: »Ich bin in einem Zustand der Monotonie und
Stagnation und so sehr damit beschäftigt, Obst zu essen – spazierenzugehen – tödlich langweilige Kartenspiele zu spielen – zu gähnen – den Versuch zu unternehmen, alte Jahrbücher und Zeitschriften zu lesen, am Strande Muscheln zu suchen – den verkrüppelten
Johannisbeersträuchern im Garten beim Wachsen zuzusehen – daß
ich weder Zeit noch Gedanken habe, Ihnen mehr davon zu sagen...
Meine Frau und ich verstehen uns aufs schönste. Swift sagt, ›daß
kein *vernünftiger* Mann sich je verheiratet habe‹, aber für einen
Dummkopf glaube ich, ist es der ambrosischste aller Zustände. Ich
bleibe dabei, daß man Ehen auf *Pacht* schließen sollte, bin aber
sicher, daß ich die meine nach Ablauf der Frist erneuern würde,
selbst wenn die nächste Periode auf neunundneunzig Jahre festgesetzt werden müßte.«

Es war beschlossen, daß die Byrons im Frühjahr nach London reisen sollten, und am 9. März trug sie der Wagen wieder einmal davon. Byron hätte gern allein bei Augusta Station gemacht, aber
seine Frau bestand darauf, ihn zu begleiten. Augusta zögerte lange,
sie aufzunehmen. Sie hatte keinen Platz, das Haus war klein, sie

wußte auch nicht, ob der Oberst abwesend sein würde. Bei der Abreise aus Seaham war Byron schlechtgelaunt. »Warum hat Ihre Mutter Sie beim Abschied meinem Schutz empfohlen? Was sollte das heißen? Sind Sie nicht in der Lage, über sich selbst zu wachen? Ich wollte Sie nicht auf dieser Reise dabeihaben.« Annabella sagte, daß sie Augusta unbedingt besuchen wollte. »Augusta ist eine Törin«, sagte er, dann in finsterem Ton: »O ja, Augusta ist eine Törin.« Gegen Abend wurde er sanfter: »Sie haben mich geheiratet, um mich glücklich zu machen? Gut denn, Sie machen mich glücklich.«

Augusta empfing sie gefaßt. Sie sagte fast nichts, küßte ihre Schwägerin auch nicht. Die beiden Frauen stiegen gemeinsam zu den Gästezimmern hinauf, und dort nahm Annabella Augusta als erste in ihre Arme. Nach dem Dinner verlangte Byron nach Brandy, begann zu trinken und riet seiner Frau, schlafen zu gehen. »Wir können uns ohne Sie amüsieren, meine Reizende«, sagte er und später, als er ihr Zimmer betrat: »Nun, da ich *sie* habe, werden Sie merken, daß ich Sie in jeder Hinsicht entbehren kann. Ich habe Ihnen gesagt, daß es falsch war, hierherkommen zu wollen und daß Sie besser getan hätten, darauf zu verzichten.« Dieser Auftritt kam Annabella recht sonderbar vor. Sie glaubte, Byron habe eine Leidenschaft für Augusta gehabt, sei aber von ihr abgewiesen worden. Am nächsten Morgen empfing Augusta die beiden mit bemerkenswerter Ruhe. »Nicht wahr, Guss«, sagte Byron, »ich bin ein sehr moralischer Mann geworden.« Augusta schien geniert, sie sagte: »Ich habe schon einen gewissen Fortschritt bemerkt.«

Während des ganzen Aufenthaltes war Mrs. Leigh sehr gütig zu Annabella. Man könnte sagen, Byron bedrängte sie, und sie versuchte, dem zu entgehen, aber gleichzeitig versetzte er sie in Schrecken. Er gefiel sich mehr und mehr in offenen Anspielungen: »*We must fly, we must part* ... erinnern Sie sich, Guss, wann ich diese Zeilen für Sie schrieb?« Annabella war von der ungewöhnlichen Schönheit seines Ausdrucks fasziniert, wenn er die kleine Medora ansah. »Sie wissen, daß dies meine Tochter ist«, sagte er und wies auf das Kind. Da es seine Nichte war, konnte dieser Satz auch natürlich erscheinen. Er hatte in London zwei Broschen anfertigen lassen, in denen sich sein und Augustas Haar vermischt befanden. Beide waren aus Buchstaben und Kreuzen modelliert: $A - B - + +$. Eine davon gab er Augusta und sagte, während er auf Annabella deutete: »O wenn sie wüßte, was dies bedeutet.« Aber Lady Byron wollte nicht verstehen. Sie hielt es für ihre Pflicht, einen schrecklichen Verdacht über ihren Mann solange sie konnte von sich zu weisen. Sie empfand ein Gefühl »von Schrecken und grenzenlosem

Erbarmen«. Sie schwor sich selbst, niemals so zu handeln, als hätte sie je einen solchen Gedanken gehabt*.

Indessen machten die beiden A lange und freundschaftliche Spaziergänge im Park. Sie sprachen von Byron. Annabella machte Augusta in ihrer Verzagtheit zur Vertrauten. Sie war von deren ergeben bezeugter Zuneigung überrascht. »Sie sind gut zu mir«, sagte Augusta, »weil Sie mich nicht kennen.« Sie gab Annabella Ratschläge, wie man Byron behandeln müsse. Sie gehorchte der Beschaffenheit ihres Verstandes, der auch die tragischsten Geschehnisse stets auf ihr eigenes Niveau zurückführte, wenn sie zum Beispiel glaubte, die Wutausbrüche ihres Bruders seien auf seine schlechte Verdauung zurückzuführen. Er fastete, um nicht dicker zu werden und schlang dann heißhungrig eine ungeheure Mahlzeit herunter. Sie bekam ihm nicht, und er nahm übergroße Mengen Magnesium. Alles Übel komme daher, erklärte Augusta. Annabella war der Ansicht, den schwierigen Ehemann durch Zuneigung erobern zu müssen. Die andere antwortete, es gälte, den Mut zu bewahren, denn die Gewohnheit habe eine starke Macht über Byron.

Dieser Aufenthalt blieb ungeachtet der echten Güte Augustas ein Albtraum für Annabella. Byron war sich selbst gegenüber gereizt, seiner Frau gegenüber, seiner Schwester gegenüber, er trank mit der Verbohrtheit eines Mannes, dem ein erwartetes Vergnügen vorenthalten wird, er trank um zu vergessen, und die Heftigkeit seiner Äußerungen wurde dadurch übersteigert. Er zwang Augusta, die Briefe, die sie in den letzten beiden Jahren von ihm bekommen hatte, laut vorzulesen, Briefe, in denen er mit Zynismus von seiner Gleichgültigkeit gegenüber Annabella sprach oder von seiner Geliebten berichtete. Dann wandte er sich an seine Frau und sagte: »Und während dieser Zeit glaubten Sie, ich stürbe vor Liebe zu Ihnen!« Abends schickte er Annabella früh zu Bett und blieb ein oder zwei Stunden mit Augusta allein. Lady Byron fühlte sich so

* Die Dokumente scheinen zu beweisen, daß, wenn Lady Byron von diesem Augenblick an einen Verdacht über die Beziehungen zu seiner Schwester gehabt hat, Augusta und Byron trotz der unvorsichtigen Äußerungen des letzteren in diesem Punkt ein überraschendes Gefühl für ihre Sicherheit entwickelten. Tatsächlich antwortete Augusta in den Briefen, die 1816 zwischen Lady Byron und Mrs. Leigh ausgetauscht wurden, als Lady Byron ihrer Schwägerin geschrieben hatte, daß »seit der ersten Woche meiner Ehe mich dieser Gedanke beinahe irrsinnig gemacht hatte«, am 15. Juli 1816: »Die *Illusion,* von der ich Ihnen sprach, war eine *vollkommene Unkenntnis,* daß Sie überhaupt vermuten könnten, daß ich Ihre Leiden verursacht oder vermehrt haben könnte . . . Ich erinnere mich jetzt an ›gewisse Dinge‹, auf die Sie anspielen. Sie könnten andere hinzufügen, die mich nur verwirren würden. Für mich ist es wie ein *schrecklicher Traum* . . . Ich habe oft gedacht, daß ich mich Ihnen ohne Rückhalt anvertrauen sollte. Aber das Geheimnis zu wahren, schien mir unter solchen Umständen eine Pflicht.« In den Memoiren Lady Byrons lesen wir: »Sie (Augusta) sagte mir, sie habe von meinen Vermutungen keine Ahnung gehabt, außer in dem Augenblick im Sommer 1815, als ich ausdrücklich wünschte, daß sie uns verließ. Zu Byron aber hatte sie oft gesagt, er spreche in meiner Gegenwart Dinge aus, die *jede andere* Frau hätten begreifen lassen. Er beruhigte sie, wenn ihr solche Zweifel kamen.«

unglücklich, daß sie nichts essen konnte, während ihr doch vor Hunger übel wurde. Manchmal schloß sie sich ein, um zu weinen, bis sie sich ein wenig erleichtert fühlte. Sie sagte sich: »Es ist unmöglich ... Es ist unmöglich ...« Einmal zeigte sie Augusta einen Ausspruch Mrs. Neckers: »Die Leiden, zu denen man selbst nichts beigetragen hat, gehen vorüber, Gewissensnöte aber halten Zeit und Gefühle fest.« Augusta sah Annabella an, ohne etwas zu sagen, und Annabella hatte den ganz starken Eindruck, daß sich ein stummes Einverständnis zwischen ihnen befestigte.

Gegen Ende dieses Aufenthaltes flüchtete sich Lady Byron, der die Wirklichkeit unerträglich wurde, in Betrachtung und Extase. Sie las in der Bibel und fand Stellen darin, die ihrem Zustand so entsprachen, daß sie zu einer mystischen Begeisterung fand. Sie sah sich als Schutzengel zweier verlorener Geschöpfe, die sie retten konnte. Aber wie rettet man einen Mann, den man liebt und von dem man gehaßt wird?

Bei Augusta erfuhr Byron von Napoleons Rückkehr aus Elba, von der Niederlage der kaiserlichen Truppen, vom Flug des Adlers. Er war entzückt. Seine kleine Pagode war also gar nicht eingestürzt. »Wenn er die Alliierten nun nicht verprügelt, bekommen wir nichts für unser Geld. Wenn er Frankreich auf seiner Seite hat, zum Teufel, wenn er die Eindringlinge nicht mit Hilfe der kaiserlichen Garde vertriebe. Es ist ganz unmöglich, von diesem Aufstieg nicht verblüfft und begeistert zu sein.« London war aufgeschreckt und beunruhigt. Hobhouse spielte Napoleon. Am 23. wurde bekannt, daß der Kaiser in Paris war. In zwanzig Tagen hatte er Frankreich durchquert. Die Trikolore wehte in den Häfen gegenüber der Küste von Dover. Zwanzig Jahre Geschichte schienen sich zu wiederholen.

Zu anderen Zeiten hätte Byron gern mit Hobhouse, mit Kinnaird solche Neuigkeiten diskutiert, aber er fand ein dunkles Vergnügen daran, »diese beiden Frauen abzurichten«, so daß er gern in Six Mile Bottom blieb. Doch Augusta wünschte das nicht, und am 28. nahm er Annabella mit sich fort. Sie bewies, wie ihr Gatte sagte, »Symptome von Schwangerschaft«, und sie war gebrochen.

XXIV

13 Piccadilly

> Die Tragödie dieser Ehe, wie vieler anderer, war,
> daß das, was jeder im anderen sah, nicht die
> ganze Wahrheit ausmachte.
>
> *Grierson*

Sie hatten ein schönes Haus, Nummer 13 Piccadilly Terrace, gemietet; sie besaßen Dienerschaft und zwei Wagen. Es fehlte ihnen
ein Vermögen. Die Miete betrug siebenhundert Pfund, das war das
gesamte Einkommen Lady Byrons, Lord Byrons Einkommen war
negativ, die Einkünfte aus der Landwirtschaft von Newstead trugen
nicht einmal die Zinsen für seine Schulden. Gerichtsvollzieher,
alarmiert von ihrem hohen Lebensstandard, waren ständige Besucher. Hobhouse machte vor seiner Abreise nach Frankreich, wo er
Notizen über die Rückkehr des Kaisers sammeln wollte, dem
Freund einen Besuch und fand ihn in düsterer Stimmung. Byron
beklagte sich nicht, aber er riet Hobhouse, nicht zu heiraten.
Die ersten Tage vergingen recht harmonisch (»Er war so liebenswürdig zu mir, wie ich es gar nicht an ihm kannte.«), doch blieb
Annabella wenig Hoffnung. »Die Hoffnung«, sagte Byron, »ist
nichts als Schminke, mit der sich das Dasein das Gesicht anmalt,
die leiseste Berührung mit der Wirklichkeit läßt sie erbleichen, und
wir sehen, welche Dirne mit faltigen Wangen wir in den Armen
gehalten haben.« Auch sie, selbst sie, näherte sich dieser bitteren
Philosophie.
Byron war schöner als je zuvor. Sein Gesicht hatte an Bedeutung
gewonnen, unruhige Größe stand in seiner Miene. Er trug sich
schwarz, und das vervollständigte sein vornehmes, ernstes Auftreten.
Annabella konnte sich nicht satt an ihm sehen. Sie liebte es, mit
ihm auszugehen, und wenn sie bei Henderson Blumen ausgesucht
hatte, »lieferte« sie ihn bei dem radikalen Dichter Leigh Hunt in
Paddington ab, und solange sie ihre Einkäufe machte, diskutierten
die beiden Männer die Politik Lord Castlereaghs, dabei schaukelte
Byron auf dem Holzpferd der kleinen Hunts. Die Tory-Presse
und die Regierung sprachen sich dafür aus, den Bourbonen zu Hilfe
zu kommen. »Können wir ruhig zusehen, wenn das Haus unseres
Nachbarn in Flammen steht?« Byron und seine Freunde waren
natürlich gegen den Krieg, für Bonaparte und protestierten gegen
die Beteiligung Englands an einem Bürgerkrieg. Auf dem Heimweg
holte Lady Byron ihren Mann wieder ab. Sie wartete in ihrem
hübschen Wagen vor der Tür. War das nicht ganz das herkömm-

liche Bild des Glücks? Eine etwas rundliche Frau, die lächelte, der Ehemann, wie er sich unter der Tür von seinem Freund verabschiedete, die lebhaften ungeduldigen Pferde, was fehlte überhaupt an diesem sentimentalen Klischee? In Piccadilly Terrace arbeitete Byron an seinem neuen Gedicht: *Parisina*. Annabella war die vollendete Schriftstellergattin, sie schrieb alle Blätter für ihn ab. Beider Dasein war auf respektable Art getüncht.

Aber Lady Byrons Traurigkeit hielt an. Die frischen Farben des Landmädchens bekam sie nicht wieder. Sie fühlte sich ausgeschlossen. Byrons Freunde, Kinnaird und Hobhouse, die sie »die Piccadilly-Bande« nannte, gefielen ihr gar nicht. Kinnaird hatte auf Byrons Namen einen Anteil am Drury Lane Theater gekauft, damit der Freund dem Direktionskomitee angehören konnte. Annabella mochte diese Welt der Kulissen nicht. Sie wußte, daß Byron auch Melbourne House wieder aufsuchte, das war beunruhigend, »die Tante« Melbourne war eine einflußreiche Ratgeberin. Was war zu tun? In den Augen der Welt waren die Melbournes und die Lambs Verwandte und Freunde der Byrons. Caroline und William gurrten wie die Turteltauben. Sie empfingen Byrons Besuch; alles fand wie von selbst sein Gleichgewicht wieder. Er sagte zwar, Caroline sei sehr langweilig, aber sie hatte für ihn den Charme einer früheren Geliebten, mit der man eine offene Sprache spricht und deren Vertrauen schmeichelt. Lady Byron hatte selbst einmal in Melbourne House Besuch gemacht, und das Unglück wollte es, daß sie dort Mrs. Chaworth-Musters, Mary-Ann, begegnete, die übrigens von ihrem Nervenleiden geheilt war. Annabella berichtete Augusta davon: »Ich habe Ihnen nie etwas davon erzählt, daß ich bei Caroline Mrs. Musters getroffen habe. Sie fragte mich nach Byron. Noch nie habe ich eine Katze von so bösartigem Ausdruck gesehen. Jeder andere hatte, mit ihr verglichen, eine vollkommen tugendhafte Miene. Ach könnte ich heraus aus dieser schrecklichen Stadt, die mich wahnsinnig macht! ... Wäre ich auf dem Lande, ich könnte ganz gewiß mein fröhliches Gemüt und meine gute Stimmung wiederfinden.« Für die liebende, stolze und keusche Lady Byron konnte es nichts quälenderes geben als dies Londoner Leben, in dem sie sich von feindlich gesinnten Frauen belauert glauben mußte, von Frauen, die ihr Mann geliebt hatte; und sie war besorgt, sich von ihnen anmerken zu lassen, daß ihre Ehe eine Fehlentscheidung war. Vor allen anderen war da Augusta. Sie war schon zehn Tage nach ihnen in Piccadilly Terrace eingezogen. Wieso hatte Annabella sie eingeladen? »Es war hoffnungslos«, erklärte sie, »die beiden voneinander trennen zu wollen, dagegen war nach meiner Ansicht der Versuch, ihnen ihre Unschuld zu bewahren, nicht ganz hoffnungslos. Ich betrachtete mich als Wächter über diese beiden

Geschöpfe.« Byron empfing Augusta zunächst mit seinem berühmten haßerfüllten Blick unter fast geschlossenen Lidern hervor. Aber schon nach wenigen Minuten fand er wieder Geschmack an ihr. »Sie waren eine Törin«, sagte er zu seiner Frau, »sie in dieses Haus kommen zu lassen. Sie werden es merken. Es wird für Sie eine große Veränderung in allen Dingen bedeuten.« In der Tat wiederholte sich das Leben von Six Mile Bottom. Annabella ließ sich abends auf ihr Zimmer schicken, dort horchte sie, ohne Schlaf finden zu können, auf Byrons Schritte. Sein Schritt verriet ihr, in welcher Stimmung er bei ihr eintreten werde. Bald klang es nach furchterregender Energie: das Zeichen für Zorn; bald waren seine und Augustas Schritte von Lachsalven begleitet. Die Beziehungen dieser drei Menschen untereinander waren höchst eigenartig. Annabella war Pip, Augusta Goose, Byron war für seine Frau Duck, für seine Schwester Baby. Es gab noch Augenblicke des Glücks. Byron sagte zu seiner Frau: »Hätte ich Sie von meinem fünften Lebensjahr an gekannt, ich wäre glücklich geworden.« Oder auch: »Arme Kleine, es wäre gewiß nicht schwer, Sie zufriedenzustellen.« Aber manche Tage waren für Annabella so unerträglich schwer, daß sie vor Haß die Lust anwandelte, Augusta umzubringen. »Ich war beinahe wahnsinnig, und um mich vor der Leidenschaft der Rache zu bewahren, mußte ich mich einer anderen hingeben, der eines schwärmerischen Verzeihens.« So wie sie einst die Thermopylen verteidigt und Pestkranke gepflegt hatte, wollte sie nun diese Frau retten, die die Ursache ihres Unglücks war. So wandelte sich ihr Haß in eine glühende Freundschaft. Wie jede liebende Frau wollte auch sie die Vergangenheit des geliebten Mannes besitzen. Augusta war für sie die Frau, »die davon wußte«. Sie verteidigte sie auch, wenn Byron durch die Anwesenheit seiner Schwester gereizt war. Dennoch, es war gegen Ende Juni, machte Lady Byron ihrer Schwägerin unmißverständlich klar, daß ihr Besuch lange genug gedauert habe, und Mrs. Leigh kehrte nach Six Mile Bottom zurück.

Während des ganzen Frühlings im Jahr 1815 verbrachte Byron fast täglich ein oder zwei Stunden in John Murrays Büro. Er traf hier mit einem der wenigen Schriftsteller zusammen, für die er Achtung und Bewunderung empfand: Sir Walter Scott. Die beiden Männer fanden ein anregendes Vergnügen an diesen Gesprächen. Scott hatte gehört, Byron sei ein überspannter junger Mann, das entsprach seinem persönlichen Eindruck keineswegs. Kein anderer als er war besser in der Lage, die Vornehmheit von Byrons Charakter zu begreifen. In der Religion und in der Politik standen sie in entgegengesetzten Lagern, aber Scott glaubte nicht daran, daß Byron in diesen Punkten eine wirklich abgeschlossene Meinung hatte. Er sagte ihm, daß er seine Ansichten schon noch ändern werde, wenn er ein paar Jahre älter sei. Byron antwortete recht lebhaft: »Ich vermute, Sie gehören zu denen, die mir prophezeien, daß ich mich zum Methodismus bekehren werde?« – »Nein«, erwiderte Walter Scott, »ich glaube nicht, daß Ihre Bekehrung so banal sein wird. Ich könnte mir eher vorstellen, daß Sie den katholischen Glauben annehmen und sich dabei durch eine intensiv ausgeprägte Reue hervorheben werden. Die Religion, der Sie sich eines Tages vielleicht anschließen werden, muß eine starke Gewalt auf die Phantasie ausüben.« Byron lächelte ernst und sagte nichts.

Sie tauschten Geschenke aus. Scott gab Byron einen schönen in Gold gefaßten Dolch, der sich im Besitz des berüchtigten Elfi Bey befunden hatte. Byron schickte dem Freund wenige Tage später eine mit Gebein gefüllte Grabvase, in die er die Verse Juvenals gravieren ließ:

> Expende – quod libras in duce summo in venies.
> Mors sola fatetur quantula hominum corpuscula.

Scott vermochte auch, besser als irgend jemand sonst, Byron zu beschwichtigen, ihm Vertrauen einzuflößen. »Er war oft melancholisch«, schrieb er, »und beinahe düster. Wenn ich ihn in dieser Stimmung antraf, wartete ich, bis sie von selbst verging oder bis sich ein natürliches und leichtes Mittel fand, ihn zum Sprechen zu bringen; und fast immer verzogen sich die Schatten von seinem Gesicht.«

Hätte Lady Byron ebensoviel von einer gequälten Seele verstanden, wäre das Haus in Piccadilly Terrace vielleicht sehr ruhig geworden, aber Lady Byron hatte den Drang zum Absoluten, und sie liebte, beides gefährliche Hemmnisse auf dem Wege zur Klugheit.

Juni 1815. Annabella war seit mehr als drei Monaten schwanger, Hobhouse wartete in Frankreich auf militärische Neuigkeiten. Am 20. eröffnete ihm ein Postmeister, daß Napoleon bei Waterloo vernichtend geschlagen worden war. »Poor fellow«, sagte er, und Byron äußerte, als er die Nachricht erhielt: »Well! I am damned sorry for it!« Alle jungen englischen Frauen waren in Belgien, sie pflegten einen Bruder, einen Ehemann, einen Geliebten. Auch Caroline war dorthin aufgebrochen, angespornt durch den Erfolg von Lady Frances Webster. Byron hatte recht behalten, als er sagte, daß ein kühner Bewerber die junge Frau besiegen werde. Sie hatte nach jenem keuschen Abenteuer Fortschritte gemacht; man erzählte sich, daß Wellington ihretwegen zu spät auf dem Schlachtfeld erschienen sei. Was den *Marito* anging, so begleitete er seine Gemahlin und schrieb ein Gedicht über die Schlacht.

George Gordon Noel Lord Byron (1788–1824)

Byron auf dem Friedhof
von Harrow on the Hill,
wo er 1801–1805 die Schule
besuchte

Byrons Jugendliebe
Mary Ann Chaworth,
verh. Musters

Newstead Abbey, bis 1818
Sitz der Familie Lord Byrons

Lady Caroline Lamb,
die 1812 Byrons Geliebte war

Stationen auf ›Childe Harolds erster Pilgerfahrt‹:
Athen und Konstantinopel

Lord Byron als Childe Harold mit der Geliebten Ines

What is the word of woes that wait on age?
What stamps the wrinkle deeper on the brow?
To view each loved one blotted from Life's page,
And be alone on earth, as I am now.
Before the Chastener humbly let me bow,
O'er hearts divided and o'er hopes destroy'd:
Though Time not yet hath ting'd my locks with snow,
Yet hath he reft whate'er my soul enjoy'd,
And with the ills of Old mine earlier years alloy'd.

End of the Poem.

Schluß des 2. Gesangs von »Childe Harold« in Byrons Handschrift

oben links: Samuel Rogers

oben rechts: Thomas Moore

links: Sir Walter Scott

John Murray, der Verleger Byrons

oben links: Augusta Leigh,
die Schwester und Geliebte

oben rechts: Anna Isabella
Byron, geb. Milbanke

rechts: Byrons Tochter aus
der Ehe mit Anna-Isabella

ADA,
Fille de Lord Byron

J. C. Hobhouse

John Cam Hobhouse, späterer Lord Broughton, Byrons engster Freund
und Begleiter auf seinen Reisen

Villa Diodati
in Genf. Byron
bewohnte sie
1816/17 zu Beginn
seiner Freundschaft
mit den Shelleys.

Percy Bysshe Shelley

Rechte Seite oben: Venedig im 19. Jahrhundert

Margarita Cogni, eine der Gefährtinnen Byrons in Venedig

Gräfin Teresa Guiccioli, geb. Gamba

Byron im Kostüm eines griechischen Freiheitskämpfers

Das Massaker auf Chios. Gemälde von Eugène Delacroix

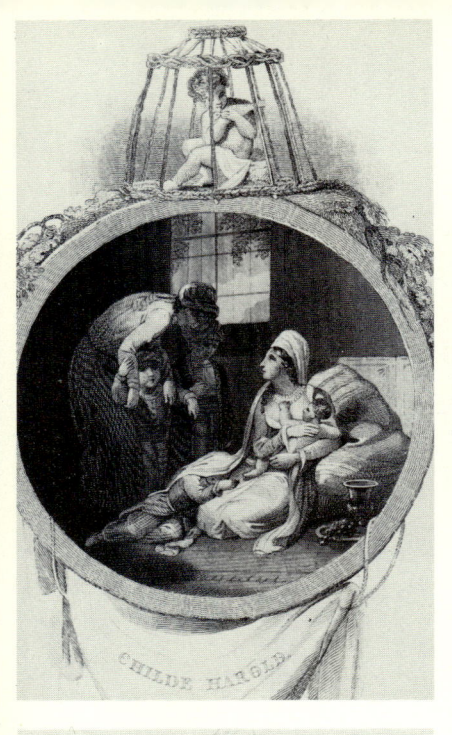

CHILDE HAROLD.

GIOUR.

HEBREW MELODIES.

DON JUAN.

Illustrationen zu den Werken Byrons aus einer Ausgabe um 1849

Byron im Mai 1823, Skizze des Grafen d'Orsay

Hobhouse kehrte zurück. Byron und er verfolgten betrübt die Tragödie der *Bellorophon* und beschimpften den englischen Admiral, der den Kaiser »General« nannte. »Nichtswürdiger Schurke!« rief Byron. Mit Freude erfuhren beide, daß Napoleon im Augenblick der Abreise von der englischen Menge bejubelt worden war. Diesmal gab es keinen Ausweg aus der Katastrophe, Europa war Metternich unterworfen. »Alle Hoffnung auf eine Republik ist verloren, wir müssen zum alten System zurück. Politik und Schlachten ekeln mich an; der Erfolg, den das Schicksal einem Lord Castlereagh verlieh, ist der Beweis dafür, wie geringen Wert die Götter einem allgemeinen Glück beimessen; denn sie erlauben es Menschen wie ihm und diesem betrunkenen Feldwebel, dem alten Blücher, ihre Herren zu quälen. Wellington muß man ausnehmen. Er ist ein Mann – und der Scipio unseres Hannibals.«

War dies alles überhaupt wert, daß man ihm nachhing? »Ist das schließlich und endlich heute noch etwas, für das es sich lohnt, aus dem Bett zu fahren? Man schläft unter dem Donner zusammenbrechender Königreiche ein, die man jeden Morgen vor unserer Tür zusammenkehrt.« Könnte er nur fort, diesen verfaulten Westen verlassen, in Griechenland oder der Türkei den Frieden der Seele finden. Dies platte eheliche Leben wurde unleidlich. Für einen Menschen, der wie er an Unabhängigkeit gewöhnt war, führte der Zwang zum Wahnsinn. Er hatte Annabella richtig charakterisiert. Selbst im Scheitern war sie unfehlbar. Sie war ein Mensch von Grundsätzen und Prinzipien, und von daher glaubte sie, die Ereignisse beherrschen zu können. Doch je stärker sie daran festhielt, um so mehr belustigte es ihn, ihr zu beweisen, wie ohnmächtig sie war. »Die Ehe entsteht aus der Liebe wie der Essig aus dem Wein. Ein bitteres, wenig schmackhaftes Gebräu ist das, dem die Zeit das himmlische Bouquet nahm, um ein schales und gemeines Hausgetränk daraus zu machen ... Es gibt nichts, was ehelicher Zärtlichkeit noch einen Reiz verliehe. Nichts Sträfliches ist an den Küssen unter Eheleuten. Wenn Laura die Ehefrau Petrarcas gewesen wäre, glauben Sie, er hätte sein Leben damit verbracht, Sonnette zu schreiben?« Es reizte ihn, daß Murray ihm zur moralischen Einstellung seiner Gedichte gratulierte, die er seit seiner Heirat geschrieben hatte, und daß der Verleger mit nachsichtigem Lächeln hinzufügte: »Ich hätte nicht gewagt, sie meiner Frau laut vorzulesen, wäre meinem Auge nicht die zierliche Schrift bekannt, in der sie abgeschrieben waren.«

Alles schien dazu gemacht, Byron aufzubringen. Lady Milbanke hatte ihren Bruder, Lord Wentworth, verloren. Sie hatte einen Namen, Lady Noel, geerbt und ein großes Einkommen von beinahe achttausend Pfund, aber von diesem Vermögen fiel, solange ihre

Mutter lebte, nichts an Annabella, und da die Domäne so viel kostete, wie sie einbrachte und Sir Ralph tief verschuldet war, konnte Lady Noel ihrer Tochter nicht zu Hilfe kommen. Die finanzielle Situation in Piccadilly Terrace war jedoch höchst bedenklich. Murray, der von Byrons Verlegenheit wußte, hatte seinem Autor einen Scheck über fünfzehnhundert Pfund geschickt; Byron ließ ihn zurückgehen. Ein Gerichtsvollzieher schlief bereits im Haus. Und die Anwesenheit dieses Fremden entspann sich in Byrons Phantasie zu einem schlimmen Drama. Er brauchte ja stets eines. Annabella kannte ihn inzwischen gut, sie bemerkte: »Die Gerichtsvollzieher sind nun sein Roman.«

Er machte für alle Unannehmlichkeiten seine Frau verantwortlich, die gegen seinen Willen unbedingt an seinem Leben hatte teilnehmen wollen. Er hatte ihr vorausgesagt, daß es an Geld fehlen werde. Es fehlte daran. Die Gläubiger drohten, seine Möbel und seine Bücher verkaufen zu lassen. Von der Treppe her hörte man den Schritt des Gerichtsvollziehers, Herr im Hause eines Byron. Und immer war diese Frau da mit ihrer entnervenden Tugendhaftigkeit. Er war sich wohl bewußt, daß er sie schlecht behandelte. Er machte sich Vorwürfe, oft sehr heftige, aber selbst diese Selbstanklagen waren ein neuer Grund, sie zu hassen. »Wenn er sich meiner würdig gefühlt hätte«, sagte sie einmal, »wäre er gut gewesen.« Sie war häufig penetrant, die Lady Byron. Ja, es war so, sie war wie ein personifiziertes Gewissen, und manchmal möchte man seinem Gewissen ausweichen. Er war eifersüchtig auf sie, wie er es auf den »anderen Byron« gewesen war.

Um seine Gemütsruhe wiederzufinden, wollte er sie nicht mehr sehen müssen, er wollte aufbrechen, ein Schiff nach Naxos nehmen oder sie zum Vater zurückschicken, »wie ein verwöhntes Kind, das sie war«. Sah er ihr zu, fühlte er den Dämon in seiner Brust. Wie jener Vorfahr, der gesagt hatte: »Meine Hand hat den Hang zum Bösen«, verdoppelte er sich und wurde zum Beobachter eines unbekannten und gefährlichen Byron. Der Zorn gleicht der Inspiration. »Er verwirrt das Urteilsvermögen wunderbar.« Sobald einer in Wut gerät, hört der allzu unschuldige Gegner auf, recht zu haben. Byron spielte das Schauspiel seiner Unbändigkeit und liebte es geradezu, sich einem Zorn zu überlassen, der ihn heilig dünkte. Eines Tages warf er in einem Wutanfall eine Standuhr zu Boden und schlug sie mit einem Feuerhaken in Stücke. Genauso hatte es vor seinen Augen, einst in Southwell, die Honourable Kitty Gordon getan. Kann ein Mensch die Ahnen in sich überwinden? Annabella war nun im sechsten Monat schwanger, sie sah neben sich eine unselige Feindlichkeit wachsen, die sie nicht mehr beherrschte.

Sie kam in ihrer Verwirrung, und weil sie ihren Eltern nichts Beunruhigendes sagen wollte, auf den Gedanken, bei Augusta Zuflucht zu suchen. Im August hatte Byron ein Testament gemacht, in dem er alles, was er besaß, Augusta überschrieb, und Lady Byron war es gewesen, die es ihrer Schwägerin mit bewunderungswürdiger Selbstlosigkeit mitteilte. »Meine liebe Lei«, hatte sie geschrieben, »ich muß Ihnen sagen, mit welcher Zärtlichkeit Byron von seiner *lieben Goose* gesprochen hat, er war den Tränen nahe – und ich auch. Das Gespräch kam zustande, weil er mir den Inhalt seines Testamentes erklärte, das er gerade aufgesetzt hat – und das, soweit ich es beurteilen kann, genauso ist, wie er es hat machen müssen ... Und, liebe Augusta, glauben Sie mir, daß ich Sie viel zu gut kenne, um dieser Sache etwas zu unterstellen, was eine gewisse Person vermuten könnte, oder was immer in dieser Art es auch sein könnte.« (Die *gewisse Person* war zweifellos Caroline Lamb, deren Andeutungen über Byron und seine Schwester sich in London verbreiteten.) Annabella wußte, daß Augusta bei all ihren Fehlern zur Güte fähig war. Sie bat sie, bis zur Niederkunft noch einmal in Piccadilly Terrace zu wohnen. Jetzt, gegen Ende ihrer Schwangerschaft, klammerte sie sich an jede Hilfe. Sie hatte Angst, mit diesem Mann allein zu sein, der nicht mehr Herr seiner selbst zu sein schien. Sie zögerte deshalb nicht, die Frau zu sich zu rufen, die sie am meisten fürchten mußte.

Als Augusta eintraf, war sie über den Zustand Byrons erschrokken. Er hatte einen Anfall seiner kranken Leber hinter sich, und sein blasser Teint hatte sich gelb verfärbt. Er war unglücklich, krank, fand kein wirkliches Vergnügen mehr am Schreiben und nahm Laudanum, um weniger zu leiden. Neben seinem Bett stand nun immer eine kleine Flasche von diesem Medikament. Es bewirkte nach kurzen Pausen der Erschöpfung eine sich steigernde Heftigkeit. Er war durch den ständigen Zwang, den eine schwangere, fürsorgebedürftige Frau für ein Haus bedeutet, aufs äußerste aufgebracht. Er fand sich von allem beraubt, was er liebte: Ruhe, der poetischen Einsamkeit einer großen stillen Wohnung; die Gläubiger bedrängten ihn, und so wurde er (wie die Gordons von einst) wie ein wildes eingesperrtes Tier. Diesmal wurde Augusta ebenso von ihm gequält wie Annabella. Er redete mit Abscheu über ihren Ehemann und ihre Kinder. Wenn Augusta es sich erlaubte, das Wort Pflicht auszusprechen, sagte er: »Überlasse Gott die Pflicht.« Er predigte Tag für Tag gegen die gräßliche Einrichtung der Ehe, schwor, dies hassenswerte Band zu zerreißen und drohte beiden Frauen, sich Maitressen ins Haus zu holen.

Sie hatten trübe Gespräche untereinander, die beiden Frauen. »Ach«, sagte Augusta mit sonderbarer Stimme zu ihrer Schwägerin, »wenn Sie wüßten, wie verrückt wir miteinander waren!«

Aber ja, Annabella wußte es und sprach manchmal mit so undurchsichtiger Bitterkeit, daß die andere unruhig wurde, dann glitt die Unterhaltung zu weniger heiklen Themen hinüber. Wozu auch? Nur Augusta stand jetzt zwischen Annabella und der Angst. Diese Vertraulichkeit unter den Frauen, das Flüstern, das verstummte, wenn er erschien, brachten Byron außer sich. Außer den beiden Schwägerinnen beherbergte das Haus noch George Anson Byron, den Erben des Titels, den Augusta zum Schutze der Frauen hergebeten hatte, und Mrs. Clermont, Annabellas Gouvernante. Byron glaubte, seine Frau benutze diese Frau, um ihm nachzuspionieren. Aus seinen Schubladen verschwanden Briefe. Das Frauengemach war in Erregung wie ein kranker Bienenstock. Er merkte, daß man seine Blicke erforschte, ihn heimlich beobachtete. Hielt man ihn für verrückt? Das war in der Tat der Gedanke, an den Annabella sich klammerte. Es war einfach unmöglich, daß er eine unschuldige Frau bis zu diesem Grade hassen konnte, wenn er nicht verrückt war. Hatte er nicht häufig den starren Blick? »Haben Sie nicht auch bemerkt«, sagte Annabella zu Augusta, »daß er einen mit gesenktem Kopf von unten herauf ansieht... Das ist eines der Symptome, die beim König festgestellt wurden, als er verrückt wurde.« Einmal begann er in seiner Theaterloge vor sich hin zu sprechen. Eine Wirkung des Laudanum? Langeweile? Unbewußtes Murmeln eines Schriftstellers, der Sätze formuliert? Die beiden Frauen und George Byron, die bei ihm waren, sahen einander an. Je stärker er sich überwacht fühlte, um so sonderbarer wurde er. Sogar sein Vetter George riet Lady Byron, das Haus zu verlassen. »Tun Sie es nicht«, sagte er, »wäre ich genötigt, Ihren Vater zu verständigen.«

Das Kind kam am 10. Dezember zur Welt. Es war ein Mädchen. Er hatte nicht einmal den Erben bekommen, den er sich wünschte. Hobhouse kam, um das Kind zu sehen. Der Korsar als Familienvater belustigte ihn. »Besuch bei Byron, um sein Kind, Augusta-Ada, anzusehen, der letzte Name stammt von einer Frau, die irgend jemand aus seiner Familie unter König Johann geheiratet hat.« Von Piccadilly Terrace aus ging Hobhouse zum Dinner nach Holland House und hatte eine gutgelaunte Caroline Lamb zur Tischnachbarin. Sie definierte an diesem Abend die Wahrheit: »Das, was man im Augenblick des Aussprechens denkt.« Sie hatte Witz, die Lady Caroline. Hobhouse dachte, als er sie ansah, wie leicht man doch vergißt. Sie saß da, offensichtlich glücklich, mit ihrer Schwiegermutter, ihrem Mann, der sich mit Zärtlichkeit um sie bemühte, während der unglückliche Byron in seinem Piccadilly Terrace-Kerker hin und her lief.

Hobhouse in seinem Tagebuch: »Wenn das All nur ein Tropfen Dreck ist, interessiert mich im Grunde nur das eine, nämlich, daß ich in diesem Tropfen sitze und was ich am besten für mich tun kann, solange es die Dinge gibt.«

Am 28. Dezember erhielt Annabella einen Brief ihrer Mutter, die sie alle in ihr neues Schloß Kirkby einlud. Byron hatte nicht die geringste Lust, selbst hinzureisen, aber warum sollte er sich nicht auf diese Weise seiner Bürde entledigen? Am 3. Januar eröffnete er Lady Byron in ihrem Zimmer, er habe vor, eine Schauspielerin im Hause unterzubringen, dann ließ er sich drei Tage lang weder bei ihr noch bei dem Kinde sehen. Am 6. Januar erhielt sie eine Notiz von ihm: »Wenn Sie bereit sind, London zu verlassen, wäre es wünschenswert, daß ein Tag festgelegt wird – und (wenn möglich) ein nicht gar zu ferner. Sie kennen meine Meinung zu diesem Thema, die Umstände, die es dahin brachten, und meine Pläne oder besser meine Investitionen für die Zukunft. Ich schreibe Ihnen ausführlicher, wenn Sie auf dem Lande angekommen sind. – Da Lady Noel Sie nach Kirkby eingeladen hat, können Sie zunächst dorthin fahren, wenn Sie Seaham nicht vorziehen. – Da es für mich wichtig ist, unsere derzeitige Dienerschaft entlassen zu können, wäre es das beste, wenn Sie Ihre Entscheidung auf das schnellste träfen, obwohl selbstverständlich darauf Rücksicht genommen werden muß, was Ihnen bequem und angenehm ist. Das Kind wird Sie natürlich begleiten.« Sie antwortete am nächsten Tag: »Ich gehorche Ihren Wünschen und werde den nächsten Termin wählen, den die Umstände zulassen, um London zu verlassen.«

Da sie ihn für verrückt hielt und glaubte, daß der Wahnsinn die Form einer tiefen Abneigung gegen sie angenommen habe, sei es ihre Pflicht, fortzugehen. Sie konsultierte ihren eigenen Arzt, Doktor Bailie, und Byrons Arzt. Beide sagten ihr, die Natur der Krankheit werde sicherlich in den nachfolgenden Tagen deutlicher hervortreten, Byron könne dann unter ärztlicher Aufsicht nach Kirkby gebracht werden. Sie rieten ihr auch, alles zu vermeiden, was ihn reizen könnte und ihm heiter und liebevoll zu schreiben.

Am Abend vor der Abreise bat sie ihn, Abschied nehmen zu dürfen. Sie hielt die kleine Ada im Arm. Er empfing sie frostig. Während der letzten Nacht schlief sie tief und erwachte am Morgen doch erschöpft. Der Wagen stand vor der Tür. Annabella stieg herab. Vor Byrons Tür lag eine große Strohmatte, auf der Byrons Neufundländer schlief. Sie war versucht, sich hier auf den Boden zu legen und zu warten, aber das dauerte nur einen Augenblick, sie ging vorbei.

Von der ersten Station schrieb sie Byron: »Mein lieber Byron, dem Kind geht es gut und die Reise war wunderbar. Ich hoffe, Sie sind brav und erinnern sich meiner Bitten und der ärztlichen Ratschläge. Verschreiben Sie sich nicht dem schrecklichen Metier des

Verseschmieds – auch nicht dem Brandy – nichts und niemandem, der nicht *legal* und *vernünftig* ist. Obwohl *ich* Ihnen ungehorsam bin, indem ich Ihnen schreibe, zeigen *Sie* mir Ihren Gehorsam in Kirkby. Alle Zuneigung von Ada und mir. PIP.« Und am nächsten Tag aus Kirkby: »Viellieber *Duck*, wir sind hier gestern abend gut angekommen und wurden in die Küche statt in den Salon geführt, ein recht angenehmer Irrtum für ausgehungerte Leute ... Papa bietet sich dazu an, einen amüsanten Bericht davon zu geben. Er und Mama haben es eilig, die ganze Familie beisammen zu sehen ... Wenn Byron mir nicht beständig fehlte, hätte mir die Landluft schon gutgetan. *Miss* findet, daß ihre Amme ihr viel mehr zu geben hat, und sie wird dicker. Es ist nur gut, daß sie die Schmeicheleien nicht verstehen kann, mit denen man sie freigebig überhäuft: ›Kleiner Engel‹ und ich weiß nicht, was sonst noch. Alles Liebe für die gute Goose und auch Ihnen von allen hier. Deine Dich immer sehr liebende PIPPIN ... PIP ... IP ...«

XXV

Vor einem Jahr, eine liebevolle Frau ...

Die Ärzte hatten angenommen, Byron werde nach der Abreise seiner Frau ruhiger werden; Augusta und George Byron, die weiterhin bei ihm blieben, erschien er noch immer sehr erregt. Augusta schickte ihrer Schwägerin jeden Tag ein Bulletin: »Byron ist gestern abend zuhause geblieben – kein Brandy, und er hat seine Medikamente genommen. Zu Beginn des Abends verhielt er sich wohl, doch gegen Ende wurde er *schwierig*, und als Antwort auf eine Frage, mit der George wissen wollte, wann er nach Kirkby reise – sagte er – mit abwesendem Blick: ›Ich, dorthin fahren? Niemals! Ich denke nicht einmal daran, wenn ich es vermeiden kann.‹ Dann begann er alles mögliche sinnlose Zeug zu reden – über *mich* herzufallen wie gewöhnlich – meinen Mann und meine Kinder zu verleumden – kurz, alles das, was Sie wissen und hundertmal gehört haben ...« *Schwierig*, Augusta sprach von ihrem Bruder wie eine Mutter von ihrem Kind spricht oder ein Bergsteiger von einem Gipfel. Sie behandelte ihn wie eine Naturkatastrophe und nicht wie einen verantwortlichen Menschen. Vielleicht lag es daran, daß er sie liebte.

Aber während Byron tyrannisch und selbstquälerisch glaubte, seine Gäste in Piccadilly zu beherrschen, entschied sich sein Schicksal in Kirkby. Lady Byron war, als sie bei ihren Eltern eintraf, kaum

wiederzuerkennen gewesen. Die runden Wangen, die ihr den Spitznamen Pippin eingetragen hatten, waren eingefallen und blaß. Sie
schlief schlecht. Ihre Gedanken, ihre Zweifel und Ängste hielten
sie wach und machten sie fiebrig. Wenn sie sich wirklich für unfehlbar gehalten hatte, mußte sie sich nun einen Irrtum eingestehen.
Was sollte sie tun? Was sagen? Sie liebte Byron. Sie hatte ihn retten
wollen. Sie war zu dogmatisch, um tolerant zu sein und empfand
deshalb einen Widerwillen vor seinem Tun und Denken. Jedoch, er
war verrückt: das war seine Entschuldigung, er brauchte Pflege, hier
fand sie den Gedanken der Pflicht wieder, und sobald eine ab-
strakte Pflicht sich unter den Gegebenen einer Aufgabe fand, fühlte
sie sich auf festem Boden.

Ihre Eltern waren von ihrem Aussehen so schockiert, daß sie ihnen
einen Teil der Ereignisse hatte gestehen müssen, aber ohne eine
einzige Verdächtigung gegen ihre Schwägerin zu äußern. Der ehrenhafte Sir Ralph war empört. »Sie können nicht wissen, wie streng
mein Vater sein kann«, schrieb Annabella an Augusta, »viel mehr
als meine Mutter.« Dennoch, da sie ihnen erklärte, daß ihr Mann
ein Kranker war, verziehen ihm die Eltern und schlugen vor, daß
er nach Kirkby kommen solle, um sich pflegen zu lassen. »Man
kann sich zärtlichere Sorge oder lebhafteren Wunsch, alles für den
Unglücklichen zu tun, nicht vorstellen; meine Mutter ist sehr ruhig, doch voll tiefer Sympathie ... Mein Vater und meine Mutter
sind sich darüber einig, daß es von allen Seiten betrachtet das beste
wäre, Byron käme hierher. Sie sagen, daß er gut gepflegt werden
solle und daß sie nun, nachdem sie die traurige Ursache von allem
erfahren haben, gar nicht mehr verwundert oder überrascht sein
könnten ... Mit dem Mittel des *Erben* könnte man ihn überzeugen.« Byron hatte in der Tat zu wiederholten Malen das Vorhaben geäußert, seine Frau solange besuchen zu wollen, bis er einen
Sohn habe (und sei es nur, um George Anson zu ärgern), danach
werde er auf den Kontinent gehen.

So vergingen die ersten Tage. Dann wuchs der Zorn der Eltern in
dem Maße, wie Annabellas Erzählungen erkennen ließen, was für
ein Leben sie hatte führen müssen. Lady Noel war noch immer
geschäftstüchtig und schlug vor, nach London zu reisen und sich
von einem Anwalt beraten zu lassen. Annabella war völlig verwirrt durch die Nachrichten, die sie aus Piccadilly erhielt. Es
schien, daß sich die Krankheit nicht bestätigen ließ. Doktor Le
Mann schrieb: »Was den Geisteszustand meines Kranken angeht,
darf ich sagen, daß ich nichts entdeckt habe, was auf wirklichen
Irrsinn deuten könnte. Eine Reizbarkeit des Charakters ist vor-
handen (die wahrscheinlich von dem schlechten Funktionieren der
Leber und der Verdauungsorgane herrührt), die bei falscher Be-

handlung in eine Art Wahnsinn umschlagen kann, aber ich glaube, es wird leicht sein, dem auf den Grund zu gehen.«

Wenn er nicht verrückt war, konnte ihm nicht vergeben werden, und Lady Byrons Glaube ebenso wie ihr intellektueller Stolz diktierten ihr eine schmerzliche aber notwendige Wahl. In ihren Augen war das irdische Leben eine Vorbereitung auf die Unsterblichkeit. Sie erkannte sich nicht das Recht zu, dieses Leben mit einem Menschen zu verbringen, der sie mit in die ewige Verdammnis riß. Sie kam dahin, den Gedanken an eine Trennung als unvermeidbar anzusehen. Dennoch war sie verzweifelt.

Lady Noel dagegen, sie war in London eingetroffen, empfand ein Gefühl angenehmer Wichtigkeit, das alte Frauen, die alle Qualen der Liebe weit hinter sich haben, leicht befällt, wenn sie die jungen davon befreien können. Sie konsultierte einen bedeutenden Rechtsgelehrten, Sir Samuel Romilly, danach einen jungen und brillanten Anwalt, Doktor Lushington: »Dieser Mann ist so gentlemanlike wie kein anderer, der klarste hervorragendste Kopf, dem ich je begegnet bin. Er stimmt mit allen anderen darin überein, daß Ihr Vater ein *gütliches Übereinkommen* vorschlagen soll ... Ich bin überzeugt, daß sich Lord Byron einem solchen Übereinkommen nicht widersetzen wird. Tut er es doch, meint Lushington, wird der Gerichtshof einer Trennung wegen *Mißhandlung und Gewalt* zustimmen.« Sie billigte die Entscheidung ihrer Tochter sogleich, nachdem sie von ihr wußte.

Am 2. Februar schrieb Sir Ralph an Byron und schlug eine Trennung vor. Der Brief wurde von Mrs. Leigh abgefangen und zurückgesandt, weil sie hoffte, diese schicksalhafte Entscheidung abwenden zu können. Sir Ralph begab sich nach London, und ein zweiter Brief gelangte unmittelbar in Byrons Hände. Der Brief kündigte Byron an, daß Annabellas Eltern sich nicht in der Lage sahen, ihrer Tochter zu erlauben, zu ihm zurückzukehren und empfahl Byron, einen Anwalt zu benennen. Byron war überrascht und niedergeschlagen. Er hatte die beiden Briefe Annabellas in Händen, die, im Augenblick der Abreise geschrieben, voll Zärtlichkeit waren. Was war geschehen? Er konnte nicht glauben, daß Lady Byron diesen Entschluß gefaßt hatte. Warum hatte sie ihn verlassen? Sie hatte unter seinem Temperament gelitten, aber sie hatte verziehen ... Augusta? Doch die beiden Schwägerinnen schienen eher gegen ihn verschworen. Er hatte ein etwas merkwürdiges Vergnügen daran gefunden, Andeutungen zu machen, die er für durchsichtig hielt, aber was für Beweise hätte Lady Byron erbringen können, und lagen nicht die Fakten vor ihrer Ehe?

Es konnte nicht möglich sein, daß eine Frau sich so von ihm löste. Er hätte, wenn ihre Gegenwart ihn störte, mit dem Gedanken an eine Trennung spielen können, aber die Realität flößte ihm einen großen Schrecken ein. Und da er ein Chamäleon des Gefühls war, dachte er nur noch an die Augenblicke des Glücks. Am Tag zuvor noch, zu Besuch bei Lady Melbourne, hatte er das Loblied seiner Frau gesungen und eine volle Stunde von nichts anderem als ihren liebenswerten Eigenschaften gesprochen. Byron an Lady Byron: »Alles, was ich sagen könnte, scheint unnütz – und alles, was ich hätte sagen können, wäre zweifellos ebenso vergeblich; dennoch klammere ich mich an die Trümmer meiner Hoffnungen, ehe sie ganz vergehen. Waren Sie denn *niemals* glücklich mit mir? Haben wir nicht die heißesten und unübertrefflich gleichgestimmten Zeichen der Zuneigung und Hingabe getauscht? Gab es nicht beinahe jeden Tag etwas davon, jedenfalls von einer Seite und meistens von beiden? ...«

Er dachte mit Recht, daß Annabella von diesem Appell bewegt sein werde. Fletchers Frau, die damals bei ihr war, wurde Zeuge ihrer Verzweiflungsanfälle. Aber sie wußte inzwischen, daß ein eheliches Zusammenleben mit Byron undenkbar war und daß er in seinen Überlegungen das wesentlichste Element übersah, und das war Annabellas Glaubensfestigkeit. Er glaubte nicht daran, daß sie unversöhnlich sein könnte. Aber wie sollte sie es nicht sein, wenn sie an die Notwendigkeit glaubte, in ihrem eigenen Urteil unfehlbar zu sein, keineswegs durch die Stärke ihres eigenen Geistes, sondern durch eine göttliche Inspiration? »Ich betrachte es als meine Pflicht Gott gegenüber«, schrieb sie an Mrs. Leigh, »so zu handeln wie ich es tue.« Byron brachte seinen ganzen Charme, seine Koketterie, seine Eloquenz, seine Kindereien ins Spiel: »Meine liebe Pip – können Sie dies alles nicht beilegen? Die ganze Geschichte macht mich krank.« Dann, als er erkannte, daß sie unbeugsam blieb, griff er zu einer seiner wilden Gesten; er schickte ihr den Brautbrief zurück, indem sie damals sagte: »Ich wäre nur allzu glücklich – einen Weg zurück wird es nicht geben.« Er unterstrich diese Worte und schrieb an den Rand: »Erfüllte Weissagung, Februar 1816«, und unten auf die Seite setzte er drei Dante-Verse hinzu:

> Or non tu sai com' è fatta la donna ...
> Avviluppa promesse – giuramenti;
> Che tutta spargon poi per l'aria e venti.

In London breitete sich die Neuigkeit schnell aus. Zuviele Ärzte, Anwälte und Domestiken wußten davon. Jetzt begann die Folter der Fragen, der Ratschläge, mit denen der Troß neugieriger Freunde jeden Unglücklichen, der nicht das Glück hat, allein zu sein, sicherlich zu dessen Heil, quält.

»Lieber Lord Byron«, schrieb Lady Melbourne, »man erzählt

sich eine Geschichte über Sie, die ganz London für so wahr hält, daß ich meine, Sie müssen davon wissen. Es heißt, Annabella und Sie haben sich getrennt ... Im allgemeinen weiß ich, daß Klatsch so wenig wahr ist, daß es richtiger ist, ihn zu ignorieren. Aber im Ernst: es wird so viel davon geredet, und die Leute glauben trotz meines entschiedenen Widerspruchs so hartnäckig daran, daß Sie sie meiner Meinung nach zurückholen oder selbst hinfahren müssen.« Lady Caroline, die insgeheim und auch öffentlich triumphierte, gab »die Ansicht einer Sünderin« zum besten.

Augusta war ängstlich, sie wünschte, ihr Bruder gebe nach. »Mir scheint«, sagte sie, »wenn ihre pekuniären Vorschläge annehmbar sind, wäre es ein Glück, den öffentlichen Skandal zu vermeiden. Er muß Angst haben, lieber Mr. Hodgson. Es ist unmöglich, daß er keine hat.« Byron selbst versuchte seine Freunde zu beruhigen: »Ich glaube nicht – ich muß es sagen, selbst jetzt, wo die ganze Geschichte mitten im Gären ist – daß es je ein besseres, intelligenteres, wohlmeinenderes, liebenswürdigeres und freundlicheres Geschöpf gegeben hat als Lady Byron. Ich habe ihr niemals einen Vorwurf gemacht oder könnte ihr einen Vorwurf über ihr Benehmen machen, solange sie mit mir zusammengelebt hat.« Er erklärte, daß die Ursache allen Übels sein schlechter Gesundheitszustand gewesen sei, der ihn reizbar gemacht habe, aber vor allem der Druck, den Lady Noel – er haßte sie – auf Lady Byron ausübte.

Als deutlich wurde, daß weder Byron noch seine Freunde Annabella umstimmen konnten, blieben die Anwälte der beiden Familien allein auf dem Feld zurück. Hanson vertrat Byrons Sache. Er erklärte, sein Klient gebe zu, sich während des Aufenthaltes in Piccadilly Terrace schlecht aufgeführt zu haben, betrachte diese Dinge aber durch den Brief *Dearest Duck* ... als vergeben. Doktor Lushington, sein Gegner, beschränkte sich auf die Entgegnung, er habe durch Lady Byron Kenntnis von so schweren Vergehen, daß eine Versöhnung ausgeschlossen sei. Hanson fragte nach diesen Argumenten, doch wurde ihm zur Antwort, daß sie für den Fall zurückgehalten würden, daß eine Gerichtsverhandlung notwendig werde. Was Lushington in Händen hatte, war ein von Annabella aufgesetztes Verzeichnis, in dem sie ganz methodisch, auch noch in der großen Tragödie ihres Lebens ganz Prinzessin der Parallelogramme, und nach Paragraphen geordnet, alle geheimen Gründe ihrer Entscheidung verzeichnet hatte.

Hobhouse, ebenso treu wie ungeschickt, war voller Zorn gegen Lady Byron. Für ihn, der die sonderbaren Gewohnheiten seines Freundes gut genug kannte, der aber auch wußte, welche Verwirrung die Montonie des Ehelebens bei einem so naiv wilden Geschöpf anrichten mußte, waren die echten Gründe der Mißhelligkeiten zu offensichtlich. Zweifellos hatte sich Byron, wie so oft, heftig, phantastisch und reizbar gezeigt. Lady Byron hatte glauben müssen, Gegenstand einer leidenschaftlichen Aversion zu sein und hatte dadurch, daß sie sich an diesen gefährlichen Gedanken klammerte, durch eigenes Verhalten dazu beigetragen, die Verfehlungen zu verschlimmern, über die sie sich jetzt beklagte. »Was sind denn Byrons Verbrechen?« schrieb Hobhouse ganz im Ernst. »Er stand spät auf, dinierte allein und war im allgemeinen schlechtgelaunt?« Als das Gerücht des Inzests zu ihm drang, setzte er ein Dokument auf, das er Lady Byron zu unterzeichnen bat.

Lady Byron lehnte es ab, zu unterschreiben. Byrons Freunde setzten daraufhin einen wesentlich weniger präzisen Text auf. Es wurde nicht mehr von Lady Byron verlangt, daß sie versicherte, nicht an die Gerüchte zu glauben. Sie brauchte nur zu sagen, daß sie nicht von ihr ausgestreut wurden.

Das war sehr viel weniger befriedigend als das Dokument von Hobhouse, aber man mußte sich zufrieden geben. Blieb die finanzielle Frage zu klären. Leider war sie für Byron sehr wichtig, denn er besaß im Augenblick nicht einen Penny. Er war so geldknapp, daß er bei allem Mißtrauen vor dem Schreiben als Beruf von Murray einen Scheck annahm. Schließlich hatten sich die Anwälte geeinigt. Von den tausend Pfund, die Lady Byron als Mitgift zugedacht waren, erhielt sie fünfhundert Pfund, Byron behielt die andere Hälfte. Nach Lady Noels Tod würde ein Schiedsgericht die Einkünfte aus der Erbschaft von Onkel Wentworth zwischen den Erben teilen. Byron behielt also sein persönliches Einkommen plus fünfhundert Pfund und große Erwartungen.

Das Haus in Piccadilly Terrace war traurig, als wäre gerade jemand darin gestorben. Gerichtsvollzieher irrten durch die Salons, stapelten Bücher auf für die Versteigerung. Sie fand am 6. April statt. Murray kaufte die Mehrzahl der Bücher und dazu den großen Paravent, auf den Byron die Porträts von Jackson und Angelo sowie Stiche berühmter Boxkämpfe geklebt hatte.
Im Zimmer Byrons fanden sich unzählige Pillendöschen und Arzneifläschchen, Relikte seiner Leberbeschwerden. Hier und da erinnerten vergessene Gegenstände noch an Annabella. In dieser melancholischen Atmosphäre kam Byron langsam zur Ruhe. Wie manche Menschen, die in feuchtem, nebelverhangenem Klima aufgewachsen, nur in Nebel und Regen gesund bleiben, so ertrug Byron die Sonne des Glücks im Grunde nicht. Annabella war gegangen. Wie Eddleston, wie Matthews, wie Margaret Parker, wie seine

M. A. C., wie auch die sonderbare Mrs. Byron war sie aus seinem Leben geglitten. Sie hatte bereits an dem geheimnisvollen Ansehen teil, das die Schatten und der Tod auf Byron ausstrahlten. Allein in seinem großen Haus ging er von Zimmer zu Zimmer, setzte sich an seinen Arbeitstisch und dachte an verflossene freundliche Stunden, er dachte an jenen von viel zu viel Gedanken belasteten Kopf, der so oft an seiner Schulter geruht hatte, an das kleine Mädchen, das er »Folterwerkzeug« genannt hatte, als es noch bei ihm war; nun, da er sie nicht mehr hatte, wurde sie ihm teuer. Er nahm ein Blatt Papier und schrieb unter Tränen, er fand sich sofort in den natürlichen einfachen Rhythmus, den der Schmerz ihm schenkte:

> Lebwohl! und sei's für immer,
> gut denn, für immer *lebewohl*!
> Selbst, wenn du nie vergeben solltest,
> wird mein Herz nicht rebellieren gegen dich.
>
> Könntest du in die Brust sehen,
> auf der dein Haupt so oft geruht,
> ein friedlicher Schlaf senkte sich auf dich herab,
> wie du ihn bisher nicht kanntest ...
>
> Ich habe gewiß Unrecht getan,
> doch konnte, um mich so tief zu verletzen,
> kein andrer Arm sich finden
> als jener, der mich so sanft umschloß?

Manchmal durchfuhr ihn die Wut, er empfand einen besonderen Haß gegen Mrs. Clermont; nicht ohne Grund verdächtigte er sie, Lady Byron dazu gedrängt zu haben, ihn zu verlassen; er schrieb ein böses und unangenehmes Spottgedicht über sie:

> Im Stall geboren, in der Küche erzogen ...
> Vom Putztisch an den Eßtisch befördert,
> speist sie von dem Leinen, das sie einst gewaschen hat ...

Das ganze steigerte sich zu einem furchterregenden Gemälde, in dem die alte Gouvernante schließlich mit der Maske der Gorgonen verglichen wurde, nachdem eine beängstigende Beschreibung ihrer pergamentenen Wangen, ihrer Augen aus Stein und eines gelben Blutes, das sich unter der Haut zu Dreck staute, vorausgegangen war. Unmäßige Übertreibung? Er war wirklich nicht mehr Herr seiner selbst. Er fühlte sich wie ein gehetztes Tier gegenüber der Meute der Welt. Die politische Koalition, die er zur Zeit des *Korsar* angegriffen hatte, hob wieder herausfordernd ihre Stimme. Unvorsichtig wie immer hatte er Verse veröffentlicht (sozusagen aus dem Französischen übersetzt), in denen Napoleon als »Sohn der Freiheit« bezeichnet wurde; und eine Ode über den Stern der

Ehrenlegion, »Stern der Tapferen, dessen Strahlen aus den Seelen toter Helden geformt sind«. Die Trikolore wurde mit einem Regenbogen verglichen, dessen göttliche Farben die Freiheit selber wählte. Die Zeitschrift *The Champion* schrieb bei der Veröffentlichung der *Häuslichen Gedichte* von Lord Byron, daß er sie seinen Lesern vorstelle, um zu zeigen, »von welchen moralischen Gewohnheiten die politischen Ansichten des edlen Lords begleitet sind«. In den Augen der Masse wurde Byron durch diese Kampagne ein Feind Englands. Seine »keusche, zartfühlende, stille Frau« schien der Inbegriff aller britannischen Tugenden. Es war fast ein Glück, ihn schuldig zu finden. Dieser ausschweifende, liberale, kranke Dichter war nie eine *englische* Erscheinung gewesen. »Er hat sich gegen die Schicklichkeit aufgelehnt; solange das als literarisches Kunstmittel hingehen konnte, haben nur die Strengsten protestiert, aber seit der Skandal in Piccadilly Terrace den Bereich der Phantasie verlassen hatte, stellte sich die Frage ganz anders«, und die Meinung der Mittelklasse wandte sich gegen ihn.

Ging er ins Oberhaus, wurde er von Passanten beschimpft, in der Versammlung selbst sprach außer Lord Holland niemand mit ihm. Die Tory-Zeitungen verglichen ihn mit Nero, Heliogabalus, Heinrich VIII. und mit dem Teufel. Rogers sorgte mit beinahe sadistischem Eifer dafür, daß er die bösartigsten Artikel zu lesen bekam. »Ich bin sicher«, sagte er beim Eintreten in Byrons Zimmer, eine Zeitung in der Hand, »daß wieder ein Angriff gegen Sie drinsteht, machen Sie sich nichts daraus.« Er entfaltete das Blatt und begann eine Glosse vorzulesen, dabei schaute er von Zeit zu Zeit auf, um zu sehen, ob Byron leide. In dem Artikel aber ging es weiter: »Nun zu diesem kleinen Poeten, diesem unangenehmen Zeitgenossen, Mr. Samuel Rogers ...« Rogers sprang auf, warf die Zeitung zu Boden. »Das ist der Schurke Croker«, sagte er und riet Byron, den Verfasser des Artikels zu fordern.

In den liberalen Salons wagte niemand, ihn zu verteidigen. Sein Leben war das seiner Kaste und seiner Zeit gewesen, aber er hatte den unverzeihlichen Fehler begangen, sich dessen zu rühmen. Lady Melbourne hatte ihn einst vor dem Zynismus gewarnt, jetzt konnte auch sie ihn nicht mehr retten. Lady Jersey, seine mutige Freundin, versuchte gegen den Strom zu schwimmen und gab einen Ball, zu dem sie Byron und Augusta einlud. Beim Eintreten von Bruder und Schwester leerten sich vor ihnen die Salons. Arme Lady Jersey! Trotz ihres cremefarbenen Teints, der Korallenketten, trotz des Feuers ihrer Augen, ihrer geschmeidigen Zunge und Arme konnte sie an diesem Tag den Haß nicht länger besiegen. Außer ihr war die hübsche Miss Elphinstone mit den roten Haaren die einzige Frau, die sich bereitfand, mit Byron und Augusta zu sprechen. Die

Herren zeigten sich vollends unversöhnlich, einige brachen auf, um Byron nicht die Hand reichen zu müssen. Er setzte sich in eine Ecke, kreuzte die Arme vor der Brust, schaute verachtungsvoll in die feindselige Menge und beobachtete scharf das Treiben jedes einzelnen. Von diesem Abend an wurde er sicherer. »Es ist merkwürdig, aber eine bestimmte Unruhe stärkt meinen Mut und bringt mich für einige Zeit wieder auf die Beine.« Das Ausmaß seines Mißgeschicks gab ihm, was ihm notwendig war: eine große Rolle, die er spielen konnte, und wäre es eine diabolische. Es war nicht ohne Reiz, von einer ganzen Gesellschaft ausgestoßen zu sein. Aus seinem inneren Paradies war er schon vertrieben, nun sah er sich durch ein Scherbengericht aus seinem Lande verbannt, durch ein Urteil, das klarer und brutaler war als die Stimmenmehrheit eines Hohen Hauses. Nun gut. Gab ihm England den Abschied, würde er seine Pilgerfahrt wieder aufnehmen.

Von allen Menschen, die ihm das Exil entzog, tat es ihm nur um einen leid: Augusta. Am Ostersonntag, dem 14. April, kam sie zu ihm, um Lebewohl zu sagen. Sie stand schon wieder vor einer Niederkunft und war auf der Reise nachhause, aufs Land. Sie verbrachte einen traurigen Abend mit ihm, in dessen Verlauf er ihr gegenüber zum erstenmal von Gewissensbissen sprach und heftig weinte. Als Mrs. Leigh nach Six Mile Bottom abgereist war, schrieb Byron an Annabella und bat sie, sich seiner Schwester anzunehmen.

»Noch diese letzten Worte ... – kurz im übrigen und so, daß Sie sie anhören können; ich erwarte keine Antwort; darauf kommt es nicht an, wenn Sie mich nur hören. – Ich habe soeben Augusta verlassen, beinahe das einzige Geschöpf, das Sie mir übrigließen, um mich von ihr trennen zu können ... Dort, wo ich hingehe – und ich gehe weit fort – werden Sie und ich uns niemals in dieser Welt wiedersehen, und auch nicht in der anderen ... Wenn mir ein Unglück zustößt, seien Sie gut zu Augusta, und wenn auch sie nicht mehr ist – zu ihren Kindern ...«

Die letzte Woche vor der Abreise blieb noch einmal einem Abenteuer vorbehalten, das wenig dazu angetan war, Byrons Verachtung darüber zu vermindern, wie leicht sich die Frauen ergeben. Seit einiger Zeit war er von einer Unbekannten mit Briefen belagert worden. Die Briefe waren zunächst mit anonymem Namen gezeichnet, dann hatte Byrons Diener die Fremde zweimal abgewiesen. Schließlich hatte sie mit ihrem wahren Namen unterschrieben, und der war Claire Clairmont. Sie bat um eine Empfehlung für das Drury Lane Theater; Byron schickte sie zunächst zu Kinnaird. Sie wurde kühner: »Sie sagen mir, daß Sie glauben, es ist eine Illusion, die mir den Gedanken einer Zuneigung für Sie so lieb werden ließ. Es kann gar keine Illusion sein, denn seit einem Jahr sind Sie der Gegenstand meiner Überlegungen in jedem Augenblick, den ich allein für mich habe... Ich erwarte nicht, daß Sie mich lieben, ich bin Ihrer Liebe nicht würdig. Haben Sie Einwände gegen folgenden Plan? Donnerstagabend könnten wir mit einer Schnellpost oder auch der normalen Postkutsche zehn oder zwölf Meilen aus London wegfahren. Dort wären wir frei und unbekannt, am nächsten Tag könnten wir zu früher Stunde zurückfahren...« Und einige Tage darauf: »Wo treffen wir uns? — Wann und wie? Sie reisen Montag nach Italien und ich, Gott weiß wohin... Ich bitte Sie, antworten Sie mir freundlich und ohne sarkastische Abschweifungen, wenn Sie sich aber unterhalten wollen, lassen Sie Ihre Launen an mir aus, ich werde lieber alles hinnehmen, als Ihnen zu widersprechen.« Er langweilte sich. Das Mädchen war jung. Sie hatte eine hübsche Stimme. Er brauchte eine »Empfindung«, um zu vergessen. Er ging darauf ein, eine Nacht mit ihr zu verbringen.

Das war das Ende. Die Koffer waren gepackt. Er hatte sich für diese Reise einen wunderschönen Wagen gekauft, eine Kopie von dem des Kaisers. Er nahm Fletcher, den Philosophen, und Polidori, einen jungen Arzt, der in Edinburg Medizin studiert hatte, mit. Polidori hielt sich etwas auf seine Schreibkünste zugute. Murray hatte ihm fünfhundert Pfund für sein Reisetagebuch angeboten, und er hatte sich sofort ein dickes Schreibheft gekauft. In diesen letzten Tagen hielt sich Polidori ständig im Hause Piccadilly Terrace auf. Auch Nathan fand sich ein, der jüdische Komponist, dem Byron die *Hebräischen Gesänge* anvertraut hatte. Leigh Hunt kam häufig dazu und Hobhouse jeden Tag. Kinnaird brachte einen Kuchen und zwei Flaschen Champagner für die Reise. Dann kam Hanson und erzählte, daß er Lady Byron gesehen hatte und daß sie ihm »hier ganz zerrissen« erschienen sei, und er deutete mit der Hand auf sein Herz. Polidori mischte sich lautstark und naiv in alle Gespräche, sprach von der Zeitschrift, die er halten wolle und von den drei Tragödien, die er geschrieben hatte. Hobhouse, ganz Engländer, mißbilligte die Wahl eines ausländischen Arztes. Polidori gefiel ihm nicht. Er hatte ihn Polly-Dolly getauft und sagte Byron, er mache einen Fehler, wenn er ihn mitnehme. Gespräche, Besuche und Geschenke belebten diese letzten Tage so weit, daß sie die Melancholie ein wenig überdeckten. Am vorletzten Tag wurde die Trennungsakte unterzeichnet, Byron hatte einen Vierzeiler an den Rand geschrieben:

Vor einem Jahr, liebevolle Frau!
schworen Sie mir Liebe und Respekt, und so ging es weiter:

> Das waren die Schwüre, die Sie sprachen,
> nun sehen Sie ihren Wert.

Nathan, wohl wissend, wie sehr Byron Gebäck liebte, schickte ihm Kuchen des jüdischen Passahfestes, das gerade begann. »Das sind«, hieß es in Nathans Brief, »einige heilige Kuchen, allgemein ungesäuertes Brot genannt, die Nazarener sagten *motsas*, in diesem Zeitalter des Lichts sind sie unter dem Namen Osterkuchen bekannt... Wie ein gewisser Engel zu bestimmter Stunde durch seine Gegenwart die Sicherheit einer Nation verbürgte, möge dieser Schutzgeist Euer Gnaden in das Land begleiten, in dem das Geschick Sie verweilen läßt.« Byron antwortete, das ungesäuerte Brot werde ihn auf seiner Pilgerfahrt begleiten, und die *motsas* seien ein Zauber gegen den Engel der Zerstörung.

In der Morgendämmerung des 24. April endlich verließ der Pilger das Haus, in dem er ein Jahr zuvor den Ruhepunkt für sein irrendes Leben gefunden zu haben glaubte. Vor der Tür hatte sich eine gaffende Menge um die kaiserliche Kalesche versammelt. Byron bestieg sie mit Scrope Davies; Polidori und Hobhouse folgten in einem zweiten Wagen. Die französische Regierung hatte sich geweigert, Byron einen Paß auszustellen, seine politischen Ansichten waren zu gefährlich, so mußte er, um in die Schweiz zu gelangen, über Dover, Ostende und durch Belgien reisen. Kaum hatten sie London verlassen, begann Polidori Notizen zu machen: »Die Themse fließt in majestätischen Wogen durch die Ebene, zahlreiche Schiffe lassen sich von ihren Wellen tragen...« Hobhouse seufzte und lehnte sich in seine Ecke zurück.

In Dover kam Fletcher, der Piccadilly Terrace nach seinem Herrn verlassen hatte, zu den Reisenden, er erzählte, daß die Gerichtsvollzieher sogleich nach Byrons Abreise in das Haus kamen und alles, selbst ein gezähmtes Eichhörnchen, mitnahmen. Da das Schiff erst am nächsten Tag abging, schlug Byron vor, um die Zeit hinzubringen, das Grab Churchills zu besuchen.

Charles Churchill, der dort begraben lag, war fünfzig Jahre zuvor ein berühmter Satiriker gewesen, er war wie Byron der Komet einer Saison gewesen und hatte sein »großes Jahr« gehabt. Ein alter Kirchendiener führte sie zum Grab, es war ein schlecht gepflegtes Rasenstück mit einem grauen Stein. Ihr Führer, den sie befragten, gestand, daß er nichts über den hier Begrabenen wußte. »Er ist vor meiner Zeit gestorben«, sagte er, »ich habe sein Grab nicht gegraben.« Diese Antwort des Totengräbers aus dem *Hamlet* entzückte Byron, er spann daran eine seiner Lieblingstheorien über den Ruhm und das Nichts. Vor seinen Freunden und dem erschreckten Greis streckte er sich auf dem Totenrasen aus.

Der Abend, sein letzter in England, verging damit, daß er zuhörte, wie Polidori eine der Tragödien vorlas, deren Autor er war. Hobhouse und Davies lachten häufig, doch da Polidori verletzt zu sein schien, las Byron die besten Stellen noch einmal wohlwollend und ernst vor.

Die Neugier in Dover war groß. Einige Damen hatten sich als Kammerfrauen kostümiert, um sich im Hof der Herberge aufhalten zu können. Am nächsten Vormittag, es war der 25. April, stand Hobhouse früh auf, jedoch Byron erschien nicht. Er war noch in seinem Zimmer und schrieb ein Abschiedsgedicht für Tom Moore:

> Die Barke liegt schon an der Küste,
> und mein Schiff ist auf dem Meer,
> doch bevor ich aufbreche, Tom Moore,
> will ich auf zweierlei noch trinken!
>
> Ein Seufzer für die, die mich lieben,
> ein Lächeln für die, die mich hassen;
> und welcher Himmel auch immer über mir sein mag,
> hier ist ein Herz, bereit für jedes Geschick ...

Damit mußte er es gut sein lassen. Der Barkenkapitän schrie wütend, er werde nicht länger warten. Selbst der unerschütterliche Scrope Davies war aufgeregt. Endlich sah man Byron am Arm von Hobhouse hüpfend am Kai erscheinen. Er übergab Davies ein Paket für Miss Elphinstone. Darin befand sich eine schöne Vergil-Ausgabe, die er einst in Harrow als Preis bekommen hatte. »Sagen Sie ihr, wenn ich das Glück gehabt hätte, eine Frau wie sie zu heiraten, wäre ich jetzt nicht gezwungen, mich selbst zu verbannen.« Lärm und Unordnung des Aufbruchs stützten ihn bis zu dem Augenblick, in dem er an Bord war; nun schien er unglücklich. Etwas nach neun Uhr wurde der Landungssteg eingeholt. Hobhouse rannte bis zum Ende der Holzplanke. Das Meer war unruhig, der Wind widrig. Als das Boot am Ende des hölzernen Steges vorbeikam, rollte es schon, Hobhouse sah den »lieben Jungen« aufrecht auf der Brücke stehen. Byron schwang seine Mütze, um dem Freund Lebewohl zu sagen. »Gott segne ihn«, dachte Hobhouse, »er hat einen mutigen Geist und ein gutes Herz.«

Dritter Teil

Life as it flows is so much time wasted and nothing can ever be recovered or truly possessed save under the form of eternity, which is also the form of art.

Santayana

XXVI

Geleit für ein wundes Herz

> Noch einmal auf den Wassern! Noch einmal!
> Gleich einem Roß, das seinen Reiter fühlt,
> bäumt sich die Flut ...

Schon hatte das Leid des Verbanntseins einen neuen Childe Harold geboren. Das Scheitern, die Schande, dieser Abschaum aus Haß, Augusta verurteilt, ein ganzes feindliches England, – er hatte zu oft daran gedacht; er hatte solange daran gedacht, bis sein Gehirn nur noch »ein Wirbel aus Wahnsinn und Feuer« war. Er sehnte sich nach einem einsamen und doch von Ideen belebten Zufluchtsort; zu gestalten »und gestaltend ein intensiveres Leben führen«. Was war er, George Gordon Byron, in diesem April 1816? Nichts. Zärtlich und boshaft, traurig und heiter, vernünftig wie Voltaire und verrückt wie der Wind ... Was bin ich? Nichts! Doch du bist mehr als Schein, Geist meiner Dichtung ...
Um weiter Byron zu werden, mußte er zuvor wieder Harold werden. Die Pilgerfahrt erhielt einen dritten Gesang.

> Verbannt durch sich selbst, irrt Harold wieder umher,
> ihm blieb keine Hoffnung, doch ist sein Gemüt nun heiter;
> selbst das Bewußtsein, vergebens zu leben,
> zu wissen, daß alles vorüber ist auf dieser Seite des Grabes
> gibt seiner Verzweiflung eine lächelnde Maske.

Im selben Hotel war wenige Tage früher das junge Mädchen abgestiegen, das Byrons letzte Geliebte in England gewesen war: Claire Clairmont. Sie begleitete die Tochter des zweiten Mannes ihrer Mutter, Mary Godwin, und einen jungen Mann, den Liebhaber dieser »Schwester«, und das war Percy Bysshe Shelley. Byron hatte Shelley nie zuvor gesehen, aber er kannte ein Gedicht *Queen Mab* und hatte es bewundert. Claire stellte die beiden Männer einander vor. *Polidoris Tagebuch:* »Percy Shelley getroffen, Autor von *Queen Mab*; bescheiden, schüchtern, schwindsüchtig, einundzwanzig Jahre, getrennt von seiner Frau, unterhält die beiden Godwin-Mädchen, die seine Theorien praktizieren, eine von ihnen gehört Lord Byron an.«
Shelley und Byron befreundeten sich schnell. Beide liebten sie große Ideen, beide hatten politisch liberale Ansichten, beide betrachteten Waterloo als den Beginn einer hassenswerten Reaktion. Sie teilten überdies die Freude an sehr einfachen Dingen, und das eint Männer vielleicht noch mehr. Shelley hatte schon ein Boot ge-

mietet. Jeden Abend ruderten Polidori, die beiden Dichter und die jungen Damen auf den See hinaus. Byron noch immer gereizt und unglücklich, genoß den stillen Frieden dieser Gewässer, in denen sich in der Abenddämmerung die grauen Berge und die ersten Sterne spiegelten. Eines Abends, als der Wind stark und die Wellen des Sees gefährlich waren, ermunterte er sich und sagte: »Ich werde Ihnen ein albanisches Lied vorsingen, seien Sie gefühlvoll und schenken Sie mir Ihre Aufmerksamkeit.« Er stieß einen gutturalen barbarischen Schrei aus, erklärte, das sei die genaue Nachahmung des albanischen Bergbauernstils und lachte über die Enttäuschung der Damen, die ein orientalisches Rezitativ erwartet hatten. An diesem Abend tauften Claire und Mary ihn Alba, und dieser Spitzname blieb in jenem kleinen Clan an ihm haften. Sehr viel lieber jedoch neigte er sich über die Bordwand und betrachtete schweigend das Wasser. Er liebte diese köstliche Stille, in der man nur eines hörte:

Das leichte Geräusch der Tropfen, die vom aufgehobenen Ruder fallen, und manchmal, am Ufer, den monotonen Gesang einer Grille.

Zurück am Ufer war Shelley, der sehr schnell ging, ohne daß er es wollte, bald mit den beiden Damen weit voraus. Byron folgte von weitem, humpelnd auf einen Stock gestützt und eine Strophe vor sich hin murmelnd.

Nach vierzehn Tagen nahmen die Shelleys ein kleines Bauernhaus am anderen Ende des Sees zum Wohnsitz, und Byron mietete über ihnen die reizende Villa Diodati. Das war ein altes, schön auf halber Höhe eines Hügels gelegenes Haus, von dem aus man den herrlichsten Blick über den See, seine blühenden Ufer, über Genf und den Jura hatte. Es war ein zugleich vornehmes und ländliches Domizil, das kleine Haus eines großen Herrn; es gefiel Byron. Er entwickelte schnell Diodati-Gewohnheiten. Spätes Breakfast, Besuch bei den Shelleys, Fahrt über den See, Dinner um fünf Uhr, so karg, daß er es lieber allein zu sich nahm, dann, wenn das Wetter es erlaubte, eine zweite Bootsfahrt. Wenn es regnete, verbrachten die Shelleys den Abend in Diodati und blieben gelegentlich bis zum Morgen. Ihr ganzes Leben lang sollte sich Mary an die beiden Stimmen erinnern, Byrons tiefe, musikalische Stimme und Shelleys klare und hellere. Sie hörte ihnen gern mit geschlossenen Augen zu. Sobald die eine schwieg, setzte die andere ein.

Byron hatte Shelley zunächst mit etwas hochmütigem Mißtrauen betrachtet. Bei anderen liebte er die Formen gesellschaftlicher Tugenden; für Claire empfand er weder Achtung noch Neigung, und ihretwegen war er versucht gewesen, Shelley, den er durch sie kannte, geringzuachten. Doch konnte er den Geist eines Menschen zu gut beurteilen und hatte in Shelley schnell eine noch lebhaftere Intelligenz schätzen gelernt, als Matthews oder Hobhouse aufweisen konnten. Auf die Fragen, die Byron von Kind auf an das Universum stellte, gab Shelley mit seiner schneidenden Stimme scharfsinnige und neue Antworten. »Wer hat diese schlechte Welt geschaffen?« fragte Byron, »ein Gott oder ein Dämon?« Shelley, der atheistische Idealist, antwortete, daß Gott und Teufel Projektionen menschlicher Wünsche seien. Für ihn war das Böse nicht wie für Byron ein notwendiges Element der menschlichen Natur. »Den Reinen sind alle Dinge rein.« Jupiter, als Schöpfer des Hasses, verdanke seine Existenz dem, was an Haß im Herzen des Prometheus steckt. Der Teufel der Christen verdankt die seine der Bösartigkeit mancher Seelen. Das Böse existierte, aber nicht in der Natur; es war jene »konventionelle« künstliche Häßlichkeit, die die Menschen einer Gesellschaft erzeugen und die in der Ehe zu finden ist, bei den Soldaten, unter Richtern und unter Monarchen. Die einzige natürliche Realität war für Shelley die Schönheit, die sich in der Harmonie zu erkennen gibt und die man gelegentlich an den schönen Abenden auf dem See, bei Vögeln, in den Sternen, in den Gesichtern von Frauen finden kann.

Byron, der ein wenig vom Metaphysiker in sich hatte, hörte halb verführt und halb spöttisch dieser überspitzten Auslegung eines Pantheismus der Liebe zu. Dann, wenn es an ihm war zu reden, verkündete er eine schöne Lehre, die dunkler gefärbt war. »Methodistisch, calvinistisch, augustinisch.« Nein, so einfach waren die Dinge nicht, wie Shelley sie wollte, wie Shelley glaubte. Es gab das Böse, und es war die Sünde. In seiner eigenen Seele spielte das Schauspiel eines Konfliktes, für den er keine Lösung sah. Er hatte Unheil über mehrere Frauen gebracht, obwohl er die einen liebte und die anderen achtete. Er wußte es genau, er, daß die Männer zerrissen und unglücklich sind. Shelley war zu rein, er kannte weder die Männer noch die Frauen. Weniger hellsichtig als Byron, vielleicht auch weniger unnachsichtig gegen sich selbst, habe er die Versuchung, der er erlag, Tugend getauft. Byrons Geist war zu scharf, um seine Fehler in die goldenen Nebel einer Doktrin zu hüllen. Er wußte, daß der Mensch nicht gut ist. Im Politischen war er mit Shelley einer Meinung, daß er den Völkern Freiheit wünschte, aber er glaubte nicht daran, daß vage und unverbindliche Worte ausreichten, jene zu befreien. Er wünschte sich die heroische Tat, aber eine begrenzte Aktion für ein bestimmtes, bekanntes, sichtbares Volk. Sein Abscheu vor der Gesellschaft war völlig unterschieden von dem, den Shelley empfand, Shelley war ein Idealist bis hinein in seinen Widerwillen, er verachtete eine Welt seiner Vorstellung, aber er kannte die Welt aus Fleisch und Blut nicht. Byron, der Realist, floh eine Welt, die er hatte erobern wollen. Er sagte: »Ich habe die Welt nicht geliebt, und die Welt hat mich nicht geliebt.« Er sagte es mit Bedauern. Für Shelley war das Leben eine einfache Aufgabe: der Kampf zwischen den Mächten des Guten, die, wie er glaubte, in ihm herrschten, und einer äußeren Welt, die weit außer ihm lag. Er war nicht mit sich selbst zerfallen, er kannte nur einen Shelley. Byron kannte mehrere Byron, und für ihn war es ein innerer Konflikt. Der Konflikt zwischen Mary Chaworth's Byron und dem Byron der Lady Melbourne, zwischen dem Gefühlvollen und dem Zyniker, zwischen Hochmut und Zärtlichkeit, zwischen dem Konformisten und dem Revolutionär, zwischen einem der hochherzigsten und einem der grausamsten Geschöpfe. Das unbeugsame Geschick, das ihn zu allen den so tief bereuten Taten getrieben hatte, war keine Erfindung seines Gehirns. Er glaubte nicht wie Shelley an die Allmacht des Menschen, sich das Universum neu zu erschaffen, er bekannte sich zur Existenz von göttlichen und diabolischen Kräften rings um ihn her. Shelley schrieb in die Gästebücher der Herbergen: *Atheist* unter seinen Namen. Für Byron gab es den Schöpfer, aber die Schöpfung war schlecht. Kain hatte recht, sich über den Gott der Juden zu beklagen, Prometheus hatte recht, Jupiter zu beschimpfen, und er, George Gordon Byron, ein unschuldiges Opfer des Verhängnisses, das in seiner Herkunft beschlossen lag, auch er gehörte zum Geschlecht der großen Empörer.

So wechselten die Stimmen einander ab. Byron, der Shelley alle hohen Tugenden zusprach, war gelegentlich von dessen Unverständnis bei realen Problemen gereizt. Shelley beklagte sich bei Mary über den Charakter des Weltlichen und Aristokratischen, dem Byrons Denken verhaftet blieb. Aber sie waren dennoch so unzertrennlich, daß Polidori eifersüchtig wurde auf den Platz, den Shelley im Leben Byrons eingenommen hatte, und ihn zum Duell herausfordern wollte.

Hobhouse war im Recht gewesen, als er Byron davon abriet, Polly-Dolly mitzunehmen. Der kleine Doktor wurde unerträglich. Er nahm das Recht für sich in Anspruch, an den schwierigsten Gesprächen teilzunehmen und verdarb sie. Er bekam mit den Genfern Streit, und Byron mußte beschwichtigend eingreifen. Byron bewies ungewöhnlich viel Geduld ihm gegenüber, er nannte ihn »das Kind, der kindische Doktor Polly-Dolly« und sagte, er bringe einen großen Teil seines Lebens damit zu, seinen eigenen Arzt zu pflegen.

Um den 2. Juni machten Shelley und Byron gemeinsam eine Bootsfahrt auf dem See und konnten den Doktor Polidori glücklicherweise in Diodati lassen, denn er hatte sich den Fuß verstaucht.

Während der Fahrt wurden sie vom Sturm überrascht. Byron hatte schon die Kleider abgelegt, und da Shelley nicht schwimmen konnte, bot Byron sich an, ihn zu retten. Shelley lehnte ab, er saß ruhig im Heck des Bootes und erklärte, er werde kampflos untergehen.

Sie erlebten gemeinsam das Land Rousseaus, sie waren miteinander zufrieden, obwohl der Lebensrhythmus jedes von ihnen sehr verschieden war. Shelley stand mit der Sonne auf und kletterte auf engen Pfaden hinauf zu den Bergen, Byron erhob sich gegen Mittag, er ging nicht gern zu Fuß. Aber sie erfreuten sich damit, die *Neue Heloïse* inmitten der Landschaft wiederzulesen, die in diesem Buch dargestellt war. Das Schloß von Chillon beeindruckte sie sehr. »Ich habe nie zuvor«, schrieb Shelley, »ein schrecklicheres Zeugnis jener kalten und inhumanen Tyrannei gesehen, die der Mensch über den Menschen auszuüben vermag.« Im Gefängnis Bonnivards, in dessen Mauer Byron seinen Namen ritzte, ließen sie sich die Geschichte dieses Tyrannenopfers erzählen, und Byron schrieb in einer einzigen Nacht den *Gefangenen von Chillon,* während Shelley die *Hymne an die intellektuelle Schönheit* verfaßte. Während dieser Reise schrieb Byron eine ganze Reihe neuer Strophen von *Childe Harold.* Einige davon waren über Rousseau, einige davon über Clarens, das »süße Clarens, Geburtsstätte der wahren Liebe«, andere über das Lausanne Gibbons und über das Ferney Voltaires. Im Garten Gibbons brach Byron einen Zweig von der Akazie, unter die Gibbons getreten war, um den Mont Blanc zu sehen, nachdem er die letzte Zeile seines Buches niedergeschrieben hatte. Shelley weigerte sich, es ihm gleich zu tun, denn er fürchtete, damit den ungleich größeren Namen Rousseaus zu beleidigen.

Shelleys Einfluß auf Byron wuchs während dieser Reise. Er flößte ihm »portionsweise Wordsworth« ein. Byron hatte sich stets geweigert, Wordsworth zu lesen. Doch in dieser friedlichen Umgebung und gefangen von der Sanftmut des Sees fand er Geschmack an einer Poesie, in der jene pantheistische Liebe wirkte, die Shelleys Religion war. Unter diesem zwiefachen Einfluß erschienen für ihn neue Themen in seinen Versen. Zu dem »Eitelkeit der Eitelkeiten«, dem Grundbaß aller Byronschen Poesie, gesellten sich sanftere Klänge. Vielleicht war das Leben schließlich und endlich doch nicht nur hassenswert. Am Ufer dieser friedlichen Gewässer, im Anblick der schönen Berge glaubte sogar Harold, Frieden zu finden. Einsamkeit und Natur, vielleicht waren sie das Geheimnis eines Glückes, das er bislang für unmöglich gehalten hatte.

> Ich lebe nicht mehr in mir selbst, ich werde
> ein Teil von alledem, was mich umgibt;
> die hohen Berge sind für mich wie ein Gefühl . . .

Es blieb Byrons Form; die Konturen behielten ihren scharfen Umriß. Hinter der flüssigen und eingängigen Form Worthsworth's jedoch stand eine Weltanschauung. Die klare und helle Stimme hatte ihre Spur in Byrons Denken hinterlassen, und manchmal, vor allen Dingen abends, wenn Himmel und Erde stumm waren, meinte Byron, indem er den Widerschein der Sterne und die riesigen Schatten der Berge im Wasser betrachtete, vage das Ahnen wohlwollender und geheimnisvoller Kräfte zu spüren. »Seine Identität vergessen, sich in der Schönheit des Ganzen verlieren«, war das für den großen Egoisten möglich?

Während der Reise konnte ihn der schnelle Wechsel von Szenen und Bildern wohl sein inneres Drama vergessen lassen. Sobald er aber den geregelten Frieden Diodatis wiederfand, schuf er sich seine Gespenster von neuem. Dabei war das wirkliche Leben so einfach. Doch was war das, das Leben? Die grünen Hänge, der stille See. Es war weit weg, das Zimmer in Piccadilly, entweiht durch leere Flaschen und Gerichtsvollzieher. Abwesende sind für uns wie Tote. Sie sind wie die bleichen Schatten Gestorbener, wie bei Toten vergessen wir ihre Gesichter. Aber wie die Toten verfolgen sie uns und breiten ihre Leichentücher um uns aus. Mary-Ann... Augusta... Annabella... Wie zu Zeiten des *Korsaren* verfolgte ihn der Gedanke »überall – ja, überallhin«. Er litt sehr und fühlte sich doch nicht schuldig. In seiner Jugend war er hochherzig gewesen, menschliche Bosheit hatte ein Ungeheuer aus ihm gemacht. Welch verdorbene Tugend! Die Ungerechtigkeit und Grausamkeit des Geschicks brachten ihn in Wut. In einem bewußten Delirium beschwor er eines nach dem anderen, die Elemente seines Geschicks... Annesley...

> Der Hügel,
> war von einem Diadem gekrönt,
> aus Bäumen, die im Kreise standen...

Er schrieb ein langes Gedicht über seine Kinderlieben, der *Traum*. Sie war sonderbar, diese Unfähigkeit, sich eines so geringfügigen Erlebnisses zu entledigen... Dann wieder *Stanzen an Augusta*.

> Wenn auch mein Schicksalstag vergangen ist,
> und der Stern meines Glückes sinkt,
> weigert sich dein sanftes Herz
> die Fehler zu erkennen, die so viele andere entdeckten;
> obwohl deine Seele den Schmerz der meinen kennt,
> ist sie bereit, ihn mit mir zu teilen.
> Und die Liebe, die mein Geist mir ausgemalt hat,
> er fand nirgend anders als in dir...
>
> Obwohl du ein Mensch bist, hast du mich nicht betrogen,
> obwohl du eine Frau bist, hast du mich nicht verlassen,

obwohl du geliebt wurdest, hast du dich gehütet, mich zu kränken,
obwohl verleumdet, hast du nie geschwankt ...

Was wurde aus Augusta auf der anderen Seite des Meeres? Er
wußte es nicht. Der See mit seinem silbrigen Wasser unter seinen
Fenstern erinnerte ihn an den See von Newstead. An anderen
schilfbestandenen Ufern war er mit ihr glücklich gewesen. Er
schrieb ihr rührende Briefe. »Machen Sie es sich nicht schwer und
hassen Sie nicht sich selbst. Wenn Sie einen von uns hassen müssen,
sollte *ich* es sein – aber tun Sie es nicht, es würde mich töten. Wir
sind die letzten Menschen dieser Welt, die aufhören sollten oder
könnten, sich zu lieben ...« – »... Was für ein Dummkopf war ich
zu heiraten – und *Sie* waren auch nicht so klug, meine Teure. Wir
hätten allein miteinander so glücklich leben können – ein altes Mädchen und ein Junggeselle; ich werde nie jemanden finden wie Sie –
noch Sie (so eingebildet das klingen mag) jemanden wie mich. Wir
sind dazu geschaffen, unser Leben miteinander zu verbringen, und
deshalb sind wir – oder jedenfalls *ich* – durch die Umstände von
dem einzigen Wesen getrennt, das ich jemals lieben konnte oder
dem ich mich ohne Rückhalt zugehörig fühlen konnte ... Wenn Sie
doch jedenfalls eine Nonne wären und ich ein Geistlicher – wir hätten durch ein Gitter miteinander sprechen können und brauchten
es nicht über ein Meer hinweg zu tun. Aber es bedeutet wenig –
meine Stimme und mein Herz sind immer bei Dir.«
Sie antwortete selten; in ihren verworrenen atemlosen Briefen erzählte sie, daß sie Annabella häufig treffe und daß Annabella sehr
gut zu ihr sei ... sehr gut, Lady Byron? Hm! das überraschte ihn.
In seiner Galerie von symbolischen Gestalten war Annabella zum
Bild der unerbittlichen Ehefrau geworden, zu seiner »moralischen
Klytemnestra«. Madame de Staël, die am anderen Seeufer in Coppet wohnte und die er oft besuchte, hatte ihn mit Annabella aussöhnen wollen; sie hatte ihn einen Brief schreiben lassen, aber er
wußte, daß dies vergeblich geschah. Annabella hatte ihm das Herz
gebrochen; das Herz, von dem er früher einmal gesagt hatte, es sei
so hart wie die Ferse eines Highlanders, er hatte nun den Eindruck,
ein Elefant habe es zertreten.
Sicherlich, er hatte Lady Byron Unrecht getan, aber sie war seine
Frau, sie hatte ihn »für schlimme und für gute Zeiten« geheiratet,
sie war nicht »vom Verhängnis gezeichnet«, daß sie ihn besiegen
durfte ... Die Schicksalsgewalten würden ihn eines Tages rächen.
Unter den antiken Göttinnen verehrte er keine so wie Nemesis,
die Rachegöttin. Geheimnisvoll prophezeite er: »Eines Tages werden ihre Taten auf ihr eigenes Haupt zurückfallen; *nicht* durch
mich, denn ich empfinde ihr gegenüber keine Rachegefühle, doch
merken Sie sich das, was ich Ihnen sage, und Sie werden erleben,

daß sie früher oder später elendiglich zugrundegehen wird.« Als sie einmal erkrankte, schrieb er:

> Du warst traurig – und ich war nicht bei dir;
> du warst krank – und ich stand nicht an deinem Lager ...
> Ich bin zu gut gerächt! – doch war's mein Recht;
> was immer meine Sünden waren, *du* warst nicht
> zur Nemesis bestellt, um mich zu strafen –
> Mitleid gebührt denen, die Mitleid haben! ...
> Deine Nächte sind aus dem Reich des Schlafs verbannt ...
> Du hast meinen Kummer gesät und du wirst
> eine bittere Ernte ebenso wahrer Leiden haben!

Seine Besuche bei Madame de Staël waren sein einziger Kontakt zur Außenwelt. Er liebte das kleine Schloß von Coppet, mit den hübschen braunen Dächern, dem von zwei Türmchen flankierten Hof, dem romantischen Park, den Wasserspielen, dem Hohlweg. Er traf dort gelegentlich englische Besucher, die ihn anschauten, als sei er der Fürst der Unterwelt. Eine Mrs. Harvey wurde bei seinem Eintreten ohnmächtig, worauf die Tochter Madame de Staëls, die sanfte und schöne Herzogin von Broglie, ausrief: »Mit fünfundsechzig Jahren ist das wirklich übertrieben.« Die anderen Gäste auf Coppet mochten ihn nicht sehr. Der Herzog von Broglie fand seine Reden »gespickt mit gottlosen Scherzen und den Gemeinplätzen eines vulgären Liberalismus«. Madame de Staël schalt ihn: »Sie hätten der Welt nicht gleich den Krieg erklären sollen«, sagte sie, »das ist unmöglich. Die Welt ist zu stark gegen den Einzelnen, wer er auch sei. In meiner Jugend habe ich es selbst versucht, aber es ist unmöglich.« Sie hatte sicher recht. Byron hatte die nebelverhangenen Gipfel, auf denen die britannischen Konventionen ruhen, im Sturm nehmen wollen, doch niemand kann ungestraft die Götter bekriegen, an die er im geheimen selber glaubt, und nun hatte er es soweit gebracht, daß er vom Haß an seinen einsamen Felsen gekettet lag, ein Prometheus, lächerlich bequem vom mageren Chor der godwiniensischen Ozeaniden umgeben.

Von Madame de Staël erfuhr er, daß Caroline Lamb am 10. Mai einen Roman veröffentlicht hatte, dessen Held er war. Sie gab ihm das Buch zu lesen. Es hieß *Glenarvon*, das Motto auf der Titelseite stammte aus dem *Korsar*:

> Zukünftigen Zeiten hinterließ er einen Namen,
> der sich mit einer Tugend und tausend Lastern verband.

Byron las den Roman nicht ohne Mühe, denn er war langweilig. Lady Caroline hatte darin, wenig verschlüsselt, ihr Leben erzählt. Die Heldin heiratete in jungen Jahren Lord Avondale, das war

William Lamb. »Wenn Lord Avondale einen Fehler hatte, so war es sein zu großer und zu guter Charakter, der ihn dazu brachte, seiner frivolen Gefährtin zu erlauben, alle Dinge zu bestimmen und zu ordnen.« – »Sie sollen mein Gesetz sein«, sagte Lord Avondale zu seiner Frau, »meine Herrin, mein Zügel, und ich ein freiwilliger Sklave.« Natürlich löste sich Lady Avondale von diesem allzu schwachen Mann und liebte Glenarvon, eine Mischung aus Byron, dem Korsaren und Lara. »Das Leben ekelt mich an«, schrie Glenarvon, den alles anwiderte, die ganze Gesellschaft, die Liebe, das Gefühl. *»Damn it! Don't talk about it.«* Auch Lady Oxford, mit großem Eifer beschrieben, spielte ihre Rolle: »Sie besaß nicht mehr die allererste Jugend, und eine gewisse Pedanterie nahm ihrer Konversation den Reiz.« Lady Caroline war so weit gegangen, den echten Abschiedsbrief Byrons als Brief Glenarvons an Lady Avondale zu veröffentlichen. Zum Schluß ließ sie Glenarvon in den Fluten versinken.

Caroline wünschte sich leidenschaftlich, zu hören, was Byron von ihrem Buch hielt. Er verfaßte ein kleines Couplet:

> I tried at *Ilderim*,
> > Ahem!
> I read a sheet of *Marg'ret of Anjou*
> > Can you?
> I turn'd a page of Webster's *Waterloo;*
> > Pooh! Pooh!
> I look'd at Wordsworth's milk-white *Rystone Doe:*
> > Hillo!
> I read *Glenarvon*, too, by Caro Lamb –
> > God damn! ...

Er war der Meinung, wenn sie die ganze Wahrheit geschrieben hätte, wäre der Roman romanhafter und sehr viel amüsanter ausgefallen. »Was die Ähnlichkeit angeht«, so fügte er hinzu, »so kann das Porträt nicht sehr gut sein, ich habe ihr nicht lange genug gesessen.«

Abwesende sind wie Tote ... jedoch wir leben manchmal sehr viel intensiver mit den Toten als mit den Lebenden. Was bedeutete Claire, die augenblickliche Geliebte, gegenüber den herausfordernden Schatten. Jeden Abend stieg sie hinauf nach Diodati, um bei ihrem Geliebten zu sein; in der Morgendämmerung ging sie durch die Weinberge wieder zum Haus der Shelleys zurück. Sie war schwanger und sehr traurig. Sie arbeitete für Byron, kopierte den *Gefangenen von Chillon* und neue Strophen zu *Childe Harold.* Sie langweilte und reizte ihn. Sie war eine schamlose Frau niedriger Herkunft, die sich ihm aus der Laune eines Blaustrumpfes heraus an den Hals geworfen hatte ... Sie erwartete ein Kind von ihm?

Nun gut. Er würde das Kind aufziehen. Ein Kind konnte zum Clan der Byrons gehören, war vielleicht kostbar, da Ada ihm verweigert wurde. Die Mutter wollte er nicht wiedersehen.

Shelley, der für Claire eine zärtlich brüderliche Zuneigung empfand, konnte den Ton, in dem Byron von ihr sprach, nicht ertragen. Er bewunderte immer noch den Dichter Byron, dessen Kraft und Begabung ihn bis zur Entmutigung beeindruckten, aber der Mensch Byron beunruhigte ihn und brachte ihn manchmal in Zorn. In der Theorie war Byron liberal, aber andererseits legte er allergrößten Wert auf Herkunft; es ließ ihn keineswegs unberührt, daß Shelley der Sohn eines Baronets war, er selbst dagegen ein Lord, und er ließ es den anderen fühlen. In seiner Art von Frauen zu sprechen, lag so viel Arroganz und Gleichgültigkeit, daß Shelley davon abgestoßen wurde. Byron seinerseits fand Shelleys logische Sicherheit inhuman. Seine scharfe Stimme ermüdete ihn. Stets voller Mißtrauen bezweifelte er manchmal die Reinheit Shelleys. Er nannte ihn die Schlange... »Goethes Mephistopheles nennt die Schlange, die Eva verführte, ›meine Tante, die berühmte Schlange‹, ich habe nie etwas anderes geglaubt, als daß Shelley einer seiner Neffen ist.«

Hobhouse und Scrope Davies kündigten ihren Besuch an. Es würde erquicklich sein, Davies' unwiderstehliches Stottern zu hören, Wordsworth und seinen Pantheismus der Liebe vergessen zu dürfen und über die Abende bei Kinnaird zu reden. Am 29. August reisten die Shelleys ab. Sie nahmen Claire mit sich. Byron schrieb einige Tage später an Augusta: »Grollen Sie mir nicht; was konnte ich tun? – Ein unbedachtes Mädchen wollte mir, trotz allem, was ich tun oder sagen konnte, folgen, oder besser gesagt, vor mir her fahren – denn ich fand sie hier vor – und ich habe alle Mühe von der Welt gehabt, sie zum Gehen zu überreden; schließlich ist sie dann doch gegangen. Geliebte, ich sage Dir in voller Aufrichtigkeit, daß ich dies nicht verhindern konnte, daß ich alles getan habe, was ich tun konnte und daß es mir schließlich gelungen ist, ein Ende zu machen. Ich liebe sie nicht, habe auch gar keine Liebe frei, für wen es auch sei; aber ich kann dennoch nicht stoisch mit einer Frau spielen, die achthundert Meilen zurückgelegt hat, um mich zu erheitern... Und nun wissen Sie darüber genausoviel wie ich; und die ganze Geschichte ist zu Ende.«

Lawinen

Als Botschafter der Freundschaft trafen Ende August Scrope Davies und Hobhouse ein. Das Haus, der Blick über den Jura entzückten sie. Sie brachten einige englische Produkte mit, nach denen der Verbannte in jedem seiner Briefe verlangt hatte: Magnesium, einen Degenstock, rotes Zahnpulver von Waite. Das Aussehen ihres Freundes stimmte sie froh; er hatte nicht mehr den gelben Teint, der ihn bei seiner Abreise aus England entstellt hatte. Er schien besänftigt, sein beinahe zu ruhiges Benehmen enthüllte die Anstrengung, die er aufbringen mußte, um die immer noch untergründig schwelende Heftigkeit zu verbergen, doch es bedeutete schon viel, daß er sich beherrschen konnte. In London erzählte man sich, er verführe Straßenmädchen, und Augusta sei, als Page verkleidet, bei ihm. Hobhouse konstatierte, daß das Leben in Diodati so keusch wie nur möglich war und sandte einen positiven Bericht an Mrs. Leigh: »Ihr Bruder widmet dem Eindruck nach außen große Aufmerksamkeit und lebt sein Leben, ohne Gott, einen Mann oder eine Frau zu beleidigen ... mit seiner Gesundheit steht es viel besser, kein Brandy, keine Nachtwachen, kein Magnesium und keine Soda-Sintflut; es gibt weder Heftigkeit noch Perversität, selbst das Aufschreien unterläßt er; er scheint so glücklich zu sein, wie er sein müßte; Sie verstehen, daß ich damit sagen will: so glücklich, wie es ein Mann von Ehre und Gefühl nach einer Katastrophe sein kann, während derer eine Beschuldigung, sei sie nun wahr oder falsch, gegen ihn erhoben wurde.«

Natürlich wollte Hobhouse etwas vom Land sehen. Die drei Musketiere von Trinity brachen zusammen mit Polidori nach Chamonix und zum Mont Blanc auf. Byron hatte einige Mühe, über die Gletscher zu hüpfen. In dem Gasthaus von Montanvers fanden sie Shelleys Namen im Gästebuch, gefolgt von den Worten »Atheist und Philosoph« auf griechisch. »Ich glaube«, sagte Byron, »daß ich Shelley einen Dienst erweise, wenn ich das ausradiere«, und er tat es. Auf dem Rückweg nahm er seine Freunde nach Coppet mit, und die waren beglückt, Madame de Staël, Bonstetten und Schlegel kennenzulernen. Hobhouse hatte gerade *Adolphe* gelesen und sagte zu Madame de Staël, daß er darin ihre Sätze wiedererkannt habe: »leuchtende Verse auf toten Blättern, deren Licht mir dazu diente, die Trockenheit der Umgebung zu erhellen.« Madame de Staël wandte sich zu Bonstetten und sagte: »Charmant, nicht wahr?« Hobhouse liebte die Atmosphäre von Coppet sehr.

Byron zeigte seinen Freunden, nicht ohne Schüchternheit, das Manuskript des dritten Gesanges von *Childe Harold*. Hobhouse, der ja nicht mit Shelley zusammengelebt hatte, war sehr überrascht: »Es sind schöne Passagen darin, aber ich weiß nicht, ob ich das so gern mag wie die ersten Gesänge. Dies hier hat einen Hauch von Geheimnis und Metaphysik.« Die *Stanzen an Augusta*, die er auch zu sehen bekam, fand er weinerlich und unleidlich, er parodierte sie mitleidlos:

> Wiewohl Poet, sollten Sie uns Beleidigungen ersparen;
> wiewohl Mann von Geist, uns einen Waffenstillstand gönnen,
> wiewohl Sie uns beherrschen, uns entschuldigen,
> wenn wir der Meinung sind, daß diese Pose lang genug gewährt.

Es war wirklich sehr schwierig, mit Hobhouse über Gefühle zu sprechen.

Scrope Davies fuhr als erster wieder ab, beladen mit geschliffenen Steinen, Achaten, Kristallketten, die Byron in Chamonix für seine Nichten Leigh und für seine Tochter Ada, den »Liebling« gekauft hatte. Sie war die unwirklichste seiner Schöpfungen, dieses kleine Mädchen, das er ein- oder zweimal gesehen hatte und das er auf seine Weise liebte. Einige Tage nach der Abfahrt Davies' wurde der unglückliche Polidori nach Hause geschickt. Hobhouse, der erbarmungslos alles aussprach, sagte, er habe es vorausgesagt, dann, allein mit Byron in Diodati, schlug er vor, eine neue Bergtour zu unternehmen und die Jungfrau zu besteigen.

Die tiefgrünen Weiden, die unzähligen Kuhglocken, die Hirten auf den gegenüberliegenden Höhen, die mehr zum Himmel als zur Erde zu gehören schienen, die letzten Überreste schwärzlichen Schnees, die der Sommer nicht hatte schmelzen können, erinnerten Byron an seine Kinderferien im schottischen Hochland. »Es ist wie ein Traum«, sagte er zu Hobhouse, »der zu blendend und wild ist, um wirklich zu sein.« Er liebte die Gletscher, deren wellige Oberfläche einen erstarrten Sturm ahnen ließ, die Wasserfälle, deren Lichtschweif ihn an ein gigantisches weißes Pferd denken ließ, dasselbe vielleicht, das in der Apokalypse der Tod bestiegen hat, und die schweflig schweren Wolken, die über den Rand der Abgründe hingen wie der Schaum des höllischen Ozeans. Angesichts dieses wunderbaren Schauspiels dachte er an Augusta und führte während der ganzen Reise ein Tagebuch für die Schwester: »Gestern, am 17. September 1816, bin ich (mit Hobhouse) zu einer Bergtour aufgebrochen. Ich werde ein knappes Tagebuch für meine Schwester führen.«

– »Die Musik der Kuhglocken auf den Weiden und die Rufe der Hirten von Fels zu Fels, sie spielen ihre Flöten auf Hängen, die schier unerreichbar scheinen, das alles erfüllte vollkommen, was ich über das Hirtenleben jemals gehört oder gedacht habe. Ich habe neuerdings mein Naturgefühl wiederentdeckt.

– Neun Uhr – ich gehe zu Bett. Hobhouse ist im Nebenzimmer mit dem Kopf gegen die Tür gelaufen und schimpft jetzt natürlich auf die Türen. Bin heute nicht müde, hoffe dennoch, schlafen zu können. Unten schwatzende Frauen; habe eine französische Übersetzung von Schiller gelesen. Gute Nacht, meine liebe Augusta.

– Grindenwald. Sternenhimmel, sehr schön, aber ein teuflischer Bergpfad! Was tut's, bin gut angekommen; etwas Sturm... kam durch gänzlich abgestorbene Kiefernwälder, nackte Äste ohne Rinde und leblose Zweige. Verwüstet von einem einzigen Winter, – der Anblick ließ mich an mich selbst und an meine Familie denken.

– Von Bern nach Freiburg... Einen Hund gekauft – sehr häßlich, aber auch sehr bösartig, ein großer Vorzug in den Augen seines Besitzers und in den meinen... Er hat keinen Schwanz und heißt Mutze.

– Ich habe während dieser Reise (von dreizehn Tagen) Glück gehabt, Glück mit der Wahl meiner Gefährten, Glück mit unseren Plänen. Ich war in der Stimmung, zufrieden zu sein. Ich liebe die Natur und bin ein Bewunderer der Schönheit. Ich kann Ermüdung ertragen und nehme Entbehrungen gern auf mich, und ich habe einige der großartigsten Landschaftsausblicke der Welt gesehen. Doch in alledem – Erinnerungen an die Bitterkeit, vor allen Dingen die an meine letzte und innerste Verzweiflung; Erinnerungen, die mich mein Leben lang begleiten werden, haben auf der ganzen Reise an mir gezehrt; und weder die Musik der Hirten, noch das Donnern der Lawinen, nicht Sturm, Gebirge, Gletscher, weder Wald noch Wolken konnten mich auch nur für einen Augenblick von dem Gewicht befreien, das auf meinem Herzen lastet, oder mich meine eigene unglückliche Existenz vergessen machen, inmitten in der Macht und Herrlichkeit der Umgebung über mir und unter mir. Über die Selbstvorwürfe bin ich hinaus, jedes Ding hat seine Zeit. Ich bin über jedes Verlangen nach Rache hinaus und kenne auch keines, das stark genug wäre für das, was ich gelitten habe. Es wird die Stunde kommen, in der das, was ich fühle, nachgefühlt werden wird... doch genug davon. An Sie, liebe Augusta, schicke ich dies Tagebuch, das ich für Sie über alles geführt habe, was ich sah und empfand. Lieben Sie mich so, wie Sie von mir geliebt werden.«

Im August hatte Byron zu Diodati den Besuch von Lewis, dem Autor des *Mönch* empfangen. Lewis hatte ihm einige Passagen aus Goethes *Faust* übersetzt. Ein Thema, das ihn tief anrühren mußte. Die Fragen Fausts an das Universum, der Pakt mit dem Teufel, der Verlust Gretchens, war das nicht seine eigene Geschichte? Doch wenn er, Byron, Schöpfer des *Faust* gewesen wäre, er hätte ihn kühner und düsterer gemacht. Warum vor den Geistern zittern? Ein Mann, ein wirklicher Mann, forderte sie heraus und forderte den Tod heraus.

Ein Werk entsteht fast immer durch einen Schock, der ein bereitetes Feld befruchtet. In Byron war ein solches Feld bereitet; es war die glühende Masse unausgesprochener Gefühle, Schrecken, Liebe, Verlangen, Bedauern; eine Lava, die noch einmal alles zu entflammen drohte. Die Lektüre des *Faust* und das Erlebnis der Alpenlandschaft lösten den Schock aus, der das Entstehen eines großen dramatischen Gedichts ermöglichte: *Manfred*. Die beiden ersten Akte schrieb er in zwölf Tagen nieder, noch während der Reise. Die Landschaften, die er in Prosa in dem für Augusta bestimmten Tagebuch beschrieb, wurden durch geringfügige Veränderungen Teile des neuen Dramas, sie vermengten sich darin mit dem Geständnis seiner Ängste. Alle realen Szenen der Reise, die Begegnung mit einem Jäger, die mit einem Hirten, der einen Kuhreigen sang, sie gingen unmittelbar ein in dieses Werk, dessen Themen weit genug gefaßt waren, um das alles in sich einzuschließen.

Manfred, Herr einer Lehnsburg in den Alpen, hat sich der Magie verschrieben; er ist reich, gebildet, doch seine Seele scheint von der Erinnerung an ein schweres Verbrechen verstört zu sein. In einer ersten, sehr faustischen Szene beschwört er die Geister der Erde, des Meeres, der Gebirge und des Lichts. »Was willst du von uns, Erdenkind?« fragen die Geister. – »Vergessen.« – »Wessen?« – »Dessen, was in mir ist...« Was war in ihm? Er läßt es uns ahnen... Die Sehnsucht nach einer Frau, Astarte, die er verlor und mit der er vereint sein möchte; das Verlangen, an einer anderen Frau gerächt zu werden, die keinen Namen hat. Gegen sie spricht eine mysteriöse Stimme eine fürchterliche Zauberformel, und weil Byron nicht dazu fähig ist, von sich selbst abzusehen, seine Identität zu vergessen, weil die Andeutungen nur zu klar sind und die Symbole transparent, wissen wir, daß Manfred Byron ist, Astarte Augusta und der Gegenstand der Zauberformel Annabella.

> So tief dein Schlaf auch sei,
> dein Geist soll nie mehr schlafen;
> es gibt Schatten, die nicht weichen,
> es gibt Gedanken, die du nicht verbannen kannst;
> eine unbekannte Macht in dir
> verbietet dir, allein zu sein.
> Du bist wie von einem Leichentuch umgeben,
> bist von einer Wolke gefangen;
>
> Und für immer wirst du
> mit diesem Fluche leben ...

Bei dem Hochmut deiner harten Seele,
bei der Kunst der Verstellung,
die selbst dein Herz menschlich scheinen ließ,
bei deiner Lust am Leiden anderer,
bei deiner Bruderschaft mit Kain,
suche ich dich heim! und verfluche dich,
deine eigene Hölle zu sein!

Dann bittet Manfred eine Zauberin, Astarte zu beschwören; er beschreibt sie ihr, und es ist Augusta:

Sie glich mir in allen Zügen – ihre Augen,
ihr Haar, bis auf die Farbe.
Selbst ihre Stimme gleicht, so sagt man, der meinen;
doch alles dies viel sanfter und von stiller Schönheit;
sie hatte die gleichen einsamen Gedanken, dasselbe Fieber,
doch vereint mit einem weicheren Gemüt als dem meinen,
ihr Mitleid, ihr Lächeln und ihre Tränen – sie besaß ich nicht,
und ihre Zärtlichkeit – doch die besaß ich auch für sie;
ihre Bescheidenheit – und die habe ich nie gekannt.
Ihre Fehler waren die meinen – ihre Tugenden gehörten ihr –
Ich habe sie geliebt und bin der Grund ihres Unglücks.

»Ich habe sie geliebt und bin der Grund ihres Unglücks«, das also war das Geheimnis von Manfreds Verzweiflung und zugleich Byrons, und Byron schrie durch Manfreds Mund seine Leiden heraus, die er sonst allzugut unter der Maske des Hausherrn von Diodati und des höflichen Gastes auf Coppet verbarg.

Meine Einsamkeit ist keine Einsamkeit mehr,
sie ist von Furien bewohnt; – ich habe gezittert
von der Abenddämmerung bis zum Morgen;
dann habe ich mich bis zum Sonnenuntergang verflucht –
und habe darum gebetet, daß Wahnsinn mir
wie eine Segnung geschenkt werden möge … sie blieb
mir versagt.

Vergeblich beschworen die Geister Astarte für Manfred; sie erschien, blieb aber stumm, so wie Augusta stumm für Byron geworden war; ihr Bild wurde weniger und weniger scharf in Byrons Vorstellung.

Du hast mich viel zu sehr geliebt,
genauso wie ich dich zu zärtlich liebte, wir waren nicht
dazu geschaffen, uns gegenseitig so zu quälen, obwohl es
die tödlichste Sünde war, uns so zu lieben, wie wir uns
liebten. Sag, daß du mich nicht hassest – doch ich
trage allein die Strafe für uns beide …
Bevor ich sterbe, möchte ich noch einmal die Stimme hören,
die Musik für mich war – Sprich zu mir!

Sie verschwand, ohne geantwortet zu haben, und die Geister sahen mit Schrecken Manfreds Verzweiflung zu. »Wäre er einer von uns gewesen, er hätte einen fürchterlichen Dämon abgegeben.«
Der Lavastrom war großartig gewesen. Der dritte Akt zu *Manfred* fehlte noch, aber Byron schrieb ihn nicht sogleich. Er war mit Hobhouse nach Diodati zurückgekehrt, und schon hatte sich der Zauber des Gebirges verflüchtigt.

Was Manfreds Ängste ausmachte, war vor allem anderen Astartes Schweigen. Warum antwortete Augusta auf Byrons Klagen nur mit äußerst banalen Briefen? Warum verwandelte sich ihre irritierende, für Byron aber stets anmutige Zusammenhanglosigkeit in moralische Plattitüde? Byron fühlte in ihren wirren Sätzen einen völlig entgegengesetzten Geist wirken, den er nur zu gut kannte. Dennoch war er weit entfernt zu ahnen, was sich zwischen den beiden Frauen zugetragen hatte.
Am selben Tag, an dem Byron England verlassen hatte, war Lady Byron (sie lebte seit einigen Wochen in London, um für ihre Anwälte Lushington und Romilly erreichbar zu sein) aufs Land gefahren, um mit der kleinen Ada zusammen sein zu können. Sie war vierundzwanzig Jahre alt, für sie schien das Leben zu Ende zu sein. Ihre Gefühle für Byron waren voller Heftigkeit, sie hatte ihn zu sehr geliebt, um ihn jetzt nicht zu hassen, ohne freilich jemals aufzuhören, ihn zu lieben. Augusta, die sie vor ihrer Abreise traf, fand, daß sie die Ruhe einer Abgeschiedenen an sich habe.
Die moralischen Probleme, die dieses ängstliche Gewissen gequält hatten, waren durch die Abreise ihres Ehemannes nicht gelöst worden. Wie sollte sie sich zu Augusta stellen? Als Freundin? Das hieße, sich der schärfsten Krallen entledigen, wenn sie sich wegen der Erziehung ihrer Tochter eines Tages gegen Byron an die Gerichte wenden mußte. Als Feindin, wie es ihre Anwälte wünschten? Das hieße, die Gerüchte unterstützen, die Caroline Lamb und so viele andere in Umlauf hielten, auch würde das das Leben Mrs. Leighs in England unmöglich machen. »Hätte Augusta Lord Byron in seinem Exil aufgesucht und sich offen mit ihm *et soror et conjux* ausgesprochen, wäre Lady Byron die triumphierende Herrin der Lage gewesen ... Aber das romantische Bedürfnis, sich zu opfern, war allmächtig in ihr.« Sie wollte den Fall ihrer Schwägerin nicht. Sie hielt es für ihre Christenpflicht, Augustas Seele zu retten, und wenn möglich (aber daran glaubte sie nicht) auch die Seele Byrons. Dieses zweifache Ziel aber konnte nur erreicht werden, wenn die beiden Schuldigen voneinander entfernt gehalten wurden. Ihre Freiheit zu respektieren, hieß, Mitschuldige ihrer Verdammnis zu werden.

Solch verschlungene Wege nahm die Pflicht, wie Eifersucht und Rachsucht sie nicht besser finden können, um ihr zu befehlen, die Schuldige zu verfolgen, und ganz gewiß schlich sich unter der Maske der Pflicht ein anderes, sehr viel peinigenderes und übrigens sehr natürliches Gefühl in das Bewußtsein dieser gewissenhaften Frau; es war das Verlangen zu wissen. Nur Gewißheit tötet die Eifersucht. Aber Annabella besaß über das furchtbare Abenteuer, in dem der wahre Grund für ihr Elend lag, keine Gewißheit. Sie hatte den Inzest vom ersten Tag ihrer Ehe an geahnt, aber bezogen sich die Anzeichen, die sie bemerkte, auf eine alte, erloschene und gestillte Leidenschaft? Oder hatte sich diese ungeheuerliche Liebe während der Ehe mit ihr fortgesetzt? Sie wußte es nicht, und sie wünschte sich leidenschaftlich, es zu erfahren. Augusta nahm in ihrem Denken einen Raum ein, dessen Umfang hätte überraschen können, wenn wir nicht stets mit einer so hartnäckigen und daher beinahe zärtlichen Unruhe an einem Menschen hingen, der uns ein Geheimnis vorenthält, und sei es noch so schlimm, das wir unbedingt entdecken wollen.

In dieser verzweifelten Situation hatte Lady Byron eine Vertraute gefunden. Eine enge Freundin Augustas, Mrs. George Villiers, hatte sie gebeten, ihre Schwägerin gegen die Verleumdungen der Welt in Schutz zu nehmen. Annabella suchte sie auf und sagte ihr die Wahrheit. Mrs. Villiers, eine gütige Frau, war zugleich verblüfft und voller Anteilnahme. Augusta hatte ihr von der Trennung und den Gerüchten immer in so unschuldigem Ton erzählt, daß sie Lady Byron zunächst kaum glauben mochte. Nachdem sie sich hatte überzeugen lassen, war sie doch entsetzt. Sie sagte, daß man einer reuigen, bußfertigen Augusta hätte verzeihen können, daß aber die hochmütige Leichtfertigkeit im Zusammenhang mit einer solchen schweren Verfehlung unzumutbar sei. Das entsprach vollkommen Lady Byrons Gefühlen. Wie manche Männer sich darin gefallen, einem ruinierten Freund zu helfen, wenn dieser sich jedes geringsten Zeichens von Glück oder Bequemlichkeit enthält, so waren die beiden Frauen bereit, der Sünderin zu Hilfe zu eilen, jedoch unter der Bedingung, daß sie sich demütigte. Auch Byron war ein Sünder, aber er wußte jedenfalls, was Sünde ist. Augusta schien darüber überhaupt nicht nachzudenken. »Ich habe diesen Unterschied immer beobachtet«, schrieb Annabella, »daß Byrons Gefühle – so weit sie auch von seinen Taten entfernt gewesen sein mochten – gerade in moralischen Fragen sehr viel reiner und tiefer waren. Sie selbst schien ihre Verfehlungen nicht als schwerwiegend anzusehen.«

Mrs. Villiers schloß sich Lady Byrons Meinung an, daß Augusta vom Hochmut zur Reue gebracht werden müsse. Mrs. Leigh schien es ganz natürlich zu finden, daß in den Augen der Welt die freundschaftlichen Beziehungen zwischen ihr und der Schwägerin fortbestanden. Es galt, sie fühlen zu lassen, daß sie jetzt vogelfrei war. Lady Byron an Mrs. Leigh: »Ich wollte es nicht darauf ankommen lassen, Sie vor Ihrer Niederkunft aufzuregen, aber nun, da ich Sie wiederhergestellt weiß, kann ich Ihnen nicht länger verhehlen, daß ich Gründe habe, die sich auf gewisse Umstände Ihres Benehmens gründen und die ich (so überzeugt ich von ihrer Existenz auch sein mag) in Schweigen begraben will, Gründe, die mir die unumgängliche Pflicht auferlegen, meine Beziehungen zu Ihnen einzuschränken.«

Die beiden tugendhaften Frauen fragten sich mit Unruhe, wie ihre sündige Schwester unter solcher Drohung reagieren würde: »Ich glaube, ihr erstes Empfinden wird Schrecken – ihr zweites Stolz sein...« Jedoch Augustas Antwort klang demütig: »Um das Wohl meiner Kinder bin ich gezwungen, die *eingeschränkten Beziehungen* von Ihrem Mitleid anzunehmen, die alles sind, was Sie der zubilligen können, die, wie Sie sagen, weder Ihrer Achtung noch Ihrer Zuneigung würdig ist. Die Zeit wird kommen, in der Sie Ihre Meinung ändern werden.«

Um die Moralkur zum Erfolg zu bringen, mußte nun erreicht werden, daß sie ihr Verbrechen gestand und danach, daß sie verzichtete, Byron wiederzusehen. Also setzte sich die Korrespondenz zwischen den Schwägerinnen fort, und nach und nach ließ sich die Schwächere von beiden zu unausgesprochenen und doch deutlichen Geständnissen verleiten. Sie gab zu, daß es vor der Ehe Byrons schuldhafte Beziehungen gegeben hatte, schwor aber, im Tonfall größter Aufrichtigkeit, daß sie nach der Heirat standhaft geblieben sei.*

Dann wurde das Verhör präziser. Wenn zwei Menschen ein ernstes und peinigendes Thema in stillschweigendem Einverständnis im dunkeln gelassen haben, finden sie in dem Augenblick, da sie sich endlich entschließen, diesen geistigen Abzeß zu öffnen, ein schmerzhaftes und doch waches Vergnügen, ein sonderbares Glücksgefühl dabei, die Einzelheiten dessen aufzuzählen, was so lange für den einen wie für den anderen Gegenstand einsamen Nachgrübelns war. Annabella erklärte Augusta, wie ihr alles (schon am ersten Tag ihres Besuches in Six Mile Bottom) verdächtig vorgekommen war,

* *Lady Byron an Mrs. Leigh:* »Da Sie mich nicht zu täuschen versuchen und es nie versucht haben, was die vorhergehenden Geschehnisse angeht, deren ich unerschütterlich gewiß bin, will ich Ihnen glauben, wenn Sie mir versichern, daß Sie *mir* nie wissentlich schaden wollten.«
Lady Byron an Mrs. Villiers: »Ich habe eine Antwort bekommen, die so ist, wie sie sein soll, so, wie ich sie mir erhoffen konnte. Ich bin von Augustas Unschuld für die Zeit, in der es um mich ging, vollständig überzeugt.«

und Augusta analysierte eilfertig ihre eigenen Illusionen und ihren närrischen Glauben an Annabellas Blindheit.

Gelegentlich hatte die Sünderin Rückfälle. Mrs. Villiers, die sie Tags zuvor getroffen hatte, schrieb am 18. Juli 1816 an Lady Byron, »daß Augusta von nichts anderem gesprochen hat als von Samt und Seide, daß sie kräftig und wohlgelaunt aussah, gänzlich kühl und gelassen war und daß sie offensichtlich nicht das geringste Gewicht auf ihrem Sinn lasten fühlte«. Glücklicherweise erschien sie bald darauf bedrückt und zerstreut. Aber das Werk war noch nicht vollendet.

Die Gefahr lag darin, daß Byron wieder Einfluß auf sie ausüben konnte. Er wollte, daß sie ihn in der Schweiz oder Italien besuchte, es war zu fürchten, daß sie versucht sein könnte, es zu wagen, und das um so mehr, als der Oberst Leigh, ruinierter denn je, ihrer Abreise zustimmen würde. Sie schien zu jeder Tollheit fähig, sobald der Bruder erklärte, daß er unglücklich sei. Vergeblich malte Annabella ihr die schrecklichen Qualen aus, die Byrons Selbstvorwürfe ihm erregt hatten und deren Zeuge sie gewesen war. »Ich habe, was Sie als Grund für seine Leiden schilderten, nie bemerkt«, sagte Augusta, »wenn ich wüßte, wie ich zu seinem wahren Nutzen beitragen könnte! aber leider, ich weiß es nicht...« Manchmal hätte Lady Byron ihrer Schwägerin nur zu gern eine Prangertafel um den Hals gehängt mit den Worten: *Rückfällige Ketzerin.*

Im August 1816 kam sie sogar nach London, um Augusta wiederzusehen. Zur Vorbereitung auf dies Verhör machte sie sich ein nach Nummern geordnetes Memorandum: »Betrüben Sie Ihre Sünden mehr oder deren Folgen? – oder die Schuld Gott gegenüber? – oder die gegenüber Ihresgleichen?... Empfinden Sie tief genug, daß jeder Gedanke, der eine solche Sünde begleitet, Schuld bedeutet, daß das Herz verbrecherisch sein kann, wenn seine Taten auch unschuldig bleiben?«

Während der ersten beiden Septemberwochen sahen sich die beiden Frauen jeden Tag.* Im Verlauf dieser langen Unterhaltungen ergab sich Augusta schließlich der stärkeren Persönlichkeit und legte die Sorge um ihre Seele in Annabellas Hände. Sie versprach, ihr alle Briefe Byrons zu zeigen und nur noch mit kühler Zurückhaltung zu antworten. Lady Byron verlangte nicht, daß sie die Korrespondenz mit ihrem Bruder völlig aufgab: »Ich rate Ihnen nicht, Ihren Briefwechsel einzustellen, vielmehr immer daran zu denken, seine Gefühle zurechtzurücken und nicht zu beschwichtigen oder

---

* *Aufzeichnung Lady Byrons:* »Augusta hat mir ein vollständiges Geständnis ihrer vorherigen Beziehungen abgelegt – dabei verneint sie energisch, daß diese nach meiner Heirat andauerten ... Sie gab zu, daß die Zeilen (*I speak not, I trace not, I breathe not thy name*) ihr galten.«

zu befriedigen. – Vermeiden Sie deshalb alle Wendungen oder *Zeichen*, die ihn an seine schlechten Gedanken erinnern könnten... Lassen Sie sich auch vor Leichtfertigkeit und etwas verrückten Einfällen warnen, die er so liebt; denn er liebt sie nur aus dem abscheulichen Grund, daß sie ihn der Pflicht entheben, ernsthaft nachzudenken.« Hier war unbewußte weibliche Geschicklichkeit im Spiel: sie entblößte Augusta von dem, was deren Charme ausmachte.

In Genf wurde die Witterung regnerisch und trüb. Byron hatte Lust, die Schweiz zu verlassen. Von der anderen Seite des Sees aus richteten englische Touristen ihre Marinegläser auf seinen Balkon, in der Hoffnung, dort einen Rock zu sichten. Empfindlich wie alle, die einmal verfolgt worden sind, glaubte er, der Haß, den er bei seiner Abreise erlebt hatte, habe ihn nun hier an seinem Zufluchtsort eingeholt. Er wäre gern über das Gebirge bis zu den Wellen der Adria gelaufen, »wie ein Hirsch, der bis zum Äußersten gehetzt, sich ins Wasser rettet«.

Anfang Oktober verließ er mit Hobhouse Diodati, über den Simplon sollte es nach Mailand gehen. Der vortreffliche Fletcher begleitete die beiden und entzückte Hobhouse durch seine Gabe, alles, was er sah, in englische Bilder zu übersetzen. Ein Wasserfall erinnerte Fletcher an »die weiße Perücke des alten Mr. Becher«. Sechs Pferde wurden vor Byrons Wagen gespannt und zogen ihn auf den Gipfel des Simplon. Sie durchquerten die Nadelholzzone, die kahlen Steinhalden und die Zone des ewigen Schnees. Da sie auf dem Gipfel keine Mauer vorfanden, in die sie ihre Namen hätten einritzen können, schrieben sie sie auf ein Stück Papier, das sie sorgsam unter einem Stein verbargen. Dann ging es durch den Schnee weiter zu steinigen Einöden, von kiefernbestandenen Felsen in das Tal von Domodossola hinab, wo weiße Kirchtürme aus den rebenbedeckten Hügeln spitz herausragten.

Fletcher erhielt den Auftrag, Karabiner, Dolche und Pistolen bereitzulegen. Man hatte den beiden Engländern gesagt, das Land hielte viele Gefahren bereit. Das unglückliche Italien war nach Napoleons Fall in Fremdherrschaft zurückgefallen. Die Heilige Allianz, »Gesellschaft der Dynastien«, hatte aus der Lombardei ein österreichisches Königreich gemacht, das Herr von Metternich durch seine Polizei regierte. Seine Spione waren überall; Denunziation war an der Tagesordnung. Liberale und Patrioten fanden sich in Geheimbünden zusammen. Bereits in Mailand nahm Byron Kontakt mit liberalen Kreisen Italiens auf. Er hatte ein Wort der Empfehlung von Madame de Staël bei sich für Monsignore Ludovic de Brême, den Kaplan des Exkönigs von Italien. Dank dessen Hilfe traf er den Marquis de Brême (der Innenminister unter Eugéne de Beauharnais gewesen war), den berühmtesten der lebenden italienischen Dichter, Monti, und den Schriftsteller Silvio Pellico. Das Land gefiel ihm. Die Bäuerinnen hatten schöne schwarze Augen. Auf allen Gesichtern lag der Glanz von Mut und Liebe.

Von der Ambrosianischen Bibliothek war er entzückt, hier zeigte man ihm Erinnerungsstücke an Lukrezia Borgia, eine lange schöne Haarlocke und Briefe, »die so reizend und liebevoll waren, daß man wehmütig bedauerte, nicht früher geboren zu sein, um sie jedenfalls gesehen zu haben«. – »Und raten Sie bitte«, schrieb er an Augusta, »wie eine ihrer *Signaturen* aussah: genau so †, ein Kreuz – das, so sagte sie, für ihren Namen stehen sollte. Ist das nicht amüsant? Ich vermute, Sie wissen, daß sie eine berühmte Schönheit war, und ebenso berühmt durch den Gebrauch, den sie davon machte; auch daß sie die Geliebte des Kardinals Bembo war (außerdem gibt es eine Geschichte über ihren Vater, den Papst Alexander, und eine über ihren Bruder Cesare Borgia – die manche glauben und andere nicht). Am Ende war sie Herzogin von Ferrara und eine hervorragende Frau und Mutter, auf jeden Fall ein Vorbild.«

In Brêmes Loge in der Scala trafen Byron und Hobhouse einen Franzosen, Monsieur de Beyle, ehemals Intendant der Mobiliarverwaltung der kaiserlichen Krone, der ihnen erstaunliche Dinge erzählte. Er sagte, daß er Napoleons persönlicher Sekretär gewesen sei und beim Rückzug aus Rußland in seinen Diensten gestanden habe. »Napoleon hatte damals völlig den Kopf verloren, er unterschrieb seine Dekrete mit POMPEJUS.« Als Beyle zu ihm gesagt hatte: »Eure Majestät haben sich geirrt«, hatte er ihn mit einem fürchterlichen Ausdruck angesehen und geantwortet: »O ja!« Einmal hatte Beyle vierundachtzig Generäle ins Hauptquartier kommen sehen, die alle weinten und riefen: »O, meine Division ... meine Brigade ...« Als der Kaiser gegangen war, hatte Beyle sich bei Murat gemeldet, und der hatte sich auf sein Bett gesetzt und bitterlich geweint. Dann erzählte Herr von Beyle von Talleyrand, er sagte, ein Gericht habe ihn zum Tode verurteilt, Napoleon habe sich keineswegs grausam gezeigt, er sei es zu wenig gewesen. Er berichtete auch davon, daß Madame Nay in Mailand gewesen sei und in das Grabmal ihres Gatten die Worte eingravieren ließ: »Fünfunddreißig Jahre des Ruhms, ein Tag des Irrtums.« Er war erstaunlich, dieser Monsieur de Beyle; er war bei den unglaublichsten Ereignissen stets persönlich dabei gewesen. »Ich habe allen Grund zu glauben«, schrieb Hobhouse, »nachdem ich alle die köstlichen Anekdoten sorgsam aufgezeichnet habe, daß dieser Beyle vertrauenswürdig ist; er führt jedoch eine grausame Sprache und macht den Eindruck eines Materialisten, was er auch ist.«

In Mailand trafen Byron und Hobhouse auch den unglücklichen

Polly-Dolly wieder. Er war mit einem Offizier in Streit geraten, und Byron mußte einmal mehr intervenieren, um ihn zu retten. Der kleine Doktor bewarb sich jetzt um die Stellung des Arztes bei der Prinzessin von Wales. »Arme Frau«, meinte Hobhouse und gab ihm einen Empfehlungsbrief, »sie müßte verrückt sein, nähme sie einen solchen Arzt.« Louis de Brême jedoch, weniger ungerecht als Hobhouse (der so leidenschaftlich xenophob war), beurteilte den armen Doktor besser. »Was es im allgemeinen nicht gibt«, schrieb er an Madame de Staël, »ist ein ehrenhafterer Mann als Polidori, ein harmloserer und gutgläubigerer.«

Louis de Brême fügte dem ein Urteil über Byron selbst hinzu, das um so interessanter ist, als es sich mit dem Sir Walter Scotts deckte: »Lord Byron ist ganz Liebenswürdigkeit. Es ergab sich eine Gelegenheit, Polidori gegenüber sein gutes Herz zu beweisen, er ergriff sie mit Selbstverständlichkeit und Nachdruck. Wage ich es auszusprechen? Ich meine, daß es Männer gibt, deren Seele wenig *gesellig* ist, aber dafür eminent *menschlich*. Lord Byron ist mit zahllosen Qualitäten begabt, die ihm seine nationale und häusliche Umgebung ganz natürlicherweise nicht anrechnet, weil es ihm an jenen fehlt, die man für gewöhnlich erwartet ... Wir haben ihn fühlen lassen, wie fremd wir allen Urteilen gegenüberstehen, die über ihn gefällt worden sind und daß es völlig von ihm abhängt, uns eine andere Meinung zu bilden. Seine Werke sind unter denen von uns Freunden, die englisch lesen können, so beliebt, daß wir ihm, ohne es ausdrücklich auszusprechen, zu jedem Augenblick unsere tiefe Bewunderung beweisen, aus der zwischen ihm und uns eine geistige Beziehung erwachsen ist, die ihm eine gesicherte Position in der kleinen Welt einräumt, mit der ich ihn umgeben habe.« Der Lohn derer, die eine gequälte Seele zu besänftigen wissen, ist, daß sie die einzigen sind, die diese Seele wirklich kennen.

Seine italienischen Freunde zeigten Byron alle Sehenswürdigkeiten Mailands. Er hörte das Echo der Simonetta und sah den Dom bei Mondlicht. Monsieur de Beyle hielt den erstaunlichen Eindruck fest, den ein Bild Daniel Crespis auf Byron machte; es zeigte die Geschichte eines Domherrn in seinem Sarg, der inmitten einer Kirche aufgestellt war; während man um ihn die Totenmesse sang, schlug der Tote sein Leichentuch zurück, neigte sich aus seinem Sarg und schrie: »Ich bin verdammt durch ein gerechtes Gericht!« Byron war von diesem Bild nicht wegzubringen, er war bis zu Tränen gerührt. Aus Achtung vor dem Genie bestiegen die Freunde schweigend ihre Pferde und ritten davon, sie warteten eine Meile von diesem Ort auf Byron.

Am 4. November brachen Hobhouse und Byron nach Venedig auf. Sie kamen durch Brescia, Verona (hier freute sich Byron, die Spur

Julias zu entdecken), Vicenza, und dann erwachten sie eines Nachts, nachdem sie unter freiem Himmel in einer Gondel geschlafen hatten, unter den Lichtern Venedigs. Das Echo der Ruderschläge sagte ihnen, daß sie sich unter einer Brücke befanden, der Schiffer rief: »Der Rialto!« Wenige Minuten noch, und sie legten beim Hotel »Großbritannien« am Canale Grande an und wurden über eine majestätische Treppe in vergoldete, seidenbespannte Zimmer geführt.

XXVIII
Die Zauberstadt des Herzens

Byron an Murray: »Venedig gefällt mir so gut, wie ich es erwartete, und ich erwartete viel. Es gehört zu jenen Städten, die ich kannte, bevor ich sie sah und ist, nach dem Orient, der Platz in der Welt, von dem ich am meisten geträumt habe. Ich liebe die melancholische Heiterkeit der Gondeln und die Stille der Kanäle. Mich stört nicht einmal die offensichtliche Dekadenz der Stadt, wenn ich auch das Verschwinden der einzigartigen Trachten bedaure, wovon übrigens manches blieb, und der Karneval ist nah.« *Und an Tom Moore:* »Ich habe vor, den Winter über in Venedig zu bleiben... Die Stadt hat mich nicht enttäuscht... Ich habe zu lange zwischen Ruinen gelebt, um die Trostlosigkeit nicht zu lieben.«

Ihm gefiel der venezianische Dialekt ebenso wie der Ockerton der Häuser, wie die klangvollen Namen und der rötliche Marmor der Paläste, wie die traurige Schönheit der schwarzen Barken. In der Stadt des Kaufmanns und des Mohren, Portias und Desdemonas meinte er auf Schritt und Tritt dem Schatten Shakespeares zu begegnen. Er fühlte sich weniger unbeholfen in einer Stadt, in der das Gehen durch das sanfte Gleiten der Gondeln abgelöst wurde.

Die Republik Venedig gab es nicht mehr. Die geflügelten Löwen von Sankt Markus bewachten weder Dogen noch den Rat der Zehn. Den *Bucintoro** hatten die Franzosen verbrannt. Wie in Mailand vertrat auch hier ein österreichischer Gouverneur Herrn von Metternich. Aber die Stadt bewahrte sich Sinnlichkeit und Heiterkeit. Die Cafés auf dem Markusplatz waren dicht besetzt. Venedig besaß acht Theater (mehr als London und mehr als Paris). Die italienische Gesellschaft versammelte sich zu *conversazioni*, die glänzendste darunter war die der Contessa Albrizzi, von den Venezia-

---

* Die ehemalige venezianische Prachtgaleere. (Anm. d. Übers.)

nern »Italiens Madame de Staël« genannt. Sie war begierig, sich »den ersten Dichter Englands« vorstellen zu lassen. Einige Herren und Damen tranken in einem kleinen Zimmer Wasser. Hobhouse fand, diese *conversazioni* seien eine klägliche Kopie des Salons von Coppet, aber die Dame des Hauses schien eine angenehme Person zu sein.

Am 4. Dezember trennten sich die beiden Freunde. Hobhouse brach nach Rom auf, während Byron in Venedig blieb. Er hatte zugleich eine Wohnung und eine Geliebte gefunden, und zwar bei einem Signor Segati, einem Tuchhändler, der in der Frezzeria (eine lange, enge Straße nahe Sankt Markus) einen Laden mit dem Zeichen des *corno* hatte. Eingeweihte fügten bald ein *inglese* hinzu. Segatis Geschäft ging nicht gut, aber er hatte eine junge und hübsche Frau. Außerdem sang sie wundervoll, und wegen dieser schönen Stimme hatten die Segatis Zugang zu den aristokratischen Kreisen Venedigs. Marianna Segati verstand es, Byron (er war so treuherzig unter der Miene des Erfahrenen) die Illusion zu vermitteln, er sei ihr erster Liebhaber. In Venedig galt sie als lüstern und leicht zu haben, er jedoch war von ihr bezaubert: »Ich habe Signora Segati von der ersten Woche meines Aufenthaltes hier geliebt, und ich tue es noch, denn sie ist sehr hübsch, kurzweilig und spricht venezianisch, alles dies macht mir Freude, weil sie zudem naiv ist und ich sie zu jeder beliebigen Stunde sehen und lieben kann, was meinem Temperament entspricht.«

Im Grunde liebte er sie ganz auf seine Art, mit der Mischung von Sentimentalität und Verachtung, genauso wie er einen treuen Hund, ein Pferd oder ein Liedchen von Tom Moore liebte. Sie war fröhlich, wenn er es wünschte, still, wenn er traurig war, ein schönes, ergebenes Tier. In ihrer Nähe fand er langsam zur Ruhe. Die Alpen, die Niederschrift des *Manfred* und die neuen Eindrücke Italiens hatten die inneren Wogen besänftigt, über die er sich zu Diodati noch kaum zu beugen wagte. Er hatte, wenn nicht zu leiden, so doch sein Leiden zu lieben, aufgehört. Ein großer Fortschritt. Das Schwatzen dieser Fremden »in ihrem sanften Bastard-Latein« half ihm, sich abzustumpfen. Um den Körper zu ermüden, stets ein gutes Mittel gegen Leidenschaften, hatte er sich von einem österreichischen Festungskommandanten vier Pferde abtreten lassen, und so sprengte er täglich am Lido entlang über den schmalen Landstreifen, und die Wellen der Adria spritzten unter den Hufen seines Pferdes.

Ebenfalls täglich ließ er seine Gondel am Kloster der Armenier anhalten. Er hatte sich mit den Patres befreundet, und er besuchte sie gern auf ihrer mit Zypressen, Judas- und Orangenbäumen bepflanzten Insel. Durch den Klostergarten ging er in einen Raum voller Heiligenbilder, er half hier dem Pater Pascal Aucher eine englisch-armenische Grammatik aufzusetzen. Er bewunderte den olivenfarbenen Teint des Paters und dessen langen schwarzen Bart, der ihn dem Hohenpriester aus Salomos Tempel gleichen ließ. Die armenische Sprache war schwierig, aber gerade diese Schwierigkeit übte eine Anziehungskraft auf ihn. »Ich halte es für notwendig, meinen Geist in ein kompliziertes Studium zu verwickeln; dies ist das härteste, das ich hier finden konnte, und es wird eine gute Feile gegen die Schlange abgeben.«

Wenn er gefragt wurde, wie lange er in Venedig bleiben wolle, antwortete er: »Ich hoffe, meine Liebschaften und das armenische Alphabet werden den Winter überdauern.« Er unterhielt sich gern mit den Patres; er beneidete sie um ihre Einsamkeit, ihre Zurückgezogenheit und um ihren Seelenfrieden. Pater Aucher beschrieb ihm Armenien und versicherte ihm, daß dort allen biblischen Autoritäten zufolge, das Paradies auf Erden gelegen habe. Gott mochte wissen, wo Byron es gesucht hatte. Hatte er es in Venedig gefunden? Manchmal glaubte er es. Die Gondelfahrten, die Ausritte, die Armenischlektionen, Mariannas Zärtlichkeiten hielten den Erzfeind auf Distanz: die Langeweile. Für die Abende hatte er die Salons. Die Venezianer betrachteten ihn schon als ein gewohntes Ornament ihrer Stadt. Dank der *Göttlichen Komödie* und dank Nicolo Girauds aus Athen sprach er recht gut italienisch.

> Ich habe andere Sprachen gelernt – und für fremde Augen
> habe ich aufgehört, ein Fremder zu sein ...

Wie damals in Griechenland entkam er durch den Landeswechsel seinem eigenen Konformismus. Fern von englischen Zeugen gelang es ihm gelegentlich, das englische Gesetz in seinem Herzen zu vergessen. »Wenn ich bleiben könnte wie ich bin, wäre ich nicht nur glücklich, sondern zufriedengestellt, und das ist nach meiner Überzeugung das seltenste und schwierigste ... Ich habe Bücher – angemessene Bequemlichkeit – viele Vergnügungen – so viel Gesellschaft wie ich mir wünsche – und eine hübsche Frau, die mich nicht langweilt ... Das Leben bietet nicht viel, was meine Neugier weckt; es hat wenig zu bieten, von dem ich nicht eine Vision oder einen Teil schon besessen hätte – es wäre sehr töricht von mir, mit meinem Glück zu hadern, weil es nicht standgehalten hat – und das war zum Teil auch noch mein Fehler. Wenn das gegenwärtige anhält, kann ich mit der Vergangenheit brechen, und Sie können mich als posthum betrachten, denn ich werde nie aus freien Stücken auf Ihre enge Insel zurückkehren.«

Es kam der Karneval, Venedigs große Saison, Zeit der Maskeraden
und Ständchen, Zeit der Bälle und Geheimnisse, Zeit, von Ehemännern weniger als von Liebhabern geschätzt, Zeit, in der die
Frauen sich vor der Fasten-Beichte mit dem versorgen, worüber sie
Reue zeigen können. Byron lernte sie nach und nach gut kennen,
die Venezianerinnen mit ihren schwarzen Augen. Eine jede hatte
wenigstens einen *amoroso*; diejenigen, die nicht mehr als einen hatten, galten für tugendhaft und wechselten ihn in der Karnevals-
zeit. Nur Marianna Segati, die mit ihrem schönen Engländer sehr
zufrieden war, dachte einzig daran, ihn sich zu erhalten.
Kostüme in lebhaften Farben, türkische, jüdische, griechische, römische, belebten die sargschwarzen Gondeln, Byron gab sich dem
wirbelnden Rhythmus dieses Lebens ganz. Seine Briefe an Tom
Moore klangen wie die Gitarren Venedigs:

> Was tun Sie zur Stunde,
> o Thomas Moore?
> Was tun Sie zur Stunde,
> o Thomas Moore?
> Suchen Sie seufzend und reimend
> Gunst, oder hofieren Sie die Schönen
> mit Gackern und Girren,
> was, Thomas Moore?

»Hier ist ein liebenswertes Lied für Sie – ganz aus dem Stegreif . . .«:

> Denn der Karneval kommt,
> o Thomas Moore,
> der Karneval kommt,
> o Thomas Moore;
> Masken und Maskeraden,
> Pfeifen und Trommeln,
> Gitarren und Triller,
> o Thomas Moore.

In den dunklen Gassen hörte man bis in den Morgen hinein das
Geräusch von Liedern und Küssen. Marianna und Byron gingen
die ganze Nacht spazieren, während der Kaufmann von Venedig
unter dem Zeichen des englischen Horns schlief. Für einige Tage
war dies köstlich, doch dann ermüdetete dies nächtliche Leben Byron. Seine Gesundheit war schwankend. War es ein Schlafmittel-
fieber? War es Malaria, die ihn schon einmal in Patras beinahe getötet hatte? Oder meldete sich schon das Alter? Er war gerade neunundzwanzig geworden; »der Degen hat seine Scheide verbraucht«,
sagte er, und für Marianna schrieb er schöne und melancholische
Verse:

So we'll go no more a roving,
so late into the night,
though the heart be still as loving,
and the moon be still as bright.
For the sword outwears its sheath,
and the soul wears out the breast,
and the heart must pause to breathe,
and Love itself have rest.

Though the night was made for loving,
and the day returns too soon,
yet we'll go no more a roving,
by the light of the moon.

Die Fasten verbrachte er, ziemlich krank, im Bett, und in seinen Fieberträumen gewannen die Bilder der Vergangenheit wieder eine gefährliche Macht über ihn. Was wurde aus Augusta? Er verstand den neuen frömmelnden Ton nicht. »Ich habe alle Ihre Briefe erhalten, und ich glaube, sie waren wie gewöhnlich voller Unglück und Rätsel; aber ich bringe es nicht fertig, Ihnen mein Mitleid auszusprechen, denn, bei meinem Leben, ich begreife nicht, ob Sie an einem gebrochenen Herzen leiden oder an Ohrenschmerzen – ob Sie krank waren oder die Kinder – worauf sich Ihre geheimnisvollen und melancholischen Aussprüche beziehen, auf Caroline Lambs Roman, auf Mrs. Clermonts Zeugnis, auf die Hochherzigkeit der Lady Byron oder einen anderen Betrug... Ich dachte, alles was Sie, Sie selbst bekümmern konnte, müßte längst vergangen sein – und was mich betrifft, das lassen Sie meine Sorge sein.« Und wenig später: »Ich wiederhole es Ihnen noch einmal – alle Ihre Geheimnisse müßten mir viel deutlicher erklärt werden – wozu diese absurde Form fortsetzen, in Andeutungen zu schreiben? Was also wollen Sie sagen? Was weiß man? Was kann jemand wissen, das wir beiden nicht besser wüßten? Und was können Sie mir so gut verbergen? *Ich,* ich bin nie schwankend gewesen – Ihretwegen bin ich gewichen – denn ich glaubte, daß man versuchen würde, Sie zu kompromittieren – obwohl es sie alle nichts angehen sollte, was sich vor meiner Heirat ereignete, vor meiner Heirat mit diesem teuflischen Ungeheuer, dessen Sturz ich noch erleben werde.« Der Brief wurde Lady Byron mit folgendem Kommentar Augustas zugestellt: »Es fiele mir schwer, einen traurigeren zu erdenken – so viel Zorn und Haß und Bitterkeit gegen alle – er taugt nur fürs Feuer – im ganzen ist mir klar, daß er mit sich selbst unzufrieden ist, der arme Junge!« Sie war ohne Arg, diese Frau, aber sie hätte auch die Qualen der Hölle in Ammengeschwätz verwandelt.

Während seiner Krankheit hatte Byron den dritten Akt des *Manfred* abgeschlossen; ein etwas kurz geratener Akt übrigens (Byron verstand nicht wie Goethe, das Übernatürliche in großer Masse zu behandeln), aber interessant wegen seiner Theorien. Man sah darin Manfred im Angesicht des Todes. Der Abt eines benachbarten Klosters versuchte, ihn mit sich selbst auszusöhnen, und vielleicht war diese Szene der Widerhall von Byrons Gesprächen mit den armenischen Patres. Der katholische Priester bot dem Sünder Buße und Vergebung an. »Ich spreche nicht von Rache, mein Sohn (mein ist die Rache, spricht der Herr). Aber unser Amt hat mir die Macht gegeben, den Weg des Sünders zu der höchsten Hoffnung hin zu ebnen.« – »Es ist zu spät«, entgegnet Manfred. »Nichts kann den bösen Geist austreiben, wenn er die Seele des Sünders selbst ist. Kein Priester kann einen Mann lossprechen, dessen Hölle in seinem Inneren liegt.« Nicht mit Gott kann Manfred sich aussöhnen, nur mit sich selber.

> O mein Vater! Ich habe jene frühreifen Visionen gekannt,
> die edlen Träume meiner Jugend,
> aus meinem Geist den Geist der anderen zu machen,
> und der zu sein, der die Nationen lehrt ...
> Das alles ist vorüber.
> Mein Denken hat nicht einmal sich selbst begriffen.
> Ich konnte meine wilde Natur nicht zähmen.
> ... Ich weigere mich, zu einer Herde
> zu gehören und sei es, um ein Rudel Wölfe anzuführen.
> Der Löwe ist allein, ich bin wie er.

In der letzten Szene wollen die Höllengeister Manfred ergreifen und ihn mit sich ziehen. Er jagt sie davon:

> ... Zurück in deine Hölle!
> du hast keine Gewalt über mich, ich fühle es;
> du wirst mich nie beherrschen, ich weiß es;
> was geschehen ist, ist geschehen: in mir selber trage ich
> eine Qual, der deine nichts hinzuzufügen hätte;
> der unsterbliche Geist besorgt es selbst,
> die guten wie die schlechten Gedanken zu belohnen ...
>
> Nicht du hast mich versucht, denn du konntest mich nicht versuchen;
> ich war weder dein Narr, noch deine Beute –
> doch meine eigene Vernichtung war ich und
> werde mein eigenes Jenseits sein ...

Auf diese Weise versuchte Byron zum erstenmal, nachdem ihn Shelley zur metaphysischen Überlegung angeregt hatte, sein unüberwindliches Gewissen mit seiner skeptischen Philosophie zu verbinden, die ihn die orthodoxen Ideen der Hölle und Strafe nicht akzeptieren ließ. Durch eine ausgesprochene byronsche Lösung erreichte er es, sich selbst zum einzigen Mittelpunkt des ganzen Systems zu machen. Nur Byron selbst war Byrons Versucher. Nur Byron strafte Byron in Byron. Nur Byron, aber nicht die kindische Hölle May Grays. Es gibt die Hölle, doch ist sie in uns, und die Lebenden stürzen sich selbst hinein.

Alter! Es ist nicht so schwierig zu sterben ...

Das war der letzte Satz Manfreds an den Abt; das aber war gleichzeitig, so schrieb Byron an Augusta, »die ganze Moral des Gedichts«. Nicht alle Menschen haben Angst vor dem Tod. Die einen fürchten ihn, weil sie das Leben lieben; andere, weil sie ein zukünftiges fürchten. Doch das menschliche Dasein ist ein harter Kampf, und es gibt empfindsame Geschöpfe, die sich eines inneren Konfliktes ohne Ausweg bewußt sind, ihnen erscheint der Tod wie eine willkommene Ruhestatt. Byron gehörte zu ihnen. Da er zu tapfer war, um das Leben zu fliehen, doch zu müde, um den Tod zu fürchten, war in diesem sonderbaren Karneval der Gedanke an ihn stets gegenwärtig. Wie einst über den grauen Mauern Newsteads zog ein Totentanz über die Dächer seiner venezianischen Zuflucht.

Es fiel ihm schwer, diesen dritten Akt zu schreiben. Eine erste Version, die er an Murray geschickt hatte, schien allen seinen Freunden zu schwach. Er begann von neuem. Schließlich wurde das Drama im Juni 1817 in England veröffentlicht. Für Augusta mußte das Erscheinen prekär sein, denn Manfreds Liebe zu Astarte sprach sie in den Augen der Welt eindeutig schuldig. »Kein Geständnis könnte vollständiger sein«, schrieb Mrs. Villiers. »Es ist zu offenbar, als daß seine Freunde überhaupt versuchen könnten, die Anspielung zu leugnen ... Haben Sie eine Zeitschrift zu sehen bekommen, die sich *The Day and New Times* nennt, in einer Ausgabe vom 23. Juni? Es steht eine lange Kritik über *Manfred* darin, gut geschrieben, meine ich, aber voller schrecklich klarer Anspielungen auf Augusta.« Sie selbst, inzwischen ganz und gar gezähmt, schrieb an Annabella, um sie zu fragen, was sie über *Manfred* sagen sollte, wenn man sie danach fragte. Lady Byron antwortete: »Sie können über *Manfred* nur mit dem entschiedensten Ausdruck der Mißbilligung sprechen.«

Im Frühling, als es Byron besser ging, rieten ihm die Ärzte zu einer Luftveränderung. Ein gesünderes Klima würde das Fieber sinken lassen. Hobhouse, der sich seit fünf Monaten in Rom mit Archäologie beschäftigte, rief nach dem Freund. Byron zögerte. Es war vielleicht naiv, aber der Gedanke, Marianna zu verlassen, machte ihn »carolinesk«. Sie hatte ihn während der Krankheit gut gepflegt. Er war ihr nicht ganz treu gewesen, aber er hing an ihr.

Sobald er eine Frau liebte, wuchs in ihm die absurde Hoffnung, in ihr eine schöne Seele zu finden. Marianna Segati, die großzügige Gattin eines venezianischen Tuchhändlers, wurde eine unerwartete Inkarnation des »schönen Ideals«.

Dagegen brachte eine Reise nach Rom die Gelegenheit, einen vierten Gesang zu *Childe Harold* zu schreiben; er beschloß, den Ärzten zu gehorchen. Er reiste über Ferrara, dort schrieb er *Tassos Klage* und sah das Grab Ariosts; in Florenz bemerkte er, daß eine der Frauen auf einem Gemälde über den Kindermord Lady Ponsonby ähnelte. (Wie Fletcher fand er überall englische Bilder.) Dann, auf der Straße nach Rom, kam er dicht am Trasimenischen See vorüber. In seiner Kindheit hatte ihm der kleine Paterson die von Gefallenen bedeckten Ufer und den Bach beschrieben, in dem das Blut der Karthager und Römer dahinschoß. Bauern zeigten ihm den Bach, der den Namen Sanguinetto behielt. Der See war wie ein silbernes Blatt, wohlbestellte Felder und Baumgruppen säumten eine friedliche Landschaft.

In Rom wie überall lebte er auf zwei Ebenen: auf der Ebene Byron und auf der Ebene Childe Harold. Auf der Ebene Byron ritt er häufig aus, korrigierte den verwünschten dritten Akt des *Manfred,* den das Untier von Murray immer wieder ablehnte, und schrieb an Moore: »Von Rom erzähle ich Ihnen nichts, es ist unbeschreiblich, und der Reiseführer wiegt hier jedes andere Buch auf. Ich habe gestern mit Lord Lansdowne gespeist... Fast den ganzen Tag saß ich zu Pferd... Über das Kolosseum, das Pantheon, Sankt Peter, den Vatikan, über den Palatin, etc. etc., – wie oben, lesen Sie im Reiseführer nach... Der Apoll von Belvedere sieht Lady Adelaïde Forbes ähnlich – noch nie habe ich eine solche Ähnlichkeit gesehen. Ich habe den Papst lebend und einen Kardinal tot gesehen, – beide sahen sehr gut aus... Da kommt Hobhouse zurück, meine Pferde stehen vor der Tür, aufs Pferd also.«

Der Bildhauer Thorwaldsen, zu dem ihn die Contessa Albrizzi geschickt hatte und dem er saß, hatte den Vorzug, die Wandlung Byrons in die Figur Childe Harolds festzuhalten. Als sich Byron im Atelier des Bildhauers niedersetzte, gab er seinem Gesicht einen völlig veränderten Ausdruck als jenen, den es für gewöhnlich hatte. »Wollen Sie sich nicht bequemer setzen?« fragte Thorwaldsen. »Sie brauchen auch nicht diesen Ausdruck anzunehmen.« – »Das ist mein Ausdruck«, antwortete Byron. »Wirklich?« fragte Thorwaldsen. Und er stellte Byron dar, wie er zu sein wünschte. Als die Büste fertig war, sagte Byron: »Sie ähnelt mir nicht. Ich sehe unglücklicher aus.«

Für Childe Harolds Meditationen war Rom ein vollkommenes Feld. Die ganze Welt konnte keine ergiebigere Quelle byronscher

Themen besitzen. Größe und Verfall, Trümmer und Schönheit, erhabene Zeugen der Geschichte fanden sich überall... Meditation
am Grabe der Cecilia Metella. Wer war sie, die große Dame, die
in einer Festung ruhte? War sie keusch und schön gewesen? Gehörte
sie zu jenen, die ihren Herren lieben oder zu denen, die den Herrn
der anderen lieben? War sie jung gestorben mit einem letzten Rosenschimmer auf noch kindlichen Wangen oder sehr alt mit silbergrauen Strähnen? Der Tod hatte für ihn einen so sinnlichen Reiz, daß
er sich über den Tod dieser Unbekannten tief betrübt fand... Träumerei auf dem Palatin. Die Nachtvögel antworteten einander zwischen den efeuberankten Steinen, die einst der Palast der Kaiser
waren... Ewige Moral aller menschlichen Geschichte. Die Freiheit
erzeugt den Ruhm, dann der Ruhm den Reichtum, die Tyrannei
zieht die Barbaren an, und der Zyklus beginnt von neuem... Rhetorik? Ja, zweifellos. Wir bedürfen der Redner... Im Kolosseum,
während einer mondhellen Nacht, in der die Sterne unter den wildbewachsenen Bögen zitterten, im magischen, von den großen Toten
verzauberten Rund, rief er gegen alle, die ihn hatten leiden lassen,
gegen seine »moralische Klytemnestra«, gegen die Beleidiger seines
Exils seine Lieblingsgöttin Nemesis an und die rächende Zeit:

> Und du, die du noch nie das Gleichgewicht
> des menschlichen Unrechts ohne Gegengewicht gelassen hast,
> große Nemesis!
> An dieser Stelle, an der die Alten dir huldigten –
>
> Du riefest die Furien aus dem Abgrund des Schreckens
> und ließest sie vor Orestens Ohren schreien
> und pfeifen ... Hier, in deinem alten Heiligtum, rufe
> ich zu dir, ersteh aus dem Staub!
> Hörst du mein Herz nicht? Wach auf! Du mußt es,
> wirst es tun.

Wenn der vierte Gesang zu *Childe Harold* auch noch nicht geschrieben war, Byron hatte den Stoff dazu; er konnte aufbrechen.
Hobhouse, der nach Neapel reiste, hätte ihn gern mitgenommen;
aber er war untröstlich darüber, fern von Marianna zu sein. Er
schrieb ihr, sie möge ihm entgegenkommen und fuhr mit ihr nach
Venedig zurück.

Es war heiß. Byron fürchtete sich vor dem Fieber. Er mietete für
den Sommer eine Villa in La Mira, in angemessener Entfernung
von Venedig. Marianna wohnte mit dem gutbezahlten Einverständnis des Tuchhändlers bei ihm. Die Villa war ein früheres Kloster,
dessen Kapelle es nicht mehr gab. Unter einem Bogen war eine
Steinplatte in die Mauer eingefügt, darauf standen die Worte:

Nachbarn störten kaum. Gegenüber lebte ein alter mexikanischer Graf von neunzig Jahren, nebenan eine Französin, die noch Voltaire gekannt hatte. Die Brenta spiegelte die schönsten Sonnenuntergänge. Hobhouse war nach seiner Rückkehr aus Neapel wieder zu Byron gezogen, und sie führten gemeinsam ein arbeitsreiches Leben. »Ein sonderbares Leben«, notierte Hobhouse, »sehr ruhig und bequem... Fand Byron heiter und glücklich, jeden Tag liebenswürdiger... Byron hat mir heute abend von seinen Familiengeschichten erzählt. Er will von seiner Frau nichts mehr wissen – soviel ist sicher.« Byron schrieb den vierten Gesang zu *Childe Harold*, Hobhouse »langweilte ihn mit seiner gelehrten Topographie« und redigierte die *Historischen Notizen zu Childe Harold*. Oft überquerten sie die Lagune, um auf dem Lido zu reiten, und Hobhouse genoß den Reiz dieser Seeritte besonders: »Mit Byron auf dem Lido. Herrlicher Tag. Erinnere mich an das Gefühl des Entzückens, das der Ritt über den Strand bewirkte. Leichte Brise. Byron sagte mir, daß Lady Byron glaube, er liebe mich nicht. Einmal hat sie zu ihm gesagt, ich habe keine Prinzipien, weil Byron ihr erzählt hatte, daß ich über einige ihrer schönen Aussprüche gelacht habe. Armes widersprüchliches Ding.« So vergingen fünf herrliche Monate.

Am 2. Januar, dem Jahrestag seiner Hochzeit (er maß diesem Datum eine große Bedeutung bei), widmete er den vierten Gesang des *Childe Harold* John Hobhouse, Esquire: »Einem Freund, den ich lange gekannt und weit begleitet habe, den ich hilfreich fand in Zeiten der Krankheit und freundschaftlich in Zeiten des Kummers, glücklich über mein Gedeihen und entschlossen in der Zeit der Anfechtungen...« Der letzte Gesang von *Childe Harold* hatte indessen nicht gewonnen durch den unmittelbaren Einfluß von John Cam Hobhouse, Esquire. Der dritte Gesang, den Shelley inspirierte, war poetischer. Dennoch gab es Passagen von großer Schönheit darin, eine bezaubernde Beschreibung Venedigs, eine bewegende Erinnerung an England, tiefe und melancholische Strophen über die Subjektivität der Liebe.

O, Liebe! Du bist kein Bewohner dieser Erde –
Du unsichtbarer Seraphim, an den wir glauben ...
Kein Auge hat dich je gesehen,
noch wird dich jemals eines schauen ...

Der Geist hat dich erschaffen, als er den Himmel
mit seiner Phantasie und seinen Wünschen füllte.
Einem Gedanken gab er diese Form und dieses Bild,
das unsere unruhige Seele erfüllt.
Von seiner eigenen Schönheit wird der Geist bewegt,
er berauscht sich am Wahnbild einer Schöpfung: – wo,
wo sind denn die Gebilde, die des Bildhauers Seele formte?
Nur in ihm selbst. Kann die Natur so schöne zeigen?
Wo ist die Anmut, ist die Tugend, die
unserer Kindheit Inhalt waren und denen
wir später folgen, das nie erreichte Paradies unserer Verzweiflung ...

Und was für die Liebe galt, das galt auch für den Ehrgeiz. Die
menschlichen Begierden stimmen mit der Natur der Dinge nicht
überein ... Wir wünschen uns Vollkommenheit und tragen doch
den unauslöschlichen Fleck der Sünde. Wir träumen von großen
Taten und sind Opfer kleiner Nachlässigkeiten. Byron hatte es leider erfahren, wie armselige Heimtücke ein Leben beschmutzen kann,
das groß und schön gewollt war:

> Doch habe ich gelebt und lebe nicht umsonst:
> Mein Geist mag seine Kraft verlieren, mein Blut sein Feuer,
> mein Körper mag im Schmerz vergehen,
> es gibt etwas in mir, das Qual und Zeit zu widerstehen weiß,
> und das noch atmet, wenn ich nicht mehr bin;
> etwas Unirdisches, woran sie nicht denken,
> wird wie die Erinnerung an den Gesang einer verstummten Leier
> in ihre Seele dringen und wird ihr Herz, das längst
> so hart wie Stein geworden war, bewegen,
> wie der späte Nachklang einer Liebessehnsucht.

Eine prophetische Strophe, prophetisch und zu Recht voller Stolz.
... Was tun vor der Armseligkeit menschlicher Begriffe? Nichts,
wenn nicht diesen Zustand von Mittelmäßigkeit durch die Kraft der
Vernunft zu beherrschen und in der Natur ein Glück zu suchen, das
die Gesellschaft unmöglich macht. Er beendete den Gesang mit einer
Beschreibung des Meeres, dem einzigen treuen Freund:

> Ich habe dich geliebt, Ozean! und meine jugendliche Freude
> war, von dir getragen zu werden, wie dein Schaum:
> nach vorn. Von Kindheit an spielte ich
> mit deinen Wellen, die für mich
> das größte Entzücken waren, und wenn die unruhige See
> auch Schrecken einflößen konnte – es war ein fröhliches Erschrecken,
> denn ich empfand mich als dein Kind.
> Ich vertraute deinen Wogen fern und nah
> und legte meine Hand auf deiner Wellen Kamm – so
> wie ich's heute tue.
>
> Mein Auftrag ist erfüllt – mein Lied ist aus – die Melodie

ist im Widerhall gestorben; der Zauber dieses langen
Traums muß nun zuende gehen.

Childe Harold war beendet. Doch war dies nicht die einzige Arbeit
dieser fünf Monate in La Mira. Lord Kinnaird (der Bruder des
ehrbaren Dug) war aus Venedig herübergekommen und hatte Byron ein neues englisches Gedicht von Hookham gebracht, eine nach-
ahmende Satire auf die italienischen Dichter, vor allem auf Pulci.
Byron fand sie bezaubernd und begann in derselben Art eine venezianische Geschichte zu schreiben, die er *Beppo* nannte. Der Ton
entsprach seiner neuen Gefühlslage. Ein Ton voll Humor, Zynismus, selbst im Hinblick auf die eigenen Verse; sobald eine Strophe
in Lyrismus abzuleiten drohte, fing die Hand des ironischen Vogel-
fängers sie wieder ein:

England! Trotz deiner Fehler liebe ich dich,
ich habe es in Calais gesagt und leugne es nicht;
ich liebe die Freiheit für alle und für mich selbst;
ich liebe das Parlament und ich liebe die Debatten;
ich bin für Steuern, wenn sie vernünftig sind;
ich liebe das Kohlenfeuer, wenn es nicht zu teuer ist;
ich liebe auch das Wetter – wenn es erträglich ist,
das heißt ungefähr zwei Tage in jedem Winter ...

Später sollte ein junger Franzose, Alfred de Musset, diesen Stil
von Byron lernen, wie Byron ihn von den Italienern gelernt hatte.

Die Liebe zu Signora Segati währte nicht einmal ebensolange wie
der Aufenthalt in La Mira, und das war Mariannas Schuld. Sie ließ
sich Habgier anmerken. Sie verkaufte die Diamanten, die ihr Liebhaber ihr geschenkt hatte. Er erfuhr es, kaufte sie zurück und
schenkte sie ihr ein zweites Mal, nicht ohne sie mit ihrer romantischen Anhänglichkeit an seine Geschenke zu verspotten. Der Ehemann Segati hatte periodisch wiederkehrende Anfälle von Ehr-
gefühl und kostete während dieses Winters zuviel. Schließlich, und
um diese Liaison einer schlechten Ehe ähnlich zu machen, zeigte sich
Marianna eifersüchtig.
Byron entkam ihr. Auf einem ihrer Ritte entlang der Brenta entdeckten er und Hobhouse in einer Bauerngruppe zwei zauberhafte
Mädchen. Byron schlug einer von ihnen, Margarita Cogni, ein Stell-
dichein vor. Sie entgegnete, daß sie wohl bereit sei, mit ihm die Liebe
zu versuchen, denn sie sei verheiratet und alle verheirateten Frauen
machten es so, jedoch sei ihr Mann (ein Metzger) sehr grob. Byron
taufte die Metzgerin »la Fornarina« und eroberte sie kraft einiger
Zechinen. Sie war zweiundzwanzig Jahre alt. Sie konnte weder lesen noch schreiben. Ihm war eine so kreatürliche Frau noch nie begegnet, und das gefiel ihm.

Die Klatschbasen von La Mira erzählten Marianna, man könne mitten in der Nacht Byrons Pferd im Felde wiehern hören. Die regierende Sultanin suchte beunruhigt nach ihrer Rivalin, fand und beschimpfte sie. Margarita schob das weiße Taschentuch, das sie vor dem Gesicht trug, weg, und antwortete: »Sie sind nicht seine Frau, ich bin nicht seine Frau. Sie sind seine *donna* und ich bin seine *donna*. Ihr Mann ist ein Hahnrei und meiner ist auch einer. Also, was für ein Recht haben Sie, mir Vorwürfe zu machen?« Nach dieser hübschen Rede ging sie davon und ließ Signora Segati nachdenklich zurück. Als sie sich bei Byron beklagen wollte, merkte sie, daß sie besiegt worden war.

Im Januar 1818 mußte Hobhouse nach England zurückkehren. Am Tage vor seiner Abreise gaben die beiden Freunde sich ein Fest, das dem Venedig des 18. Jahrhunderts würdig gewesen wäre, sie engagierten zwei Sänger, der eine setzte sich an den Bug, der andere ans Heck des Schiffes, und beim Verlassen der Piazzetta sangen sie Verse von Tasso, *Clorindens Tod* und *Armidas Palast*, ganz wie die Gondoliere von einst. Vor dem Schlafengehen schrieb Hobhouse, den es immer melancholisch stimmte, wenn er den sonderbaren und verführerischen Byron verließ, in sein Tagebuch: »Den Abend mit Byron verbracht, der letzte Hand an seinen *Childe Harold* legte, um Mitternacht von meinem teuren Freund, denn er ist mir teuer, Abschied genommen. Kurz bevor wir einander verließen, sagte er mir, früher sei er ein Mann starker Gefühle gewesen, doch alles sei versunken. Den ersten Teil des Satzes will ich ihm gern glauben. Gott schütze ihn!«

Mit Hobhouse verschwand einmal mehr der »Zeuge«. Eine gefährliche Freiheit für Byron. Die folgende Periode war die ausschweifendste seines Lebens, die Gründe für diesen moralischen Verfall sind ziemlich klar:

1. *Der schwache Zwang, den eine ausländische Gesellschaft ausübte, deren Urteil ihm gleichgültig war.* In diesem Lande heiterer Sitten, weit entfernt von der einzigen menschlichen Gruppe, in der er sich als verantwortliches Mitglied empfand, wurde er wieder ein einzelgängerisches Tier, das nur noch die Befriedigung seiner Begierden sucht. Sein letzter englischer Freund war der Konsul Hoppner, Sohn des Malers, ein kleiner geistreicher Mann, der eine charmante Schweizerin geheiratet hatte. Aber die Hoppners waren stolz darauf, mit Byron auf vertrautem Fuße zu stehen, sie wagten nicht, ihm ein offenes Wort zu sagen und konnten Hobhouse nicht ersetzen.

2. *Das Ende von Mariannas Herrschaft.* Er wohnte noch bei den Segatis, doch wuchs die Bewunderung für Margarita Cogni, die er

Moore so beschrieb: »Eine Venezianerin mit großen schwarzen Augen... dem Körper einer Juno – groß, energisch, wie eine Pythonschlange, mit blitzenden Augen und schwarzem Haar, das im Mondlicht weht – eine der Frauen, mit denen man alles tun kann. Ich bin sogar davon überzeugt, daß sie, gäbe ich ihr einen Dolch in die Hand, ihn dahin stoßen würde, wohin ich es ihr sagte – übrigens auch nach mir, wenn ich sie reizte. Ich liebe diese animalische Art, und sicher hätte ich Medea jeder anderen Frau vorgezogen, die je geatmet hat.« Er bildete sich ein, dieses Geschöpf zu lieben, aber er war ihr nicht treu. Die sanfte, »ängstliche Frau mit den Gazellenaugen« hielt ihn noch gefangen und machte ihn glücklicher.

3. *Die ungeheure Kaufkraft seines englischen Einkommens auf dem venezianischen Markt des Lasters.* Mit 1000 Guineen je Gesang hätten seine Werke ihm genug zum Leben eingebracht, aber er bekam überdies jährlich fünfhundert Pfund von Annabella, und Newstead war für die riesige Summe von 94 500 Pfund an einen ehemaligen Mitschüler aus Harrow, den Major Wildman (»Long zu meiner Rechten, Tom Wildman zu meiner Linken...«) verkauft worden. Beim Honourable Dug (sein Bankier und Freund Douglas Kinnaird) war Byrons Konto nun ein Habenkonto.

Ein merkwürdiger Zug, wohl ein Erbe der Catherine Gordon, trat nun, da er Geld besaß, bei ihm auf. Er wurde geizig, ohne Niedrigkeit und immer noch großzügig, doch geizig in der Art seiner Mutter. Sie war fähig gewesen, ihrem Mann und später ihrem Sohn beinahe alles zu geben, was sie besaß, war aber ebenfalls fähig, der Ausgabe von ein paar Pfund nachzujammern. Darin glich ihr Byron. Er hatte immer einen vielleicht ererbten Geschmack an einem Nahrungsasketentum gefunden. Es gefiel ihm zu wissen, daß seine Ernährung ihn nur wenige Schillinge kostete, seine Lebensführung einzuschränken, mit kleinlicher Genauigkeit Fletchers Ausgaben zu überprüfen. Mit den so gewonnenen Ersparnissen füllte er eine Sparbüchse und freute sich, die Goldstücke darin ansteigen zu sehen.

Bei seinen Affären handelte er nicht. Er kannte Venedigs Quellen nun. Den literarischen Salon der Contessa Albrizzi hatte er fast ganz aufgegeben. Er ging zur Contessa Benzoni, die eine freizügige Gesellschaft empfing, und vor allem holte er sich Frauen aus dem Volk. »Die Frauenzucht hier ist hervorragend. Ich liebe ihren Dialekt und ihre Sitten. Sie besitzen eine sehr rührende Naivität, das Romantische an dieser Stadt ist eine starke Anziehung; das verlockendste Blut findet sich nicht immer bei den Damen der Aristokratie, viel mehr unter den *fazzioli* oder Taschentüchern.« Er liebte stattliche Frauen, »stark genug«, wie er sagte, »um Gladiatoren zur

Welt zu bringen«. Er lernte eine große Anzahl von ihnen kennen und empfing sie in einem geheimnisvollen »Casino«, denn er mußte sie vor Magarita Cogni verstecken, die ihre Rivalinnen wahrscheinlich furchtbar zugerichtet hätte. Die Leute in Venedig erzählten sich, er habe in diesem Casino bis zu neun Musen unterhalten, aber das war zweifellos Legende. Genauso hatten sich Straßenpassanten, während Dantes Exil in Ravenna, gegenseitig dessen vom Höllenfeuer geröteten Bart gezeigt.

Im April 1818 erfuhr er vom Tod Lady Melbournes. »Die Zeit ist vorüber, in der ich über die Gestorbenen weinen konnte – sonst würde ich Lady Melbourne beweinen, die beste, die angenehmste und klügste Frau, die ich jemals kannte – alt oder jung. *Ich bin mit Schrecken gesättigt* und Ereignisse dieser Art hinterlassen nur ein Erstarren, das schlimmer ist als Schmerz... Noch ein Band weniger zwischen England und mir.«
Ein anderer Todesfall traf ihn sehr und bestätigte ihn in seinem Glauben an das Schicksal, es war der von Sir Samuel Romilly, einem der juristischen Berater Lady Byrons und Urheber der Trennung. Im magischen Rund des Kolosseums hatte Byron alle diejenigen der Rachegöttin Nemesis geweiht, die in dieser Sache gegen ihn gewirkt hatten. Er schrieb an Lady Byron: »Sir Samuel Romilly hat sich, nach dem Verlust seiner Frau, die Gurgel durchgeschnitten. Es ist jetzt beinahe drei Jahre her, daß er zum Anwalt der Verschwörung wurde, die mich der meinen beraubten... Dieser Mann hat nicht daran gedacht, als er ganz legal mein Herz zerriß, daß ihn sechsunddreißig Monate später ein eheliches Unglück unter die Erde bringen würde... Nicht umsonst rief ich um Mitternacht in Rom auf den schrecklichsten aller Ruinen Nemesis an.«
Nemesis hatte nicht nur Sir Samuel geschlagen. Lady Byron unternahm melancholische Pilgerfahrten. Lady Byrons Tagebuch: »Ich komme in Newstead an, ich bin in die Halle getreten... Ich habe die alten Fahnen gesehen, die an Festtagen über den Mauern der Abtei gehißt wurden. Die Zimmer, die er bewohnte, haben sich überhaupt nicht verändert. Er hätte unvermutet eintreten können, sie erschienen nicht verlassen. Die Frau, die ihn bedient hatte, bedauerte, daß der Besitz verkauft wurde: ›Er hätte nach seiner Heirat hier leben sollen‹, sagte sie zu mir, ›aber seine Dame ist nie hier gewesen, und nun hat das arme Geschöpf keine großen Chancen mehr zu kommen.‹ Das Geländer und die Stufen, auf denen er gesessen hat... Die Wege, über die er ging... Sein Zimmer, in dem ich wie festgewurzelt stand, da ich unwillentlich wieder hineingetreten war...«
Aus England kamen gelegentlich auch Briefe von den Shelleys. Das

Kind, mit dem Claire schwanger war, als sie Byron zu Diodati verließ, war am 12. Januar 1817 geboren worden. Mary hatte dem Vater die Geburt gleichzeitig mit ihrer Hochzeit angekündigt, und Shelley schrieb später, daß Mary und Claire, da eine Entscheidung Byrons wegen des Namens ausblieb, das Kind Alba genannt hatten. »Sie ist sehr schön«, schrieb Shelley, »und obwohl ihre Konstitution eher zart ist, erfreut sie sich einer hervorragenden Gesundheit. Ihre Augen sind intelligenter, als ich es je bei einem so kleinen Kind gesehen habe. Ihre Haare sind schwarz, ihre Augen tiefblau, ihr Mund hat eine köstliche Form.« Shelley war es gewohnt, die Last der Torheiten derer zu tragen, die er liebte; nach einigen Monaten jedoch wünschte er, daß sich Byron, wie er es versprochen hatte, seiner Tochter annahm.

Byron war immer neugierig auf sein eigenes Blut und wünschte sich nichts Besseres, als das Kind aufzuziehen. Doch die Briefe, die er in dieser Sache an Kinnaird schrieb, bildeten einen bemerkenswerten Kontrast zu der strahlenden Freundlichkeit, mit der Shelley an der Wiege für Alba bastelte. »Shelley hat mir (aus Marlow) einen Brief über meine Tochter geschrieben (der jüngste Bastard), die, wie es scheint, eine große Schönheit ist; er will wissen, ob er sie mir schicken soll. Wollen Sie einen Plan ausarbeiten, wie man sie hierherbringen könnte, oder kann man sie in England unterbringen? Ich werde sie anerkennen und selbst aufziehen, ich werde ihr den Namen Biron geben (um sie vom legalen Zweig zu unterscheiden), und ich werde sie Allegra taufen, ein venezianischer Name.« Und im März 1818, als er Hobhouse fragte, ob ihm nicht bald der Kaufvertrag über Newstead zur Unterzeichnung gesandt werde: »Ein Geistlicher könnte mir die Papiere und zugleich mein Kind von Claire bringen. Sagen Sie Shelley, ich bitte Sie darum, es gut einzupacken mit rotem Zahnpulver, Magnesium, Sodapulver, Zahnbürsten und einigen guten Romanen.«

Die Shelleys kamen nach Mailand, und eine schweizerische Amme Elise führte die kleine Allegra ihrem Vater zu. Byron fand sie hübsch, intelligent und war sehr stolz darauf, daß sie der Liebling der venezianischen Damenwelt wurde. »Beachtenswert ist, daß sie Lady Byron viel stärker ähnelt als ihrer Mutter – so auffällig, daß es unseren vorzüglichen Mr. Fletcher verblüffte und mich selbst in Staunen setzte. Ist das nicht merkwürdig? Ich vermute, sie gleicht auch ihrer Schwester, sie hat sehr blaue Augen, eine eindrucksvolle Stirn, blondes lockiges Haar und einen teuflischen Charakter – doch der kommt vom Papa.« Er war doch glücklich, eine Byron in ihr zu erkennen, wenn auch eine uneheliche.

Palazzo Mocenigo

The professional Don Juan destroys his spirit as
fatally as does the professional ascetic, whose
looking glass image he is.

Aldous Huxley

»Mein Herr,

ich habe die große Trauer, Sie vom Feuertod meines lieben Herrn,
my Lord, zu unterrichten, der heute vormittag gegen zehn Uhr an
einem leichten Fieber verschieden ist; verursacht wurde das Fieber
durch Sorgen, Meerbäder, die Frauen und Ausritte in der Sonne,
alles gegen meinen Rat...«

So begann der halb komische, halb tragische Brief, den Byron gegen
Ende Juni 1818 an Hobhouse schrieb, er unterschrieb ihn: FLETCHER.
Er war auch nur halb scherzhaft gemeint; als er Marianna aufgab, hatte er auch das Haus in der Frezzeria aufgegeben und einen
der drei Palazzi Mocenigo am Canale Grande gemietet. Er hatte
jetzt sein Haus, so wie ein Venezianer; seine Gondel lag an den mit
blauweiß gemalten Spiralen bemalten Pflöcken, das waren die Farben der Mocenigos; auf dem Landungssteg, an den das grüne Wasser des Kanals schlug, konnten Besucher einen Riesen mit langem
Schnurrbart sehen, den Gondoliere Tita, der sich ebensogut darauf verstand, geschickte Ruderer wie leichtsinnige Ehefrauen auf-
zutun. Aus allen Luken konnte man Hundebellen, Affenschreie und
Vogelgesang hören oder über allem die kräftige Stimme Margarita
Cognis und die kindliche Allegras, die sich mit der Fornarina in die
Herrschaft dieses Hausstandes teilte.

Margarita Cogni, zunächst eine Eintagsliebe, hatte sich nach und
nach durchgesetzt. Eines Abends hatte Byron sie auf den Stufen
vor seinem Palazzo angetroffen. Sie hatte sich geweigert, zu ihrem
Mann zurückzukehren. Fatalistisch und träge wie er im Grunde
war, duldete er nach raschen Zornausbrüchen die Geschöpfe, die
von ihm verlangten, daß er sie liebe. Margarita brachte ihn mit ein
paar Clownerien in venezianischem Dialekt zum Lachen und blieb.
Er bedauerte sein Nachgeben bald. La Fornarina schlug die anderen
Frauen, fing Briefe ab, lernte Lesen, um sie entziffern zu können
und jagte Tita und Fletcher einen tiefen Schrecken ein. Das ganze
Haus beklagte sich über sie. Byron verzieh. Sie führte den Haushalt, hatte die Kosten auf die Hälfte eingeschränkt, und sie liebte
ihn; große und seltene Tugenden. Die wilde Freude, die sie be-
zeugte, wenn ihr Liebhaber nach Hause kam, ließen Byron an eine
Tigerin denken, die ihre Jungen wiederfindet. Im Gegenteil. Was

ihn davor schützte, sich seines einigermaßen niedrigen, ausschweifenden Lebens zu schämen, das er im Palazzo Mocenigo führte, war gerade der tierhaft primitive Charakter dieser Kreatur und ihre relative Unschuld. Seine großen Gefühle hatten ihn leiden lassen und Leiden verursacht, das Pläsier schien ihm weniger gefährlich.

Seine Lebensphilosophie hatte sich seit seiner Flucht stark verändert. *Manfred* war die letzte revolutionäre Explosion gewesen, der letzte schmerzerfüllte Aufschrei des vom Universum besiegten Individuums. Er verachtete den *Korsar* und *Lara*, er begriff überhaupt nicht mehr, wie das Publikum diese überspitzten und verfälschten Figuren hatte ertragen können. Seit einigen Monaten war Voltaire seine Lieblingslektüre gewesen. Er fand darin seinen eigenen Pessimismus wieder, jedoch im Blickwinkel der Komik. Candide hätte Childe Harold sein können, wenn nicht Voltaire Candide beherrscht, wenn nicht Voltaire Voltaire klar beurteilt hätte. Das Schicksal erscheint tragisch, wenn sich der menschliche Geist mit einem einzigen Wesen identifiziert, mit Othello, mit Hamlet, Konrad, und seine Leiden und Ängste mit ihm teilt. Es ist komisch, wenn der Beobachter zugleich die unglaubliche Exaltation jedes einzelnen und den für alle gleichen Mechanismus der Leidenschaften verzeichnet. Byron, der in seiner Korrespondenz stets ein begabter Humorist gewesen war, hatte es sich in seiner Dichtung bisher versagt, diese Fähigkeit seines Geistes durchscheinen zu lassen. Im *Don Juan*, an dem er seit einem Jahr arbeitete, hatte er schließlich das Mittel gefunden, diese Mischung aus Voltaire und Prediger auszugießen, die der natürlichen Form seines Denkens entsprach.

Don Juan sollte ein modernes Heldengedicht werden.

> Mein Gedicht soll episch sein, es wird nach meinem Willen
> in zwölf Gesänge aufgeteilt, und die Gesänge werden
> von Liebe sprechen, von einem Krieg, von Sturm auf dem Meer,
> von Schiffslisten, Kapitänen, Königen und neuen
> Charakteren; es wird drei Episoden zeigen und
> im Stil Vergils und des Horaz
> einen Rundblick in die Hölle tun.
> So paßt der Name Epik aufs vortrefflichste.

Noch nie hatte Byron so viel leuchtenden Geist, eine so angemessene und starke Form gezeigt. Der Ton war der des *Beppo*, eine Poesie, die sich selbst verspottet und die eine bittere Philosophie unter heiterer Leichtigkeit und etwas verrückten Strophen verbirgt. Er hatte sich so lange dem Auf und Ab der Empfindungen überlassen. Mit der Ruhe der Distanz trat der Verstand in seine Rechte ein. Die Schreie, Klagen waren überwunden. Natürlich blieb Byron komplizierter und empfindsamer als Voltaire. Zwar war seine theoretische Philosophie wie die Voltaires ein deistischer Rationalismus, doch war Voltaire weder in den Erinnerungen an eine calvinistische Kindheit befangen, noch in dem Konflikt eines sinnlichen Temperamentes und einer tief religiösen Seele. Das Umfeld seines Denkens war übersichtlich und klar. In Byron war der lichte Bereich des Verstandes von ungeheuren Landstrichen unerforschter, düsterer und mit Gespenstern bevölkerten Gebieten umgeben. Voltaire war mit sich selbst zufrieden, nachdem er ein »Mysterium durch zehn knappe Wahrheiten ausgelöscht« hatte. Byron bewahrte sich das Mysterium, weil er die Bedeutung der Sünde gekannt hatte. Aber das Mysterium hatte den Platz gewechselt; es ging nicht mehr um das Geheimnis von George Gordon Lord Byrons Schicksal, vielmehr um das des Menschen, dadurch nahm es universelle, klassische Ausmaße an.

Nur der erste Gesang blieb autobiographisch, jedoch ohne die frühere Bitterkeit. Schon in den ersten Zeilen erschien Annabella. Die Mutter Don Juans war nach ihrem Vorbild gezeichnet:

> Ihre Lieblingswissenschaft war die Mathematik,
> ihre edelste Tugend der Großmut,
> ihr Witz (und sie besaß zuzeiten Witz) war attisch,
> ihre Reden ernst, düster bis zur Erhabenheit ...
> ihr Denken ein Lehrsatz, ihre Worte eine Gleichung ...
>
> O, sie war vollkommen und ohnegleichen ...
> und weit entfernt von den Mächten der Hölle
> hatte ihr Schutzengel seinen Platz verlassen. –

Doch sehr bald wurde das Gedicht weiträumiger und heiterer. Wozu sich über die Welt erregen? Die Erde muß sich um ihre Achse drehen und die Menschheit mit ihr. Es galt zu leben, zu sterben, zu lieben und Steuern zu bezahlen. Alles dies war unterhaltend, gefahrvoll, melancholisch und unvermeidlich.

> Nie wieder – niemals wieder – o, niemals wieder wird
> wie die Morgenröte die Frische in mein Herz einziehen ...
>
> Nie wieder – niemals wieder – o, niemals wieder, mein Herz,
> wirst du meine einzige Welt, mein Universum sein!
> Einst alles für mich, nun ein einzelnes Ding,
> kannst du weder mein Glück noch mein Unheil sein ...
> Die Illusion verging für immer und du bist ohne Zweifel
> fühllos, und das ist so schlecht nicht.
>
> An deiner Statt besitze ich nun ein festes Urteil,
> wie es mir kam, weiß Gott allein.
> Die Tage meines Liebens sind vorüber, und niemals wieder wird
> der Reiz eines Mädchens, einer Frau, viel weniger noch der einer Witwe
> seinen Narren aus mir machen wie einst –
> ... Doch liebe ich gewiß die wahre Philosophie,

und sage mir oft: Wie schade,
daß alle Dinge, die geboren werden, nur geboren wurden, um zu sterben.

Und das Fleisch ist groß, das vom Tod gemäht wird;
du hast deine Jugend nicht gar zu traurig hingebracht,
würde sie dir wiedergeschenkt – sie ginge auch wieder vorbei –
Darum danke deinem Los, daß alles nicht schlimmer war.
Lies deine Bibel, mein Freund, und gib acht auf deine Börse.

Manchmal erinnerte Byrons neue Weisheit an Shakespeare. Auch Shakespeare hatte deutlich erkannt, daß die menschlichen Sehnsüchte, Liebe, Ehrgeiz nur Vorspiegelungen sind. Der Prospero des *Sturm* weiß, daß das Leben ein Traum ist. Dennoch bewahrt er sich Zuneigung und Achtung vor der Liebe junger Menschen. Byron selbst glaubte sich zwar von allen Illusionen geheilt, war jedoch weiterhin der Meinung, daß die Illusionen der Jugend schön und notwendig sind.

> Doch süßer als dies, süßer als alles
> ist die erste große Liebe –

Deshalb war Don Juan gefühlvoller als Candide. Der neue Byron war ein bekehrter Romantiker, aber ein unbußfertiger Schwärmer.

Die Hoppners schrieben Shelley, Byron sei entschlossen, Venedig zu verlassen, wenn Claire herkäme, sie könne aber Allegra sehen (ohne daß ihr früherer Geliebter davon erführe), denn das Kind war nicht mehr im Palazzo Mocenigo. Hoppner hatte Byron fühlen lassen, wie skandalös der Aufenthalt eines Kindes in solcher Umgebung war und sich erboten, es aufzunehmen. So begleitete Shelley Claire im August zum Konsul. Während sie mit dem kleinen Mädchen zusammen war, besuchte er Byron, und der brachte ihn in seiner Gondel bis zum Lido, wo die Pferde bereitstanden. In *Julian und Maddalo* schrieb Shelley seine Gespräche mit Byron nieder. Sie hatten von Gott, vom freien Willen, vom Schicksal gesprochen. Natürlich hatte Byron für den Fatalismus Partei ergriffen, für die Ohnmacht des Menschen, und Shelley hatte geantwortet:

> »Es ist unser Wille,
> der uns fesselt ...
> Wir könnten anders sein – wir könnten sie leben,
> unsere Träume vom Glück, von Größe und Majestät ...
> Wo wären die Liebe, die Schönheit und Wahrheit, die wir suchen,
> wenn nicht in unserem Geist? Und wären wir nicht so schwach,
> sollten unsere Taten unseren Wünschen unterlegen sein?«
> – »Ja, wenn wir nicht schwach wären – doch vergeblich
> hoffen wir, stark zu sein!« sagte Maddalo:
> »Sie reden von Utopien.«

Das war ihr ewiger Streit: Shelley glaubte, daß die Dinge vom Menschen abhingen, daß man sein Leben gestalten könne, Byron blieb dabei: das Böse sei eine äußere Realität, an der jede menschliche Anstrengung zuschanden wird. Calvinismus gegen Radikalismus.

Während einer zweiten Reise nach Venedig lernten die Shelleys bei Byron die Fornarina kennen. Ihr Urteil fiel hart aus. Shelley vermochte nicht wie Byron, ein schönes Tier zu bewundern; er achtete die Liebe zu sehr, um ertragen zu können, sie so tief durch Sinnlichkeit erniedrigt zu sehen. Mary Shelley war natürlicherweise noch viel strenger. Vom ersten Tag an, damals am Genfer See, empfand sie Abscheu vor Byrons Haltung Frauen gegenüber. Das Lächeln auf ihren schmalen Lippen wurde verächtlich. Es gibt nichts Geheimnisvolleres, nichts so Verwirrtes wie die Gefühle einer ehrbaren Frau gegenüber Don Juan. Vielleicht lag in dem Kopfschütteln, mit dem das Ehepaar Shelley den Palazzo Mocenigo verließ, doch etwas von dem unmerklichen Wohlgefallen, von dem unausgesprochenen Neid, den Rebellen einflößen können.

Doch bald gaben ihnen die Geschehnisse recht. Die Schwäche allen Epikureertums liegt darin, daß es den Menschen für fähig hält, seine Vergnügungen ohne geistige Bremse im rechten Maß zu halten. Seit dem Herbst hatte Byrons Gesundheit schwer gelitten, er war sehr krank. Auf Anordnung der Ärzte warf er seine Geliebte hinaus, nicht ohne Mühe übrigens, denn beim erstenmal hatte sie einen Dolch gegen sich selbst geführt, wie damals Caroline Lamb, und beim zweitenmal war sie in den Kanal gesprungen und von den Gondolieres wieder aufgefischt worden. Endlich konnte er sich in Einsamkeit pflegen lassen.

Hanson kam im Dezember, um seinen Klienten den Kaufvertrag für Newstead unterzeichnen zu lassen, und traf Byron immer noch krank an. Die insularen Anwälte, Hanson und sein Sohn, staunten, zwischen rosafarbenen Palästen hinzugleiten, sie kamen in einer Gondel, beladen mit Dokumentenbündeln, Zahnbürsten und rotem Pulver. Sie stiegen zwischen Hunden, Vögeln, einem Fuchs und einem Wolf im Käfig die Stufen zum Palazzo Mocenigo hinauf, wurden dann über eine marmorne Treppe in Byrons Zimmer geführt. »Well! Hanson«, sagte Byron, »ich habe nicht geglaubt, daß Sie von so weit zu mir kommen würden.« Seine Augen waren tränenverschwommen. »Eigenartige Erregung des Dichters«, notierte der junge Hanson verdutzt. Byron stellte unzählige Fragen über London, nach seinen Freunden und kaute dabei auf den Fingernägeln, eine Angewohnheit, die er von Kind auf bewahrt hatte.

Seine Geschäfte gingen gut. Die Abbey war schließlich für 90 000 Guineen verkauft worden. 12 000 brauchte er für sich, Lady Byron fiel der Anteil von 66 000 zu, und Hanson überreichte eine Honorarrechnung von 12 000. Bargeld blieb also nicht übrig, aber der Nießbrauch aus Lady Byrons Besitz brachte Byron ein Einkommen von 3300 Pfund im Jahr. Rechnete man die Einnahmen aus seinen Werken hinzu (seit 1816 hatte er von Murray mehr als 7000 Pfund erhalten), war er einer der reichen Männer Italiens. Er sagte Hanson, daß er glücklich darüber sei, »denn Geld bedeutet Macht und Vergnügen, und das liebe ich sehr«.

In seine kupfernen Locken mischten sich weiße Strähnen. Sein Gesicht war bleich, aufgeschwemmt, gelb und seine Hände dicklich geschwollen.

XXX
Dienende Ritterschaft

> Die Menschen sind oft glücklicher als sie es
> wollen.   *Alain*

Noch einmal vertrieb der Frühling die Fieber Venedigs. Leichte Wellen spielten um die weißblau bemalten Pfähle. Fletcher begann dick zu werden. Zwei Bulldoggen waren dem Haushalt hinzugefügt worden. Im Geldschrank wuchsen die Goldsäulen. Schon flatterte das Herz des Empfindsamen, es wollte neuen Standplatz finden. Eine junge Venezianerin lockte Byron; er fiel bei dem Versuch, in ihr Fenster zu klettern, in den Kanal. Die sehr vornehme Familie schickte ihm einen Priester und einen Polizeikommissar, er bot beiden Kaffee an, und man verständigte sich. Das Mädchen verlangte, daß er seine Mathematikerin verstieße. »Wollen Sie«, fragte er, »daß ich sie vergifte?« Sie antwortete nicht. Er bewunderte die Leidenschaften von Sonnensystemen, kehrte dann aber zur Erde zurück, auf der Suche nach einer Beute.

Bei der *conversazione* Benzoni wurde er einer Contessa Guiccioli vorgestellt, sie war sehr jung, hatte blondes Tizianhaar, schöne Zähne, schwere Locken, etwas kurze Beine aber eine hinreißende Büste. Seit einem Jahr war sie mit einem Sechzigjährigen verheiratet. Byron erinnerte sich, ihr einmal, drei Tage nach ihrer Hochzeit, begegnet zu sein. Damals schien sie ihn kaum zu bemerken, die Sitte verlangte, daß eine junge Frau ein Jahr wartete, bevor sie sich einen *cicisbeo* nahm. Beim zweiten Zusammentreffen war sie schnell erobert. »Ich war müde an diesem Abend«, schrieb sie, »man geht spät zu Bett in Venedig, und mit starkem Widerwillen, nur um dem Grafen Guiccioli zu gehorchen, besuchte ich diese Abendgesellschaft... Sein vornehmes Betragen, der Klang seiner Stimme, die tausend Verzauberungen, die ihn umgaben, machten Lord Byron zu einem so viel höheren Wesen als alle, die ich bis dahin kannte, daß es gar nicht anders möglich war, als daß er einen tiefen Eindruck auf mich machte.« Als Byron den Salon der Contessa Benzoni verließ, steckte er Teresa Guiccioli einen Zettel zu. Es war die Bitte um ein Rendezvous. Sie kam, und seitdem sahen sie sich jeden Tag.

Sie hielt sich für ungebunden. Die ungeschriebenen Gesetze der Ehe waren in diesem Landstrich klar definiert. Ein Mädchen wurde bis zum sechzehnten Lebensjahr in ein Kloster gesperrt, dann wurde ein möglichst reicher Ehemann gesucht, je älter er war, um so besser. Das junge Mädchen sah seinen Bräutigam einige Male im Sprechzimmer des Klosters. Sie war nur zu froh, um den Preis ihres Körpers ihre Freiheit zu gewinnen. Von Liebe war von der einen wie von der anderen Seite nicht die Rede. Der Conte Guiccioli war bei der Hochzeit sechzig Jahre alt; sie war sechzehn. Vom ersten Tag der Ehe an bezogen sie getrennte Zimmer, und sie nannte ihn stets »mein Herr«. Er galt als netter Greis, obwohl man glaubte, er habe seine erste Frau vergiftet und Manzoni umgebracht. Er war gebildet, ein Freund des Dichters Alfieri, listenreich und der reichste Mann der Romagna. Aber ein Greis und sei er noch so gebildet, konnte diese junge Frau nicht zufriedenstellen. »Die Liebe«, bemerkte Byron, »ist hier nicht das gleiche kühle, berechnende Gefühl wie im Norden. Sie ist die ernsteste Beschäftigung des Lebens, sie ist ein Bedürfnis, eine Notwendigkeit. Irgend jemand hat die italienische Frau sehr richtig bestimmt: eine Kreatur, die liebt. Sie *sterben* vor Liebe, vor allen Dingen die Römerinnen.« Die junge Gräfin hatte ihrer Treuepflicht genügt; der Ehemann hatte Zutrauen gefaßt, er überwachte sie weniger, die Zeit war reif, nach einem Geliebten Ausschau zu halten.

Dieses Abenteuer erinnerte in mehr als einem Punkt an das mit Caroline Lamb. Die Guiccioli waren noch vornehmer als die Melbournes. Teresa war hübscher als die Engländerin, sie bewies jedoch die gleichen ungestümen Leidenschaften, dieselbe Gleichgültigkeit gegenüber der öffentlichen Meinung. Sie war gut erzogen, sprach italienisch und französisch, hatte viel gelesen, rezitierte Gedichte, zitierte lateinische Historiker und malte. Alles etwas kindlich aber durchaus liebenswert. Zu Anfang wollte sie ein platonisches Verhältnis aufrechterhalten, ohne dabei größere Hoffnungen zu enttäuschen. Sie verlangte Garantien.

Dem Liebeskodex ihrer Welt getreu suchte sie kein vorübergehendes Abenteuer, sondern einen dienenden Ritter. Für eine junge Frau war das eine wichtige Frage. Verheiraten konnte man sich leicht, die Wahl eines Geliebten verlangte Sorgfalt. Schon bald würde ihr Mann sie nach Ravenna und Bologna mitnehmen, wo er Besitzungen hatte. Würde Byron ihr folgen? Ein dienender Ritter mußte folgen. Don Juan war ziemlich verwirrt.

Byron an Hobhouse: »Ich habe Hoffnungen, mein Herr – Hoffnungen, aber sie will, daß ich nach Ravenna komme und dann nach Bologna. Das wäre gut um einer Gewißheit willen, aber um Hoffnungen ... wenn sie mir entwischte, wäre es für mich ein *fiasco*, ich könnte mich auf dem Markus-Platz nicht mehr sehen lassen. Geld ist hier ohnmächtig, denn der Conte ist schrecklich reich ... Sie ist hübsch, aber sie besitzt keinen Takt; sie antwortet laut, wenn sie flüstern sollte – spricht vor alten Damen, die für jung gelten möchten, vom Alter; sie hat heute abend eine vornehme Gesellschaft bei der Benzoni dadurch entsetzt, daß sie mich laut-hals *mio Byron* nannte, dabei schauten uns die übrigen Schönen vernichtend an und warfen ihren eigenen *serventi* wissende Blicke zu ... Eine ihrer Bedingungen ist, daß ich Italien nicht verlassen dürfe. Dazu habe ich gar keine Lust, aber ich mag nicht in einen provinziellen *cicisbeo* verwandelt werden.«

Sie wurde einige Tage vor ihrer Abreise nach Ravenna seine Geliebte. Sie war darauf so stolz, daß sie es unverhohlen bei allen *conversazioni* erzählte, das elektrisierte für mehrere Abende die Salons Benzoni und Albrizzi, und es betrübte den Grafen Guiccioli auch ein wenig. Glücklicherweise verließ das Ehepaar Venedig für den ganzen Sommer. Der Graf nahm seine Frau mit sich fort, und Byron blieb verliebt, zärtlich, melancholisch, zynisch und entzückt von alledem zurück.

Kaum war sie in Ravenna angekommen, da erlitt sie eine Fehlgeburt. Sie hatte ihm während der Reise täglich geschrieben. Sie vergötterte ihn und bat ihn nun, da sie krank war, zu ihr zu eilen. Er zögerte, fragte sich auch ein wenig mißtrauisch, von wem dieses Kind war ... Von ihm bestimmt nicht. Vom Conte? Das war möglich. Sie versprach, Byron in ihrem eigenen Hause zu empfangen, wenn er käme. Trotz seiner großen Erfahrungen mit Frauen und ihren Verrücktheiten war er von dieser Kühnheit etwas überrascht. »Einen päpstlichen Grafen in seinem eigenen Hause zum Hahnrei zu machen, der bereits den Tod von zwei Männern, von denen der eine ein Priester war, herbeiführte, das ist etwas zuviel für mein Zartgefühl, vor allem, wenn es andere Orte gibt, die sich genausogut eignen. Die Zauberhafte vergißt, daß sie einen Mann *vorher* überallhin pfeifen kann, aber *nachher*! – Sie hätte in Venedig weniger großzügig und in Ravenna weniger fordernd sein sollen.«

Doch Byron konnte diese Wünsche wohl verspotten, ihnen zu widerstehen, fiel ihm wesentlich schwerer, und schon war er auf dem Weg nach Ravenna. Es war heiß. Die Straßen waren staubbedeckt. »Wenn ich nicht der treueste der Männer wäre, könnte ich jetzt am Lido schwimmen, statt im Staub von Padua zu dampfen.« Ja, aber er war der treueste der Männer, und er besah sich murrend, halb zornig, halb zufrieden die Frauen von Bologna, bewunderte die roten Strümpfe des Kardinallegaten und zeigte sich hochentzückt über zwei Grabtafeln, die er auf dem Ciemitero della Certosa in Ferrara entdeckte.

Ravenna sollte ihm gefallen, die kleine geheimnisvolle Stadt barg in ihren freundlichen Straßen die Relikte eines Barbarenreichs. Hier hatte Francesca gelebt, war Dante im Exil gewesen. Wenige Schritte von der Herberge entfernt waren die sterblichen Reste Dantes in einem belanglosen Kuppelbau untergebracht. Für Ausritte war ein Pinienwald gut gelegen, der sich bis zum Meer hin über ein Gelände erstreckte, das einst ganz überflutet gewesen war; hier hatten die römischen Flotten Anker geworfen. Es war die Pineta de Boccace, der berühmte Wald Ravennas, in dem die Meute eines geisterhaften Jägers bis in alle Welt die Dame verfolgte, die die Liebe verachtete. Byron liebte diese Einöde aus Wasser und Wald, nur belebt vom Zirpen der Grillen.

Seine Ankunft versetzte die Stadt in Aufregung. Der Graf kam zu ihm in die Herberge und lud ihn höflich ein, seine Frau zu besuchen, vielleicht gelänge es Seiner Lordschaft, sie von einem Leiden abzulenken, das leider ernst zu sein schien. Der Palazzo Guiccioli war ein großes graues Haus, einige hundert Meter vom Gasthof entfernt gelegen. Byron kam und war sehr gerührt. Nichts zog ihn an einer Frau so an wie Schwäche. Teresa lag im Bett, sie hustete, sie spie Blut. Er war ständig an ihrer Seite und wurde der fürsorglichste Krankenpfleger. Dabei war er unruhig stets darauf gefaßt, daß einer von des Grafen Sbirren ihm ein Stilett in die Gurgel stieß. Was lag schon daran? Eines Tages mußte der Tod kommen, und es hätte ihm nicht schlecht gefallen, für Teresa zu sterben. Er war ihr Sklave und glücklich. Mrs. Hoppner hatte es ihm vorausgesagt, als er Venedig verließ, daß er einmal mehr darauf und daran sei, sich von einer Frau beherrschen zu lassen. Er hatte einen wachen Sinn für Voraussagen, diese erfüllte sich.

Seine einzige Angst war, Teresa könnte sterben. »So ist es immer, mit jedem Menschen oder jedem Ding, dem ich echte Zuneigung entgegenbringe ... Ich konnte noch nie einen Hund am Leben erhalten oder jemanden, den ich liebte ...« – »Wenn meiner gegen-

wärtigen *amica* etwas zustößt, ist es für mich ein für allemal vorbei
mit der Leidenschaft – dies ist meine letzte Liebe. Ausschweifung
ekelt mich an, was nur natürlich ist bei dem Leben, das ich geführt
habe. Einen Vorteil zumindest habe ich aus dem Laster gezogen,
und zwar den, daß ich im besten Sinne des Wortes liebe. Dies sei
mein letztes Abenteuer.«

Aus Venedig ließ er seinen Freund, den Professor Aglietti kommen,
damit der die Gräfin Guiccioli untersuchte. Aglietti verordnete, die
bisherige Behandlung fortzusetzen. Die bisherige Behandlung waren Byrons Besuche. »Das unaussprechliche Glück, das ich in Lord
Byrons Gesellschaft finde, hat eine so gute Wirkung auf mein Befinden«, äußerte sich die Contessa Guiccioli, daß sie wieder imstande war, seine Geliebte zu sein, und das spielte sich im Hause
selbst ab; eine Kammerfrau, ein junger Neger und eine Freundin
liehen den Stunden der Liebe ihren Schutz. Ein gefährlicher Wage-
mut, denn der Graf war sehr erstaunt, einmal eine Tür verriegelt
zu finden.

Doch Graf Guiccioli war ein undurchsichtiger Mann. Trotz dieses
Vorkommnisses machte er Byron weiterhin Höflichkeitsbesuche und
fuhr ihn in seiner prächtigen sechsspännigen Kutsche aus. Die Leute
von Ravenna kommentierten diese Freundschaft mit Ironie und
Mißvergnügen. Der Conte war wohl der reichste Bewohner der Romagna, nicht der beliebteste.

Was lag am Conte? Byron hatte seine Pferde kommen lassen und
ritt jeden Abend in den Wald. Er sah seine Dame zu jeder passen-
den und unpassenden Stunde. Er genoß im großen und ganzen erfreuliche Tage, ohne an die Zukunft denken zu wollen. Als es der
Gräfin besser ging, ließ sie ein Pony satteln und ritt mit ihm aus.
Sie trug einen Hut, der aussah wie der des Mr. Punch und ein
himmelblaues Reitkleid. Sie war naiv und fromm. Sie brachte Byron dazu, zum Gebet anzuhalten, wenn die Glocken der alten Basiliken die Stunde des Ave Maria ankündigten.

> Ave Maria! Gesegnet sei die Stunde,
> die Zeit, die Witterung, der Ort, worin ich
> diesen Augenblick so oft in seiner ganzen Macht empfand.

Es gefiel ihm, daß seine Geliebte katholisch und gläubig war. Walter Scott hatte ihn wieder einmal richtig beurteilt, als er eine Verwandtschaft zwischen den Bedürfnissen von Byrons Seele und dem
Zeremoniell der römischen Kirche zu erkennen glaubte. Er ließ
seine Tochter Allegra katholisch erziehen. Wenn Teresa unbeweglich und schweigend dem Angelusläuten zuhörte, lauschte er mit an-
dächtigem Entzücken auf den Gesang der Grillen um ihn her und
auf die milden Geräusche der Romagna. Als die Gräfin Guiccioli

Tassos Klage kennengelernt hatte, die in Ferrara geschrieben worden war, verlangte sie ein Gedicht über den Verbannten von Ravenna. Byron als ergebener Liebhaber schrieb *Dantes Prophezeiung*. Nachdem das Werk beendet war, unternahm er mit der Geliebten einen Pilgergang zum Grabmal des Florentiners. Die Contessa Guiccioli war schwarz gekleidet, Byron trug eine bestickte Uniform. Sie betraten die Kapelle; Byron legte eines seiner Bücher nieder und blieb, die Arme vor der Brust verschränkt, die Augen auf das Grab gerichtet, stehen, während seine Freundin betete.

Er hing an ihr. Sie war eine ehrenvolle Eroberung, eine geborene Contessa Gamba, hübsch, sehr verliebt, überhaupt nicht dumm, so glaubte jedenfalls Byron, sogar recht gebildet für ein junges Mädchen, das aus dem Kloster kam. Vielleicht hätte er sie strenger beurteilt, wenn sie keine Ausländerin gewesen wäre. Es gibt ein Vergnügen am Fremdländischen, das Plattitüden in einer neuen Sprache erfreulich klingen läßt. Tatsächlich konnte sie kaum ein Wort englisch und verstand von seinen Versen so gut wie nichts. Für sie war er der Dichter, der Mann ihrer Liebe. Sie hatte sich ein heroisches Bild von ihm konstruiert, sie liebte dieses Bild. Sie weigerte sich, sich vorzustellen, er könne zynisch sein. Sie wollte ihn ritterlich, zärtlich, unwirklich, kurz genau so, wie Frauen schon immer ihre Liebhaber sehen wollten. Er ließ es geschehen, freilich mit einer kleinen Furcht vor Lächerlichkeit, doch auch mit einem gewissen Vergnügen, denn der Byron der Contessa Guiccioli glich jenem Byron aus Harrow und Newstead, den er selbst einst geliebt hatte. Er war beständig zu Narreteien aufgelegt. »Wenn Sie meine Frau sehen«, schrieb er an Augusta, »sagen Sie ihr, daß ich Lust habe, mich wieder zu verheiraten, und ob es, da sie selbst wahrscheinlich dasselbe Verlangen hat, nicht durch ein schottisches Gesetz die Möglichkeit gibt, dies zu arrangieren, ohne daß ihre fleckenlose Reinheit davon kompromittiert wird.« Aber so wie es in Teresas Augen Pflicht war, ihren Mann zu betrügen, so war es ein Verbrechen, ihn zu verlassen.

Die Guicciolis brachen schließlich nach Bologna auf, denn der Conte mußte die Rundreise zu seinen Besitzungen fortsetzen. Wohlerzogen folgte ihnen Byron am nächsten Tag und nahm in Bologna das gleiche Leben wieder auf. Er hatte sich in einem Palazzo eingemietet und ließ Allegra aus Venedig kommen, die ihm Gesellschaft leistete. Das Kind machte ihm Freude. Sie sprach ein sehr komisches Italienisch, sie sagte *Bon di, Papa!* Sie war eine echte Byron, wie Augusta unfähig, den Buchstaben »r« auszusprechen, sie schnitt Grimassen wie Byron und seine Schwester, hatte ein Grübchen am Kinn, beinahe stets gerunzelte Brauen, eine sehr weiße Haut, eine sanfte Stimme, eine bemerkenswerte Vorliebe für Musik und in allen Dingen einen eisernen Willen. Es war amüsant, aus der Nähe eine neue Pflanze dieser sonderbaren Gattung aufwachsen zu sehen. Byron spielte mit ihr. Er ritt aus, ging im Garten unter einem Baldachin reifender Trauben spazieren, setzte sich an den Brunnen, sprach mit dem Gärtner, ging dann zum Campo Sancto und plauderte mit dem Totengräber, der die hübscheste Tochter von Bologna besaß.

»Ich erfreue mich an dem Kontrast zwischen diesem schönen und unschuldigen Gesicht der Fünfzehnjährigen und den Totenschädeln, mit denen der Totengräber einige Nischen bevölkert hat; vor allem ist da ein Schädel, der 1766 datiert ist, und (sagt die Überlieferung) einst dem reizendsten, edelsten und reichsten Gesicht Bolognas zur Grundlage diente. – Wenn ich diesen Schädel und dieses Mädchen betrachte – wenn ich daran denke, was dieser war und diese sein wird – nun gut, mein lieber Murray, ich will Sie nicht erschrecken mit dem, was ich denke. Was liegt an dem, was wir einmal werden, wir Bärtigen, aber ich mag den Gedanken nicht, daß eine Frau weniger lange lebt als ein schöner Baum.«

Melancholische Gedanken, aber *er war* melancholisch. Nach Ravenna nun Bologna ... Der Beruf des dienenden Ritters begann ihn zu ermüden. Während er seine Zeit, wie er sagte, »lasterhaft und angenehm« verbrachte, hatte er in zunehmendem Maße ein Gefühl der Nutzlosigkeit dieses Lebens. Das war nicht Teresas Schuld. Sie war jung, liebenswert, treu, aber er empfand bitter, daß ein Mann sein Leben nicht auf den Knien vor einer Frau, einer Fremden, zubringen kann ... Einunddreißig Jahre, und was vollbracht? ... Die Liebe? Ein dritter Gesang zum *Don Juan*? »Leider! Ich bin immer untätig gewesen, und ich sehe einen raschen Verfall vor mir, ohne irgendeinen Augenblick in diesem kurzen Leben gepackt zu haben ...« Die Tat ... die Tat ... die Tat ... Aber welche Tat? Sich in England mit der Wahlreform beschäftigen? Er galt nichts in jenem Land, das ihn verbannt hatte. Er hatte Lust, im Frühjahr eine letzte Reise zu unternehmen und dann nach Südamerika zu gehen. Er schnitt Anzeigen der Regierung von Venezuela aus den Zeitschriften, die um Kolonisten warben. Bolivar, der Befreier eines Volkes, war einer seiner Helden.

»Ich versichere Ihnen, daß ich es ganz ernst meine und daß ich seit langem daran gedacht habe, wie Sie an der Zusammenstellung der Zeitungsausschnitte feststellen werden, die ich mitsende ... Ich werde mit meiner natürlichen Tochter Allegra reisen ... und ich werde mein Zelt dort für immer aufschlagen. Ich bin nicht italienmüde, aber hier ist ein Mann ein Hausfreund, ein Duettsänger, ein Opernkenner oder gar nichts. Ich habe in allen diesen Künsten Fortschritte gemacht, aber ich kann nicht sagen, daß ich die Herabsetzung nicht fühle. Lieber ein ungeschickter Pflanzer, ein Kolonist ohne Erfahrung, – lieber Jäger oder sonst irgend etwas sein als der Fächerträger einer Frau. – Ich liebe die Frauen – Gott weiß es – aber je mehr das System, das sie sich hier errichtet haben, von mir Besitz ergreift, um so schlechter scheint es mir, vor allem nach der Türkei, hier fällt die Polygamie eindeutig zugunsten der Frau aus. Ich war ein Schürzenjäger, ein Ehemann, ein Hurenspiegel, und nun bin ich ein dienender Ritter – bei allen Heiligen! Das ist ein befremdliches Gefühl... Nein, ich will ein Land und ein *home*, und – wenn möglich – ein freies Land. Ich bin noch nicht zweiunddreißig Jahre alt. Ich kann noch ein vernünftiger Bürger werden, ein Haus begründen, eine Familie, die ebensogut ist oder besser als die erste... Aber in Europa gibt es keine Freiheit – das ist sicher. Es ist ein verbrauchter Teil unseres Erdballs.«

Hobhouse, dem Murray diese Pläne mitteilte, nahm sie nicht sonderlich ernst. »Unser Dichter ist zu gut für einen Pflanzer... Es ist die verrückteste seiner Einbildungen – sagen Sie es ihm... Keine Zahnbürsten, keine *Quarterly Reviews*. Alles was er verabscheut und nichts vom dem, was er liebt.« Hobhouse liebte Byron, aber er behandelte ihn wie ein Kind.
Um sich mit einem Anschein von Aktion abzulenken, war Byron der Societa Romantica, einer kleinen Gruppe italienischer Freiheitsfreunde, beigetreten, und seine Anwesenheit in Bologna beunruhigte die Spione der »väterlichen« Regierung der bischöflichen Staaten sehr. Zahlreiche Rapports gingen vom Polizeidirektor von Bologna an den Polizeigeneraldirektor in Rom. Hier wurde die eigenartige Freundschaft des Grafen Guiccioli mit Byron verzeichnet, »einer als Schriftsteller nicht unbekannten Persönlichkeit, deren liberale Ansichten und deren großes Vermögen sie ungewöhnlich suspekt machen«. – »Er verläßt kaum das Haus und schreibt ständig«, notierten die Agenten mißtrauisch, einer von ihnen setzte hinzu: »Wenn Sie glauben sollten, er sei mit nichts anderem beschäftigt, als Guiccioli Hörner aufzusetzen, dann irren Sie sich. Er ist im höchsten Grade lüstern und unmoralisch, aber in politischen Dingen ist er nicht so unbeständig.« Aus London schrieb der Fürst Esterházy an Metternich: »Lord Castlereagh beauftragt mich, Ihnen mitzuteilen, mein Fürst, daß er es für notwendig hält, das Treiben und die Korrespondenz Lord Byrons zu überwachen und daß er (Lord C.) Nachrichten über einen Komplottplan der *carbonari* in Händen hat, der sich im Mailändischen gebildet haben soll.« Die Heilige Allianz war eng.

Gegen Ende August ließen die Guicciolis ihn für einige Tage mit Allegra allein, und während ihrer Abwesenheit empfand er die Sinnlosigkeit seines Lebens noch stärker. Er irrte traurig durch ihren Garten, fand auf einem Tisch Madame de Staëls *Corinna* und schrieb auf die letzte Seite: »Meine liebe Teresa, – ich habe dieses Buch in Ihrem Garten gelesen; – Sie waren nicht da, meine Teure; wenn Sie dagewesen wären, hätte ich es nicht lesen können. Es ist eines Ihrer Lieblingsbücher, die Verfasserin gehörte zu meinen Freunden. Sie werden diese englischen Worte nicht verstehen, und andere werden Sie nicht verstehen – aus diesem Grunde schreibe ich nicht auf Italienisch. Aber Sie werden die Schrift eines Mannes wiedererkennen, der Sie leidenschaftlich geliebt hat, und Sie werden ahnen, daß er, über dieses Buch, das Ihnen gehörte, gebeugt, nur an Liebe denken konnte. In diesem Wort, das in allen Sprachen schön ist, schöner aber noch in der Ihren, – *amor mio* – ist mein Dasein für jetzt und immer beschlossen. Ich fühle, daß ich heute bin, und ich fürchte, immer da sein zu müssen, – um zu tun, was Sie fordern; mein Schicksal liegt in Ihren Händen, und Sie sind eine Frau, und Sie sind siebzehn Jahre alt, und vor zwei Jahren haben Sie die Klosterschule verlassen. Von ganzem Herzen wünschte ich, Sie wären dort geblieben – oder ich hätte Sie wenigstens nie gesehen nach Ihrer Heirat ... Doch es ist zu spät. Ich liebe Sie und Sie lieben mich, – zumindest sagen Sie es und handeln, als ob Sie mich liebten, und das ist schon ein großer Trost. Bei mir ist es mehr als Liebe und wird nicht enden ... Denken Sie manchmal an mich, wenn Alpen und Ozean uns trennen, – was nie geschehen wird, wenn Sie es nicht wünschen.« Sie war nur drei Tage fort gewesen, es genügte, um ihn ihretwegen carolinesk werden zu lassen.

Als das Ehepaar Guiccioli nach Bologna zurückkehrte, erfuhr der Conte, daß er in Ravenna erwartet werde. Die Contessa sagte ihrem Mann, daß ihr Gesundheitszustand das Klima Venedigs für sie vonnöten mache und daß, wenn er ihr nicht folgen konnte, Lord Byron sie gern begleite. Guiccioli stimmte zu, und die beiden Liebenden verließen am 15. September 1819 gemeinsam Bologna. In Venedig verordneten die Ärzte der Contessa Landluft. Lord Byron, der immer noch seine Villa in La Mira besaß, hatte die Güte, sie der Gräfin Guiccioli zur Verfügung zu stellen und kam selbst nach, um mit ihr dort zu wohnen.

Wie zu Zeiten der Marianna Segati spiegelten die tiefen Wasser der Brenta die schönsten Sonnenuntergänge. Die Abende waren lang. In Ravenna hatten das Neue, das Vergnügen an der fremden Sprache , die Angst, überrascht zu werden, die Tage gefüllt. Die Einsamkeit entkleidet den Menschen des geliehenen Prestiges, und eine Frau von siebzehn Jahren ist mit ihrem Wissen schnell zu Ende. »Das erinnert mich«, schrieb Byron, »an ein Wort von Curran an Moore: ›Ach, ich höre, Sie haben eine hübsche Frau geheiratet – und ein gutes Geschöpf dazu – ein prachtvolles Geschöpf – sagen Sie mir – hm – womit verbringen Sie Ihre Abende?‹ Eine schreckliche Frage, vielleicht ebenso leicht zu beantworten, wenn es sich um eine Frau handelt, anstatt um eine Geliebte, gewiß, sie kommen einem länger vor als die Nächte. Ich bin inzwischen ein sehr moralischer Mann geworden und begnüge mich mit dem Ehebruch; denken Sie daran, daß dies das einzige ist, was mir jene tugendhafte Frau übrigließ, die die meine ist.« Der Ehebruch machte ihn, wie früher die Ehe, gelegentlich gähnen.

Zu seinem Glück besuchte ihn Tom Moore, der, auf einer Reise mit Lord John Russell, am 8. Oktober in La Mira eintraf. Byron war im Bad; Fletcher, ein alter Freund Moores, empfing ihn. Dann erschien Byron, begeistert, den Gefährten seiner Jugend wiederzusehen, herzlich und heiter, er schien aber so gealtert, daß Moore davon betroffen war. Er hatte jene durchgeistigte Ausstrahlung verloren, die ihn früher auszeichnete. Er trug einen Backenbart, weil Teresa gesagt hatte, er habe einen Musikerkopf. Er hatte sich die Haare lang wachsen lassen, was ihm ein fremdländisches Aussehen eintrug. Er blieb schön, und sein Gesicht war der Geschichte seiner Dichtung gefolgt, es schien nun eher von Humor und von der Klugheit Don Juans geprägt als von dem düsteren Romantisieren Manfreds oder Childe Harolds. Er bot Tom Moore an, im Palazzo Mocenigo zu wohnen und ihn sogleich nach Venedig zu bringen, vorher stellte er ihn der Contessa Guiccioli vor, Moore fand sie intelligent und angenehm. Der Gondoliere Tita in seiner reichbestickten Livree und mit seinem großen Schnurrbart setzte sich vorn in den Wagen und brachte die beiden Freunde bei Fusina über die Lagune.

Moore war bewegt, Venedig zu sehen, Byron war bewegt, Moore zu sehen. Alle Begebenheiten ihres gemeinsamen Londoner Lebens, heitere, lächerliche, wurden beschworen: die lustigen Abende bei Kinnaird, der Brandy, die irischen Weisen ... Byron benahm sich wie ein Kind, das ein anderes wiedertrifft. Schließlich kamen sie vor dem Palazzo Mocenigo an. Byron rief: »Vorsicht vor dem Hund!« und dann: »Haltet den Affen!«, er stieß mit dem Fuß eine Tür auf, die nicht nachgeben wollte, und sagte zu Moore: »Das ist mein Zimmer; es soll das Ihre sein.« Während Moores ganzem Aufenthalt in Venedig verbrachte Byron seine Tage mit ihm und kehrte erst abends nach La Mira zurück, um bei seiner *amica* zu sein. In Venedig bat man Moore gelegentlich, er möge Byron Moral predigen, denn er überschritt die Grenzen des lokalen Kodex, indem er mit seiner Geliebten unter einem Dach lebte. Die Contessa sagte: »Man muß Ihrem Freunde grollen. Bis zu dieser unglückseligen Affäre hat er sich so gut betragen.«

Moores Besuch waren Ferien für Byron. Am letzten Abend kam er zum Dinner aus La Mira und sagte Moore mit der Freude eines Schülers, der eine Schulstunde frei bekommen hat, daß die Gräfin ihm die Nacht geschenkt habe und daß er nun nicht nur in die Oper ginge, sondern wie in guten alten Zeiten zum Souper. Später tranken die beiden auf dem abendlichen Markus-Platz Punsch, bis die bronzenen Figuren auf dem Glockenturm mit ihren Klöppeln die zweite Stunde des neuen Tages angeschlagen hatten, dann schlenderten sie unterm Mondlicht durch Venedig. Die Szene war von majestätischer Schönheit. Die schweigende Stadt mit den über den Wassern schlafenden Palästen in der schimmernden Ruhe der Nacht erregte Moore zuinnerst, und auch Byron ließ seinen scherzenden Ton fallen und gab sich einer sanften und friedvollen Schwermut hin.

Am nächsten Tag kam Moore nach La Mira, um seinem Freunde Lebewohl zu sagen. Byron kam auf ihn zu, in der Hand eine kleine weiße Ledertasche. Er sagte: »Dies wäre Murray viel Geld wert, dagegen würden Sie, vermute ich, keinen Sixpence dafür geben.« – »Was ist es?« fragte Moore. »Mein Leben und meine Abenteuer«, antwortete Byron ... »Das ist nichts, was zu meinen Lebzeiten veröffentlicht werden soll, aber ich vertraue es Ihnen an. Machen Sie damit, was Sie wollen.« Moore dankte ihm mit Herzlichkeit und sagte: »Ein wunderbares Erbe für meinen kleinen Tom ist das, er wird die Menschen am Ende des 19. Jahrhunderts damit überraschen.« Als der Augenblick der Abfahrt gekommen war, ließ Byron seine Pferde satteln und begleitete den Wagen Moores weit ins Land hinaus.

Seine häuslichen Angelegenheiten gingen herzlich schlecht. Bisher hatte der Graf Guiccioli sich den Anschein gegeben, daß er das Verhältnis seiner Frau, wenn nicht ignoriere, so doch dulde. Aber im November 1819 fiel ihm ein Brief von Graf Gamba, dem Vater Teresas, in die Hände, in dem dieser seiner Tochter kluge Ratschläge gab, aufgeregt fuhr er sofort nach Venedig. Er fand seine Frau bei hervorragender Gesundheit und ihm gegenüber von so unverhohlenem Haß, als hätten sie einen wilden Streit gehabt. Dieses Mal stellte er sie vor die Wahl: Ehemann oder Geliebter, aber nicht beide zugleich. Sie wählte den »Geliebten« und verlangte von ihm, mit ihr zu fliehen. »So hätte ich auch gedacht«, sagte dieser, »wenn ich zwanzig und nicht einunddreißig Jahre alt gewesen wäre, denn ich liebte sie, ich wußte aber auch, daß es für sie eine nicht wieder-

gutzumachende Torheit gewesen wäre, daß sie ihre ganze Familie
– vor allem ihre Schwestern und ihren Vater – in Verzweiflung
gestürzt und dem Ruf der Schwestern einen bösen Schaden zugefügt hätte; es gelang mir also, sie zu überreden, mit ihrem Mann
nach Ravenna zurückzukehren. Er hatte versprochen zu vergessen,
wenn sie mich verließe.« Der Conte Guiccioli erschien in Tränen
aufgelöst bei Byron. »Wenn Sie Ihre Frau verlassen«, sagte der,
»werde ich sie selbstverständlich bei mir aufnehmen, das ist meine
Pflicht, und es ist auch mein Wunsch, wenn es dazu kommen
sollte; wenn Sie aber, wie Sie sagen, wirklich bereit sind, mit ihr
zu leben und sie wie vorher zu lieben, werde ich nicht nur keinen
Grund für neue Unordnung in der Familie liefern, ich werde mich
über die Alpen zurückziehen.«
Teresas Schmerz rührte ihn: »Ich bitte Dich, ich flehe Dich an, beruhige Dich«, schrieb er ihr, »und glaube mir, daß ich erst aufhören werde, Dich zu lieben, wenn ich aufhören werde zu leben ...
Ich gehe, um Dich zu retten, und ich verlasse ein Land, das mir unerträglich geworden ist ohne Dich.« Er war entschlossen, nicht länger in Italien zu bleiben. Er wollte zunächst nach England reisen,
dann (wer weiß?) nach Frankreich, in die Vereinigten Staaten, nach
Venezuela. Allegra, die Einzige, die ihm blieb, würde er mitnehmen. In England würde er Augusta treffen und zu verstehen suchen,
was mit dieser undurchschaubaren Frau geschehen war.

Byron an Augusta: »Meine Liebe, Teure – es war nachlässig von
mir, Ihnen nicht zu schreiben, aber was konnte ich sagen? Drei
Jahre der Abwesenheit und ein völliger Wechsel von Umgebung
und Gewohnheiten haben einen solchen Unterschied bewirkt, daß
wir nichts mehr gemein haben als unsere Zuneigung und unsere
Verwandtschaft ... – Aber ich habe nie aufgehört und kann nicht
einen einzigen Augenblick aufhören, diese Zugehörigkeit zu empfinden, die mich für immer an Sie bindet – die mich *wirklicher*
Liebe zu irgendeinem anderen menschlichen Wesen unfähig macht,
denn was könnte sie für mich sein, nach *Ihnen*? Meine Vielgeliebte,
wir haben großes Unrecht getan – aber ich bereue nichts, wenn nicht
diese verfluchte Heirat – und Ihre Weigerung, mich zu lieben, wie
Sie mich geliebt haben. Ich kann Ihnen Ihre schöne Krise tugendhafter Wandlung weder vergessen noch ganz verzeihen. – Es bricht
mir das Herz, an unsere lange Trennung zu denken – und ich bin
sicher, daß sie Strafe genug für alle unsere Sünden ist – Dante ist
in seiner *Hölle* menschlicher, denn er hat seine unglücklichen Liebenden (Francesca von Rimini und Paolo, deren Fall lange nicht
so schwer war wie der unsere – obwohl garstig genug) an ein und
denselben Ort gestellt, und wenn sie leiden, tun sie es zumindest

gemeinsam. Wenn Sie mir schreiben, erzählen Sie nur Geschichten und von Leuten, die mich in keiner Weise interessieren können – mich, der ich in England nur das Land sehe, das *Sie* bewohnen, und um England das Meer, das uns trennt. – Man sagt, Entfernung zerstöre die schwachen Leidenschaften – und ließe die starken wachsen. – Leider! Was ich für Sie empfinde, ist die Verbindung aller Leidenschaft mit aller Zuneigung . . .*

Während der ersten vierzehn Tage, die auf Teresas Abreise folgten, war er entschlossen, das Land zu verlassen. Der Besuch seines Freundes Moore hatte das Heimweh nach England, nach seinen Freunden in ihm geweckt; selbst die materiellen Kleinigkeiten unterstützten diese Sehnsucht nach der gewohnten Umgebung. Er würde bei Waite seine Zähne in Ordnung bringen lassen, sie hatten es sehr nötig. Er würde Bürsten kaufen, Soda, Magnesium, alles Dinge, um die er in jedem Brief vergeblich bat und die ihm niemand schickte. Er hatte einen neuen Fieberanfall; Allegra bekam es, dann eine Amme, ein Gondoliere, eine Kammerfrau. Er irrte traurig durch den Palazzo Mocenigo, einsam, Krankenwärter eines Kindes. Bald wollte er die Reise auf das Frühjahr verschieben, bald *ad calendas graecas*. Aus England kam nicht viel Ermutigung. Augusta wußte nicht, was sie tun sollte. Lady Byron verlangte, daß sie ihren Bruder nicht wiedersehen sollte. Augusta wußte, daß sie sich davon nicht abhalten ließe, wenn er herkam, aber sie wollte nicht versucht werden. »Ich fürchte«, schrieb sie an Murray, »daß diese Rückkehr nicht allzu ernsthaft und entschieden in seinem Willen liegt.« Und Ausrufungszeichen in dichten Reihen unterstrichen ihre Befürchtungen. Dafür rief Teresa aus Ravenna nach ihm.

Gott mochte wissen wie, aber sie hatte alles arrangiert. Sie war wieder krank, sie konnte nicht gesund werden, außer wenn Byron in ihrer Nähe war; ihr Vater hatte mit ihrem Mann gesprochen; ihr Mann hatte zugestimmt. Sie erwartete ihren Byron. Aber der Tag, der für die Abreise nach England vorgesehen war, rückte immer näher. Vor dem Palazzo Mocenigo schaukelten die Wellen des Canale Grande die mit Gepäck beladene Gondel. Byron war reise-

---

* Die Authentizität dieses Briefes ist nie bestritten worden. Man bestritt aber seine Bestimmung und behauptete, er sei nicht an Augusta gerichtet gewesen. Diese Theorie scheint mir unhaltbar, denn der Satz »Precious piece of reformation« ist in einem Brief (vom 27. Juni 1819) von Lady Byron an Mrs. Leigh wiederholt und kommentiert worden: »Dieser Brief«, schrieb sie, »ist ein wesentliches Beweisstück Ihrer früheren ›Wandlung‹, die mir schon durch Ihre eigene Versicherung und durch die von den Geschehnissen erbrachten Beweise Gewißheit wurde.« In *Astarte* ist dieser ganze Brief nachzulesen, der bestätigt, daß 1. Lady Byron diesen Brief von Byron als an Augusta gerichtet ansah; 2. Augusta selbst es zugab und ihn als solchen weitergab. In diesem Zusammenhang sind auch Augustas Briefe, die diesem voraufgingen und nachfolgten, von Bedeutung. Zu einer vollständigen Diskussion darüber lese man Sir John Fox: *The Byron Mystery*, Seite 137 und folgende.

fertig, er hatte die Handschuhe angezogen, Allegra war an Bord, man wartete nur noch auf ihn und seine Waffen. In diesem Augenblick erklärte er, wenn eine Uhr schlüge, bevor die Waffen an Bord seien, reise er nicht. Die Uhr schlug, und er blieb. Er schrieb an die Guiccioli: »Die Liebe hat gesiegt. Ich habe nicht die Seelenstärke gefunden, ein Land zu verlassen, das Du bewohnst, ohne Dich jedenfalls noch einmal wiederzusehen ... Ich bin ein Weltbürger – alle Länder gelten mir gleich viel. Du bist, seit wir uns kennen, der einzige Gegenstand meines Denkens gewesen. Ich glaubte, meine Abreise wäre der beste Entschluß für Deinen Frieden und den Deiner Familie ... Aber Du hast entschieden, daß ich nach Ravenna zurückkommen muß. Ich komme – und ich werde tun und sein, was Du willst. Mehr kann ich Dir nicht sagen.«

XXXI

Im Palazzo Guiccioli

> Italy, oh Italy! thou who hast
> the fatal gift of beauty ...
> *Byron*

Es machte ihn glücklich, sein geruhsames Ravenna wiederzusehen, die engen Gassen, die vergangenheitsschweren Paläste, die ziegelgedeckten Basiliken, das Land mit seinen unendlichen Linien und »dem göttlichen, dichten und belebten Wald«. In den Straßen lag ein Fuß hoch Schnee. Teresa Guiccioli empfing ihn mit der naiven Freude eines kranken Kindes, dem strenge Eltern, um die Genesung zu beschleunigen, den Besuch eines sehr guten Freundes erlaubt haben. Der Graf war reserviert, aber nicht feindselig. Die Gamba, die bisher an der Verbindung Anstoß genommen hatten, behandelten Byron jetzt wie einen Verwandten. Vor allem der Bruder Teresas, Graf Pietro Gamba, ein stürmischer, heiterer junger Mann, benahm sich freundschaftlich. Der dienende Ritter wurde wie ein Schwager angesehen.

Byron war im »Albergo Imperiale« abgestiegen, das nichts imperiales an sich hatte außer dem Namen. Würde er einen Tag bleiben, eine Woche, ein Jahr? Er wußte es nicht. Das Schicksal nahm es auf sich, sein Leben zu regeln. Er war gekommen, weil eine Frau ihn gerufen hatte. Er würde gehen, wenn es wünschenswert erscheinen sollte. Seine Zuneigung hatte nicht mehr den Grad der Heftigkeit der ersten Zeit seiner Liebe und auch nicht mehr die Ängstlichkeit vor dem Bruch. Er ließ sich, ohne selbst zu steuern, vom faulen und zärtlichen Kurs der Launen Gräfin Guicciolis bestimmen.

Allegra war bei ihm, begleitet von einer Amme und umgeben von einem Berg Spielzeug, das die Hoppners am Tag der Abreise gebracht hatten. Es war lästig, mit einem Kind in einem Gasthof zu leben, Byron hätte eine Wohnung vorgezogen. Als er nach einer suchte, bot ihm Graf Guiccioli an, eine leerstehende Etage seines Palazzo zu mieten. Ein überraschendes aber bequemes Angebot, Byron ließ seine Möbel aus Venedig kommen und richtete sich wieder einmal unter demselben Dach wie seine Geliebte ein. Wahrhaftig, dieser Ehemann war ein schwer zu begreifender Mensch.

Die Contessa war sehr stolz auf ihren schönen englischen Liebhaber, ihre größte Freude schien es zu sein, ihn so oft wie möglich vorzuzeigen. In der ersten Woche schon ließ sie ihn eine gestickte Uniform anziehen und nahm ihn mit zum Ball des Marquese Cavalli, ihrem Onkel. Sie wollte am Arm des Dichters erscheinen. Der erinnerte sich an den Abend bei Lady Jersey und fürchtete einen Skandal, aber der Marquese, der päpstliche Vize-Legat und »alle die anderen Vize« waren so höflich wie nur möglich. Byron war von der Schönheit, Intelligenz und den Diamanten der Frauen von Ravenna entzückt und doch ein wenig betroffen über den Skandal. Das alles war verrückt aber von großer Annehmlichkeit. Zum Teufel mit der englischen Moral. Er begann, so glaubte er, die Sitten dieses Landes zu begreifen. Aus dem neunten Gebot wurde: »Du wirst ehebrechen. Es wird dich nach dem Weib deines Nachbarn gelüsten.« Aber nur nach ihr durfte es einen gelüsten, die sich dann eifersüchtig wie eine Furie gebärdete und von ihrem Liebhaber Treue forderte wie eine Ehrenschuld. »Sie können hier hören, wie der Charakter einer Person nicht etwa nach deren Benehmen gegen den legitimen Partner beurteilt wird, sondern nach dem gegenüber der Geliebten oder dem Liebhaber.« Der dienende Ritter mußte den Ehemann mit großem Respekt behandeln, der erste Eindruck eines Fremden mußte immer sein, daß die beiden verwandt seien. Die Gefahr lag darin, daß eine *relazione* oder *amicizia* fünf bis fünfzehn Jahre dauerte und durch eine plötzliche Witwenschaft in einem *sposalizio* endete. Ein Mann war auf die Rolle reduziert, die Zierde für ein Frauenleben zu sein. Der Roman hatte gesiegt, aber um welchen Preis? Byron verspottete sich gelegentlich selbst ohne Gnade: »Ich tue mich schwer damit, es zu erlernen, einen Schal zusammenzulegen, und es gelingt mir wundervoll, wenn ich ihn mit der falschen Seite nach außen falte.« Ein bitteres Ende für einen Mann, der zu seiner Zeit von Ruhm und heldischer Tat geträumt hatte. Er hätte sich in der köstlichen Bequemlichkeit des Palazzo Guiccioli bald verachtet, wenn ihm die italienische Politik nicht, ziemlich beiläufig, die glückliche Chance einer Gefahr geboten hätte.

Seit mehreren Monaten hatte er sich in die politische Bewegung Italiens eingemischt. Er war bereit, sein Leben für die Freiheit Italiens zu geben, vor allem, weil er Italien und die Freiheit liebte, ein wenig, weil er das Leben nicht liebte. In Bologna hatte er sich der Societa Romantica angeschlossen. Jetzt war er ein verschworener *carbonaro* und sogar, weil sein Prestige als englischer Edelmann der Sache diente und er besser als jeder Italiener vor der Polizei sicher war, der Anführer der *carbonari*-Gruppe von Ravenna: der *americani*.

Im Jahr 1820 begann Europa, das bis zu diesem Zeitpunkt von den Schlägen der Heiligen Allianz betäubt gewesen war, seine Lebensgeister wiederzufinden. Spanien bekam nach einer Revolution, »die nur sechs Jahre Geduld und einen Tag Erklärungen gefordert hatte«, eine Verfassung. Dieses Beispiel erregte die Untertanen des Papstes, des Königs von Neapel und Metternichs. In Neapel hatten es hundert Soldaten mit dem Ruf »Es lebe der König und die Verfassung!« erreicht, den König so zu ängstigen, daß er am 6. Juli 1820 eine Proklamation unterzeichnete, mit der eine Konstitutionelle Regierung eingesetzt wurde. In Ravenna waren die Stadtmauern mit Inschriften bedeckt: »Es lebe die Republik. Tod dem Papst!« Der Kardinal von Ravenna erbleichte unter seinem Purpur. Die *carabinieri* beklagten sich darüber, daß Byrons Diener Livreen mit militärischen Epauletten trugen. Byron gab zur Antwort, dies sei die Livree der Byronschen Leute seit dem Jahre 1066 und befahl seinen Leuten zu schießen, wenn man sie angriff. In den Straßen von Ravenna riefen die Kinder: »Es lebe die Freiheit!« In der Pineta traf Byron, wenn er zu Pferd seine Ausflüge machte, die *americani*, die mit dem Lied: »Wir alle sind Soldaten der Freiheit...« vorüberzogen. »Sie brachen in Hochrufe aus, als ich sie überholte. Ich habe zurückgegrüßt und bin weitergeritten. Das zeigt den Geist des heutigen Italien.« Allen seinen Freunden schrieb er, sie sollten ihm Degen und Pulver schicken, im Palazzo Guiccioli organisierte er ein Arsenal von hundertfünfzig Gewehren. Das alles verlangte Mut, denn in anonymen Briefen wurde ihm geraten, seine Ausritte einzustellen und sich vor der Polizei des *Buon Governo* in acht zu nehmen.

Graf Guiccioli war ein reicher Mann und deshalb verwundbar und aus Klugheit respektvoll vor Regierungen, welcher Art sie auch sein mochten, er fand allmählich den Liebhaber seiner Frau recht unmanierlich. Hatte man je erlebt, daß ein dienender Ritter Gewehre in seinem Schlafzimmer aufstellte und so ein achtbares Haus kompromittierte? Er hatte diesem Ausländer eine Etage seines Palazzo zur Verfügung gestellt, er ließ ihn mit seiner Frau ausgehen, die Undankbarkeit Byrons schien ihm abscheulich. Nur Konspirateure sah man noch in seinem Haus. Alle Schubladen waren mit explosiven Proklamationen gefüllt. Die Regierung beschlagnahmte die Übersetzung von *Childe Harold*; die Leute zitierten Byrons Gedicht auf Dante wie eine revolutionäre Hymne. In einem Geheimrapport an die österreichische Polizei beschrieb der Gouverneur von Rom den Grafen Guiccioli als *conosciuto per uno dei più feroci perturbatori della pubblica tranquillità e strettamente legato con il detto Lord Byron. Strettamente legato* entbehrte nicht der Komik. Wieder verlangte der Graf von seiner Frau, zwischen ihm und Byron zu wählen. Sie war entrüstet. Wählen? Wer hatte je eine Frau gezwungen zu wählen? Byron flehte Teresa an, vorsichtig zu sein; der Graf konnte die Trennung verlangen und die Situation einer in Trennung lebenden Frau war schwierig in der Romagna, die kirchlichen Behörden erlaubten es einer von ihrem Mann getrennt lebenden Frau nicht, mit ihrem Liebhaber zu leben. Aber auch die raffiniertesten moralischen Überlegungen Don Juans waren vergeblich. Hartnäckig antwortete Teresa: »Ich will ja bei ihm leben, wenn er Ihnen gestattet, bei mir zu bleiben. Es bleibt vollkommen unglaublich, daß ich die einzige Frau der Romagna sein soll, die nicht ihren *amico* haben sollte.«

Ganz Ravenna war für die Liebenden, die Gamba, weil sie Guiccioli verabscheuten, das Volk und die Frauen, weil sie, wie Byron sagte, »immer für die sind, die unrecht haben«, aber auch, weil die armen Leute von Ravenna ihn vergötterten. Er befaßte sich mit dem Elend des Landes, er gab alten Frauen, die er in der Pineta traf, wo sie Holz sammelten, Geld, gab den Kirchen und gab den Klöstern. War eine Orgel unbrauchbar, Byron bezahlte die Reparatur, gab es einen Campanile auszubessern, Byron schenkte. Im übrigen war bekannt, daß er für ein freies Italien war. Die öffentliche Meinung gab ihm im voraus recht.

Die Komik der Situation lag darin, daß die Trennung schließlich nicht vom Grafen, sondern von den Gamba verlangt wurde. Die Guiccioli widersetzten sich der Trennung sogar, damit sie nicht gezwungen werden konnten, die Mitgift zurückzuzahlen. Der Prozeß wurde vor dem Pontifikalgericht ausgetragen und machte großes Aufsehen. Es war seit zweihundert Jahren der erste seiner Art in Ravenna. Die Anwälte weigerten sich, für Guiccioli zu plädieren, sie sagten, er müsse ein Dummkopf oder ein Schurke sein; ein Dummkopf, wenn er achtzehn Monate dazu gebraucht habe, ein stadtbekanntes Verhältnis zu entdecken, ein Schurke, wenn er es geduldet habe. Im Juli schließlich verkündete der Papst die Trennung. Die Gräfin hatte im Hause ihres Vaters, des Grafen Gamba, zu leben, und Byron durfte sie nur unter Beachtung entscheidender Einschränkungen besuchen. Er hatte angeboten, ihr eine Pension auszusetzen, aber das Urteil wollte, daß der Graf für den Lebensunterhalt sorgen müsse, und Teresa wurde ausreichend entschädigt.

Byron hatte einst jene unsichtbaren Göttinnen, die britannischen Konventionen, verflucht und gegen sie rebelliert; nun wurde er, durch Beschluß des Pontifikalgerichts das Opfer der italienischen Konventionen. Die Gräfin Guiccioli war vornehmer Herkunft, sie hatte durch Byrons Schuld (soweit in solchen Geschichten den Mann überhaupt eine Schuld trifft) einen Ehemann verloren; er hielt es für seine Ehrenpflicht, sie zu heiraten, wenn die Umstände es erlaubten, genauso hatte er sich damals an Caroline Lamb gebunden gefühlt.

Byron an Augusta: »Dies ist (wie es auf Plakaten steht) mein *unwiderruflich letztes Auftreten* ... Sie wissen wie es ist: hat eine Frau sich um ihres Geliebten willen von ihrem Mann getrennt, ist jener bei seiner Ehre verpflichtet, (und in meinem Fall zumindest auch durch Zuneigung) den Rest seines Lebens, solange sie sich treu verhält, mit ihr zu leben ... Sie sehen also, ich ende so, wie Papa begann, und Sie werden mich wahrscheinlich nie mehr wiedersehen ...

Diese Verbindung währt beinahe drei Jahre ... Ich kann sagen, daß ich noch ebenso *rasend* verliebt bin wie zu Anfang, daß ich mich ihr verbundener fühle, als ich geglaubt hätte, es noch nach drei Jahren für eine Frau zu sein – *(bis auf eine, und Sie wissen, welche es war?)*; ich habe auch nicht die geringste Vorstellung einer Trennung ... Wenn Lady Byron uns das Vergnügen bereitet zu sterben, und der Mann der Gräfin Guiccioli auch (denn die Katholiken können auch nach einer Scheidung nicht wieder heiraten), müßten wir wahrscheinlich heiraten – doch möchte ich es lieber *nicht* – da ich meine, daß die Ehe das Mittel dafür ist, einander zu hassen.

... Sie würden eine große Bewunderin der *zukünftigen* Lady Byron sein, aus drei Gründen: 1. Sie ist eine entschiedene Beschützerin der jetzigen Lady Byron und sagt immer, daß es für sie sicher sei, daß jene heftig von mir gequält worden ist; 2. Sie bringt Ihnen Bewunderung entgegen, ich hatte Mühe, sie davon abzuhalten, Ihnen elf Seiten lang zu schreiben (sie ist nämlich eine große Briefschreiberin), und 3. Als sie *Don Juan* in einer *französischen* Übersetzung gelesen hatte – mußte ich ihr versprechen, nicht mehr daran weiter zu schreiben, sie erklärte, das Buch sei gräßlich ... Sie hat überhaupt viel von *uns*. Ich meine diese Kunst, das Lächerliche herauszufinden, wie Tante Sophie, und Sie, und alle Byrons.«

Vielleicht läßt sich die erstaunliche Beständigkeit Byrons zum Teil aus dieser unvorhersehbaren aber zweifellos vorhandenen »byronschen Seite« erklären, die er in Teresa entdeckte.

Der Trennungsbeschluß zwang die Gräfin Guiccioli, bei ihrem Vater zu leben. Sie reiste am 16. Juli 1820 in das Haus ab, das der Graf Gamba in der Umgebung von Ravenna besaß. Die Kardinäle hatten vielleicht angenommen, sie auf diese Weise von ihrem Liebhaber zu trennen, aber die Gamba, Vater und Sohn, mochten Byron, teilten seine politischen Ansichten und beschützten seine Liebe. Er wurde in ihrem Landhaus wohl empfangen, und den ganzen Sommer hindurch ritt er mehrmals im Monat zu ihnen hinaus. Im Herbst kam Teresa nach Ravenna zurück, und er konnte sie allabendlich bei den Gamba besuchen. Sie war ihm aufs herzlichste treu: »Ich bin meiner Liebe sicherer«, schrieb sie, »als ich gewiß bin, die Sonne am nächsten Tage aufgehen zu sehen... Meine Verfehlung war einmalig und wird einmalig bleiben.«

Die Situation war nicht unangenehm. Das Geheimnisvolle und Schwierige an diesen Besuchen, die Mischung aus Konspiration und Ehebruch, erlaubten der Langeweile nicht, sich in diese Beziehung einzuschleichen. Byron verbrachte den langen und kalten Winter des Jahres 1821 allein im Palazzo Guiccioli. Die Straßen waren verschneit; die Pferde stampften in den Ställen. Er blieb daheim, schaute ins Feuer und las. Aber was gab es in den Büchern zu entdecken? »Was kann irgend jemand noch sagen, das Salomo nicht lange vor uns gesagt hätte? ...« Er hatte sein Tagebuch wieder aufgenommen, dies war noch bemerkenswerter als das von 1813. Wie das Licht Griechenlands beleuchtete Byrons Intelligenz Dinge und Gefühle so hell, daß sich ihre Konturen mit unversöhnlicher Deutlichkeit darin abhoben. Er beschrieb sie, wie er sie sah und belog sich weder über sich selbst noch über andere, er gab Ereignissen wie Menschen gleichermaßen das Wesen von Naturphänomenen. Er hielt in seinem sonderbaren Bedürfnis, alles zu registrieren, was ihn selber ausmachte, jede Minute seines Daseins fest.

»Gegen sechs Uhr diniert ... die beiden Katzen, den Falken und den Raben gefüttert. Die *Geschichte Griechenlands* von Mitford gelesen – und den *Rückzug der Zehntausend* von Xenophon. Dann bis zu diesem Augenblick geschrieben, acht Stunden weniger sechs Minuten.«

Das Tagebuch behielt den Reiz shakespearischer Narrheit, die daher kam, daß Byron wie die elisabethanischen Narren ohne Übergang von einer lyrischen Strophe in einen Scherz, von der universellen Republik zur Gesundheit seines Raben wechselte.

»Den ganzen Tag im Hause geblieben – ins Feuer geschaut. Mich gefragt, wann die Post kommen würde ... Fünf Briefe in einer halben Stunde geschrieben, alle kurz und wild ... Höre den Wagen, verlange nach den Pistolen und meinem Mantel, wie immer – notwendige Dinge. Es ist kalt – offener Wagen, ziemlich barbarisches Volk – sehr von der Politik entflammt. Schönes Geschlecht übrigens – guter Stoff, um eine Nation daraus zu machen ... Die Uhr schlägt – ich gehe aus, um wie üblich den Hof zu machen. Recht gefährlich, nicht unangenehm. Memorandum – heute einen neuen Paravent aufgestellt. Er ist ziemlich alt, wird nach ein paar Reparaturen seinen Dienst wohl noch tun. Das Tauwetter hält an. Hoffe, morgen ausreiten zu können ...

Elf Uhr neun Minuten. Komme von einem Besuch bei der Gräfin Guiccioli *geborene* Gamba zurück ... Über Italien, Patriotismus, Alfieri, Madame Albany und andere gebildetste Dinge gesprochen. Auch über die *Verschwörung des Catilina* von Sallust und über den *Krieg der Jugurtha*. Um neun kam ihr Bruder, Graf Pietro – um zehn ihr Vater, Graf Ruggiero. Über verschiedene Kriegsarten gesprochen – über das Säbelfechten in Ungarn und in den Highlands ... Beschlossen, daß der Aufstand am 7. oder 8. März ausbrechen wird, ein Datum, das mir Zutrauen machen könnte, wäre nicht vorher beschlossen worden, daß er im Oktober 1820 ausbrechen sollte ...

Zurückgekehrt, – Wieder in den *Zehntausend* gelesen; ich gehe schlafen.

6. Januar 1821. Nebel – Tauwetter – Regen – Schmutz. Unmöglich auszureiten ...

Um acht habe ich meinen Besuch gemacht. Ein wenig Musik gehört – ich liebe die Musik ...

Über die Situation der Frau im alten Griechenland nachgedacht – ziemlich bequem. Ihre heutige Stellung, ein Rückstand der Barbarei aus der Ritter- und Feudalzeit – künstlich, widernatürlich. Sie sollten sich um das Haus kümmern – gut genährt und gekleidet sein – doch sich nicht in das Gesellschaftsleben mischen. Sie gut in der Religion unterrichten – aber sie weder Poesie noch Politik lesen lassen – nur Bücher der Frömmigkeit und der Küche. Musik – Malerei – Tanz, von Zeit zu Zeit etwas Gärtnerei und Landarbeit. In Epirus habe ich sie sehr leistungsfähig beim Straßenbau gesehen. Warum nicht – es ist nicht schlechter als mähen und melken?

Zurück im Haus, wieder Mitford gelesen, mit meinem Hund gespielt – ihm sein Futter gegeben ... Heute abend im Theater, als in der letzten Szene ein Fürst auf dem Thron erschien, hat das Publikum gelacht und nach einer *Verfassung* von ihm verlangt. Das zeigt ebensogut wie die Attentate den Geist des hiesigen Publikums.

So kann es nicht weitergehen. Wir brauchen eine universelle Republik, – und ich glaube, daß es dazu kommen wird.

Der Rabe hinkt auf einem Bein – frage mich, wie es dazu gekommen ist – irgendein Idiot ist darauf getreten, vermutlich. Der Falke ist recht munter – die Katzen sind fett und laut – die Affen habe ich seit dem Kälteeinbruch nicht mehr gesehen, sie leiden, wenn man sie heraufbringt. Die Pferde müßten froh sein, – ausreiten, sobald das Wetter es erlaubt. Immer noch Schmutzwetter – ein italienischer Winter ist eine betrübliche Angelegenheit, aber alle anderen Jahreszeiten sind reizend.«

Das war beinahe der Ton des Londoner Tagebuchs zur Zeit des *Korsar*. Beinahe, aber doch nicht ganz. Der Lavastrom war erkaltet. Der innere Kampf weniger heftig. Byron hatte resigniert. Die Sinnlosigkeit des Lebens war akzeptiert, sogar die Langeweile. Er trug noch Verlangen nach der Tat, doch suchte er sie nicht mehr in Liebesaffären; sein Temperament war nicht mehr so lebhaft, sein Haar war grau.

»Warum ist es so, daß ich mein Leben lang mehr oder weniger gelangweilt war? Und warum bin ich es heute weniger als zu der Zeit, in der ich zwanzig war, wenn meine Erinnerung stimmt? Ich weiß es nicht, ich vermute, es liegt in meiner Natur ... Mäßigkeit und Ordnung, deren ich mich zur Zeit befleißige, ändern nichts. Die wütenden Leidenschaften taten mir gut; – wenn ich unter ihrem direkten Einfluß stand – es ist seltsam, aber – ich besaß damals einen beweglichen Geist, *nicht* einen niedergedrückten ... Auch Schwimmen hebt meine Laune; – im allgemeinen ist sie bedrückt und wird jeden Tag bedrückter. Es ist *hoffnungslos*, denn ich glaube nicht, daß ich mit neunzehn Jahren so viel Überdruß empfand, zu spielen, zu trinken oder irgend etwas zu tun, ohne daß ich unglücklich war. Jetzt kann ich ruhig dahindämmern ... Was ich in mir wachsen fühle, ist Faulheit und einen Widerwillen, der stärker ist als Gleichgültigkeit.«

Nichts weckte noch Anteilnahme in ihm. Er blieb zu englisch, um sein italienisches Leben ernst nehmen zu können, und England war nicht mehr als ein ferner Traum. Manchmal beschworen ein Klang, ein Duft, eine Lektüre die Vergangenheit. Ein Vers Cowleys:
Unter der Woge, glasklar und frisch und transparent
weckte für einen Augenblick das fließende zitternde Bild des eigenwillig geformten Astes, den er in Cambridge gefunden hatte, als er mit Long getaucht war ... »O, auf der Straße spielt eine Drehorgel – es ist ein Walzer! Ich will aufhören zu schreiben und zuhören. Sie

spielen einen Walzer, den ich zehntausendmal auf den Londoner Bällen zwischen 1812 und 1815 hörte. Die Musik ist eine merkwürdige Sache ...« Schatten glitten vorüber. Die tanzende Caroline Lamb ... Er wußte, daß sie sich in diesem Jahr auf dem Ball der Almacks als Don Juan verkleidet hatte, umringt von einer Vielzahl von Teufeln. Für sie endete das Drama in einer Maskerade. Über Lady Byron war er empört, als er hörte, sie habe das Patronat über einen Wohltätigkeitsball übernommen ... Das Patronat über einen Ball, während ihr verbannter Gatte sein Leben für ein fremdes Volk wagte. So etwas machte ihn für einige Stunden bitter. Wenn er das Tagebuch, das Annabella führte, hätte lesen können, wäre er auf diese Passage gestoßen: »Bin zeitig aufgestanden, um mein früheres Haus in Piccadilly zu betrachten. Von der Straße aus das Zimmer gesehen, in dem ich so oft mit ihm zusammen war; es ist, als habe ich dort mit einem für mich längstverstorbenen Freund gelebt. Kein Gefühl meiner vergangenen Leiden. Alles voll sanfter Begräbnisfeierlichkeit.« Auch Byron hatte manchmal den Eindruck, ihre Briefe seien Dialoge zwischen Verstorbenen. Dennoch empfahl er Augusta immer wieder ihrem Schutz: »Was sie auch sein und was sie gewesen sein mag, *Sie* hatten niemals Grund, sich über sie zu beklagen. Im Gegenteil. Sie können nicht wissen, was Sie ihr verdankten. Augustas Leben und das meine, Ihr Leben und meines waren zwei völlig voneinander getrennte Dinge. Als das eine aufhörte, begann das andere. Nun sind beide abgeschlossen.«

Die Freunde waren fern. Hobhouse war ins Parlament getreten und hatte sich durch seine radikale Politik eine Gefängnisstrafe eingetragen. Fletcher hatte diese Nachricht in einer italienischen Zeitung gefunden. Byron hatte gelacht. Einmal, weil »Rochefoucauld« (wie er sagte) recht damit hatte, daß ein Unglück, das unsere Freunde trifft, uns lachen macht, aber auch, weil ihm Demagogie ebenso mißfiel wie Tyrannei, deren Spielart sie ist. Er hatte komische Verse über Hobhouses Haft geschrieben, der sich darüber ärgerte. Scrope Davies hatte sich beim Spiel ruiniert und auf den Kontinent fliehen müssen. Ließ sich London ohne das Stottern Scrope Davies' vorstellen? »Brummell in Calais, Scrope in Brügge, Bonaparte auf St. Helena, Ihr in Eurer neuen Bleibe (im Gefängnis) und ich in Ravenna, denkt einmal! So viel große Männer! So etwas hat es seit den Zeiten nicht mehr gegeben, zu denen Themistokles in Magnesia weilte und Marius in Karthago.«

Am 22. Januar wurde er dreiunddreißig Jahre alt.

»Morgen ist mein Geburtstag, das heißt, um Mitternacht heute abend, *id est* in zwölf Minuten, werde ich mein dreiunddreißigstes

Jahr vollendet haben !!! – Ich werde mich schweren Herzens nie-
derlegen, weil ich so lange gelebt habe für ein so geringes Ergebnis ... Es ist jetzt Mitternacht und drei Minuten. – ›Die Schloßuhr
schlug gerade zwölf‹, und ich bin dreiunddreißig Jahre alt!

— —

> Wohlan, Vergänglichkeit,
> labuntur anni ...

aber ich trauere dem nicht gar so sehr nach, was ich getan habe, als
dem, was ich *hätte* tun können.

> Auf der düsteren und schmutzigen Straße des Lebens
> bin ich dreiunddreißig Jahre geschritten.
> Und was brachten mir diese Jahre?
> Nichts – es sei denn dreiunddreißig Jahre.

Am nächsten Tag schrieb er ein Epitaph auf das gestorbene Jahr.

1821

HIER RUHT

BEGRABEN IN DER EWIGKEIT

DES VERGANGENEN

AUS DEM ES FÜR SEINE TAGE

KEINE WIEDERKEHR GIBT

– WIE ES SIE FÜR ASCHE VERSTORBENER GEBEN   MAG –

DAS DREIUNDDREISSIGSTE JAHR

EINES SCHLECHTERFÜLLTEN LEBENS

ES FIEL

NACH LANGER KRANKHEIT VON

MEHREREN MONATEN

IN BEWUSSTLOSIGKEIT

UND VERSTARB

AM 22. JANUAR 1821

Während dieser Monate in Ravenna hatte er viel gearbeitet; *Don
Juan* war im 5. Gesang von der Gräfin Guiccioli aufgehalten worden: »Auf Verlangen der Gräfin Guiccioli habe ich mich bereit-
erklärt, dieses Gedicht nicht fortzusetzen. Sie hat die französische
Übersetzung gelesen und hält es für ein unzumutbares Machwerk.
Das ist, selbst unter dem Gesichtspunkt der italienischen Moral-
begriffe gesehen, ganz natürlich, weil die Frauen in der ganzen Welt
ihrer Freimaurerei treu bleiben, die in der Illusion der Gefühle
besteht, die ihr einziges Reich darstellt (alles dies durch Schuld der
Ritter und Goten – denn die Griechen hatten mehr Verstand); jedes Werk, das die *Komödie* der Leidenschaften beschreibt und über
Sentimentalitäten lacht, ist ganz selbstverständlich von der ganzen
Sekte verpönt. Ich habe noch keine Frau gesehen, die Rousseau nicht

liebte, Gil Blas aber und Grammont nicht aus demselben Grunde
haßte ... Weil ich fügsam bin, habe ich nachgegeben.«

Die Contessa Guiccioli war sehr entschlossen in ihrer Verteidigung
des traditionellen Romantismus, sie duldete nicht die leiseste Ket-
zerei gegen ihre Religion von der allesbeherrschenden Liebe. Als
ihr Byron einmal sagte, die Liebe sei nicht das höchste Thema für
eine Tragödie, war sie entrüstet und überschüttete ihn mit Argumenten. Er war nie sehr brillant in der Diskussion gewesen, vor
allem nicht mit einer Frau, er gab sogleich nach und machte einen
Liebhaber aus Sardanapel. Denn mangels *Don Juan* arbeitete er an
Tragödien, die einen waren von der Geschichte Venedigs inspiriert,
Marino Faliero, Die Foscari, die anderen durch die antike Geschichte und die Bibel. Der Gedanke, Tragödien zu schreiben, war
ihm durch seine neuerworbene Kenntnis des Werkes von Alfieri
gekommen, sein antiromantisches Ideal war es natürlich, die Tragödie durch die Rückkehr zu den drei Einheiten zu retten.

Für ihn war ein Thema, selbst wenn es historisch war, eine Tragödie, und auch wenn sie sich klassisch gebärdete, immer ein Vorwand, sich selbst von etwas zu befreien. Wenn er daran dachte,
einen *Tiberius* zu schreiben, geschah es in der Hoffnung, seine eigenen Empfindungen ausdrücken zu können. »An die Themen von
vier Tragödien gedacht: *Sardanapel,* schon begonnen; *Kain,* ein
metaphysisches Thema; etwas im Stile des *Manfred,* jedoch in fünf
Akten, vielleicht mit einem Chor; *Francesca von Rimini,* in fünf
Akten, und ich bin mir nicht sicher, ob ich mich nicht an einem
Tiberius versuche. Ich glaube, ich könnte irgend etwas von *meiner*
Tragik ausdrücken, zumindest in der düsteren Befangenheit und
dem Altern des Tyrannen – selbst in seinem Aufenthalt auf Capri
– indem ich die *Einzelheiten* mildern würde und die Verzweiflung
aufzeichnen könnte, die ihn zu so lasterhaften Ausschweifungen
führen konnte. Denn nur ein großer und gemarterter Geist kann
in solch einzigartigem Schrecken Zuflucht suchen – und er war im
gleichen Augenblick ein *Greis* und der Herr der Welt.«

Wenn er einen *Sardanapel* schrieb, war es ein Plädoyer *pro domo.*
Sardanapel führte dasselbe Leben wie Byron es im Palazzo Mo-
cenigo geführt hatte, und er antwortete auf die Vorwürfe seiner
Freunde mit einer Hymne auf das Vergnügen.

> Was wird die Nachwelt von Euch sagen? Sardanapel,
> der König, Sohn des Anacyndoraxes,
> aß, trank, liebte ...
> Würdet Ihr dies bevorzugen: Sardanapel erschlug stattdessen
> fünfzigtausend seiner Feinde.
> Hier sein Grabmal und hier seine Trophäen ...?
> Ich überlasse das alles gern den Eroberern; für mich

> ist es genug, wenn ich meine Diener
> die Last des menschlichen Elends etwas weniger fühlen ließ ...

Von diesen Dramen war *Kain* das enthüllendste. Von Kind auf war er von dem Thema der Prädestination besessen gewesen, vom Thema des *vor* dem Verbrechen von Gott verdammten Menschen. *Kain* war sein Versuch, seinen leidenschaftlichen Protest gegen die Existenz des Bösen in einer göttlichen Schöpfung in die Form eines Dramas zu übersetzen. In einer ersten Szene zeichnete er Adam und seine Kinder nach der Vertreibung; alle beteten Jehovah an, außer Kain, der schwieg. Kain hat Gott nicht verziehen. Was war Adams Sünde, fragte er.

> Der Baum war gepflanzt, warum nicht für ihn?
> Wenn nicht, warum wurde er neben den Baum gestellt? ...
> Auf diese Fragen ist nur eine Antwort möglich: »Es war *sein* Wille
> und *er* ist gut.« Woher ich das weiß? Weil *er*
> allmächtig ist; und folgt daraus, daß er gerecht sein muß?
> Ich kann nur nach den Früchten urteilen – und sie sind bitter ∴..

Auftritt Luzifers, der sich für gottgleich ausgibt. Er bietet Kain an, ihm die wirkliche Welt zu zeigen, über allen Anschein hinaus. Kain zögert, seine Schwester Adah zu verlassen, die zugleich seine Frau ist.

> Luzifer zu Adah:
> Du liebst ihn
> mehr als deine Mutter und mehr als deinen Vater?
>
> Adah:
> Ja. Ist auch das eine Sünde?
>
> Luzifer:
> Nein, noch nicht;
> aber einst wird es eine sein, für eure Kinder.
>
> Adah:
> Wie!
> Darf meine Tochter ihren Bruder Enoch nicht lieben?
>
> Luzifer:
> Nicht so wie du Kain liebst.
>
> Adah:
> O mein Gott!
> Sie dürfen nicht lieben noch liebende Wesen zeugen,
> die aus ihrer Liebe geboren werden? Haben sie die Milch nicht
> an derselben Brust getrunken? ...
>
> Luzifer:
> Die Sünde, von der ich spreche, ist nicht mein Werk,
> und kann für euch keine Sünde sein – wiewohl es
> denen so scheinen mag, die euch in der Sterblichkeit
> nachfolgen.

Adah:
Was ist das für eine Sünde, die nicht Sünde
an sich ist? Können Umstände Sünde
aus einer Tugend machen?

Nach Abels Tod kommt der Engel, der Kain zeichnen soll; Kain
nimmt es hin, aber er leugnet das Verbrechen.

Was ich bin, bin ich; ich habe nicht nach dem Leben
verlangt, ich habe mich nicht selbst erschaffen ...

Byrons eigener Aufschrei. Er glaubte, mit dem Kainsmal gezeichnet zu sein und verdammt wie jener über die Erde irren zu müssen. Auch er hatte einen jüngeren Bruder getötet, den Byron, der
er früher einmal war. War er dafür verantwortlich? Er war, was
er war; er hatte sich nicht selbst geschaffen, er hatte nicht anders
handeln können, und er rief hadernd einem ungerechten Gott entgegen: »Warum hast du mich so behandelt?«
Walter Scott, dem er *Kain* gewidmet hatte, nahm diese Widmung
mutig an, versuchte aber, Gott zu rechtfertigen: »Der entschei-
dende Schlüssel zum Geheimnis Gottes ist vielleicht die Unvollkommenheit unserer eigenen Fähigkeiten. Wir sehen, wir fühlen die
einzelnen Qualen, die uns belasten und wissen nur allzuwenig vom
großen Zusammenhang des Ganzen, um zu begreifen, wie weit die
Existenz der Leiden durch die Güte des Schöpfers ausgeglichen sein
kann.«
Kain wurde heftig kritisiert, vor allem vom Standpunkt der kirchlichen Lehre. Es war gewiß nicht das Werk eines Atheisten, und
Byron bewies eine unermüdliche Beharrlichkeit, darauf hinzuweisen, sondern das eines Häretikers. Die Geistlichen predigten von
Kentish Town bis Pisa gegen den calvinistischen Prometheus. Seine
Tragödien mißfielen Byrons englischen Lesern (sie waren roman-
tischer als er), und das betrübte ihn. »Da sehen Sie, was es heißt,
Perlen vor die Säue zu werfen. Solange ich übertriebene Absurdi-
täten schrieb, die den Geschmack des Publikums verdarben, haben
sie mir applaudiert wie ein Echo, und jetzt, da ich in den letzten
drei oder vier Jahren Dinge geschrieben habe, die nicht sterben
sollten, schnarcht und grunzt die ganze Herde und ist wieder dabei, sich im Dreck zu suhlen. Im Grunde geschieht mir recht, denn
ich habe sie verdorben, weil kein anderer so wie ich in meinen ersten Werken dazu beigetragen hat, diesen übertreibenden und ver-
fälschenden Stil zu schaffen.«

England hatte sich vom Dichter Byron abgewendet. Blieb der
Mann der Tat. O könnte er Hobhouse, der sich so selbstzufrieden
gebärdete, weil er ins Parlament und ins Gefängnis gelangt war

und weil er (ohne sie zu unterzeichnen) Pamphlete gegen Canning schrieb, könnte er ihm beweisen, daß er, Byron, sich mit solcher Scheincourage nicht zufriedengab. Eine italienische Revolution, in der er eine Rolle spielen würde, war nun seine größte Hoffnung.

Den ganzen Winter über konspirierte er mit Pietro Gamba und seinen »Brüdern«, den *americani*, er setzte sich selbst und seine Börse ein. Gab es Musketen oder Munition zu verstecken? Sollte eine geheimnisvolle Zusammenkunft stattfinden? Er bot den Palazzo Guiccioli an. »Es ist eine ziemlich starke Position – enge, von drinnen zu beherrschende Gassen – verteidigungsfähige Mauern.« Wurde Geld gebraucht? Er gab es. Er wußte, daß er sich in Lebensgefahr brachte, aber er meinte, der Zweck verlohne die Mühe. »Denken Sie doch: ein freies Italien! Das hat es seit den Tagen des Kaisers Augustus nicht gegeben ... Was bedeutet das ›Ich‹, wenn ein einziger edler Funke der Vergangenheit unversehrt der Zukunft weitergegeben werden kann?«

Ein charakteristischer Zug: seine Begeisterung und der physische Mut, vereint mit Klugheit und gesundem Menschenverstand. Er zweifelte am Erfolg, wenn es den Italienern nicht gelang, sich zu einen. Er hörte nicht auf, sie zu mahnen. Seine Gedanken über die lokale Strategie waren vernünftig: »Ich habe ihnen geraten, in kleinen, getrennten Gruppen anzugreifen und auch an verschiedenen *Plätzen* (wenn auch zur *selben* Zeit), um so die Aufmerksamkeit der Truppen zu zersplittern, die zwar nicht gerade zahlreich sind, aber als disziplinierte Einheit eine wenig geübte Masse schlagen würden, wenn es zu einer Schlacht käme.«

Die Ereignisse gaben seinem Vorgefühl recht. Anfang März wurden die Neapolitaner von den österreichischen Truppen geschlagen. Die Verfassung wurde vom König, der sie beschworen hatte, für nichts geachtet. Alle kleinen Aufstände wurden erstickt. Die Leute von Ravenna mußten ihre Pläne wie alle anderen auch aufgeben, und wie es immer ist, so wurde die Revolution, die gar nicht ausgebrochen war, auch hier aufs heftigste verfolgt. Die päpstliche Polizei stellte Listen mit den Namen Verdächtiger auf. Sie wagte es nicht, Byron selbst zu behelligen, aber um ihn zu treffen, verbannte sie im Juli 1821 die Gamba.

Die Gräfin Guiccioli nahm es wohl hin, verbannt zu werden, aber nicht, ihren Geliebten zu verlieren. Wohin würde er ihr folgen? Sie schlug die Schweiz vor. Aber die Schweiz beherbergte zuviele Engländer, die nur darauf warteten, ihre Feldstecher auf Lord Byron zu richten. Während er noch unschlüssig war, erhielt er einen Brief von Shelley, der ihm seinen Besuch ankündigte. Shelley war in Sorge wegen Allegra. Während der Verschwörung hatte es

Byron für unklug gehalten, seine Tochter in einem Hause zu behalten, das sich nach und nach in ein Waffenarsenal verwandelte und vor dem am hellen Tage Menschen ermordet wurden. Er war seit langem entschlossen, Allegra katholisch werden und einen Italiener heiraten zu lassen. Sicherlich auf den Rat der Gräfin Guiccioli hin, die selbst in einer Klosterschule erzogen worden war, hatte Byron Allegra in Bagnacavallo, nicht weit von Ravenna, untergebracht.

Claire war darüber unsagbar erregt. Sie hatte ihm flehende Briefe geschrieben, in denen sie ihn bat, Allegra den Shelleys zurückzugeben, wenn er sie nicht bei sich behalten wollte. Aber Claire gehörte wie einst Annabella zu den Frauen, die das Unglück hatten, Grausamkeit herauszufordern. Bei ihr kam der Mangel an zurückhaltender Scham, den er Caroline Lamb zum Vorwurf gemacht hatte, mit den »Predigten und Gefühlen« Lady Byrons zusammen, und wie den beiden anderen verzieh er ihr seine eigene Grausamkeit nicht. Außerdem verachtete er sie viel zu sehr, um ihr eine Byron anvertrauen zu wollen. »Claire schreibt mir die anmaßendsten Briefe wegen Allegra; da sehen Sie, was ein Mann davon hat, wenn er sich seiner natürlichen Kinder annimmt! Wenn es nicht um die arme Kleine ginge, wäre ich beinahe versucht, sie ihrer atheistischen Mutter zurückzuschicken, aber das wäre zu gemein ... Wenn Claire glaubt, sie könne auf die moralische Erziehung des Kindes einwirken, so irrt sie sich; dazu wird sie niemals berechtigt sein ... Die Kleine wird eine Christin, und wenn es möglich ist, eine verheiratete Frau werden.« Zeilen, die auf das schönste den unbewußten Moralisten erkennen lassen, der verdrängt in den verborgensten Tiefen dieser Seele lebte.

Shelley kam am 6. August. Er hatte seit Venedig keinen Kontakt mehr zu Byron gehabt und nahm mit Verwunderung dessen moralische und physische Besserung zur Kenntnis. »Er ist wieder völlig gesund und lebt ein Leben, das ganz im Gegensatz steht zu dem von Venedig. Er hat eine Art permanentes Verhältnis zur Gräfin Guiccioli, die sich gerade in Florenz aufhält ... Fletcher ist hier, und so wie ein Schatten mit der Substanz seines Herren vergeht und sich neu belebt, hat auch Fletcher sein fröhliches Gesicht wiedergefunden, und zwischen seinen frühergrauten Haaren scheint eine Nachernte blonder Locken zu wachsen ... Lord Byron hat in jeder Beziehung ungeheure Fortschritte gemacht. Er hatte schlimme Eigenschaften, aber er scheint ihrer Herr geworden zu sein, er wurde zu dem, was er sein sollte: ein tugendhafter Mann. Die Anteilnahme, die er der italienischen Politik entgegenbrachte und seine Handlungen, die daraus folgten, sind Dinge, über die ich nicht schreiben kann, die Ihnen jedoch Freude machen werden ... Er hat mir einen unveröffentlichten Gesang des *Don Juan* vorgelesen, der von bewundernswerter Schönheit ist. Das ist nicht nur in sich selbst überlegen, sondern steht hoch über allen heutigen Dichtungen. Jedes Wort trägt das Siegel der Unsterblichkeit.«

Dieser Brief läßt das loyale Bemühen erkennen, Mary eine bessere Meinung von Byron einzuflößen. In Genf und Venedig hatten die Shelleys sehr streng geurteilt. Für einige Tage dem Einfluß des »absurden Frauengeschlechts« entkommen, wurde Shelley gerechter. Er fühlte sich nicht als Byrons Freund. Freundschaft verlangt mehr geistige Freiheit. Selbst für einen so vorurteilslosen Menschen wie Shelley war Byrons Ruhm im Kontrast zu seiner eigenen ungerechtfertigten Erfolglosigkeit ein Hindernis. Es gab ungute Gefühle zwischen den beiden. Shelley wollte sie verschwinden machen, sie überwinden, doch er kämpfte vergeblich gegen sein Unbehagen. Byron sah in Shelley den bedeutendsten Menschen, den er kannte, den vortrefflichsten und großmütigsten Richter der Dichtkunst. Shelleys Gegenwart war wie eine lebendige klare Flamme. Wer sich an ihr einmal gewärmt hatte, sollte sich sein Leben lang nach ihr sehnen. Zugleich aber war Shelley ein Vorwurf. Engagiert und energisch wußte er genau, was er wollte, er schien sogar zu wissen, was gut und was böse war. Byron bewunderte, beneidete ihn und beobachtete ihn manchmal im verborgenen mit dem heimlichen Wunsch, einen Fehler an ihm zu entdecken. Was hätte »Rochefoucauld« von diesem tugendhaften Atheisten gedacht? Und wenn Shelley gar ein Heuchler war ... Doch selbst im brutalen Licht Byronscher Analyse blieb Shelley unangreifbar.

Das Leben verlief während dieses Besuches so, wie es mit Byron eben verlief. Vormittags Schlaf, Frühstück am Nachmittag, Ausritte durch den Wald, abends Lektüre, nächtliche Gespräche. Shelley spazierte amüsiert durch den riesigen Palazzo, begegnete auf der Treppe fünf Pfauen, drei Perlhühnern und einem ägyptischen Kranich, Zeugen des unaufhörlichen Gezänks der Affen, dem Katzen, der Rabe und der Falke zuschauten. Im Verlauf der Gespräche konnte Shelley die Rede auf ihren gemeinsamen Freund Leigh Hunt bringen, der es in England schwer hatte und den Shelley gern nach Italien mitgenommen hätte. Was konnte er hier unternehmen? Byron hatte eine Idee. Seit einiger Zeit stand er nicht mehr gut mit Murray. Byron hatte zusammen mit Moore eine Zeitschrift gründen wollen, um darin seine Werke abzudrucken. Moore hatte abgelehnt. Warum sollte man Hunt nicht vorschlagen, gemeinsam mit Shelley und Byron eine liberale Zeitschrift zu gründen? Eine Verbindung mit Byron wäre für Hunt die glückliche Wende gewesen; Shelley gab seinem Gastgeber gar nicht erst die Möglichkeit, seine Ansicht zu ändern, er schrieb sofort an Hunt und beschwor ihn zu kommen.

Byron bat ihn, auch an die Gräfin Guiccioli zu schreiben (auch wenn er sie nicht kannte), um sie zu bitten, statt der Schweiz Pisa zu ihrem Wohnsitz zu wählen. Die Gräfin war einverstanden und schloß ihren Brief mit einem denkwürdigen und rührenden Passus: »Signor, durch Ihre Güte bewegt, brenne ich darauf, Sie um einen Gefallen zu bitten. Werden Sie ihn mir gewähren? *Non partite da Ravenna senza Mylord.*« Sie wußte, wie riskant es war, Byron allein zu lassen. Aber derjenige, der das geringste Zutrauen in Byron setzte, war immer noch Byron selbst. Er kannte sich, fürchtete seine eigene Schwäche und sah voraus, daß er allein in Ravenna ohne Shelley und die Guiccioli in irgendeine Zügellosigkeit fallen würde. Er versuchte lange, Shelley zum Bleiben zu bestimmen. Doch Shelley war hergekommen, um Allegra zu sehen. Er reiste ab, machte noch seinen Besuch im Kloster und kehrte nach Pisa zurück.

Die Gräfin Guiccioli und die Gamba folgten ihm bald dorthin und billigten Marys Wahl, die den Palazzo Lanfranchi für Byron gemietet hatte. Der ließ beinahe drei Monate auf sich warten. Wie in seiner Verlobungszeit hatte er es »weniger und weniger eilig«. Er hatte kein Glück; kaum liebte er ein Land, eine Stadt, ein Haus, riß irgendeine Frau ihn daraus fort. Er hatte zu Ravenna eine Neigung gefaßt, die Leute aus dem Volk verehrten ihn, die Priester schützten ihn, weil er an Prozessionstagen seine Wandteppiche herausgab, hier schrieb er mit Freude. Hier fühlte er sich wohl. Von Woche zu Woche verschob er die Abreise. Die Gräfin Guiccioli hatte in Mary Shelley eine Eroberung gemacht. Mary bedauerte sie. »Die Gräfin Guiccioli«, schrieb Shelley, »ist eine sehr hübsche, empfindsame und unschuldige Italienerin, die ein riesiges Vermögen für ihre Liebe zu Byron geopfert hat, und er wird in Zukunft, wenn ich meinen Freund und die menschliche Natur richtig kenne, noch mehr als eine Gelegenheit haben, seine Unklugheit zu bedauern.«

Byron arbeitete währenddessen im Palazzo Guiccioli an einem Mysterienspiel *Himmel und Erde,* das sich auf die Legende gründete, die von den gestürzten Engeln berichtet, die, nach der Bibel, die Töchter der Erde liebten. Die Gestürzten gehörten, wie Kain, zu seinen ältesten Vorlieben. Die Möbel waren schon unterwegs nach Pisa, Byron besaß nur noch einen Tisch und eine Matratze. Inmitten von Staub und Umzugstrubel schrieb er Geisterchöre und einen Gesang des Erzengels. Endlich am 29. Oktober mußte er sich entschließen, den Palazzo Guiccioli zu verlassen und zu der zu reisen, die einst hier Hausherrin gewesen war.

Auf dem Wege von Ravenna nach Pisa traf er überraschend und

tief beeindruckt seinen Jugendfreund Lord Clare. »Diese Begegnung löschte für einen Augenblick alle die Jahre aus, die zwischen dem gegenwärtigen Tag und den Tagen von Harrow vergangen sind. Es war ein neues, unerklärliches Gefühl für mich, es war, als stiege ich aus einem Grab ... Auch Clare war sehr erregt – *mehr* als ich, schien es, denn ich konnte fühlen, wie sein Herz bis in die Fingerspitzen klopfte, es sei denn, mein eigener Pulsschlag hätte mich getäuscht ... Wir waren nur fünf Minuten beisammen, aber ich erinnere mich kaum einer Stunde meines Lebens, die das Gewicht dieser fünf Minuten überstiegen hätte.«

Das Leben ist wirklich aus dem Stoff von Träumen gemacht. Gestalten ziehen vorüber, erfüllen die Tage, erregen Eifersucht, Liebe, Zorn. Sie verblassen. Man glaubt sie ausgelöscht. Sie erscheinen wieder, werden plötzlich zwischen zwei Postkutschen auf einer fremden, staubigen und heißen Straße lebendig.

Auf dieser Reise traf er auch den Skelettfreund Rogers. Sie besichtigten gemeinsam die Museen von Florenz, doch Byron mochte keine Museen, die Neugier der englischen Besucher ärgerte ihn. In Bologna hatte er Rogers auf den Cimitero de la Certosa mitgenommen, zu dem Totengräber mit der hübschen Tochter. »Der Mann«, schrieb er an Hobhouse, »hatte große Lust, Rogers seiner Skelettsammlung halber dazubehalten.«

Shelley hatte Byron noch kurz vor dessen Abreise geschrieben, er möge doch Allegra mitbringen, in Bagnacavallo werde sie sich, weit entfernt von allen, die sie liebte, einsam fühlen. Doch Byron kam allein. Freilich nicht ganz allein. Denn in einem Käfig, der unter der Kutsche hing, begleitete ihn eine Gänseschar. Bei allem Spott über England hing er in kleinen Nebensächlichkeiten an den alten Gebräuchen seines Landes. Am Karfreitag wollte er seine kleinen Kreuzbrote haben und zu St. Michael eine gebratene Gans. Er hatte also eine Gans kaufen lassen und sie aus Angst, sie könne mager bleiben, einen Monat lang eigenhändig gefüttert. Dabei hatte er sich jedoch sehr an seine Gans gewöhnt, und als der Festtag kam, weigerte er sich, sie braten zu lassen. Nun, da er sie auch nicht länger ihrer Familienfreuden berauben wollte, reiste er mit vier Gänsen. Ebenso fühlte Schopenhauer, der die Menschen haßte, auf der Messe in Frankfurt Kummer über die Trübsal eines Orang-Utan.

XXXII

Schiffbrüche

> Sie alle haben sich unsagbar über Shelley ge-
> täuscht, er war, ohne irgend jemanden auszuneh-
> men, der beste und am wenigsten egoistische
> Mann, den ich jemals gekannt habe. Ich habe nie-
> manden gekannt, der mit ihm verglichen nicht
> ein Tier gewesen wäre.
>
> *Byron*

Für die mit dem Kainsmal gezeichneten Menschen ist Einsamkeit
das geringste Unglück. Niemals sollte Byron in Pisa so glücklich
werden, wie er es manchmal in Ravenna gewesen war. In der
Romagna hatten ihn die alten Frauen in der Pineta, die *americani*
und die Gamba beschäftigt, ohne ihn weiter zu beunruhigen. In
Pisa sah er sich einer kleinen englischen Gesellschaft gegenüber, die
ihr Urteil über ihn sogleich fertig hatte. Shelleys Gegenwart störte
ihn nicht. Im Gegenteil. Je öfter er ihn sah, um so höher achtete
er ihn. Er schätzte seinen Mut, er freute sich, ihn mit seinem Boot
gegen die allzu starke Strömung des Arno ankämpfen zu sehen,
und er liebte seinen Widerstand gegen die Welt der Menschen. Er
brauchte Shelley, der immer bereit war, für die Unentschlossenen
einzutreten. Und vor allem bewunderte ihn Shelley. »Der Welt-
raum staunt nicht so sehr über Gottes schöne und rasche Schöpfungen wie ich über die letzten Werke dieses engelgleichen, in das
sterbliche Paradies eines alternden Körpers eingeschlossenen Geistes.« Doch war um Shelley eine Welt strenger Abel ohne Genie.
Sie akzeptierten den Dichter Byron, der Mensch erstaunte und
enttäuschte sie. Er war allzu menschlich, die äußeren Unwichtig-
keiten seines Lebens verärgerten sie. Sie mißbilligten seine Lebensform, seinen Palazzo, seine livrierten Diener, seine Menagerie, seine
Dinners. Sein Zynismus hatte Mary Shelley stets schockiert. Claire
hatte der Pisaner Gesellschaft ein erbarmungsloses Bild von ihm
entworfen. Er empfand das alles, fühlte sich unfähig, sie den heimlichen Byron entdecken zu lassen, den sie vielleicht geliebt hätten.
Seine Rede, so einfach, wenn er mit Shelley sprach, wurde bitter
und gleißend. Und da er seine Legende nicht zerstören konnte,
nahm er es auf sich, sie zu leben.
Der Palazzo Lanfranchi am Ufer des Arno war groß genug für
eine Garnison und »so voller Gespenster«, daß Fletcher mehrmals
bat, sein Zimmer tauschen zu dürfen. Morgens ging Byron mit
der Gräfin Guiccioli spazieren, nachmittags fuhr diese im Wagen
mit Mary Shelley aus, während Byron ausritt, begleitet von Shel-

ley, dem Hauptmann Williams, dem Iren Taaffe, einem Dante-Übersetzer (und ebenso schlechtem Reiter wie Poeten), dem Fürsten Mavrocordato, dem Griechischlehrer von Mary Shelley und dem Dragonerleutnant Medwin, einem Vetter Shelleys. Die Herren ritten zu einem Gut, dessen Eigentümer Byron erlaubt hatte, zum Pistolenschießen herzukommen. Als Zielscheibe wurde eine Silbermünze verwendet, die anschließend der Bauer erhielt. Nachhause zurückgekehrt, spielte Byron Billard oder arbeitete. Nach dem Dinner, wie in Ravenna Besuch bei den Gamba und Arbeit bis um drei Uhr morgens. Gelegentlich stiegen Teresa Guiccioli und ihr Bruder auch ins oberste Stockwerk der Tre Palazzi hinauf; dort hatten die Shelleys eine kleine Wohnung gemietet, sie verbrachten dann den Abend damit, Shelley zuzuhören, der seine Verse vorlas. An solchen Abenden ging Medwin allein zu Byron, und nach jeder dieser Unterhaltungen machte er sich darüber Aufzeichnungen, was Byron nicht wußte. Er mochte diesen unvoreingenommenen Zuhörer gern und ließ es sich nicht nehmen, ihm von seiner Jugend zu erzählen.

Alle die mumifizierten, zeichenbeladenen Bändchen wurden vor Medwin aufgeknüpft ... Mary Chaworth ... das Thema von der Subjektivität der Liebe ... »Es war eine romanhafte Liebe. Sie war das schöne Ideal von allem, was meine junge Phantasie sich an Entzückendem auszumalen imstande war, und meine Vorstellungen vom göttlichen Wesen der Frauen verdankte ich nur der Vollkommenheit, die meine eigene Phantasie in ihr geschaffen hatte. Ich sage *geschaffen*, denn ich fand beim Rest ihres Geschlechtes alles, nur nichts Engelhaftes.« Caroline Lamb ... »Sie besaß eigentlich wenig Reiz. Ihr Körper war wohl rassig, aber zu mager, um schön zu sein. Es fehlte ihr jede Rundung, die weder Eleganz noch Anmut ersetzen können.« Lady Oxford ... »Nie habe ich eine heftigere Leidenschaft empfunden. Sie hatte wie alle Frauen einen so starken Einfluß auf mich gewonnen, daß ich große Schwierigkeiten hatte, mit ihr zu brechen, als ich erkannte, daß sie mir untreu gewesen war.« Annabella ... ein Thema für Vorzeichen ... »Ich erinnere mich gut daran, daß ich am ersten Tag, als ich Miss Milbanke traf, auf der Treppe eine Stufe verfehlte und Moore darauf hinwies, das sei ein böses Omen. Ich hätte diesem Vorgefühl Rechnung tragen sollen ... Mrs. Williams hatte vorausgesagt, daß mein siebenundzwanzigstes Jahr ein gefährliches Alter für mich sein würde. Die Wahrsagerin hatte recht. Den 2. Januar werde ich nie vergessen. Lady Byron (er sagte *Byrn*) war der einzige ruhige Mensch, ihre Mutter weinte und zitterte wie ein Blatt.«

Stets war Medwin auf den Spaziergängen an Byrons Seite, der pausenlos redete und dabei von Zeit zu Zeit einen Blick auf seinen

Boswell warf, wie um seine Gläubigkeit zu messen. Am 10. Dezember lehnte er es ab, zum Pistolenschießen zu reiten und schien trübsinnig zu sein. »Heute ist Adas Geburtstag«, sagte er zu Medwin, der ihn nach der Ursache seiner Melancholie fragte. »Es müßte der glücklichste Tag meines Lebens sein ... Ich hasse Geburtstage ... Mir sind viele außergewöhnliche Dinge an meinem Geburtstag geschehen, und ebenso Napoleon.« Am nächsten Tag zeigte er Medwin einen Brief aus England. »Ich wußte es wohl, daß gestern abend ein Unheil über mir schwebte. Der arme Polidori ist gestorben. Als er mein Arzt war, sprach er ständig von Blausäure und stellte Gifte her. Nun hat er sich vergiftet. Die Wirkung, schreibt mir Murray, war so augenblicklich, daß er ohne Zucken starb. Es scheint, vergebliches Hoffen, enttäuschter Ehrgeiz sind die Gründe für seinen Tod.«

Am 28. Januar erfuhr er vom Tod Lady Noels. »Ich schulde der armen Lady Byron Mitleid. Die Welt wird glauben, daß ich dies Geschehen gern höre, aber man hat sich getäuscht. Ich habe mir nie mehr Reichtum gewünscht. Ich habe, wie Sie sich denken können, an Lady Byron einen Kondolenzbrief in wohlmeinenden Wendungen geschrieben.« Ein Schiedsgericht teilte die Einkünfte aus der Wentworth-Erbschaft zwischen ihm und seiner Frau, und sein Einkommen stieg auf mehr als siebentausend Pfund im Jahr. Das erste, was Annabella als neue Herrin des Gutes Kirkby tat, war Wildpret an Augusta zu schicken.

Medwin war nicht der einzige, der sich über Byron Aufzeichnungen machte. Mitte Januar schloß sich ein eigenwilliger Mann der englischen Gruppe von Pisa an. Er nannte sich Trelawney. Er hatte das turbulenteste Leben geführt, war Seemann, Deserteur, Pirat gewesen. Er gefiel Shelley. »Er ist sechs Fuß groß«, schrieb Mary Shelley, »hat rabenschwarzes gelocktes Haar, dicht und kurz wie bei einem Mohren, dunkelgraue ausdrucksvolle Augen.« Trelawney seinerseits liebte die Shelleys, doch seine Beziehungen zu Byron erwiesen sich als kompliziert. Byron, der in ihm einem echten Korsaren begegnete, hatte sich bemüht, ihm zu gefallen. Er hatte den Kenner des Meeres wie einst den Boxer Jackson mit der nachgiebigen Bescheidenheit des Amateurs gegenüber dem Fachmann behandelt. Er hatte ihn beauftragt, für sich und Shelley Boote zu bauen. Doch empfand Byron Horror vor Menschen, die Byronschen Helden wirklich glichen. Die »Konrad-Seite« in Trelawney brachte ihn auf. Trelawney seinerseits war tief enttäuscht. Dieser kleine melancholische, hinkende Mann, der Geschichten von Schauspielern, Boxern erzählte und davon, wie er einst den Hellespont durchwommen hatte, schien ihm eines *Childe Harold* unwürdig. Als Byron klar wurde, daß Trelawney nicht immer die Wahrheit sagte, hatte er gemurmelt: »Wenn wir ihm beibringen könnten, sich die Hände zu waschen und nicht zu lügen, würden wir einen Gentleman aus ihm machen können.« Diese Bemerkung wurde Trelawney hinterbracht, und von diesem Tage an haßte er Byron.

In einer Gesellschaft von Halbschriftstellern, in der sich die Menschen gern gegenseitig sezierten und in der jeder Ausspruch sofort kursierte, fühlte Byron sein Ungenügen. Er wußte, daß sein Leben, so wie er es führte, nicht das war, was man von ihm erwartete. Obwohl er hier mit Teresa Guiccioli nicht unglücklich war, fragte er sich doch, ob diese Liaison nicht allmählich ein wenig lächerlich wurde. Er sprach in leicht ironischem Ton von ihr als »*meiner amica*«, ganz so, wie er früher von »seinem kleinen Fuß« gesprochen hatte. Auch sie eine Behinderung, diese allzu treue Geliebte, mit der er ganz ehemäßig unter den mageren Orangenbäumen des Palazzo Lanfranchi lebte.

Taten ... Taten ... Taten. Als der Fürst Mavrocordato erfahren hatte, daß der griechische Aufstand erfolgreich zu werden versprach und im März 1822 aufbrach, um sich an die Spitze der Empörer zu stellen, beneidete ihn Byron. Er gehörte zu jenen Menschen, von denen es übrigens viel mehr gibt, als man glaubt, die es für sehr viel leichter halten, ihr ganzes Leben zu ändern als von einer einzigen Gewohnheit zu lassen und denen es leichter fällt, ihr Leben aufs Spiel zu setzen, als einen Irrtum einzugestehen.

Eine der Wirkungen von Byrons latentem Hochmut, den die Pisaner Clique ihm verursachte, führte ins Tragische. Er hatte seine Tochter nicht mit hergebracht, er hatte sie nicht einmal besucht. »*Caro il mio Pappa*«, hatte Allegra geschrieben, »*essendo tempo di fiera desiderai tanto una visita del mio Pappa.*« – »Sie möchte mich sehen«, kommentierte Byron, »weil Jahrmarkt ist und sie ein wenig väterlichen Pfefferkuchen haben will, vermute ich.« Er wandte seinen lieben »Rochefoucauld« auch noch auf fünfjährige Kinder an.

Claire, der gutunterrichtete Freunde berichteten, das Klima von Bagnacavallo sei ungesund und das Kloster nicht einmal geheizt, sah in die brennenden Scheite in ihrem Florentiner Kamin und dachte daran, daß es ihr Kind fror. Sie bat Byron noch einmal, Allegra in eine achtbare Familie zu geben, gleichgültig wohin, nur in ein zumutbares Klima. Sie schwor, niemals hinzugehen, um das Kind zu sehen. Doch Claire war heftig und ungeschickt. Bei allem Atheismus blieb sie englisch protestantisch und antipäpstlich. Sie verwandte Argumente, die Byron verletzten und ihn nur verhärten konnten.

»Ich habe Auskünfte«, schrieb sie noch, »über das in Klöstern ange-
wendete System und mußte entdecken, daß der Zustand der Kinder
beklagenswert ist ... Alle Reisenden, die über Italien schreiben,
mißbilligen ihn, und das wäre ein ausreichendes Zeugnis, ganz abgesehen von der Unkenntnis und Leichtfertigkeit der italienischen
Damen, die alle in Klöstern erzogen wurden. Sie sind schlechte
Ehefrauen und widernatürliche Mütter; freigebig und ungebildet,
sind sie eine Schande und ein Unglück für die Gesellschaft ... Das
ist die Erziehung, die Sie für Ihre Tochter gewählt haben. Die unglückliche Allegra, von ihrem Vater dazu verurteilt, unwissend zu
bleiben und verdorben zu werden, allem Schutz und aller Zuneigung der Freunde ihrer Eltern beraubt, einer anderen Religion und
einer verachtenswerten Erziehung anheimgegeben, wird in den
Augen der Welt alle Beschuldigungen bestätigen, die gegen Sie vor-
gebracht werden.
Wie sehr wird sich Lady Byron (noch immer nicht für ihr Verhalten Ihnen gegenüber gerechtfertigt) über die ehrenhafte Sicherheit
ihres Kindes und ihrer selbst freuen; die ganze Welt wird sie ob
ihrer Klugheit loben; meine unglückliche Allegra wird den Beweis
liefern, der Sie verurteilt!«

Auf diese Weise wurde die Kloster-Frage für Byron eine persönliche Frage und eine Frage der Doktrin. Der Angriff gegen die im
Kloster erzogenen Frauen schien ihm gegen die Contessa Guiccioli
gerichtet zu sein, der Angriff auf eine religiöse Erziehung hatte ihn
immer geärgert. Er antwortete gar nicht. Diesmal nahm Shelley
entschieden für Claire Partei, und er war über Byrons Haltung
empört. Er hatte nur noch einen Wunsch: so schnell wie möglich die
Stadt zu verlassen, in der Lord Byron lebte. Die Williams und
Claire wurden damit betraut, an der Küste ein Haus für den Sommer zu suchen. Sie hatten Pisa kaum verlassen, da erfuhren die
Shelleys durch Byron, daß Allegra gestorben war.
Byron hatte einer anmaßenden Frau widerstehen, sich Autorität
verschaffen wollen, weil er sich beobachtet fühlte, aber er hatte
gewiß nicht gewollt, seine Tochter zu diesem Geschick zu ver-
dammen. Auf seine Art hatte er Allegra geliebt; er hatte versucht, sie selbst aufzuziehen, es hatte ihm gefallen, in ihr die Schönheit und die Fehler der Byrons wiederzufinden, er hatte daran gedacht, sie in die Fremde mitzunehmen, aus ihr die einzige Gefährtin seines Alters zu machen. Er war wiederum auf seine Art unglücklich, dabei unmäßig egoistisch. Die Gräfin Guiccioli erzählte
naiv, daß, als er die Nachricht von Allegras Tod erhielt, »eine
Totenblässe sich auf seinem Gesicht ausbreitete und er in einen
Stuhl fiel ... Er vergoß nicht eine Träne; und seine Züge schienen

so verzweifelt, sein Kummer so tief, so erhaben, daß er mir in diesem Augenblick wie ein über der Menschheit stehendes Wesen vorkam ... Am nächsten Morgen fand ich ihn ruhiger, er hatte einen Ausdruck religiöser Resignation. ›Sie ist glücklicher als wir‹, sagte er. ›Im übrigen hätte ihr ihre Stellung in der Welt kaum gestattet, glücklich zu werden. Es ist Gottes Wille – sprechen wir nicht mehr davon.‹«

Man konnte von Claire nicht erwarten, daß sie Byron mit derselben Arglosigkeit bedauerte wie die Gräfin Guiccioli. Shelley an Byron: »Ich mußte Claire sagen, was wirklich geschehen war. Ich will Ihnen ihren Kummer nicht schildern, Sie haben selbst zu sehr gelitten ... Sie möchte den Sarg sehen, bevor er nach England gebracht wird ... Sie wünscht sich außerdem, daß Sie ihr ein Porträt Allegras schenken, wenn Sie eines besitzen und eine Haarlocke, so klein sie auch sein mag ... Dieser Brief trägt Ihnen, fürchte ich, die Traurigkeit zu, die hier herrscht. Aber die Natur bleibt ebenso lebendig und heiter, wenn wir unglücklich sind, und wir haben, wie Faust sagt, *unsere kleine Welt in die große Welt aller* gebaut, eher als Gegensatz, denn als Nachbildung dieses göttlichen Beispiels.«

Unvermeidbar nahm Byrons Kummer die Form einer Träumerei über vergangene Gefühle an.

»Ich wünsche, daß sie in der Kirche von Harrow begraben werde: es gibt auf dem Friedhof, dicht am Weg auf dem Gipfel des Hügels, von dem aus man nach Windsor blickt, einen Platz, und unter einem großen Baum einen Grabstein (er trägt den Namen Peachie oder Peachy), an dem ich als Kind stundenlang saß. Das war mein Lieblingsplatz; aber da ich eine Gedächtnistafel für sie setzen lassen will, ist es besser, den Leichnam in der Kirche beizusetzen. Links neben der Tür steht ein Grabmal mit einer Tafel, die diese Worte trägt:

> When Sorrow weeps o'er Virtue's sacred dust,
> Our tears become us, and our Grief is just:
> Such were the tears she shed, who grateful pays
> This last sad tribute of her love and praise.

Ich erinnere mich (nach siebzehn Jahren) noch daran, nicht weil irgend etwas Bedeutsames daran wäre, sondern weil ich von meinem Platz auf der Empore aus gewöhnlich meine Augen auf das Grabmal richtete; und so nah wie möglich daneben soll Allegra begraben werden, und an der Mauer soll eine Marmorplatte angebracht werden mit diesen Worten:

Der Vikar von Harrow aber hielt es für unzumutbar, den Leichnam eines unehelichen Kindes in der Kirche zu dulden, und so zeigte (und zeigt noch) auf dem kleinen Friedhof oben auf dem Hügel ein in den Rasen gepflanzter Rosenstock die Stelle an, an der Byrons Tochter ruht.

Taten blieben aus, und das einzige Heilmittel gegen Überdruß und Traurigkeit war die Arbeit. Byron arbeitete viel in Pisa. Er schrieb ein faustisches Drama, *The Deformed Transformed*, das Shelley für abscheulich erklärte, das aber ein interessantes Dokument darstellt; zunächst einmal des Gegenstandes wegen, der so unmittelbar mit Byron verknüpft ist: Arnold, bucklig zur Welt gekommen, verkauft seine Seele dem Teufel, um von seinem Gebrechen geheilt zu werden, um den anderen Menschen gleich und geliebt zu werden. Dann aber wegen eines berühmten Dialoges im ersten Akt: *Arnolds Mutter:* »Verschwinde, Buckliger!« *Arnold:* »Ich bin so geboren, Mutter.« Eine authentische Antwort, heißt es, von Byron an seine eigene Mutter. Schließlich durch eine sehr merkwürdige Bemerkung über einen dritten, nicht vollendeten Akt: *Arnold, eifersüchtig auf sich selbst in seiner früheren Form und auf die einstmals besessene geistige Kraft* ... eine Bemerkung, die vielleicht nachweist, daß Byron über die Probleme der Persönlichkeit nachdachte und daß sich niemand stärker als er der aufeinanderfolgenden Existenz mehrerer Byrons bewußt war.

Er hatte auch *Don Juan* wieder aufgenommen: »Es ist nicht unwahrscheinlich, daß ich in diesem Herbst oder etwas später drei oder vier Gesänge des *Don Juan* fertigstellen werde, denn ich habe von meiner Diktatorin die Erlaubnis erhalten, ihn fortzusetzen, – immer vorausgesetzt, daß er zurückhaltender und sentimentaler wird als der Beginn. Wieweit sich dies erfüllen läßt, wird sich später zeigen, aber das Embargo wurde nur aufgehoben, wenn die Bedingung angenommen war.«

Er arbeitete um so besser, als er jetzt häufig im Palazzo Lanfranchi allein war. Die unglücklichen Gamba waren noch einmal vertrieben worden. Während einer Auseinandersetzung mit einem

Sergeanten schlug Byrons Türhüter mit einer Forke zu und brach diesem eine Rippe. Die Sache hatte Staub aufgewirbelt. Tita und ein Unschuldiger waren verhaftet worden. Schließlich verbannten die toskanischen Behörden, die sich an Byron nicht heranwagten, die Gamba. Byron hatte ihnen in Montenero, nahe Livorno, eine Villa mieten müssen. Fast jede Woche besuchte er Teresa, die durch solche Verfolgung in seinen Augen wieder ein gewisses Prestige erhalten hatte. Er fühlte sich weniger verheiratet, seit er von ihr getrennt war.

Am 1. Juli war er gerade bei den Gamba in Montenero, als ihm Leigh Hunt angekündigt wurde. Leigh Hunt hatte ein Jahr zuvor den von Shelley übermittelten Vorschlag mit Begeisterung angenommen. Nicht, daß er ein besonderer Freund Byrons gewesen wäre. Hunt war ein Dichter ohne Bösartigkeit, er wurde von seiner Frau Marianna beherrscht, und die war seit 1815, als Byron ihren Mann einmal besucht hatte, stark gegen ihn eingenommen. Sie hatte sich davon verletzt gefühlt, daß Lady Byron draußen im Wagen geblieben war und sich nicht hatte vorstellen lassen. »Mit seinen Büchern unter dem Arm«, sagte sie, »war Byron nur ein Lord und ein Amateur, der sich den Anschein eines Schriftstellers zulegte.« Aber Shelleys Angebot, in einer Zeit, in der den Hunts das Wasser bis zum Halse stand, schien ihnen die Rettung zu sein.

Die Reise des Paares mit seinen sechs Kindern war beschwerlich. Marianna Hunt kam krank an. In Livorno empfing sie Trelawney, der sie finster, bärtig und sehr »irrender Ritter« nach Montenero begleitete. Als sie dort ankamen, wurde gerade ein blutiger Streit zwischen der Dienerschaft der Gamba und der Byrons ausgetragen. Der arme Hunt hatte den Eindruck, in ein echtes Melodrama zu stürzen. Er kannte Byron nicht wieder in dem fetten Mann mit offenem Kragen und langem lockigen Haar. Alles schien ihm neu, fremd, ungestüm. Der Graf Pietro Gamba hatte einschreiten wollen und sich einen Dolchstoß eingehandelt. Die Gräfin Guiccioli, rot und ungekämmt, stieß hysterische Schreie aus. Gamba bedrohte nun blutüberströmt seinen Angreifer. Byron betrachtete die Szene mit einer Miene wollüstiger Gelassenheit. Die Polizei war über diesen tumultuösen Auftritt so außer sich, daß sie drohte, die Gamba und ihr Haus diesmal aus der ganzen Toskana zu verbannen. Dem gerade angekommenen Trelawney wurden von allen Akteuren dieses Schauspiels, ohne daß einer von ihnen Hunt auch nur bemerkte, die widersprechendsten Anweisungen gegeben. Er sollte Byrons Yacht, die *Bolivar,* auf den Genfer See, nach Frankreich, nach Amerika segeln. Hunt war verzweifelt. Er war überzeugt, Byron werde ihn schon am Tage seiner Ankunft in Stich lassen.

Am Abend kam Shelley auf der *Ariel* von Casa Magni. Shelley in

Aktion, das war wunderbar; er hielt der Flut menschlicher Launen ebenso stand wie in seiner schwarzen Nußschale der Strömung des Arno. Byron mußte in Italien bleiben, er mußte der Zeitschrift die Treue halten, er mußte für die erste Nummer ein Gedicht beisteuern. Shelley nahm den Angriff auf sich. Byron wurde im Sturm genommen und gab auf der ganzen Linie nach. Ohne ihm Zeit zu lassen, sich eines anderen zu besinnen, brachte Shelley in aller Eile die Hunts im Palazzo Lanfranchi unter. Diesmal waren sie es, mit denen er Schwierigkeiten hatte. Sie beklagten sich über alles, Lord Byron hatte sie in ein feuchtes Erdgeschoß einquartiert und behielt alle anderen Etagen des Palazzo für sich. Die Möbel, die Shelley von Byrons Geld gekauft hatte, waren von schlechter Qualität... Shelley richtete sie ein, beruhigte sie, sorgte für sie. Hunt dachte an Shelley, als er an diesem Abend in sein Tagebuch schrieb: »Es wäre möglich, sich eine wahrhaft göttliche Religion vorzustellen, wenn ihr Prinzip die Barmherzigkeit und nicht der Glaube wäre.«

Shelley mußte in Livorno haltmachen, denn dort wollte er einen Notar aufsuchen, um sein Testament zu machen, dann auf der *Ariel* mit seinem Freunde, dem Hauptmann Williams, nach Casa Magni zurückkehren.

Drei Tage später hämmerten um drei Uhr früh Schläge an das Tor des Palazzo Lanfranchi. Die Kammerfrau der Contessa Guiccioli schrie: »*Chi è?*« Es waren Mary Shelley und Jane Williams. Hunt lag im Bett, und so wurden die beiden Frauen zu Byron geführt. Sie kamen mühsam die Treppe herauf. Die Guiccioli kam ihnen lächelnd entgegen. Mary Shelley murmelte außer Atem: »Wo ist er? *Sapete alcuna cosa di Shelley?*« Weder Teresa noch Byron wußten irgend etwas. Shelley hatte Pisa am Sonntag verlassen, Montag war er an Bord gegangen. Es hatte Montagabend Sturm gegeben.

Nach Shelleys Tod zerfiel die kleine Gruppe von Pisa, sie hatte mit ihm ihre Seele verloren. Trelawney und Medwin reisten ab. In Byrons Leben verflochten blieb Mary Shelley, die den Mut nicht fand, Italien zu verlassen, und im Erdgeschoß des Palazzo Lanfranchi die einzigartige Erbschaft Shelleys, die Familie Hunt.

Für den unglücklichen Leigh Hunt hatte Shelleys Tod die Verwandlung des Exils in einen Albtraum bedeutet. Schon der Wechsel von Londons Nebel in das strahlende Licht Livornos hatte ihn verwirrt und beunruhigt. Wenige Tage nach seiner Ankunft war der beinahe übernatürliche Freund, den er gesucht hatte, verschwunden. Hunt hatte den einst lebendigen Leib halb von Fischen aufgefressen wiedersehen müssen. Er hatte in die hohen Flammen eines Totenscheiterhaufens geblickt, der an einer italienischen Küste auf-

gerichtet worden war und erlebt, wie Byron nackt »von Schrecken schwer beladen« ins Meer sprang und schwamm, wie er einst während der Beerdigung der »Witwe« geboxt hatte. Am selben Tag waren Hunt und Byron im Wagen ausgefahren und hatten, während sie durch den Wald kamen, wie die Verrückten gesungen...
Ja, es war ein Albtraum, beleuchtet vom fleckenlosen Weiß eines Strandes unter der Sonne, und es war ein Albtraum ohne Erwachen.

Hunt hatte sogleich ermessen, was er in Shelley verlor. Von nun an schlichtete keine helle Stimme mehr den Streit zwischen Adler und Sperling. Einsam in einem fremden Land, abhängig von einem fast unbekannten Mann, mit dem ihn keine einzige Gemeinsamkeit verband, belastet mit einer kranken Frau und sechs Kindern, faßte Hunt manchmal ein Schwindel, wenn er in den Abgrund schaute, an dessen Rand er sich niedergelassen hatte.

Für einige Wochen war die Situation erträglich. Byron war dem Andenken Shelleys hingegeben. Man kann nicht sagen, daß·er ihn beweinte. Byron galt der gewaltsame Tod derer, die er liebte, als Episode in dem Kampf zwischen dem Schicksal und Byron. Alle, denen er sich anschloß, mußten vergehen. Shelley war nach Matthews, nach Long ertrunken, so war es in der Ordnung. Noch einmal galt es, die melancholische Gewohnheit zu leben auf sich zu nehmen, indem man daran dachte, daß man eines Tages selbst der sein würde, über den sich die Hand des Unsichtbaren senkte. Also mehr Herausforderung als Trauer. Er verteidigte Shelleys Vermächtnis »des besten und am wenigsten egoistischen Mannes, den ich gekannt habe«, und Hunt stand im Palazzo Lanfranchi unter dem Schutz dieses großen Schattens.

Außerdem glaubte Byron an den Erfolg des *Liberal*. Hobhouse und Moore verspotteten ihn wegen seiner Zusammenarbeit mit Hunt; er hoffte, ihnen zu beweisen, daß sein Name genügte, um den Erfolg einer Zeitschrift zu begründen, gleich, wie sie ausfiele. Da er Shelley verloren hatte, war er nicht böse darüber, in seinem Palazzo einen Schriftsteller und Kritiker untergebracht zu haben, dem er jeden Morgen die Strophen zeigen konnte, die er in der Nacht geschrieben hatte. Aber Hunt war seines anspruchsvollen Chefs schon müde. Über den *Liberal* gingen ihre Meinungen völlig auseinander. Hunt war ein Polemiker, Byron ein Mann von Genie. Hunt wünschte, die Zeitschrift solle dazu dienen, »Mrs. Grundy und John Bull zu stürzen«, Byron wollte lediglich alles veröffentlicht sehen, was er schrieb. Byrons Manien, die in seinen Augen Gesetze des Universums waren, reizten Hunt aufs äußerste. Im Palazzo Lanfranchi arbeitete er in einem kleinen Zimmer, das auf die Orangenbäume des Hofes sah. Jeden Morgen hörte er, wie Byron aufstand, sich ankleidete und dabei laut und falsch eine Melodie, meistens von Rossini, sang. Wenig später rief Byron unter Hunts Fenstern: »Leontius!«, eine lateinische Version von Leigh Hunt, die Shelley erfunden hatte. Hunt erhob sich seufzend, sagte Guten Morgen und stieg in den Hof hinab. War sie in Pisa, trat auch Teresa zu den beiden Männern, das Haar in morgendliche Flechten gedreht, und Hunt mußte den abwechselnd vorgetragenen Klagen Byrons über die Eifersucht Gräfin Guicciolis und der Gräfin über die rohe Sprache Byrons anhören.

Die beiden Liebenden kannten einander jetzt zu gut, als daß Teresa auch weiterhin aus »ihrem Dichter« den kaum fleischlichen Helden eines Petrarca würdigen Romans machen konnte. Für Byron war ein Faktum ein Faktum, und wenn eine Frau sich darauf eingelassen hatte, seine Geliebte zu werden, dann sprach er vor aller Welt von ihr in eindeutiger und unverhohlener Art, die keinen Zweifel über die Natur ihrer Beziehungen ließ. Dieser Realismus verletzte die Gräfin Guiccioli. Byron seinerseits fand sie treu, selbstlos, verliebt, aber mit den bei jenem »absurden Frauengeschlecht« unvermeidlichen Übeln behaftet: Eifersucht und Sentimentalität.

Diesem reizbaren Paar gegenüber war Hunt ein schonungsloser Mitwisser. Seine Frau stachelte ihn gegen sie auf. Ebensowenig wie Lady Byron hatte sich die Contessa Guiccioli Mrs. Hunt vorstellen lassen. Die beiden Frauen sprachen nicht miteinander. Marianna Hunt behandelte Byron mit Hochmut. Sie hatte ihren Kindern befohlen, sich zu entfernen, wenn er erschien, weil sie sein Reden als verderblich für so junge Gemüter ansah. Byron erfuhr es, dieses strenge Urteil einer Frau, die unter seinem Dach von seinen Wohltaten lebte, schockierte ihn. Eine überraschende Naivität eines »Rochefoucauld«-Schülers, der die ganz natürliche Wirkung von Wohltaten hätte kennen sollen. Alle Hunts waren ihm verhaßt, Eltern und Kinder. Er schrieb an Mary Shelley: »Ich kann es kaum ertragen, in denselben Wänden wie die Hunt-Kinder einen Gegenstand zu sehen, der Shelley gehörte ... Was nicht von ihrem Schmutz zerstört wird, verderben ihre Hände.« Am Eingang zu seiner Etage des Palazzo war die Bulldogge darauf dressiert, sie auf Distanz zu halten. »Laß die Cockneys nicht herein«, sagte Byron zu seinem Hund und streichelte ihm den Kopf. Parterre und erste Etage des Palazzo Lanfranchi befanden sich beinahe im Kriegszustand. Hunt sprach mit Verachtung »von dem so wenig poetischen Poeten und dem so wenig ehrwürdigen Lord«. In einigen Wochen würde Byron doch wieder den Gamba nachreisen müssen, die nun aus der ganzen Toskana verbannt, in Genua Zuflucht suchen mußten. Er war außer sich, die Hunts und »ihren Hottentotten-

Kral« mit sich schleppen zu müssen. Er war jedoch nicht brutal genug, sie in Pisa zurückzulassen, aber während er auf der Ecke des letzten Tisches, den die Möbelpacker zurückgelassen hatten, im Palazzo Lanfranchi eilig ein paar Strophen des *Don Juan* niederschrieb, verfluchte er sie von ganzem Herzen.

XXXIII

Ein heimwehkranker Gentleman

> Martin stellt fest, daß der Mensch dazu geschaffen ist, im Fieber der Ungewißheit oder in der Lethargie der Langeweile zu leben.
>
> *Voltaire*

Noch einmal auf den Wassern! Noch einmal ...
Wie erschien sie ihm lächerlich, diese dritte Pilgerfahrt Childe Harolds! Wieder einmal hatte sich der Einzelgänger einer heterogenen und nicht nach seinen Wünschen zusammengesetzten Gesellschaft anheften lassen; wieder einmal fehlte ihm der Mut, diese Menschenschar abzuschütteln. Er brauchte jetzt eine ganze Flotte, um seine illegitime Familie, seine Schützlinge und Diener von Lerici nach Genua zu transportieren. Auf der *Bolivar* machten Lord Byron, Teresa und die Gamba die Überfahrt, auf einem anderen Schiff reisten Leigh Hunt, Marianna Hunt und die Horde der kleinen Hunts, auf einem dritten Trelawney, wichtig, aktiv; als Admiral des Geschwaders, mit lärmender nutzloser Autorität, herrschte er über Karten und Instrumente; auf einer Feluke drängten sich Dienerschaft und Byrons Menagerie. »Nichts konnte hübscher sein«, sagte Hunt, »als diesem Schiff zuzusehen, wie es unter weißen Segeln an der Felsenküste entlang über das blaue Meer glitt.« Für Hunt, der nicht die Verantwortung für das ganze Völkchen trug, konnte das freilich ein reizendes Bild sein, für Byron war es ein weniger angenehmes Schauspiel, er mußte für alle sorgen und ihre Klagen anhören.
Mary Shelley war es zugefallen, ein Domizil zu suchen, die traditionelle Rolle der Shelleys. Sie hatte im Vorort Albaro zwei Häuser gemietet, die auf einer Anhöhe über dem Golf lagen, eine große Kaserne für sich selbst und die Hunts, für Byron eine rosafarbene und herrschaftliche Villa, die Casa Saluzzo. Der große Garten enthielt einen Pavillon und eine Zypressenallee, in deren Schatten Byron später gern zu lesen pflegte; der Blick übers Meer war hinreißend schön. Fletcher erhielt den Auftrag, im Schlafzimmer ein

kleines Porträt Adas und eine Gravur aufzuhängen, die Byron selbst zeigte. Im oberen Geschoß wurde die Gräfin Guiccioli, *geborene* Gamba, und ihre ganze Familie untergebracht.

Für Byron wurde die Casa Saluzzo, wie der Palazzo Lanfranchi, ein Haus des Unglücks. Gleich in den ersten Tagen hatte er den Golf von Genua unter der gleißenden Sonne schwimmend überqueren wollen, dieses Unternehmen hatte ihn krank gemacht, seine Haut hatte sich geschält, er fand keine Linderung seiner Schmerzen. In England hatte die erste Ausgabe des *Liberal* einen Skandal erregt. Hobhouse und Kinnaird hatten warnende Briefe geschrieben. Gewiß gab es Skandale, die zur Größe beitrugen, dieser war nichts anderes als lächerlich. Moore, Kinnaird, Hobhouse, alle liberal doch Männer von Welt, hatten mit den Schultern gezuckt. Byron verdroß dies alles sehr, als er antwortete, schließlich habe er nur aus Mitleid gehandelt, Hunt war nach Shelleys Tod völlig auf ihn angewiesen, und der arme Kerl habe eine Frau und sechs Kinder. Murray wollte seinen Autor verteidigen und hatte diesen Brief herumgezeigt. So war sein Inhalt auch bis zu Hunt gelangt. Das ganze Haus von vierzig Zimmern hatte den unglücklichen Byron daraufhin attackiert.

Mary Shelley hatte ihm in einer aufreizenden Mischung von nachsichtiger Freundlichkeit und vagem moralischen Vorwurf geschrieben: »Wie soll eine Zeitschrift Erfolg haben, wenn einer der Beteiligten selbst sie in London dadurch entwertet, daß er sie als ein Werk der Barmherzigkeit präsentiert?« Wahrlich, in Byrons Augen war dieser »cant« unerträglich. Natürlich hatte er Hunt nicht wegen dessen Armut herabsetzen wollen; er hatte die Armut selbst gekannt, er achtete sie. Dennoch mußte man die Wahrheit aussprechen können, hätte er eine Zeitschrift mit Hunt gegründet, wenn der ein reicher Mann gewesen wäre? Offensichtlich nicht... »Ich habe ihn stets mit so ängstlicher Vorsicht behandelt, daß ich es mir sogar versagte, ihm Ratschläge zu erteilen, aus Furcht, er könne sie als das verkennen, was man *aus der Notlage eines Menschen Vorteile ziehen* nennt.« Er hatte recht, aber Hunt verzieh ihm nicht. War der Bruch auch nicht ganz vollzogen (weil Hunt Byron brauchte), wurden die Begegnungen doch selten und unerquicklich.

Hunt ging melancholisch auf dem Kies der Alee spazieren und dachte an Shelley. Mit Byron unterhielt er sich höchstens noch über den Doktor Johnson. Byron liebte es, Johnson nachzuahmen, mit Emphase *Why Sir* zu sagen; ein abgenutzter Scherz, der Hunt beinahe ebenso reizte wie die Rossini-Melodien, die Byron im Bade sang. Immer seltener wurden die Besuche in der Casa Saluzzo. Hunt zog es vor zu schreiben, und zwar stets um in halb grollendem, halb ironischem Ton um Geld zu bitten: »Ich muß Sie damit belästigen, weitere hundert Kronen von Ihnen zu erbitten und werde Sie bald, so fürchte ich, um noch mehr bitten müssen.« Er hatte auf das »mein lieber Byron« verzichtet und schrieb dafür »lieber Lord Byron«. »Lieber Lord Hunt«, hatte Byron geantwortet. Dann hörte die direkte Verbindung ganz auf, und die Kronen wurden dem Stamm der Hunts wöchentlich durch Byrons Verwalter, Lega Zambelli, überbracht. Ein neuer Beschwerdepunkt.

Dem Leben in der Casa Saluzzo fehlten Bewegung und Größe nur allzusehr. Byron hatte Teresa geliebt, vor allem während jener Zeit in Ravenna, in der er zwischen einer Verschwörerversammlung und einem Attentat, nicht ohne sich Gefahren auszusetzen, zu ihr ritt. Etwas später in der Verbannung zu Montenero war sie in seinen Augen zu einer Märtyrerin der Freiheit geworden. Als Leigh Hunt sie zum erstenmal gesehen hatte, »war sie, selbst davon überzeugt, sie sei vor der Welt eine Heldin, die an der Seite eines Dichters ging, in einem Zustand der Überspanntheit, der ihr ein wenig den Anschein dieser Stellung verlieh«. In wenigen Monaten, zwischen Pisa und Genua, veränderte sie sich und alterte über Nacht, ihr Gesicht verlor den Ausdruck leidenschaftlicher Naivität, sie schien von einem heimlichen Trübsinn befallen. Ihr Geliebter war noch »erstaunlich ergeben und in ihrer Hand«, aber er war dessen müde. Ihm schien das Dasein noch tiefsinniger als zu jener Zeit, da er sich als junger Unbekannter in Newstead eingeschlossen hatte, um sich zu langweilen. Damals kannte er auf der ganzen Welt nur Hanson und Dallas, den Geschäftsmann und den Verwandten. Dann war er der »Löwe« von London gewesen, der berühmteste Schriftsteller der Welt; ohne daß etwas Komisches daran gewesen wäre, hatte man »Napoleon und Byron« sagen können. Nach und nach verging der Zauberkreis, er blieb allein unter diesem harten Licht. Die Kurve seines Lebens neigte sich von Einsamkeit zu Einsamkeit.

Wenn er nun in seiner schonungslos hellsichtigen Art einen Punkt setzte, was blieb? ... März 1823, elf Uhr und zehn Minuten »von der vollen Stunde«, ein rosafarbener Palazzo in einer fremden Stadt, eine Geliebte, an die ihn eine schon vier Jahre alte Liebe band, der alte Vater dieser Frau, einige Hunde, Fletcher ... Sonst nichts auf der Welt ... Ja, wahrlich, sein Leben war so verödet wie nicht einmal in den schlimmsten Augenblicken seiner Jugend. Hatte er darum gelitten? ... Und dennoch »es gab ihm eine Kraft« ... Seine Gedanken gingen nach England. Warum lebte er nicht wie ein Peer des Königreiches? Warum sollte die Politik nicht der legitime Gegenstand seiner Aktivität werden?

Wie er sich einst nach den Landstrichen des Orients gesehnt hatte, sehnte er sich jetzt nach denen des Nordens. Er träumte von einem grauen Himmel und von den großen windgejagten Wolken Schottlands. Er schickte Don Juan nach England und beschrieb liebevoll den ersten Blick seines Helden auf die Felsenküste von Dover:

> Endlich tauchten sie wie eine weiße Mauer auf,
> entlang dem blauen Meer. Und Don Juan empfand –
> was selbst die jungen Fremden stark genug empfinden,
> wenn sie zum erstenmal Albions kalkigen Wall erblicken –
> eine Art Stolz, sich unter diesen kühnen Kaufleuten
> zu bewegen, die voller Ernst Botschaften und Waren von
> einem Pol zum anderen verteilen und selbst die Wogen
> zwingen, ihnen Tribut zu zahlen.

Don Juan eilte durch Weideland, das ihm aus Gärten zu bestehen schien, der gewaltigen Masse aus Ziegelstein, Rauch und Schiffen entgegen:

> London,
> schmutzig und neblig, doch dehnt es sich aus, London,
> so weit das Auge reicht ...

Wie beneidete er Don Juan um diese Reise!

Würde er sie eines Tages antreten können? Das hing allein von Annabella ab. Sie hatte als Vorwand für den ungeschriebenen Befehl gedient, der ihn verbannte. Wenn sie ihm erlaubte, in den Augen der Engländer wieder als Vater und Ehemann zu leben, wäre alles vergessen. Das Bild seiner Frau änderte sich für ihn. Er wußte, daß sie aufrichtig war, daß sie große Qualitäten besaß, ihr Mitleid war ehrlich, ihre Tugend wahr. Warum verzieh sie ihm nicht? In seiner Einsamkeit begann er, auf sie zu hoffen. Er ließ den Colonel Montgomery, einen engen Freund Lady Byrons, der gerade in Genua Station machte, fragen, ob er nicht ein Porträt Lady Byrons besorgen könne. Er, der so gern fast allabendlich das Museum seiner Vergangenheit besichtigte, besaß nichts von seiner Frau, nicht einmal einen Brief. Manchmal öffnete er das kleine Rechenheft, diese einzige Reliquie enthielt lediglich zwei Wörter in ihrer Handschrift ... *Household* ... Das war alles. Nein, doch nicht. Während seines Aufenthaltes in Pisa hatte sie ihm eine Locke von Ada geschickt und dazu das Datum geschrieben. War das eine Ermutigung? Wer wußte es. Er entwarf eine Antwort: »Ich muß Ihnen den Empfang von Adas Haar bestätigen, es ist weich und sehr hübsch, und es ist beinahe so braun wie meines war, als ich zwölf Jahre zählte ... aber es ist nicht gelockt, – vielleicht weil man es wachsen läßt. Ich danke Ihnen dafür, daß Sie Datum und Namen dazugeschrieben haben, und ich will Ihnen sagen warum; – ich glaube es sind die einzigen zwei oder drei Worte von Ihrer Hand in meinem Besitz. Denn ich habe Ihnen Ihre Briefe zurückgegeben, und ausgenommen das eine Wort *Household*, zweimal in ein altes Rechenheft geschrieben, habe ich weiter nichts.«

Er hat diesen Brief nicht abgeschickt, er wußte nicht, wie er aufgenommen worden wäre, doch sein Wunsch, durch Annabella und mit ihr seinen Platz in der Welt wiederzugewinnen, war stark. Er vertraute ihn und manche anderen Offenbarungen über seinen Charakter einer englischen Freundin an, die 1823 durch Genua kam, der berühmten Lady Blessington.

Byron hatte Lord Blessington 1812 in London kennengelernt und ihn häufig in Watier oder im »Cocoa Tree« getroffen. Zu jener Zeit war Lady Blessington eine unscheinbare Irin gewesen, die ein kompliziertes Dasein zu meistern hatte. Sie hatte Lord Blessington erst 1818, nach Byrons Abreise, geheiratet. Aber Byron hatte viel von ihr gehört, er wußte, daß Lawrence ein Porträt von ihr geschaffen hatte, nach dem ganz London verrückt gewesen war, daß sie drei Bücher geschrieben hatte und daß Tom Moore sie bewunderte. Als ihm am 1. April 1823 die Karten des Lord Blessington und des Grafen Alfred d'Orsay in seiner Villa in Albaro überreicht wurden, war er zugleich verwirrt, eingeschüchtert und entzückt. Der Graf d'Orsay war, wie Byron sagte, ein französischer Freund der Familie, »sehr jung und eine Schönheit«. Lady Blessington, die ihr Lord tödlich langweilte, konnte auf ihren pariserischen Paladin nicht verzichten. Die beiden Herren sagten Byron, »Milady« befinde sich vor der Tür in ihrem Wagen. Er lief mit seinem beschwerlichen Gang hinaus, entschuldigte sich und bat sie, einzutreten.

Sie erwartete diese Begegnung schon seit mehreren Tagen mit Ungeduld. Sie fürchtete enttäuscht zu werden, und sie wurde es. Sie hatte sich einen Mann von hohem Wuchs und mit dem Ausdruck von Autorität und Würde vorgestellt, sie sah einen gutgeschnittenen Kopf, ausdrucksvolle Augen, aber eine unbedeutende kleine, fast kindhafte Gestalt. Da er nach seinem Hitzschlag wieder abgemagert war, sahen seine Kleider aus, als seien sie ihm zu groß und getragen gekauft. In seinen Bewegungen war etwas Linkisches. Am nächsten Tag sahen die Blessingtons ihn vor ihrem Hotel vorfahren. Er war etwas verlegen, sehr freundlich, und Lady Blessington (sie hatte mehr als einen Mann gezähmt) erkannte, daß es nichts Leichteres gab, als sich diesen Menschen zu verpflichten. Nicht die kleinste Koketterie verdarb ihre Freundschaft. Milady war, wie Byron sagte, hervorragend geschützt »durch ihre Pariser Mitgift«. Byron glaubte an die Freundschaft zwischen Mann und Frau, unter Vorbehalt. Da er Lady Blessingtons Intelligenz erfaßte, sprach er mit großer Offenheit zu ihr, zu Pferd, bei ihren gemeinsamen Ausflügen, bald während der Dinners, die sie in den nahegelegenen Villen gaben. Sie machte sich Notizen über diese Unterhaltungen, und es gelang ihr nach einigen Wochen, eines der lebendigsten und zutreffendsten Bücher, die je über Byron verfaßt worden sind, zu schreiben.

Sie hatte ihn in seiner Vielfalt hervorragend begriffen. Sein wesentlichster Zug schien ihr eine hochherzige, jedoch beinahe krankhafte Empfindsamkeit zu sein, die in seiner Jugend den Stoff dieses schönen Charakters gebildet hatte. Der allzufrühe Frost der Mißgunst hatte die Samenkörner daran gehindert zu keimen, aber sie zu töten, gelang ihm nicht. Wenn Byron sagte, er sei ein gefallener Engel, hatte er recht. Er hatte alle Elemente eines Engels in sich, doch die Menschen hatten sich ihm als so hart, so falsch erwiesen, daß Furcht vor Heuchelei das vorherrschende Gefühl in ihm geworden war.

Sie hörte ihn oft die Gefühle anderer und sogar seine eigenen sezieren, ganz wie La Rochefoucauld, allein noch grausamer, überall traf er auf Eigennutz und Lüge. Er schien sich ein Vergnügen daraus zu machen, romantische Gefühle ins Lächerliche zu wenden und zeigte doch im nächsten Augenblick Gefühle von solcher Gewalt, daß sich seine Augen mit Tränen füllten. Sie verstand, daß er sich verspottete, um sich davon zu heilen. Sie bemerkte, daß er jedesmal, wenn er pathetische Verse rezitierte, dies mit mokanter Miene und komischer Emphase tat, eine Selbstverteidigung gegen die Emotion. Er weigerte sich anzuerkennen, was an Größe in seinem Charakter lag und verbreitete sich mit Hingabe über seine Fehler.

Sie hielt ihn nicht für ungläubig, doch für zweifelnd, jedenfalls aber für einen Deisten. »Ein schöner Tag, eine Mondnacht, jedes große Naturschauspiel«, sagte er zu ihr, »erwecken in jedem gebildeten Menschen starke religiöse Gefühle.« Aber er war noch abergläubischer als religiös und schien verstimmt, wenn jemand diese Schwäche nicht teilte. Er erzählte Lady Blessington in vollem Ernst, daß der Geist Shelleys seiner Frau im Garten erschienen sei. Er bewahrte sich seine Furcht vor dem Freitag. Er entsetzte sich über verschüttetes Salz, über zerbrochenes Glas.

Dennoch blieb der auffälligste Zug Byrons nach seiner angeborenen Güte sein gesunder Menschenverstand, ein ganz antiromantischer, anti-individualistischer Verstand, der bei seinem Ruf als Einzelgänger tief erstaunen mußte. Selten hat ein Mann mit so viel bürgerlicher Klugheit über die Ehe gesprochen. »Für Leute, die sich so sehr lieben, daß sie getrennt nicht leben können«, sagte er, »ist die Ehe das einzige Band, durch das ihr Glück gesichert werden kann ... Ich rede nicht einmal von Religion oder von Moral, obwohl ihr Einfluß die Schwierigkeiten um das Zehnfache anwachsen läßt; jedoch in der Überzeugung, daß auch die Menschen, die weder das eine noch das andere besitzen, in solchen nicht durch die Ehe zementierten Verbindungen Unglück auf sich ziehen, wenn ihnen auch nur etwas geistige Empfänglichkeit zu eigen ist und jener ehrenhafte Stolz, der sie begleitet. Die Demütigungen und Bedrückungen, denen eine Frau unter solchen Umständen ausgesetzt ist, müssen eine Wirkung auf ihren Charakter ausüben, die sie des Reizes beraubt, durch den sie vorher gewonnen hatte. Das wiederum macht sie argwöhnisch und mißtrauisch ... Sie wird zwiefach eifersüchtig auf den, von dem sie abhängig ist ... und er muß sich einer Versklavung beugen, sehr viel härter als die der Ehe, ohne deren Anfechtbarkeit.«

Zweifellos ein Porträt Teresa Guicciolis, die in der Tat immer eifersüchtiger wurde, selbst auf Lady Blessington. Aber vor allem auf ihn selbst übten solche Beobachtungen ihre Macht. Er kannte sich allzugut. »In Gedanken kehre ich oft zu den Tagen meiner Kindheit zurück, die Intensität meiner Gefühle während dieser Zeit erstaunt mich; – die ersten Eindrücke sind unauslöschlich. Meine arme Mutter und später meine Schulgefährten haben mich durch ihren Spott dahingebracht, meinen Fehler als mein großes Unglück anzusehen, und ich habe dieses Gefühl nie überwinden können. Es gehört große natürliche Güte dazu, den ätzenden Gram zu besiegen, den eine Entstellung verursacht und der Sie gegen alle Welt erbittert.«

Er gehörte zu den Menschen, die sich nie über den Verlust der Illusionen ihrer Jugend trösten können. Er sagte, es sei ein Irrtum, vom Alter die Heilung von Leidenschaften zu erwarten. Man tausche sie nur, ersetze die Liebe durch Habsucht, Zutrauen durch Verdacht. »Das also ist es«, sagte er, »was Alter und Erfahrung uns geben ... Was mich angeht, ich ziehe die Jugend, die das Fieber des Verstandes ist, der Reife vor, die Lähmung bedeutet. Ich erinnere mich an mein Heranwachsen, damals lief mein Herz über vor Zuneigung für alle, die sich auch nur ein wenig den Anschein gaben, mich zu lieben; und jetzt, mit sechsunddreißig Jahren, noch nicht sehr alt, kann ich kaum eine schwache Flamme wecken, indem ich in die sterbende Glut desselben Herzens blase, um meine eingefrorenen Gefühle daran zu wärmen.«

Er mußte dieser jungen Frau gefallen, mußte sie rühren, dieser unverbesserlich empfindsame Collegeschüler von fünfunddreißig Jahren, der sich vergeblich bemühte, zynisch zu sein. »Armer Byron«, hatte er einst zu Annabella gesagt, als er den Knaben spielte. Armer Byron, sagte nun Lady Blessington ihrerseits, armer Byron, so bewußt seiner selbst und so schwach, so reich begabt an Tugend und so verleumdet, armer Byron; »denn mit all seinem Genie, seinem Rang und seinem Vermögen ist er arm«.

Während dieser beiden Monate, dem April und Mai 1823, gestalteten sich die Beziehungen zwischen Byron und Lady Blessington enger und enger. Graf d'Orsay fertigte ein Porträt von ihm an und eines von Pietro Gamba. Bei den Unterhaltungen mit Lady Blessington erholte er sich vom Schwatzen seiner Geliebten. Er wurde traurig, als seine Freunde aufbrechen mußten. Bei seinem letzten Besuch brachte er für jeden der drei ein Geschenk mit. Tränen stiegen ihm in die Augen. Er trocknete sie und machte eine sarkastische Bemerkung über seine eigene Emotion.

Don Juan schien sich aus der Verdroßenheit und der Einsamkeit von Byrons geistiger Verfassung zu nähren. In Pisa und Genua schrieb er zehn Gesänge mit einer Leichtigkeit, einer Mannigfaltigkeit von Einfällen, einem Reichtum der Stilmittel, die bewunderungswürdig waren. Das Gedicht hatte sich ausgedehnt. Juan blieb sein Held, aber seine Abenteuer waren nicht mehr als ein Vorwand. Das wahre Thema war das des *Gulliver*, das des *Candide:* eine Satire auf die europäischen Eliten. Byron hatte die »herrschenden Klassen« nie geliebt. Von Kind auf puritanisch, das heißt in der Opposition, erzogen, war er auch nur in das *House of Lords* eingetreten, um seinen Peers einige ernste Worte zu sagen. In der Welt fühlte er sich, selbst zu den Zeiten, da er wie ein Grandseigneur des 18. Jahrhunderts zu leben schien, als Fremder. Der Sturm, der ihn aus ihr vertrieb, hatte ihn hart angefaßt, aber überrascht hatte er ihn nicht. Da er nun von einem friedlichen Beobachtungsplatz aus zusehen konnte, was diese gar so harten Menschen aus Europa gemacht hatten, gefiel es ihm, ihnen die blutige Schlappe ihrer Doktrinen vor Augen zu stellen.
Man beschuldigte ihn, die menschliche Natur zu verspotten? Lieber Himmel! Was sagte er denn, fragte er, was nicht vor ihm Dante, Cervantes, Swift, Machiavell gesagt hatten, »die alle wußten, daß dieses Leben keine Kartoffel wert ist«. Weder aus der Betrachtung der Natur noch aus der Prüfung unseres eigenen Denkens läßt sich eine Gewißheit ziehen. Ein System frißt das andere, wie der alte Satan seine Kinder:

> Und ich, ich weiß nichts; ich leugne nichts,
> ich bejahe, ich verurteile, ich verachte nichts ...
> Und du, was weißt denn du, wenn nicht vielleicht,
> daß du geboren bist um zu sterben?

Das hatte Byron schon in *Childe Harold* ausgesprochen, aber zu den Zeiten von *Childe Harold* hatten ihn die Nutzlosigkeit von Religionen und Systemen auch dazu geführt, an der Nützlichkeit menschlichen Bemühens zu zweifeln; damals hatte er von der

Knechtschaft Griechenlands nur gesprochen, um an seinem Schicksal zu verzweifeln. Jetzt jedoch, vielleicht unter dem Einfluß seiner vorhergegangenen italienischen Konspirationen, vielleicht durch sein unbändiges Verlangen nach Aktion, verband er seinen universellen Zweifel mit einem sehr scharf umrissenen politischen Glauben. Er entdeckte, daß der metaphysische Skeptizismus nicht unbedingt mit einem politischen Skeptizismus verbunden sein muß. Im Gegenteil. Wenn wir unglücklichen Menschen alle in ein schreckliches und sinnloses Abenteuer verstrickt sind, helfen wir uns doch gegenseitig, wie Shelley mit Goethe sagte, unsere kleine Welt im großen Universum zu bauen. So wie der Skeptiker Voltaire für Calas gestritten hatte, wollte er für die Freiheit kämpfen.

> Ich will sie bekämpfen, jedenfalls in Worten
> und, habe ich Glück, in Taten,
> alle, die gegen den Gedanken streiten ...

> Ich will dem Volke nicht schmeicheln,
> Demagogen gibt es ohne mich genug;
> genug Ungläubige, um alle Kirchtürme zu zerstören
> und ihrer Stadt etwas besseres zu bauen.
> Ob sie Skepsis säen, um die Hölle zu ernten,
> wie es das harte Dogma des Christentums lehrt,
> ich weiß es nicht; – was ich will, ist, daß die Menschen sich befreien,
> vom Plebs so gut wie von Königen – von dir und mir.

Vor allem anderen verurteilte er den Krieg. Er entsandte Don Juan während des russisch-türkischen Feldzuges zum Sitz Ismaels, um zu zeigen, wie wenig die »Metzger en gros«, die Völker führen, das Menschenleben achten. Er machte sich über militärischen Ruhm lustig, über seine Rang- und Medaillenjäger, die ihr Leben für eine Litze opfern, für Namensnennung, für die Karriere eines Suwarow oder eines Wellington: »Der Mann, der eine einzige Träne trocknet«, sagte er, »verdient mehr Ruhm als derjenige, der ein Meer von Blut vergießt...« Er verspottete selbst den Nationalhelden, den Fürsten, »Retter einer Nation, die nicht gerettet wurde, Befreier eines immer noch versklavten Europas, den Krückenflicker der Legitimität«. Dieser starke Ton war danach angetan, Europa aufzurütteln, das *voller* Männer war, die auf Halb-Sold saßen. Die »moderne« Poesie mußte alle ins Herz treffen, die sich geschlagen hatten, alle, die unter dem Egoismus ihrer Herren gelitten hatten.

> Denn ich lehre, wenn ich kann auch noch die Steine,
> sich gegen die Tyrannen dieser Erde zu empören.

Nicht ohne inneren Zusammenhang enthält *Don Juan* eine lange Hymne auf Don Quichote. Sanchos Vernunft fehlte Byron auch nicht ganz, aber das Alter, das die meisten Menschen Zweifel und Ironie lehrt, schien Byron davon zu befreien. Don Quichotes Schlappe kam ihm immer mehr schmerzlich als erheiternd vor.

> Von allen Geschichten ist dies die traurigste – und trauriger noch,
> weil sie uns lächeln läßt: ihr Held hat recht,
> und er verfolgt sein gutes Recht; – die Bösen zu besiegen
> ist sein einziges Ziel, mit ungleichen Kräften zu kämpfen
> ist seine Devise; die Tugend macht ihn närrisch!
> Doch bilden seine Abenteuer ein trauriges Schauspiel, –
> und trauriger noch ist die Moral, die dieses Heldengedicht
> alle lehren kann, die denken können.
>
> Unrecht gutzumachen, die Unschuldigen zu rächen,
> die Unschuld zu retten und den Verräter zu besiegen;
> sich allein vereinten Kräften entgegenzustellen,
> leider! die edelsten Gefühle, müssen sie wie ein altes Lied klingen,
> ein einfaches Thema für die Spiele der Phantasie,
> ein Scherz oder ein Rätsel? . . .

So träumte der Gefangene seiner Empfindsamkeit in einem Garten schwarzer Zypressen von ruhmreichen Taten und liberalem Rittertum. War es nicht seine Pflicht, John Bull etwas von dem Zustand dieser niederen Welt zu zeigen? Einige Strophen lang war er Juvenal, der Mönch. Dann zog seine Lust an der Vergangenheit ihn fort. Im Gefolge Juans drang er noch einmal in die Salons ein, in denen er regiert hatte, und die Satire wurde »Ballade der Liebenden einer vergangenen Zeit«.

Was wollte er sein? Hamlet oder Don Quichote? Der leidenschaftliche Mann der Gerechtigkeit, der wagt und die Niederlage nicht fürchtet oder der für die Handlung durch den Gedanken verdorbene Träumer? Wußte er es selbst? Er schwankte. Er mischte in die erfahrenste Klugheit noch immer die Träume der Kindheit. Manchmal wollte er das Universum verwandeln, manchmal sah er mit Resignation eine ewige sinnlose Bewegung darin.

> Das Leben schwingt zwischen zwei Welten wie ein Stern
> zwischen der Nacht und der Morgendämmerung am Rande des
>   Horizonts.
> Wie wenig wissen wir von dem, was wir sind!
> Wieviel weniger noch von dem, was aus uns wird. Der ewige Strom
> von Zeit, von Ebbe und Flut trägt unsere Luftblasen fort: die
> eine platzt und eine neue kommt empor,
> losgelöst aus dem Schaum der Zeiten; und die Gräber
> von ganzen Reichen sind wie Wogen, die vorübergehen.

XXXIV

Held und Soldat

> Wenn es irgend etwas gab, das charakteristischer
> für Byron war als alles andere, dann war es
> sein gesunder Menschenverstand.
>
> *Disraeli*

Die großen Ereignisse unseres Lebens werden oft von so geringfügigen Geschehnissen eingeleitet, die so unbedeutend zu sein scheinen, daß wir ihnen keinerlei Bedeutung zumessen; unser Handeln, unser Reden verwickelt uns in einem immer enger werdenden Netz, ein einziger Weg bleibt offen, es kommt der Augenblick, da wir unser Leben für unsere Formulierungen geben müssen. Fast allen Helden geht es so, und der Heroismus besteht darin, es dem Körper nicht zu gestatten, die Unvorsichtigkeiten des Geistes zu verleugnen.

Seit zwei Jahren verfolgte Byron mit einem wechselnd starken, wehmütigem Interesse die Fortschritte der griechischen Erhebung. Als Mavrocordato in Pisa aufgebrochen war, um zu den Empörern zu stoßen, hatte Byron allen, die um ihn waren, gesagt, daß er dem Fürsten nur zu gern gefolgt wäre. Er hatte es an Moore geschrieben, er hatte es Gamba wiederholt, auch Medwin gegenüber (der hatte den Satz notiert: »Ich werde nach Griechenland zurückkehren, und es ist wahrscheinlich, daß ich dort sterben werde.«), Trelawney gegenüber, der es skeptisch aufnahm. In Wahrheit nahm niemand in der Pisaner Gruppe einen Byronschen Plan ernst, um was es auch gehen mochte. Er hatte sie zu oft gewechselt. Venezuela, die Vereinigten Staaten, England, Griechenland, seine Vorstellungskraft verband sich augenblicksweise mit diesen Träumen. Dann klagte eine Frau, ein Gedicht hielt ihn auf, ein Omen erschreckte ihn, und er blieb. Für seine Freunde stand sein Ruf fest: er war feminin, schwach, empfindsam und in jeder Beziehung das Gegenteil eines Tatmenschen.

Damals schien der griechische Plan dauerhafter als alle anderen Projekte zu sein. Nicht daß Byron irgendeinen Haß gegen die Türken genährt hätte. Er hatte sich das schönste Andenken an die weißbärtigen Paschas bewahrt, die ihn 1810 empfangen hatten. Damals hatte er die Versklavung Griechenlands beklagt, doch gab es kein Heilmittel dafür. Jetzt sah es so aus, als könne die Erhebung gelingen. Die Türken hatten dem Land ihre Verwaltung nicht aufzwingen können. Sie bildeten »ein provisorisch in Europa aufgeschlagenes Lager«, doch ein Lager läßt sich im Sturmangriff nehmen, es mußte relativ leicht sein, sie zu verjagen.

Warum hatten sich die Griechen nicht schon im 18. Jahrhundert befreit? Weil von allen menschlichen Kräften nur die geistigen wirksam sind. Um sich zu empören, muß man an den Aufruhr glauben. Erst durch die Französische Revolution lernten die Griechen wie die Italiener und wie die Polen die Worte Freiheit und Völkerrecht. Die *Marseillaise* wurde für sie übersetzt. Mit den Strophen seines *Childe Harold* lenkte Byron das Interesse Europas auf ihr Schicksal. Sie hörten auf, ihre Versklavung als Naturgesetz anzusehen. Das aber bedeutete, daß sie aufhörten, Sklaven zu sein.

Die Erhebung hatte in geheimen Gesellschaften ihren Anfang genommen, zunächst in der Hoffnung auf die Hilfe Rußlands. Doch Herr von Metternich war wachsam, er zeigte dem Zaren »das revolutionäre Signum in den griechischen Ereignissen«. England war nicht weniger feindlich gesinnt als Österreich. Pitts Wort: »Ich lehne es ab, mit jemandem zu diskutieren, der in der Integrität des Ottomanenreiches nicht eine Notwendigkeit für die englischen Interessen sieht«, blieb eines jener überholten und magischen Axiome, von denen die britische Außenpolitik stark bestimmt wurde. Frankreich, noch unter der Vormundschaft der Heiligen Allianz, konnte nur einzelne Freiwillige entsenden. Die Griechen waren auf sich selbst angewiesen.

Seit 1821 gab es mehrere Brennpunkte. Der Erzbischof von Patras, Germanos, ein Kämpfer im Priesterrock, hatte sich ins Gebirge geflüchtet. Am selben Tag eroberte ein Bandenchef, Kolokotronis, Morea. Ein anderer Aufständischer, Odysseus, bemächtigte sich des östlichen Teiles Griechenlands. Im westlichen Griechenland leitete der Fürst Mavrocordato die Aktionen. Der Gegensatz zwischen diesem gebildeten jungen Mann, der einen Gehrock und eine goldene Brille trug, und den Gebirgsbanditen wie Odysseus und Kolokotronis war groß, die Verständigung schwer. Die Uneinigkeit der griechischen Anführer hatte die Türken vor dem Schlimmsten bewahrt. Im Ausland jedoch hatten die griechischen Siege in den liberalen Kreisen aller Länder eine große Begeisterung ausgelöst. Ehemalige napoleonische Offiziere, Jenaer Studenten, schwärmerische Schweizer kamen, um sich für Griechenland zu schlagen.

Die englische Regierung blieb bei ihrer feindseligen Haltung, aber als im Januar 1823 ein griechischer Abgesandter, Luriotis, kam, um für die griechische Sache zu plädieren, erkannte eine gewisse Zahl fortschrittlicher Whigs die Möglichkeit »zu einem leichten und dramatischen Schachzug im innerpolitischen Spiel« und gründete ein Komitee, das seinen Sitz in der Taverne »Zur Krone und zum Anker« hatte und das wie alle Komitees unnütze Schriften herausgab, vorzügliche Dinners veranstaltete und wenig tat. In dem Komitee fanden sich Männer wie der bemerkenswerte Jeremie Bentham

(Erfinder der Wörter »international« und »kodifizieren«, ein Reformer von Gesetzen, Gefängnissen und Universitäten), radikale Abgeordnete wie Burdett, Hobhouse, Bankiers wie Kinnaird, als Sekretäre fungierten Mr. John Bowring, Polyglott und Bentham-Schüler.

Auf der ersten Sitzung wurde beschlossen, Edward Blaquiere, Autor mehrerer Bücher über den Mittelmeerraum, auf eine Erkundigungsreise nach Griechenland zu entsenden. Trelawney, der diesen Blaquiere kannte, schrieb ihm im Februar, daß Byron oft davon spreche, nach Griechenland zu gehen. Hobhouse und Kinnaird lächelten; der »liebe Junge« war kein Heerführer. Dennoch konnte sein Name von Nutzen sein. Blaquiere kündigte Byron an, er werde auf seiner Reise nach Griechenland in Genua Station machen. So geriet Byron in das Räderwerk der Handlung.

Im April stiegen Blaquiere und Luriotis zur Casa Saluzzo hinauf, und Byron erbot sich, im Juli in die Levante aufzubrechen, wenn es das Komitee für nützlich hielt. Und warum sollte er es nicht tun? Dieser Aufbruch entsprach zugleich seinem Bedürfnis nach aufwühlendem Erlebnis, dem sein einförmiges Leben in Genua so wenig zu bieten hatte, und sein Wunsch war, zu beweisen, daß er etwas anderes war als nur ein Verseschmied. »Der erste Mann eines Landes zu sein (*nicht* der Diktator), nicht der Sulla, eher der Washington oder der Aristides, der Anführer aus Begabung und Wahrheit, das heißt, sich der Gottheit nähern.« Dies hatte er einst geschrieben, er glaubte immer noch daran. Er war immer versucht, das zu tun, »was wenige Menschen getan hätten oder niemand vollbracht hatte«. Das Fiasko des *Liberal*, der relative Mißerfolg seiner letzten Veröffentlichungen, alles ließ ihn daran denken, wie er die öffentliche Meinung wieder für sich gewinnen konnte. Der Dichter gefiel nicht mehr. Er selbst glaubte, seine wahren Fähigkeiten würden in einem aktiven Leben eher deutlich werden. Er hatte sich immer als Soldaten und Staatsmann betrachtet, der des Lebens, für das er geschaffen war, durch die Unvollkommenheit seines Körpers beraubt worden war. Von nun an wollte er »sich der Politik und dem Anstand widmen«. – »Wenn ich noch zehn Jahre leben sollte, werden sie sehen, daß es noch nicht zuende ist mit mir. Ich will nicht sagen, in der Literatur, denn das bedeutet gar nichts; und – so sonderbar es scheinen könnte – ich glaube nicht, daß dies meine Berufung war. Sie werden es sehen – wenn Zeit und Glück es mir erlauben – daß ich etwas tun werde, das die Philosophen aller Zeiten in Erstaunen setzen wird.«

Gewiß war es nicht nur ein Ablaß in dem Urteil der Welt, den sich Byron von diesem Opfer versprach. Er hatte schon im *Manfred* gezeigt, daß die Hölle für ihn ein inneres Drama war. Vielmehr konnte ein großer Heroismus den Konflikt beenden, der ihn seit seiner Jugend quälte, den Konflikt zwischen dem Byron, der er hätte sein können und dem Byron, der er gewesen war, vielleicht könnte er ihn zugunsten des leidenschaftlichen Schülers lösen. Auf ein Schreibheft kritzelte er ein paar Verse, den Beginn eines unvollendeten Gedichts.

Die Toten wurden auferweckt – sollte ich schlafen?
Die Welt steht im Kampf gegen die Tyrannen – sollte ich mich beugen?
Die Ernte ist reif – soll ich zögern, sie aufzulesen?
Ich schlummere nicht; der Dorn durchdringt mein Laken,
jeden Tag klingt eine Trompete in meinem Ohr,
und ihr Echo in meinem Herzen . . .

»Poeshie«, wie er hämisch sagte, und niemand ermaß besser als er den Unterschied zwischen den wahren Gefühlen, wie sie sein spöttischer Verstand analysierte und den Gefühlen, die man in Verse faßt. So erbarmungslos seine Analyse sein und so ironisch sein Lächeln ausfallen mochte, wenn einer seiner Gefährten von »der großen Sache« sprach, er wußte sehr genau, daß Freiheitsliebe und die Sehnsucht, große Taten zu vollbringen, reale und starke Elemente in ihm waren.

Er war in seinem Leben zu oft auf Hindernisse gestoßen, die ihn vom Handeln abhielten, als daß er nun nicht fürchtete, es würden sich neue vor ihm aufrichten. Zunächst war da Teresa. Er kannte die Bedrohung durch »dies absurde Frauengeschlecht« und seine Nachgiebigkeit diesem Geschlecht gegenüber. »Signora Guiccioli ist natürlich dagegen, daß ich sie verlasse, und sei es nur für einige Monate; und da ihr Einfluß groß genug war, um mich 1819 an meiner Heimkehr nach England zu hindern, kann es ihr gelingen, mich auch 1823 von Griechenland fernzuhalten.« Aber bevor Teresa überredet werden mußte, war eine andere dringlichere und schmerzlichere Frage zu lösen. Wünschte das philhellenische Komitee in London seine Mitarbeit wirklich? Seit der Ächtung von 1816 bewahrte er allem gegenüber, was englisch war, den ängstlichen Sinn eines Paria. Die Feinde, die man nicht sehen kann, sind in der Vorstellung die schlimmsten. Er glaubte, sie seien immer noch unüberwindlich voreingenommen gegen ihn, und er war entschlossen, nichts von ihnen zu erbitten, um ihnen keine Gelegenheit zu einer Weigerung zu geben. Mit unbedingter Bescheidenheit bot er sich Hobhouse an und war entzückt, als er, nach langem kränkenden Schweigen, zum Komiteemitglied ernannt wurde. Seine Briefe zeigten ihn in seinem besten Licht, voller Großzügigkeit (er verkündete sogleich, daß er bereit war, aus eigener Tasche beizusteuern, und er begann auf seine Kosten Medikamente und Pulver zu verschicken), einfach und vor allem fabelhaft präzis.

Der Brief, den ihm Mr. Bowring geschrieben hatte, enthielt die üblichen Klischees über das »klassische Land der Freiheit, die Wiege der Künste und des Genies, den Wohnsitz der Götter, das Paradies der Dichter und andere schöne Dinge«. Es war der Ton, vor dem Byron einen buchstäblichen Horror hatte. »Enthusiasmus«, sagte er voll Widerwillen. Er antwortete mit einem Bericht über die Lage in Griechenland, der eines vorzüglichen Generalstabschefs würdig gewesen wäre: »An Material wird für die Griechen zunächst folgendes vonnöten sein; eine Feldartillerieausrüstung – leicht und für den Bergeinsatz tauglich; zweitens Kanonenpulver, drittens Sanitätsfahrzeuge ...« Auf vier Seiten voller Fakten zeichnete er die Bedürfnisse auf, die besten Transportmethoden und die Adressen möglicher Verbindungsleute. Der ganze rechnerische Verstand Kitty Gordons, wie sie den Wert Newsteads abschätzte. Es war ein aufreizender Gegensatz zu der nutzlosen Eleganz des Komitees.

War er also doch, wie er selber glaubte und entgegen der Meinung seiner Freunde, ein Mann der Tat? Die Wahrheit war vielschichtiger. Er war begabt zu handeln, weil er Mut, Realismus und Genauigkeit in sich vereinte, dennoch war Byron zum Träumen verurteilt aus Mangel an Entschlossenheit. Er hatte immer gleichzeitig ein Verteidiger der Völker und ein ausschweifender Grandseigneur, ein Ehemann und ein Don Juan sein wollen, ein Voltairianer und ein Puritaner. Er hatte die englische Gesellschaft bekämpft, und er begehrte ihre Vorzüge. Weder konservativ noch radikal, hatte er in der englischen Politik zu den unglücklichsten aller Kreaturen gehört, zu den Whigs. Immer hatte es ihm an jener Übereinstimmung von Denken und Tun gefehlt, die allein große Vorhaben erfüllen kann.

In diesem griechischen Unternehmen jedoch war alles einfach. Seine angeborenen Vorurteile traten mit dem Verlangen, ein fremdes Volk zu befreien, nicht in Widerstreit. Er fühlte im Gegenteil, daß die öffentliche Meinung Englands ihn aus verborgenen und tiefen Gründen unterstützen würde, wenn er diese Partie spielen würde. Nun, da sein Geist beruhigt war, arbeitete er mit voller Hingabe. Seine Klarsicht und seine Klugheit taten ihre Wirkung, und er wurde zu einem Anführer, wie man ihn sich nur wünschen kann.

Während der Sommer näherrückte, schien sein alter Feind, das Schicksal, freundlicher gesinnt als gewöhnlich. Graf Gamba wurde aus der Verbannung zurückgerufen und erhielt die Genehmigung, nach Ravenna zurückzukehren, wenn er seine Tochter mitbrachte. Der Papst und Graf Guiccioli wünschten diese Rückkehr. Der Ehemann war bereit zu vergeben, unter der, wie Byron sagte, der den Ehemännern seiner Geliebten gegenüber stets sehr gerecht war, vernünftigen Bedingung, »ihn selbst nicht als Untermieter zu behalten«. Pietro Gamba, der Bruder, den er um seines Mutes willen mehr und mehr liebte, wünschte von Herzen, Byron nach Griechenland zu begleiten. Vater, Bruder, Ehemann, Liebhaber, alle Welt war sich (wie damals im Fall Caroline Lamb) darin einig, Signora Guiccioli zu einer Aussöhnung mit ihrem Mann zu raten. Die weibliche Leidenschaft hatte wieder einmal alle gegen sich. Aber Teresa, gestützt auf ihr »Gefühl«, trotzte, wie Byron sagte, dem Willen der halben Romagna mit dem Papst an der Spitze, und das, fügte er verwundert hinzu, nach einer vier Jahre alten Beziehung.

Wenn er nach Griechenland gehen wolle, sagte sie, solle er es nur tun, sie werde ihm folgen, sie habe bewiesen, daß sie für die Freiheit leiden könne. »Natürlich ist das ein ganz lächerlicher Gedanke, denn es hieße, alles aufzugeben, um ihre Sicherheit zu gewährleisten ... Andererseits, wenn sie eine Szene macht, hätten wir eine neue Geschichte von schlechter Behandlung und von Verlassen und von Lady Carolinisation, Lady Byronisation und Glenarvonisation, alles bereit, um gegen mich verwandt zu werden. Es hat noch nie einen Mann gegeben, der den Frauen so weit nachgegeben hat und der dafür den Ruf gewann, sie mit Härte zu behandeln, wie ich. Aber ich werde tun, was ich kann, und ich habe Hoffnung ... Wenn ich eine Frau wegen einer anderen Frau verließe, hätte sie Grund, sich zu beklagen, wenn aber ein Mann einzig wegen einer guten Sache fortgehen will, einzig um einer großen Pflicht zu genügen, geht dieser Egoismus etwas zu weit.«

Endlich, Anfang Juni, schien alles ins rechte Gleis zu kommen. Die Gräfin Guiccioli wurde unter Tränen von ihrem Vater mit auf die Reise genommen. Das Schicksal der Hunts war gesichert, Byron bezahlte ihnen die Reise nach Florenz. Er trat ihnen seine Anteile am *Liberal* ab und die Autorenrechte an seinen darin erschienenen Gedichten. Blaquiere verlangte von Griechenland aus unbedingt nach Byrons Anwesenheit. Er mußte sich mit der Abreise beeilen. Der junge Gamba erhielt den Auftrag, ein Schiff auszurüsten. Dieser junge Mann war reizend, aber er hatte, wie die Italiener sagten, ein »schlechtes Auge«. »Er packt ein Problem ernst und gewissenhaft an, er schreibt alles in Form von korrekten, sorgfältigen Notizen nieder, wobei jede der unleserlichen Seiten in der Weise der Bologneser Universität mit dem Wort: *Considerando* beginnt. Und dann geht alles schief.«

Das Schiff, das er aussuchte, die *Herkules*, war ein schlechter, seeuntauglicher Kahn. Beauftragt, einen Arzt zu engagieren, nahm er einen Studenten, Bruno, der voll guten Willens doch ohne jede Erfahrung war und der vor Lord Byron zitterte. Bruno gestand später, er habe sagen hören, Byron werde ihn beim kleinsten Fehler von seinen Hunden zerfetzen oder von seinem Tartaren erschlagen lassen. Der Tartar war der brave Tita, und die Hunde waren völlig zahm. Seine uneingestandenen Ängste machten den Doktor Bruno nervös. Die Folge war, daß Bruno jedesmal, wenn ein Besatzungsmitglied krank wurde, in Tränen ausbrach, mit den Armen ruderte und den Kopf verlor. Trelawney kam auf Byrons Wunsch aus Florenz herüber, denn Byron wollte ihn mitnehmen. Es war keine gute Wahl, denn er reiste ohne Loyalität mit, er gab zu, daß es sein Ziel war, sich Byrons Namen zu bedienen, um nach Griechenland zu kommen und dort auf eigene Rechnung zu arbeiten.

Für Trelawney und für sich selbst hatte Byron »zwei Helme entworfen, die denen glichen, die nach dem sechsten Buch der *Ilias* das Kind Astyanax so erschreckten«. Aber Trelawney weigerte sich schon bei seiner Ankunft, den seinen aufzusetzen, und die Helme blieben in Genua.

Am 13. Juli 1823 war alles an Bord. Der abergläubische Byron hatte doch zugestimmt, an einem Freitag, dem 13., abzureisen. Außer Trelawney, Bruno und Gamba nahm er acht Diener mit, darunter Fletcher und Tita; er hatte fünf Pferde, Waffen, Munition, zwei kleine Kanonen und fünfzigtausend spanische Dollars bei sich. Die Sonne brannte, die Luft war so ruhig, daß man keine Segel setzen konnte. Die Stadt zeigte sich wie ein Amphitheater unter einem blendenden Licht. Gegen Abend ging Byron wieder an Land und aß unter einem Baum Käse und Früchte. Schließlich, gegen Mitternacht, kam Wind auf. Die *Herkules* lag schlecht in der See. Die Pferde waren vom Wind erschreckt und zerbrachen ihre Boxen; noch einmal ging es in den Hafen zurück. Byron sagte, er betrachte diesen schlechten Beginn als ein gutes Omen, blieb aber nachdenklich. Seinem Bankier Iarry berichtete er, daß er beinahe Lust gehabt hatte, aufzugeben. »Aber Hobhouse und die anderen würden sich über mich lustig machen.« Er wollte die Casa Saluzzo noch einmal wiedersehen, beim Eintreten sagte er zu Gamba: »Wo werden wir in einem Jahr sein?« Er bat, daß man ihn allein lasse und verbrachte mehrere Stunden damit, in den leeren Zimmern zu meditieren.

Seine Gefühle waren geteilt. Er hatte sich gewünscht, dieses Haus verlassen zu können, er war hier nicht sehr glücklich gewesen, und doch gab er es ungern auf. Er fürchtete sich vor der Traurigkeit der Dinge, die enden. Manchmal stellte er sich sein Leben nach einem glücklichen Erfolg in Griechenland vor, den Rückkauf der Vergangenheit durch einen Sieg, Annabellas Verzeihung, häufiger jedoch kam ihm die Weissagung der Mrs. Williams in den Sinn. Er glaubte fest, daß er dem Tod entgegengehe.

Wenn er sich noch hätte ernst nehmen und diesen Tod für heroisch halten können, doch sein schrecklicher Witz wandte sich gegen ihn selbst. Zu Lady Blessington hatte er gesagt: »Nie öffnen sich mir die Augen für die Narrheit der Wagestücke, zu denen Leidenschaft mich treibt, ehe ich nicht so weit hineingezogen bin, daß mir ein ehrenvoller Rückzug versperrt bleibt. Daher erhebt sich meine Klugheit zur Unzeit und verjagt die Begeisterung, die mich in das Unternehmen trieb und die ich unbedingt brauchte, um es fortzusetzen. So wird der Abstieg hart für mich. Und gälte es, mein Leben zu retten, es gelingt mir nicht, meine Vorstellung von neuem anzuheizen, und meine Situation bringt mir nur komische Bilder und Gedanken. Wenn ich diesen Feldzug überleben sollte, (und das ist ein großes Vielleicht in der Folge meiner Geschichte) werde ich zwei Gedichte über dieses Thema schreiben, ein episches und ein burleskes, und darin werde ich niemanden schonen und mich weniger als irgend jemand anderes ...«

Gegen Abend stieg er in die Stadt hinab, nahm ein heißes Bad und ging an Bord der *Herkules* zurück. Endlich war der Wind günstig. Die Expedition machte in Livorno halt, und dort hatte Byron die Freude, einige Verse Goethes vorzufinden, die dieser ihm als Beweis seiner Bewunderung gewidmet hatte. Dort erhielt er auch eines der ersten Exemplare des *Mémorial de Sainte Hélene*, das Augusta ihm geschickt hatte und das natürlich schnell seine Lieblingslektüre wurde. An Bord war er ein gefälliger und heiterer Gefährte. »Er boxte mit Trelawney, focht mit Gamba, nahm nur Käse, Gurken und Zider zu sich, schoß mit Pistolen auf Möwen, spielte mit seinen Hunden und scherzte mit dem Kapitän der *Herkules*, der ein erfahrener Mann, aber ein Säufer war.«

Jener Kapitän Scott hatte mit Fletcher Freundschaft geschlossen, und eines Tages hörte Byron, während diese beiden Helden ihren Grog zu sich nahmen, ihre Unterhaltung: »Warum«, fragte der Kapitän, »geht Ihr Herr in diese wilden Länder?« Fletcher fragte sich dasselbe. »Da gibt es nur Felsen und Räuber«, sagte er, »sie leben in Löchern und kommen wie die Füchse daraus hervor. Sie haben große Flinten, Pistolen und Messer.« Fletcher hatte Griechenland und den Griechen das schlechteste Andenken bewahrt, er war protürkisch. »Die Türken sind die einzigen achtbaren Männer im Land. Wenn sie weggehen, wird Griechenland wie ein Haus voll freigelassener Irrer sein ... Es ist ein Land von Flöhen, Fliegen und Dieben. Warum Mylord hingeht? Gott allein mag es wissen, nicht ich.« Und in diesem Augenblick, als er bemerkte, daß sein Herr zuhörte, sagte er noch: »Und mein Herr kann nicht leugnen, daß alles wahr ist, was ich gesagt habe.« – »Nein«, entgegnete Byron, »für alle, die die Dinge mit Schweinsaugen betrachten und nichts weiter sehen können, ist es so.«

Er hatte es wohl bedacht, wenn er vor der Landung in Griechenland, wo die Unordnung der Parteien die Wahl eines Landeplatzes unmöglich machte, für einige Zeit auf den ionischen Inseln haltmachte, um dort die Auskünfte abzuwarten, die Blaquiere liefern sollte. Die Sieben Inseln standen unter englischem Protektorat. Sie bildeten ein neutrales Terrain, doch diese Neutralität würde Byron den Aufenthalt gestatten. Zunächst war Zante das auserwählte Ziel; ein Engländer, dem sie während der Reise begegneten, empfahl Kephalonia, weil der englische Befehlshaber dort der Colonel Napier war, ein bemerkenswerter Mann und sehr griechenfreundlich. Am 1. August legte die *Herkules* im größten Hafen von Kephalonia, in Argostoli, an. Dort wartete auf Byron eine große Enttäuschung: Blaquiere war vor vierzehn Tagen nach England zurückgekehrt, ohne irgendeine Botschaft zu hinterlassen. In der Tat waren die Mitglieder des englischen Komitees von unzumutbarer Nachlässigkeit. Sie hatten ihn veranlaßt, sein Haus aufzugeben, seine Arbeit, seine Geliebte, und nun ließen sie ihn auf einer unbekannten Insel sitzen, ohne Instruktionen, ohne Unterrichtung und ohne Ziel.
Drei Wochen lang blieb er in der Reede von Argostoli an Bord der *Herkules*. Der Gedanke, mit den englischen Beamten Kontakt aufzunehmen, erfüllte ihn mit Unbehagen. Da waren die Offiziere. Wie würden sie ihn aufnehmen? »In seiner morbiden, egozentrischen Empfindlichkeit war er davon überzeugt, daß er für jeden Engländer ein Gegenstand des Hasses und der Lächerlichkeit geworden war, und er zögerte mit geradezu femininer Schüchternheit, sich einem Gespräch mit ihnen auszusetzen.« Er war sehr überrascht, als ihn die Offiziere des achten Regiments des Königs in ihre Messe luden und noch mehr, als sie sich am Ende des Dinners erhoben, um auf sein Wohl zu trinken. Er antwortete nicht ohne Rührung und fragte, indem er sich zu dem Oberst beugte, ob er auch gesagt habe, was sich gehöre. Er war etwas erschrocken und sehr glücklich. Wenn ihn die Engländer freundlich aufnahmen, so klammerten sich die Flüchtlinge auf der Insel an ihn wie an einen Retter. Sie wußten, daß er reich und berühmt war. Vor allem die Sulioten, die Krieger jenes beinahe barbarischen Stammes, denen er ein romantisches Gedenken bewahrt hatte, weil sie ihn bei seiner ersten Pilgerfahrt willkommen hießen, belagerten die Brücke der

Herkules. Ihr malerischer Anblick gefiel Byron ungemein, so daß er vierzig von ihnen als persönliche Garde engagierte. Er sollte es bald bereuen. Gamba, der sich ihrer mit seiner wohlmeinenden und aktiven Inkompetenz annahm, entdeckte, daß die meisten weder Sulioten noch Griechen waren. Nach ein paar Tagen gab Byron seiner Garde den Sold für zwei Monate, bezahlte ihre Überfahrt nach Missolonghi und war froh, sie loszuwerden.

Während des ganzen Aufenthaltes in Kephalonia kannte Byrons Großzügigkeit keine Grenzen. Rochdale war im Juni 1823 für 34 000 Pfund verkauft worden. Er war entschlossen, wenn es nötig wurde, dies ganze Vermögen für die griechische Sache zu opfern. »Meine persönlichen Bedürfnisse sind ganz einfach, und mein Einkommen ist beträchtlich, gleich in welchem Land; außer in England. Es kommt dem des Präsidenten der Vereinigten Staaten gleich, dem der englischen Staatssekretäre und dem der französischen Botschafter an den großen Höfen.« Doch wenn er auch entschlossener war als je, alles für Griechenland hinzugeben, wollte er es doch mit Vernunft tun. Trelawney, ein Held aus der komischen Oper und viel mehr Abenteurer als Soldat, verstand nicht, warum Byron nicht sofort nach Griechenland aufbrach. »In welches Griechenland?« antwortete Byron. Sollten sie Kolokotronis in Morea unterstützen, den Sulioten Botzaris in Missolonghi oder den Banditen Odysseus in Athen? Niemand konnte es sagen. Jeder Anführer, der zwanzig Leute um sich scharen konnte, schickte einen Abgesandten zu Byron. Blaquiere, der schließlich doch geschrieben hatte, riet abzuwarten. Der Colonel Napier war nicht gerade ermutigend, er sagte: »Es ist schwierig, nach Griechenland hineinzukommen.« Er sagte auch, daß niemand in der Lage sei, die griechischen Geschäfte in die Hand zu nehmen, der nicht zwei europäische Divisionen und eine bewegliche Streitmacht zur Verfügung habe. Im übrigen waren die Türken stark, und ihre Flotte beherrschte die Küsten. Kapitän Scott weigerte sich, den Verlust seines Schiffes auf einem Meer zu riskieren, das von der türkischen Flotte überwacht wurde. Was hätte es Dümmeres für Byron geben können, als sich von ihr aufbringen zu lassen? In der dritten Augustwoche beschloß er, für einige Zeit auf Kephalonia zu bleiben und mietete ein Haus in einem kleinen Dorf der Insel: Metaxata.

In Metaxata fand er ein paradoxes Glück. Nie war sein Leben einfacher gewesen. Er wollte, daß seine Lebensführung die eines Soldaten war. Asketentum hatte ihm stets zu Gesundheit und Zufriedenheit mit sich selbst verholfen. Gamba und der Doktor Bruno waren seine einzige Gesellschaft. Gelegentlich empfing er einen Inselbewohner, den Grafen Della Decimi, den er *Ultime analisi* getauft hatte, weil er jeden seiner Sätze mit den Worten »Im letzten Schluß« begann. Er hatte überdies einen kleinen griechischen Pagen gefunden, Lukas, einen neuen Eddleston.

Byron arbeitete am Morgen, nahm eine Tasse Tee, ritt aus, aß etwas Gemüse zu Mittag und las abends im *Memorial* oder in einer Lebensbeschreibung des Generals Marceau, einem Geschenk Augustas. Jeden Tag suchten ihn griechische Delegationen auf oder ein Flüchtling bat um Hilfe, die stets gewährt wurde. Nachts, in der Heiterkeit des schimmernden Mondes, schaute er über die Inseln, über die Berge, über das Meer auf die verschwommene Linie der griechischen Küste.

Das Glück? Ja doch, das war das Glück. Keine Leidenschaft verwirrte den Frieden seines Gemütes. Kein kritischer Blick spähte ihm nach. Was hätte man ihm vorwerfen können? Er war hier, um sich als Ehrenmann zu beweisen. Am Ende eines langen Briefes an Augusta, in dem er versucht hatte, aufzuzeigen, wieviel Geduld es ihn kostete, die lokalen Intrigen zu entwirren, setzte er hinzu: »Wenn Sie glauben, diese Epistel verdiene es, Lady Byron weitergegeben zu werden, können Sie ihr gern eine Abschrift schicken.« Vielleicht billigte sie sein Verhalten doch noch, die strenge Annabella, auf deren Urteil er so viel gab.

Abgesehen von einer Ausfahrt nach Ithaka, die sehr schlecht ausging, da Byron einen Fieberanfall erlitt, war das einzige Abenteuer dieser Wochen ein geistiges. Es gab auf der Insel einen Doktor Kennedy, einen tiefreligiösen Schotten, der sich darum bemühte, die Bibel unter den Griechen der ionischen Inseln zu verbreiten. Bald nach der Ankunft Byrons auf der Insel hatte der Doktor eine Diskussion über die Bibel mit einigen voltairianischen Offizieren gehabt und sich stark gemacht, ihnen die Wahrheit der Heiligen Schrift so unwiderlegbar zu beweisen, wie die Lehrsätze des Euklid. Es wurde eine Zusammenkunft vereinbart, und Byron bat, daran teilnehmen zu dürfen. Natürlich erregte seine Anwesenheit große Neugier. Ein Freund, der ihn antraf, als er gerade zu Pferd stieg, rief ihm zu: »Ich hoffe, Eure Lordschaft werden bekehrt!« – »Ich hoffe es auch«, erwiderte Byron ernst. Bei Kennedy setzte er sich auf ein Sofa, die anderen saßen um einen Tisch, und der Doktor begann mit seiner Darlegung.

Sein erstes Thema war der Unterschied zwischen dem Christentum der Bibel und dem Christentum der Menschen. Byron hatte versprochen, geduldig zuzuhören, aber man sah ihn immer wieder fragend an, und bald nahm er das Wort. Er sagte, daß er von seiner Mutter sehr religiös erzogen worden war, daß er stets leidenschaftlich an den Fragestellungen der Religion teilgenommen und daß er viele theologische Bücher gelesen habe, daß er aber dennoch die

Schrift nicht begreifen könne. Weiter sagte er, daß er aufrichtige Gläubige immer besonders geachtet habe und daß er ihnen stets mehr Vertrauen entgegenbringe als anderen Menschen. Er habe jedoch allzuviele Frömmler getroffen, deren Taten sich von den Prinzipien, zu denen sie sich bekannten, kraß unterschieden. Dann, nachdem er ein wenig über seinen alten Freund, den Teufel, über Eva und die Schlange gesprochen hatte, kam er auf die schwierige Frage zurück, von der er seit je besessen war: die Existenz der grausamen und sinnlosen Leiden auf dieser Welt, eine Tatsache, die sich mit dem Dasein eines gütigen Schöpfers nicht vereinbaren ließe. Er habe es sich zum Beispiel angelegen sein lassen, sagte er, mit fast allen Siechen zu sprechen, denen er begegnet sei, und im großen und ganzen habe er feststellen müssen, daß ihr Leben von Geburt an Elend und Traurigkeit gewesen war. »Womit haben sie den Schöpfer beleidigt, daß sie dies erdulden mußten? Warum leben und sterben sie meist sogar, ohne daß ihnen das Evangelium verkündet worden ist? Wozu sind sie auf der Welt? Viele von ihnen leiden unter körperlichen Gebrechen und dem steten Druck der Armut, sie sind verdammt zu mühseliger ständiger Arbeit, sie werden in Unwissenheit oder Aberglauben gehalten und haben weder Zeit noch die Fähigkeit die Bibel zu lesen, selbst wenn sie ihnen zugänglich gemacht würde.«

Der Doktor sagte, die Frage nach dem Ursprung des Bösen öffne ein zu weites Feld, das Böse sei die Folge des Mangels an Frömmigkeit, und im übrigen führe das Unglück in dieser Welt den Geist zur Hoffnung auf eine bessere Welt. Als er dann von Gottes Allmacht sprach und von dem alten Bild des Töpfers und der Tonschale, rief Byron: »Wenn ich in Stücke zerbrochen würde, dann wäre meine Frage an den Töpfer ganz sicher diese: ›Warum behandelst du mich so?‹« Die Zuhörer schienen Byrons Argumente interessanter als die des Doktors zu finden; als Byron gegangen war, beklagte sich Kennedy bei seinen Freunden darüber, daß sie sich vom Rang und Ruhm ihres Gastes hätten beeindrucken lassen.

Kennedey war jedoch ein guter Kerl und nicht nachtragend. Er besuchte Byron in dessen kleinem Haus in Metaxata, um das Gespräch mit ihm fortzusetzen, die Bibelkenntnis seines Partners überraschte ihn. »O ja«, sagte Lord Byron, »ich lese mehr in der Bibel als Sie glauben. Ich besitze eine Bibel, die mir meine Schwester, eine fabelhafte Frau, geschenkt hat.« Er ging in sein Schlafzimmer und kam mit einer festeingebundenen Taschenbibel zurück, einem Geschenk Augustas. Wenn Kennedy während der Unterhaltung vergeblich nach einer Textstelle suchte, um seine Argumente zu bekräftigen, fand Byron sie sofort. Er stellte Kennedy erstaunliche Fragen über den Teufel, über die Hexe von Endor. »Ich habe immer geglaubt«, sagte er, das sei die beste Hexenszene, die je geschrieben worden ist. Sie schlägt alles, was ich über Geistererscheinungen gelesen habe. Das beste, was es in dieser Richtung gibt, ist aber die Behandlung der Figur des Mephistopheles bei Goethe. Freilich schätzen *Sie* die Bibel höher ein, weil sie geheiligt ist, aber wenn Sie dies andere lesen, werden Sie erkennen, daß es eine der erhabensten menschlichen Schöpfungen darstellt.« Kennedy lächelte über diese ungewöhnliche Gedankenverbindung, er räumte ein, daß er nie darauf gekommen sei, die Bibel als ein literarisches Werk anzusehen. Dann aber redete er Byron zu, sein Leben zu ändern. »Ich bin auf gutem Wege«, sagte Byron, »ich glaube wie Sie an die Prädestination, an die Verderbtheit des menschlichen Herzens im allgemeinen und des meinen im besonderen. Sehen Sie, das sind schon zwei Punkte, über die wir uns einig sind.« Als Kennedy ihn dann für seine großzügige Mildtätigkeit lobte und davon sprach, daß er um sich herum gute Taten hervorriefe, fragte Byron: »Und was verlangen Sie noch, Doktor, um in mir einen guten Christen zu erkennen?« – »Daß Sie niederknien und zu Gott beten.« – »Das ist zuviel verlangt, lieber Doktor«, sagte er.

Die Nachrichten aus Griechenland waren ermutigend und enttäuschend in einem. Die Griechen trugen Siege über die Türken davon, konnten sich aber untereinander nicht einigen. Das Komitee in London kündigte ein Schiff mit Artillerieausrüstung und Gewehren an, neue Konstruktionen, von denen man sich Wunder versprach. Doch während Byron auf dieses »Schiff *Argo*« wartete, kamen aus England lediglich Karten und Trompeten, schätzenswerte Dinge, die aber in einem Land, dessen Soldaten sich weder auf Topographie noch auf Musik verstanden, wenig taugten. Die Gentlemen von »Krone und Anker« hatten versprochen, einen Offizier zu entsenden, der die Operationen leiten sollte. Byron hätte gewünscht, der Colonel Napier würde dazu ausersehen, doch der Colonel hatte über Griechenland nicht dieselben Ansichten wie das Komitee: »Solange sich noch ein europäischer Soldat auf türkischem Boden befindet«, sagte er, »solange sollte sich die griechische Regierung nicht mit einer Verfassung beschäftigen.« Vorstellungen, die wenig dazu geeignet waren, einem liberalen Komitee zu gefallen. Colonel Stanhope, den die Londoner schließlich entsandten, konnte Byron keineswegs begeistern, er war Bentham-Schüler, mehr Politiker als Soldat. Wir werden ihn noch am Werke sehen. Napier half Byron jedenfalls dabei, seine Wahl unter den Parteien zu treffen. Er war entschieden für Mavrocordato, den einzigen Revolutionsführer, sagte er, der ein redlicher und ernstzunehmender Staatsmann war. Von der Insel Hydra aus, auf der er sich einfand, nahm Mavrocordato Verbindung mit Byron auf und ließ ihn wissen, daß er bereit sei, die griechische Flotte auslaufen zu lassen, die Blockade zu durchbrechen und sich nach Missolonghi zu begeben, um von dort aus die Operationen zu leiten, wenn Byron ihm viertausend Pfund Sterling vorschießen könne, um die Ausrüstung zu bezahlen, bis eine Anleihe in London zustande gekommen sei, über die verhandelt wurde. Byron gab das Geld. Er fand einiges Vergnügen daran, als einfacher Bürger eine Flotte und eine Armee zu unterhalten. Er stellte mit Belustigung fest, daß die Höhe der Summe, die er für Griechenland gegeben hatte, schon die derjenigen überstieg, mit der Bonaparte den Italienfeldzug begonnen hatte, eine Einzelheit, die er gerade im *Mémorial* gelesen hatte. Die Sulioten von Missolonghi baten ihn, sie in Sold zu nehmen und ihr Anführer zu werden. Trotz der voraufgegangenen Enttäuschungen war er versucht, dem nachzukommen. Es waren großartige Krieger, und es wäre schön gewesen, einen ganzen Stamm unter seinem Befehl zu haben. Wer konnte es wissen, wäre Griechenland erst einmal befreit, könnte er mit seinen Männern gegen andere Windmühlen zu Felde ziehen. Schon sah er sich als Bandenchef gegen das Unrecht in der ganzen Welt streiten.

Gegen Ende des Jahres war dank der finanziellen Hilfe Byrons die griechische Flotte ausgerüstet, und Mavrocordato sowie später Stanhope konnten nach Missolonghi übersiedeln. Von dort aus baten sie Byron, zu ihnen zu stoßen. »Ich brauche Ihnen nicht zu sagen, Mylord, wie sehr es mich danach verlangt, Sie hier eintreffen zu sehen«, schrieb ihm Mavrocordato. »Ihr Rat wird wie ein Orakel gehört werden.« Und Stanhope: »Sie werden mit fiebernder Ungeduld erwartet. Ich bin heute abend durch Missolonghi gegangen, und das Volk rief nach Lord Byron.«

Es war vielleicht voreilig, jetzt schon Partei zu ergreifen, doch Byron wußte, daß sich in England die Leute über sein langes Verweilen auf der Insel lustig machten. Ein Brief Moores hatte ihn tief getroffen, weil darin unterstellt zu sein schien, er sei dabei, in einer eleganten Villa statt heroischen Unternehmungen nachzueilen, *Don Juan* fortzusetzen. Das traf nicht zu. Er hatte nicht am *Don Juan* weitergearbeitet, überhaupt an keinem Gedicht. »Die Poesie«, sagte er zu Gamba, »dürfte nur Müßiggänger beschäftigen. In ernsthaften Unternehmungen wäre sie lächerlich.« Er wußte wohl, wie gefährlich sein Vorhaben war, »aber niemand soll sagen können, daß ich mich jemals verpflichtet hätte, einem Gentleman in einem noch so geringfügigen Ehrenhandel behilflich zu sein und ihm dann nicht bis zum Schluß beigestanden zu haben ... Für mein Teil bleibe ich der Sache treu, solange noch ein Balken bleibt, an den man sich in

Ehren klammern kann.« Am 27. Dezember kündigte er Moore an, er werde sich vierundzwanzig Stunden später einschiffen und Mavrocordato in Missolonghi treffen. »Der Zustand der Parteien zwang mich bis jetzt hierzubleiben, aber da Mavrocordato, ihr Washington oder ihr Kokciusko, wieder eingegriffen hat, kann ich ruhigen Gewissens handeln. Ich bringe Geld mit, womit die Flotte bezahlt werden kann, und ich habe Einfluß auf die Sulioten. Wahrscheinlich werden wir Patras oder die Festungen der Meerenge zu nehmen suchen. Offenbar erwarten die Griechen oder zumindest die Sulioten, daß ich mit ihnen marschiere. Sei es ... Ich habe gewisse Hoffnung, daß die Sache siegen wird, aber ob sie nun siegt oder nicht, es gilt die Gesetze der Ehre ebenso streng einzuhalten wie eine Milchkur. Ich hoffe beides zu beherzigen.«

XXXV
Hamlet und Don Quichote

The road of Excess leads to the Palace of Wisdom.
Blake

Mavrocordato und Stanhope hatten ihm zugesagt, daß die griechische Flotte seine Überfahrt nach Missolonghi beschützen werde, aber Stanhope und Mavrocordato waren keine großen Strategen, und die beiden Schiffe, die Byron und sein Vermögen trugen, begegneten der türkischen Flotte. Gambas Schiff wurde gekapert und nach Patras geschleppt; Byrons Schiff konnte nach Norden entkommen und fand nach gefahrvoller Flucht einen Schlupfwinkel hinter den Felsen von Dragomestri. Die Türken hätten auch bis dahin folgen können, und er hatte nur vier kampftüchtige Männer an Bord. Er sandte eine Botschaft an Colonel Stanhope, er sollte ihn abholen: »Es beunruhigt mich ein wenig, hierbleiben zu müssen, nicht so sehr meinetwegen wie wegen eines griechischen Jungen, der bei mir ist; denn Sie wissen, was sein Schicksal wäre, und ich würde ihn lieber in Stücke hauen lassen und mich mit ihm, ehe ich ihn von diesen Barbaren fangen ließe.« Der griechische Knabe war der junge Lukas, den er von Kephalonia mitgebracht hatte.

Drei Tage lang blieb er an der Küste von Dragomestri. Fletcher litt unter einer schweren Stirnhöhlenerkältung, und Byron hatte ihm die einzige Matratze des Schiffes überlassen. Solcher Aufmerksamkeit halber geschah es, daß Fletcher sagte: »Mylord ist vielleicht sehr wunderlich, aber er hat ein gutes Herz.« Byron verbrachte hier auch den 2. Januar, seinen Hochzeitstag, der für ihn stets ein Tag der Nachdenklichkeit war. Am 4. ließ ihn Mavrocordato nach Missolonghi eskortieren.

Die Stadt Missolonghi liegt an einer wenig tiefen Lagune, die nur kleine Boote mit flachem Rumpf befahren können. Ein Inselkranz, in dem Varrilidi der bedeutendste Stützpunkt war, diente als Befestigungsgürtel und trennte die Lagune vom offenen Meer. Am Morgen des 5. Januar kleidete sich Byron in eine schöne rote Uniform, die er vor der Abreise aus Kephalonia von Colonel Duffie geliehen hatte, bestieg ein kleines Boot und ließ sich durch die Lagune zur Stadt fahren. Er wurde von Artilleriesalven, Gewehrschüssen und wilder Musik empfangen. Eine Menschenmenge von Soldaten und Bürgern war auf den Beinen, als er anlegte. Colonel Stanhope und Fürst Mavrocordato nahmen ihn an der Tür seines Hauses in Empfang. Gamba war den Türken wie durch ein Wunder entkommen, angesichts einer so rührenden Szene »hatte er Mühe, die Tränen zurückzuhalten«.

Missolonghi war eine Fischersiedlung, die tiefer als der Meeresspiegel lag. Um die Stadt herum breiteten sich rasenbewachsene Hügel aus, während der Regenzeiten waren die Straßen moorig aufgeweicht. Eine Drainage war nicht möglich, das Wasser stand bis an die Schwellen der Häuser. Dennoch besaß Missolonghi einen merkwürdigen, unirdischen Charme, halb unter dem Meer schien dieses Atlantis außerhalb der Welt zu existieren. Hirten in Kleidern aus Ziegenleder bewohnten Hütten in den Rosenfeldern am Fuße der violetten Berge. Alles duftete nach Salz, Fischen, Schlamm. Lord Byrons Haus lag ziemlich hoch, hier wohnte auch schon Colonel Stanhope. Der Ausblick aus den Fenstern war schön, über den blinden Silberspiegel der Lagune hinweg sah man den schwarzen Streifen des Inselkranzes, auf dem sich die Pfahlbauten mit ihren feinen Streben vom Himmel abhoben. Bei gutem Wetter war in der Ferne Kephalonia zu sehen, der Platz, an dem Byron glücklich gewesen war. Fletcher, Tita und Lega Zambelli gaben sich alle Mühe, Lord Byrons dürftiger Wohnung ein einladendes Aussehen zu geben. Byron selbst stellte Rüstungen und einige Bücher an den Wänden auf. Im großen Saal des Erdgeschosses brachte er eine suliotische Garde unter. Draußen in den Cafés von Missolonghi beschimpften sich Soldaten in gestickter Montur und Flüchtlinge. Es bedurfte großer Vorstellungsgabe, um das Griechenland des Leonidas zu beschwören.

Byron zog kaltblütig die Bilanz aus der augenblicklichen Lage. Sein Verbündeter, der Fürst Mavrocordato, war ein ehrenwerter Mann, aber er besaß keine Autorität über seine Truppen. Die Stadt war voller Sulioten, die, ausgehungert und von der griechischen Regierung schlecht bezahlt, eine gegenwärtig größere Gefahr bildeten als die Türken. Der Unabhängigkeitskrieg interessierte sie wenig. Sie waren immer Söldner gewesen. Sie »seufzten im Namen Sulis« und schauten nach Norden, wo die Berge ihres Vaterlandes gelegentlich über den Wolken sichtbar wurden. Mavrocordato fürchtete sie, er bat Byron, sie in Sold zu nehmen.

Immer noch wartete man auf das »Schiff *Argo*«, mit dem das Londoner Komitee Artillerie und Feuerwerker schicken wollte. Es wurde dringend erforderlich, ein Corps von Fachleuten aufzustellen, das die Kanonen, waren sie einmal da, bedienen konnte. Für dieses Corps schrieb Byron zunächst die Summe von hundert Pfund aus und versuchte, Deutsche und Schweden anzuwerben. Er zeigte sich selbst als guter Soldat und war täglich draußen auf den moorigen Wiesen dabei, wenn seine Brigade ihre Übungen machte. »Nichts ist langweiliger«, sagte er zu Gamba, »aber Geduld ist jetzt vonnöten. Ich habe nicht viel Hoffnung auf einen Erfolg, aber wir müssen irgend etwas tun, und sei es nur, um die Truppe zu beschäftigen, damit sie nicht rostet und Unordnung schafft.«

Das verlockendste Unternehmen schien, Lepante im Sturm zu nehmen; die Stadt lag etwas weiter vom Golf von Korinth entfernt und war noch von den Türken besetzt. Byron entsandte zwei Offiziere, einen Deutschen und einen Engländer, die Befestigungen Lepantes zu untersuchen. Die Garnison bestand aus Albaniern, sie hatte seit sechzehn Monaten keinen Sold mehr bekommen und ließ Byrons Gesandte wissen, daß sie sich freiwillig ergeben werde, wenn man ihr eine ehrenvolle Abfindung und das Leben garantiere. Das war also ein leichter Belagerungsfall, und gleichzeitig würde der berühmte Name Lepantes dazu nützen, daß eine Anleihe zustande kam, die von den Griechen in England betrieben wurde.

Das Wetter war abscheulich, es regnete unaufhörlich, und da es nicht möglich war, auf den durchweichten Wegen zu reiten, fuhren Byron und Gamba im Boot über die Lagune und sprachen vom Kriegszug gegen Lepante. Byron gestand, daß er nicht das geringste Vertrauen in seine Truppen setze, daß er aber glaube, es sei notwendig es vorzutäuschen, wenn sie gebessert werden sollten. Er wollte sie selbst zum Angriff führen. »Vor allem dürfen diese Halbbarbaren niemals den kleinsten Zweifel in ihren persönlichen Mut setzen.« Mavrocordato bot ihm den Titel eines *archi strategos* oder Oberbefehlshabers an. Er lachte mit Gamba darüber, wie immer, wenn er das Lachen der anderen fürchtete, aber er war doch ziemlich stolz darauf.

Die rein politische Aktivität seines Komitee-Kollegen Colonel Stanhope regte ihn auf. Stanhope, von Byron stets der »typographische Oberst« genannt, hielt es für wichtiger, den Griechen eine fort-

schrittlich denkende Presse zu geben als eine Armee. Er suchte Schulen einzurichten und glaubte, daß man einem Land die Freiheit sichern könne, indem man ihm den Begriff der Freiheit auseinandersetzt. Byron wollte außer von einer Artillerie-Akademie von anderen Schulen nichts wissen. Stanhope hatte einen Plan zur Reorganisation der Post, einen für den Bau vorbildlicher Gefängnisse, einen, der Mr. Bentham zum Apostel der Griechen machen sollte. »Er ist vielleicht ein Heiliger«, sagte Byron, »aber er ist kein Soldat.« Byron war bereit, hundert Pfund für eine Zeitschrift zu geben, aber er sagte zum Fürsten Mavrocordato, daß er an seiner Stelle eine Zensur errichten würde. Stanhope fing Feuer: »Wenn Eure Lordschaft das im Ernst sagen, halte ich es für meine Pflicht, diese Angelegenheit dem englischen Komitee zu übermitteln, auch um zu beweisen, wie schwierig die Aufgabe ist, Griechenland die Freiheit zu geben, wenn Eure Lordschaft das Gewicht Ihrer großen Begabungen in die entgegengesetzte Wagschale werfen.«
Byron sagte, daß er ein Vorkämpfer der Pressefreiheit sei, aber nicht in einer primitiven und leicht entzündbaren Gesellschaft, in England sei die Freiheit eine großartige Sache, denn eine Zeitschrift liefere das Gegengewicht zur anderen, eine Presse jedoch, die aus einer einzigen Zeitschrift bestehe, könne überhaupt nicht frei sein. Schon die erste Ausgabe des *Greek Chronicle* bewies, daß er recht gehabt hatte. Ein Artikel belehrte die Sulioten darüber, daß Bentham der größte Mann dieser Zeit war, womöglich aller Zeiten. Die Außenpolitik des Colonel war nicht unproblematisch. Er zog gegen die Heilige Allianz zu Felde und ermunterte die Ungarn, dem griechischen Beispiel zu folgen. Byron haßte nichts so sehr wie die Heilige Allianz, hielt es aber für sinnlos, die griechische Revolution durch die revolutionären Bewegungen anderer europäischer Länder aufs Spiel zu setzen.
Der handelnde Dichter und der eingebildete Soldat standen einander gegenüber. »Es ist merkwürdig«, sagte Byron, »daß der Soldat sich dafür stark macht, die Türken mit der Feder zu bekämpfen, und ich, der Schriftsteller, mit dem Degen.« Stanhope erkannte Byrons guten Willen an. »Er kannte weder Pedanterie noch Hochmut, er war natürlich und einfach wie ein Kind ... Er war ein geduldiger und meist sehr aufmerksamer Zuhörer; er war ritterlich bis zum Don Quichotismus.« Alle, die jetzt in Byrons Umgebung lebten, fanden in ihm, was Lady Blessington entdeckt und was Trelawney verneint hatte, »den Stoff eines großen Charakters«. Er hatte schon bei seiner Ankunft in diesem Königreich aus Dreck und Zwietracht begriffen, daß seine Unternehmung weder glanzvoll noch malerisch schön ausgehen werde. »Ich bin nicht hergekommen, um Abenteuer zu suchen, sondern um ein Volk aufrichten zu

helfen, dessen Unterdrückung allein genügt, eine ehrenvolle Aufgabe darin zu sehen, seine Freundschaft zu erringen.«

Um ein Beispiel zu geben, machte er es sich zur Pflicht, von ebenso einfacher Ration zu leben wie die griechischen Soldaten. Wie in Ravenna war er durch seine Großzügigkeit unter den Bauern von Missolonghi schnell beliebt geworden. Obwohl er sich ununterbrochen in Gefahr befand, obwohl wilde Gestalten in sein Haus eindrangen, ihn zum Zeugen anriefen, ihn bedrohten, blieb er energisch und gelassen. Griechische Matrosen von den Inseln drangen bis in sein Zimmer vor und verlangten in herrischem Ton die Herausgabe eines Gefangenen. Byron, der den Mann in Sicherheit hatte bringen lassen, lehnte ab. Die Matrosen sagten, sie verließen das Haus nicht ohne ihren Türken. Byron richtete eine geladene Pistole auf sie, da sie ihn so entschlossen sahen, machten sie kehrt. Er schickte mehrfach Gefangene nach Patras zurück, damit sie mit dem Leben davonkamen. Bei allen Operationsplänen verlangte er für sich den gefährlichsten Platz. »Was meine persönliche Sicherheit angeht, glaube ich, ganz abgesehen davon, daß man daran nicht denken soll, ein Mann ist im allgemeinen an einem Platz so sicher wie an einem anderen, und im übrigen ist es besser, mit einer Kugel im Leib zu sterben, als durch Medizinen.«

Manchmal bedauerte er es, hergekommen zu sein. Als er eines Tages, sehr verspätet, einen Brief von Hobhouse erhielt, einen Brief, der ihm riet, Kephalonia nur unter größten Vorsichtsmaßnahmen zu verlassen, sagte er: »Ach, das kommt zu spät; das heißt einen Mann vor einer Frau zu warnen, nachdem er sie geheiratet hat.« Er fing sich jedoch schnell wieder. Er behauptete, lieber in Missolonghi ein hartes Leben führen zu wollen, als, wie Tom Moore, noch mit vierzig Jahren den ganzen Abend in Londoner Salons zu trinken und zu singen. »Die Armut ist ein Leiden, doch ist sie den sinnlosen Zerstreuungen der sogenannten höheren Klassen vorzuziehen, denn die sind des Herzens und des Sinnes beraubt. Ich bin glücklich, ihnen entkommen zu sein und bin entschlossen, mich für den Rest meines Lebens weit von ihnen zu halten.« Der Dichter und der Soldat hatten über den Dandy und Weltmann gesiegt. Würde es, wie er glaubte, für den Rest seines Lebens so bleiben? Würde er der Versuchung widerstehen, wenn er sich eines Tages wieder »in diesem Meer von Seide und Edelsteinen« befand? Wer sollte es wissen. In Missolonghi jedoch fanden der Puritaner und der so lange verlachte Ritter endlich ihr schweres Glück in diesem rauhen Abenteuer.

Am 22. Januar 1824, seinem Geburtstag, betrat er ein Zimmer, in dem Stanhope, Gamba und einige Freunde schon auf ihn warteten, und sagte mit einem Lächeln: »Sie beklagen sich darüber, daß ich keine Verse mehr schreibe –: heute ist mein Geburtstag, und ich habe etwas zu Ende gebracht, das ich für wertvoller halte als das, was ich für gewöhnlich schreibe.« Er las ihnen dann einige Verse vor, die mit den beiden Strophen endeten:

Wenn du dich nach deiner Jugend zurücksehnst, *wozu leben?*
Das Land des ehrenvollen Todes
ist hier: – auf ins Feld und gib
dein Leben hin! . . .

Such dir – weniger oft gesucht als gefunden –
ein Soldatengrab, für dich das beste;
schau dich um, wähl deinen Platz
und finde deine Ruhe.

An diesem Tag begann sein siebenunddreißigstes Lebensjahr, das nach der Weissagung schicksalhaft für ihn werden sollte.

Einige Hoffnung auf militärischem Gebiet machte ihm die Ankunft von Mr. Parry, dem vom Londoner Komitee entsandten Artillerie- und Feuerwerksfachmann. Mr. Parry brachte Kanonen mit und englische Kanoniere, es hieß, er könne die berühmten Congreve-Gewehre herstellen. Mit Mr. Parry könnte man zweifellos Lepante einnehmen. Es stellte sich heraus, daß Mr. Parry nur ein Unteroffizier und Waffenmeister war, aber er gefiel Byron nicht schlecht, der Leute vom Fach immer besonders geschätzt hatte. Seine Vulgarität fand Byron belustigend. Er trank gern und konnte nach ein paar Brandy mit Soda köstliche Geschichten erzählen. Für ihn wie für Byron war das Londoner Komitee der lächerlichste Verein von Theoretikern, der jemals zusammengekommen war. Vor purem Enthusiasmus empfand er dasselbe Entsetzen wie sein Chef. Er sagte, Blaquiere und Hobhouse seien »Aufschneider« und brachte Byron dazu, Tränen zu lachen, als er ihm von seiner ersten Begegnung mit Mr. Bentham erzählte, der mitten in der Unterhaltung und ohne sie zu Ende zu bringen, zum großen Erstaunen der Londoner Passanten auf einmal in Laufschritt fiel, weil das seiner Gesundheit zuträglich sei. Byron versuchte Parry die Schwierigkeiten der Lage in Griechenland und die Schwierigkeiten in Missolonghi zu erklären. Parrys Eindruck war negativ, er glaubte zu erkennen, daß Byron ängstlich war, daß er fast ganz am Erfolg verzweifelte, aber bis zum bitteren Ende gehen wollte. »Sein Gesicht war so blaß, seine Brauen so zusammengezogen, daß Schwäche und Gereiztheit gleichermaßen deutlich wurden.«

Parrys Ankunft vermehrte die Verwirrung nur noch. Als Arsenal war seinen Leuten das kleine Gebäude des Serail angewiesen worden. Es mußte gereinigt, das Material herantransportiert werden.

Doch fast jeden Tag war das Fest irgendeines Heiligen, und die griechischen Soldaten schätzten dergleichen Arbeiten sowieso nicht. Byron machte sich schließlich selbst hinkend an die Arbeit. Die englischen Arbeiter waren vom Dreck in den Gebäuden und dem öden Aussehen Missolonghis angeekelt. Die Bestandsaufnahme der Ladung fiel enttäuschend aus. Die berühmten Congreve-Gewehre fehlten. Die deutschen Offiziere der Artilleriebrigade waren beleidigt, als Byron Parry an ihre Spitze stellen wollte, der nicht einmal Offizier war und der, wie sie sagten, inkompetent sei und mit einer Schürze bekleidet, einem Hammer in der Hand, zum Exerzieren erschien.

Byron wußte freilich, daß Parry kein großer Taktiker war, doch war er ein Mensch von gesundem Menschenverstand, und Byron fühlte sich so allein. Alle, die ihn hier umgaben, haßten einander und zankten sich um sein Geld. Außer auf Gamba und auf seine Diener konnte er sich auf niemanden verlassen. Stanhope war ein ehrenwerter Mann, aber verrückt. Für Mavrocordato schien der Sieg nicht von irgendwelcher vorbereitender Arbeit abzuhängen, sondern vom animalischen Mut. Die Ausländer in der Artilleriebrigade stritten sich um Fragen des Vorranges. Parry und Byron waren die einzigen modernen Soldaten der ganzen Expedition.

Nach und nach sah sich Byron, der als Beobachter gekommen und entschlossen war, den Fachleuten zu gehorchen und im zweiten Glied zu dienen, fast wider seinen Willen in die Befehlsgewalt gestoßen, und zwar durch die Unfähigkeit der anderen. Allein, auch er war schwach, er wußte es; die bedauernswerte Lebensführung, die er sich aus militärischem Asketentum auferlegte, kostete ihn Kraft, eines Tages würden ihn seine Nerven im Stich lassen. Das alles traf zu, aber er war »ein Mann«, und der einzige. »*Well*, es scheint, daß ich Oberbefehlshaber werden muß, und dieser Posten ist gewiß keine Sinekure ... Ich weiß nicht, ob es einen Boxkampf zwischen dem Hauptmann und dem Oberst geben wird, aber mit unseren suliotischen Anführern, unseren deutschen Junkern, unseren englischen Freiwilligen und den Abenteurern aller Nationen bilden wir wahrscheinlich die schönste aller alliierten Armeen, die je unter demselben Banner gekämpft hat.«

Bis Mitte Februar bewahrte er noch immer gute Miene. In der Stadt konnte er nicht reiten, weil die Straßen sich in Sümpfe verwandelt hatten, aber er ließ sich täglich zusammen mit Gamba in einem Boot bis zur Hütte eines Fischers namens Ghazis bringen. Dort warteten die Pferde, und er konnte in einem Pinienhain galoppieren. Danach brachte sie die Barke über die Lagune zurück. Die Sonnenuntergänge waren märchenhaft. Er sprach mit Gamba über die Vergangenheit, über Aberdeen, Newstead, Cambridge, über das Boot, in dem er in Brighton seine erste Geliebte ausgefahren hatte. Er empfand immer noch das gleiche Vergnügen daran, die funkelnden Bilder seiner Jugend zu entrollen. Gamba und Parry waren beide von der kindlichen Einfachheit seines Charakters gerührt. Seiner Tür gegenüber lag ein türkisches Haus mit kleinen ornamentgeschmückten Türmen. Jedesmal wenn er ausging, zerschmetterte er eines der Ornamente mit einem Pistolenschuß. Der Knall bewirkte, daß die Frauen auf den Balkon heraustraten und Byron mit unübersetzbaren und drolligen Flüchen überschütteten. Er war begeistert. Bei sich zu Hause ging er besonders gern in den gepflasterten Saal seiner suliotischen Garde hinunter und spielte dort mit seinem Hund. Eine Stunde lang wiederholte er: »Lion, du bist treuer als die Menschen... Lion, du bist ein ehrlicher Bursche...« Lion saß auf dem Fußboden und wedelte zufrieden mit dem Schwanz, und Byron schien glücklich.

Der Augenblick, der für den Angriff auf Lepante vorgesehen war, stand bevor. Gamba erhielt den Auftrag, das suliotische Corps neu zu organisieren. In den Listen fand er viele Namen von Soldaten, die es nie gegeben hatte. Solche Fälschungen waren ein alter Brauch unter Söldnern, der den Anführern eine vernünftige Ergänzung ihres Soldes eintrug. Gamba führte Kontrollen durch, doch die Sulioten grollten. Diese okzidentale Genauigkeit mißfiel ihnen. Kolokotronis, der in Morea von den Angriffsplänen der Griechen von Missolonghi erfahren hatte, fürchtete, daß ein Erfolg die Macht seines Gegenspielers Mavrocordato stärkte. Er schickte Botschafter zu den Sulioten, um sie Byron abspenstig zu machen. Unsinnige Gerüchte gingen um: Mavrocordato habe das Land an die Engländer verkauft, Lord Byron sei kein Engländer, sondern ein Türke unter falschem Namen. Als er die letzten Einzelheiten für den Angriff regelte, verlangten die Sulioten, aufgestachelt von Kolokotronis' Agenten, auf einmal, daß unter ihnen zwei Generäle, zwei Oberste, zwei Hauptleute und eine große Zahl Offiziere ernannt werden müßten. Unter drei- bis vierhundert Sulioten hätten danach hundertfünfzig wie Offiziere bezahlt werden müssen. Byron geriet in Wut und erklärte, daß er nichts mehr mit den Sulioten zu tun haben wolle. Am 15. Februar versammelte er ihre Anführer und teilte ihnen ihre Entlassung mit. Dennoch zerriß es ihm das Herz. Das war das Ende eines Schlachtplanes, in den er den ganzen Winter lang seine Hoffnung gesetzt hatte.
Am Abend dieses unerfreulichen Tages scherzte er mit Colonel Stanhope, er klagte über Durst und ließ sich Apfelwein bringen. Er trank, stand auf, schwankte und fiel in Parrys Arme. Sein Gesicht war verzerrt, sein Mund verkrampft, sein Körper von hef-

tigen Zuckungen geschüttelt. Nach zwei Minuten kam er wieder zu sich, und seine ersten Worte waren: »Ist heute nicht Sonntag?« Man bestätigte ihm das. »Aha!« sagte er, »das Gegenteil hätte mich überrascht.« Der Sonntag war einer seiner Unglückstage.

Doktor Bruno wollte ihn zur Ader lassen, aber der Gedanke, sich Blut abnehmen zu lassen, jagte Byron wie einem primitiven Geschöpf einen unüberwindlichen Schrecken ein. Bruno rang zuerst hilflos die Hände und setzte ihm dann Blutegel an die Schläfen, ohne danach in der Lage zu sein, den Bluterguß zu stillen. Tita und Fletcher rannten zur Apothekenstation, um den Doktor Millingen, einen Deutschen, der im Dienst der griechischen Regierung stand, zu holen. Ihm gelang es mit einem Ätzstein, freilich nicht schmerzlos, die Vene wieder zu schließen. Byron murmelte ganz verschwommen: »In dieser Welt gibt es nichts als Leiden ...« Gamba, Fletcher, Tita und Bruno waren ratlos. Was bedeutete dieser Anfall? Epilepsie oder Apoplexie? Die Ärzte glaubten eher an einen epilepsieartigen Anfall, eine Folge seiner Krankheit in Venedig. Aber während sie noch diskutierten und Byron langsam wieder zu Bewußtsein kam, erfuhren alle, daß die Suliotten aufrührerisch gegen das Serail marschierten. Gamba, Parry und Stanhope mußten in die regnerische Nacht hinaus auf die schlammverschmutzten Straßen, wo es von Stein zu Stein zu springen galt. Die Artilleriebrigade wurde alarmiert. Zwei betrunkene Soldaten drangen in das Zimmer vor, in dem Byron schwach und halb bewußtlos lag. »Er verstand nicht, was sie sagten, er war schwach und allein. Die spitzen Schreie Brunos durchdrangen den Lärm um ihn herum. Byron kam zu sich, er erkannte undeutlich die gemeine Woge von Konfusion und Schrecken. Und über allem, als basso continuo, war das Geräusch des Regens, der unaufhörlich auf das Dach fiel.«

Die folgende Woche wurde trüb. Seit Byron das Wort Epilepsie gehört hatte, fürchtete er für seinen Verstand. Er hatte auch weiterhin Schwindelanfälle und unangenehme nervöse Stimmungen, die, wie er sagte, an Angstgefühle erinnerten, obwohl es keine alarmierenden Anzeichen gab. »Glauben Sie«, fragte er Millingen, »daß ich am Leben hänge? Ich habe es von Herzen satt, und ich segne die Stunde, in der ich es verlasse. Warum sollte mich nach ihm verlangen? Welches Vergnügen kann es mir geben? Wenige Menschen haben so gelebt wie ich. Ich bin buchstäblich ein junger Greis. Kaum war ich ins Mannesalter eingetreten, hatte ich den Gipfel des Ruhmes erreicht. Das Vergnügen habe ich in allen seinen Formen gekannt. Ich reiste, habe meine Neugier befriedigt, habe alle meine Illusionen verloren ... Jetzt quälen mich zwei Vorstellungen. Ich sehe mich langsam auf einem Folterbett sterben oder meine Tage wie Swift enden, – ein grimassierender Idiot! Gefiele es doch dem Himmel, den Tag bald kommen zu lassen, an dem ich mich mit dem Degen in der Hand auf eine türkische Truppe würfe, so könnte ich einen schnellen schmerzlosen Tod finden.«

Nicht lange nach dieser Krise kam ein Brief von Lady Byron, den Augusta an ihn weitergab und der ihm alle Einzelheiten über seine Tochter Ada mitteilte, nach denen er gefragt hatte. Er machte Byron Freude. Annabella redete ihn ohne Abscheu an, und sie antwortete auf alle seine Fragen. Er hatte geschrieben: »Ist sie gesellig oder einzelgängerisch? Schweigsam oder beredt? Liest sie gern oder nicht? ... Ist sie leidenschaftlich? Ich hoffe, die Götter haben sie alles werden lassen nur nicht poetisch – es ist an einem Verrückten genug in einer Familie.« Die Antworten waren beruhigend; Ada war groß, widerstandsfähig, sie zog der Poesie die Prosa vor, sie hatte technisches Geschick, und ihre Lieblingsbeschäftigung war es, kleine Boote zu bauen. Würde er diese drei Frauen jemals wiedersehen? »Meine liebe Augusta«, schrieb er, »ich habe vor einigen Tagen Ihren Brief und das Blatt von Lady Byron über Adas Gesundheit bekommen, ich bin Ihnen sehr dankbar dafür, denn beides ist mir eine große Stärkung, und ich brauchte sie, da ich kürzlich krank gewesen bin.«

Vier Tage nach Byrons Anfall wurde ein hervorragender schwedischer Offizier, Leutnant Sass, von einem Sulioten getötet, den er daran hatte hindern wollen, in das Arsenal einzudringen. Es war nichts als ein Mißverständnis zwischen zwei Männern, die nicht dieselbe Sprache sprachen, doch der Turm von Babel färbte sich nun blutig.

Der Tod des Leutnants verstörte die englischen Kanoniere vollends. Schon der Schmutz und das Elend Missolonghis, ein leichtes Erdbeben und die barbarischen Soldaten hatten sie entsetzt. Nun verlangten sie, in Panik versetzt, nach England zurückgebracht zu werden. Byron versuchte sie zu beruhigen, aber Oberst Stanhope sagte ihnen, »er könne ihnen nicht zusichern, daß ihr Leben nicht in Gefahr sei«. – »Ich möchte gern wissen«, murmelte Byron, »wo das Leben des Menschen wirklich in Sicherheit ist, sei es hier, sei es anderswo.« Einer der Mechaniker, ein wesleyscher Propagandist, war mit Bibeln in neugriechisch angereist. Nun, da er fortging, hinterließ er Byron seine kostbare Fracht und bat ihn, sie unter den Griechen zu verteilen. Byron tat es gewissenhaft. Er fand einen gewissen tragikomischen Effekt darin, daß alle Verantwortlichkeiten, militärische, politische, religiöse, seinem schwachen Schiff aufgebürdet wurden.

Die Bewohner von Missolonghi waren vom Tode des Leutnants Sass ebenfalls aufgeschreckt worden, sie verlangten die Entlassung der Sulioten. Um ihren Abzug durchzusetzen, mußte ihnen der rückständige Sold in Höhe von dreitausend Dollar ausgezahlt werden. Natürlich mußte Byron die Summe auslegen. In drei Monaten hatte er in Missolonghi 59 000 Dollar ausgegeben, und mit welchem Ergebnis? »Er hatte keine Sulioten mehr, die vor dem Munitionsdepot Wache stehen konnten, keine Arbeiter mehr für die Munitionsherstellung, keine Munition mehr, um seine Soldaten zu bewaffnen, keine Soldaten mehr, die sich der Munition hätten bedienen können, wenn man Munition hätte produzieren können.« »Ich muß befürchten«, gab Byron Gamba gegenüber zu, »daß ich hier nichts anderes getan habe, als meine Zeit zu verlieren, mein Geld, meine Geduld und meine Gesundheit; aber ich war darauf gefaßt: ich wußte, daß unser Weg nicht mit Rosen bestreut sein würde und daß ich bereit sein mußte, Enttäuschungen, Entbehrungen und Undankbarkeit auf mich zu nehmen.«

Colonel Stanhope, unsinnig aber gerecht, erkannte wohl, daß Byrons Betragen von vorbildlicher Festigkeit war. Er schrieb das auch dem Komitee, und Hobhouse sagte mitleidig: »So war er immer in Augenblicken der Krise.« Byron blieb sogar seinem Sinn für schülerhafte Scherze treu. Weil Parry bei dem Erdbeben so außer sich geraten war, organisierte Byron ein paar Tage später ein künstliches Beben, er befahl fünfzig Männern, die sich im Keller verborgen hielten, das Haus zu schütteln, und da es nicht allzu fest gebaut war, schwankte es bedenklich, während in der ersten Etage Granaten über den Boden gerollt wurden, um die Täuschung vollkommen werden zu lassen. Parry lief auf und davon, und Byron amüsierte sich sehr.

Trotz allen Humors war Byron häufig niedergeschlagen. Sein Leben war immer einem Rhythmus unterworfen gewesen: mutiger Angriff gegen das Universum; Entmutigung, wenn das provozierte Universum ihm die Schläge mit schonungsloser Gewalt wieder zurückgab. Wie konnte man eine nützliche Arbeit mit Menschen verrichten, denen jede Arbeit zuwider war? Die Lage der Stadt war besorgniserregend. Die beschädigten Wälle hätten erneuert werden müssen. In den Gräben lagen alte türkische Kanonen, die man leicht hätte herausholen und wiederverwenden können. Die kleine Insel, die den Zugang zur Lagune abschloß, war kaum befestigt. Was würde geschehen, wenn sich ein türkisches Kriegsschiff ihrer bemächtigte und einige Kanonaden über die Lagune schickte? Es hätte genügt, um Missolonghi zusammenzuschießen. Byron und Parry erkannten die Gefahr und sehnten den Augenblick der Tat herbei. Aber Mavrocordato, zögernd und lahm, brachte seine Leute nicht zum Arbeiten. Bald fehlte es an Geld, bald feierte man das Fest eines Heiligen, bald konnten sich die Anführer untereinander nicht einigen. Manchmal, wenn die Griechen ihm sagten, sie brauchten einen König, dachte Byron, daß sie so unrecht nicht hätten. Colonel Stanhope dagegen war entsetzt, er wollte ihnen die Verfassung der schweizerischen Kantone auferlegen.

In der Tat war das einzige erfreuliche Ereignis dieser bösen Tage die Abreise des typographischen Oberst. Er ging nach Athen, nicht ohne vorher eine neue Zeitschrift, den dreisprachigen *Greek Telegraph* gegründet zu haben. In Athen traf er beim Generalstab des Odysseus auch Trelawney wieder, banditenhafter als je. Er hatte sich suliotisch gekleidet und unterhielt einen Harem von einem Dutzend Frauen; Odysseus selbst hatte ihm eine seiner Schwestern gegeben. Seit dieser Hochzeit zeigte Trelawney eine leidenschaftliche Verehrung für den ehemaligen Räuberhauptmann. »Ein außerordentlicher Mensch«, sagte er, »tapfer, intelligent und vornehm.« Odysseus verstand es, jeden Menschen bei seiner Schwäche zu packen und verfuhr mit Stanhope nicht weniger geschickt. Er fand die schweizerische Verfassung ausgezeichnet, nannte sich selbst einen guten Demokraten und schien sich lebhaft für die Lehren Benthams zu interessieren. Stanhope schrieb an Byron: »Ich war ständig mit Odysseus zusammen. Er ist ein vernünftiger Kopf, hat ein gutes Herz; er ist ebenso tapfer wie sein Degen ... Er setzt sein ganzes Vertrauen in das Volk. Er befürwortet eine starke Regierung und ein verfassungsmäßiges Recht ... Er hat hier schon zwei Schulen eingerichtet und mir erlaubt, eine Druckerei aufzubauen.« Trelawney und Stanhope waren dafür, in Salora einen Kongreß abzuhalten, der Mavrocordato und Odysseus zusammenbringen sollte. Es sei durchaus möglich, die beiden auszusöhnen, und zweifellos würden sie Byron daraufhin den Titel eines Generalgouverneurs von Griechenland anbieten.

Das konnte Byron locken. Mavrocordato war mißtrauisch, er fürchtete, Odysseus' einziges Ziel sei, ihm eine Falle zu stellen und sich der Person Byrons zu bemächtigen. Aber Byron wollte zu diesem Zusammentreffen gehen. Es verlangte ihn danach, sich für einige Tage aus dem Albtraum von Missolonghi zu befreien: nicht endenwollende Geldforderungen, Beschwerden über die Lebensmittelrationen, über das schlechte Brot, (»man sollte wirklich einen Bäcker heranschaffen, der den Kohlenbrenner ersetzt, der es bisher bäckt«, sagte er;) Bedrohung durch die Pest oder durch den Überfall eines benachbarten Stammes. Bisher hatte er in dieser Hölle seinen Mut bewahrt, doch seine Nerven waren gereizt.

Am 9. April erhielt er Briefe aus England, die gute Nachrichten über die griechische Anleihe brachten; beinahe zweieinhalb Millionen waren gezeichnet worden; er würde eine neue Artillerie-Brigade und ein Infanteriecorps von zweitausend Mann aufstellen können. Ermuntert von diesen Nachrichten beschloß er, mit Gamba auszureiten, obwohl das Wetter bedrohlich aussah. Drei Meilen vor der Stadt wurden sie vom Regen überrascht. Als sie wieder an der Hütte anlangten, bei der ihr Boot wartete, gab Gamba zu bedenken, daß es unklug wäre, in nassen Kleidern ohne sich Bewegung machen zu können, in einem Boot zu sitzen und daß es diesmal vernünftiger wäre, zu Pferd heimzukehren. »Ich gäbe einen schönen Soldaten ab«, erwiderte Byron, »wenn ich mich um solchen Unsinn kümmerte!« Sie ließen also ihre Pferde zurück und fuhren im Boot über die Lagune nach Missolonghi.

Zwei Stunden nach der Heimkehr wurde Byron von einem Schüttelfrost gepackt, er klagte über Fieber und rheumatische Schmerzen. Abends fand ihn Gamba bettlägerig vor. »Ich fühle mich sehr schlecht«, sagte er. »Der Tod ist mir gleichgültig, aber ich kann keinen Schmerz ertragen.« Am nächsten Morgen ließ er Parry kommen, erzählte ihm vom Erfolg der Anleihe; gemeinsam berieten sie einen Finanzplan für den Sommerfeldzug. Byron wollte selbst ein Artilleriecorps bezahlen, zwei Schiffe ausrüsten und auf seine Kosten zwei Gebirgskanonen kaufen. Abends unterhielt er sich, obwohl er Fieber hatte, vergnügt mit dem Doktor Millingen. Dann wurde er nachdenklich und erzählte die Geschichte mit Mrs. Williams. Als seine Gäste ihm seinen Aberglauben vorwarfen, sagte er ihnen: »In Wahrheit finde ich es ebenso schwer zu wissen, was man glauben und was man nicht glauben soll in dieser Welt.« In der Nacht ließ er Bruno rufen und sagte ihm, daß ihm kalt sei. Bruno und dann auch Millingen rieten zum Aderlaß, er lehnte ab, indem er sagte: »Habt ihr kein anderes Heilmittel als den Aderlaß, es sind schon mehr Menschen durch die Lanzette umgekommen als durch die Lanze.«

Millingen wies darauf hin, daß der Aderlaß für Nervenkranke gefährlich sei, nicht aber bei Entzündungskrankheiten. »Wer wäre nervös«, antwortete er mit Gereiztheit, »wenn ich es nicht bin. Einem nervösen Kranken Blut abzunehmen, das ist, als lockerten Sie die Saiten eines Musikinstrumentes, das schon verstummt ist, weil seine Saiten nicht genug Spannung hatten. Sie wissen selbst, wie schwach ich war, bevor ich krank wurde. Nehmen Sie mir Blut ab, verschlimmern Sie diese Schwäche und bringen mich unvermeidlich um.«

Ein Orkan, begleitet vom Schirokko, hüllte Missolonghi ein. Sturzbäche von Regen kamen herab. Parry sah, wie krank Byron war, er hätte ihn gern nach Zante gebracht, wo man ihn besser pflegen konnte, aber er mußte darauf verzichten, kein Schiff gelangte aufs Meer hinaus. Einige Tage lang blieben die Ärzte dabei, daß die Krankheit nur eine Erkältung ohne ernste Bedrohung sei. Fletcher war anderer Meinung: »Ich bin gewiß, Mylord«, sagte er, »daß Sie noch nie einen so schweren Anfall gehabt haben.« – »Ich glaube, du hast recht«, sagte Byron.

Am 15. hatte er ein langes Gespräch mit Parry. »Ich habe sonderbare Empfindungen gehabt«, sagte er ihm, »doch ist mein Kopf jetzt klarer, ich habe keine düsteren Gedanken, ich glaube, ich werde wieder zu Kräften kommen. Ich bin ganz Kaltblütigkeit, nur manchmal geht etwas wie Melancholie durch mich hindurch.« Danach: »Ich bin vom Glück des Ehelebens überzeugt. Es gibt keinen Mann auf der Welt, der eine tugendhafte Frau mehr achten könnte als ich, und der Gedanke, mich mit meiner Frau und Ada nach England zurückzuziehen, läßt mich ein Glück erahnen, wie ich es nie gekannt habe. Die Abgeschiedenheit wird vorzüglich sein für mich, für den das Leben ein stürmischer Ozean war.« Er sprach dann von Tita, der wunderbar gewesen war und tagelang das Zimmer nicht verlassen hatte, von Bruno, den er gern mochte, den er jedoch zu aufgeregt fand. Er sprach auch über die Religion. »Sie machen sich keine Vorstellung von den ungewöhnlichen Gedanken, die mir im Fieber kommen. Ich stelle mir vor, daß ich Jude bin, Mohammedaner oder Christ aller verschiedenen Sekten. Ewigkeit und Abgrund liegen vor mir, doch darüber bin ich, Gott sei Dank, ruhig.«

In der Nacht stiegen Fieber und Erregung. Er sprach im Delirium. Millingen und Bruno (die von Gehirnschlägen sprachen, wenn er sich nicht Blut abnehmen lasse) erhielten seine Zustimmung. Er warf ihnen finstere Blicke zu, wie sie zu Zeiten Childe Harolds die Frauen in den Londoner Salons hatten erzittern lassen und sagte, indem er ihnen den Arm hinhielt: »Also gut, ich sehe, ihr seid eine verdammte Bande von Schlächtern. Nehmt soviel Blut wie ihr wollt, machen wir ein Ende.«

Am 17. ließ man ihn zweimal zur Ader. Er flehte die Ärzte an, ihn nicht länger mit ihrem ständigen Verlangen nach mehr Blut zu quälen. Tita, den das Delirium seines Herrn erschreckte, hatte die Pistole und die Dolche, die stets neben dem Bett lagen, an sich genommen. Gamba hatte am Tag zuvor nicht kommen können und war tief betroffen, ihn so verwandelt vorzufinden. Ihm stieg eine Tränenflut in die Augen, daß er hinausgehen mußte. Um das Bett fand eine neue Sprachenverwirrung statt. Bruno und Tita sprachen nur italienisch, Fletcher und Parry nur englisch, die griechischen Diener waren für alle anderen nicht zu verstehen. Byron trank große Mengen Zitronensaft und erhob sich von Zeit zu Zeit mit der Hilfe Fletchers und Titas. Er war vor allem von seinem Mangel an Schlaf besessen. »Ich weiß«, sagte er zu Fletcher, »daß ein Mensch ohne Schlaf sterben oder verrückt werden muß. Ich möchte hundertmal lieber sterben ... ich habe keine Angst zu sterben. Ich bin sehr viel besser auf den Tod vorbereitet als die meisten Menschen glauben.«

Am 18. fand eine Konsultation von vier Ärzten statt, mit Millingen, Bruno, Treiber (Assistent Millingens) und Lucca Vaya, dem Arzt Mavrocordatos. Es war Ostersonntag. Die Bürger waren gebeten worden, keinen Lärm zu machen. Anstatt sich dem traditionellen »Christ ist erstanden« zu überlassen, fragten die einen die anderen: »Wie steht es um Lord Byron?« Sie pflegten den Brauch, an diesem Tage Gewehrschüsse abzufeuern, es wurde beschlossen, daß Parry die Artilleriebrigade zu einem kurzen Manöver in einige Entfernung von der Stadt führen sollte, um die Einwohner der Stadt in diese Richtung zu ziehen. Patrouillen gingen durch die Straßen, um die Ruhe um das Haus Byrons sicherzustellen. Die Ärzte waren geteilter Meinung, Bruno und Lucca Vaya rieten zu den Heilmitteln, die bei Nervenfieber angewandt wurden, Treiber und Millingen wollten die Blutegelkur und Senfpflaster erneuern; sie widersetzten sich dem Vorschlag Brunos, daß Byron noch einmal zur Ader gelassen werden sollte. »Ihre Bemühungen mein Leben zu retten, werden vergeblich sein«, sagte Byron zu Millingen. »Ich muß sterben, ich fühle es. Ich trauere dem Leben nicht nach, denn ich bin nach Griechenland gekommen, um mein schmerzvolles Dasein zu beenden. Ich habe Griechenland mein Geld und meine Zeit gegeben. Jetzt gebe ich ihm mein Leben.«

An diesem Ostertag konnte er einige Briefe lesen und sogar einen griechisch abgefaßten Brief des Abgesandten Luriotis übersetzen. Am späteren Nachmittag begriffen alle, die um ihn waren, daß sein Ende nahte. Fletcher und Gamba mußten hinausgehen; sie weinten. Tita blieb, weil Byron seine Hand ergriffen hatte, aber er wandte das Gesicht ab, um seine Tränen zu verbergen. Byron sah ihn fest an und sagte mit einem halben Lächeln auf italienisch: »*Oh questa è una bella scena.*« Dann auf einmal überfiel ihn das Delirium, er begann zu schreien, als ginge er zu einem Sturmangriff vor, bald auf englisch, bald auf italienisch: »Vorwärts! Mut! Folgt meinem Beispiel! Habt keine Angst!«

In den Augenblicken der Klarheit erkannte er, daß er im Sterben lag. Er sagte zu Fletcher: »Jetzt ist es beinahe zuende; ich muß alles sagen, ohne Zeit zu verlieren.« – »Soll ich eine Feder, Tinte und Papier holen, Mylord?« – »Ach mein Gott, nein, es würde Zeit kosten, und die ist knapp bemessen, denn ich werde nicht mehr lange leben. Gib acht ... deine Zukunft wird gesichert sein.« – »Ich bitte Sie, Mylord«, sagte Fletcher, »kommen Sie zu wichtigen Dingen.« Byron sagte darauf: »Mein armes liebes Kind! – meine liebe Ada! – Mein Gott! Wenn ich sie nur einmal hätte sehen können –

ihr meinen Segen geben – und meine teure Schwester Augusta und
ihre Kinder – geh zu Lady Byron und sag ihr – sag ihr alles – du
wirst dich gut mit ihr verstehen.«

Er schien sehr bewegt. Die Stimme versagte ihm, und Fletcher
konnte nur hier und da ein Wort festhalten. Byron murmelte eine
Zeitlang sehr ernsthaft unverständliche Laute, dann hob er die
Stimme und sagte: »Fletcher, wenn Sie nicht alle Befehle ausfüh-
ren, die ich Ihnen gegeben habe, werde ich wiederkehren, um Sie
zu quälen, wenn ich kann.«

Er kannte Fletchers ängstlichen und abergläubischen Sinn, und
wahrscheinlich war diese Drohung eine letzte schwache Heiterkeit.
Fletcher antwortete erschrocken, er habe nicht ein einziges Wort
von dem verstanden, was Seine Lordschaft gesagt hatten. »Ach du
liebe Zeit!« sagte er da, »dann ist alles verloren, denn nun ist es
zu spät! Ist es möglich, daß Sie mich nicht verstanden haben?« –
»Nein, Mylord, aber ich bitte Sie – wiederholen Sie Ihre Befehle.«
– »Ich kann nicht, es ist jetzt zu spät, alles ist aus.« – »Der Wille
Gottes geschehe und nicht der unsere«, sagte Fletcher, und Byron
machte eine neue Anstrengung und sagte: »Ja, und nicht der meine
– ich will es versuchen.« Er bemühte sich noch mehrmals zu sprechen, aber er brachte nur immer wieder hervor: »Meine Frau! mein
Kind – meine Schwester – ihr wißt alles – ihr werdet alles sagen –
ihr kennt meine Wünsche.«

Dann wurde es wieder sehr schwierig, ihn zu verstehen. Er nannte
Namen, Zahlen; er sprach einmal englisch, dann wieder italienisch.
Manchmal sagte er: »Armes Griechenland – arme Stadt – meine
armen Diener«, dann: »Warum habe ich das nicht früher gewußt?«
– und wieder: »Meine Stunde ist gekommen. Ich fürchte den Tod
nicht, aber warum bin ich nicht zuhause gewesen, ehe ich hierher
kam?« Später sagte er auf italienisch: *Io lascio qualche cosa di
caro nel mondo . . .« –* Ich hinterlasse etwas Teures auf der Welt.

Gegen sechs Uhr abends sagte er: »Ich will jetzt schlafen.« Er drehte
sich zur Seite und fiel in einen Schlaf, aus dem er nicht mehr erwachte. Er schien unfähig, noch ein Glied zu rühren, aber diejenigen, die ihn betrachteten, erkannten Zeichen von Atemnot. Röcheln
drang aus seiner Kehle. Von Zeit zu Zeit hoben Fletcher und Tita
ihm den Kopf an. Die Ärzte setzten Blutegel an, um ihn aus dieser
Lethargie zu reißen. Das Blut floß an seinem Gesicht herunter.
In diesem Zustand blieb er vierundzwanzig Stunden. Am Abend
des 19., in der Dämmerung, sah Fletcher, der bei seinem Herrn
wachte, wie er die Augen öffnete und sie sogleich wieder schloß.
»My God!« sagte er, *»I fear his Lordship is gone . . .«* Die Ärzte
fühlten den Puls. »Sie haben recht«, sagten sie, »er ist tot.«

Seit wenigen Augenblicken tobte ein schrecklicher Sturm über Missolonghi. Es wurde Nacht. Blitz und Donner folgten aufeinander in der Finsternis. Das aufflammende Licht der Blitze umriß weit hinten über der Lagune die Silhouetten der Inseln. Der Regen schlug vom Wind getrieben gegen die Fensterscheiben des Hauses. Die Soldaten und Hirten, die hier Zuflucht gesucht hatten, kannten die Todesnachricht noch nicht, aber wie ihre Vorfahren glaubten sie daran, daß Wunder und Zeichen den Tod eines Helden begleiten, und sie hörten die unerhörte Gewalt des Donners, und sie sagten zueinander: »Byron ist tot.«

Epilog

»There is a strange coincidence sometimes in the little things of this world«, says Sterne, and so I have often found it.

Byron

Einige Stunden vor Byrons Tod war ein Bündel Briefe aus England eingetroffen. Stanhopes Elogen, das Zeugnis griechischer Abgesandter, die wegen der Anleihe nach London kamen, hatten Hobhouse schließlich bewogen, seinen Freund ernst zu nehmen. »Das Schicksal«, hatte einer der Griechen gesagt, »hat uns diesen Mann zur Hilfe gesandt.« Hobhouse schrieb dem »lieben Jungen« nun mit Respekt: »Ihr Name und Ihr Charakter sind denen Ihrer Zeitgenossen weit überlegen ... Ich kann Ihnen versichern, daß alle Welt so denkt wie ich ... Ihr derzeitiger Feldzug ist gewiß der rühmlichste, den je ein Mann unternommen hat. Campbell sagte mir, daß er Sie um das beneide, was Sie jetzt tun (und Sie können ihm glauben, denn er ist ein sehr neidischer Mann), weit mehr als um alle Ihre Lorbeeren, so schön sie auch sein mögen.« England hatte ihm also verziehen. Doch Byron erstickte schon in Fletchers Armen, die Briefe blieben ungeöffnet an seinem Bett liegen.

Am Abend gab Mavrocordato eine Proklamation heraus. Am nächsten Tag sollten in der Morgendämmerung siebenunddreißig Schüsse der großen Batterie abgegeben werden, »diese Zahl ist die der Jahre des großen Toten«. Die Griechen hätten Byron am liebsten ein Grab im Pantheon oder im Theseus-Tempel gegraben. Doktor Millingen versicherte, der Sterbende habe ihm aufgetragen, seine Gebeine irgendwo in einer Ecke griechischer Erde verfaulen zu lassen. Aber Parry und Fletcher, die ihm näher gestanden hatten, schworen, gegenteilige Befehle erhalten zu haben. Man beschloß, den Körper einzubalsamieren und ihn nach England zu überführen.

Die vier ängstlichen und mittelmäßigen Ärzte, die Byron gepflegt hatten, versammelten sich an seinem Bett. Bevor sie mit der Autopsie begannen, bewunderten sie für einen Augenblick die ungewöhnliche Schönheit dieses Körpers. Das natürlich gelockte Haar war grau geworden, das Gesicht hatte einen sarkastischen und hochmütigen Ausdruck bewahrt. Als sie den Schädel öffneten, fanden sie das Gehirn eines sehr alten Mannes. Die harte Hirnhaut klebte an der Knochenwand, sie war entzündet. Die weiche Hirnhaut war voller Blut und bot einen Anblick wie die Bindehaut eines erkrankten Auges. Die Ärzte sagten, daß Lord Byron, auch wenn er diese Krankheit überstanden haben würde, nicht mehr lange gelebt hätte.

Am nächsten Tag lag eine befremdliche Stille über der Stadt. Der Regen war so stark, daß die feierlichen Totenehrungen auf den nächsten Tag verschoben wurden. Am 22. April wurde der Sarg (ein einfacher Soldatensarg aus rohem Holz) zur Kirche gebracht. Über den Sarg war ein schwarzer Mantel gebreitet, und darauf lagen ein Degen und ein Lorbeerkranz. Die Unscheinbarkeit der Umgebung, die Trauer der barbarischen Soldaten, die die Kirche füllten, das alles, sagte Gamba, habe ein erschütterndes Bild geboten, das durch nichts überboten wurde, was er je um den Sarg eines großen Mannes gesehen habe.

Am 14. Mai wurde Hobhouse davon geweckt, daß wilde Schläge gegen seine Tür donnerten. Er stand auf. Ein Billett Kinnairds verkündete ihm Byrons Tod. Einige Briefe waren dabei, einer von Gamba, die anderen von Fletcher, sie waren an seine Frau adressiert, an Mrs. Leigh und an den Hauptmann George Anson, jetzt siebter Lord Byron. Hobhouse ging voller Bekümmernis zu Augusta, gab ihr Fletchers Brief und überließ sich, als er dessen naiven Bericht gehört hatte, einem Schmerz, dessen er kaum Herr werden konnte. Immerhin besaß er noch genügend Geistesgegenwart, um Mrs. Leigh zu raten, den Teil des Briefes nicht weiterzugeben, der besagte, daß Byron seit seinem epileptischen Anfall jeden Morgen eine Bibel auf den Tisch gelegt hatte. »Ich fürchtete«, sagte Hobhouse, »daß diese Einzelheit, die seinem Diener gefiel, als Feigheit oder Heuchelei hingestellt werden könnte. Ich will gerne glauben, daß eine Bibel auf seinem Tisch lag, ich habe oft eine bei ihm gesehen, seine Schwester hatte sie ihm geschenkt; aber, sollte die Krankheit nicht seinen Geist verwirrt haben, so bin ich gewiß, daß er keinen abergläubischen Gebrauch davon gemacht hat ... Er hat oft zu mir gesagt: ›Das ist vielleicht wahr. Es ist, wie d'Alembert sagte, ein großes Vielleicht.‹ Ich glaube, er neigte eher zu gegenteiligen Empfindungen, als ich ihn zuletzt in Pisa sah.«
Augusta versprach es. Sie versprach immer. Aber sie gab die Nachricht von Byrons Bekehrung ihrem Vertrauten Hodgson weiter. Ihr größter Trost war, sagte sie, sich vorzustellen, daß »der arme liebe Byron uns nun fortgenommen ist, um ihm künftige Prüfungen und Versuchungen zu ersparen ... ich höre, Fletcher versichert es, daß während des letzten Jahres sein Geist und sein Gefühl gebessert zu sein schienen. Er gab seinem Bedauern darüber Ausdruck, daß er *Don Juan* und andere verwerfliche Dinge geschrieben hat ... Ich halte es für unmöglich, daß Fletcher, der dreiundzwanzig Jahre bei ihm gelebt hat und also seine Gewohnheiten bis ins kleinste kennen mußte, auf einen solchen Gedanken gekommen

wäre, wenn er nicht gute Gründe dafür gehabt hätte ... Sehen Sie, lieber Mr. Hodgson, Mr. Hobhouse und eine gewisse Clique meinen, Byrons Feinde (und jene, die überhaupt keine Religion haben) würden sagen, er sei Methodist geworden, wenn man erklärt, daß er in den letzten Augenblicken seinen religiösen Pflichten mit größerer Aufmerksamkeit nachgekommen ist als in der Vergangenheit. Aber sollen sie sagen, was sie wollen, für uns ist es der schönste Trost, daß er es getan hat.« So benutzen die Lebenden den Tod, um ihren eigenen Leidenschaften Genüge zu tun.

Hauptmann George Byron wurde zu Lady Byron entsandt. Als er von ihr zurückkam, berichtete er, sie sei in einem bedauernswerten Zustand und wünsche einen Bericht von Byrons letzter Stunde. Hobhouse und Kinnaird verbrachten den Abend miteinander und sprachen von ihrem Freund. Sie riefen sich jenen magischen Zauber zurück, dem alle verfielen, die in seine Nähe kamen, die so wohl versteckte Empfindsamkeit, seine Weigerung, sich seinen Gefühlen anheimzugeben.

Ganz England war an diesem Abend einzig und allein mit Byron beschäftigt. »Unter den jungen Leuten«, sagte Edward Bulwer Lytton, »hatte sich die Neigung ausgebreitet, Byron zugunsten von Shelley und Wordsworth abzutun, doch von dem Augenblick an, in dem wir erfuhren, daß er nicht mehr war, fühlten wir uns ihm verbunden, und er hatte keinen Rivalen mehr ... So viel von uns starb mit ihm, daß selbst der Gedanke an seinen Tod etwas übernatürlich Unmögliches hatte.« Jane Welsh schrieb an Thomas Carlyle: »Wenn mir gesagt worden wäre, die Sonne oder der Mond seien vom Himmel verschwunden, es hätte mir gewiß nicht die Empfindung einer fürchterlicheren Leere in der Schöpfung gegeben als diese Worte: Byron ist tot.« Tennyson, damals fünfzehn Jahre alt, rannte in ein Wäldchen, um sich dort zu verstecken und schrieb auf einen Stein zwischen Moos und Farne: »Byron ist tot.«

In Frankreich steckten sich viele junge Leute einen Trauerflor an die Mütze. In der Feydeau-Passage wurde ein Bild ausgestellt, das Byron auf dem Totenbett zeigte, und die Menge zog an diesem Gemälde vorbei. Viele Zeitschriften wiesen darauf hin, daß die beiden größten Männer des Jahrhunderts, Napoleon und Byron, fast zur gleichen Zeit dahingegangen waren. In den Colleges versammelten sich die »Großen« und verbrachten einen traurig-schwärmerischen Tag mit der Lektüre von *Childe Harold* und *Manfred*.

Caroline Lamb ließ beinahe unverzüglich ihre Briefe zurückfordern, doch Hobhouse hatte andere Sorgen. Schon während seines ersten Besuches bei Augusta, als er sie vom Tod ihres Bruders unterrichtete, hatte er zu ihr gesagt: »Unsere erste Pflicht ist nun, Byrons Ruf zu schützen, da sind diese Memoiren ...« Der Verleger Murray hatte sie für zweitausend Guineen von Moore gekauft, und Hobhouse fürchtete, ihre Veröffentlichung könnte wegen Byrons schockierender Offenheit gefährlich sein. Kinnaird bot sich an, sie für die Familie zurückzukaufen. Murray suchte Hobhouse auf und erklärte uneigennützig, daß er die Entscheidung von Byrons Freunden akzeptiere, selbst wenn er nicht entschädigt werde. Augusta, vorsichtig wie eh und je, wünschte nicht nur, daß die Memoiren nicht veröffentlicht würden, sondern daß sie vernichtet werden sollten. Hobhouse stimmte dem zu. Moore protestierte lange Zeit, er sagte, ein Vernichten widerspräche Byrons Wünschen. Er verlangte, daß sie verwahrt, wenn nötig versiegelt und beim Anwalt von Mrs. Leigh hinterlegt würden, da alle anderen gegen ihn waren, gab er schließlich nach. Murray hätte es gern gesehen, daß die Memoiren vor ihrer Vernichtung jedenfalls gelesen wurden, aber Augusta widersetzte sich dem mit Leidenschaft, und die Memoiren wurden verbrannt. Die Zeitungen beschuldigten Lady Byron (die gar nicht gefragt worden war), die Urheberin dieser Zerstörung zu sein.

Am 1. Juli erfuhr Hobhouse, daß die Brigg *Florida* eingetroffen war, die Byrons sterbliche Hülle aus Griechenland zurückbrachte. Er begab sich an Bord und traf dort Stanhope, Bruno und Fletcher. Letzterer brach in Tränen aus, als er von der Krankheit und Agonie seines Herrn berichtete. Das Schiff glitt langsam die Themse herauf. Drei Hunde, die dem Toten gehört hatten, spielten auf der Brücke. Hobhouse gedachte des Tages, an dem Byron seine Mütze geschwenkt hatte, während im Hafen von Dover das Schiff, das ihn ins Exil brachte, in ein unruhiges Meer auslief. Fletcher und Stanhope beschrieben Missolonghi, die Lagune, die meuternden Soldaten, den Regen.

Das Schiff machte an den Londoner Docks fest; ein Beerdigungsunternehmer, Mr. Woodeson, kam an Bord und leerte die große, mit Alkohol gefüllte Tonne, in der die Leiche geruht hatte. Er fragte Hobhouse, ob er seinen Freund ansehen wollte. »Ich glaube«, sagte Hobhouse, »ich wäre tot hingefallen, wenn ich es getan hätte ... Ich wünschte mir, einen letzten Blick auf ihn zu tun, so wie man wünscht, in einen Abgrund zu springen, ich konnte nicht. Ich wandte mich ab, ging wieder zurück, ich blieb lange neben dem Sarg. Der große Neufundländer Lord Byrons hatte sich zu meinen Füßen hingelegt ...« Fletcher begann wieder von seinem Herrn zu erzählen und sagte zu Hobhouse, Byron habe diesen mehr geliebt als irgendeinen anderen Menschen auf der Welt.

Als der Sarg ausgeschifft wurde, belagerte eine Zuschauermenge den Kai. Lafayette, der gerade nach Amerika aufbrach, wollte den Leichnam sehen, es wurde ihm verweigert. Augusta, die Mut genug hatte, ihn zu betrachten, sagte, er sei entstellt. Sie erinnerte sich an den Byron von 1816, an das vom Leiden verschwollene Gesicht, hier sah sie eine eisige Maske, die nur noch heiteren Spott auszudrücken schien. Auch Hanson beteuerte, ihn nicht wiedererkannt zu haben. Als Kinnaird ankam, folgte ihm Hobhouse, unwiderstehlich angezogen, und näherte sich dem Sarg mit kleinen Schritten, bis er das Gesicht sehen konnte.

Lady Byron wurde um Anweisungen für die Bestattung gebeten. Sie antwortete, Hobhouse könne tun, wie ihm beliebe. Der Dekan von Westminster hatte die Beisetzung in der Abbey abgelehnt; Byrons Freunde beschlossen, daß er in der kleinen Kirche von Hucknell Torkard, dem Nachbardorf von Newstead, ruhen sollte, wo alle seine Vorväter begraben lagen.

Der Leichenzug nahm die Straße von Nottingham. Vom Fenster eines kleinen Vorstadthauses aus sahen zwei Frauen ihn vorüberziehen: Claire Clairmont und Mary Shelley. An einer anderen Stelle kam eine Kutsche aus einem Park, in der eine kranke Frau gebettet war, er mußte halten. Der Ehemann der Leidenden, er ritt dem Wagen voraus, fragte, wen man da zu Grabe trug. Die Männer des Leichenzuges antworteten: »Lord Byron.« Er hütete sich, es seiner Frau zu sagen, es war Caroline Lamb.

In Nottingham schlossen sich der Bürgermeister, der Stadtrat, einstige Freunde wie Hodgson und Wildman und die ganze Stadt dem Trauerzug an, der sich langsam auf Newstead zu bewegte. Es ging durch die Ländereien, über die Byron und Mary Chaworth in ihrer Jugend galoppiert waren. Ein Jahr zuvor, auf den Tag genau, hatte Byron melancholisch zu Gamba gesagt, als sie zum letzten Mal zur Casa Saluzzo hinaufstiegen: »Wo werden wir in einem Jahr sein?« Als der Zug am Fuße des Hügels vorbeikam, den ein Diadem von Baumkronen schmückte, dachte Hobhouse an das Dinner zu Annesley, bei dem er einer der Zeugen der ersten Begegnung Byrons mit der verheirateten Mary-Ann gewesen war.

Einige Tage später erhielt Lady Byron den Besuch Fletchers. Während sie seinem Bericht zuhörte, ging sie schluchzend und am ganzen Körper zitternd im Zimmer auf und ab. Über zwanzig Minuten flehte sie Fletcher an, sich der Botschaft zu erinnern, die der sterbende Byron für sie gestammelt hatte. »Jedenfalls ein paar Worte...« Doch Fletcher hatte nichts hinzuzufügen.

Byrons Testament hatte Augusta und ihren Kindern das ganze Vermögen hinterlassen (mehr als hunderttausend Pfund, abgesehen von den sechzigtausend Pfund, die Lady Byron aufgrund des Vertrages zufielen). Der neue Lord, Hauptmann George Anson Byron geriet in Verlegenheit. Annabella bot ihm an, ihm ihr Witwengeld zu überlassen, da ihre Tochter und sie selbst das Vermögen der Noels erben würden. Er nahm es an, da er seinen Rang nicht anders behaupten konnte.

Augusta vergeudete das riesige Vermögen in zwei Jahren. Sie hatte mehrere Gläubiger zufriedenstellen, Spielschulden ihres Mannes und ihrer Söhne, die sich dieses Vaters würdig erwiesen, bezahlen müssen. Außerdem war sie Gegenstand von Erpressungsversuchen. Man drohte ihr, das intime Tagebuch Caroline Lambs zu veröffentlichen, das Geständnisse Byrons über Mrs. Leigh enthalten sollte. In allen diesen Schwierigkeiten half ihr Lady Byron, sie hatte eine beinahe ungewöhnliche Langmut mit ihr. Dennoch, im Jahre 1829, hatte Augusta die Geduld ihrer Schwägerin erschöpft, die beiden besuchten von da an einander nicht mehr.

Den Rest ihres Lebens widmete Lady Byron barmherzigen Werken. Sie gründete in ihrem eigenen Haus eine gemeinnützige Schule, in der Kinder aus allen Klassen erzogen wurden. »Die *Kasten* sind eine Schande für England genauso wie für Hindustan«, sagte sie. Sie beschäftigte sich später mit Landwirtschaftsschulen und Industrieschulen. Bis zu ihrem Tode blieb sie großzügig und bemerkenswert durch ihre methodische Begeisterung. Gegen Ende ihres Lebens verband sie eine innige Freundschaft mit dem Pastor Robertson, der ihr engster Vertrauter wurde. Ihn ließ sie alles über Byron wissen, was sie bisher nur für sich allein in ihr Tagebuch geschrieben hatte: »Byron war kein Skeptiker... Sein Gott war der Gott der Rache... Der Gegensatz, den er zwischen mir und sich selbst zu sehen glaubte, machte mich zum Gegenstand seiner höchsten Gereiztheit... So bewußt, wie er sich der Schwäche seines eigenen Charakters gewesen ist, war es nur natürlich, daß er auf einen völlig entgegengesetzten Charakter oder zumindest auf einen, von dem er das annahm, eifersüchtig wurde...«

»Doch kann man mir, nach allem, was ich Ihnen erzählt habe, glauben, wenn ich sage, daß er in seinem Herzen stets ein edleres und besseres Geschöpf gewesen ist... ein Wesen, das immer herausforderte, aber nie zerstören konnte. Das war vielleicht *damals* bei mir eine aus Liebe entstandene Illusion – aber es ist *heute* noch meine Überzeugung, an der nichts mehr zu rütteln sein wird.«

»Am Ende seines Lebens beschwichtigte er sein Gemüt mir gegenüber... Hätte er noch gelebt, er wäre zu der Überzeugung gelangt, daß ich von Anfang bis Ende seine einzige ergebene Freundin gewesen bin. Doch wurde es anders bestimmt!«

Also hatte auch sie sich wie Byron ein befriedetes Alter vorgestellt.

Über Augusta schrieb sie an Robertson: »Ich hielt Mrs. Leigh für meine Freundin – Ich habe sie geliebt – Ich liebe sie noch! – Ich kann es nicht lassen. Ich werde sie noch einmal sehen auf dieser

Welt, ehe wir beide sterben. Die Leute haben gesagt, es sei ein Mangel an Festigkeit, an moralischen Grundsätzen, ein Unvermögen, einem Geschöpf meine Zuneigung zu entziehen, das ich als unwürdig erkannt habe. Das ist möglich, aber es ist meine Natur. Habe ich unrecht?«

Sie sahen sich »noch einmal auf dieser Welt«. 1851 (Lady Byron war neunundfünfzig Jahre alt, Augusta siebenundsechzig) malte Emily Leigh, ein Patenkind Lady Byrons, dieser das Elend der kranken, schuldbeladenen Mrs. Leigh aus. Annabella schlug eine Begegnung im »White Heart Hotel« in Religate vor. Mrs. Leigh kam. Lady Byron hatte ein Memorandum vorbereitet: »Wo... Wann... Meine Verhaltensregel...« Doch Augusta war sprunghaft und unkonzentriert wie eh und je; sie trennten sich unversöhnt. Sechs Monate später lag Augusta im Sterben (und sie war so arm, daß sie einige Briefe Byrons verkaufte); Annabella erfuhr davon und bot Geld an: »Ich habe Emily geschrieben, die allein an ihrem Totenbett ist, und habe sie gebeten, der Sterbenden nur zwei Worte meiner Zuneigung zuzuflüstern, die lange nicht gebraucht wurden: ›Dearest Augusta...‹ Ich erfuhr, daß zur Antwort lange zurückgehaltene Tränen hervorstürzten und daß sie sagte ›Freude... mein größter Trost...‹ und eine Botschaft hinzufügte, die nicht zu verstehen war... *Eine zweite verlorene Botschaft!*«

Die letzten Jahre von Lady Byrons Leben verliefen traurig. 1852 verlor sie ihre einzige Tochter, Lady Lovelace, im darauffolgenden Jahr ihren Vertrauten, den Pastor Robertson. Auf ihrem silberweißen Haar trug sie eine durchsichtige Witwenhaube. Ihre Enkel bürsteten ihr gern das Haar, es war so lang, daß es den Boden berührte, wenn sie saß. Sie starb 1860. Sie wollte weder in Hucknell begraben werden, wo Byron und ihre Tochter lagen, noch unter ihren eigenen Vorfahren, sondern allein auf einem Londoner Friedhof.

Als Byrons Tochter Ada fünfzehn Jahre alt wurde, schickte ihr ihre Tante Augusta ein hübsch eingebundenes Gebetbuch. Im Jahr darauf las ihr Lady Byron zum erstenmal Gedichte ihres Vaters vor: den *Giaour*, der ihr gefiel, und das *Fare thee well*, das sie übertrieben und gekünstelt fand. Ihre Begabung lag übrigens nicht im Poetischen, eher im Metaphysischen und Mathematischen. Sie übersetzte und kommentierte die Bemerkungen Menabreas über die analytische Maschine des Mr. Babbage. Sie war eine hübsche, ein wenig exzentrische Frau. Sie besaß die musikalische Stimme ihres Vaters. Mit zwanzig heiratete sie Lord King, der später Graf von Lovelace wurde.

Babbage wurde ihr Unglück. Während sie ihn studierte, faßte sie den Gedanken, ein unfehlbares Wettsystem zu entwickeln. Die Unfehlbarkeit war eine ererbte Illusion. Sie scheiterte, verrannte sich und verlor schließlich eine so enorme Summe, daß sie es nicht mehr wagte, ihrem Mann etwas davon zu sagen. Ihre Mutter rettete sie, aber sie war krank und verzweifelt; sie starb 1852, sechsunddreißig Jahre und ein paar Monate alt, wie ihr Vater. Auf ihren Wunsch wurde sie neben ihm in der Kirche von Hucknell begraben.

Medoras Leben verlief noch trauriger. 1826 heiratete ihre älteste Schwester Georgiana Leigh (so wie es ihre Mutter und alle Byrons gemacht hatten) einen ihrer Vettern: Henry Trevanion. Drei Jahre später verführte er seine Schwägerin Medora, und sie bekam ein Kind von ihm, das noch als Säugling starb. Augusta, der Trevanion alles gestanden hatte, schrieb an Medora, sie »verstehe die Schwäche der menschlichen Natur und die Stärke ihrer Versuchungen«, aber die Beziehung müsse ein Ende haben.

Trevanion und Medora gingen nach Frankreich und lebten einige Zeit unter dem Namen Monsieur und Madame Aubin in der Normandie. Dann brach Medora, krank und mutlos, mit ihrem Schwager und wollte sich in ein bretonisches Kloster, die Abtei von Relecq, zurückziehen. Einen Monat nach ihrem Eintritt in dies Kloster bemerkte sie, daß sie schwanger war. Sie kam zu Trevanion zurück; sie lebten auf dem Schloß Penhoat im französischen Department Finistère, und dort brachte Medora ihre Tochter zur Welt: Marie, die sie von einem katholischen Priester taufen ließ. Wie ihr Vater, Lord Byron, war Medora von der Geborgenheit der römischen Kirche fasziniert.

Das Leben mit Trevanion wurde unerträglich. Er hatte eine neue Geliebte im Hause einquartiert und ließ sich und sie von Medora bedienen. Medora bat ihre Mutter um Hilfe, von der sie ein Kapital von dreitausend Pfund erhielt (die Summe, die Byron Augusta zum Zeitpunkt von Medoras Geburt gegeben hatte), aber dieses Geld war unveräußerlich festgelegt, und da sie Bargeld brauchte, kam ihr der Gedanke, Lady Byron zu schreiben: »Ich erhielt die gütigste Antwort, Geld und das Angebot, mich und meine Tochter Marie zu beschützen.« Lady Byron reiste damals durch Frankreich, sie ließ Medora zu sich nach Tours kommen und nahm sich ihrer und ihrer Tochter an.

Medora übte eine merkwürdige und starke Anziehungskraft auf Lady Byron aus. Zum dritten Mal verfiel die unglückliche Annabella dem byronschen Charme. Sehr bald erfuhr Medora den Grund für das außerordentliche Interesse, das ihr entgegengebracht wurde. »Ihr Gatte war mein Vater.« Lady Byron, die den Namen Medora verabscheute, nannte ihre Nichte Elizabeth und bat das junge Mädchen, sie Pip zu nennen, wie es einst ein Mann mit dem gleichen Gesicht getan hatte. Medora glich Byron. War sie in einem Zimmer, schaute sie den Eintretenden mit gesenktem Kopf und unruhigem Blick halbabgewandt entgegen, so wie es ihr Vater getan hatte. Sogar ihr Briefstil erinnerte an den Byrons, die Briefe begannen mit *»Dearest Pip«*. »Dearest Pip«, schrieb sie, »ich denke, ich werde London am Sonnabend verlassen, denn ich kann eine Reise nicht am Freitag beginnen.« Eine sonderbare Halluzination.

Doch das Glück war ein unzuträgliches Klima für eine Tochter Byrons. »Gegnerschaft ist ihre beste Freundin«, stellte Annabella fest, »sie vermag Güte nicht zu ertragen.« Bald ließen Wutanfälle die Tage von Halnaby wiedererstehen. Sie floh nach Paris. Dort entdeckte sie, unfähig zu schweigen, das Geheimnis ihrer Herkunft mehreren Personen. »Die Unordentlichkeit und Unbedachtsamkeit ihrer Mutter hatten ein Bündel Briefe, Zettel und Briefabschriften in ihre Hände fallen lassen, aus denen hervorging, daß sie die Frucht einer Sünde war.« Berryer, ihr Anwalt, schrieb an Lady Byron, daß die Rente, die ihr die Familie ausgesetzt habe (hundertfünfzig Pfund) unzureichend sei. Byron, der Übereinstimmungen so sehr geliebt hatte, hätte gewiß bemerkt, daß dies genau die Summe war, von der seine Mutter in Aberdeen hatte leben müssen.

Die Rente wurde unter der Bedingung erhöht, daß die Kassette mit jenen Papieren an Sir John Hughes übergeben werde, was auch geschah. Aber Medora war nicht in der Lage, sich mit Mäßigung aufzuführen. Sie verpfändete ihre Einkünfte für mehrere Jahre und fand sich in Armut wieder. Sie lebte damals in Saint-Germain. Ihre Tochter Marie vertraute sie den *Soeurs de la Nativité* an und trat in den Dienst des Kommandanten de Grammont von den 8. Husaren. Die Ordonnanz des Kommandanten, Jean-Louis Taillefer nahm sich ihrer an. Er konnte sie nicht heiraten, weil zu jener Zeit ein einfacher Soldat im aktiven Dienst nicht das Recht hatte, sich zu verheiraten; als sie ein Kind von ihm erwartete, schickte er sie in seine Heimat nach Saint-Affrique, damit sie dort ihre Niederkunft erwartete.

Hier wurde Jean-Marie-Elie Taillefer, Enkelsohn Byrons, geboren. Er wurde 1848 von seinem Vater anerkannt und durch die Heirat von Medora und Taillefer, der inzwischen frei geworden war, legitimiert. Es ist merkwürdig und rührend zugleich, festzustellen, daß Medoras Leben die gleiche Kurve beschrieb wie das Leben Byrons; auf eine Periode der Leidenschaft und des Trotzes folgte eine Periode Befreiung. Nachdem sie Bäuerin in Aveyron im Dorfe Lapeyre geworden war, blieb Medora ihrem Gatten treu, sie erzog ihre Kinder, erwies sich als großzügig und barmherzig. Sie war zum Katholizismus übergetreten. Aus der Erziehung, die sie erhalten hatte, war ihr die Vorliebe für Musik geblieben. Auf dem Hof in Lapeyre gab es ein Klavier.

Das Glück währte nur ein Jahr. 1849 starb Medora, als sie gerade sechsunddreißig Jahre alt war. »Das ganze Dorf gab ihr ein teilnahmsvolles Geleit.« Sie hinterließ folgendes Testament: »Ich, Elizabeth Medora Leigh, gebe und vermache alle meine irdischen Güter, den Rententitel, den mir in seinem Testament der verstorbene Lord Byron hinterlassen hat, an Jean-Louis Taillefer und an meine Kinder, Marie und Elie... Ich erkläre hiermit, daß ich meiner Mutter und allen denen vergeben habe, die mich so grausam verfolgten, wie ich hoffe, daß mir vergeben wird. Ich bitte Sir John Hughes, dem genannten Jean-Louis Taillefer die Kassette zu übergeben, die meine Papiere enthält und die in seinen Händen ist.«

Die Kassette wurde Medoras Ehemann nie übergeben. Taillefer war in Toulouse als Kammerdiener in den Dienst von Monsieur Arthur de Waroquier getreten und dessen Vater unternahm Schritte bei der französischen Botschaft in London, um die Herausgabe der Kassette zu erreichen. Aber der Anwalt der Botschaft antwortete, in England sei es üblich, alle Papiere unmoralischen Charakters zu verbrennen, und das treffe auf diese Papiere zu. Der Inhalt der Kassette wurde am 19. Mai 1863 im Büro von Sir John Hughes in Anwesenheit des Kanzlers der französischen Botschaft verbrannt.

Marie, die Tochter Medoras und ihres Schwagers Trevanion, war ein hübsches junges Mädchen von zurückhaltender und feiner Lieblichkeit. Sie hatte beschlossen, den geistlichen Stand zu erwählen, zögerte aber lange, weil ihre Mutter sie im Sterben gebeten hatte, über ihren Bruder Elie zu wachen. Als Herr von Waroquier sich des Kindes annahm, tat sie in Saint-Germain-en-Laye im Kloster der *Nativité* ihr Gelübde und wurde Soeur Saint-Hilaire Sie kannte ihre Herkunft. »Es schien ihr, als habe sie mehr abzubüßen als eine andere, und sie übertrieb gelegentlich die Ordensregel, der sie vorwarf, zu milde zu sein.« In ihr Meßbuch hatte sie eine Art Epitaph für ihre Mutter gezeichnet; sie nannte sie darin Elizabeth Medora Byron. Unter die Zeichnung hatte sie (indem sie *er* in *sie* änderte) diese Verse von Lamartine geschrieben:

> Halte die Hand deiner Güte über sie;
> sie hat gesündigt, doch der Himmel ist ein Geschenk;
> sie hat gelitten, auch das ist Unschuld;
> sie hat geliebt, das ist das Siegel der Gnade...

Sie schrieb ihre Gedanken nieder. »Mein Leben ist wie ein Blatt im Herbst, das unter dem bleichen Licht des Mondes zittert. Zerbrechlich ist sein Band, kurz seine unruhige Zeit.« Sie sprach mit ihren Gefährtinnen gelegentlich über Lord Byron: »Der arme Byron«, sagte sie, »ich liebe ihn sehr.« Sie starb 1873, während sie auf die Litaneien der Heiligen Jungfrau antwortete, die von der Schar der Schwestern an ihrem Bett gesungen wurden.

Ihr Bruder, der letzte Abkömmling des illegitimen Zweiges, war ein hübscher Junge mit roten Haaren und eigenwilligem Kinn, er war nacheinander Buchhalter, Handlungsreisender, Weinmakler; er starb im Hospital von Sète am 22. Januar 1900. Es war Byrons Geburtstag.

»Jedes Wesen, dem ich mich verbinde, muß elend vergehen.« Dieser Fluch traf fast alle Frauen, die er geliebt hatte. Mary-Ann Chaworth war seit langem unglücklich. Um 1830 konnte man sie sonntags in der Dorfkirche sehen, »bedrückt von Sorge und Verlassensein«. Moore hatte nach der Vernichtung der Memoiren beschlossen, selbst ein Leben Byrons zu schreiben, er besuchte sie, um Material zu sammeln. Musters, der Gatte, war abwesend. Moore sang für sie eins der irischen Lieder, die Byron geliebt hatte, und Mrs. Musters weinte. Ihr Ende wurde durch eine Rotte von Webern aus Nottingham beschleunigt, die während der großen Oktoberunruhen von 1832 ihr Haus überfielen. Sie mußte nachts in einen Heuschober fliehen, erkältete sich und starb bald darauf mit siebenundvierzig Jahren. Ihre Statue ist in der Kirche von Cowick zu sehen.

Teresa Marci, die Jungfrau von Athen, heiratete einen Engländer, John Black, der nach Byrons Tod den Kampf für die Griechen aufgenommen hatte. Dieser Black wurde englischer Konsul und blieb in Griechenland. Das Gedicht hatte Teresa Black berühmt gemacht. Alle Engländer, die nach Athen kamen, besuchten sie, und sie sprach von Byron mit Seufzen. Als die Umstände ihren Mann zwangen, in Missolonghi zu leben, begann sie zu leiden. Die Gespräche über Byron, die unaufhörlichen Fragen nach der Art ihrer Verbindung erweckten bald einen echten Kummer in ihr. Nachts sah sie Byron im Traum, oft war er böse und drohend. »Eine wahre Qual«, sagte sie zu Mr. Black. »Wie solltest du nicht von ihm träumen, wo du doch nichts anderes tust, als an ihn zu denken?« antwortete er ein wenig gereizt.

Claire verzieh Byron nie, und als Mary Shelley den Dichter in *Lodore* rühmte, schrieb sie ihr: »Lieber Gott! Zu denken, daß eine Person von Ihrem Genie glauben konnte, es sei ihre Aufgabe, das zu verhimmeln, was nichts anderes war als eine Mischung aus Eitelkeit, Verrücktheit und allen übrigen elenden Schwächen, die je in einem menschlichen Leben vereint waren!«

Caroline Lamb blieb ihr Leben lang eine strahlende und mitleiderregende Mischung aus Glanz, Verzweiflung und Leichtsinn. Im April 1824 hatte sie eine Halluzination: »Mitten in der Nacht glaubte ich, Lord Byron zu sehen – ich schrie, ich sprang aus dem Bett und wollte fliehen. Er sah fürchterlich aus und knirschte mit den Zähnen, er sprach nicht, seine Haare waren gesträubt; er war viel dicker als zu der Zeit, in der ich ihn gekannt habe und lange nicht so schön wie damals.« Einen Monat später erfuhr sie durch einen Brief ihres Mannes vom Tode Byrons. »Caroline«, schrieb er ihr, »legen Sie sich Zurückhaltung auf. Ich weiß, es wird ein Schock für Sie sein. Lord Byron ist tot.« Nach der Begegnung mit dem Trauerzug begann sie sich zu kräftigen, dann weckte die Veröffentlichung von Medwins Erinnerungen von neuem ihre Tollheit.

Medwins Buch traf sie grausam. Durch ihn lernte sie das schreckliche Gedicht kennen: »Wenn ich deiner gedenke . . .« Sie schrieb an Medwin: »Byron hat niemals sagen können, daß ich meinen Mann nicht geliebt habe. In seinen Briefen hat er mir ständig versichert, daß ich meinen Gatten von beiden am meisten liebte, und glauben Sie mir, mein einziger Reiz in seinen Augen war, daß ich unschuldig, liebevoll und begeisterungsfähig war . . .« Aus der Entfernung verstand sie besser. Ja, was Byron an einem anderen lieben konnte, war eine bestimmte Form von Unschuld und Jugend. Daher Mary Duff, Margaret Parker, Eddleston, Nicolo Giraud, später Teresa und der Page Lukas. Sie selbst mußte ihm 1812 für einige Tage durch den Anschein von Reinheit gefallen haben. Wie schnell hatte sie ihn ermüdet.

Nach der Lektüre von Medwins Buch erlitt sie einen Anfall geistiger Verwirrung. Doch ihr armer kranker Kopf war leicht, und sie vergaß. Der Skandal, den das Buch hervorgerufen hatte, belastete ihr Eheleben. Sie verbrachte den Winter allein in Brocket Hall. Einer ihrer jungen Nachbarn, Edward Bulwer, war von der ungewöhnlichen Originalität ihrer Konversation hingerissen. Sie lud ihn oft zu sich ein. Das Leben in Brocket Hall blieb »carolinesk«. Um drei Uhr morgens ließ sie ihre Gäste von ihren Pagen wecken, damit sie ihrem Orgelspiel zuhörten. Dann redete sie bis zum Morgengrauen von Byron. Sie zeigte ihnen einen Ring, den er ihr geschenkt hatte. Sie vertraute ihn Edward Bulwer an und sagte ihm dazu, daß sie ihn von den Männern tragen lasse, die sie liebe. Wenig später nahm sie ihm den Ring wieder weg, und er sah ihn am Finger eines anderen jungen Mannes wieder. Er war empört.

Lady Caroline kehrte eines Abends nach London zurück, um sich *Faust* anzusehen. Sie fand die Präsentation wunderbar.

»Es erinnerte mich an Byron, an diesen Engel, diesen gefährlichen und unglücklichen Byron, den ich vergöttere, obwohl er mir dies schreckliche Erbe hinterließ: *Remember thee ...*«

Sie starb mit zweiundvierzig Jahren in den Armen ihres Mannes. »Ihre etwas exzentrische und dem Anschein nach, vielleicht sogar in Wahrheit gekünstelte Art übten eine Faszination aus, die für alle, die ihre Wirkung nicht empfunden haben, schwer zu begreifen ist.«

Allein die Contessa Guiccioli schien nicht zum Unglück berufen, sie verstand es, sich ein Leben aufzubauen, in dem das Gespenst Byrons nichts als ein ehrenhafter und vergnüglicher Gefährte war. 1829 traf sie auf einem Ball den österreichischen Gesandten in Rom, Lord Malmesbury. »Byron war erst fünf Jahre tot, und sie war damals neunundzwanzig Jahre alt. Wir wurden sehr gute Freunde. Ich fand in ihr die reizendsten Verbindungen eines kultivierten Geistes mit aller Freundlichkeit ihrer Rasse, und sie hatte Vergnügen daran, sich zu amüsieren. Sie hatte sich über ihren Kummer (der zunächst sehr heftig war, wie man mir sagte), den sie beim Verlust des Dichters empfand, vollkommen getröstet. Sie sprach sehr gern von ihm und war auf die Eroberung nicht wenig stolz ...«

Die Gräfin Guiccioli erzählte Malmesbury, »daß Byron seine berühmten Gedichte auf irgendwelche Zettel schrieb, die gerade zur Hand waren ... sie ihr dann vorlas, viele Korrekturen einfügte und dabei schallend lachte. Sie war stolz auf ihn und hat ihn sehr geliebt ... Sie schildert ihn als einen sehr launenhaften Charakter; in der Unterhaltung habe er die Leidenschaft, von der seine Poesie überfließt, stets ins Lächerliche gezogen; kurz: ein sehr kühles Temperament ...« Sie hatte seinen Zynismus nie gemocht.

1832 kam sie nach London, pilgerte nach Harrow, speiste bei den Drurys, betete am Grabe Byrons in Hucknell Torkard und suchte Augusta auf, mit der sie drei Stunden verbrachte, in denen sie »nur von Byron redeten«. Mit etwa fünfzig Jahren heiratete sie den Marquis de Boissy, einen exzentrischen und sehr reichen Herrn. Sie bewohnte ein schönes Haus in Paris. »Die Freundlichkeit der Italienerin war dem gezierten Benehmen der großen Dame gewichen, was ihr gar nicht stand.« In ihrem Salon hing ein Porträt Byrons, vor dem sie gern mit ihren Besuchern stand und seufzte. »Wie schön er war! Mein Gott, wie schön er war!« Ihr Gatte stellte sie mit den Worten vor: »Madame la Marquise de Boissy, meine Frau ... ehemalige Geliebte Lord Byrons.« Nach dem Tode des Marquis de Boissy veröffentlichte sie Erinnerungen an Byron, in denen sie ihn zu einem romantischen und zärtlichen Helden machte, was er zu seinen Lebzeiten nie hatte sein wollen.

Die Gräfin Guiccioli hatte sich vor dem Byronschen Fluch durch eine undurchdringliche Sentimentalität bewahrt. Eine naive Egozentrik rettete John Cam Hobhouse davor. Die Reform von 1832 belohnte seine fortschrittlichen Ideen in der Politik. Er trat in ein Ministerium ein und blieb dort lange Zeit. Später wurde er Lord Broughton und eines der konservativsten Mitglieder seiner Partei. Er starb mit dreiundachtzig Jahren, und er blieb dafür berühmt, diese Formulierung erfunden zu haben: »Die Opposition Seiner Majestät.«

Es ist bekannt, daß Tita von der Familie Disraeli aufgenommen wurde. Fletcher gründete eine Makkaronifabrik, ruinierte sich, bekam wie alle Welt Hilfe durch Lady Byron und wurde gegen Ende seines Lebens Wächter von Golden Square, dort konnte man ihn antreffen, wie er in seinem hohen, goldbetreßten Hut, einen Stock in der Hand, die Kinder der protestantischen Schule verjagte.

Auf dem Friedhof von Brompton liegt das Grab des Boxers Jackson, der Stein wird an jeder Ecke von einem klassischen Athleten getragen. Dieses Denkmal errichtete ihm der englische Adel als Zeugnis für die hohe Wertschätzung, die er ihm bewies.

In den letzten Wochen seines Lebens hatte Byron meinen können, daß er vergeblich sterben müßte und daß Griechenland nicht befreit werden würde. 1826 wurde Missolonghi ein zweites Mal belagert. Ein Granatbeschuß zerstörte fast alle Häuser. Der Hunger zwang die Griechen schließlich dazu, die Stadt aufzugeben. Männer, Frauen und Kinder machten einen Ausbruch und versuchten, die feindlichen Linien zu durchbrechen. Viele wurden getötet. Die Stadt wurde zur Plünderung freigegeben. Der Bischof Joseph und der Primas Kapsalis hatten sich in der Patronenfabrik, der Hinterlassenschaft Parrys, eingeschlossen; sie sprengten sich mit ihr in die Luft.

Wenn Europa Griechenland aufgab, war es verloren. Österreich unternahm nichts aus Angst vor Rußland, Frankreich wagte nicht zu handeln, alles hing von England ab. Die heiligen Grundsätze des Foreign Office und des Herzogs von Wellington verurteilten Griechenland. »Aber das britannische Volk, bewegt vom Opfer und vom Tode Lord Byrons und in seiner Kultur ganz auf Klassik bezogen, idealisierte die Klephten zu Helden der Thermopylen.« Minister Canning benutzte diese sentimentale Bewegung, um die ganze englische Politik umzukehren. In der Schlacht von Navarin stellten die englischen, russischen und französischen Flotten die Unabhängigkeit Griechenlands her. Das war das Ende der Heiligen Allianz.

Die Behauptung ist nicht übertrieben, daß, hätte Byron der griechischen Sache nicht durch seinen Namen und seinen Tod geholfen, die öffentliche Meinung Englands Canning kaum gefolgt wäre. In Missolonghi, heute eine kleine sanierte und blühende Stadt, haben die Griechen einen »Heldengarten« angelegt. Eine Säule trägt den Namen Byrons neben denen des Marco Botzaris, des Kopsalis und des Tsavellas. Die Fischer, die dort in jenem merkwürdigen Reich aus Wasser und Salz in Hütten aus geflochtenem Schilf leben, sie kennen Byrons Namen. Sie wissen nicht, daß er ein Dichter war, wenn man sie nach ihm fragt, antworten sie: »Das war ein mutiger Mann, der herkam, um für Griechenland zu sterben, weil er die Freiheit liebte.«

Don Juan oder Das Leben Byrons

I Warum Byron?

So sehr ich die Werke der großen Klassiker bewundere, galten doch alle Biographien, die ich schrieb, den Autoren der Romantik. Einen festen Vorsatz dazu gab es nie; jedoch, wenn ich über diese instinktive Wahl nachdenke, erklärt sie sich leicht. Ganz auf sich selbst gerichtet zieht der Romantiker eine leuchtende Spur hinter sich her: sein Leben und sein Werk erhellen die Stationen darin. Der Romantiker ist bildhaft und läßt sich leicht beleben. Der Klassiker dagegen ist, weil er die Gesellschaft akzeptiert, in die er hineingeboren wurde, stets bemüht, die Wirklichkeit nachzubilden und selbst hinter seinen Gestalten zurückzutreten. Freilich bleibt es durch Hypothesen und Interpretationen möglich, herauszufinden, was der Autor zu verstecken glaubte. Racine, La Rochefoucauld, La Bruyère sind in ihren Werken weit deutlicher sichtbar als sie es gewünscht haben mögen, dennoch sind sie es auf bescheidene und heimliche Weise. Mögen ihre Leidenschaften stark gewesen sein, Sitte und Glauben ihrer Zeit legten ihnen eine gewisse Zurückhaltung auf. Kurz, in ihren Werken erscheint ihr Leben höchstens wie Filigran. Es läßt sich nur in der Transparenz erfassen. Man ist gezwungen, es im Werk zu suchen.

Für die Romantiker ist das Leben selbst ein Werk. Denn sie fühlen sich aus vielerlei Gründen im Widerstreit mit der Welt, so wie sie ist, und deshalb versuchen sie, sich in Figuren einer Welt zu verwandeln, so wie sie nicht ist. Sie nehmen ein bestimmtes Verhalten an. Hugo wollte sich weise und verachtet sehen, Byron begann als der Dichter des *Childe Harold*, was aus ihm in seinen Augen ein satanisch aufbegehrendes Wesen machte. Solche Posen sind schwer durchzuhalten. Sie wurden vom Dichter in einem Augenblick angenommen, in dem sie wirklichem Leid entsprachen. Erfolg und Ruhm machten sie weniger glaubhaft. Der Poet, der diesen Zwiespalt empfindet und darunter leidet, entdeckt nun eine Sehnsucht nach dem fiebrigen Zustand, der ihm sein Kunstwerk schaffen half. So sucht er die Gefühlsatmosphäre, die seinem Genie zu entsprechen scheint, um sich wieder herzustellen. Von hier aus – welch eine Neigung zum Unglück und zugleich welche Neigung zum Mut! Wer die unausweichlichen Folgen seiner Taten nicht fürchtet, sie gar mit bitterem Vergnügen auf sich nimmt, der wird leichter ein Held. Der

Felsen von Guernesey und der Tod zu Missolonghi waren ersehnt, lange bevor sie sich fanden.

In seinen poetischen Werken ein Romantiker des beginnenden 19. Jahrhunderts, ist Byron in seinen Briefen und Tagebüchern ein Schriftsteller von 1952 und aller Zeiten. Es reut mich nicht, ihn gewählt zu haben: er wurde Vorbild einer berühmten Reihe von Nachfolgern.

II Die Quellen

Die unmittelbarsten Quellen für Byrons ganzes Leben sind seine Briefe (die sieben von Lord Ernle herausgegebenen Bände und die beiden, die Murray 1922 erscheinen ließ), seine Dichtungen, das *Leben Byrons* von Moore, *Astarte* von Lord Lovelace und eine Anzahl zeitgenössischer Erinnerungen.

Ich hatte das Glück, auch einige unveröffentlichte Dokumente benutzen zu dürfen. Lady Lovelace, die Witwe von Byrons Enkel, vertraute mir das unveröffentlichte Tagebuch der Lady Byron an und gab mir die Erlaubnis, in Ockham Park zu arbeiten. Dort befinden sich die Familienarchive. Sie war es auch, die mir erlaubte, das Problem des Inzest zu erhellen. Ich benutze das Wort Inzest, um mich dem Schatten Byrons gefällig zu erweisen, und obwohl dieser Inzest nach meiner Meinung ein ziemlich imaginäres Vergehen gewesen ist. Nicht nur, daß Augusta Leigh lediglich Lord Byrons Halbschwester war: vor jenem Augenblick im Jahre 1813, als er sie sah und sie liebte, hatte er sie kaum je bemerkt. Ich gestehe allerdings, nicht zu begreifen, wie man an der Realität dieser Liebe noch zweifeln kann, nachdem *Astarte*, die Briefe an Lady Melbourne und *Das Leben der Lady Byron* von Ethel Colburn Mayne veröffentlicht worden sind.

Was mich in meiner Überzeugung bestimmt, sind: erstens die Korrespondenz mit Lady Melbourne, deren Authentizität niemand leugnet und die jeden vernünftigen Sinn verlöre, gäbe man den Inzest nicht zu; zweitens der unerschöpflich scheinende Briefwechsel zwischen Lady Byron, Augusta, Mrs. Villiers, Medora und Ada, in dem Byrons Liebe zu Mrs. Leigh als bekannte und unbestrittene Tatsache behandelt wird; drittens Mrs. Leigh's eigene Briefe, in denen sie nicht etwa behauptet, jene Beziehungen habe es nie gegeben, sondern lediglich, daß sie nach Byrons Heirat nicht fortbestanden haben, — worin sie übrigens die Wahrheit sagt, wie Byrons Zeugnis bestätigt; viertens das Buch von Roger de Vivie über Medora. Es beweist, daß Medora eine Tochter Byrons ist und datiert mit Gewißheit den Beginn des Verhältnisses auf den Sommer des Jahres 1813.

Wenn ich diese Episode ohne Scheinheiligkeit behandle, hoffe ich, den Leser an meinem Gefühl von Bewunderung und Mitleid teilnehmen zu lassen, das Byrons Wesen auslösen sollte. Vor allem habe ich mich bemüht, richtige Maßstäbe zu finden und dieses zweitrangige Thema nicht zum zentralen Gegenstand einer Lebensgeschichte Byrons werden zu lassen. Der Konflikt, der den Kern des Byronismus ausmacht, den gab es vor dem Inzest, der Grund für die Absonderung ist nicht der Inzest, und 1818 ist Augusta Leigh nicht mehr als ein leichter sanfter Schatten über Byrons Leben. Oft ist versucht worden, Lord Byron und seine Frau gegeneinander auszuspielen, als ob es in einer gescheiterten Ehe notwendig einen Schuldigen geben müßte. Lord und Lady Byron hatten beide erbitternde Schwächen und hohe Tugenden. Sie waren nicht für ein gemeinsames Leben geschaffen, aber an den Texten, die ich wiedergebe, läßt sich erkennen, daß sie sich schließlich gegenseitig Gerechtigkeit widerfahren ließen und das mit mehr klarsichtiger Heiterkeit als ihre posthumen Verteidiger.

Ich kann heute nach so langer Zeit einige Zeilen aus einem Brief von Lady Lovelace zitieren; sie schrieb ihn in Ockham Park, am 13. Oktober 1929: »Ich muß Ihnen sagen, mit welch großem Vergnügen ich Ihre Darstellung der Ehe gelesen habe. Sie ist vollkommen! Sie haben Lady Byron Gerechtigkeit widerfahren lassen, und dabei haben Sie uns gelehrt, Byron zu verstehen und dadurch, ihm zu verzeihen. Über Ihr Porträt von ihm sagen alle in meinem Umkreis einstimmig: ›Er hat den Dichter wiedererweckt.‹ Und wie notwendig war das ...« Lady Lovelace war eine sehr alte Dame, liebenswürdig, lebhaft und geistvoll.

Harald Nicolson, dem großen Byron-Kenner und Verfasser eines hervorragenden Buches *Byron, die letzte Reise* verdanke ich die Kenntnis eines bemerkenswerten Dokuments: es handelt sich um das Exemplar des Buches von Moore, das Hobhouse, dem engsten Freund Byrons, gehörte. Lord Lansdowne lieh mir den Briefwechsel zwischen Byron und Miss Elphinstone; Colonel Murray war so freundlich, mir die Akten seines Verlagshauses zur Verfügung zu stellen. Schließlich hat es Lord Ernle trotz seines hohen Alters auf sich genommen, meine Texte zu lesen. Sein Rat war mir sehr wertvoll. Seit dieses Buch erschienen ist, wurden viele Schriften über diesen oder jenen Gesichtspunkt im Erscheinungsbild Byrons veröffentlicht. Das wichtigste und beste Buch darunter scheint mir das Werk von Peter Quennell. In Frankreich publizierte Robert Escarpit ein Buch *Wovon Byron lebte*; darin wird der Einfluß der finanziellen Gegebenheiten auf Leben und Verhalten des Dichters genau und erschöpfend dargestellt. Eine notwendige Lektüre ist auch die große Studie des amerikanischen Professors Norman Ivy White über Shelley, denn sie beweist, wie recht Byron hatte, die Beziehungen zwischen Claire Clairmont und ihrem Schwager zu beargwöhnen. Je mehr neue Dokumente dieser Epoche durch den Fleiß der Gelehrten ans Licht gezogen werden, um so schöner erscheint die Person Byrons in ihrer kühnen Freimütigkeit.

III Die letzte Bindung

Wie schwer ist es, vergessen zu werden! Wir könnten glauben, mit unserem Tode stürben auch unsere kümmerlichen Sehnsüchte mit uns. Aber nein. Noch jahrelang, zuweilen jahrhundertelang, tauchen geschriebene Zeugen auf. Wie tote Städte im Sand lassen sich vergilbte Briefbündel in Truhen finden. Und sogleich geht die Nachwelt daran, Gesichter nachzuzeichnen, die seit langem nur noch Asche und Skelett sind.

Teresa Guiccioli, die letzte Frau, zu der Byron eine Bindung hatte, hinterließ ihrer Familie eine große Anzahl von Reliquien, eingeschlossen in ein Mahagonikästchen, das erst fünfzig Jahre nach ihrem Tod geöffnet werden durfte. Schätze einer naiven und treuen Geliebten: Haarlocken Byrons, die er ihr bei seiner Abreise nach Griechenland gegeben hatte; ein Stück seines Hemdes, ein Zweig von einem Baum aus Newstead; ein in roten Samt gebundenes Exemplar des *Korsar*, in das er ihr eine zärtliche Widmung geschrieben hatte; hundertneunundvierzig unveröffentlichte Briefe Byrons in italienischer Sprache und ein *Leben Byrons* von der Contessa Guiccioli, das ihr zu intim erscheinen mochte, um es zu ihren Lebzeiten herauszugeben.

Diese kostbaren Dokumente hat die Gräfin Origo, mit einem Italiener verheiratet und selbst Engländerin, zur Grundlage eines Buches gemacht. Sie hätte versucht sein können, Partei zu ergreifen, aus Byron einen zynischen Verführer zu machen, der eine unglückliche Fremde ihrem Mann fortnimmt und sie dann aus Überdruß verläßt. Sie hätte aber auch Teresa zur geschickten Intrigantin stempeln können, die sich Byron an den Hals warf, um einem alten Manne zu entkommen, die Don Juan gezwungen hätte, sich in einen Hausfreund zu verwandeln. Außerdem hätte sie das Abenteuer in eine italienische Komödie verdrehen können, eher unterhaltsam als bewegend.

Karikaturen solcherart hätten die Wahrheit verleugnet. Die wahre Geschichte von Byron und Teresa besitzt mehr Nuancen und verdient weit mehr Sympathie. Warum liebte er mit so viel bei ihm ungewohnter Zärtlichkeit diese Frau von siebzehn Jahren, die ihm so wenig glich? Sie war hübsch und frisch, gewiß, aber Schönheit hatte Byron nie angezogen. Iris Origo hat sehr richtig erkannt, daß Teresa auch durch ihre Vitalität und ihren ausgeprägten Willen standhielt, vor allem aber, weil sie, wie einst Augusta Leigh, seinem verwirrten Herzen Fröhlichkeit und Frieden bringen konnte.

Teresa besaß eine nur durchschnittliche Bildung; sie schrieb jenen Stil, den man ihr im Kloster von Santa Chiara beigebracht hatte. Aber Byron litt nicht darunter, weil sich die beiden Liebenden in italienischer Sprache schrieben. Eine Fremde, die so ihre Muttersprache behaupten kann, hat es schon dadurch leichter zu gefallen: der Reiz des Exotischen, dazu die Verliebtheit verleihen selbst Plattheiten einigen Charme. Byron selbst verfiel dem Stil von Santa Chiara: »*Quando piango le mie lagrime, vengono dal'cuor e sono di sangue* ...« (Wenn ich meine Tränen vergieße, kommen sie aus meinem Herzen, es sind Tränen von Blut ...). Wenn man die Konvention des Landes und der Zeit auch in der Liebe bedenkt, war Teresa keineswegs dumm. Sie las sehr geläufig französische Bücher, die er ihr gab; nur suchte sie darin wie jeder wahrhaft Verliebte allzusehr die Gedanken des Gebenden als die des Autors.

Als Byron die Grausamkeit besaß, ihr *Adolphe* zu geben, – ein allzu wahres Bild vom Unglück, das außereheliche Verhältnisse heraufbeschwören – reagierte sie mit aufrichtiger Traurigkeit: »Byron, wie hat mir dieses Buch wehgetan. Mein Geist und mein Herz sind tiefverletzt. Byron, warum haben Sie mir dieses Buch geschickt? Dazu war nicht der rechte Augenblick ... Um diese Geschichte zu ertragen und ihr Geschmack abgewinnen zu können, wäre es notwendig, vom Zustand Eleonores einen größeren Abstand als ich zu haben, und wer dieses Buch seiner Geliebten gibt, der muß sehr nah am Zustand Adolphes sein, oder sehr weit davon ...« Das ist überlegt und sogar gut geschrieben.

Ging es um Byrons eigene Werke, zeigte sie sich noch persönlicher betroffen. Wenn Byron, der am *Don Juan* schrieb, sie mit einem amüsierten Lächeln ansah und sagte: »Nun habe ich etwas gegen die Liebe geschrieben«, antwortete sie heftig: »Streich es aus!« – »Ich kann nicht«, war seine Antwort, »es würde die Strophe verderben.« Der Künstler erträgt gefühlsbedingte Einschränkungen nur schwer, weil sie ihm einen Teil seines Genies beschneiden. Und der Tag kam, an dem Byron sich nach seiner Freiheit sehnte. Eine sehr hübsche Frau, ja gut, aber wie verbringt man seine Abende? Und sie gefiel ihm schließlich noch viel weniger, als er sie im englischen Milieu sah, mit den Hunts und mit den Shelleys.

Nach Byrons Tod kehrte Teresa zunächst zu ihrem Ehemann zurück, erreichte aber bald Trennung und Pension, weil der alte

Conte exzentrisch und ausschweifend war. Nun, da sie frei war, machte sie sich zur Priesterin des Byronkult. Die Liebe zu ihm war das große Abenteuer ihres Lebens gewesen. Englische Touristen, die nach Rom kamen, begehrten sie zu sehen; die letzte Geliebte Byrons interessierte sie mehr als die Thermen von Caracalla. 1825 hatte sie ein Verhältnis mit einem jungen Engländer, der eine auffallend weiche Stimme hatte und ein wenig hinkte: Henry Edward Fox. Er hatte ihr gefallen, weil er sie an Byron erinnerte. Zunächst ging er hart mit ihr um: »Armer Byron, ich wundere mich nicht, daß er nach Griechenland gegangen ist!« Später jedoch lobte er ihre Aufrichtigkeit und den Großmut ihres Charakters. Zuletzt fühlte sich doch jeder mit Teresa verbunden.

Chateaubriand skizziert sie flüchtig: »Ich hätte sie mit ihren blonden Haaren, ihrer groben Figur, ihrer Schönheit, der alle Eleganz abging, für eine fette reinliche Ausländerin aus Westfalen gehalten . . .«. Lamartine machte mit ihr ausführliche Spaziergänge durch die Gärten der Dorias, und sie erzählte ihm ihr Leben. Sie hatte sich eine gesäuberte Fassung zurechtgelegt, ganz im Stil von Santa Chiara. Diese Version wollte sie auch in England verbreitet wissen, als sie dort 1832 Besuch machte. Im Gedenken an Byron nahmen sich John Murray und Lady Blessington ihrer an. Sie besuchte Augusta Leigh, verbrachte mit ihr drei Stunden im St. James Palace und »wir sprachen nur von ihm«. Niemand weiß, was die beiden einzigen Frauen, die er je geliebt hatte, über Don Juan sagten, aber beide erklärten, sie seien »sehr zufrieden mit dieser Unterhaltung« gewesen.

Lady Blessington, die dabei war, das Erscheinen ihrer *Gespräche mit Lord Byron* vorzubereiten, versuchte, dafür die unveröffentlichten Liebesbriefe Byrons von der Contessa Guiccioli zu bekommen. Wäre es nicht in Teresas eigenem Interesse gewesen, »seinen Ruhm zu fördern« und zu beweisen, wie festgegründet diese Beziehung war? Aber Teresa war der gegenteiligen Meinung. Sie pilgerte nach Newstead, betrachtete den Baum, in dessen Stamm Byron und Augusta ihre Namen geschnitten hatten, und nahm einen Zweig von diesem Baum mit sich.

1847, Teresa war seit sieben Jahren Witwe, willigte sie in die Ehe mit einem Pair von Frankreich ein. Der Marquis de Boissy war reich, exzentrisch, ganz so wie es der Conte Guiccioli gewesen war, aber liebenswürdiger und weniger gefährlich als jener. Mehrere Jahre war der Marquis de Boissy Teresa wie ein Hündchen gefolgt. Er mußte etwas für die Schönen Künste übrig haben, denn er zeigte sich sehr stolz über sein »Bündnis« mit einem großen Dichter. Als der Fürst Pasquier, Doyen des Hauses der Pairs, ihn ein wenig zögernd fragte, ob seine Braut wohl mit der Contessa Guiccioli verwandt sei, deren Namen man mit dem Byrons im Zusammenhang nenne, da antwortete Boissy mit strahlendem Lächeln: »Wieso? Sie ist es selbst!« Die Hochzeit fand in der Kapelle des Luxembourg statt, sie wurden ein glückliches Ehepaar. Über ihren Kamin hatte sie ein Porträt Byrons gehängt, und sie blieb oft davor stehen, seufzte und sagte: »Wie schön er ist! Mein Gott, wie schön er ist!« Sie glaubte an Geisterbeschwörung und trat oft mit dem Geist Byrons in Verbindung. Nachdem Boissy 1866 gestorben war, nahm sie mit Ehemann und Geliebtem gleichzeitig Verbindung auf. »Sie sind beieinander«, sagte sie, »und die besten Freunde.« Lange Zeit hindurch war sie versucht, die Briefe Byrons zu vernichten, die ihrer unglaublichen Geschichte von der rein platonischen Liebe widersprachen. Aber ihre Loyalität gegenüber dem Dichter siegte über ihre späte Scham. Sie beschloß, alles solle fünfzig Jahre nach ihrem Tode veröffentlicht werden, »um das großmütige und gute Herz Byrons zu zeigen«. Ist das nicht auch Treue? fragt Iris Origo.

Gewiß, das ist Treue. Für die Begegnung mit dem Genie, mit allem Unglück, das es über sie und die ihren brachte, blieb Teresa Guiccioli ihr ganzes Leben lang dankbar, wie verblendet stolz. Dieser Ausgang ihrer Geschichte ist sicher so viel wert wie das Ende des *Adolphe*. Als sie siebzig Jahre alt war, sagte in Paris ein alter Marquis de Flamarens zu einem englischen Freund, Madame de Boissy sei geblieben, was sie immer gewesen sei. »In welchem Sinn?« fragte der Engländer. »Fesselnd«, antwortete er. »Fesselnd und gefesselt.«

IV Byrons Position

Byrons Dichtung war die einer unruhigen Epoche. Die Französische Revolution hatte große Hoffnungen geweckt und enttäuscht. Die napoleonischen Kriege hatten Gelegenheit zu heldischen und vergeblichen Taten gebracht. Millionen Menschen hatten wie Byron empfunden, daß die Welt ungerecht und verrückt sei. Für sie alle wie für ihn selbst war seine Dichtung »der Vulkan, dessen Ausbruch ein Erdbeben verhindert«. Nach 1830 verschob sich das Leben Europas. Die mittleren Klassen kamen an die Macht; die Wissenschaft gab den Menschen Kräfte in die Hand, deren Grenzen man noch nicht kannte. Es war die Epoche bürgerlicher Hoffnungen. Schicksal gab es nicht mehr. Ein Poem über Don Juan schockierte gleichermaßen die verschüchterten Aristokraten und die siegreichen Ladenbesitzer. Die Untertanen Königin Viktorias, die ein Reich gründeten, wollten nichts davon wissen, daß Reiche aufeinanderfolgen wie Meereswogen. Carlyle, der Byron geliebt hatte, sagte sich von ihm los. Ein Vulkan? Ja, mag er gedacht haben, By-ron hatte die nutzlose und gefährliche Kraft eines Vulkans. »Und nun«, schrieb Carlyle, »betrachten wir traurig die Asche des Kra-ters, der sich längst mit Schnee füllte.«

So taten sich Prophet und Kaufmann zusammen, um Childe Ha-rold zu ächten. Hier und da erkannte ein schärferer Geist – Ruskin, Browning – seine Kraft und seine Größe. In Frankreich schöpfte Flaubert aus Byron; als er auf einer Pilgerfahrt nach Chillon des-sen Namen in den Stein geritzt fand, war er voll inbrünstiger Freude. »Ich habe die ganze Zeit über an den bleichen Mann ge-dacht, der irgendwann hierherkam, auf und abgegangen ist, seinen Namen in den Stein schrieb und wieder fortging ... Der Name Byrons ist von der Seite her eingraviert, und der Namenszug ist schwarz, als habe man Tinte hineingegossen, um ihn stärker hervor-treten zu lassen; er glänzt in der grauen Säule und fällt dem Ein-tretenden sogleich auf; über dem Namen ist der Stein leicht be-schädigt, als habe ihn die mächtige Hand abgenutzt, die sich dort auf ihn stützte ...«

Die Mittelmäßigen jedoch machen sich ein Vergnügen daraus, das Genie herabzusetzen. Der junge Leconte de Lisle besuchte Beranger; der Liederdichter erzählte ihm, daß er Byron keineswegs bewunde-re: »Verse wie seine, pah! Die mache ich jeden Abend im Traum, wenn ich schlafe.« – »Ach, mein verehrter Meister«, ant-wortete der Leconte de Lisle, »warum schlafen Sie nicht immer?«

Dann erreichte eine antibyronsche Haltung auch die Besten. In Frankreich wie in England sehnten sich die Dichter, gepeinigt vom Realismus der Prosadichtung und der Gewöhnlichkeit des Lebens, nach der reinen Form. Keats, Shelley, Swinburne wurden Byron vorgezogen. 1881 verteidigte Matthew Arnold in einem berühmten Vorwort den Dichter Byron, er lobte die unvergängliche Bedeutung seiner Aufrichtigkeit und seiner Kraft, er stellte ihn über den zu jung gestorbenen Keats und über Shelley, »diesen wirkungslosen schönen Engel, der vergeblich die Leere mit seinen leuchtenden Flü-geln schlägt«. Swinburne und seine Freunde protestierten, und sie behielten recht. Matthew Arnold hatte vorausgesagt, daß man im Jahre 1900 den Namen Byron nennen würde, erinnerte man sich dessen, was im 19. Jahrhundert ruhmreich gewesen sei. Er irrte sich. 1900 stieß diese Poesie auf die kalte Gleichgültigkeit der Ästheten. Byron wurde nach dem *Korsar*, nach dem *Giaour* beurteilt, nach Werken, die er selbst verworfen hatte. Es waren und sind wenige, die den dritten Gesang aus *Childe Harold* gelesen hatten, die letz-ten Gesänge des *Don Juan*, seine kurzen lyrischen Gedichte, *Prometheus* und die herrlichen Tagebücher in Prosa.

Doch die Revanche war nah. Nach 1920 gaben Desmond Mac

Carthy, Harald Nicolson, Ethel Colburn Mayne, Peter Quennell in England, Charles du Bos in Frankreich dem Menschen und Dichter Byron seinen angemessenen Platz zurück. Als die Universität Cambridge Desmond Mac Carthy, damals der erste Literaturkritiker Englands, aufforderte, die *Clark Lectures* zu übernehmen, eine traditionsreiche und berühmte Reihe von Vorträgen, wählte er Byron zu seinem Thema. Er hat es mir selbst erzählt, wie er am Tag seiner Ankunft den Besuch einer kleinen Gruppe von Studenten empfing:

»Wir freuen uns sehr«, so sagten die Studenten, »Sie für einige Wochen bei uns zu haben. Sie sind ein mutiger Kritiker, und als solchen schätzen wir Sie. Was wir bedauern, ist, daß ein Mann wie Sie ein so abgenutztes Thema gewählt hat ... Byron! Wer liest heute noch Byron? Wenn Sie hier schon nicht über einen zeitgenössischen Autor sprechen wollten, warum haben Sie nicht Keats genommen, oder Shelley, oder Donne ... Aber Byron!«

Der Kritiker verteidigte seine Wahl, schien aber durch die Verve seiner Besucher beeindruckt und sagte schließlich: »Vielleicht haben Sie recht. Ich mache Ihnen einen Vorschlag. Meine Vorträge über Byron werde ich halten, zumal ich mich der Universität gegenüber verpflichtet habe, aber abends können Sie zu mir ins Trinity College kommen, dann sprechen wir über weniger bekannte Autoren, die Ihrem Herzen vielleicht näher sind.«

So geschah es. Am ersten Abend sprach er über einen jungen Dichter und las ihnen Verse von ihm vor. Sie wurden mit Entzücken aufgenommen. Gegen Ende des Abends fragte einer der Studenten schüchtern:

»Verzeihen Sie bitte; meine Freunde und ich sind begeistert von dem, was Sie uns heute abend darlegten, aber Sie haben den Namen dieses hervorragenden Autors so leise ausgesprochen, daß wir ihn nicht verstanden haben. Würden Sie ihn uns wiederholen?«

»Mit Vergnügen«, sagte Desmond Mac Carthy. »Er hieß George Gordon Lord Byron.«

A. M.

Zeittafel

1643   Sir John Byron wird von Charles I. zum ersten Lord Byron ernannt.

1747   28. Juli. Sir Ralph Milbanke geboren.

1751   14. November. The Honourable Judith Noel (spätere Lady Milbanke) geboren.

1752   Elizabeth Milbanke (spätere Lady Melbourne) geboren.

1755   John Byron (»Mad Jack«) geboren.

1765   Catherine Gordon of Gight geboren.
        26. Januar. Duell Chaworth–Byron.

1769   13. April. Elizabeth Milbanke heiratet Sir Peniston Lamb.

1770   8. Juli. Sir Peniston Lamb wird Lord Melbourne.

1777   9. Januar. Ralph Milbanke heiratet The Honourable Judith Noel.

1779   William Lamb geboren.
        Scheidung des Marquis de Carmarthen von Amelia d'Arcy, Baronin Conyers.

1779   Lady Conyers heiratet John Byron.

1784   26. Januar. The Honourable Augusta-Mary Byron (spätere Mrs. Leigh) geboren.

1785   13. Mai. Captain John Byron heiratet Miss Catherine Gordon of Gight.
        13. November. The Honourable Caroline Ponsonby (spätere Lady Caroline Lamb) geboren.

1786   27. Juni. John Cam Hobhouse geboren.

1788   22. Januar. George Gordon Byron (späterer sechster Lord Byron) geboren.

1789   8. März. George Anson Byron (späterer siebter Lord Byron) geboren.

1790   1. September. Margaret Power (spätere Gräfin von Blessington) geboren.

1791   Captain John Byron stirbt, er ist 36 Jahre alt, das Alter, in dem die Byrons sterben.

1792   17. Mai. Anne-Isabelle Milbanke (spätere Lady Byron) geboren.
        4. August. Percy Bysshe Shelley geboren.

1797   Episode Mary Duff.
        30. August. Mary Godwin (spätere Mrs. Shelley) geboren.

1798   27. April. Jane-Claire Clairmont geboren.
        19. Mai. Byron wird Lord Byron.

1800   Teresa Gamba geboren.

1801   Byron wird nach Harrow geschickt.

1803   Byron in Nottingham und Annesley.

1804   Aufenthalt in Southwell bei Mrs. Byron.

1805   3. Juni. Lady Caroline Ponsonby heiratet The Honourable William Lamb.
        August. Mary Chaworth heiratet John Musters.

Oktober. Byron wechselt von Harrow nach Cambridge, Trinity College.

1806   Byron bereitet ersten Gedichtband vor.

1807   März. Byron veröffentlicht die *Stunden des Müßiggangs*.
17. August. The Honourable Augusta-Mary Byron heiratet ihren Vetter, George Leigh, Oberstleutnant bei den 10. Dragonern.

1808   Januar–August. Byron in Cambridge und London.
September. Byron in Newstead.
18. November. Der Hund Boatswain stirbt.

1809   22. Januar. Byron feiert in Newstead seine Mündigkeit.
13. März. Byron nimmt seinen Sitz im House of Lords ein.
16. März. Er veröffentlicht *English bards and Scotch Reviewers*.
11. Juni. Er verläßt London mit Hobhouse.
1.–21. September. Aufenthalt auf Malta.
25. Dezember. Byron trifft in Athen ein.

1810   Januar und Februar. Byron verbringt sechs Wochen in Athen.
3. Mai. Er durchschwimmt den Hellespont.
14. Mai. Ankunft in Konstantinopel.

1811   Januar. Byron zieht in das Kapuzinerkloster von Athen ein.
17. Juli. Rückkehr nach England.
1. August. Mrs. Byron stirbt.

1812   27. Februar. Erster Speech Byrons im House of Lords.
29. Februar. Er veröffentlicht die beiden ersten Gesänge von *Childe Harold*.
10. März. *I awoke one morning and found myself famous.*
25. März. Empfang in Melbourne House von Lady Caroline Lamb.
Unter den Gästen Lord Byron, Miss Milbanke, Sidney Smith, Lady Jersey, Lord und Lady Kinnaird, Miss Mercer Elphinstone, Mrs. Lamb, Lord Palmerston etc.
27. März. Erster Liebesbrief von Lady Caroline Lamb an Byron.
Zwischen dem 1. und 10. Oktober bittet Byron um die Hand von Miss Milbanke, sie verweigert sie.
Aufenthalt Byrons in Eywood bei Lady Oxford, er bleibt bis zum 15. November.
November. Byron schreibt *Thou art not false but thou art fickle* ...
9. November. Byron schreibt Lady Caroline Lamb den Abschiedsbrief, den sie in *Glenarvon* verwenden wird.

1813   Januar. Wieder in Eywood.
Mai. Byron veröffentlicht den *Giaour*.
28. Juni. Lady Oxfords Abreise zum Kontinent setzt der Liaison mit Byron ein Ende. Mrs. Leigh zieht nach London in St. James Palace. Während der Monate Juli und August verlassen Byron und Mrs. Leigh London nur für zwei kurze Aufenthalte in Six Mile Bottom.
6. Juli. Ball bei Lady Heathcote. Szene mit Lady Caroline Lamb.
21. September. Byron in Aston Hall. Er hofiert Lady Frances Webster und kehrt im Oktober zurück.
Das Ehepaar Webster kommt zu Besuch nach Newstead.
Ende Oktober 1813 bis Januar 1814 ist Byron in London.

Dezember. Er veröffentlicht *Die Braut von Abydos.*

Dezember. Er schreibt den *Korsar.*

1814   17. Januar. Byron mit Augusta in Newstead, sie verbringen dort drei Wochen.

28. März. Byron zieht im Albany ein.

10. April. Er schreibt die *Ode auf Napoleon Bonaparte.*

15. April. Elizabeth Medora Leigh wird geboren.

Byron schreibt *I speak not, I trace not, I breathe not thy name.*
Er beginnt *Lara.*

August. Byron veröffentlicht *Lara.*

15. September. Byron bittet zum zweiten Mal um die Hand von Miss Milbanke. Verlobung.

November. Byron verbringt einige Zeit in Seaham.

Dezember. Byron schreibt *Hebräische Weisen.*

24. Dezember. Byron und Hobhouse verlassen London.

30. Dezember. Byron und Hobhouse kommen in Seaham an.

31. Dezember. Unterzeichnung des Ehevertrages.

1815   2. Januar. Hochzeit Lord Byrons mit Miss Milbanke.

21. Januar. Lord und Lady Byron kehren von Halnaby nach Seaham zurück.

12. März. Lord Byron kommt in Six Mile Bottom an.

28. März. Lord und Lady Byron ziehen nach London, 13 Piccadilly Terrace.

April. Mrs. Leigh zieht ihrerseits nach 13 Piccadilly Terrace.

17. April. Lord Wentworth, der Onkel Lady Byrons, stirbt.

20. Mai. Sir Ralph Milbanke erhält vom Prinzregenten die Autorisation, Namen und Wappen der Noels anzunehmen.

Ende Juni. Mrs. Leigh verläßt Piccadilly Terrace und kehr nach Six Mile Bottom zurück.

29. Juli. Byron macht sein Testament zugunsten von Mrs. Leigh.

August. Byron schreibt *Star of the brave* und *Napoleon's farewell.*

15. November. Mrs. Leigh kommt nach 13 Piccadilly Terrace zurück.

10. Dezember. Augusta-Ada Byron geboren.

1816   6. Januar. Byron schreibt seiner Frau, um sie zu bitten, das Haus zu verlassen.

8. Januar. Lady Byron konsultiert Dr. Bailie, um zu erfahren, ob Byron irrsinnig ist.

15. Januar. Lady Byron verläßt mit Ada London.

16. Januar. Sie kommt in Kirkby Mallory an.

2. Februar. Durch einen Brief von Sir Ralph wird Byron unterrichtet, daß sich Lady Byron von ihm zu trennen wünscht.

Februar. Byron veröffentlicht *Parisina.*

16. März. Mrs. Leigh verläßt nach vier Monaten Piccadilly Terrace und zieht in St. James Palace ein.

17. März. Lord Byron akzeptiert das Prinzip einer Trennung.
Am selben Tage schreibt er *Fare thee well...*

29. März. Er schreibt *The Sketch.*

8. April. Empfang bei Lady Jersey. Unter den Gästen Lord Byron,

Mrs. Leigh, Miss Mercer Elphinstone, der Graf von Flahault, Benjamin Constant und seine Frau, Mrs. George Lamb, Brougham etc.

14. April. Ostersonntag. Mrs. Leigh kommt zu Byron, um ihm Lebewohl zu sagen.

21. April. Byron unterzeichnet die Trennungs-Urkunde.

23. April. Byron und Hobhouse und Scrope Davies begeben sich nach Dover.

25. April. Byron geht an Bord. Abreise nach Ostende.

3. Mai. Shelley, Mary Godwin und Claire Clairmont verlassen Dover und begeben sich nach Genf.

Mai. Byron beginnt den dritten Gesang von *Childe Harold*.

25. Mai. Byron kommt in Genf an und bezieht das Hôtel d'Angleterre (Sécheron).

Lady Caroline Lamb veröffentlicht *Glenarvon*.

Juni. Byron bezieht die Villa Diodati.

23. Juni. Byron und Shelley beginnen ihre Reise um den See. Am 27. Juni sind sie in Ouchy, dort schreibt Byron den *Gefangenen von Chillon*.

Juli. Byron beendet den dritten Gesang von *Childe Harold*. Er schreibt *Traum* und die *Stanzen für Augusta*.

29. August. Shelley, Mary und Claire verlassen Genf und kehren nach England zurück.

17.–29. September. Byron hat mit Hobhouse eine Alpentour unternommen, er beginnt *Manfred*.

1. November. Taufe von Ada Byron. Mrs. Leigh, die Patin werden sollte, ist von der Zeremonie ausgeschlossen. Paten: Captain George Anson Byron, Lady Noel und die Gräfin Tamworth.

11. November. Byron in Venedig.

30. Dezember. Shelley heiratet Mary Godwin.

1817   12. Januar. Allegra, natürliche Tochter von Byron und Claire Clairmont, geboren.

Februar. Byron beendet *Manfred*.

29. April–26. Mai. Reise nach Rom.

Juni. Byron beginnt in Venedig den vierten Gesang von *Childe Harold*.

Oktober. Byron schreibt *Beppo*.

November. Byron verkauft Newstead an Oberst Wildman.

1818   16. Februar. Der Graf von Blessington heiratet Margaret Power, Witwe von Mr. Saint-Léger Farmer.

6. April. Lady Melbourne stirbt.

September. Byron beendet den ersten Gesang von *Don Juan*.

1819   20. Januar. Byron beendet den zweiten Gesang von *Don Juan*.

April. Byron begegnet bei der Contessa Benzoni Teresa Guiccioli.

Ende Mai. Er reist der Contessa Guiccioli nach Ravenna nach.

10. August. Byron reist nach Bologna.

18. September. Byron und die Contessa Guiccioli reisen gemeinsam nach La Mira (Venedig).

November. Byron beendet den dritten und schreibt den vierten Gesang von *Don Juan*.

24. November. Byron kehrt nach Ravenna zurück.

1820   März. Byron schreibt *Dantes Prophezeiung.*

April. Byron nimmt an der anti-päpstlichen und anti-österreichischen Verschwörung teil.

12. Juli. Der Papst hebt die Ehe der Guiccioli auf, Teresa kehrt zu ihrem Vater zurück. Byron bleibt fünf Monate lang im Palazzo Guiccioli wohnen.

November. Byron beendet den fünften Gesang von *Don Juan.*

1821   24. Februar. Der Carbonari-Plan schlägt fehl.

März. Allegra wird ins Kloster von Bagnacavallo geschickt.

Mai. Byron beendet *Sardanapel.*

Juli. Byron schreibt *Kain.* Verbannung der Gamba.

29. Oktober. Byron verläßt Ravenna und trifft in Pisa mit Contessa Guiccioli zusammen.

November. Byron beginnt in Pisa *The Deformed Transformed.*

1822   28. Januar. Lady Noel stirbt. Lord und Lady Byron nehmen den Namen Noel an.

Februar. Byron schreibt den sechsten, siebten und achten Gesang von *Don Juan.*

20. April. Allegra stirbt.

8. Juli. Shelley stirbt.

16. August. Byron, Trelawney und Leigh Hunt verbrennen Shelleys Leiche.

August. Byron schreibt den neunten, zehnten und elften Gesang von *Don Juan.*

September. Er zieht nach Genua.

1823   31. März. Lady Blessington mit ihrem Mann und dem Grafen d'Orsay kommen in Genua an.

Mai. Byron erhält eine Botschaft des griechischen Komitees in London.

3. Juni. Die Blessingtons verlassen Genua.

Freitag, den 13. Juli. Byron geht an Bord der *Herkules.*

3. August. Ankunft in Kephalonia.

22. November. Stanhope trifft in Argostoli ein.

28. Dezember. Byron bricht nach Missolonghi auf.

1824   5. Januar. Ankunft Byrons in Missolonghi.

22. Januar. Byron schreibt *Lines on completing my thirtysixth year.*

15. Februar. Byron erleidet einen epileptischen Anfall.

9. April. Byron erkältet sich nach einem Ausritt.

19. April. Lord Byron stirbt.

14. Mai. Die Nachricht vom Tode Byrons erreicht London.

17. Mai. Vernichtung der Memoiren Byrons.

25. Mai. Byrons Sarg wird in Zante an Bord der *Florida* gebracht.

29. Juni. Ankunft des Leichnams in England.

12. Juli. Leichenfeier für Byron.

16. Juli. Beerdigung in Hucknell Torkard.

20. November. Lady Oxford stirbt.

1825   19. März. Sir Ralph Noel stirbt.

1826 4. Februar. Georgiana Leigh, älteste Tochter Augustas, heiratet ihren Vetter Henry Trevanion.

1828 25. Januar. Lady Caroline Lamb stirbt.

1831 15. August. Hobhouse wird Sir John Cam Hobhouse.

1832 Februar. Mary Chaworth-Musters stirbt.

1834 19. Mai. Mary, natürliche Tochter Medoras und ihres Schwagers Henry Trevanion, geboren.

1835 Ada Byron heiratet William, den achten Lord King.

1837 Lady Frances Webster stirbt.

1838 30. Juni. Lord King wird Graf von Lovelace.

1846 27. Januar. Elie, natürlicher Sohn von Medora und Jean-Louis Taillefer, geboren.

1848 23. August. Medora heiratet Jean-Louis Taillefer. Er legitimiert Elie, seinen Sohn, und Mary, die Tochter Trevanions.

1849 4. Juni. Lady Blessington stirbt.
      28. August. Elizabeth Medora Leigh (Mme. Taillefer) stirbt.

1850 3. Mai. Oberst George Leigh stirbt.

1851 1. Februar. Mary Shelley stirbt.
      26. Februar. Sir John Cam Hobhouse wird Lord Broughton von Giffard.
      April. Letzte Begegnung zwischen Lady Byron und Mrs. Leigh in Religate.
      12. Oktober. Mrs. Leigh stirbt.

1852 27. November. Die Gräfin von Lovelace (Ada Byron) stirbt.

1854 Henry Trevanion stirbt.

1856 Mary, Tochter Medoras und Trevanions, tritt in den geistlichen Stand.

1860 16. Mai. Lady Byron stirbt.

1863 19. Mai. Vernichtung der Papiere Medoras.

1868 Der Admiral Lord Byron stirbt.

1869 Lord Broughton (Hobhouse) stirbt.

1873 Soeur Saint-Hilaire (Mary) stirbt.
      Die Marquise de Boissy (Teresa Guiccioli) stirbt.

1879 Claire Clairmont stirbt.

1893 William, erster Graf von Lovelace, stirbt.

1900 Elie Taillefer stirbt.

1906 Ralph, zweiter Graf von Lovelace, Byrons Enkel, stirbt.

Anhang
mit den Originaltexten der zitierten Dichtungen

In der französischen Ausgabe von 1952, der diese deutsche Übertragung folgt, befindet sich am Schluß des Buches ein Anhang mit Quellen-Angaben zu den Briefen und Tagebuchstellen, wie zu den zitierten Dichtungen. Da dem Leser dieser Ausgabe kaum die zitierten Quellen zur Verfügung stehen dürften, haben sich Übersetzer und Verlag entschlossen, hier statt eines Quellen-Hinweises die englischen Originaltexte der zitierten Dichtungen folgen zu lassen. Da der Übersetzer statt einer »Nachdichtung«, zu der er sich nicht berufen fühlte, knappe Prosa-Übersetzungen gab, schien es angebracht, dem Leser durch den Abdruck der Originaltexte einen Eindruck von der dichterischen Form des Byronschen Werkes zu geben; am Schluß des Anhangs befindet sich auch das Goethesche Gedicht auf Byron, das im Text vom Autor nur erwähnt wird.

Zum Inhalt der Biographie von Maurois über Lord Byron wäre noch nachzutragen, daß Byrons letzte Ruhestätte sich inzwischen – 145 Jahre nach seinem Tod – im Poets' Corner der Westminster Abbey befindet.

Texte der zitierten Dichtungen in englisch:

Kapitel V

ON THE DEATH OF A YOUNG LADY
(Aus Hours of Idleness)

Within this narrow cell reclines her clay,
That clay, where once such animation beam'd;
The King of Terrors seized her as his prey:
Not worth, nor beauty, have her life redeem'd.

Kapitel VIII

TO D –
(Aus Hours of Idleness)

In thee I fondly hoped to clasp
A friend, whom death alone could sever,
Till envy, with malignant grasp,
Detach'd thee from my breast for ever.

Kapitel IX

THE CORNELIAN
(Aus Hours of Idleness)

No specious splendour of this stone
Endears it to my memory ever;
With lustre only once it shone,
And blushes modest as the giver.

Some, who can sneer at friendship's ties,
Have, for my weakness, oft reproved me:
Yet still the simple gift I prize, –
For I am sure the giver loved me.

He offer'd it with downcast look,
As fearfull that I might refuse it;
I told him when the gift I took,
My only fear should be to lose it.

Kapitel X

REPLY TO SOME VERSES
(Aus Hours of Idleness)

Why, Pigot, complain of this damsel's disdain,
Why thus in despair do you fret?
For months you may try, yet, believe me, a sigh
Will never obtain a coquette.

Would you teach her to love for a time seem to rove;
At first she may frown in a pet;
But leave her awhile, she shortly will smile,
And then you may kiss your coquette.

FRAGMENT
(Aus Hours of Idleness)

Hills of Annesley! bleak and barren,
Where my thoughtless childhood stray'd,
How the northern tempests, warring,
Howl above thy tufted shade!

Now no more, the hours beguiling,
Former favorite haunts I see;
Now no more my Mary smiling
Makes ye seem a heaven to me.

LINES
(Aus Hours of Idleness)

Dear Becher, you tell me to mix with mankind –
I cannot deny such a precept is wise;
But retirement accords with the tone of my mind:
I will not descend to a world I despise.

I have tasted the sweets and the bitters of love,
In friendship I early was taught to believe;
My passion the matrons of prudence reprove;
I have found that a friend may profess, yet deceive.

Kapitel XII

WELL! THOU ART HAPPY
(Aus Miscellaneous Poems)

Well! thou art happy, and I feel
That I should thus be happy too;
For still my heart regards thy weal
Warmly, as it was wont to do.

When late I saw thy favorite child,
I thought my jealous heart would break,
But when the unconscious infant smiled,
I kissed it for its mother's sake.

I kissed it – and repressed my sighs,
Its father in its face to see;
But then it had its mother's eyes,
And they were all to love and me.

Mary, adieu! I must away:
While thou art blest I'll not repine,
But near thee I can never stay;
My heart would soon again be thine.

Away! away! my early dream
Remembrance never must awake:
Oh! where is Lethe's fabled stream?
My foolish heart, be still, or break.

TO A LADY
(Aus Miscellaneous Poems)

When Man, expell'd from Eden's bowers,
A moment linger'd near the gate,

Each scene recall'd the vanished hours,
And bade him curse his future fate.

Thus, lady! will it be with me,
And I must view thy charms no more;
For, while I linger near to thee,
I sigh for all I knew before.

In flight I shall be surely wise,
Escaping from temptation's snare;
I cannot view my paradise
Without the wish of dwelling there.

NEAR THIS SPOT
(Aus Miscellaneous Poems)

Near this spot
are deposited the Remains of one
Who possessed Beauty without Vanity,
Strength without Insolence,
Courage without Ferocity,
And all the Virtues of Man without his Vices.
This Praise, which would be unmeaning Flattery
If inscribed over human ashes,
Is but a just tribute to the Memory of
BOATSWAIN, A DOG,
Who was born at Newfoundland, May, 1803,
And died at Newstead Abbey, Nov. 18, 1808.

LINES INSCRIBED UPON A CUP FORMED FROM A SKULL
(Aus Hours of Idleness)

I lived, I loved, I quaff'd like thee:
I died: let earth my bones resign:
Fill up – thou canst not injure me;
The worm hath fouler lips than thine.

Better to hold the sparkling grape,
Than nurse the earth-worm's slimy brood;
And circle in the goblet's shape.
A drink of gods, than reptile's food.

STANZAS TO A LADY, ON LEAVING ENGLAND
(Aus Miscellaneous Poems)

'Tis done – and shivering in the gale
The bark unfurls her snowy sail;

And whistling o'er the bending mast.
Loud sings on high the fresh'ning blast,
And I must from this land be gone,
Because I cannot love but one.

Kapitel XIII

CHILDE HAROLD'S PILGRIMAGE
(Cantus II)

Fair Greece! sad relic of departed worth!
Immortal, though no more; though fallen, great!
Who now shall lead thy scatter'd children forth,
And long accustom'd bondage uncreate?
Not such thy sons who whilome did await,
The hopeless warriors of a willing doom,
In bleak Thermopyle's sepulchral strait –
Oh! who that gallant spirit shall resume,
Leap from Eurotas' banks, and call thee from the tomb?

MAID OF ATHENS ERE WE PART
(Aus Miscellaneous Poems)

Maid of Athens, ere we part,
Give, oh, give me back my heart!
Or, since that has left my breast,
Keep it now, and take the rest!
Hear my vow before I go,
Ζώη μοῦ όάς ἀγαπῶ.

Kapitel XIV

CHILDE HAROLD'S PILGRIMAGE
(Auszüge aus Cantus I)

Whilome in Albion's isle there dwelt a youth,
Who ne in virtue's ways did take delight;
But spent his days in riot most uncouth,
And vex'd with mirth the drowsy ear of Night....

Childe Harold was he hight: – but whence his name
And lineage is long, it suits me not to say;
Suffice it, that perchance they were of fame,
And had been glorious in another day; ...

But long ere scarce a third of his pass'd by,
Worse than adversity the Childe befell;
He felt the fulness of satiety:
Then loathed he in his native land to dwell, ...

For he through Sin's long labyrinth had run,
Nor made atonement when he did amiss;
Had sigh'd to many though he loved but one,
And that loved one, alas! could ne'er be his.

(Auszüge aus Cantus II)

August Athena! where,
Where are thy men of might? thy grand in soul?
Gone – glimmering through the dream of things that were:
First in the race that led to Glory's goal,
They won, and pass'd away – is this the whole?
A schoolboy's tale, the wonder of an hour!

Kapitel XVIII

THE GIAOUR
(Auszug)

Leila! each thought was only thine!
My good, my guilt, my weal, my woe,
My hope on high – my all below.
Earth holds no other like to thee,
Or, if it doth, in vain for me:
For worlds I dare not view the dame
Resembling thee, yet not the same.
The very crimes that mar my youth,
This bed of death – attest my truth!
'Tis all too late – thou wert, thou art
The cherish'd madness of my heart!

Kapitel XX

THE CORSAIR
(Cantus I)

Yet was not Conrad thus by nature sent
To lead the guilty – guilt's worst instrument –
His soul was changed, before his deeds had driven
Him forth to war with man and forfeit heaven.
Warp'd by the world in disappointment's school,
In words too wise, in conduct *there* a fool;

Too firm to yield, and far too proud to stoop,
Doom'd by his very virtues for a dupe,
He cursed those virtues as the cause of ill,
And not the traitors who betray'd him still,
Nor deem'd that gifts bestow'd on better men
Had left him joy, and means to give again.
Fear'd – shunn'd – belied – ere youth had lost her force,
He hated man too much to feel remorse,
And thought the voice of wrath a sacred call,
To pay the injuries of some on all.
He knew kimself detested, but he knew
The rest no better than the thing he seem'd,
And scorn'd the best as hypocrites who hid
Those deeds the bolder spirit plainly did.
He knew himself detested, but he knew
The hearts that loath'd him, crouch'd and dreaded too.
Lone, wild, and strange, he stood alike exempt
From all affection and from all contempt:
His name could sadden, and his acts surprise,
But they that fear'd him dared not to despise.
Man spurns the worm, but pauses ere he wake
The slumbering venom of the folded snake:
The first may turn – but not avenge the blow;
The last expires – but leaves no living foe:
Fast to the doom'd offender's form it clings,
And he may crush – not conquer – still it stings!

STANZAS FOR MUSIC
(Aus Miscellaneous Poems)

I speak not, I trace not, I breathe not thy name;
There is grief in the sound, there is guilt in the fame:
But the tear which now burns on my cheek may impart
The deep thoughts that dwell in that silence of heart.
Too brief for our passion, too long for our peace,
Were those hours – can their joy or their bitterness cease?
We repent – we abjure – we shall break from our chain –
We will part – we will fly to – unite it again!
Oh! thine be the gladness, and mine be the guilt!
Forgive me, adored one! – forsake, if thou wilt;
But the heart which is thine shall expire undebased,
And man shall not break it – whatever thou mayst.
And stern to the haughty, but humble to thee,
This soul in its bitterest blackness shall be;
And our days seem as swift, and our movements more sweet,
With thee by my side, than with worlds at my feet.
One sigh of thy sorrow, one look of thy love,
Shall turn me or fix, shall reward or reprove;

And the heartless may wonder at all I resign –
Thy lip shall reply, not to them, but to mine.

(Cantus I)

In him inexplicably mix'd appear'd
Much to be loved and hated, sought and fear'd;
Opinion varying o'er his hidden lot,
In praise or railing ne'er his name forgot;
His silence form'd a theme for others' prate –
They guessed – they gazed – they fain would know his fate.

What had he been? what was he, thus unknown,
Who walk'd their world, his lineage only known?
A hater of his kind? yet some would say,
With them he could seem gay amidst the gay;
But own'd that smile if oft observed and near,
Waned in his mirth and wither'd to a sneer;
That smile might reach his lip, but pass'd not by,
None e'er could trace its laughter to his eye;
Yet there was softness too in his regard,
At times, a heart as not by nature hard;
But once perceived, his spirit seem'd to chide
Such weakness, as unworthy of its pride,
And steeled itself, as scorning to redeem
One doubt from others' half-withheld esteem;
In selfinflicted penance of a breast
Which tenderness might once have wrung from rest;
In vigilance of grief that would compel
The soul to hate for having loved too well.

He stood a stranger in this breathing world,
An erring spirit from another hurl'd.

Kapitel XXV

FARE THEE WELL
(Aus Miscellaneous Poems)

Fare thee well! and if for ever,
Still for ever, fare thee well;
Even though unforgiving, never
'Gainst thee shall my heart rebel.

Would that breast were bared before thee
Where thy head so oft hath lain,

While that placid sleep come o'er thee
Which thou ne'er canst know again:

Though my many faults defaced me,
Could no other arm be found,
Than the one which once embraced me,
To inflict a cureless wound?

Yet, oh yet, thyself deceive not:
Love may sink by slow decay,
But by sudden wrench, believe not
Hearts can thus be torn away;

Fare thee well! – thas disunited,
Torn from every nearer tie,
Sear'd in heart, and lone, and blighted,
More than this I scarce can die.

TO THOMAS MOORE
(Aus Miscellaneous Poems)

My boat is on the shore,
    And my bark is on the sea;
But, before I go, Tom Moore,
    Here's a double health to thee!
Here's a sigh to those who love me,
    And a smile to those who hate;
And, whatever sky's above me,
    Here's a heart for every fate.

Kapitel XXVI

CHILDE HAROLD'S PILGRIMAGE
(Cantus III, Vers 16)

Self-exiled Harold wanders forth again,
With nought of hope left, but with less of gloom;
The very knowledge that he lived in vain,
That all was over on this side the tomb,
Had made Despair a smilingness assume, ...

STANZAS TO AUGUSTA
(Aus Miscellaneous Poems, Auszüge)

Though the day of my destiny's over,
And the star of my fate hath declined,

Thy soft heart refused to discover
The faults which so many could find;
Though thy soul with my grief was acquainted,
It shrunk not to share it with me,
And the love which my spirit hath painted
It never hath found but in *thee*.

Though human, thou didst not deceive me,
Though woman, thou didst not forsake
Though loved, thou forborest to grieve me,
Though slander'd, thou never couldst shake, ...

LINES
ON HEARING THAT LADY BYRON WAS ILL
(Aus Miscellaneous Poems, Auszüge)

And thou wert sad – yet I was not with thee!
And thou wert sick, and yet I was not near;

I am too well avenged! – but 'twas my right;
Whate'er my sins might be, *thou* wert not sent
To be the Nemesis who should requite –
Nor did heaven choose so near an instrument.
Mercy is for the merciful! – if thou
Hast been of such, 'twill be accorded now
Thy nights are banish'd from the realms of sleep! –

Thou hast sown in my sorrow, and must reap
The bitter harvest in a woe as real! ...

Kapitel XXVII

MANFRED
(1. Akt, 1. Szene, Auszug)

Though thy slumber may be deep,
Yet thy spirit shall not sleep:
There are shades which will not vanish,
There are thoughts thou canst not banish;
By a power to thee unknown,
Thou canst never be alone;
Thou art wrapt as with a shroud,
Thou art gather'd in a cloud;
And for ever shalt thou dwell
In the spirit of this spell.

By thy shut soul's hypocrisy;

By the perfection of thine art
Which pass'd for human thine own heart;
By thy delight in others' pain,
And by thy brotherhood of Cain,
I call upon thee! and compel
Thyself to be thy proper Hell! . . .

MANFRED
(2. Akt, 2. Szene, Auszug)

She was like me in lineaments – her eyes,
Her hair, her features, all, to the very tone
Even of her voice, they said were like to mine;
But soften'd all, and temper'd into beauty:
She had the same lone thoughts and wanderings,
The quest of hidden knowledge, and a mind

To comprehend the universe: nor these
Alone, but with them gentler powers than mine,
Pity and smiles, and tears – which I had not;
And tenderness – but that I had for her;
Humility – and that I never had.
Her faults were mine – her virtues were her own –
I loved her, and destroy'd her!

My solitude is solitude no more,
But peopled with the Furies; – I have gnash'd
My teeth in darkness still returning morn,
Then cursed myself till sunset; I have pray'd
For madness as a blessing – 'tis denied me; . . .

MANFRED
(2. Akt, 4. Szene, Auszug)

                              Thou lovedst me
Too much, as I loved thee: we were not made
To torture thus each other, though it were
The deadliest sin to love as we have loved.
Say that thou loath'st me not – that I do bear
This punishment for both –

And I would hear yet once before I perish
The voice which was my music – Speak to me! . . .

Kapitel XXVIII

TO MR. MOORE
(Aus Letters and Journals, Brief vom 24. 12. 1816, Auszug)

What are you doing now,
Oh Thomas Moore?
What are you doing now,
Oh Thomas Moore?
Sighing or suing now,
Rhyming or wooing now,
Billing or cooing now,
Which, Thomas Moore?

But the Carnival's coming,
Oh Thomas Moore,
The Carnival's coming,
Oh Thomas Moore;
Masking and humming,
Fifing and drumming,
Guitarring and strumming,
Oh Thomas Moore.

MANFRED
(3. Akt, 1. Szene, Auszug)

Ay father! I have had those earthly visions
And noble aspirations in my youth,
To make my own the mind of other men,
The enlightener of nations;

                                    But this is past,
My thoughts mistook themselves.
I could not tame my nature down;
                                        I disdain'd to mingle with
A heard, though to be a leader – and of wolves.
The lion is alone, and so am I.

MANFRED
(3. Akt, 4. Szene, Auszug)

                                        Back to thy hell!
Thou hast no power upon me, *that* I feel;
Thou never shalt possess me, *that* I know:
What I have done is done: I bear within
A torture which could nothing gain from thine:
The mind which is immortal makes itself
Requital for its good or evil thoughts –

Thou didst not tempt me, and thou couldst not tempt me;
I have not been thy dupe, nor am thy prey –
But was my own destroyer, and will be
My own hereafter. – ...

CHILDE HAROLD'S PILGRIMAGE
(Cantus IV)

And thou, who never yet of human wrong
Left the unbalanced scale, great Nemesis!
Here, where the ancient paid the homage long –
Thou who didst call the Furies from the abyss,
And round Orestes bade them howl and hiss
For that unnatural retribution – just,
Had it but been from hands less near – in this
Thy former realm, I call thee from the dust!
Dost thou not hear my heart? – Awake! thou shalt and must.

CHILDE HAROLD'S PILGRIMAGE
(Cantus IV)

Oh Love! no habitant of earth thou art –
An unseen seraph, we believe in thee, –
A faith whose martyrs are the broken heart, –
But never yet hath seen, nor e'er shall see
The naked eye, thy form, as it should be;
The mind hath made thee, as it peopled heaven,
Even with its own desiring phantasy,
And to a thought such shape and image given,
As haunts the unquench'd soul – parch'd – wearied
– wrung – and riven.

Of its own beauty is the mind diseased,
And fevers into false creation: – where,
Where are the forms the sculptor's soul hath seized?
In him alone. Can Nature show so fair?
Where are the charms and virtues which we dare
Conceive in boyhood and pursue as men,
The unreach'd Paradise of our despair, ...

CHILDE HAROLD'S PILGRIMAGE
(Cantus IV)

But I have lived, and have not lived in vain:
My mind may lose its force, my blood its fire,

And my frame perish even in conquering pain;
But there is that within me which shall tire
Torture and Time, and breathe when I expire;
Something unearthly, which they deem not of,
Like the remembered tone of a mute lyre,
Shall on their soften'd spirits sink, and move
In hearts all rocky now the late remorse of love.

CHILDE HAROLD'S PILGRIMAGE
(Cantus IV)

And I have loved thee, Ocean! and my joy
Of youthful sports was on thy breast to be
Borne, like the bubbles, onward: from a boy
I wanton'd with thy breakers – they to me
Were a delight; and if the freshening sea
Made them a terror – 'twas a pleasing fear,
For I was as it were a child of thee,
And trusted to thy billows far and near,
And laid my hand upon thy mane – as I do ne.

My task is done – my song hath ceased –

                                                    Theme

Has died into an echo; it is fit
The spell should break of this protracted dream; ...

Kapitel XXIX

DON JUAN
(Cantus I)

My poem's epic, and is meant to be
Divided in twelve books; each book containing
With love, and war, a heavy gale at sea,
A list of ships, and captains, and kings reigning,
New characters; the episodes are three:
A panoramic view of hell's in training,
After the style of Virgil and of Homer,
So that my name of epic's no misnomer.

DON JUAN
(Cantus I)

Her favourite science was the mathematical,
Her noblest virtue was her magnanimity,
Her wit (she sometimes tried at wit) was Attic all,

Her serious sayings darken'd to sublimity;

Her thoughts were theorems, her words a problem,

Oh! she was perfect, past all parallel –
...
Her guardian angel had given up his garrison;

DON JUAN
(Cantus I)

No more – no more – Oh! never more on me
The freshness of the heart can fall like dew,

No more – no more – Oh! never more, my heart,
Canst thou be my sole world, my universe;
Once all in all, but now a thing apart,
Thou canst not be my blessing or my curse;
The illusion's gone for ever, and thou art
Insensible, I trust, but none the worse;
And in thy stead I've got a deal of judgement,
Though heaven knows how it ever found a lodgement.

My days of love are over; me no more
The charms of maid, wife, and still less of widow,
Can make the fool of which they made before, –

But I, being fond of true philosophy,
Say very often to myself, »Alas!
All things that have been born were born to die,
And flesh (which Death mows down to hay) is grass;
You've pass'd your youth not so unpleasantly,
And if you had it o'er again – 'twould pass –
So thank your stars that matters are no worse,
And read your Bible, sir, and mind your purse.«

Kapitel XXXIII

DON JUAN
(Cantus X)

At length they rose, like a white wall along
The blue-sea's border; and Don Juan felt –
What even young strangers feel a little strong
At the first sight of Albion's chalky belt –
A kind of pride that he should be among
Those haughty shopkeepers, who sternly dealt

Their goods and edicts out from pole to pole,
And made the very billows pay them toll.

DON JUAN
(Cantus IX)

And I will war, at least in words and – should
My chance so happen – deeds, with all who war
With Thought; – and of Thought's foes by far most rude,

It is not that I adulate the people:
Without *me*, there are demagogues enough
And infidels, to pull down every steeple,
And set up in their stead some common stuff.
Whether they may sow scepticism to reap hell,
As is the Christian dogma rather rough,
I do not kow; – I wish men to be free
As much from mobs as kings – from you as me.

DON JUAN
(Cantus XIII)

Of all tales 'tis the saddest – and more sad,
Because it makes us smile: his hero's right,
And still pursues the right; – to curb the bad
His only object; and 'gainst odds to fight,
His guerdon: 'tis his virtue makes him mad!
But his adventures form a sorry sight –
A sorrier still is the great moral taught,
By that real epic, unto all who have thought.

Redressing injury, revenging wrong,
To aid the damsel and destroy the caitiff;
Opposing singly the united strong,
From foreign yoke to free the helpless native: –
Alas! must noblest views, like an old song,
Be for mere fancy's sport a theme creative?
A jest, a riddle, Fame through thick and thin sought?

DON JUAN
(Cantus XVI)

Between two world's life hovers like a star,
'Twixt night and morn, upon the horizon's verge:
How little do we know that which we are!
How less what we may be! The eternal surge

Of time and tide rolls on, and bears afar
Our bubbles: as the old burst new emerge,
Lash'd from the foam of ages; while the graves
Of empires heave but like some passing waves.

Kapitel XXXIV

GOETHE AN BYRON

Ein freundlich Wort kommt eines nach dem andern
Von Süden her und bringt uns frohe Stunden;
Es ruft uns auf zum Edelsten zu wandern,
Nicht ist der Geist, doch ist der Fuß gebunden.

Wie soll ich dem, den ich so lang begleitet,
Nun etwas Traulich's in die Ferne sagen?
Ihm, der sich selbst im Innersten bestreitet,
Stark angewohnt, das tiefste Weh zu tragen.

Wohl sei ihm doch, wenn er sich selbst empfindet!
Er wage selbst sich hochbeglückt zu nennen,
Wenn Musenkraft die Schmerzen überwindet,
Und wie ich ihn erkannt, mög' er sich kennen.

Kapitel XXXV

GEDICHT ZU BYRONS GEBURTSTAG
(Auszug)

If thou regret'st thy youth, *why live?*
The land of honourable death
Is here: – up to the Field, and give
Away thy breath!

Seek out – less often sought than found –
A soldier's grave, for thee the best;
Then look around, and choose thy ground,
And take thy Rest.

Register

Hoppner, Konsul 263, 270, 275, 286
Hoppner, Mrs. 270, 275, 286
Horaz 101, 107, 268
Houson, Ann 65
Hughes, Sir John 363 f.
Hugo, Victor 370
Hunt, Leigh 70, 152, 205, 300, 310
  bis 316, 329, 374, 383
Hunt, Marianna 310 f., 313 f., 329,
  374
Huntley, Graf 15

Iarry, Bankier 330

Jackson 61, 70 f., 78, 162, 186, 219,
  368
Jeffrey 76
Jersey, Familie 142
Jersey, Lady 117, 131, 142, 221, 286,
  380 f.
Johann, König 212
John Bull 312, 323
Johnson, Doktor 68, 315
Junot, General 88
Juvenal 208, 323

Kapsalis 368 f.
Katharina von Aragon 9
Keats, John 377 f.
Kennedy, Doktor 334 ff.
Kidd, Kapitän 88
Kinnaird, Douglas 185 f., 189, 200,
  204, 206, 222 f., 238, 262, 264, 281,
  315, 326, 356–359, 380
Kinnaird, Lord 262
Kleopatra 162
Kokciusko 338
Kolokotronis 325, 333, 345
Konfuzius 70

La Bruyère, Jean de 370
Lafayette, Marie Joseph de 358
Lamartine, Alphonse de 364, 375
Lamb, Familie 125 f.
Lamb, Lady Caroline geb. Ponsonby
  120, 124–139, 142–147, 151, 154,
  158, 167 f., 172, 188 f., 191, 194,
  206, 208, 211 f., 218, 236 f., 244,
  254, 271, 273, 289, 293, 299, 304,
  329, 357, 360, 365, 379 f., 382, 384
Lamb, Charles 76

Lamb, George 191
Lamb, Mrs. George 382
Lamb, Sir Peniston → Melbourne
Lamb, William 126–130, 133, 136
  bis 139, 146, 194, 206, 212, 237, 379
Lansdowne, Lord 258, 372
La Rochefoucauld, Françoise Alex-
  andre Frédéric de 293, 300, 306,
  313, 319, 370
Lavender, Arzt, 32 f.
Leacroft, Familie 65, 67
Leacroft, Captain 67
Leacroft, Julia 65
Leconte de Lisle 377
Leeds, Herzog von 150
Leigh, Emily 361
Leigh, George 48, 86, 112, 152, 172,
  247, 380, 384
Leigh, Georgina 362, 384
Leigh, Elizabeth Medora 171, 202,
  362, 364, 371, 381, 384
Leigh, Mrs. 21, 25 f., 48
Le Mann, Doktor 215
Leonidas 339
Leveson-Gower, Lady Charlotte 175,
  180
Lewis, Matthew Gregory 241
Locke, John 177
London, Doktor 10
Long, Edward Noel 44, 55, 58 f., 82,
  292, 312
Lorrain, Claude 142
Lovelace, Lady 371 f.
Lovelace, Lord Ralph 371
Lovelace, William Graf 361, 384
Lukas 334, 366
Lukrez 141 ff.
Ludwig XVI. von Frankreich 25
Luriotis 325 f., 352
Lushington 216, 218, 244
Lysikrates 98
Lytton, Edward Bulwer 357, 366

MacCarthy, Desmond 377 f.
Machiavelli, Nicolo 321
Malmesbury, Lord 367
Manton 116
Manzoni, Alessandro 273
Marceau, General 334
Marci, Teresa 95, 99, 365
Marius 293

Bildnachweis

Folgende Archive haben uns Vorlagen für den Bildteil zur Verfügung gestellt:

Bildarchiv Preußischer Kulturbesitz, Berlin (18)
Archiv für Kunst und Geschichte, Berlin (10)
Historia-Photo, Hamburg (2)

Literarische Biographien

Jürg Amann
Robert Walser
Auf der Suche nach einem verlorenen Sohn
79 Seiten mit 13 Abbildungen. Serie Piper 5212

Richard Friedenthal
Goethe
Sein Leben und seine Zeit
669 Seiten. Serie Piper 248
(Auch als gebundene Ausgabe lieferbar)

Carlo Goldoni
Geschichte meines Lebens und meines Theaters
Mit einem Nachwort von Heinz Dietrich Kenter. Aus dem Französischen von G. Schaz.
448 Seiten. Serie Piper 676

Andreas Höfele
Malcolm Lowry
Aber der Name dieses Landes ist Hölle
213 Seiten. Serie Piper 893

Dietrich Kerlen
Edgar Allan Poe
Elexiere der Moderne
163 Seiten mit 20 Abbildungen. Serie Piper 5244

Albrecht Koschorke
Leopold von Sacher-Macho
Die Inszenierung einer Perversion
198 Seiten mit 8 Abbildungen. Serie Piper 928

PIPER

Biographien

Albrecht Fölsing
Galileo Galilei – Prozeß ohne Ende
Eine Biographie
500 Seiten mit 49 Abbildungen. Serie Piper 537

Ulla Fölsing
Marie Curie
Wegbereiterin einer neuen Naturwissenschaft
120 Seiten mit 22 Abbildungen. Serie Piper 724

Richard Friedenthal
Diderot
Ein biographisches Porträt
159 Seiten. Serie Piper 316

Weitere Titel des Autors:

Jan Hus
Der Ketzer und das Jahrhundert der Revolutionskriege
478 Seiten. Serie Piper 331

Leonardo
174 Seiten mit 105 Abbildungen. Serie Piper 299

Luther
Sein Leben und seine Zeit
681 Seiten mit 38 Abbildungen. Serie Piper 259

Karl Marx
Sein Leben und seine Zeit
652 Seiten mit 6 Abbildungen. Serie Piper 1172

Martin Gregor-Dellin
Richard Wagner
Sein Leben – Sein Werk – Sein Jahrhundert
930 Seiten. Leinen

Vom selben Autor ist lieferbar:

Richard Wagner
Eine Biographie in Bildern
220 Seiten mit 325 farbigen und schwarzweißen Abbildungen. Leinen

PIPER

Biographien

Pietro Citati
Kafka
Verwandlungen eines Dichters
Aus dem Italienischen von Sabina Kienlechner. 346 Seiten. Leinen

Pietro Citati, italienischer Literaturkritiker und Schriftsteller, hat mit diesem viel-schichtigen und facettenreichen Porträt einer lebenslangen Leidenschaft Ausdruck verliehen: Kafka. In seiner Rekonstruktion des Lebens und Schreibens Kafkas entwirft Citati ein Bild des Schriftstellers, das ihn uns auch als Menschen nahebringt. Dennoch steht die geistige Gestalt im Vordergrund seines Interesses. Citatis Buch ist zugleich eine »Einladung«, ein Wegweiser durch die kafkaschen Denklabyrinthe und eine eigenwillige, subtile, an Überraschungen reiche Deutung.

Johannes Hösle
Molière
Sein Leben, sein Werk, seine Zeit
404 Seiten. Leinen

»Molière ist so groß, daß man immer von neuem erstaunt, wenn man ihn liest. Ich lese alle Jahre einige Stücke, denn wir kleinen Menschen sind nicht fähig, die Größe solcher Dinge in uns zu bewahren, und wir müssen von Zeit zu Zeit immer dahin zurückkehren, um solche Eindrücke in uns aufzurichten.
Der Dichter und der Mensch sind nicht voneinander zu trennen.«

Goethe

Henry Benrath
Die Kaiserin Galla Placidia

Roman

nymphenburger

Eine beherzte Frau und ein
dramatisches Schicksal an einem
Wendepunkt abendländischer
Geschichte.

376 Seiten

nymphenburger